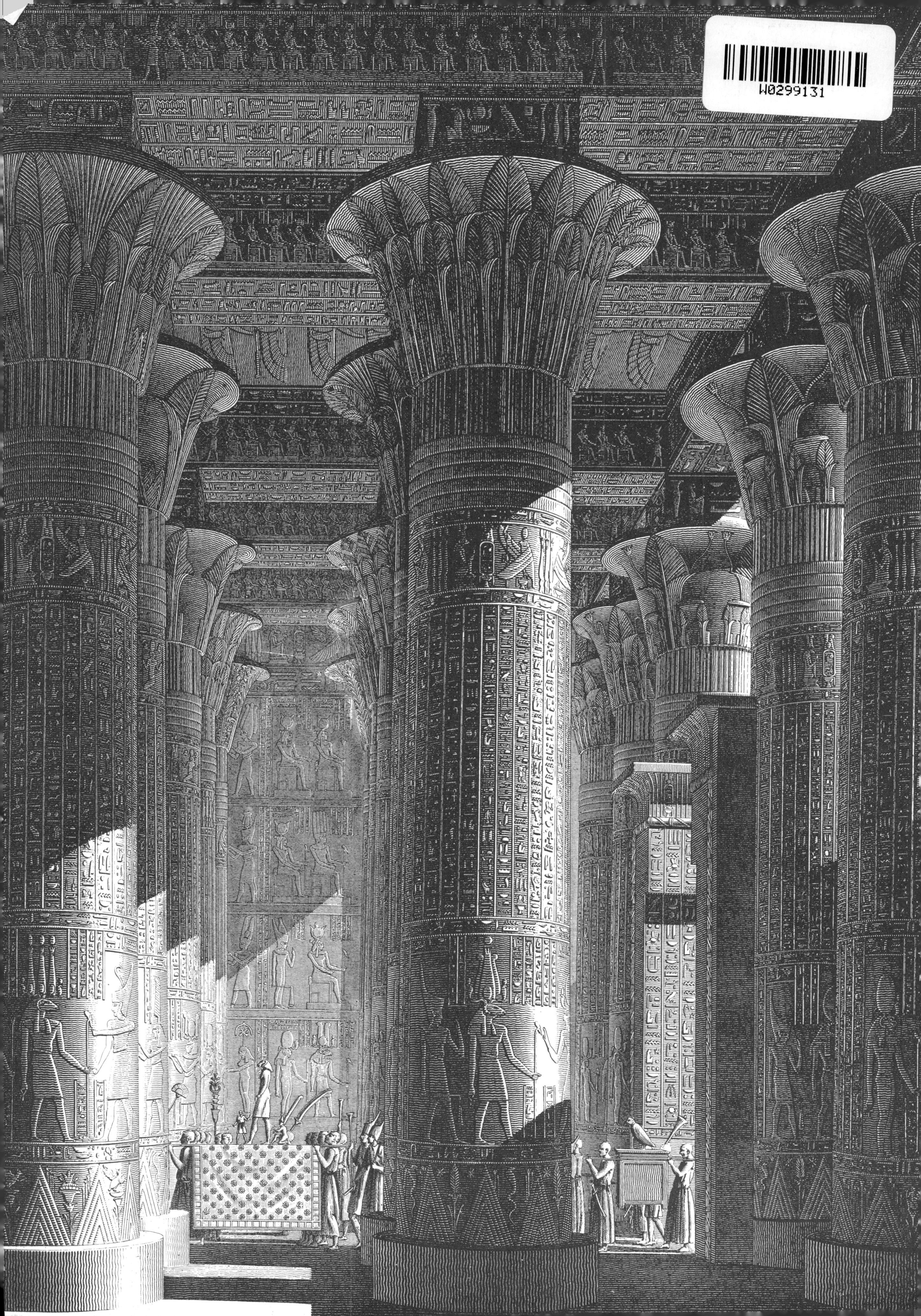

KLEIDUNG UND SCHMUCK IM ALTEN ÄGYPTEN

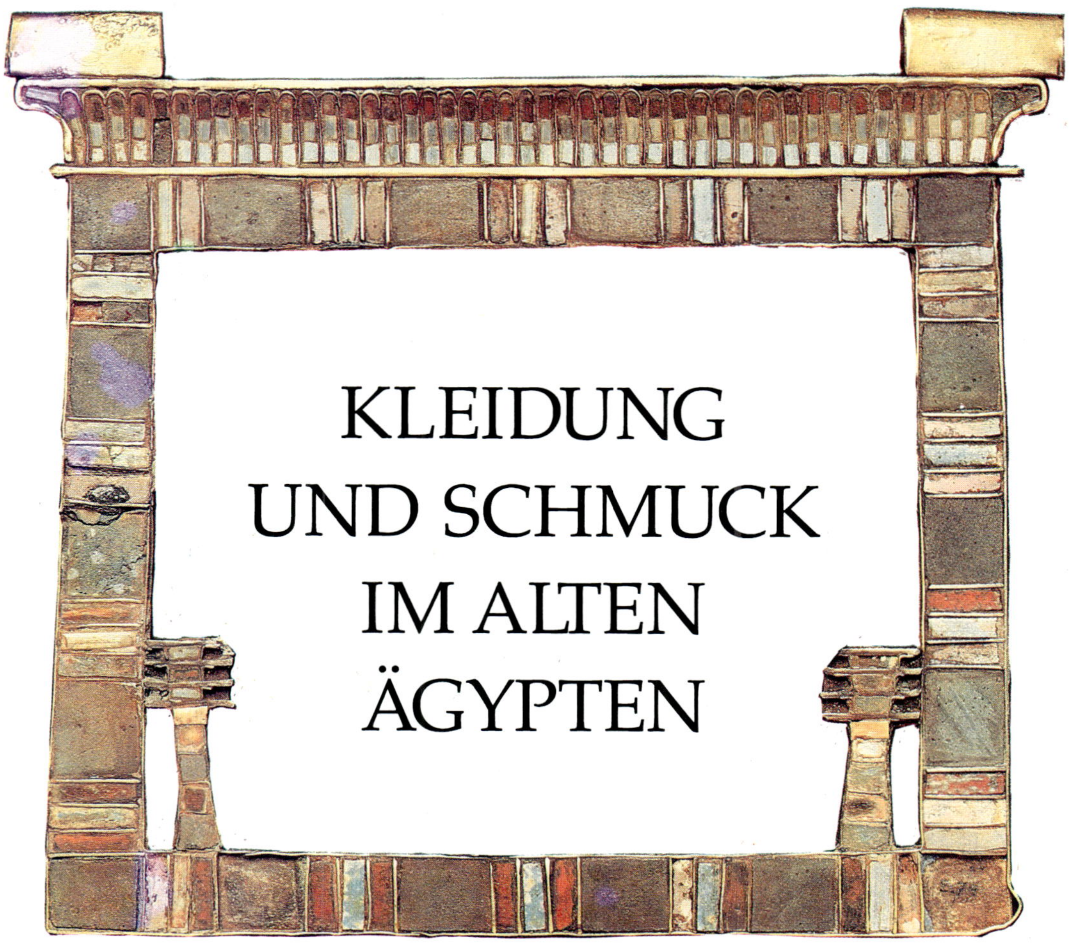

ERMANNO ZOFFILI

KLEIDUNG IM

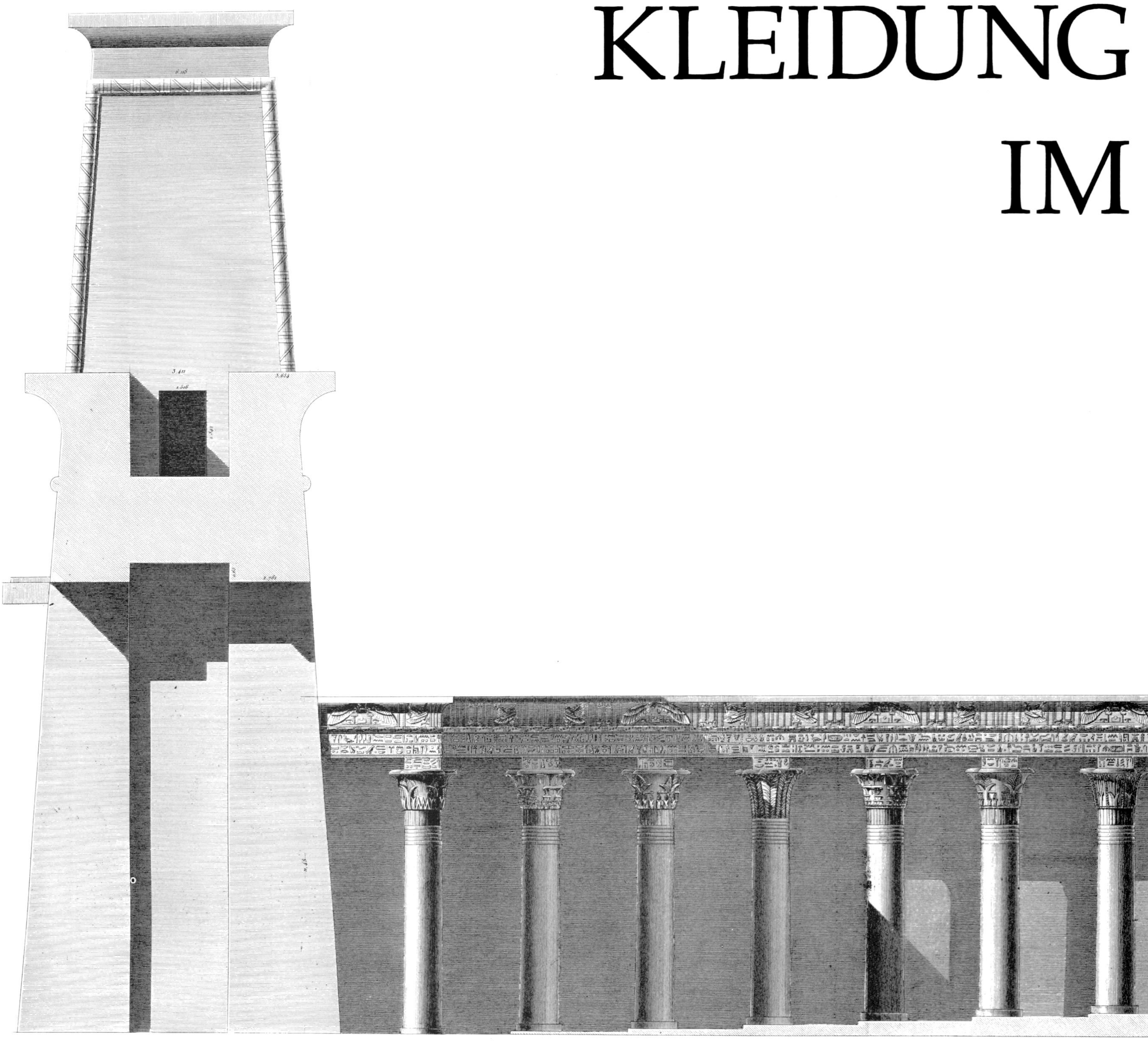

PROPYLÄEN VERLAG

UND SCHMUCK
ALTEN ÄGYPTEN

Unter Mitarbeit von Peter A. Clayton
Vorwort von Silvio Curto

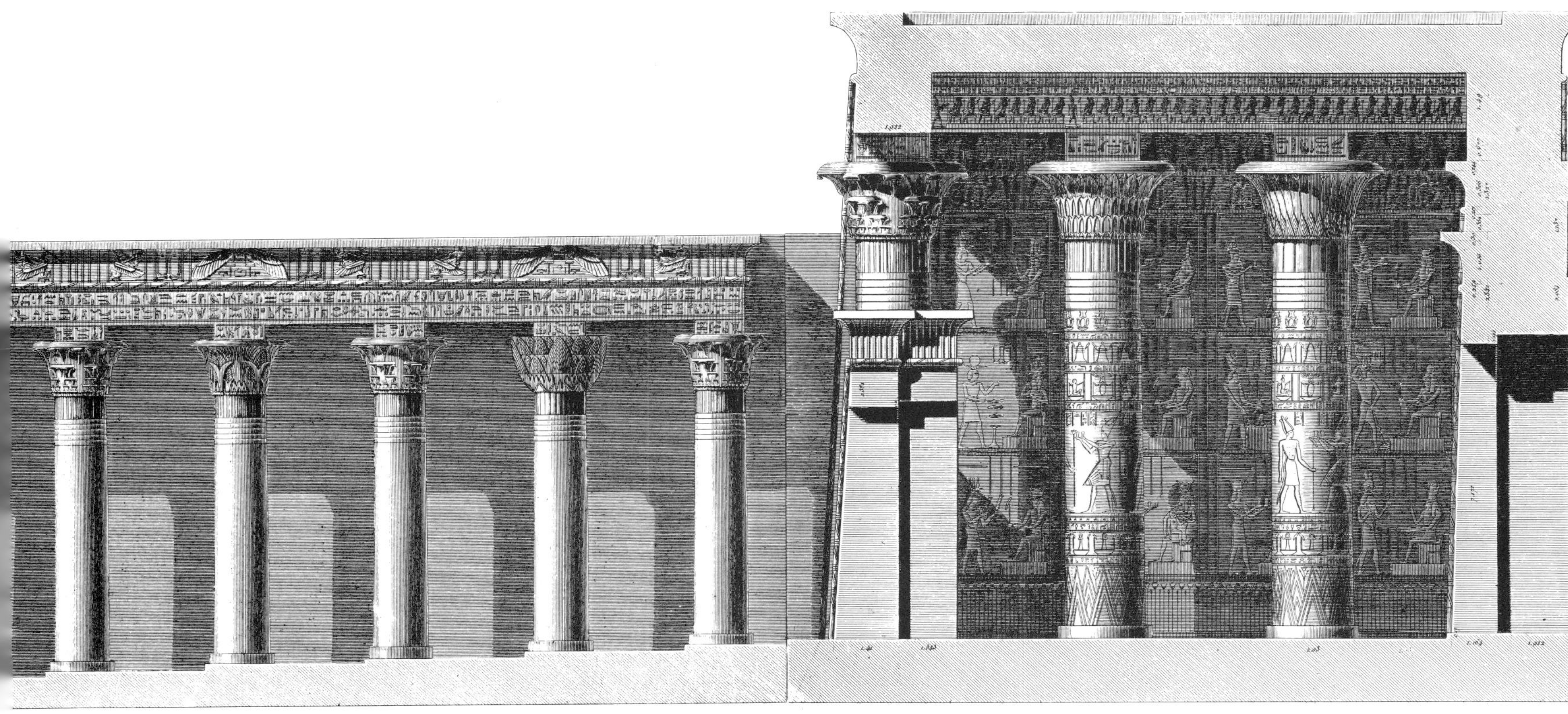

Quellennachweis der Abbildungen:
Achivio Fotografico Scala, Florenz: S. 19, 20, 21 (oben), 22;
Peter A. Clayton: S. 29 (oben und unten), 54, 113, 114, 165, 198, 200, 207, 251, 252;
Griffith Institute, Ashmolean Museum, Oxford: S. 73, 76, 77.
Alle übrigen Abbildungen stammen aus dem Archiv des Verfassers.
Die Illustrationen der Vorsatzpapiere und der Titelseiten zeigen
Wiedergaben aus der »Description de l'Egypte« (Paris 1809–13):
Festsaal im Chnum-Tempel in Esna; Schnitt durch den Horus-Tempel in Edfu.
Das Motiv der Einbandprägung zeigt einen Spiegelgriff aus der Zeit des Neuen Reiches.

Titel der Originalausgabe: »Costume e cultura dell' antico Egitto«

Aus dem Italienischen übersetzt von Peter Hahlbrock
Gestaltung und Layout: Anthony Mathews
Umschlaggestaltung: Theodor Bayer-Eynck

Satz: Utesch Satztechnik GmbH, Hamburg
Druck: Arti Grafiche Milani, Mailand
ISBN 3 549 05465 3

INHALT

DANKSAGUNG

Mit großer Freude danke ich allen, die mir während der Arbeit
an diesem Buch Hilfe und Unterstützung gewährten:
Mimmi Romeo, die mich stets ermutigt hat,
Maria Teresa Boselli, ohne deren hartnäckige Zielstrebigkeit
das Buch kaum erschienen wäre,
dem Freund Diego Romeo, der mir zuverlässig zur Seite stand,
sowie dem kundigen Fachmann Peter A. Clayton.
Dank gebührt auch Frau Professor Tiziana Campi
für ihre Mitarbeit bei der Auswahl der Fotografien
und bei der grafischen Gestaltung des Bandes.

VORWORT

Systematisch in Bildern dargestellt hat die Kleidung der alten Ägypter zum erstenmal Sir John Gardner Wilkinson in der zweiten Auflage seines Werks »The Manners and Customs of the Ancient Egyptians« (London 1878). Wilkinson schöpfte teils aus eigener Beobachtung der ägyptischen Altertümer während eines zwölfjährigen Aufenthalts im Lande (1821–33), teil aus Untersuchungen und Zeichnungen anderer Wissenschaftler, so vor allem aus den Abbildungen ägyptischer Monumente, welche die Gelehrten, die Napoleon 1798–99 nach Ägypten begleitet hatten, in der »Description de l'Egypte« veröffentlichten, der ersten wissenschaftlichen Beschreibung des Niltals, die 1809–13 in Paris erschien. Überdies benutzte er andere, reich illustrierte Expeditionsberichte: die »Monumenti dell' Egitto e della Nubia« (Pisa 1832–44) und die Ergebnisse der Forschungen der von Jean-François Champollion und Ippolito Rosellini geleiteten französisch-toskanischen Expedition der Jahre 1828–29 sowie die »Denkmäler aus Aegypten und Aethiopien«. Bei ihnen handelt es sich um die Veröffentlichung der Aufnahmen der von Karl Richard Lepsius geleiteten preußischen Expedition der Jahre 1842–45, sie erschien 1849–59 in Berlin.

Andere Autoren folgten dem Beispiel Wilkinsons mit ähnlichen Abbildungswerken, die zuvor unbekannte Objekte, oft eigens nach der unmittelbaren Anschauung gezeichnet, der Wissenschaft zugänglich machten. Die Ergebnisse solcher Forschung bieten zwei für die gesamte ägyptische Altertumskunde fundamentale Publikationen, Jacques Vandiers »Manuel d'archéologie égyptienne«, vor allem der von der Skulptur handelnde dritte Band dieses Handbuchs (»Le statuaire«, Paris 1958), sowie die 1960 vom Brooklyn Museum veröffentlichte Monographie über »Egyptian Sculpture of the late Period 700 BC – 100 AD« von Bernard V. Bothmer.

Unterdessen wurden als Grabbeigaben auch erhaltene Kleidungsstücke gefunden. Es waren Dinge, wie man sie in Werken der Plastik und Malerei dargestellt sah, aber auch andere, die merkwürdigerweise so gut wie niemals gezeigt worden waren – so schien es jedenfalls. Zu den Funden gehörten die einfachen Gewandstücke des Architekten Cha, der zur Zeit der 18. Dynastie lebte und dessen Grab Schiaparelli 1906 unversehrt in Der el-Medine entdeckt und vollständig in das Ägyptische Museum in Turin gebracht hatte.

Unter Berücksichtigung aller bekannten Objekte legt Ermanno Zoffili hier eine Zusammenfassung unserer heutigen Kenntnisse hinsichtlich der Kleidung der altägyptischen Bevölkerung vor. Er beschreibt einzelne Kleidungsstücke, von Kopfbedeckungen und Perücken über Ober- und Unterkleidung bis zum Schuhwerk, modischem Zubehör und Schmuck, und zwar ebensowohl die Arbeitskleidung als auch Festgewänder, dabei von den Anfängen der ägyptischen Kultur bis zu deren Ende fortschreitend.

Auffallend ist zunächst ein Reichtum an Formen, wie man ihn sonst nirgends in der Alten Welt findet. Bald auch erkennt man, entsprechend der Entwicklung paralleler Kulturen, einen deutlichen Wandel der Kleidungstypen. Die spärliche Bekleidung aus einem Stück Stoff, wie sie im Alten Reich üblich war, wich zur Zeit des Mittleren Reiches weiten Gewändern in leichter, freier Tragform, bis dann im Neuen Reich die Kleidung aus mehreren verschiedenen Stücken bestand, die, oft in doppelten Lagen, Ober- und Unterkörper gesondert bedeckten. In der ptolemäisch-römischen Zeit zeichnet sich zwar ein Wandel in Anlehnung an orientalische und hellenistische Vorbilder ab, ebenso jedoch auch ein Festhalten an gewissen stilistischen Eigentümlichkeiten früherer Perioden.

Die Menschen Alt-Ägyptens verwendeten eine Fülle schmückenden Zubehörs: Diademe, bunte Bänder, Perlennetze, Kettenanhänger, Armbänder und dergleichen, Zierat und Schmuck, der in älteren Veröffentlichungen meist separat behandelt worden ist. Hier nun wird gezeigt, wie Perücken und Kleider getragen wurden und welche ästhetische Wirkungen sie hervorriefen. Offenbar gab es eine »Industrie«, die zu billigen Preisen Kleiderstoffe – gewöhnlich aus Leinen – wie auch das Rohmaterial für Modeschmuck lieferte, Glasperlen etwa, die Lapislazuli, Malachit, Karneol und andere Halbedelsteine imitierten. Auch schmückten die Ägypter sich gern mit Blumen, sei es mit einzelnen Blüten, sei es mit bunten Kränzen und Sträußen.

Der Verfasser betrachtet den Gegenstand seiner Studien nicht nur mit den Augen des Historikers, sondern auch, wie zumal die detaillierten Zeichnungen erkennen lassen, mit künstlerischem Blick. Hier findet sich denn auch die Machart der Kleidungsstücke beschrieben. Viele bestanden aus einem ungenähten Stück Stoff, das beim Anlegen jedesmal neu drapiert und geknotet werden mußte, mit der Möglichkeit fortwährenden Variierens nach eigenem Geschmack und Gutdünken. Insofern sind solche Kleidungsstücke dem Mantel der Griechen, der Toga der Römer und dem Turban der Orientalen vergleichbar, bei denen es sich im Unterschied zu den Sachen, die man heute von der Stange kauft, ebenfalls nicht um Kleidung handelt, die man tragen kann, wie sie geschneidert ist. Im Gegenteil, bei ihrem Anlegen bedarf es fast immer besonderer Fertigkeiten.

Alles das wirft ein neues Licht auf das Menschenbild der ägyptischen Kunst. Die hohe Eleganz der Erscheinungen, denen wir in den Statuen, Reliefs und Malereien begegnen, ist nicht das Werk von Modeschöpfern. Sie war vielmehr einer Volkstracht eigentümlich, die es jedem gestattete, sich sozusagen selbst zum Kunstwerk zu machen, auch mit bescheidenen Mitteln.

Silvio Curto
Ägyptisches Museum, Turin

LAND UND MENSCHEN

Wie Linguisten für die ägyptische Sprache eine afrikanische Abstammung nachzuweisen suchten, so haben sich manche Ägyptologen von der Annahme leiten lassen, die älteste Bevölkerung des Landes sei negroid gewesen. Die »Aufhellung« der Nachkommenschaft schreiben sie späterer hamitisch-semitischer Einwanderung zu.

Nur allzu oft war man geneigt, jeden Entwicklungsschritt der altägyptischen Kultur den Einfällen solcher hamitisch-semitischer Eindringlinge zuzuschreiben. Andererseits konnte Batrawi durch sorgfältige Untersuchung von Skelettfunden glaubhaft machen, daß der physische Typus der Bevölkerung Oberägyptens sich von der prädynastischen bis in die historische Zeit kaum verändert hat. Im allgemeinen waren während des untersuchten Zeitabschnitts die Bewohner Oberägyptens kleinwüchsig; sie hatten lange schmale Schädel und dunkles, welliges Haar, die Hautfarbe war dunkel.

Die Stabilität des genetischen Typus spricht nicht für eine häufige Überfremdung der eingeborenen Rasse durch fremdblütige Eroberer oder Zuwanderer, auch wenn sich nicht ausschließen läßt, daß von Zeit zu Zeit fremde Völker von gleichem Typ in Oberägypten einfielen. Skelettfunde aus Merimde, el-Omari und Maadi lassen darauf schließen, daß in prädynastischer Zeit die Bewohner des Deltas größer und kräftiger waren als die Bevölkerung Oberägyptens, auch waren ihre Schädel breiter. Morant sah in den Skelettfunden den Beweis für die Existenz eines besonderen »unterägyptischen Typs«, der noch zu hellenistischer Zeit im Norden vorgeherrscht und allmählich den Typus der Bewohner des Südens verändert habe. Auf den anthropologischen Befund gestützt, hat man neuerdings eine »dynastische Rasse« postuliert, »eine kultivierte Aristokratie, das heißt eine Rasse von Eroberern«, der sich die Einführung der protodynastischen Kultur zuschreiben lasse. W. B. Emery meint, die Eroberer seien von der Küste des Indischen Ozeans gekommen und könnten auch die sumerische Kultur begründet haben. I. E. S. Edwards hat sich vorsichtiger auf die Vermutung beschränkt, daß »das neue Wissen, das sie hätten mitgebracht haben können, die Beschleunigung des Kulturfortschritts erklären würde, die man in dieser Zeit beobachtet«. Nach Meinung von Derry drang zu Anfang der 1. Dynastie ein Volk in Ägypten ein, vermutlich aus Asien, denn sein Typus gleicht dem dort nachweisbaren armenoiden. Gegen Ende der 1. Dynastie wurden die Eindringlinge bis in die Gegend von Abydos im Süden verdrängt und vermischten sich dort allmählich mit der einheimischen Bevölkerung. Tatsächlich scheint die »dynastische Rasse«, von der Derry spricht, aus der – soweit wir wissen – autochthonen Bevölkerung Unterägyptens hervorgegangen zu sein. Wahrscheinlich bestanden schon in vorgeschichtlicher Zeit Beziehungen zwischen den Bewohnern des Nildeltas und denen der südwestlichen Länder Asiens, und eine gewisse Zuwanderung von dort könnte, wie dies auch später noch geschah, den Bevölkerungstypus wie auch die Kultur Unterägyptens beeinflußt haben.

Ein immer gleichbleibendes Land, eine sich nie hinter Wolken verbergende Sonne, ein Fluß, der jedes Jahr anschwillt und lebensspendend über seine Ufer tritt – dies waren die natürlichen Bedingungen, unter denen sich die geistigen Kräfte der Bevölkerung Ägyptens entfalteten. Kunst, Denken, Lebensstil, jedes Zeugnis menschlichen Gestaltens verrät schon in frühester Zeit ein statisches Weltbild, dessen Erscheinungen unveränderlich sind und dessen Wandel allein die ständige Wiederholung des Vergangenen ist.

In der ersten Morgendämmerung der Welt ließen die Götter das Land aus dem Urmeer auftauchen. Sie trennten das Himmelszelt von der Erde, die es bedeckte, und die Sonne schien aufs blaue Meer. Dann wurde das Leben geboren: Menschen, Tiere, Pflanzen, fließendes Wasser, die Erde selbst und die Felsengebirge. Alles wurde vom Augenblick, da es den ersten Namen empfing, für alle Zukunft definiert und bestimmt. Nichts blieb dem Zufall überlassen. Der regelmäßige Rhythmus der großen irdischen und kosmischen Phänomene – Tag und Nacht, Winter und Sommer, Flut und Ebbe des Nils, Geburt und Tod – lehrt, daß die Welt bei ihrer Erschaffung für alle Ewigkeit unveränderlich und ein für alle Mal geordnet worden war.

Das Gleichgewicht der Welt, die Harmonie ihrer Elemente, deren notwendiger Zusammenhalt, der die Beständigkeit der geschaffenen Formen garantiert, wird von den Ägyptern unter dem Begriff *Maat* verstanden. *Maat* ist die von den Göttern gewählte Erscheinung der Welt und die von ihnen eingerichtete Weltordnung, in der alles seinen Platz hat: die Wege der Sterne, die Abfolge der Tage, das Wohlbefinden der Lebewesen, religiöse Überzeugungen. *Maat* bezeichnet das kosmische Gleichgewicht, den regelmäßigen Wechsel der Jahreszeiten und dessen, was sie mit sich bringen. So hat die Schöpfung eine unwandelbare Form. *Maat*, verkörpert in der Göttin dieses Namens und symbolisiert in deren Emblem, der Feder, die sie auf dem Kopfe trägt, garantierte den Ägyptern Stabilität, Wahrheit und Gerechtigkeit. Wenn *Maat* dafür nicht sorgte, herrschten Chaos und Unordnung, wie während der Ersten und der Zweiten Zwischenzeit, in denen das Land der zentralen Regierung entbehrte.

Die Bevölkerung Alt-Ägyptens war hierarchisch nach Ständen gegliedert, kenntlich jeweils an entsprechenden Kleidern und Kleidungsattributen. So waren etwa die Angehörigen des Priesterstandes schon an ihrer Kleidung leicht von anderen Ägyptern zu unterscheiden. Gewisse Kleider waren ihnen verboten, wollene zumal, denn Wollstoff verunreinigte den Träger mit dem Wesen der Tiere, von denen er genommen war, und beleidigte die Heiligkeit der Orte, an denen die Priester ihren Dienst versahen. Das Verbot wurde offenbar streng beachtet, Zuwiderhandlungen zogen strenge Strafen nach sich. Die Gewänder mußten aus feinem Linnen und einfach geschnitten sein. Es scheint, daß die ägyptischen Priester bis zuletzt die strenge, einfache Tracht trugen, die in der Frühzeit der ägyptischen Kultur üblich war. Bestimmte Insignien wiesen auf entsprechende Funktionen im Tempeldienst hin. Den Lektor etwa erkannte man an der Schärpe über der Brust. Der Priester des Sem trug ein Pantherfell. Den Oberpriester von Heliopolis schmückte ein mit Sternen gesprenkeltes Fell, sein gleichgestellter Amtsbruder in Memphis hatte das Recht auf einen eigentümlich gestalteten Kragen und durfte eine zum Zopf geflochtene Schläfenlocke tragen. Von solchen Ausnahmen abgesehen aber fielen Priester vor allem durch die Schlichtheit ihrer Kleidung auf, sieht man ab von den Palmsandalen als Abzeichen ihres privilegierten Standes.

Nach Priestern und Kriegern nennt Herodot als weitere erbliche Stände die Kuhhirten, die Schweinehirten, die Krämer, die Dolmetscher und Steuerleute. Diesen waren vermutlich alle zuzurechnen, die ihren Lebensunterhalt auf dem Wasser verdienten, gleich ob sie seetüchtige Schiffe führten oder Papyrus-Boote, in denen man durch die Sümpfe auf Fischfang oder auf die Jagd nach Wild fuhr. Sklaven sind in diesen Ständen nicht einbegriffen, weil sie nicht wie die Frauen das Recht auf Standeszugehörigkeit besaßen. Freie aller Stände waren ihren Familien eng verbunden, den verstorbenen Angehörigen ebenso wie den Lebenden. Keimzelle der Familie war die Einehe. Polygamie scheint nicht vorgekommen zu sein, doch hielt sich mancher neben seiner Gattin Konkubinen. Ehen wurden oft zwischen Blutsverwandten geschlossen, kamen sogar unter nahen Blutsverwandten vor, wenn auch die Geschwisterehe ein Privileg des Königshauses war.

Bemerkenswert ist das hohe Maß an Freiheit, dessen sich im Reich der Pharaonen die Frauen erfreuten. Sie waren zu allen Funktionen zugelassen, allerdings war ihnen das Recht auf Zeugnisabgabe vor Gericht verwehrt. Sie hatten das Recht auf eigenen Besitz, auch in der Ehe, und konnten über ihr Eigentum frei verfügen. Aufschlußreich ist ein Dokument, der Papyrus Chicago 17.481, mit dem eine Frau ihrem Bräutigam eine große Summe Geldes übereignet, die ihr während der Ehe das Recht auf alle Freiheiten und Privilegien geben soll. Das Schriftstück wurde im 4. Jahrhundert aufgesetzt, die ihm zugrunde liegende Rechtsauffassung aber erhielt sich jahrhundertelang im wesentlichen unverändert.

Manche Forscher neigen zu der Annahme, daß in der Spätzeit Ägyptens Sklaverei unbekannt war. Der Versuch, Klarheit darüber zu gewinnen, scheitert an der Schwierigkeit des Vergleichs ähnlicher Einrichtungen unter anderen sozialen Umständen in anderen Kulturen und Zeiträumen. Manchmal lassen sich genaue Entsprechungen beobachten, meist jedoch muß man sich mit der Feststellung ungefährer Ähnlichkeiten begnügen.

Welche Umstände einen Ägypter zum Sklaven werden ließen, läßt sich schriftlichen Quellen nicht entnehmen, immerhin aber gab es zwei Gründe, die einen Menschen auch in Ägypten bewogen haben mögen, seine Freiheit zu verkaufen: Schulden und Hunger. Im übrigen scheinen Sklaven, ausländische sowohl wie ägyptische, in der Regel nicht übel behandelt worden zu sein. Das Verhältnis der Herren zu ihren Dienern war oft wohl ein mehr oder weniger stark paternalistisch geprägtes.

FORM- UND WESENSMERKMALE DER ALTÄGYPTISCHEN KUNST

Proportionen

Während seiner 1842–45 durchgeführten Forschungsreise entdeckte der Ägyptologe Karl Richard Lepsius in einem unvollendeten Grab in Saqqara eine Reihe von Figuren, die noch in dem Gitternetz standen, in das die Künstler ihre Maße übertragen hatten. Seither sind über hundert derart »eingerüstete« Darstellungen gefunden worden. Lepsius bemerkte, daß die Mittellinie bestimmter Figuren deren vertikale Achse bildete und daß diese von sechs horizontalen Linien gekreuzt wurde. Die Füße waren mit zwei roten Punkten bezeichnet. Aufgrund dieser Beobachtungen schloß er auf einen Kanon, ein festes Proportionssystem, das die Verhältnisse der einzelnen Körperteile zueinander bestimmte.

Schon 1849 veröffentlichte Lepsius die Erkenntnis, daß sich an bestimmten Proportionssystemen die großen Epochen der ägyptischen Kunst deutlich unterscheiden lassen. Nach Lepsius beherrschten drei verschiedene kanonische Systeme die Kunst des Alten, des Mittleren und des Neuen Reiches. So gelang Lepsius die, wie Erik Iversen 1975 feststellte, »grundlegende Erkenntnis, daß das Verhältnis zwischen Körpergröße, Länge des Arms und des Fußes usw. zugleich die Einheit des ägyptischen Maßsystems ausdrückte«. Die Ergebnisse der von Lepsius geführten Expedition wurden 1849–59 in Berlin in einem zwölfbändigen Tafelwerk veröffentlicht, einem Inventar bis dahin bekannter Denkmäler der altägyptischen Kunst mit Zeichnungen, Plänen und farbigen Lithos.

Verdient gemacht hat sich Lepsius vor allem mit seiner Bestimmung des Wesens der ägyptischen Kunst, die noch heute Gültigkeit hat oder – besser – deren Gültigkeit heute wieder erkannt wird. Er war einer der ersten, die in den Proportionen, die vom Alten Reich bis zum Ende der ägyptischen Kultur alle Darstellungen des menschlichen Körpers bestimmen, eine Eigentümlichkeit des Stils dieser Kunst sahen. Die materialistische Betrachtungsweise von Gelehrten der nachfolgenden Generation freilich hat den Wert der Entdeckung nicht recht erkannt. Namhafte Ägyptologen wie Gaston Maspero und G. Perrot gingen darüber hinweg mit der einfachen Erklärung, bei dem Gitternetz handele es sich um weiter nichts als eine technische Hilfskonstruktion zum Zweck der Übertragung der als Vorlage dienenden Zeichnung auf den Stein. Erst neuerdings ist der tiefere Sinn der von Lepsius gemachten Beobachtungen wieder wahrgenommen und Gegenstand eingehender, sehr interessanter Untersuchungen geworden.

Worin bestanden die Beziehungen zwischen dem Gitternetz der Ägypter, den Proportionen des menschlichen Körpers und den Längenmaßen? Auszugehen hat man bei der Betrachtung dieses Systems von der stehenden menschlichen Figur. Die Maßeinheiten, die sich in allen Proportionen der Figur wiederfinden, sind von Arm und Hand genommen, jenen Körperteilen, die Dinge herstellen und erschaffen. Das Grundmaß war die geballte Faust, sie wurde zum Maß jeder Proportion. Iversen hat nachgewiesen, daß das Maß der Seiten der Quadrate des Gitternetzes genau der über dem Handrücken mit Einschluß des Daumens gemessenen Breite einer

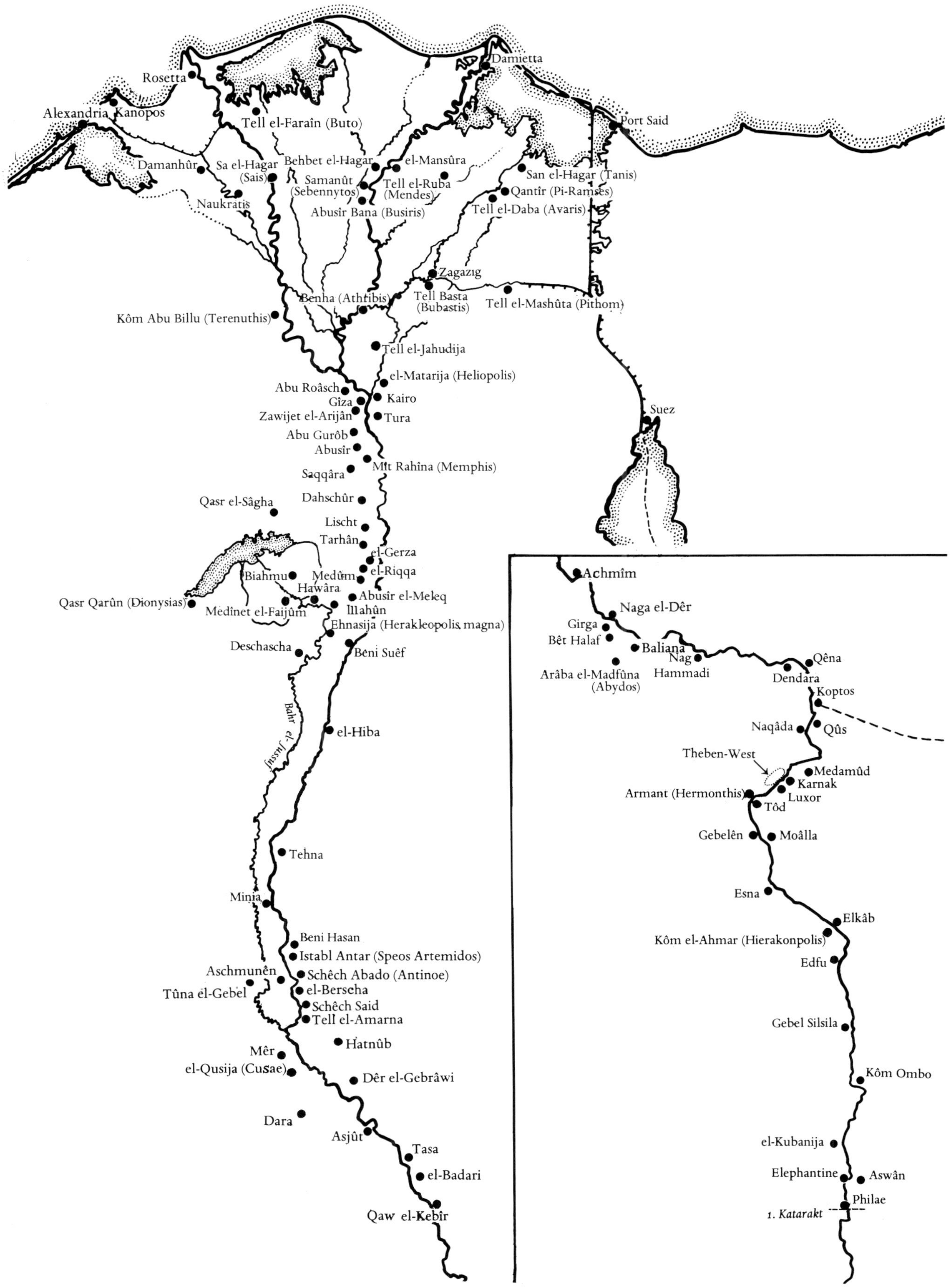

Das Land am Nil mit archäologischen Fundstätten und den Standorten bedeutender Baudenkmäler aus altägyptischer Zeit.

Zeittafel

Vordynastische Zeit um 5000 v. Chr.	Gemischte Bevölkerung mit sowohl semitischen als auch nubischen Zügen. Den vorgeschichtlichen Kulturen von Badari, Merimde und Naqada folgt um 3000 die Bildung eines oberägyptischen Reiches um El-Kab und eines unterägyptischen um Buto.	Früheste Keramik, dunkelrot und schwarz, später braun, mit schematischen Darstellungen von Schiffen, Menschen und Tieren; Terrakottafigurinen.
Einigung Ägyptens um 3100	König Narmer (nach griechischer Überlieferung: Menes) vereinigt Ober- und Unterägypten und gründet die Hauptstadt Memphis.	Ausbildung des Staates, der Religion und Gesellschaftsordnung. Kultische Schminkpaletten, Narmer-Palette.
Frühzeit 1. und 2. Dynastien, um 2955–2635		Königsgräber in Saqqara, Kenotaphe im heiligen Bezirk von Abydos. Früheste hieroglyphische Inschriften; Herstellung von künstlerisch gestalteten Steingefäßen.
Altes Reich 3.–6. Dynastien, um 2635–2155		
1. Dynastie: Djoser, um 2620–2600		Der Arzt und Architekt Imhotep erbaut für König Djoser die Stufenpyramide in Saqqara; erste königliche Bildnisstatuen.
4. Dynastie, um 2570–2545: Snofru, Cheops, Chephren, Mykerinos		Pyramidenzeit. Errichtung der Pyramiden von Dahschur, Medum und Giza, von denen die des Cheops im Altertum als eines der Sieben Weltwunder galt. Ausbildung des Formenkanons der Kunst. Bildnisstatuen zeigen den Herrscher als Gottkönig. Bemalte Reliefs in Gräbern der Vornehmen mit Szenen des täglichen Lebens.
5. Dynastie, um 2450–2290: Sahure, Niuserre, Unas		Die königliche Nekropole wird nach Abusir verlegt. Der Kult des Sonnengottes Re wird Staatsreligion, zunehmendes Erstarken des Beamtenadels. Hieratische Texte auf Papyrus. Die kleine Pyramide des letzten Königs der 5. Dynastie, Unas, in Saqqara ist die älteste, in deren Grabkammer die Wände mit Texten geschmückt sind (sog. Pyramidentexte).
6. Dynastie, um 2290–2155: Teti, Pepi I., Pepi II.		Stark zerstörte kleine Pyramiden mit „Pyramidentexten“ (zum Gebrauch der verstorbenen Könige), größtenteils in Saqqara.
Erste Zwischenzeit 7.–10. Dynastien, um 2155–2133	Zusammenbruch des Einheitsstaates. Denkmäler und schriftliche Zeugnisse aus dieser Zeit sind selten.	
Mittleres Reich 11. und 12. Dynastien, um 2133–1786	Mentuhotep II. von Theben vereinigt Ägypten von neuem. Starke Könige, die in der 11. Dynastie die Namen Amenemhet und Sesostris führen. Anlage einer neuen Hauptstadt im Faijum (Krokodilopolis).	Totentempel Mentuhoteps II. in Der el-Bahari. Kleinere Pyramiden in Hawara, Lischt, Illahun und Dahschur. Altersporträts Sesostris' III. und Amenemhets III. zeigen die Gottkönige mit menschlich-sorgenvollen Mienen. Unter Amenemhet III. Erschließung des Faijum durch Anlage des Moeris-Sees. Felsengräber der Gaufürsten in Beni Hasan. Holzmodelle von Szenen aus dem Alltag im Grab des Güterverwalters der Könige Mentuhotep II. und III., Mektire.
Zweite Zwischenzeit 13.–17. Dynastien, um 1786–1567	Innenpolitische Wirren begünstigen den Einfall der Hyksos, asiatischer Nomaden, die nunmehr von der Residenz Avaris im Ostdelta aus das Land beherrschen, bis Ahmose, ein Fürst von Theben, sie vertreibt.	In Baudenkmälern und Großplastiken Zunahme vorderasiatischer Einflüsse; zugleich lebt der Stil des Mittleren Reiches in privaten wie auch in königlichen Werken fort. Skarabäen mit verschlungenen Ornamenten oder den Namen von Königen der Hyksos an der Unterseite sind häufige Zeugnisse der Kunst dieser Zeit.

Neues Reich 18.–20. Dynastien, um 1567–1085	Ahmose gründet die 18. Dynastie. Unter seinen größtenteils Thutmosis und Amenophis geheißenen Nachfolgern sind eine Reihe bedeutender Herrscher. Eroberungen in Asien. Unter Thutmosis III. erhält das Reich seine größte Ausdehnung (vom Euphrat bis zum IV. Nilkatarakt). Diplomatischer und Handelsverkehr mit Assyrien und Babylonien unter Amenophis III. Amenophis IV. (Echnaton) führt eine neue Religion ein, die Verehrung Atons, der Sonnenscheibe. Wiederherstellung der alten Religion nach seinem Tod. Tutanchamun und Haremhab sind die letzten Könige der 18. Dynastie. Zunahme ausländischer Einflüsse in Ägypten. Nach dem Tod des Königs Merenptah (um 1214) ist das Reich in Gefahr zu zerfallen und von libyschen und asiatischen Völkern überrannt zu werden. Um 1200 begründet Sethnacht die 20. Dynastie. Sein Sohn, Ramses III., kann die Ägypten bedrängenden „Seevölker" zurückschlagen.	Schmuck aus den Gräbern Kamoses und der Königin Ahhotep. Begräbnisstätten bei Theben; Darstellungen von Szenen des täglichen Lebens in Grabkammern der Vornehmen. Um 1512 wird Thutmosis I. in dem ersten Felsengrab im Tal der Könige bestattet. Totentempel der Königin Hatschepsut in Der el-Bahari. Amun-Tempel in Luxor und Karnak. Unter Echnaton (1379–1362) wird für kurze Zeit die Residenz nach Norden verlegt und Echetaton genannt, heute Tell el-Amarna. Kurze Blüte des expressiven Amarna-Stils. Fast unversehrt wurde 1922 das Grab Tutanchamuns im Tal der Könige gefunden. Tempelbauten Sethos' I. und Ramses' II. in Abydos sowie von Ramses II. und Nefertari in Abu Simbel. Königliche Totentempel auf dem westlichen Ufer des Nils bei Theben; Ramesseum, Medinet Habu.
Spätzeit 21.–30. Dynastien, um 1085–343	21. Dynastie. Der Hohepriester des Amun in Theben, Herihor, stößt den letzten Ramessiden vom Thron. In Tanis im Delta erhebt sich eine neue Dynastie.	Reich ausgestattete Königsgräber in Tanis. Goldene Mumienmasken, silberne Särge, Goldschmuck.
	22. Dynastie. Könige libyscher Herkunft gründen eine neue Residenz in Bubastis; Theben verfällt. Um 945–715.	Kunst und Wissenschaft blühen wieder auf, sog. Renaissanceperiode Ägyptens. Die Künstler, zumal die Bildhauer, orientieren sich an Werken des Mittleren und Alten Reiches.
	25. Dynastie, Kuschiten. Um 747–656.	In der Rundplastik Ausbildung eines realistischen Stils.
	26. Dynastie, sog. Saiten-Zeit. Um 664–525.	
	27. Dynastie. Kambyses, der 525 den letzten König der vorhergehenden Dynastie bei Pelusium besiegt, begründet die persische Herrschaft über Ägypten. Beim Zerfall des Perserreichs machen die Ägypter sich nochmals unabhängig. Unter Artaxerxes III., 342–338, erobern die Perser Ägypten zurück. Mit dem Tode Nektanebos' endet 342 die 30. Dynastie und die Geschichte des pharaonischen Ägypten.	Um 450 besucht Herodot Ägypten und beschreibt Religion, Verwaltung, Sitten und Gebräuche des Landes. Während der 29. und 30. Dynastie deutliche Steigerung der künstlerischen Produktivität, auch in der Architektur, teilweise mit Rückgriffen auf ältere Formen und Motive. Porträtrealismus in der Skulptur; Zunahme griechischer Einflüsse.
Persische Könige 343–332	Ägypten wird persische Provinz.	
Makedonische Könige 323–305	Alexander der Große erobert Ägypten 332; bei seinem Tod, 323, wird Ptolemäus, Sohn des Lagus, als Statthalter eingesetzt. Nachdem Philippus Arrhidäos gestorben und der junge Alexander II. ermordet worden ist (311), besteigt 305 Ptolemäus den Thron der Pharaonen.	
Die Ptolemäer 305–30	Ptolemäus begründet eine Dynastie, die für einige Zeit Ägypten noch einmal zu einem reichen und mächtigen Staat macht. Später kommt es zu inneren Wirren und Bruderkriegen, bis nach dem Selbstmord der letzten Königin des Geschlechts, Kleopatra VII., Ägypten römische Provinz wird.	Große Tempelbauten in Dendera, Edfu und Philae halten die Fiktion einer Fortdauer des Pharaonenreiches aufrecht. Starker Handelsverkehr mit den Ländern am Mittelmeer, entsprechende Einflüsse in der Kunst. Bau des Leuchtturms von Alexandria. 196 Anbringung der zweisprachigen Inschrift am „Rosetta-Stein", die Champollion die Entzifferung der Hieroglyphen ermöglichte.
Römische Zeit bis zur Teilung des Reiches, 30 v. Chr.–395 n. Chr.		Neue Tempel zeigen jetzt der Einfluß der römischen Architektur, so zur Zeit des Claudius, 41–54, in Esna und unter der Regierung Trajans, 98–117, in Philae.

Hand entspricht. Sobald aber die Beziehung zwischen der Seitenlänge der Quadrate und der Breite der Faust erkannt war, war es möglich, die übrigen Proportionen festzulegen.

Der ausgestreckte Arm mit offener Hand gehört zu den in der ägyptischen Kunst am häufigsten dargestellten Gebärden. Von ihr ist das wichtigste Längenmaß genommen, die Elle. Die kleine Elle wurde vom Ellenbogen bis zur Spitze des Daumens gemessen, sie betrug sechs Handbreit. Eine Handbreit maß vier Finger. Diese Skala wurde durch die Unterteilung des Fingers nach unten fortgesetzt, Lepsius zufolge bis zu Einheiten, die nicht viel größer waren als unsere Millimeter. Die kleine Elle war das im »alten Kanon« gebräuchlichste Längenmaß. Danach wurde die Größe eines Mannes von den Fußsohlen bis zum Haaransatz über der Stirn (oder bis zum Ansatz der Perücke) gemessen. Die kleine Elle und die Handbreite bezogen sich auf die Quadrate des Gitternetzes; die Elle maß viereinhalb Quadrate, die Handbreit dreiviertel. Der menschliche Körper, dem alten Kanon zufolge, maß 18 Quadrate. Das entsprach der Länge von 18 Fäusten oder vier Ellen oder sechs Fuß (ein Fuß war drei Quadrate lang) oder 24 Handbreit (ausschließlich des Daumens gemessen). Aus diesen Verhältnissen ergab sich die Beziehung zwischen Proportionen und Längenmaßen.

Neben der kleinen Elle gab es die große Königliche Elle, die um eine Handbreit länger war und vom Ellenbogen bis zur Spitze des Mittelfingers gemessen wurde; sie entsprach sieben Handbreiten. Lepsius wies darauf hin, daß es sich hier zwar um ein besonderes Maß handelt, das die kleine Elle voraussetzt, nachweislich aber schon sehr früh in Gebrauch gewesen ist, noch vor der Errichtung der ältesten Steinbauwerke, bei denen es zur Anwendung kam.

Wo es eigene Landsleute darzustellen galt, waren Vorbilder zu beachten, der von der königlichen Familie und dem Adel favorisierte Typus besaß Verbindlichkeit. Aus dem bunten Leben gegriffene Szenen ließen sich jedoch am Rande selbst von höfischen Auftragsarbeiten unterbringen. Dabei genossen die Künstler es sichtlich, das einfache Volk bei alltäglichem Tun und Treiben zu zeigen, Männer, die laufen oder am Boden hocken, oder Mädchen, die, wie auf einem in Berlin aufbewahrten Ostrakon, große Krüge reinigen.

Die Augen so zu bilden, daß sie dem Dargestellten Leben verleihen, haben sich die Künstler der ältesten Zeit offenbar gescheut. Erst als diese Zurückhaltung überwunden war, haben Bildhauer, begeistert von dem neuen Vermögen, ihren Skulpturen mittels farbiger Betonung die Augen zu wachem Leben geöffnet. Das innerste Leben der aus der Nähe von Saqqara stammenden, im Louvre befindlichen steinernen Statue eines Schreibers der 5. Dynastie spricht aus den Augen. Der Mann hockt auf gekreuzt untergeschlagenen Beinen mit gerade aufgerichtetem Oberkörper. Die Augen, von einem Kupferrand eingefaßt, bestehen aus Alabaster, schwarzem Stein und – für die Pupille – aus Silber. Sie blicken in die Ferne wie in Erwartung einer Botschaft aus der Ewigkeit, die auf dem Papyrus festzuhalten wäre, der auf den Oberschenkeln liegt. Dargestellt ist der Richter und Provinzgouverneur Kai. Es waren sumerische Vorbilder, welche die Kunst der altägyptischen Bildhauer entwickeln halfen, bis diese dann zu einer gänzlich eigenen Formensprache fanden.

Von entscheidender Bedeutung war die Entdeckung des Aufbaus des menschlichen Körpers. Davon zeugen bereits die Statuen des Königs Djoser, Reliefdarstellungen dieses Königs in den unterirdischen Gängen in Saqqara sowie die hölzernen Reliefs aus der Mastaba des Hesire, gleichfalls während der 3. Dynastie, um 2600 v. Chr., entstanden. Was die Modellierung angeht, so ist schon in den hundert Jahren zwischen der Kalksteinstatue des Djoser und der Sitzfigur des Königs Chephren, eines Herrschers der 4. Dynastie, ein Fortschritt zu beobachten. Damals auch, mit der besseren Beherrschung der bildnerischen Mittel und dem wachsenden Interesse an einer lebensnahen Darstellung des menschlichen Körpers, verschaffte sich auch weibliche Schönheit mehr und mehr Geltung in der ägyptischen Kunst, nicht nur in der Skulptur.

DER HERRSCHER

Der Herrscher, der Pharao, war die Autorität, mit welcher das ganze System Alt-Ägyptens stand und fiel. Er war die Verkörperung der Gottheit, irdischer Repräsentant des Gottes Horus und mithin verantwortlich für die Aufrechterhaltung der Weltordnung. Dieser Verantwortlichkeit genügte er auf dreierlei Weise: Als Priester aller Götter Ägyptens bewahrte er die Macht der Götter; als Verwalter sorgte er für Wohlstand und Sicherheit seiner Untertanen; als Krieger bewahrte er das Land vor äußeren Feinden und bemühte sich um Frieden. In königlichen Dokumenten findet man den Herrscher als »Majestät« bezeichnet, als »Herrn der beiden Länder« und als den »Obersten Herrn Ägyptens«.

Die Ikonographie der Pharaonen zeigt gewisse traditionelle Motive, die aber nicht ohne Änderung und Abweichung durch die Jahrhunderte wiederholt werden. Lange behielten die Kopfbedeckungen eine überlieferte Form – dies gilt vor allem für die Kronen Ober- und Unterägyptens –, ebenso wie der königliche Lendenschurz mit Stier- und Löwenschwanz als Insignien und der Zeremonialbart. Manchmal findet sich jedoch die Hervorhebung eines bestimmten Motivs. So war während der Herrschaft der Dynastie von Saïs die Blaue Krone besonders beliebt, wahrscheinlich aus zwei Gründen: einmal, weil keiner der nubischen Eroberer Ägyptens, deren Macht in Oberägypten Psammetich I. bei der Gründung der Saïten-Dynastie gebrochen hatte, die Blaue Krone jemals trug, zweitens, weil diese Krone, den Träger in der Legitimität seiner Herrschaft bestätigend, Zweifel an der Legitimität der Herrscher aus Saïs abzuwehren geeignet war.

Der aufgebahrte Tutanchamun; Kairo, Ägyptisches Museum. – Die Kleinplastik aus Holz wurde dem König von seinem Hofbeamten Maja ins Grab gegeben. Der ruhende Verstorbene trägt des Nemes-Kopftuch; er wird bewacht von einem Falken und – auf der Abbildung nicht sichtbar – von dem menschenköpfigen Seelenvogel Ba.

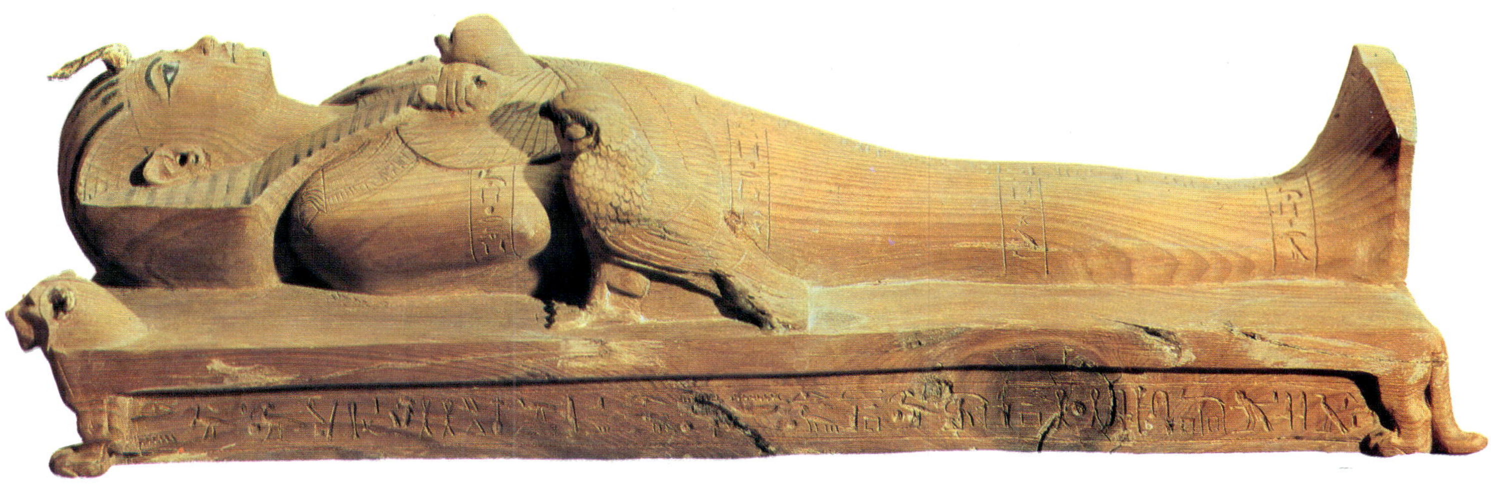

DIE KRIEGER

Die Krieger bildeten in Alt-Ägypten einen eigenen Stand. Der Rang geht aus einem 495–494 v. Chr. erlassenen Dekret Darius' I. hervor, dessen Text auf der Rückseite der »Demotischen Chronik« erhalten ist. Drei Stände werden zu Beginn dieses Dekrets genannt, die bei der Einführung neuer Gesetze zu Rate zu ziehen seien: Krieger, Priester und Schreiber – die Krieger an erster Stelle.

Der Kriegerstand stammte größtenteils, wenn nicht gänzlich von libyschen Söldnern ab, die sich zur Zeit des Neuen Reiches in Ägypten niedergelassen hatten oder später eingewandert waren, was anscheinend zugelassen wurde unter der Bedingung, daß sie im Bedarfsfall dem Pharao als Soldaten zur Verfügung stehen müßten. Die Krieger waren überwiegend im Delta ansässig, wo sie einen großen und mächtigen Teil der Bevölkerung ausmachten. Sie bildeten praktisch autonome Fürstentümer, von denen einige bis zur Regierungszeit Psammetichs bestanden und erst dann seinem Herrschaftsbereich einverleibt wurden. Der Verlust der politischen Unabhängigkeit minderte jedoch durchaus nicht das Gewicht des Kriegerstandes im Rate des Königs, bis zum Ende der Pharaonen-Herrschaft leisteten vielmehr jene Nachkommen von Libyern dem ägyptischen König Kriegsdienste. Der Saïten-Dynastie dienten sie als Fußheer, vor allem aber stellten sie die Leibwache des Pharao, hatten also eine den Prätorianern im späten Römischen Kaiserreich vergleichbare Stellung. In der Zeit der Perserherrschaft taten sie vor allem als Seeleute Dienst, zeichneten sich aber später, bei den Feldzügen Tachos und Nektabenos' II., auch zu Lande wieder als gute Soldaten aus. Bemerkenswert ist, daß aus dem 4. Jahrhundert, in dem sie hauptsächlich zu Fuß kämpften, Diodorus Siculus von ägyptischer Reiterei berichtet, möglicherweise rekrutierte auch sie sich aus den Reihen der Delta-Bewohner. Herodot zufolge zählte das Heer zur Zeit seiner größten Stärke insgesamt 410 000 Mann.

Goldenes Pektorale mit der Kartusche Ramses' II.; Paris, Louvre. – Dargestellt sind, in den Gestalten eines Geiers mit ausgebreiteten Flügeln und einer Uräusschlange, die Göttinnen Wadjet und Buto. Die Goldschmiedearbeit mit Zellenschmelzeinlagen wurde 1852 im Grab eines Sohnes des Königs entdeckt.

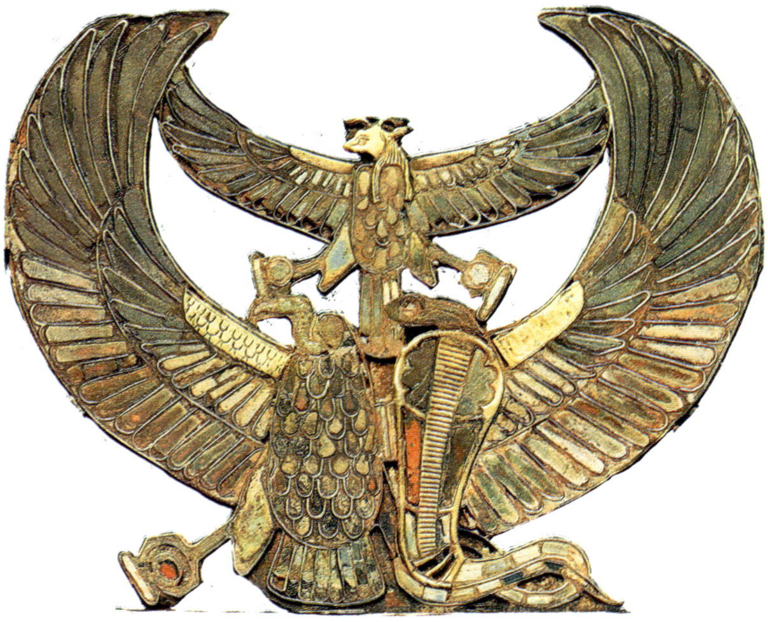

DIE PRIESTER

Macht und Ansehen der Tempel zogen viele Bewerber um das Priesteramt an, doch war es einigermaßen schwierig, zur Ausübung der priesterlichen Pflichten zugelassen zu werden. Der Pharao selbst bekleidete das Amt des obersten Priesters aller Götter Ägyptens, offiziell war er als einziger qualifiziert, die wichtigsten Riten im Allerheiligsten der Tempel zu feiern, wo sich das Bild der Gottheit befand. Neben ihm anwesende Priester waren nur seine Gehilfen und übernahmen nur untergeordnete Funktionen. Da der Pharao seinen priesterlichen Pflichten nicht in allen Tempeln seines Reiches nachkommen konnte, mußte er Leute delegieren, die ihn vertraten, wo er nicht selbst anwesend sein konnte. Rituell wurde der erste Diener des Gottes mit dem Pharao selbst identifiziert, doch waren die obersten Priester und ihre Assistenten insofern rechtlich gleichgestellt, als sie alle vom Pharao in ihre Ämter berufen werden mußten. In der Praxis freilich war das Verhältnis des Priesterstandes zum Pharao verwickelter, denn es gab einen Widerspruch zwischen dem Recht des Herrschers, die Priester zu ernennen, und dem Prinzip der Erblichkeit der Priesterwürden, der häufige Spannungen zur Folge hatte.

Die Priester erhielten einen Großteil ihrer Entlohnung in Form von Naturalien.

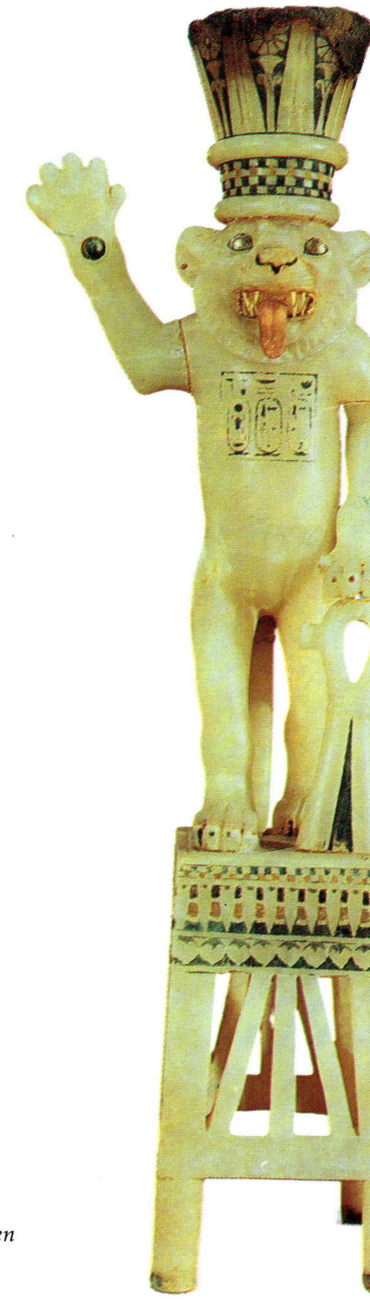

Salbgefäß aus Alabaster in Löwengestalt; Kairo, Ägyptisches Museum. – Als Behältnis für die Salbe diente der Kopfputz des stehenden jungen Löwen, dessen linke Vordertatze auf dem Hieroglyphenzeichen für »Schutz« ruht. Die Schrift auf der Brust des Tieres verrät die Namen der Besitzer des Gefäßes: Tutanchamun und dessen Gemahlin Anchesenamun.

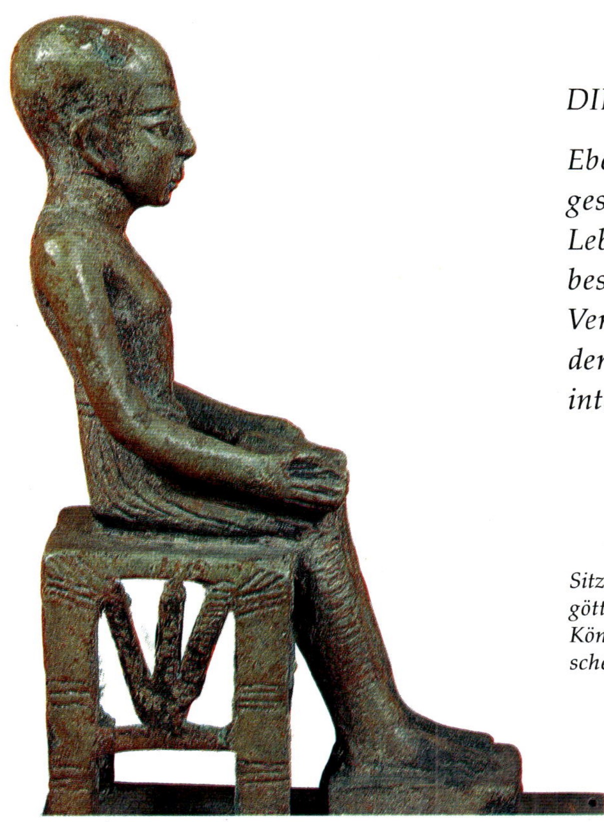

DIE BEAMTEN

Ebenso wie die Priester bildeten die Regierungsbeamten eine wichtige gesellschaftliche Gruppe. Ihre Tätigkeit kommt in allen Aspekten des Lebens der Ägypter zur Geltung. Überall wirkten Beamte, von den bescheidenen Schreibern, die sich um die Einzelheiten der örtlichen Verwaltung zu kümmern hatten, bis zu den hohen Staatsbeamten in der Hauptstadt, deren Pflichten Angelegenheiten von nationaler und internationaler Bedeutung betrafen.

Sitzstatuette des Imhotep. Die kleine Bronzefigur zeigt Imhotep, dem in der Spätzeit göttliche Ehren zuteil wurden. Er lebte in der Zeit der 3. Dynastie und war Minister des Königs Djoser, für den er die Stufenpyramide von Saqqara errichten ließ. Nach altägyptischer Tradition gilt Imhotep als »Erfinder« der Steinbauweise.

AUSLÄNDER UND FREMDE

In der Spätzeit des ägyptischen Reiches stellten Ausländer einen nicht zu übersehenden Anteil der Bevölkerung. Die Orte ihrer Herkunft und die Gründe ihres Aufenthalts in Ägypten waren sehr unterschiedlich. Sie waren Kaufleute, Söldner, Reisende, Studenten, Verbündete ebenso wie fremde Eroberer, Angehörige fast aller am östlichen Mittelmeer beheimateten Volksgruppen.

Herodot erwähnt ein Orakel des Amun-Re in Siwa, in dem der Gott ausdrücklich erklärt, daß »alles, was der Nil überschwemmt, zu Ägypten gehört«, alle, die unterhalb Elephantine wohnten und Nilwasser tränken, seien Ägypter. Andererseits teilt Herodot mit, daß die Ägypter alle für Barbaren hielten, die nicht ihre Sprache redeten. Daraus geht hervor, daß die Ägypter sich von den Fremdvölkern abgrenzten, ohne dabei Rassenunterschiede geltend zu machen. Wohnort und Kultur waren die Kriterien, nicht körperliche Merkmale.

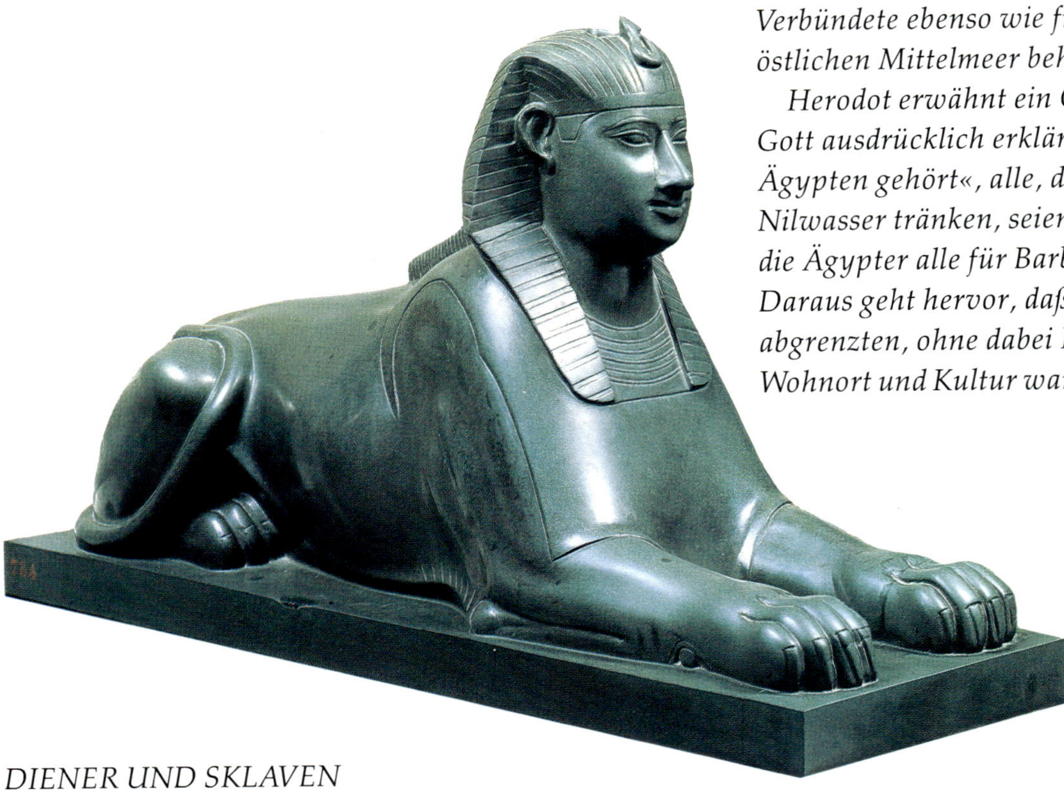

Sphinx; Rom, Villa Borghese. – Die Sphinx – nach altägyptischer Vorstellung ist ihr Geschlecht männlich – ist ein Emblem des Königs. Entsprechend trägt sie das Nemes-Kopftuch, nicht selten auch die Züge eines bestimmten Herrschers. Die abgebildete Figur gehört der ptolemäischen Zeit an.

DIENER UND SKLAVEN

Dienstleute gab es schon in den frühen Perioden der altägyptischen Geschichte. Sie arbeiteten auf den Ländereien des Pharao, der Tempel und der reicheren Landbesitzer. Manche waren als Dienstleute geboren, andere Kriegsgefangene, wieder andere waren für Straftaten zur Zwangsarbeit verurteilt worden. Dokumente über die Institution der Leibeigenschaft liegen aus jener Zeit kaum vor, unzweifelhaft aber waren Dienstleute eine deutlich unterschiedene Gruppe innerhalb der Bevölkerung. Man findet sie unter den Geschenken genannt, die 665 v. Chr. Psammetich der Nitokris machte, und die Stele des Apries in Memphis lehrt, daß Diener zu einer Schenkung des Souveräns zugunsten des Gottes Ptah gehörten. In der Spätzeit war Sklaverei gesetzlich anerkannt, es haben sich aus dieser Zeit sogar Kaufverträge erhalten. Rechtlich gesehen konnte ein Sklave kein Eigentum besitzen, er war lebendige Habe und konnte nach Gutdünken ver- und gekauft werden. Gleichwohl konnte ein Sklave seinen Status anfechten. Viele Sklaven müssen Ausländer gewesen sein, die aus verschiedenen Gründen in das Land am Nil gekommen waren, sei es als Kriegsgefangene der Ägypter oder über den internationalen Sklavenhandel. Doch auch gebürtige Ägypter konnten in den Zustand der Sklaverei geraten.

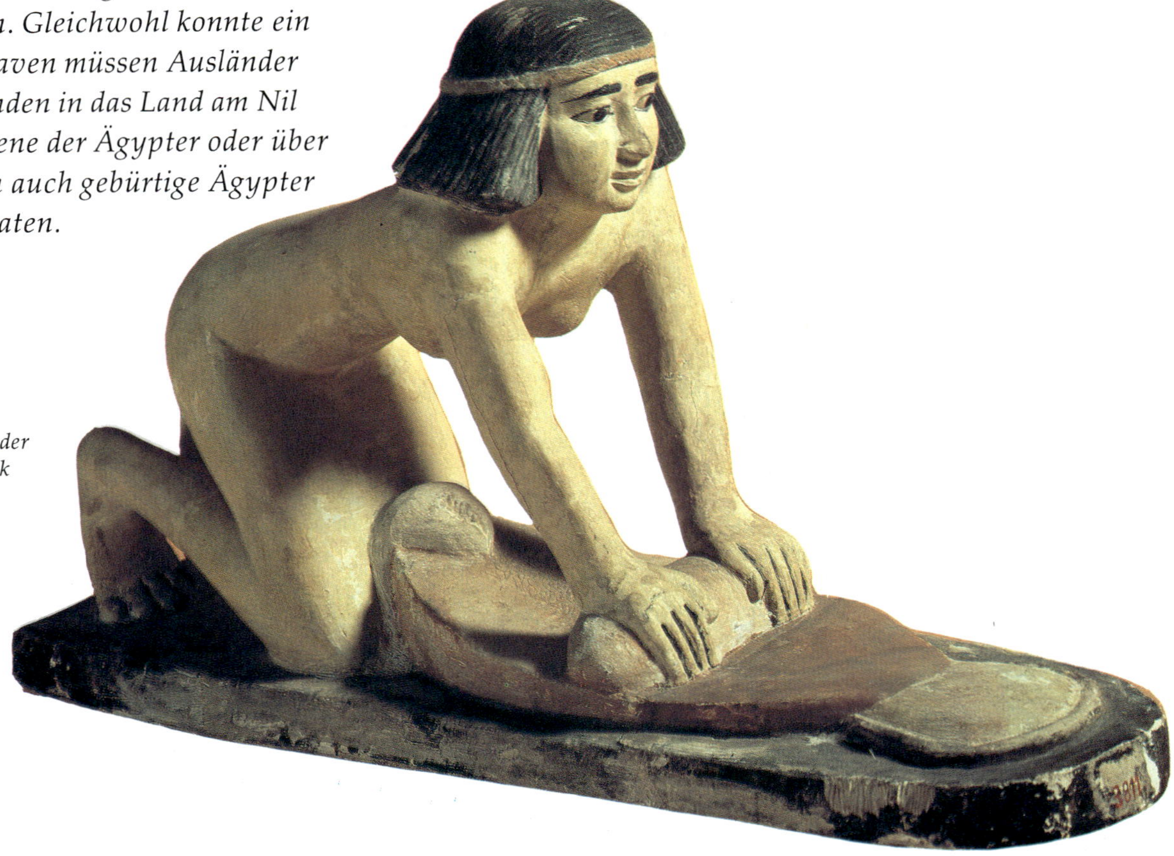

Kornmahlende Dienerin; Florenz, Museo Archeologico. – Die kleine bemalte Kalksteinfigur aus der Zeit der 5. Dynastie vermittelt einen Einblick in die alltägliche Arbeitswelt Alt-Ägyptens.

Hinweise auf den Gebrauch des Kanons während des Alten und des Mittleren Reiches sind selten. Dennoch zeigt der Schmuck zweier in Saqqara gefundener Gräber, daß sich die Künstler der für spätere Zeiten besser belegten Methoden schon früh bedienten. Ein unvollendetes Wandbild im Grab des Neferherptah (5. Dynastie) zeigt Vögel und Vogelfänger rot entworfen und schwarz korrigiert. Dabei handelt es sich um die Vorzeichnung für ein Relief – hätte der Künstler sein Werk vollendet, wäre die Malerei vom Meißel getilgt worden. Das Gitternetz für die Proportionen der Figuren ist nicht mehr zu erkennen, doch läßt die Zeichnung darauf schließen, daß es existiert hat. Die Umrisse waren so gezeichnet, daß sie leicht gelöscht werden konnten.

In der Mastaba des Mereruka, eines Adligen aus der frühen 6. Dynastie, ist das Gitter in großem Maßstab angelegt unter der Darstellung der dem Toten dargebrachten Speisen. Hier scheint das Gitter nicht nur zur Festlegung der Proportionen gedient zu haben, sondern auch zur Ordnung der dargestellten Gegenstände in der Fläche. Bilder von Opfertieren an einer anderen Stelle sieht man oben durch horizontale, seitlich durch vertikale Linien abgegrenzt. In der gleichen Grabkammer fanden sich Reste weiterer Vorzeichnungen. Einige der ausgeführten Darstellungen folgen der Vorzeichnung genau, während andere nicht wenige der zunächst vorgesehenen Einzelheiten weglassen. Daß ein strenges System die Kompositionen beherrscht, wenn auch dessen Gerüst nicht mehr vollständig nachweisbar ist, scheint offensichtlich. In jener frühen Zeit gab es wohl Muster für den Umriß, vermutlich war das in späteren Zeiten allgemein übliche Gitter noch nicht gebräuchlich.

Seit Beginn des Neuen Reiches mißt die menschliche Gestalt nicht mehr 18 Quadrate von den Fußsohlen bis zum Haaransatz, sondern 21 von den Fußsohlen bis zu einem neuen Bezugspunkt zwischen Nasenwurzel und Auge. Diese Modifikation scheint mit einer Neubewertung der kleinen Elle einherzugehen, die nun der »revidierten« Elle weicht. Sie entspricht der Länge des Unterarms vom Ellenbogen bis zur Spitze des Mittelfingers (früher wurde bis zum Daumen gemessen). Von nun an ist die Seite eines Gitterquadrats gleich einem Sechstel der verbesserten Elle oder einer großen Spanne.

Solchen Normen gehorchend, stellte der Künstler Figuren mittels einer Serie von festen und in gegenseitiger Abhängigkeit stehenden Proportionen dar, die ein zusammenhängendes Gesamtbild ergaben. Verschiedene Arbeiten zeigen, wie ein Meister die Fehler seiner Schüler berichtigte. So hat etwa auf überlieferten Schülerzeichnungen der Meister eine Faust oder eine geöffnete Hand gezeichnet, um das rechte Maß für andere Körperteile anzugeben, etwa die Höhe des Gesichts vom Kinn bis zum Haaransatz. Auch diente das Gitter nicht nur als Anleitung zum maßgerechten Aufbau der Figur, sondern auch zur Übertragung einer kleinen Zeichnung in größeren Maßstab. Belegt wird die Gebräuchlichkeit des Verfahrens durch Vorzeichnungen auf Kalksteinplättchen, die mit einem solchen Gitter versehen sind, sowie durch die nach diesen Zeichnungen in größerem Maßstab ausgeführten Bilder an den Wänden verschiedener Gräber. Die Tradition erhielt sich im wesentlichen unverändert von der 1. bis zur 26. Dynastie. Unterbrochen finden wir sie allerdings in Zeiten künstlerischen Niedergangs, so in der Ersten und in der Zweiten Zwischenzeit und während der Regierungszeit des Pharaos Amenophis IV.-Echnaton.

Das Herrscherbildnis

Der König, dargestellt in seinen vielen Funktionen, ist natürlich einer der Hauptgegenstände der ägyptischen Kunst: Der Pharao wird von Göttern empfangen, denen er Opfer darbringt; der Pharao leitet Zeremonien, er zieht in den Krieg, er geht auf die Jagd. Alles dies sieht man dargestellt auf Tempel- und Grabreliefs. Für einige derartige Bilder blieben Vorlagen und Muster in kleinem Maßstab erhalten; sie waren Hilfen für Künstler, die auf die Ausführung von offiziellen und königlichen Aufträgen spezialisiert waren. Für die Ägypter war der Pharao über jede menschliche Unvollkommenheit erhaben. Heute kennt man die Stilmerkmale der Kunst einzelner Perioden und kann deshalb die Werke datieren entsprechend den Formen, in denen die göttliche Vollkommenheit des Herrschers dargestellt wurde.

Während des Alten Reiches galt der Pharao als Gott-König, unendlich hoch über dem Leben des gewöhnlichen Sterblichen stehend. Erst im Mittleren Reich, vor allem während der 12. Dynastie, entstanden Bilder des Herrschers, die sein Gesicht von irdischen Sorgen gezeichnet zeigen. Losgelöst davon bemühten sich die Künstler zu allen Zeiten, den Darstellungen des Königs eine gewisse Ähnlichkeit mit dem wirklichen Erscheinungsbild zu geben. So sind uns die Züge Djosers, die des Mykerinos, Thutmosis' III. oder Echnatons bekannt, zwar in offiziellen, idealisierten Darstellungen, aber doch mit jeweils deutlich individueller Prägung.

Von den Künstlern Alt-Ägyptens wurde die Fähigkeit erwartet, den Menschen in allen seinen Aspekten darzustellen. Der Künstler hatte die Aufgabe, Bilder für die Ewigkeit zu schaffen, und war somit gehalten, zu idealisieren. Andererseits war er bemüht, bei der Darstellung von Menschen jede Form einer verallgemeinerten Type zu vermeiden, mitunter gelangen ihm sogar Bilder unverwechselbarer Individuen. So erkennt man oft in unterschiedlichen Darstellungen, auch solchen verschiedenen Materials, zweifelsfrei Bilder ein und derselben Person. Beispiele dafür sind etwa die Darstellungen Senenmuts, des Architekten und Günstlings der Königin Hatschepsut, besonders jene, die sein Grab in den Felsen unter dem äußeren Vorhof des Tempels seiner Herrscherin schmücken. Zeichnungen an den Wänden und auf Tonscherben zeigen hier auch noch Reste des Gitters, mittels dessen die Proportionen des Kopfes in Übereinstimmung mit dem herrschenden Kanon gebracht wurden. Unverkennbar individuelle Merkmale sind die Adlernase und die fleischigen Lippen des erlauchten Mannes, wie auch der Ansatz zu einem Doppelkinn zweifellos die Physiognomie des lebenden Modells mitbestimmt hat. Die Skizze auf einem Ostrakon im Metropolitan Museum in New York zeigt die gleichen Züge.

Treffend verstanden die Künstler Alt-Ägyptens auch die eigentümliche Erscheinung fremder Völker zu charakterisieren. Die Bilder, in denen sie uns vorgestellt werden, sind offenbar aus unmittelbarer Beobachtung abgeleitet. Ein Meisterwerk derartiger Charakterisierungskunst ist die Wandzeichnung für ein nicht ausgeführtes Relief im Grab des Ramose (18. Dynastie) im westlichen Theben mit einer Gruppe von acht Gesandten: Ein Libyer, vier Afrikaner und drei Asiaten huldigen dem Pharao Echnaton. Der Künstler hat die jeweils typischen Züge der verschiedenen Völker erstaunlich lebenswahr getroffen. In roter Farbe skizzierte Reste der Vorzeichnung zeugen von der Sicherheit seiner Hand. Die Gesandten sind nicht nach ihrer Volkszugehörigkeit gruppiert, sondern offenbar in der Absicht, eine möglichst lebendige Wirkung durch Gegensatz und Wechsel zu erzeugen, so daß die banale Unterwerfungsszene zu einer hochdramatischen Komposition geriet. Konventionell wirkt dagegen die Szene, in der man ägyptische Höflinge mit tiefer Verbeugung dem Pharao huldigen sieht, wie überhaupt die meisten solcher Darstellungen von ehrfürchtig sich dem Souverän nähernden Untertanen nur wenig Abwechslung bieten. Offenbar durften die Künstler die Freiheit, von der die Darstellung der fremden Gesandten im Grab Ramoses zeugt, nur bei Bildern dieser Art walten lassen.

Kunst im Dienst des Jenseitsglaubens

Die Menschen Alt-Ägyptens glaubten an eine Weiterexistenz nach dem Tode. Dieser neuen, anderen Existenz galten die vielen Rituale, die mit dem Eintritt des Toten ins Jenseits verbunden waren, wozu auch das Einbalsamieren und die Mumifizierung gehörten, jene im Auftrag der Angehörigen vorgenommenen Prozeduren des Konservierens, die der Bestattung des Leichnams vorausgingen. Aber den Hinterbliebenen ging es nicht nur um die Bewahrung eines möglichst lebendig wirkenden Bildes der physischen Erscheinung des Toten, sie versuchten mit allerlei Mitteln auch, die neue Daseinsform des in seiner Grabkammer Beigesetzten gegenwärtig werden zu lassen. Interessant ist, daß man sich das Jenseits nicht als finsteres Schattenreich vorstellte; vielmehr war es der vom Sonnengott Re beherrschte Himmel, der als Wohnstätte der Toten lokalisiert wurde – eine paradiesische, dem Kosmos verbundene Welt, bei deren Betreten sich freilich jeder einem Gericht zu stellen hatte.

Die Ausstattung der Gräber mit bemalten Reliefs, der Schmuck und die Aufschriften der Mumienhüllen, vor allem aber die je nach dem Ansehen und dem Besitz des Verstorbenen mehr oder minder umfangreichen und kostbaren Grabbeigaben – alles dies bezeugt die Rolle der Kunst im Bestattungswesen wie in der anschaulichen Vergegenwärtigung von Vorstellungen, die sich mit dem durch Jahrtausende unvermindert starken Jenseitsglauben der Ägypter verknüpften. Hierher gehören auch die mitunter erstaunlich langen, auf Papyrus geschriebenen sogenannten Totenbücher, Schriftrollen mit Spruchtexten und Illustrationen, die dem Toten – seinen Namen und Titel enthaltend – mit ins Grab gegeben wurden. Hinzu kamen Grabstatuen, sozusagen als Ersatzbilder der Verstorbenen in den Gräbern aufgestellt, und Grabstelen mit Reliefdarstellungen oder halbplastisch gebildeten Figuren.

Im Zusammenhang mit dem Totenkult standen auch die wie Mumien geformten »Uschebtis« aus Kalkstein, bemaltem Holz oder blauer Fayence. Während gewöhnliche Dienerfiguren im Auftrag des Grabherrn diesem dienstbar sind, führen die Uschebtis im Jenseits Arbeiten auf göttliche Befehle aus, als Ersatzfiguren und Stellvertreter des Grabherrn. Dabei spielten Vorstellungen aus der Welt der Lebenden in die der Toten hinein. So fanden sich außer einfachen Arbeiter-Uschebtis auch solche, die als Aufseher fungierten, ausgestattet mit dem Recht, über die Arbeit ihrer »Untergebenen« zu wachen. Nicht selten tragen derartige Figürchen Arbeitsgeräte, etwa Hacken, wie man sie bei der Feldarbeit benutzt. Oder aber sie haben ihren statuarischen Typus verloren und erscheinen bei der Verrichtung einer so alltäglichen Tätigkeit wie dem Mahlen von Korn – in diesem Fall bestand die Funktion der Figur darin, im Reich der Toten das leibliche Wohl des Grabherrn sicherzustellen.

KLEIDUNG UND SCHMUCK IM ALTEN ÄGYPTEN

DARSTELLUNGEN VON KLEIDUNG AUF FRÜHWERKEN DER ÄGYPTISCHEN KUNST

Im Hauptraum des Tempels von Hierakonpolis entdeckte J. E. Quibell vier birnenförmige Streitkeulenköpfe. Sie sind ziemlich groß und zeigen im Relief religiöse und historische Szenen. Zwei Keulenköpfe befinden sich heute in Oxford im Ashmolean Museum, zwei Bruchstücke bewahrt das Petrie-Museum des University College in London auf. Die Funde sind einzigartig, das kleinste Stück, etwa zwanzig Zentimeter lang, ist mit dem *Serech* des Königs Narmer gezeichnet. Von den religiös-kultischen Zeremonien dieser frühen Zeit weiß man zu wenig, als daß es möglich wäre, die auf diesen Objekten dargestellten Szenen genau zu deuten. Auch ist nur auf dem kleinsten, in Oxford befindlichen Exemplar die Darstellung vollständig erhalten, zumindest in großen Umrissen.

Das Relief zeigt als Hauptszene eine Begegnung zwischen König Narmer und einer anderen Person in einer Sänfte, der drei Läufer folgen. Der König sitzt auf seinem Thron in einem Zelt, neun Stufen hoch über dem Boden. Er trägt die Rote Krone Unterägyptens und ist in einen langen Mantel gehüllt. Die Sänfte und die drei bärtigen Männer, die ihr folgen, sind in annähernd gleicher Größe dem König gegenüber dargestellt. Die in der Sänfte sitzende Person ist die nach dem König bedeutendste der Szene. Sie scheint eine Frau zu sein, das Haar ist schulterlang. Handelt es sich um die Königin? Dafür spricht ein unmittelbar über sie gesetztes Bild, wo man, in ein Gatter eingeschlossen, eine Kuh mit ihrem Kalb erkennt. Daß beide Tiere in einer Beziehung zur Person in der Sänfte stehen, läßt sich daraus folgern, daß die Bodenlinie, welche die vier Bannerträger von den Läufern darunter trennt, vor dem Gatter mit der Kuh abbricht, so daß Sänfte und Gatter in einer Szene sich nachbarschaftlich verbinden. Da im Tempel von Hierakonpolis die Mutter des Horus verehrt wurde, könnte sie die hier dargestellte Person sein, im oberen Register in Gestalt der Kuh, im unteren in Menschengestalt als Mutter oder Gattin des Königs.

Dem Gatter gegenüber, über dem Thronzelt, schwebt ein großer Vogel, dessen ausgebreitete Flügel den Königsthron zu behüten scheinen. Diese Szene ist die größte und mithin wichtigste. Da der Keulenkopf dem Tempel des Horus geweiht wurde, kann der Vogel nur der Horus-Falke sein, der den lebenden Horus, den König, beschützt. Schützend die Flügel um den König Djoser breiten sieht man Horus in Reliefs von der Stufenpyramide in Saqqara und, noch eindrucksvoller, an der in Kairo befindlichen Statue des Pharaos Chephren, des Erbauers der zweiten Pyramide von Giza. Der Vogel am Streitkeulenkopf ist recht summarisch dargestellt und trägt einen übertrieben gekrümmten Schnabel, wie der Falke am Serech mit dem Namen des Königs, hinter der Hauptgruppe und über den beiden horizontalen Streifen, in denen das Gefolge des Königs erscheint, vertreten durch zwei Männer im unteren und drei im oberen Register. Der dem Zelt am nächsten stehende Mann ist wahrscheinlich ein Priester, denn er trägt eine große Perücke und ein Pantherfell.

Die Hauptszene ist wohl die früheste Darstellung des Heb-Sed, des Festes, mit dem die

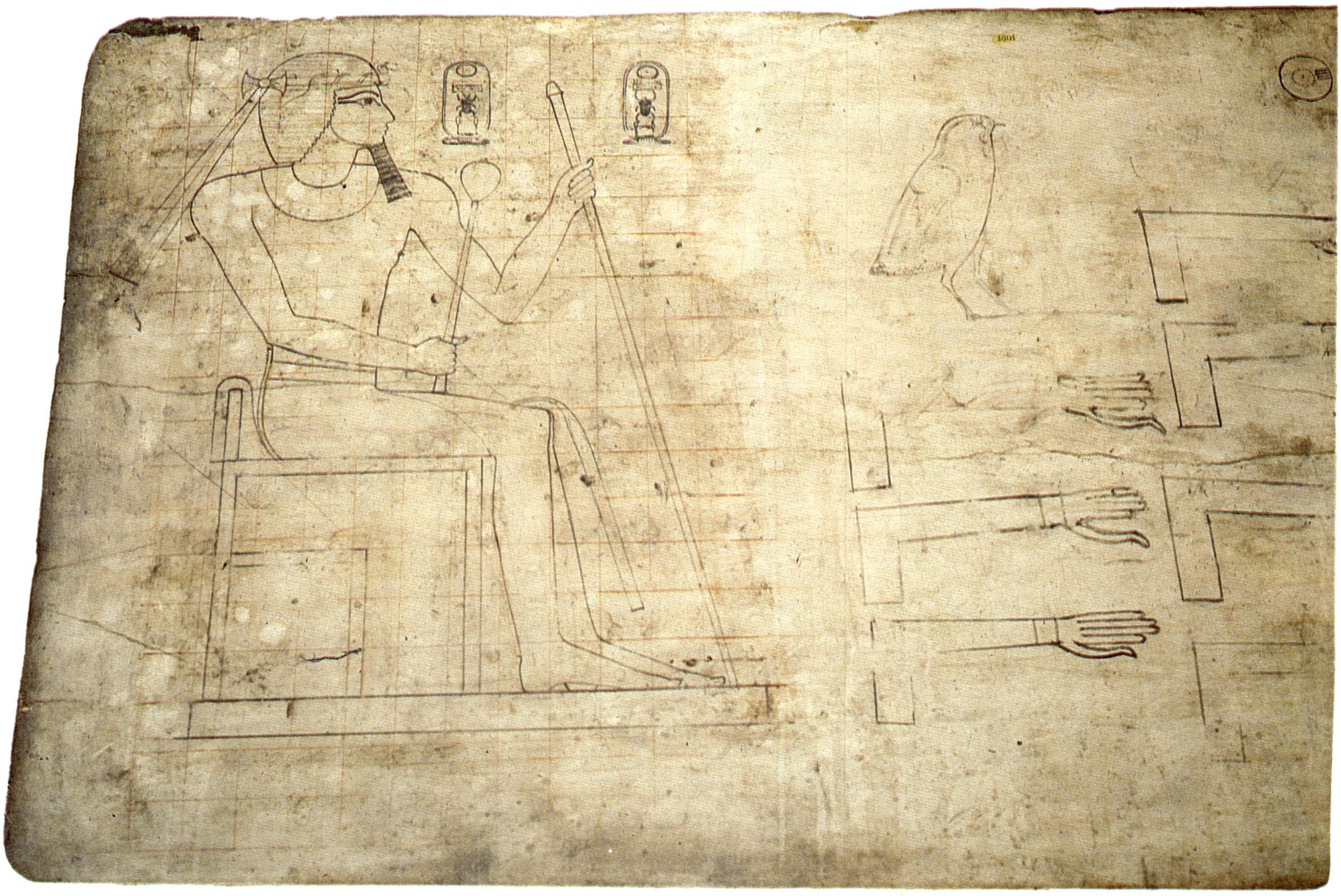

Holztafel mit Vorzeichnungen zu einer Sitzfigur des Königs Thutmosis III.; London, British Museum. – Das Gesamtmaß und die einzelnen Proportionen sind durch das Raster des Gitternetzes festgelegt.

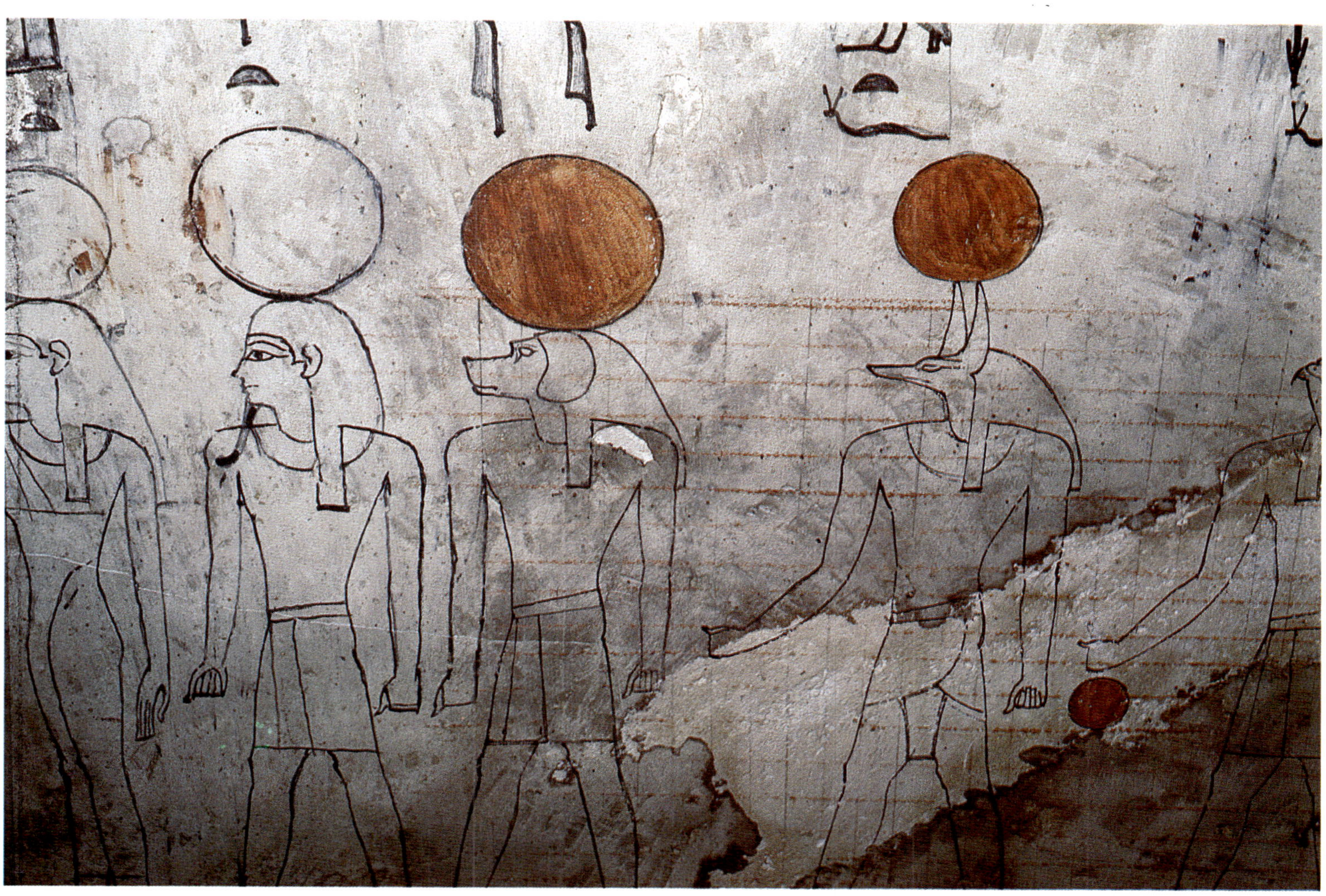

Vorzeichnungen mit Proportionsgitter zu einer unvollendet gebliebenen Wandmalerei im Grab des Senenmut in Der el-Bahari aus der Zeit der 18. Dynastie.

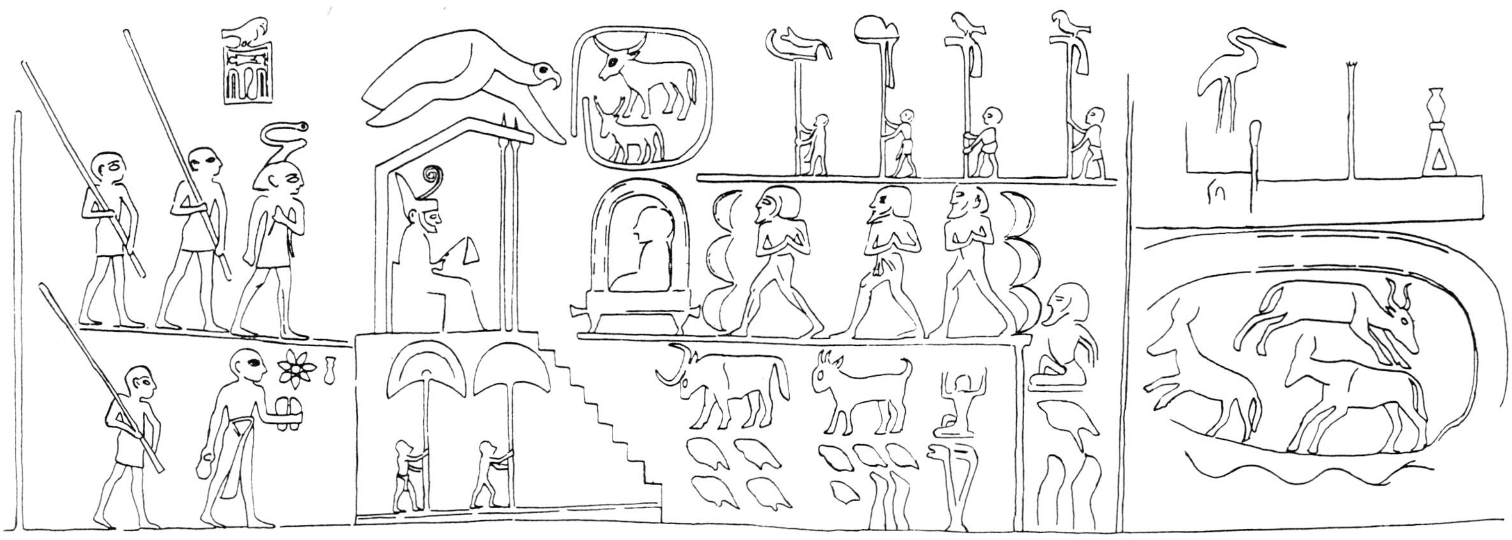

Schematische Wiedergabe der reliefierten Darstellung auf einem Keulenkopf aus der Zeit um 3000 v. Chr., gefunden in Hierakonpolis; Oxford, Ashmolean Museum.– Der unter einem Baldachin sitzende König trägt die Weiße Krone Oberägyptens.

Könige Ägyptens dreißig Jahre nach Regierungsantritt eine neue Periode ihrer Herrschaft zu eröffnen pflegten. Petrie nannte sie allerdings eine »Hochzeitszeremonie« – auch diese Deutung könnte zutreffen. Daß ein Andenken an das wichtigste vom König gefeierte Fest im Tempel hinterlegt wurde, im vermutlich bedeutendsten der 1. Dynastie, leuchtet ein. Andererseits spricht manches dafür, daß in dieser frühen Zeit die heilige Hochzeit des Gottkönigs das wichtigste Fest war.

Der größte der in Hierakonpolis gefundenen Streitkeulenköpfe mißt 32 Zentimeter in der Länge. Nur etwa ein Drittel ist erhalten, doch dieser Rest verrät die Hand eines Künstlers von überlegenem Können. Unter den noch sichtbaren Figuren ist die bedeutendste diejenige des Königs mit der Weißen Krone Oberägyptens. Er trägt ein kurzes Gewand, das eine Schulter frei läßt. Ein Stierschwanz ist hinten an seinen Gürtel gebunden. Ungewöhnlich ist, daß sich hier ein ägyptischer König bei feierlichem Anlaß ohne Bart zeigt. Indessen sieht man auf Reliefs am Sonnenheiligtum des Königs Niussere in Abu Gurob auch diesen Herrscher beim Sed-Fest mit der Weißen Krone und bartlos.

Was die Szene am großen Keulenkopf darstellt, kann letztlich, wie die Bedeutung der vor den König gestellten Zeichen, nur Gegenstand von Mutmaßungen sein. Vielleicht ist dabei an eine Feier zur Einweihung großer öffentlicher Anlagen zu denken, von Bewässerungsbauten etwa, doch scheinen solche zweifellos wichtigen Anlässe sonst keine Gelegenheit zu offiziellen Darstellungen des Königs gewesen zu sein.

Der dritte der großen Streitkolbenköpfe aus Hierakonpolis ist noch zersplitterter als die anderen, auch die Oberfläche ist stark beschädigt. Was noch zu erkennen ist, weist aber darauf hin, daß die Darstellungen Ereignisse aus dem gleichen Zyklus zum Gegenstand haben, wie die Gründungszeremonien und das Sed-Fest, die wir auf den bereits betrachteten Exemplaren sahen. Die Keulenköpfe wären demnach als die ältesten Zeugnisse dieser bedeutenden Zeremonie anzusehen. Die Tatsache, daß sie in den Ruinen des Tempels von Hierakonpolis gefunden wurden, gibt ihnen eine besondere Bedeutung. Dies war der Tempel für den neuen Gott des Königs, Horus, und für seine Mutter, die alte Göttin der Fruchtbarkeit, die man mit Kuhhörnern darzustellen pflegte. Da man in den Ruinen von Hierakonpolis nichts gefunden hat, das früher zu datieren wäre als in die 1. Dynastie, kann man wohl in diese Zeit die

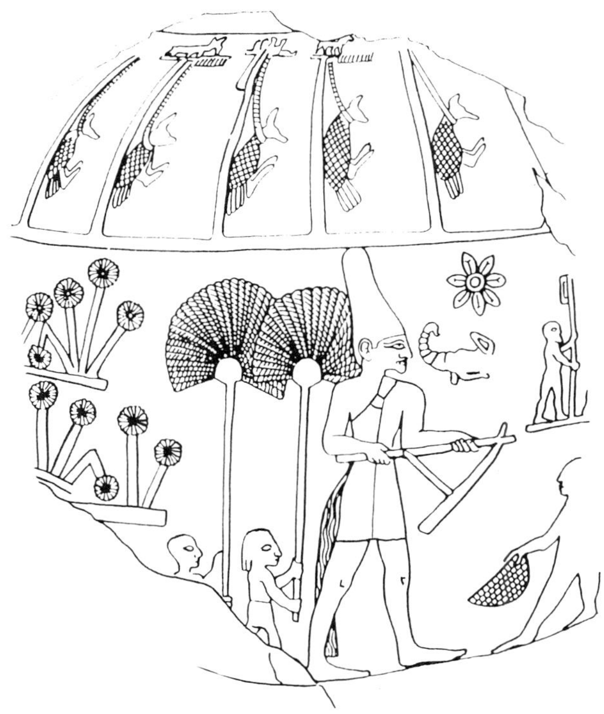

Keulenkopf aus reliefiertem Kalkstein, gefunden in Hierakonpolis; Oxford, Ashmolean Museum. – Die größte erhaltene Figur zeigt den König »Skorpion«, eine Hacke haltend, mit einem Gewandstück, das über der linken Schulter geknotet ist und die rechte freiläßt. Fächerträger hinter dem König und Männer mit Standarten bilden das Gefolge. Der Keulenkopf gehört zu den ältesten Werken der ägyptischen Kunst (um 3000 v. Chr.).

Gründung des Tempels setzen. Die Keulenköpfe machen es wahrscheinlich, daß Narmer selbst den Tempel von Hierakonpolis gründete; dafür spricht auch, daß alle dort gefundenen bedeutenden Stücke aus der Zeit der 1. Dynastie dem König Narmer gewidmet sind. Die Keulenköpfe zeigen zum erstenmal den ägyptischen König auf dem Thron in seiner Zeremonialtracht, bekrönt mit der Weißen Krone Ägyptens. Das Fest, dessen Andenken die Darstellungen bewahren, zeugt von einer Zeit, in welcher die Völker Unterägyptens noch als unterworfene Feinde betrachtet wurden, als Jagdbeute wie die Rechit-Vögel, die man als ihr Abzeichen nahm und bei den Hälsen an den siegreichen Standarten aufhängte.

Die Narmer-Palette

Schminktafeln aus feinem grünen Schiefer gehören zu den wichtigsten Grabbeigaben der vordynastischen Zeit und der Zeit der ersten Dynastien. Sie erscheinen zuerst in den Gräbern der Badari-Kultur und werden häufiger in denen der jüngeren Naqada-Kultur gefunden. Zur vollkommenen Ausbildung gelangt der Typus während dieser und der folgenden Zeit der ersten Dynastien in Werken wie der großen Narmer-Palette und den in deren Umkreis gehörenden Arbeiten. Die in gewöhnlichen Gräbern gefundenen Schminkpaletten sind nun wieder überwiegend als einfache Rechtecke gestaltet. Auf den Paletten wurde Malachit, ein hellgrünes Kupferoxyd, zerrieben; das Pulver, mit etwas Fett und Harz gemischt, verwendete man als Schminke. Auf einigen Exemplaren fanden sich auch Spuren von rotem Hämatit, offenbar wurde auch diese Substanz auf den Schieferpaletten zerrieben und mit einem Bindemittel versetzt.

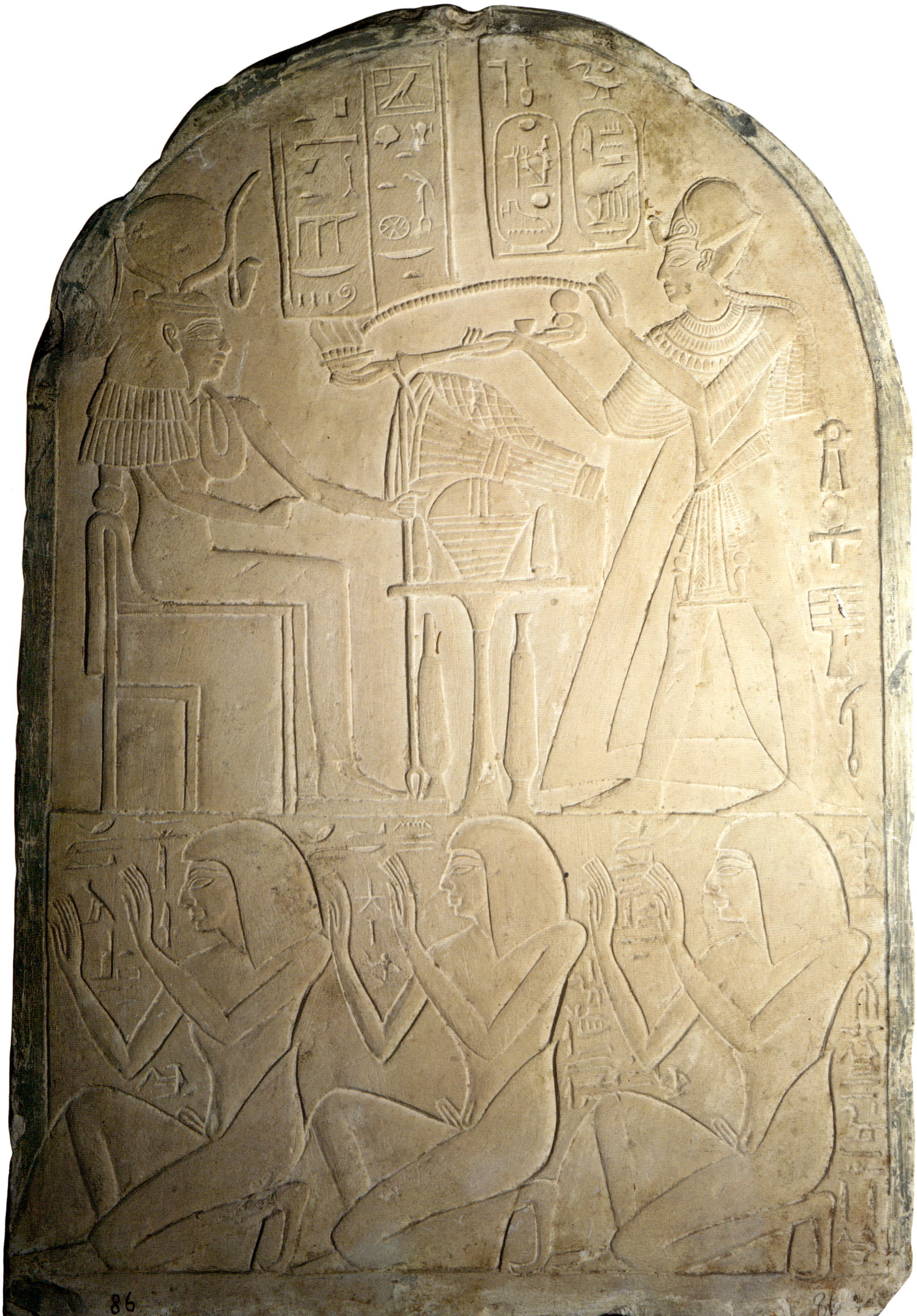

Ramses II. im königlichen Ornat vor der Göttin Hathor; Turin, Museo Egizio.– Ein Kalksteinrelief aus der Zeit der 18. Dynastie.

Die Narmer-Palette ist wie viele der älteren Exemplare schildförmig. Ihre ansehnliche Größe, der beide Seiten bedeckende reiche Dekor und die Tatsache, daß es sich hier um das Geschenk eines Königs an einen Tempel handelt, unterscheiden die Narmer-Palette von den sonst bekannten. Sie wurde in Hierakonpolis gefunden, zusammen mit einer kleineren Palette und einer Menge anderer Gegenstände, die offenbar zum Schatz des Tempels gehörten.

Die Narmer-Palette ist das bedeutendste erhaltene Einzelzeugnis der Kultur der frühen Dynastien und die einzige Schminkpalette, die sich mit einiger Sicherheit datieren läßt. Obwohl der Tempel in Hierakonpolis, in dessen Schatz sie gefunden wurde, dem Horus geweiht ist, erhellt doch aus der Dekoration der Schminktafel, daß sie nicht für ihn bestimmt war, sondern für seine Mutter Hathor. Große Köpfe der Göttin Hathor mit ihren Kuhohren und Kuhhörnern beherrschen den oberen Rand der Palette auf beiden Seiten. Die Stellung des Königsnamens zwischen je zwei Darstellungen des Kopfes der Göttin Hathor kann nur bedeuten, daß der König die Palette dieser Göttin geweiht hat. Darunter sieht man auf beiden Seiten bedeutende Ereignisse dargestellt, deren Andenken der König bewahrt wissen wollte. Obwohl die größere Darstellung des Königs die andere Seite schmückt, wird man für die Vorderseite der Palette doch diejenige nehmen müssen, in der sich die Vertiefung zum Anreiben der Schminke befindet. Sie wird eingefaßt von den verschlungenen Hälsen zweier Ungeheuer, die mit ihren oben gegeneinander gekehrten Köpfen die Gestalt einer Acht bilden. Die Körper wie auch die Köpfe dieser Ungeheuer gleichen denen der großen Raubkatzen. Zwei Männer, die, klein, über deren nach innen gekrümmten Schwänzen stehen, halten die beiden Untiere an Leinen.

Auf der Rückseite der Schminkpalette steht groß der König, gekrönt mit der hohen Weißen Krone Oberägyptens, der Hedjet. Er trägt ein Gewand, das die rechte Schulter frei läßt. Vom Gürtel hängen an der Rückseite ein Stierschwanz sowie vier lange Fransen herab, die an den Köpfen der Göttin Hathor ansetzen. Die Zeremonialtracht, bekannt auch von einem Bruchstück einer in der Nähe der Stufenpyramide in Saqqara gefundenen Statue des Königs Djoser, zeigt den König jener Gottheit verbunden, welcher die Palette geweiht ist.

Darstellungen Narmers zeigen den Herrscher als König Oberägyptens, seines Stammlandes. Hier erscheint er als Träger der Weißen Krone auf der Seite der Palette, wo man ihn neben dem Bild in Menschengestalt zugleich als lebenden Horus erblickt, den Falkengott Oberägyptens. Auf der anderen Seite trägt der König die Rote Krone, zeigt sich also als Souverän Unterägyptens. Nicht nur das Bild des seinen Feind niederstreckenden Pharao, sondern die gesamte Komposition mit der Anordnung der Darstellung in verschiedenen Registern wurde fortan zum offiziellen Typus, wiederholt bei jeder Gelegenheit, in einer Dynastie nach der anderen. In der Tat zeichnen Würde und Ruhe die Darstellung aus, Eigenschaften, die der göttlichen Natur der ägyptischen Könige zugeschrieben wurden und mithin aus ihren Bildern zu sprechen hatten.

Als älteste Werke der ägyptischen Kunst, die auch Bilder weiblicher Schönheit sind, dürfen wohl die Skulpturengruppen gelten, die den König Mykerinos mit der Göttin Hathor und einem Gott oder einer Göttin eines der ägyptischen Gaue zeigen. Derartige Dreiergruppen fand George Reisner während seiner Grabungen 1908–10 in den Ruinen des Mykerinos-Tempels bei Giza. Gaston Maspero, zur Zeit ihrer Entdeckung Generaldirektor des ägyptischen »Service des Antiquités«, fand, daß die Schöpfer dieser Werke eine so undankbare Materie wie den Schiefer »mit sanfter und leichter Hand zu formen« gewußt hätten, »als wäre sie der schmiegsamste Ton«. Besonders fiel ihm dies angesichts der Behandlung weiblicher Formen auf. Bei den vollständig erhaltenen Gruppen ist es zunächst der Kopf der Göttin Hathor, der den Blick anzieht, ein Haupt, von langen Haarflechten gerahmt, mit Kuhhörnern und, dazwischen, mit der Sonnenscheibe als Bekrönung. Bei den Bruchstücken, an denen diese Einzelheiten nicht

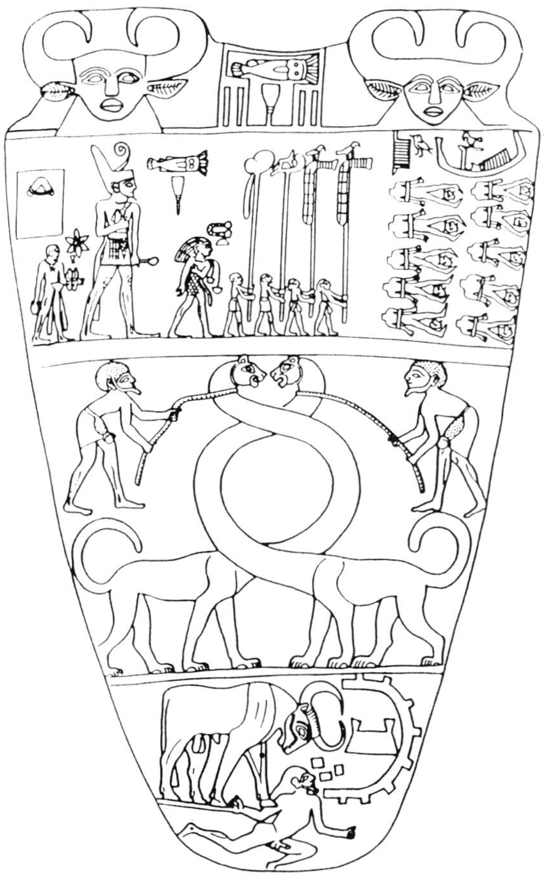

Sogenannte Narmer-Palette (Vorderseite) aus grünem Schiefer, gefunden in Hierakonpolis, um 3000 v. Chr.; Kairo, Ägyptisches Museum. – Die Schminkpalette des Königs Narmer krönen zwei Hathor-Köpfe. Standlinien teilen die Darstellung in drei Felder. Sie zeigen den Auszug des Herrschers und seines Gefolges zu hingerichteten Feinden, die Zähmung von Fabeltieren und den König in Gestalt eines Stiers, der gegen eine Stadtmauer anrennt.

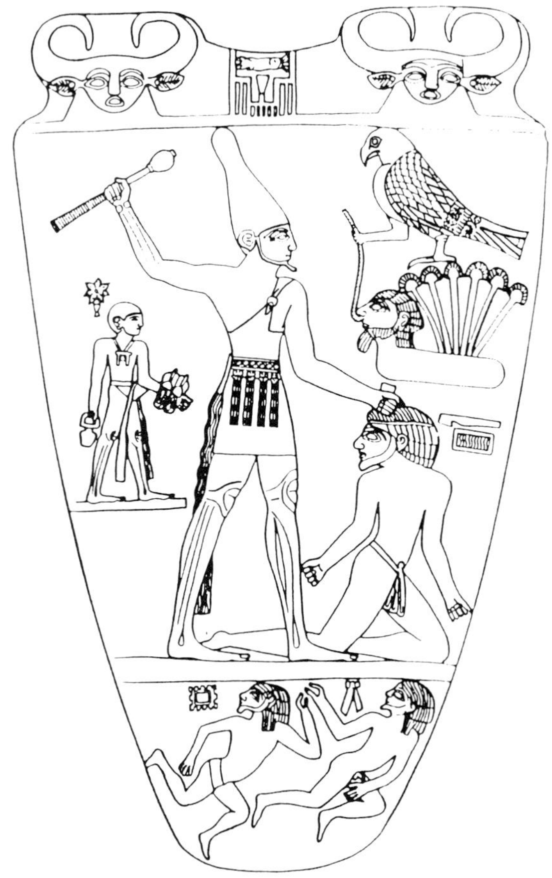

Die Rückseite der Narmer-Palette weist nur zwei Bildfelder auf, von denen das größere von der Gestalt des Königs beherrscht wird, der einen niedergeworfenen Gegner mit der Keule erschlägt. Die Gestalt des Besiegten steht stellvertretend für eine Vielzahl von Feinden, symbolisiert also überwundene Bedrohung und königliche Übermacht, die über den Herrscher Unterägyptens triumphiert.

erhalten sind, lenkt nichts die Aufmerksamkeit des Betrachters von der ewigen jugendlichen Schönheit der weiblichen Gestalt ab. Es überrascht nicht, solche Meisterschaft zu eben der Zeit zu finden, in der die Pyramiden errichtet wurden.

Das Fragment einer Mykerinos-Gruppe im Magazin des Museum of Fine Arts in Boston besteht aus grünem Schiefer. Von der trefflich gebildeten Figur des Königs ist nur wenig erhalten. Auch sein Begleiter zur Linken, eine Gaugottheit, ist stark beschädigt, glücklicherweise jedoch blieb der Körper der Hathor unversehrt. Zwar fehlen Kopf und Füße, diesen Mangel aber ersetzen die künstlerischen Qualitäten des Torsos, vor allem die präzise Modellierung der Details. Den zylindrischen Halsstumpf rahmt das Haar der Göttin. Die Schultern sind leicht gerundet, die linke fällt sanft ab, dem fehlenden Arm folgend, der einst den König hielt. Die Arme lagen nirgends am Körper an, der Umriß des Torsos verläuft ohne Unterbrechung von den Achselhöhlen bis zum Knie. Die Schenkel sind nur angedeutet. Alle übrigen Körperteile sind mit gleicher Feinheit modelliert. Die plastische Modulation der Oberfläche läßt eine Tendenz zur abstrahierenden Zusammenfassung der Form erkennen; die schwellenden Brüste sind als Halbkugeln ohne kleinlichen Naturalismus gebildet. Eine vom Nabel ansteigende Furche verliert sich zwischen den Brüsten. Die Gruppe war ursprünglich polychrom gefaßt. Obwohl die Göttin in ein langes, eng anliegendes Gewand gehüllt ist, meint man sie nackt zu sehen, der Körper scheint dunkel durch das Kleid wie durch Glas. Selbst die Haut wirkt transparent. Eine weiche Wölbung deutet die Bauchmuskeln an.

Das Museum in Worcester, Massachusetts, besitzt eine Skulptur aus Kalkstein, die dem Hathor-Fragment in Boston sehr ähnlich sieht. Man glaubt, daß sie zu einer von Grabräubern zerstreuten Familiengruppe gehört, die aus einem Grab bei Giza stammt (zugehörige Figuren gelangten in die Museen von Brooklyn und Kansas City). Umriß und Aufbau der Körpers erinnern an den Hathor-Torso, die Haltung ist die gleiche. Wenn auch das linke Bein eine Bewegung andeutet, so scheint doch die ganze Figur von tiefer Ruhe erfüllt. Sie läßt kaum noch Verwandtschaft mit prähistorischen Fruchtbarkeitsidolen aus Terrakotta oder Elfenbein erkennen. Erstmals begegnet hier ein der natürlichen Erscheinung angenähertes Bild der Frau, das sie auf der Höhe jugendlicher Schönheit zeigt.

Die Entdeckung weiblicher Schönheit

Das weibliche Schönheitsideal änderte sich während der dreitausendjährigen Geschichte der ägyptischen Kultur nur wenig. Fast immer wird die Frau mit kleinen Brüsten und schmalen Hüften dargestellt, mit zartem Gesicht und großen Augen. Das Kleid, ursprünglich sehr einfach und gerade fallend, wurde zur Zeit des Neuen Reiches ein hemdartiges, reich gefälteltes Gewand. Wandmalereien in den Gräbern und Zeichnungen auf Papyrus zeigen, wie dieses Gewand aus feinem Leinen sich dicht den Körperformen anschmiegt, mehr um sie zu betonen, als sie zu verbergen. Nur in seltenen Fällen wurde der nackte weibliche Körper Gegenstand der Darstellung. So bleibt der Rat zu beherzigen, den Sir Kenneth Clark gab, als er in seinem Buch über den nackten Körper in der bildenden Kunst (»The Nude«, Washington 1956) von den Griechen schrieb: »So selten sind weibliche Akte in der Blütezeit der griechischen Kunst, daß wir, um der Entwicklung der Aphrodite bis zu Praxiteles zu folgen, dafür auch alle Skulpturen in Betracht ziehen müssen, die den Körper nur mit einem leichten, eng anliegenden Gewand bekleidet zeigen . . .«

Der weibliche Akt, wie er seit der Renaissance die abendländische Kunst beschäftigt, war also für die Kunst der Ägypter kein Thema. Kinder, Tänzerinnen und Sklavinnen wurden wohl mitunter nackt dargestellt, unter den Göttinnen aber ist die Himmelsgöttin Nut die einzige, die sich manchmal nackt sehen läßt, so in einer Szene eines im Britischen Museum aufbewahrten Totenbuchs aus der Zeit der 21. Dynastie. Häufig erscheinen Frauen auch in einem engen, dünnen und mit Sternen besetzten Kleid, wie an der Innenseite des Deckels zum Sarkophag des Königs Psusennes I. aus Tanis (21. Dynastie, heute im Museum in Kairo), doch auch hier gilt, daß ägyptische Künstler es geschickt verstanden, den so verhüllten Körper gleichwohl zur Schau zu stellen. Beispiele dafür sind das unvollendete Relief einer Prinzessin der Amarna-Zeit im Louvre und die während der ptolemäisch-römischen Epoche geschaffenen Gestalten der Isis.

Zeichnungen auf Tonscherben und Kalksteinsplittern aus Theben, größtenteils in den Ruinen der Handwerkersiedlung von Der el-Medine gefunden, zeigen Ammen, Hausfrauen und Sklavinnen. Der berühmte erotische Papyrus des Turiner Museums (20. Dynastie) führt Huren und Freier in unzweideutigen Stellungen vor. Ein anderer Papyrus, der in Der el-Bahari gefundene der Priesterin Here-Ubechet (21. Dynastie), stellt die Ankunft einer verstorbenen Frau in den Gefilden der Seligen dar.

Die Spannweite der Themen und Motive, in denen Frauen eine Rolle spielen, war groß. Von einem tieferen künstlerischen Begriff des menschlichen Gesichts am Anfang des Neuen Reiches zeugt ein Fragment des Kopfes der Königin Ilje. Die unmittelbare Natürlichkeit dieses Porträts zeichnete insgemein die Bildniskunst der kurzen Amarna-Zeit aus. Das Fragment des Kopfes der Königin aus Steatit, charakterisiert durch die vollen Lippen, scheint zu atmen.

DIE KLEIDUNG DER FRAUEN

Eingehüllt in ein Gewand, das die Brüste zur Geltung kommen läßt und die schlanke Taille ebenso betont, wie es die Biegsamkeit der Gestalt und die Kurven der Schenkel nicht behindert – dieses zwar nicht falsche, aber unvollständige Bild der Ägypterin hat sich dem historischen Bewußtsein der Nachwelt tief eingeprägt. Das Bild, unablässig wiederholt, ist tatsächlich in den Gräbern aller Dynastien Alt-Ägyptens gefunden worden, darf aber nicht als ganze Wahrheit gelten, schon deshalb nicht, weil die ägyptische Kunst des Lebens wechselnde Erscheinungen auf eine für unser an die Spiegelbilder der Photographie gewöhntes Auge nicht ohne weiteres akzeptable Weise stilisiert. Die sogenannte verdrehte Perspektive der Ägypter macht dem in anderen Sehgewohnheiten Befangenen zunächst gewisse Schwierigkeiten. Da sieht man, in flächiger Darstellung gemalt oder im Relief, beide Beine eines Menschen, einen Fuß vor den anderen fest auf den Boden gesetzt, im Profil hingehen, den Oberkörper aber gewissermaßen umgeklappt, dem Betrachter zugewandt. Die Assyrer beachteten eine ähnliche Konvention. Abweichungen davon, wie sie auf manchen Flachreliefs vorkommen, bestätigen als Ausnahmen die Regel. Nur Nebenfiguren werden manchmal ganz im Profil gezeigt.

Andererseits wird Kleidung immer so dargestellt, als klebte sie am Körper und stellte dessen Umriß bloß. Mitunter allerdings sieht man Figuren mit Gewändern drapiert, die den durch den dünnen Stoff scheinenden Körper wie in einem luftigen Käfig zeigen. Die Sichtbarkeit der Körper durch die Kleider bleibt so durch die in Wirklichkeit gewiß geringere Transparenz der Stoffe gewährleistet. Im übrigen gibt es Belege dafür, daß in der ägyptischen Kunst das Kostüm der Figuren ebenso rigoros stilisiert ist wie Körperhaltungen. In Gräbern des Alten und des Mittleren Reiches wurden Kleidungsstücke gefunden, wie man sie nirgends dargestellt sieht. Es handelt sich um hemdartige Gewänder, deren Schnitt dem der heute noch von ägyptischen Fellachen getragenen *Gallabija* ganz ähnlich ist. Sie bestehen aus zwei Teilen, einem weiten Rock und einem engen Leibchen mit engen, langen Ärmeln. Vorn und hinten ist das Leibchen V-förmig ausgeschnitten, die Ausschnitte konnten mit je drei Schnürbändern zugebunden werden. Das Leibchen ist horizontal gefältelt. An die Ärmel einiger dieser Gewandstücke sind der Länge nach von den Achselhöhlen bis zu den Handgelenken schmale Stoffstreifen genäht, die »wie Fischflossen flattern« sollten – so jedenfalls erklärte Flinders Petrie, der 1897 in einem Grab der 5. Dynastie ein solches Gewandstück entdeckte, den Zweck dieses Schmucks. Ein ähnlich schmückendes Motiv zeigt das Umschlagtuch einer kopflosen weiblichen Figur, die ihr Entdecker Daressy als »Mutter Chephrens« identifiziert hat. Dem Tuch sind quer zur Längsrichtung vier Falten eingenäht. Das Motiv schien Daressys Datierung der Skulptur in die 4. Dynastie zu bestätigen, für eine so frühe Datierung sprach auch deren Ähnlichkeit mit einer hölzernen Statuette im Museum in Kairo. Eine neuerliche Untersuchung der zunächst dem Alten Reich zugeschriebenen Statuette hat jedoch zu einer Revision ihrer Datierung geführt: Man neigt jetzt dazu, deren Entstehungszeit in die Saïtenzeit (7. und 8. Jahrhundert v. Chr.) zu setzen. Unabhängig davon bestätigt sich, daß auch in Ägypten die Mode wie die Kunst von Zeit zu Zeit ältere Muster wieder aufgriff und neu belebte.

Das Umschlagtuch, das um das Kleid gelegt wurde, spielte im Kostüm des Alten Reiches eine offenbar weit wichtigere Rolle, als dies die Plastik und die Malerei verraten. Ein breites Stück Stoff ohne Haken und Knöpfe und mithin sehr frei beweglich folgt leicht der Bewegung des Körpers und ändert ständig seine Erscheinung. Träger eines solchen Tuches werden eines der Enden entweder über die Schulter oder über den linken Arm geworfen haben, um sich die rechte Seite frei zu halten. Diese Art der Drapierung findet sich in der Kunst des Alten Reiches allerdings nur höchst selten dargestellt. Statuen zeigen den Schal gewöhnlich gerade um die Schultern gelegt, streng dem Körperumriß folgend wie ein Mantel. Das mag sich daraus erklären, daß es bei Zeremonien geboten war, das Umschlagtuch auf diese Weise zu tragen. Dabei hielt man die Arme unter dem Tuch verborgen, nur die Hände blieben teilweise sichtbar: die linke flach auf die Brust gelegt, während die rechte eine der oberen Ecken des Schals hielt und so größtenteils versteckt blieb. Die Haltung besaß immer auch religiöse Bedeutung. Alexandrinische Schriftsteller sprechen vom gemessenen Gang der ägyptischen Priester, die, die Hände unter ihren Gewändern verborgen, mit ruhigem, nur manchmal von der Andeutung eines Lächelns erhelltem Gesicht ihres Weges gehen.

Schon die Kleidung der frühen Zeit erlaubte gewisse modische Abwandlungen von Grundformen. Schultern und Brüste konnten von breiten Stoffstreifen bedeckt sein; als Träger des Rocks fungierten nur schmale, über die Schultern geschlungene Bänder. Selbst Frauen aus den ärmeren Bevölkerungsschichten konnten die einfachen, meist weiß oder rot gefärbten Sackkleider verschönern durch Gürtel verschiedener Art, mit Lederstreifen behängt oder mit Perlenschnüren. Damen der besseren Gesellschaft hatten Stoffe mit leuchtend gefärbten Mustern zur Verfügung, die eingewebt, aber auch appliziert sein konnten. Beliebt waren auch die auf den blauen oder roten Rock genähten weißen oder goldenen Streifen sowie um die Taille gebundene bunte Bänder, deren Enden dann lang herabhingen und die Fläche des Rocks für das Auge in Segmente zerlegten. Diese Art der Verzierung kam allerdings erst während der 18. Dynastie auf.

Damals gewann das bereits aus der Mode gekommene Kleid das Ansehen einer »nationalen« Tracht. Die Eroberungen der Könige Thutmosis I. und Thutmosis III. erweiterten die Grenzen des Reiches bis an die Ufer des oberen Euphrat in Nordsyrien und brachten Ägypten in direkten Kontakt mit Asien. Am Nil kamen neue Moden auf und setzten sich durch. Die Kleider sind nun nicht mehr schlichte, sackartige Gewänder; was jetzt am Nil getragen wird, gleicht eher den komplizierten Hüllen der syrisch-phönizischen Weiblichkeit und den Kleidern sumerischer Damen. Als »Hüllen« jedenfalls beschreibt man das neue ägyptische Kostüm wohl am besten, weil nun das Umschlagtuch eine wichtige Funktion hat. Wie es getragen wurde, veranschaulichten hier zwei Werke, in denen die damals neue Mode noch als alter Brauch vorgeführt wird, eine griechisch-römische Isis-Statue und eine äthiopische Gruppe. Eine Holzstatuette schließlich, die Ahmes Nofretari darstellt, eine Königin der 18. Dynastie, zeigt eine dritte Art, das Umschlagtuch zu drapieren.

Die Isis-Figur im Kapitolinischen Museum in Rom trägt das Umschlagtuch so, wie es die sumerischen Frauen trugen, wenn man Leon Heuzey glauben will. Er schreibt: »Der Schal, zuerst fest über die Brust und unter den Armen durchgezogen, wird auf dem Rücken gekreuzt, die über die Schultern geworfenen Enden fallen rechts und links symmetrisch nach vorn.« Da aber die Umschlagtücher der Ägypterinnen weniger lang waren als die der Sumererinnen, fielen ihnen deren Enden vorn nicht bis fast zu den Knien herab, sondern sie wurden vor der Brust geknüpft, fast wie ein moderner Schal. Der Knoten, eine Besonderheit der ägyptischen Tracht, verband nicht nur die äußeren Zipfel des Tuchs, die Trägerin zog auch ein Stück des

Randes der gerade um die Brust gelegten Stoffbahn in die Höhe, um sie mit jenen Zipfeln zu verknoten. Das war praktisch, weil das Tuch vorn angehoben wurde, um den Füßen Bewegungsfreiheit zu verschaffen, aber es war auch schön, weil der Knoten den Stoff rechts und links fächerförmig in Falten fallen ließ. Die Umschlagtücher oder Schals waren nicht nur länger als die heute gebräuchlichen, sondern auch wesentlich breiter.

Darstellungen auf Deckeln von Särgen aus römisch-ägyptischer Zeit zeigen, daß sich während der ersten nachchristlichen Jahrhunderte der beschriebene Brauch wandelte. Zwar wird das Umschlagtuch noch gefaltet, doch läßt man jetzt eines der Enden frei hängen und bevorzugt andere Farben. Während die Tücher früher einfach weiß waren oder gelb gefärbt, liebte man jetzt bunt gemusterte: gelb, orange, rosa oder dunkelblau gestreifte. Eine griechische Marmorstatuette aus hellenistischer Zeit zeigt noch die Tragart des Neuen Reiches. Hier ist die Draperie mit einer Anmut angeordnet, auf welche die römische Isis sich nicht mehr versteht. Das gleiche Kostüm tragen Frauen, die man auf einem Relief Blumen pressen sieht.

Ältere Darstellungen gibt es in Form einiger hölzerner Statuetten aus der Zeit der 18. und 19. Dynastie sowie in Grabmalereien jener Zeit mit Gruppen trauernder Frauen. Diese Bilder vor allem zeigen deutlich Einzelheiten der Tracht. So erkennt man, daß eine Frau, um den Busen zu entblößen, nur den Knoten ihres Umschlagtuchs zu lösen brauchte. Eine andere Art, das Tuch zu tragen, führt die von einem Mann mit hohem Federschmuck auf dem Kopf begleitete Dame vor, deren Bild als Statue aus der Zeit der 25. Dynastie erhalten ist.

Das Anlegen von Tüchern und längeren Stoffbahnen geschah vielfach in einem kunstvollen und komplizierten Verfahren des Wickelns und Drapierens. Das Wickeln begann immer an der rechten Schulter und endete, nachdem der ganze Körper eingewickelt war, ebenfalls an der rechten Seite. Das dann noch verbleibende Stück Tuch wurde aber nicht nach vorn fallengelassen, sondern nach hinten gezogen und über die linke Schulter geworfen. Der Zipfel des Endes, der nun auf der rechten Seite der Brust zu liegen kam, wurde wieder nach rechts gezogen und unter der Brust mit dem oberen Zipfel der um den Körper gewickelten Stoffbahn verknotet; so bedeckte der Stoff beide Schultern wie ein gekreuzter Schal. Wer mit der Drapierung auf der linken Seite begann und bei der linken Schulter aufhörte, erhielt eine nicht weniger reizvolle Anordnung, die die linke Schulter und den rechten Arm unbedeckt ließ. Der Versuch, die Draperie praktisch nachzuvollziehen, bewies, daß die erwähnte Marmorstatuette die Technik genau veranschaulicht. Das mit Fransen besetzte freie Ende ist mit dem senkrecht fallenden anderen Ende verknüpft, das gleichfalls frei, aber ohne Fransen ist.

Der älteste Typus des Rocks kam nie ganz außer Gebrauch, weder bei der arbeitenden Bevölkerung noch bei Bildern von Gottheiten. Malereien aus der Zeit der 18. Dynastie zeigen Götter zwar mit kompliziert drapierten Umschlagtüchern, doch darunter die strengen, einfachen Röcke, die sie von jeher tragen. Derart doppelt kostümiert sieht man in ihrer Rolle als göttliche Gemahlin Amuns die Königin Karomana (deren Gemahl, Takelothis II., um 850–825 v. Chr. regierte). Das Kostüm ihrer Bronzestatue im Louvre besteht aus einem Obergewand und einem schräg gelegten Schal, die beide in den Rock gesteckt sind. Dieser ist prächtig bestickt, hauptsächlich mit zwei großen gekreuzten Flügeln, den Flügeln der Schutzgöttinnen Isis und Nephthys, die der Königin damit göttliche Kräfte übertragen. Gewöhnlich sieht man Isis und Nephthys über der ausgestreckten Leiche des Osiris wachen, hier schmiegen sich die beiden Göttinnen eng den geschwungenen Linien der Schenkel und Beine der Königin an. »Das ist bemerkenswert«, erkannte Chassinat, »denn es zeigt die sehr gelungene Einführung eines wahren Symbols in einen neuen Zusammenhang, in dem es vollkommen am Platze ist, da es unmißverständlich den rituellen Charakter des Kleides bezeichnet.«

Die Schwierigkeit für den Künstler bestand darin, unter dem Umschlagtuch auch den Rock und das Obergewand der Königin sichtbar zu machen. Es galt ja vor allem, die gekreuzten

Flügel der Göttinnen auf dem Rock hervortreten zu lassen. Ein Maler hätte das Problem lösen können, indem er den Rock durch das Tuch hätte scheinen lassen oder einen senkrechten Schlitz angedeutet hätte, durch den dann das Kleidungsstück unter dem Umschlagtuch sichtbar geworden wäre. Der Bildhauer dagegen verfuhr umgekehrt: Er deutete nicht unter dem Tuch den Rock, sondern über diesem das Tuch an. Das zeigt deutlich nur der Blick auf den Rücken der Figur. Die natürlichen Falten und das Plissee des dünnen Leinens, das den oberen Teil des Rückens bedeckt, liegen in zwei Teilen übereinander, so daß die Falten sich in stumpfen Winkeln kreuzen. Diejenigen, die von der linken Schulter schräg hinab über den Rücken laufen, liegen über anderen, die den Rücken fast horizontal überqueren. Der Schal ist offenbar schräg nur über die linke Schulter und unter die rechte Achsel gezogen. Die Enden kann man sich, den auf dem Rücken angedeuteten Falten folgend, vorn zusammengebunden denken.

Der Rücken der Karomana-Statuette zeigt weitere interessante Einzelheiten des Kostüms. An dem Punkt, wo sie beginnen, bilden die Flügel plötzlich die Form eines V, das sich über die ornamentale Borte am Rand des Rockes legt und sie fast ganz bedeckt. Dieses Detail erklärte sich Chassinat mit der Annahme, daß das Kleidungsstück aus zwei Stücken zusammengesetzt ist, einer Art Leibchen mit feiner Stickerei, die das Gefieder eines Vogels vortäuscht, und zwei großen Flügeln aus Stoff, die hinten am Halse an dem schmückenden Kragen befestigt wurden. Der Kragen war ein wichtiges Element des ägyptischen Kostüms und diente auch sonst nicht nur zum Schmuck, sondern, wie hier, zur Befestigung von Teilen der Kleidung.

DIE KLEIDUNG DER MÄNNER

Die einfachste Kleidung während des Alten Reiches war für die Männer ein Schurz von unterschiedlicher Länge. Das Bild des Königs Narmer gehört zu den ältesten Darstellungen, an denen abzulesen ist, wie sich ägyptische Würdenträger in der Zeit um 3000 v. Chr. kleideten: Erkennbar sind ein glattes Leibchen oder Wams, ein ebenfalls glatter, kurzer Schurz und ein Gürtel, an dem vorn schmückende Bänder hängen. Am Kinn trägt der König den kleinen Zeremonialbart, mit kurzen Riemen an der Krone oder an den Ohren befestigt.

An der Kleidung der ersten Könige Ägyptens hat sich während der folgenden Jahrhunderte kaum etwas geändert. Das gilt, von geringen, unwesentlichen Abweichungen abgesehen, für die Kleidung der Männer insgesamt, soweit sie sich aus Grabfunden und Darstellungen der bildenden Kunst rekonstruieren läßt. Was sich wandelt, ist das schmückende Beiwerk, die Menge und Machart modischer Zutaten, deren kunsthandwerkliche Entwicklung sich freilich eher an der Frauenkleidung ablesen läßt.

In der Zeit des Mittleren Reiches wurde von den Männern ein kurzer Mantel getragen, um den ein Umschlagtuch aus dickerem Stoff gelegt war. Zur Abwandlung und Bereicherung der ägyptischen Kleidung trugen in der Epoche des Neuen Reiches gewisse von den Hyksos wohl nicht zuerst eingeführte, doch von ihnen in Mode gebrachte Teile bei, ein der Tunika ähnliches langes Hemd sowie ein Schal oder Umschlagtuch. Die Mode ging anscheinend von Indien aus oder doch mindestens vom Land Elam am östlichen Ufer des Persischen Golfs. Die ägyptische Weberei war zur Zeit des Neuen Reiches bereits zu sehr hohen Leistungen fähig; Petrie erwähnt in einem Stück fast transparenten Leinens gewebte lange Gewänder. Es wurde nun auch allgemein üblich, gute Leinenkleidung durch Kräuseln und Fälteln des Stoffes zu verfeinern, was früher nur sehr selten geschehen zu sein scheint. Neu eingeführt wurde das Kettenhemd nach asiatischem Muster, eine vordem in Ägypten unbekannte Form der Rüstung.

In der Kunst des Neuen Reiches sind zudem interessante und genaue Darstellungen der Tracht der fremden Völker überliefert, deren Angehörige zu dieser Zeit als Gesandte oder Kriegsgefangene ins Land kamen oder als Söldner in den Dienst des Pharaos traten. Schlachtenbilder zeigen die auf ägyptischer Seite kämpfenden Scherdana, die gehörnte Helme tragen, als Gegner der ägyptischen Streitmacht die Hethiter, die man an ihren Zöpfen erkennt. Während der 13. Dynastie schon beginnt sich eine Tendenz zum Komplizierten, Überladenen abzuzeichnen, die von den einfachen Mustern des Stils der 12. Dynastie immer weiter abging, zumal nach der 18. Dynastie. Den Wandel sollen die Abbildungen dieses Bandes veranschaulichen, die nicht nach der historischen Bedeutung der dargestellten Personen ausgewählt sind, sondern einzig um des kostümgeschichtlichen Interesses der Kleider willen, die sie tragen.

Ähnliches gilt für die von Künstlern geschaffenen Bilder ägyptischer Gottheiten: Die Wiedergabe dieser Werke soll lediglich einige ihrer Attribute und Symbole veranschaulichen, Formen, die der Kleidung zuzurechnen sind. Dazu gehörten der Kragen, das Leibchen und der

Schurz. Jeder Gott, jede Göttin trägt unterschiedlichen Kopfputz, der das Wesen eines jeden offenbart. Amun-Ra zum Beispiel, ein Gott, der in vier verschiedenen Gestalten erscheint, wird dargestellt als Mann, der in der einen Hand ein langes Zepter, in der anderen einen Dolch hält. Sein Kopfputz ist eine flache Krone, über die sich zwei lange Federn erheben und von der ein langes Band fast bis auf den Boden hängt. Bemerkenswert sind der mit Edelsteinen eingelegte breite Kragen und das Leibchen mit einem Schuppenmuster, in dem Petrie Gefieder sehen wollte. Schurz und Gürtel sind nach dem schon im Alten Reich eingeführten Muster geschnitten. Champollion zufolge ist bei dieser Darstellung die Gottheit (Montu) gemeint, welche Ramses III. den Dolch des Kriegers reicht. Die Federn sind rot und grün, der Kopfputz ist rot, die Haut blau, das Leibchen golden mit rotem und grünem Muster, der Schurz ebenfalls golden.

Der charakteristische Kopfputz des Osiris ist die hohe Weiße Krone Oberägyptens mit einer gekrümmten Feder an beiden Seiten. Der Krokodilgott Sobek trägt die gleiche Kopfbedeckung, doch wurde sie während der Spätzeit für Götter und Könige allgemein gebräuchlich. Freilich, es gibt Abweichungen von der Grundform und allerlei Zusätze. Außer mit Federn kann die Krone noch mit Sonnenscheiben und Hörnern geschmückt sein, zwei Uräusschlangen können die Federn an den Seiten halten, zwei weitere von den beiden Hörnern herabhängen. Ein Beispiel dieser Krone zeigt außer Widderhörnern, Scheiben, Federn und Uräusschlangen zwischen den Federn noch ein ringsum laufendes Schnurornament. Zu den Widderhörnern kommen manchmal Kuhhörner und eine Scheibe (bei den Kronen der Göttinnen Isis und Hathor). Bei einigen Formen tritt zu den vier Uräusschlangen eine fünfte über die Stirn des Trägers der Krone.

Sehr beliebt war das Kopftuch aus gestreiftem Leinen, das die Ägypter *Nemes* nannten. Viele Skulpturen zeigen Könige des Alten und des Mittleren Reiches, die dieses Tuch tragen. Die drei goldenen Särge Tutanchamuns sowie eine der lebensgroßen Bildnisstatuen des Verstorbenen zeigen das Haupt des Herrschers mit dem Nemes umhüllt. Später, zur Zeit der persischen Eroberung und von der 27. bis zur 30. Dynastie, kamen aufwendigere Kopfbedeckungen in Mode. Ein Relief in Persien zeigt Kyros in assyrischer Tracht, doch auf dem Kopfe trägt der persische König eine ägyptische Perücke und eine Kopfbedeckung mit zwei großen Widderhörnern.

Horus, Sohn der Isis, wird als junger Mann stets mit einer Haarlocke, der ihm übers rechte Ohr hängenden »Horuslocke«, dargestellt. Mit der Horuslocke geschmückt ist in einem seiner Bildnisse auch König Ramses II. (19. Dynastie). Von der Perücke hängen dem König drei Bänder über die Schulter, ein Leopardenfell liegt über dem breiten, reich geschmückten Kragen. Wenn die Ägypter ihren Knaben die Köpfe schoren, ließen sie bis in die Zeit der Pubertät über dem rechten Ohr nach dem Muster der Horuslocke eine Haarlocke stehen – jedenfalls war dies üblich bei Söhnen der Pharaonen. Auch Ramses IV., ein König der 20. Dynastie, trug die Horuslocke.

Eine neue Kopfbedeckung führen Herrscherbildnisse der Amarna-Zeit vor, Darstellungen des Königs Amenophis IV., der während seiner vierzehnjährigen Regierungszeit (1384–1370 v. Chr.) den Ägyptern eine reformierte Religion aufzuzwingen versuchte. Der expressive Realismus, zu dem dieser König Echnaton die an seinem Hof tätigen Künstler ermutigte, hat die Züge des Herrschers mit allen vom ägyptischen Ideal abweichenden Eigentümlichkeiten überliefert. Seine Kriegskrone ähnelt der Mitra der Bischöfe der katholischen Kirche, ansonsten freilich kleidete sich der Häretiker durchaus konventionell. Wenigstens zeigt ihn sein Bild mit einem einfachen gefalteten Schurz, von dem hinten der zeremonielle Tierschwanz herabhängt, und mit Sandalen an den Füßen.

An einem Bildnis Ramses' III. fällt neben interessanten Einzelheiten der Kopfbedeckung, des Kragens, Gürtels und Schurzes das der Tunika ähnliche Obergewand auf, das während der

Herrschaft der 18. Dynastie in Mode kam. Es ist ungewöhnlich weiß, besteht aus durchscheinendem Leinen und ist gefältelt. Das Kopftuch ist nicht von der gewöhnlichen einfachen Art, sondern zeigt über den üblichen Streifen eine Dekoration, hinten einen Falken und sechs Uräusschlangen an beiden Seiten, von denen die beiderseits der Stirn angeordneten bekrönt sind, dazu vier Scheiben, von denen Fransen hängen. Zudem streckt über der Mitte der Stirn eine große Uräusschlange den Kopf aus, und der Abschnitt der Krone, der über das Nemes gesetzt ist, zeigt ringsum sieben von diesen Symbolen, jedes mit einer scheibenförmigen Krone. Der Kragen ist ebenfalls mit zwei Falken geschmückt, eine reich verzierte Schürze hängt vom Gürtel. Eine Kartusche schmückt die Mitte der Schürze, die Gürtelschnalle und das Armband des Königs.

Bildnisse Ramses' III. sind es auch, die den König in wehrhafter Ausrüstung zeigen, als Beschützer des Landes und obersten Dienstherrn seiner Soldaten. Er trägt Bogen, Köcher und Streitaxt, die doppelte Krone Ober- und Unterägyptens, den zeremoniellen Bart und unter dem breiten Perlenkragen ein Leibchen. Gürtel und Schurz sind von der schon zur Zeit des Alten Reiches üblichen Art, am rechten Arm sitzt ein Schutz gegen Verletzungen durch die Bogensehne beim Abschuß des Pfeils.

Eine andere Darstellung zeigt den Pharao im Triumphwagen nach siegreicher Schlacht. Der Höfling, der dem Wagen vorangeht, trägt die Sandalen des Königs. Hier ist es Ramses, der mit dem königlichen Kriegshelm erscheint. Gekleidet aber ist er in die weite Tunika seiner Zeit, die jedoch unter den Armen eng anliegt, so daß sie ihn beim Lenken des mit zwei Pferden bespannten Wagens nicht behindert. Während der Schlacht schlang er sich die Zügel um die Hüften, wie eine andere Darstellung zeigt, wo er in der Linken den Bogen hält, in der Rechten einen Krummsäbel und einen Pfeil. Die Seite des Wagens verbirgt von den Hüften abwärts die Gestalt des Pharaos, man weiß aber, daß er barfuß in den Kampf fuhr (was den beim Triumph voranschreitenden Sandalenträger erklärt), denn so stand er fester auf dem Rohrgeflecht des Bodens seines Streitwagens. Das Muster des engen Gewandes erinnert an assyrische Vorbilder. Das Gewand selbst war vermutlich knielang, bestand aus Leder oder dickem Leinen und war mit Plättchen aus Metall oder Knochen besetzt. Im Gegensatz dazu ist der Helm typisch ägyptisch. Das mit Perlen besetzte und über dem Kragen getragene Pektorale ähnelt denen aus der Zeit der 12. Dynastie.

Der hohe Offizier, der dem königlichen Streitwagen in dieser Darstellung vorausgeht, trägt in der linken Hand einen Bogen, einen Amtsstab in der rechten. Der Helm, mit fransenbesetztem Rand, ist offenbar aus Leder und innen gepolstert, das Wams aus gesticktem Leinen scheint ebenfalls dick gefüttert. Die Hauptwaffen der Soldaten waren Bogen, Lanze, Wurfspieß, Schwert, Krummsäbel und Streitaxt, zur Rüstung gehörten neben gepolsterten Lederhelmen aber auch leichte Brustpanzer; seltener und erst nach Beginn des Neuen Reiches scheint ein mit Plättchen von Bein oder Metall besetztes Panzergewand gewesen zu sein. Die herkömmliche Rüstung des ägyptischen Kriegers bestand aus Helm und Schild.

Die merkwürdigen dreieckigen, starren Schurze, die man vorn auf den Röcken der mit Lanzen bewaffneten Soldaten hängen sieht, sind ein charakteristisches Merkmal der Tracht der Söldner unter den Pharaonen des Neuen Reiches, die *Schairetana* oder *Schardana* genannt wurden. Leicht an ihrer Tracht kenntlich sind in ägyptischen Schlachtdarstellungen die Philister. Sie tragen Rundschilde und einen gefiederten hohen Kopfschutz. Auch ihre Schurze unterscheiden sich von denen der Ägypter, sie sehen denen der Kreter nicht unähnlich.

Hohe Priester im Tempeldienst trugen über ihren Leinengewändern ein Leopardenfell, wie dies auch die Pharaonen taten, wenn sie als Priester fungierten. Die Gewänder waren unterschiedlich geschnitten. Auf manchen Bildern sieht man den Priester mit einem enganliegenden Obergewand bekleidet, auf anderen trägt er ein einfaches Gewand aus drapiertem Stoff, hinter einer Schulter geknüpft und gelegentlich ergänzt noch durch ein breites, um die Hüften geschlungenes Tuch. Dann wieder sieht man einen Priester Weihrauch opfern, der nur mit einer Schürze bekleidet zu sein scheint, andere sind in eine Art Radmantel gewickelt. Manchmal trugen die Priester Perücken, meist aber zeigten sie sich mit glattrasiertem Schädel.

Die arbeitende Bevölkerung Alt-Ägyptens war von der Bildwelt an den Wänden der Gräber vornehmer Herrschaften der Pharaonenzeit keineswegs ausgeschlossen. Neben Standespersonen sind auch Bauern, Fischer, Bauleute, Dienstmägde und andere kleine Leute dargestellt. Man erkennt Frauen, die Wolle spinnen oder am Webstuhl sitzen in eng anliegenden Sackkleidern, die den Körper von den Brüsten bis zu den Knöcheln bedecken. Den Schurz einfacher Leute trägt auf einem anderen Bild ein weißhaariger Arbeiter. Das Kleidungsstück besteht aus einem rechteckigen Leinenstoff, der gewöhnlich so um die Hüften gewickelt wird, daß der Schlitz vorn liegt.

Ein anderer Arbeiter ist mit einem langen Schurz gekleidet, dessen Enden gekreuzt vorn herabhängen. Ein Diener höheren Ranges trägt zum Schurz ein knappes Gewand aus durchscheinendem Leinen. Ein Fächerträger Ramses' III. ist in das damals beliebte weite Gewand gekleidet. Diener sieht man oft nur mit einem Gürtel, von dem vorn und hinten kleine Schürzen hängen – eine anspruchslos-bescheidene, ja geradezu dürftige Art der Bekleidung, aber praktisch und dem Klima des Landes angemessen.

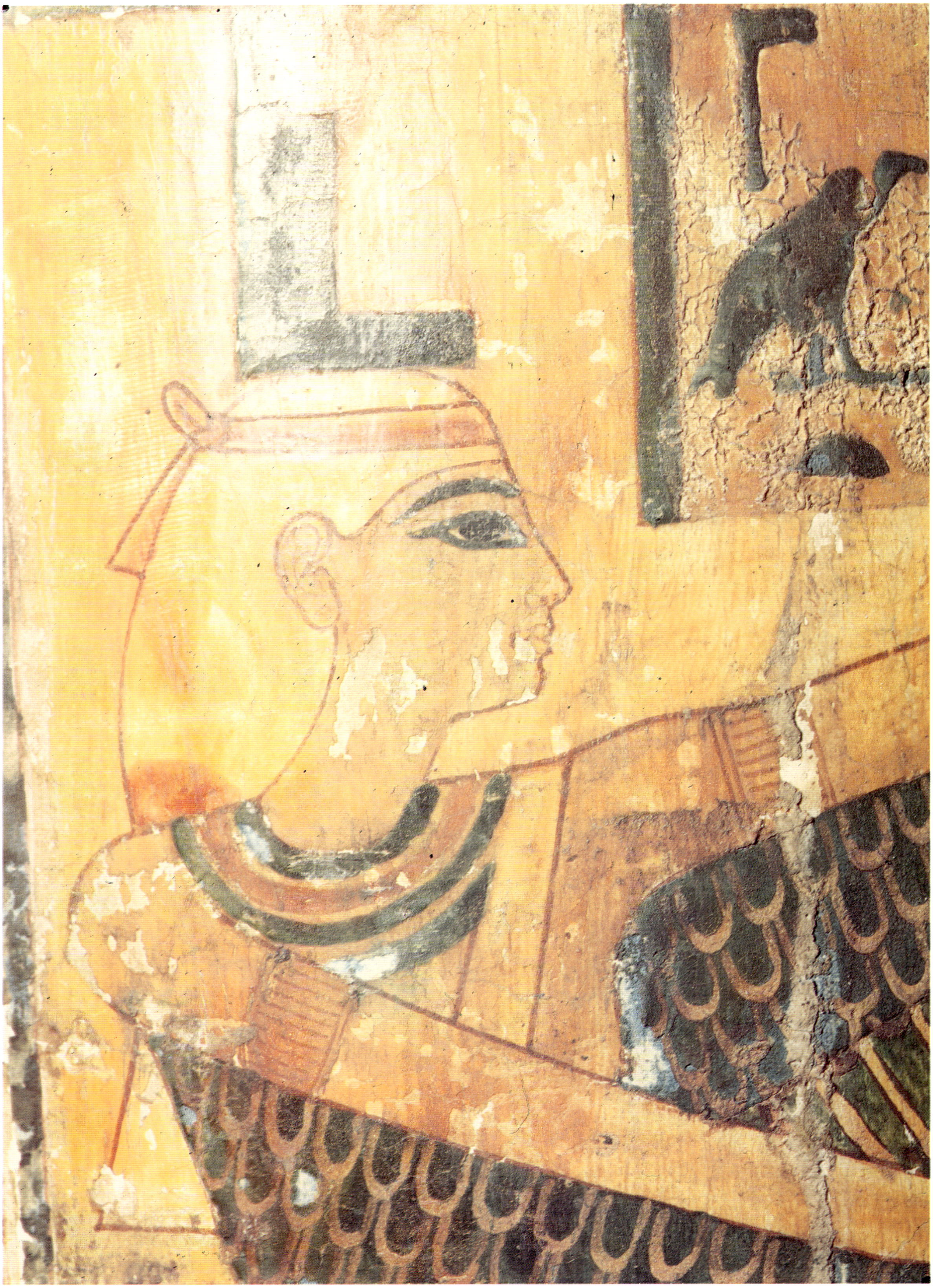

Die Göttin Isis, kenntlich an der Hieroglyphe mit dem Bild eines Throns auf ihrem Haupt, trägt ein Band um die Perücke, einen breiten Halsschmuck und ornamentierte Reifen um die Oberarme.

TEXTILIEN

Altägyptische Textilien haben sich ausschließlich in Gräbern erhalten und sind dort von Archäologen gefunden worden, sei es als Kleidung der Bestatteten oder als Beigaben in Form von Gewändern, wie sie zu Lebzeiten getragen wurden, und zum Gebrauch im Jenseits bestimmt. Funde aus neolithischer Zeit beweisen, daß Spinnen und Weben in Ägypten schon sehr früh geübte handwerkliche Künste waren.

An Wänden von Gräbern aus der Zeit der 12. Dynastie in Beni Hasan und el-Berscha sieht man verschiedene Momente aus dem Prozeß der Herstellung von Garnen und Geweben dargestellt. Auch hat man in Gräbern aus dem Mittleren Reich Holzmodelle gefunden, die die Arbeitsweise von Spinnerinnen und Weberinnen veranschaulichen. Gute Exemplare solcher Modelle besitzt das Metropolitan Museum in New York, das zweifellos beste jedoch, aus dem Grab des Güterverwalters Mektire, befindet sich im Museum in Kairo. Da sieht man drei Frauen vor Haufen von Leinenfasern sitzen, aus denen sie, eine Handvoll Fasern auf dem linken Knie hin und her rollend, Bälle drehen, die dann in Kästen gelegt werden. Aus den Bällen spinnen drei Spinnerinnen den Faden, jede in jeder Hand eine Spindel haltend. Mit der linken Hand scheinen die Spinnerinnen den Faden zu zwirnen, um ihn mit der rechten zu spinnen. Zwei Frauen ziehen zwischen Pflöcken an der Wand den Kettfaden auf, wobei sie ihn zur Gestalt der Zahl acht verdrehen. Am Boden erkennt man hölzerne Webrahmen. Die Schäfte zur Öffnung der Kettfäden, das Schiffchen und technische Einzelheiten des bei den Ägyptern gebräuchlichen Webstuhls sind in dem Modell genau reproduziert.

Beim Spinnen bildet man einen Faden, indem man Fasern aus dem Rocken zieht und zusammendreht. In Ägypten wurden die Fasern nach links gedreht, wahrscheinlich weil die trocknende Leinenfaser dazu neigt, sich in dieser Richtung zu verdrehen. Die verschiedenen Methoden, nach denen gesponnen wurde, hat Grace Crowfort beschrieben und sie mit modernen Verfahren verglichen. Abgesehen von der einfachen Handspinnerei wurde das Spinnen in Ägypten mit drei verschiedenen Spindelarten praktiziert, mit der hängenden Spindel, die am gebräuchlichsten war, der Spindel auf einem Untersatz sowie der Handspindel. H. E. Winlock vermutet, daß der Gebrauch zweier hängender Spindeln von den Hyksos in Ägypten eingeführt wurde. Spindeln und Spinnwirtel sind in öffentlichen Sammlungen nicht selten, auch die zum Spannen des Fadens gebräuchlichen Gewichte und selbst Garnknäuel hat man gefunden.

Die Ägypter benutzten Handwebstühle von zweierlei Bauweise: horizontale Webstühle, die von der Badari-Zeit an bis in die des Mittleren Reiches in Gebrauch waren, und vertikale, nachweisbar zuerst für das Neue Reich. Der horizontale Webstuhl erscheint auf Grabmalereien und in Modellen aus Gräbern des Mittleren Reiches, Bilder des vertikalen sind aus Gräbern der 18. Dynastie überliefert. Die Ägypter verwendeten vermutlich keine Kämme bei der Weberei, was erklärt, daß ihre Stoffe bei unregelmäßiger Lage der Fäden sehr dicht gewebt sind.

Bis zur Spätzeit handelt es sich bei den Stoffen, die man den Toten mitgab, um Leinen, nur selten auch um Gewebe aus anderen Fasern (Schilf). Wolle dagegen wurde zwar von den Lebenden getragen, galt aber in ritueller Hinsicht als unrein. »Wollene Mäntel tragen die Ägypter«, versichert Herodot, »in einen Tempel aber geht man mit wollenem Zeug nicht, auch wird niemand damit begraben, denn das hält man für eine Sünde.« Dargestellt aber sieht man wollene Kleidungsstücke durchaus, so im Grab des Chnumhotep in Beni Hasan, wenn auch gewöhnlich als Tracht fremder nomadisierender Völker.

In der Spätzeit wurde dann zunächst Baumwolle, schließlich auch Seide in Ägypten eingeführt. Flachs war den Ägyptern schon zu neolithischer Zeit bekannt. Er fand Verwendung nicht nur zur Herstellung von Stoffen, sondern auch bei der Anfertigung von Körben, Seilen und Matten. Leinen wurde in einer Fülle unterschiedlicher Qualitäten gewebt, von der feinsten Gaze bis zu dickem Segeltuch. In Verzeichnissen des Alten Reiches wird das Material oft nach Stärke- und Gütegesichtspunkten unterschieden. Fachleute haben Gewebeproben aus allen Zeiten untersucht, wobei sich herausstellte, daß neben vielen anderen Techniken auch die Teppichweberei gebräuchlich war.

Im Grab Thutmosis' IV. entdeckte Howard Carter 1903 Reste eines Teppichgewebes aus Leinen, zwanzig Jahre später fand er im Grab Tutanchamuns mehrere Gegenstände aus auf gleiche Weise hergestelltem Stoff, darunter Handschuhe und Gürtel. Daressy spricht von zwei Fragmenten eines als Teppich gewirkten Stoffs aus der Nekropole von Theben und nennt zwei weitere Beispiele, gefunden im Grab des Architekten Cha in Der el-Medine, sowie ein in die 22. Dynastie zu datierendes Fragment. Elisabeth Riefenstahl erwähnt Proben der Kettweberei aus den Gräbern Tutanchamuns und des Cha sowie aus einem weiteren Grab der 18. Dynastie (heute im Victoria and Albert Museum, London), außerdem ein nicht genau zu datierendes Stück und Bänder, vielleicht aus der Zeit der 22. Dynastie, die sie in Privatsammlungen untersuchte.

Bouclé-Stoffe mit krauser, buckliger Oberfläche – ähnlich wie Frottétücher – kannte man in Ägypten bereits zur Zeit der 11. Dynastie. Man hat vermutet, daß die Ägypter es auch verstanden, gekräuselte Stoffe herzustellen, doch bei den Beispielen, auf die sich die Hypothese stützt, scheint es sich eher um feinen Plissee zu handeln. Plissierte Leinenstoffe sind in verschiedenen Gräbern gefunden worden: in Naga el-Der (6. Dynastie), in Deschascheh und in Gräbern des Mittleren Reiches. Im Museum in Kairo befinden sich verschiedene Stücke von plissiertem Leinen, von denen eines, aus der Zeit der 19. Dynastie, die Fältchen in zwei Reihen zeigt.

Obwohl man Wolle in altägyptischen Gräbern nur selten findet – etwas häufiger nur in solchen der Spätzeit –, weiß man, wie schon gesagt, von Herodot, daß wollene Mäntel durchaus gebräuchlich waren. Auch Diodorus Siculus erwähnt ägyptische Schafe, die Wolle für Kleidung und Putz lieferten. In Gräbern aus christlicher Zeit in Achmin und Asshumnein hat man Reste wollener Kleidungsstücke entdeckt.

Es scheint damals weithin üblich gewesen zu sein, Leinengewebe mit gefärbten Wollfäden zu verzieren. Aus früheren Zeiten ist der Gebrauch von Wolle durch Funde bezeugt, so durch ein Stück brauner und weißer Stickerei aus vordynastischer Zeit und durch ein Stück wollenes Tuch, das die Reste eines Skeletts eines während der 1. Dynastie Verstorbenen umhüllte. In grobe gelbe Wolle gewickelt waren auch Teile eines Skeletts in der Pyramide des Mykerinos in Giza, das dort jedoch später, nicht zur Zeit der Erbauung der Pyramide, beigesetzt worden ist. Petrie fand in einem Grab der 12. Dynastie den Beweis, daß auch in jener Zeit Wolle gesponnen wurde, nämlich eine Handvoll Weberei-Abfälle aus blauen Kammgarnenden und blauer Wolle sowie einen Rocken rotgefärbter, noch ungesponnener Wolle. In El-Amarna entdeckte man eine aus Ziegenhaar gewebte Tasche mit fünf großen Knäueln gesponnener Ziegenwolle, jedes mit mehreren hundert Metern Garn, sowie ein quadratisches Kleidungsstück aus Wolle. Braulitz erwähnt einen in Saqqara gefundenen Wollstoff, der nicht nach dem Jahr 300 v. Chr. gewebt sein kann. Winlock fand einen Turban aus Wollnetz in einem Grab der vorchristlichen römischen Zeit. Er bemerkt dazu: »Kurz vor Beginn der christlichen Ära war es offenbar in Theben Mode, das Haar mit feinen Linnenschleiern zu umwickeln, bis der Kopf zur doppelten Dicke vergrößert war und über diesen Verband dann ein solches braun-rotes Netz zu ziehen, das hinten mit einem Band verschnürt wurde.«

Für die Verwendung von Wolle bei der Herstellung von Perücken gibt es keine Belege. Von den im Museum in Kairo ausgestellten Perücken enthält keine auch nur ein Härchen Wolle. Es ist auch unwahrscheinlich, daß zu diesem Zweck Wolle gebraucht wurde. Ein Wort unsicherer Bedeutung in einem Papyrus des Neuen Reiches ist als Bezeichnung für Wolle verstanden worden.

Baumwolle stammt aus Indien und verbreitete sich von dort nach Westen. Bei der Ausgrabung von Mohenjo-Daro im Indus-Tal hat man Baumwollstoffe aus der Zeit zwischen 3250–2750 v. Chr. gefunden. Und in den Gesetzen Manus (9. Jahrhundert v. Chr.) wird Baumwolle häufig erwähnt. »Die wilden Bäume aber tragen dort als Frucht eine Wolle, die an Schönheit und Güte die Schafwolle übertrifft, und aus dieser Baumwolle machen die Inder sich Kleider«, schreibt Herodot. Er erwähnt auch einen Panzer, den Amasis, König von Ägypten (570–625 v. Chr.), den Samiern geschenkt hatte: »Er ist von Leinen mit Gold und Baumwolle reich verziert, und es sind viele Bilder hineingewebt.« Einen weiteren Panzer habe Amasis der Athene in Lindos verehrt. Plinius der Ältere sagt in seiner Naturgeschichte: »Der obere Teil Ägyptens in der Nähe Arabiens bringt einen Busch hervor, den einige *Gossypium* nennen... Davon werden die am höchsten geschätzten Gewänder gemacht, in die sich die Priester Ägyptens kleiden.«

Die ältesten der in Ägypten gefundenen Baumwollstoffe stammen aus römischer Zeit. Man hatte sie zunächst für Leinen gehalten und als Baumwolle erst nach genauerer Prüfung erkannt. Die Stoffe könnten aus dem Sudan eingeführt sein, denn George Reisner hat griechisch-römische Baumwollstoffe in Meroe (Sudan) gefunden, auch gibt es schriftliche Zeugnisse über die Verwendung von Baumwolle in Nubien, eines aus dem Jahr 250 n. Chr., ein anderes aus der Zeit um die erste nachchristliche Jahrtausendwende. Im Kloster Apa Phoebammon fand man Reste von Baumwollstoffen aus dem 4. Jahrhundert, die vermutlich am Fundort hergestellt worden sind und die Behauptung entkräften, Baumwolle sei in Ägypten erst lange nach der arabischen Eroberung des Jahres 641 kultiviert worden. Man darf annehmen, daß die in den Papyri des 2. Jahrhunderts erwähnte Baumwolle im Lande selbst erzeugt worden ist.

Seide aus China gelangte ins Mittelmeergebiet über Persien. Nach Ägypten kam der fernöstliche Luxus sehr spät. Ein wollenes Obergewand aus Mostagedda mit schmückenden Streifen und Schußfäden aus weißer Seide stammt aus ptolemäischer Zeit. Ein bei Qustul, südlich von Abu Simbel gefundenes Stück Seide erwies sich bei der Untersuchung durch Arthur Lucas, einen Sachverständigen der ägyptischen Regierung, als »Wildseide« des Tussah-Typs, es ist kein Produkt der Seidenraupe. Erst im 4. Jahrhundert wurde Seide in Ägypten gebräuchlich.

Matten mit rotgefärbten Rändern aus vordynastischer Zeit beweisen, daß die Technik des Färbens in Ägypten schon früh praktiziert wurde. Über die Farbstoffe läßt sich nur sagen, daß es sich dabei um Naturprodukte handelt, und daß sie vermutlich einheimische Erzeugnisse waren. Zwei griechische Papyri aus dem 3. oder 4. Jahrhundert n. Chr., vielleicht in Theben geschrieben, schildern, wie man danach bei der Färberei verfuhr, sie nennen auch die benutzten Farbstoffe. Das erste der beiden Zeugnisse, der Papyrus X (heute im Museum in Leiden), wurde schon 1887 von M. Berthelot übersetzt; das zweite, der Holm-Papyrus, liegt in Stockholm und ist von O. Lagercrantz veröffentlicht worden.

Fünf Hauptfarbstoffe werden genannt: Archil, eine Purpurfarbe, gewonnen aus Algen, die auf Klippen des Mittelmeers wachsen; Alkanet, eine rote Farbe, gewonnen aus den Wurzeln der

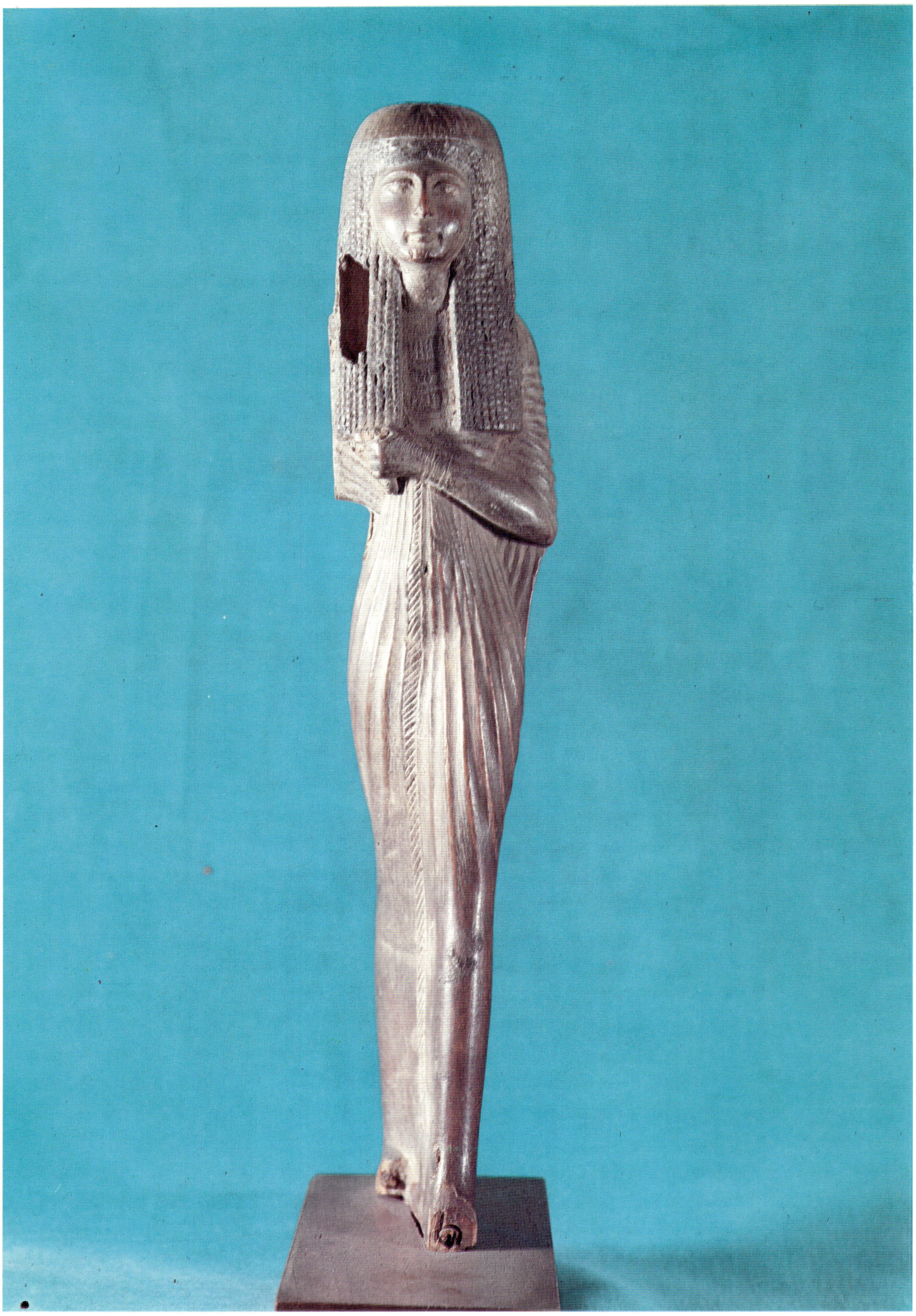

Statuette einer Frau aus der Zeit der 18. Dynastie; Turin, Museo Egizio. – Die Figur, aus Holz geschnitzt, zeigt eine elegant gekleidete Dame mit lang herabfallender Perücke und einem fußlangen Gewand, das sich den Körperformen anschmiegt.

Alkanna tinctoria; Krapp, ebenfalls rot, gewonnen aus der *Rubia tinctorium* und der *Rubia peregrina*. Die beiden letztgenannten kommen im Mittelmeergebiet häufig vor und sind auch in Ägypten bezeugt. Der vierte Farbstoff ist Kermes und liefert ein Rot. Er wird hergestellt aus den gedörrten sterblichen Überresten weiblicher Insekten der Art *Coccus ilicis*, die auf einer in Nordafrika und Südosteuropa verbreiteten immergrünen Eiche vorkommt. Der fünfte erwähnte Farbstoff ist Färberwaid; er färbt blau und wird gewonnen durch Kochen der Blätter der *Isatis tinctoria*.

Manche Textilien, so die 1903 von Howard Carter im Grab des Thutmosis IV. gefundenen, erscheinen heute schwarz, die ursprüngliche Farbe aber war vermutlich ein dunkles Braun, das man herstellte, indem man den Stoff erst blau, dann rot färbte. Das Blau, »Indigo« genannt nach der aus Indien eingeführten Pflanze *Indigofera tinctoria*, aus der man den in diesem Ton färbenden Farbstoff gewann, schmückt viele altägyptische Textilien. Tatsächlich kann man die Farbe aus den verschiedensten Pflanzen gewinnen, so auch aus dem erwähnten Färberwaid (*Isatis tinctoria*). Der arabische Historiker Makrisi berichtet um die Wende vom 14. zum 15. Jahrhundert n. Chr., daß auch Indigo seinerzeit in Ägypten angepflanzt wurde. Färberwaid wurde zu Beginn der christlichen Zeit im Faijum kultiviert, und was man für indisches Indigo hielt, könnte sehr wohl aus den Blättern der *Isatis tinctoria* gewonnenes Waid gewesen sein. Die in frühchristlichen Gräbern in Arsinoe in Oberägypten gefundenen blauen Wollsachen sollen mit Waid und Indigo gefärbt sein, diese Bezeichnungen werden jedoch von manchen Autoren gelegentlich in verwirrender Weise benutzt, so als handele es sich um beliebig austauschbare Synonyme.

Grün wurde aus Indigo gewonnen, das man mit Gelb mischte. Als blauer Grundstoff konnte auch blauer Sand dienen, wie bei der Stuckgrundierung eines im Grab Tutanchamuns gefundenen Stabes. Die Purpurfarbe der in Antinoe geborgenen Textilien entstand durch eine Mischung von Indigo oder Waid mit Krapprot. Rot färbten die Färber, von deren Kunst man Proben in den Gräbern von Antinoe fand, gewöhnlich mit Krapp, das auch die Basis war für die rotbraune Farbe der im Grab Tutanchamuns gefundenen Stoffe. Das Rot-Orange der Bandagen einiger der 1881 in Der el-Bahari entdeckten königlichen Mumien wurde wohl in einem Farbbad gemischt aus Henna und dem roten Farbstoff der Blüten des *Carthamus tinctorius*, einer in Ägypten häufigen Pflanze. Schon Anfang des vorigen Jahrhunderts wurde die Vermutung geäußert, daß die Ägypter gelben Farbstoff aus Safflor, der Färberdistel, gewannen, der Beweis jedoch, daß dies bereits während der 12. Dynastie geschah, gelang 1910 in Manchester erst anhand der Funde aus dem sogenannten Grab der beiden Brüder.

Zum Färben sind zweierlei Substanzen erforderlich, der Farbstoff und eine Beize, die diesen Stoff in den Textilien, die gefärbt werden sollen, fixiert. In Ägypten scheinen Beizen zum Färben vor dem 1. Jahrhundert n. Chr. nicht verwendet worden zu sein, Plinius jedoch teilt mit, man habe sich seinerzeit schon sehr wohl darauf verstanden, Farben durch Beizen zu fixieren: »Nachdem sie den Stoff, der zunächst weiß ist, gepreßt haben, tränken sie ihn nicht mit Farben, sondern mit Beizen, welche die Farben aufsaugen sollen. Ist dies geschehen, taucht man den Stoff, dessen Erscheinung noch unverändert ist, in einen Kessel mit kochender Farbe und zieht ihn gleich darauf fertig gefärbt heraus. Bemerkenswert ist aber, daß, obwohl die Flotte in dem Kessel nur eine Farbe hat, der herausgezogene Stoff verschiedene Farben zeigt, je nach der Natur der Beizen, mit denen er an verschiedenen Stellen verschieden getränkt worden ist. Diese Farben aber sind waschfest.« Über die Zusammensetzung der Beizen erfahren wir nichts, doch wird man wohl hauptsächlich Alaun gebraucht haben, wie noch heute in Ägypten. Den erwähnten Papyri zufolge verwendete man in frühchristlicher Zeit neben dem Alaun auch Eisensalze wie aus Eisen mit Essig gewonnenes Acetat, außerdem Sulfat, das als Verunreinigung im Alaun vorkommt.

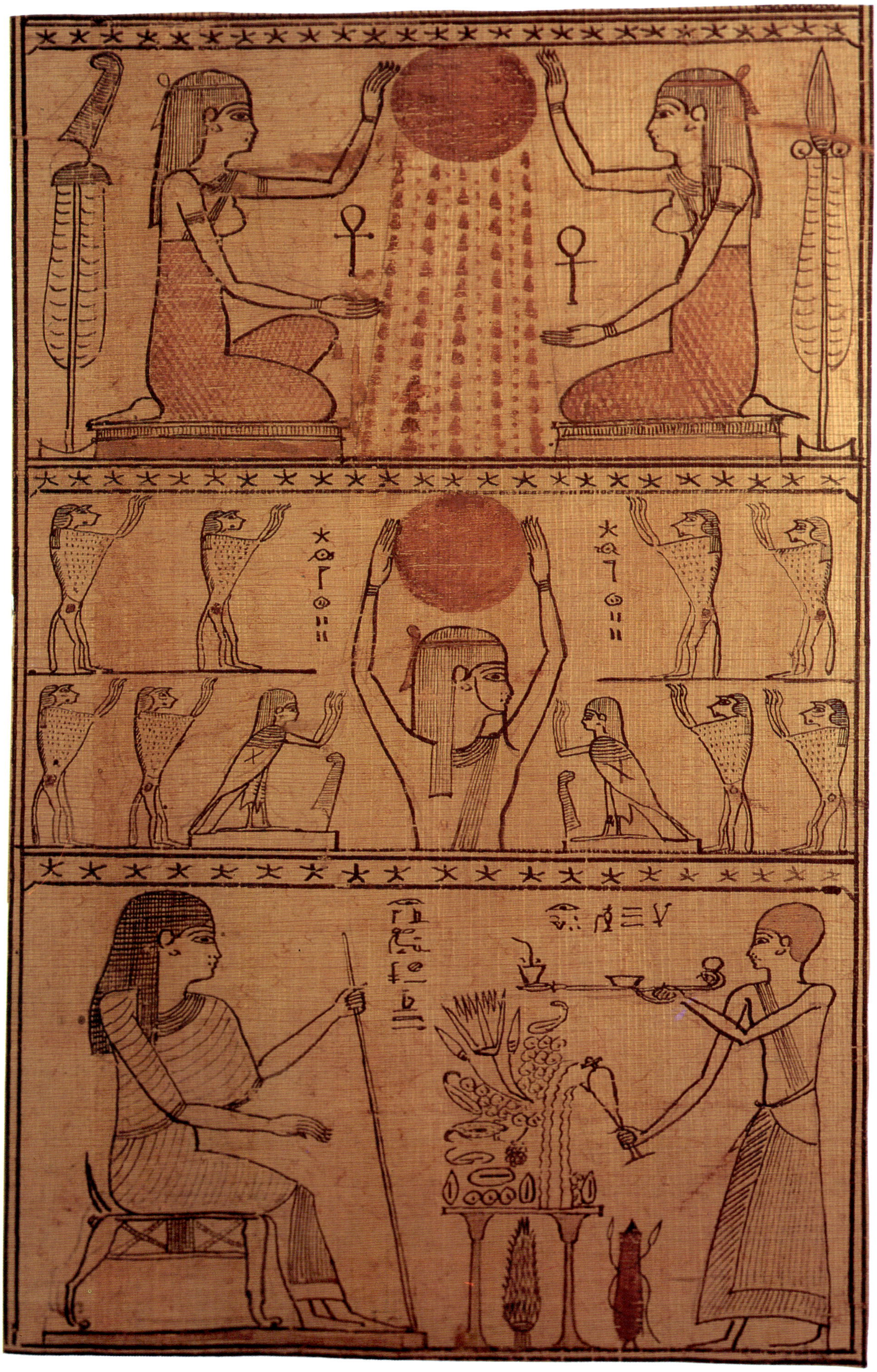

Darstellungen aus einem Totenbuch, Papyrus, spätes Neues Reich; Turin, Museo Egizio. – Die Bilder zeigen charakteristische Formen der altägyptischen Kleidung. Die engen, gemusterten Röcke der beiden Frauen in der oberen Zone lassen die Brüste frei. Den Erdgott Geb im mittleren Bildstreifen, der die Sonne in den Himmel hebt, schmückt die mit einem Stirnband befestigte kurze Lappenperücke. Die Dame unten links ist in ein langes Gewand und ein Schultertuch gehüllt, während der Mann, außer einer Schärpe, nur mit einem knöchellangen Schurz bekleidet ist.

EDEL- UND HALBEDELSTEINE

Viele von den Edelsteinen, die in Ägypten zu Amuletten, Perlenschnüren, Broschen, Skarabäen und anderen Schmucksachen verarbeitet wurden, fanden auch Verwendung bei Einlegearbeiten an Sarkophagen und Möbeln. Allerdings handelte es sich dabei um heute als Halbedelsteine klassifizierte Steine wie Achat, Amethyst, Beryll, Kalkspat, Chalcedon, Karneol, Koralle, Feldspat, Granat, Hämatit, Jade, Jaspis, Lapislazuli, Malachit, Onyx, Perlen, Bergkristall, Sarder, Sardonyx und Türkis. Hinzu kamen Bernstein und andere Harzprodukte, die man mitunter zu Schmucksachen oder Dekorationen verarbeitete. Diamanten, Opale, Rubine und Saphire waren im Alten Ägypten unbekannt.

Viele der genannten Steine waren schon in der Badari-Kultur in Gebrauch. Achat, Onyx und Sardonyx sind Formen des gestreiften Chalcedons, der Hauptunterschied liegt jeweils in der Farbe der Streifen. Achat ist gewöhnlich weiß und braun gestreift, mitunter kommen auch Spuren in Blau vor. Die Schichten des Onyx und Sardonyx liegen gerade und in gleichmäßigem Wechsel; beim Onyx sind sie abwechselnd milchweiß und schwarz, beim Sardonyx wechseln mit den weißen Streifen rotbraune oder rote. Achat, in Ägypten ziemlich häufig, wird hauptsächlich in mandelähnlicher Gestalt gefunden. In Gräbern aus vordynastischer Zeit hat man Achatmandeln gefunden, auch Perlen aus Achat und Onyx, doch datiert der älteste Fund von bearbeitetem Sardonyx anscheinend erst aus der 22. Dynastie (945–715 v. Chr.).

Bernstein erkannte Petrie als das Material zweier unbeschrifteter Skarabäen in der Sammlung des University College in London. Der Skarabäus des großen Pektorale des Hatiay in Kairo (um 100 v. Chr.) sowie ein möglicherweise in die Frühzeit des Neuen Reiches zu datierender Skarabäus im Britischen Museum werden ebenfalls für Bernstein gehalten. Bearbeiteter Harz – nicht fossiler Herkunft – ist an verschiedenen Gegenständen aus dem Grab Tutanchamuns nachzuweisen: an einem doppelten Fingerring mit königlicher Kartusche, an zwei großen Skarabäen, von denen einer einen im Relief ausgeführten Vogel auf dem Rücken trägt, an einer Halskette mit 55 Perlen aus gehärtetem Harz, an einer Halskette, deren Perlen abwechselnd aus Lapislazuli und Harz sind, an einem Paar Ohrringe mit Perlen aus Harz und Gold, an einem Haarschmuck, an zwei Astragalen und dem Knauf des Deckels eines Kastens.

Amethyst ist transparenter Quarz, gefärbt mit Spuren von Mangan. In Ägypten fand Amethyst Verwendung hauptsächlich zur Herstellung von Perlen für Halsketten, doch auch als Material für Armbänder, Amulette und Skarabäen. Man verarbeitete den Stein zu allen Zeiten des Bestehens der altägyptischen Kultur, doch scheint er sich während des Mittleren Reiches besonderer Beliebtheit erfreut zu haben. In der westlichen Wüste hat man Amethystbrüche gefunden, die vielleicht schon während des Alten Reiches ausgebeutet wurden. Der Ort, 60 Kilometer nordwestlich von Abu Simbel, ist wohl auch in der Zeit des Mittleren Reiches bekannt gewesen.

Beryll kann grün, aquamarinfarben, gelb oder weiß sein, in Ägypten scheint man nur die

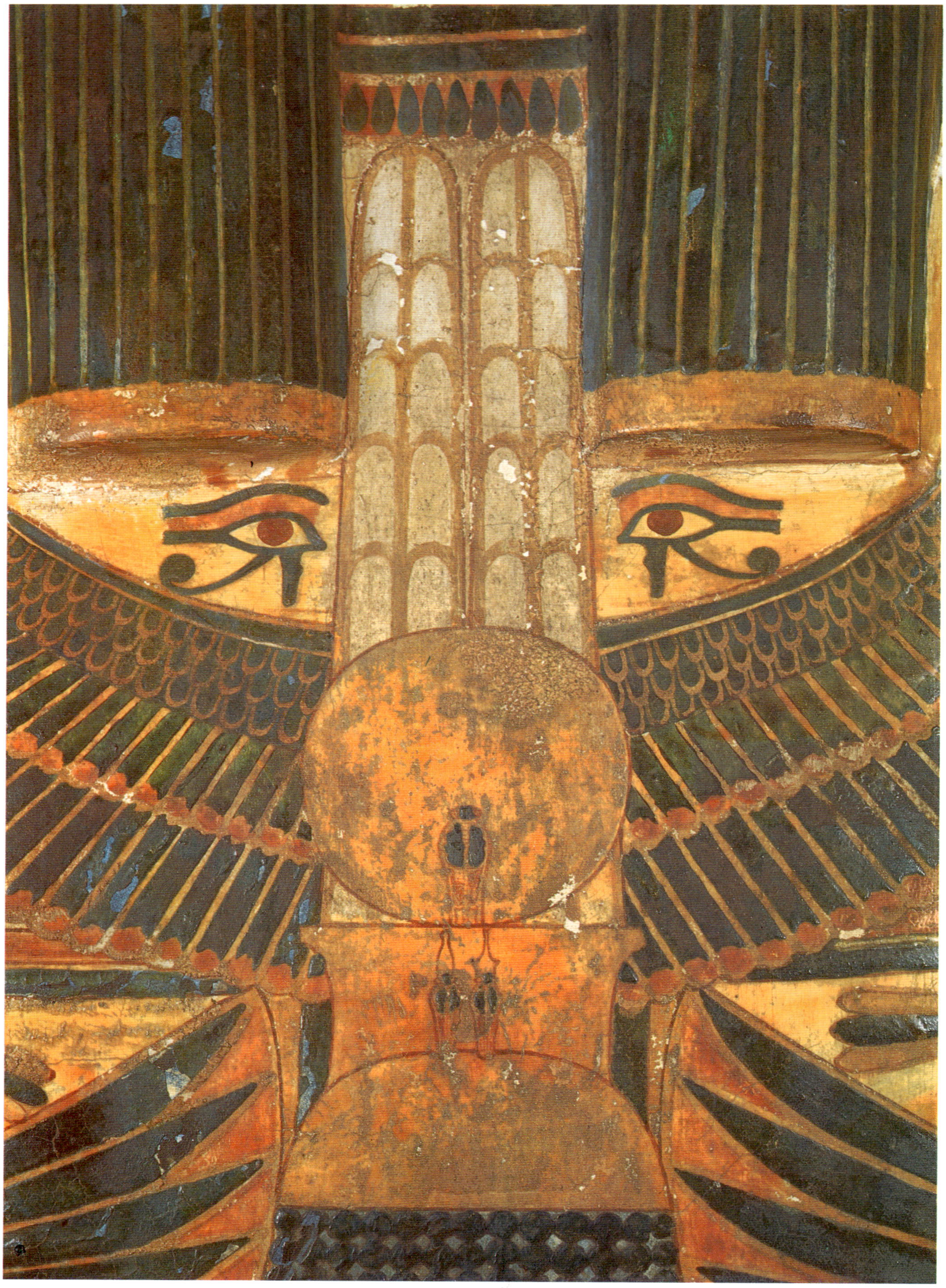

Uräusschlange, Sonnenscheibe und Udjat-Augen, Ausschnitt aus der Bemalung eines Holzsarkophags, Spätzeit. – Beim Schminken der Augenpartien wiederholten die Ägypterinnen die Form des heiligen Udjat-Auges.

grüne Art verwendet zu haben. Man findet Beryll in der Gegend von Sikait-Zubara in den Bergen am Roten Meer. Die meisten Kristalle sind blaß grünlich gefärbt und haben viele Verunreinigungen, die sie ungeeignet zur Verarbeitung zu Schmucksachen machen. Die Ägypter haben diese Kristalle oft in ihrer natürlichen hexagonalen Form verwendet. Da Beryll härter ist als Quarz, lernten die Ägypter erst später, den Stein zu schneiden.

Kalkspat ist die geologische Bezeichnung für Alabaster. In Ägypten benutzte man dünn geschnittenen Alabaster zur Herstellung von Schmuckstücken und Einlegearbeiten. Für kleinere Schmuckstücke nahm man mitunter die als Islandspat bekannte Art des Kalkspats, die sehr rein und transparent ist. Insbesondere Perlen für Ketten fertigte man aus Islandspat in der Zeit des Neuen Reiches und in der Dritten Zwischenzeit.

Chalcedon, ein durchscheinendes Silikon von wächsernem Aussehen, ist, wenn es rein vorkommt, weiß oder grau. Chalcedon wurde hauptsächlich zur Herstellung von Perlen, Anhängern und Skarabäen benutzt. Karneol, ein durchscheinender Chalcedon, verdankt seine rote Farbe Spuren von Eisenoxyd. Schon in vordynastischer Zeit zur Herstellung von Perlen und Amuletten gebräuchlich, fand der Karneol später bei Einlegearbeiten an Schmuckstücken, Möbeln, Sarkophagen und manchmal an Ringen Verwendung. Während der 18. Dynastie ahmte man Karneol nach, indem man Stücke durchscheinenden Quarzes über roten Zement montierte, um dem Stein einen rötlichen Schimmer zu geben. Derartig imitierter Karneol wurde beim Schmuck von Gegenständen von einiger Kostbarkeit verwendet, so an zweien der Särge Jujas, des Schwiegervaters Amenophis' III., und bei dem rätselhaften Sarkophag aus dem Grab Nr. 55 im Tal der Könige, der bisher als derjenige des Smenchare galt, nach neueren Untersuchungen aber wohl für die Königin Kija, eine Nebenfrau Echnatons, angefertigt wurde. Auch bei Gegenständen aus dem Grab Tutanchamuns hat man imitierten Karneol verwendet, so zu der goldenen Maske, am goldenen inneren Sarg und an den vier kleinen Eingeweidesärgen im Kanopen-Kasten.

Sarder ist der Name des dunkelsten, mitunter fast schwarz wirkenden Karneols. Seit vordynastischer Zeit bekannt, ist er offenbar nur beschränkt verwendet worden. Petrie erwähnt ein in Abydos gefundenes Zepter aus Gold und Sarder aus dem Besitz des der 2. Dynastie angehörenden Pharaos Chasechemui. Aus Sarder ist auch eines der Plättchen vom Armband des Königs Amenophis III. im Metropolitan Museum in New York.

Aus Feldspat, einem opaken, blaßgrünen Stein, fertigte man seit neolithischer Zeit Perlen. Wie die zunächst irrtümlich für Smaragde gehaltenen Stücke beweisen, die de Morgan in Dahschur fand, aber auch der von Petrie in Lahun ausgegrabene Schmuck der Prinzessin Sit-Hathor-Iunet, erfreute sich Feldspat im Mittleren Reich, namentlich bei Hofdamen der 12. Dynastie, großer Beliebtheit.

Granat, ein durchscheinender, dunkelroter Stein, wurde häufig in der Umgebung von Assuan in der östlichen Wüste gefunden, in der westlichen Wüste bei der Oase Kharga und auf der Sinai-Halbinsel. In vordynastischer Zeit verwendete man den Stein gern zur Herstellung von Perlen, später ist er nur noch selten verarbeitet worden, gelegentlich bei Einlegearbeiten.

Unter dem Namen Jade verbergen sich zwei Mineralien: Nephrit oder echte Jade und Jadeit. Beide können weiß, grau oder grün gefärbt sein und durchscheinend mit wächsernem Glanz, kommen aber nicht in Ägypten vor: Die Fundstellen liegen hauptsächlich im Tal des Flusses Karakasch im nördlichen Kaschmir sowie westlich des Baikal-Sees in Sibirien. Trotzdem sind einige Gegenstände, als deren Material Nephrit oder Jadeit gelten, in Ägypten entdeckt worden. Eine neolithische Axtklinge aus Faijum und eine in Merinda-Benusalame in neolithischen Schichten gefundene kleine Axtklinge sind angeblich aus Nephrit gefertigt. Auch sollen Gegenstände in den Sammlungen des Londoner University College (zwei Skarabäen, einer davon ein Herz-Skarabäus aus der Spätzeit des Neuen Reiches) aus Jadeit bestehen.

Jaspis, eine harte Art des Chalcedons, kommt in verschiedenen Farben vor, in Rot, Grün, Schwarz und Gelb. Roter Jaspis war der häufigste in Alt-Ägypten und in der Alten Welt überhaupt. Seit vordynastischer Zeit war roter Jaspis gebräuchlich zur Herstellung von Amuletten und Perlen, mitunter auch von Skarabäen. Grüner Jaspis diente schon in der Badari-Kultur als Material für Amulette, Perlen und Skarabäen. Petrie wie auch H. R. Hall erwähnen Skarabäen aus der Zeit des Mittleren Reiches, die aus braunem und schwarzem Jaspis gefertigt sind. Die Verarbeitung von gelbem Jaspis hat man bislang erst für die Zeit der 18. Dynastie nachweisen können.

Lapislazuli ist ein dunkelblauer, opaker Stein, normalerweise mit eingeschlossenen Partikeln von Eisenpyriten, die wie Goldkörnchen wirken. Die Ägypter stellten daraus schon in vordynastischer Zeit Perlen, Amulette, Skarabäen und andere kleine Gegenstände her, bezogen das Material jedoch aus Gebieten außerhalb ihres Landes. In Texten schon des Alten Reiches ist nicht selten von Lapislazuli die Rede, als dessen Herkunftsorte Aschur, Babylon, Dschahi, Khatti, Naharim, Retenu, Syrien sowie andere Städte und Landschaften im westlichen Asien genannt werden, gelegentlich auch Meroe und Punt, südlich von Ägypten in Afrika gelegen. Da der Stein aber nur in Badaghschan (Afghanistan) gefördert wurde, bezeichnen die Ortsangaben lediglich Wege des Zwischenhandels, auf denen Lapislazuli nach Ägypten gelangte. Zwei in Gold gefaßte Röhrchen von Lapislazuli (heute in Kairo und im Ashmolean Museum in Oxford) sind schon in vordynastischer Zeit Ägyptern ins Jenseits mitgegeben worden. Die in Giza gefundenen silbernen Armbänder der Königin Hetepheres (4. Dynastie) sind mit Lapislazuli, Türkis und Karneol eingelegt. Auch an dem in Dahschur und Illahun

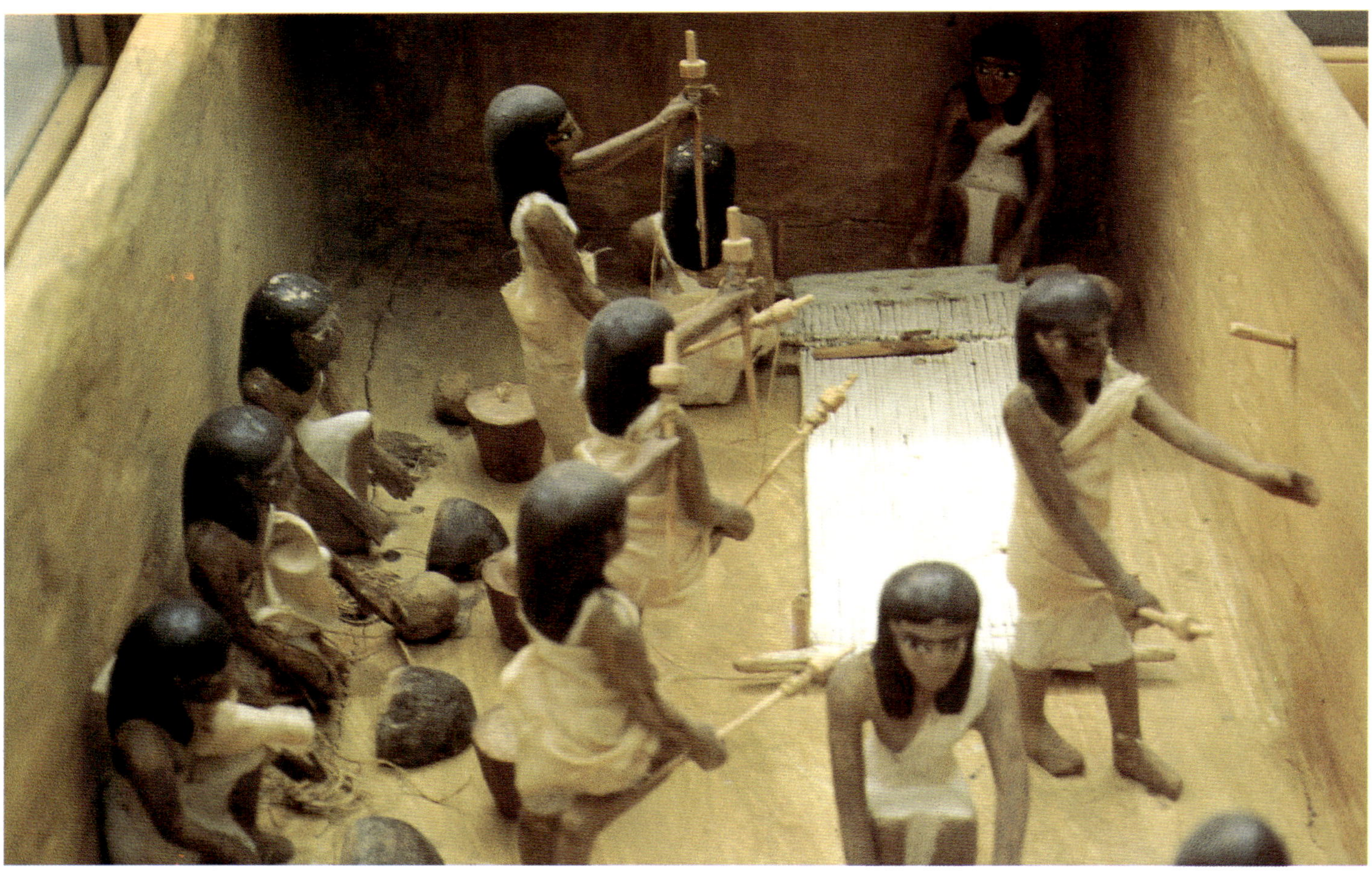

Holzmodell einer Weberei, aus dem Grab des Mektire in Theben, Mittleres Reich, um 2100 v. Chr.; Kairo, Ägyptisches Museum. – Der Blick in die Webstube zeigt Frauen in einfachen Hemdkleidern bei der Arbeit: Drei bereiten aus Flachsfasern Rocken für die Spinnerinnen vor.

gefundenen Schmuck aus der Zeit des Mittleren Reiches ist Lapislazuli verarbeitet. Verschiedene Gegenstände aus Lapislazuli gehörten zum Schatz des Tod (12. Dynastie), darunter mehrere Rollsiegel mit Keilschrift. Tutanchamun besaß viel Schmuck aus Lapislazuli, und auch an dem Schmuck, den Pierre de Montet in den Königsgräbern in Tanis fand, kommt der Stein häufig vor.

Quarz und Bergkristall fanden schon in vordynastischer Zeit Verwendung zur Herstellung von Perlen, kleinen Vasen und der Augäpfel, die manchen Statuen einen gelegentlich unheimlichen Anschein von Leben geben. Den Griff des Dolchs mit der eisernen Klinge, der bei der Mumie Tutanchamuns lag, endet in einem Knauf aus Bergkristall. Bei diesem Prunkstück, dem ältesten aus Eisen hergestellten Gegenstand, den man bislang in Ägypten gefunden hat, handelt es sich vermutlich um das Geschenk eines hethitischen Gesandten.

Türkise fanden die Ägypter auf der Halbinsel Sinai. Alte Türkis-Bergwerke hat man dort bei Wadi Magharra und bei Serabit el Khadim entdeckt; ein kleiner Tempel in der Nähe von Serabit war der Göttin Hathor als der »Herrin der Türkise« geweiht. Schmucksachen aus Türkis entdeckte man in Gräbern aus der Zeit der 1. Dynastie in Abydos. Auch die Fußreifen, die Reisner im Grab der Königin Hetepheres (4. Dynastie) in Giza fand, sind mit Türkisen verziert. Der Schmuck aus der Zeit der 12. Dynastie, der in Illahun und Dahschur ausgegraben wurde, ist reich an Türkisen. Perlen sowie Einlegearbeit aus diesem Material befinden sich unter den Schmucksachen der drei Prinzessinnen Thutmosis' III., und ein Pektorale Tutanchamuns trägt blaue Einlegearbeit und einen Skarabäus aus Türkis.

SCHMUCK

Die Ägypter waren ein schmuckfreudiges Volk. Angesichts der zahlreich als Grabbeigaben überlieferten Schätze und auch einzelner Schmuckstücke ist freilich nicht zu vergessen, daß diese Arbeiten, ob von einfacher Machart oder aus der Werkstatt eines Kunstschmieds mit größter Erfahrung und Fertigkeit hervorgegangen, nicht allein der einfachen Körperzierde dienten. Einem Großteil der Formen lagen magische Vorstellungen zugrunde, viele Farben hatten jeweils eine bestimmte, allein ihnen zugeschriebene Bedeutung. Abwehrzauber, Schutz vor Bedrohung, spielte eine eminent wichtige Rolle – daher die Vielzahl und Formenvielfalt der Amulette.

Die wichtigsten Materialien, die man zur Schmuckherstellung verwendete, wurden schon genannt: Gold, Silber, Karneol, Lapislazuli, Feldspat, Jaspis, Amethyst, Türkis, Ambra, Achat, Onyx und – in der Spätzeit – farbiges Glas. Fast alle diese Metalle und Steine waren im Lande zu finden. Gold holte man aus der östlichen Wüste und aus Nubien. Erst in der Zeit der 20. Dynastie begann man es auch aus dem westlichen Asien einzuführen. Das edle Material gab es in unterschiedlichster Qualität, vom reinen Metall bis zur Silberlegierung (Elektron). Bemerkenswert ist, daß Silber, weil es im Lande nicht vorkommt, lange als das kostbarere Metall gegolten hat. Erst nach der Eroberung Ägyptens durch Alexander den Großen (332 v. Chr.) führte man Silber in großen Mengen aus Mittelmeerländern ein.

Erhalten blieb, wie erwähnt, nur Schmuck – oder Reste davon –, der den Verstorbenen ins Grab mitgegeben wurde. Diese Art der Mitgift diente allein dem Zweck, die Toten auf der Reise ins Jenseits zu beschützen und ihnen dort dienstbar zu sein. Der König schenkte seinen Höflingen Schmuck, Angehörige des Hofes wiederum beschenkten ihre Gefolgsleute mit Schmuckstücken, und von ihnen erhielt der Pharao Schmuckgeschenke als Beweis der Verehrung und Treue. Grabmalereien zeigen den König beim Verteilen der Geschenke. Derartige Darstellungen königlicher Freigebigkeit sind besonders häufig in den Gräbern der Höflinge Echnatons in Amarna. Dort pflegten Echnaton und Nofretete vom »Fenster der Erscheinungen« ihres Palastes aus Geschenke unter ihre Höflinge zu werfen. Noch im Grab Amenhoteps, der während der Regierungszeit Ramses' III. oder eines seiner beiden unmittelbaren Nachfolger starb, sieht man diese Zeremonie dargestellt.

Außer dem »Ehrengold« gab es das »Gold der Tapferkeit«. Diese Auszeichnung läßt sich begrifflich nicht ohne weiteres gegen die erstgenannte abgrenzen, wurde aber vornehmlich Männern verliehen, die sich im Kampf bewährt hatten. Stolz führt Ahmose, der Sohn des Abana, in der Aufzeichnung seines Lebens an, daß er siebenmal diese Ehrung entgegengenommen habe. Und zwei Adlige aus der Zeit der frühen 18. Dynastie stellten Verzeichnisse der zur Belohnung ihrer Treue empfangenen Geschenke auf, darunter Dolche, Äxte, Pektorale und Armbänder, Gegenstände, wie man sie auch bei der Mumie der Königin Ahhotep (17.–18. Dynastie) fand.

Wie Höflinge für ihre Treue und ihre Dienste mit Geschenken belohnt wurden, so bewies der König mitunter auch den Damen seine Huld, indem er sie beschenkte. In einem Grab in Amarna gibt es ein Relief, auf dem man die Gemahlin Ejes Geschenke von Echnaton entgegennehmen sieht. Andererseits war es Brauch, etwa zur Feier des Jahresbeginns und des Heb-Sed-Jubiläums, dem Herrscher Geschenke zu überreichen. Der erste König, von dem man weiß, daß er Schmuck verschenkte, ist Sesostris I.: Er bedachte den Tempel in Heliopolis mit Halsketten. Und von Sesostris III. ist bekannt, daß er einer Statue des Osiris in Abydos Schmuck stiftete. Ahmose beschenkte nach seinem Sieg über die Hyksos den Amun-Tempel in Karnak mit Kronen, goldenen Ketten und Lapislazuli. Dem gleichen Tempel hat Thutmosis III. nicht nur Schmuck, sondern auch goldene Gefäße gestiftet, wiedergegeben auf Reliefs an Wänden des Tempels in Karnak.

Ihre Zerbrechlichkeit deutet darauf hin, daß viele Schmuckstücke eigens als Grabbeigaben für Verstorbene angefertigt wurden. Darstellungen von Goldschmiede- und Juwelierwerkstätten zeigen Handwerker bei der Herstellung solcher ausschließlich für den Gebrauch im Jenseits bestimmter Dinge, die wiederum magische und symbolische Bedeutung haben. Ba-Vögel symbolisieren die Seele, Skarabäen stehen für Wiedergeburt und ewigen Neubeginn, bestimmte Motive auf Armbändern und Pektoralen sollen den Toten beschützen.

Das freilich hat schon im Altertum Grabräuber nicht davon abgehalten, die Ruhe der Toten zu stören und sich der oft äußerst kostbaren Beigaben zu bemächtigen. Protokolle von Gerichtsverhandlungen, auf Papyrus geschrieben, berichten von solchen Vorfällen, deren Reihe sich bis in die Gegenwart fortsetzt. Ein Großteil altägyptischer Schmuckgegenstände, die der heutige Kunstmarkt anbietet, stammt aus widerrechtlich aufgebrochenen, ausgeplünderten Gräbern.

Gebrauchsspuren an Schmuck weisen untrüglich darauf hin, daß er zu Lebzeiten getragen, möglicherweise von denen, die ihn – aus welchen Anlässen und bei welcher Gelegenheit auch immer – anlegten, auf eigene Bestellung angefertigt wurde. Um solche Pretiosen aus dem Besitz Lebender scheint es sich bei den in Illahun gefundenen Pektoralen zu handeln. Auch der Perückenschmuck aus den Gräbern der drei Prinzessinnen Thutmosis' III. hat die Damen noch vor ihrem Eintritt ins Totenreich geziert, ihnen und allen ihnen Nahestehenden zur Freude.

Aus der Zeit der nach dem Fundort am rechten Nilufer benannten Badari-Kultur erhielten sich scheibenförmige Perlen, hergestellt aus Muscheln und Steinen, namentlich aus poliertem Steatit. Solche Perlen schmückten Halsketten, Armbänder und Diademe. Armbänder aus Knochenstücken und Muscheln, aus Ton, Elfenbein und farbigen Steinen dienten den in El-Badari um 3500 v. Chr. bestatteten Menschen zu Lebzeiten sowohl zur einfachen Körperzierde wie auch als magischer, Geister und Dämonen abwehrender Schutz.

In der Naqada-Kultur, welche jene von Badari ablöste, wurden bereits Perlen und Ringe aus Silber gefertigt, auch Gold, das damals, wie erwähnt, einen geringeren Wert besaß, war als Material beliebt. Terrakottafiguren aus dieser Zeit zeigen Frauen mit aufgemalten Fußreifen und Zierkragen, während bei aus Knochen und Elfenbein hergestellten Figurinen Halsketten gelegentlich durch eine Punktierung des Materials angedeutet sind. Unter den Grabfunden aus Naqada befinden sich solche Ketten, darüber hinaus Arm- und Fußbänder aus ehemals auf Fäden gezogenen Perlen. Am Arm eines Kindes fand man zehn Armbänder. Ein Schädel, der in Adydos ausgegraben wurde, trug noch ein »Diadem« aus einer dreifachen Perlenschnur. Diese Perlen bestanden aus kleinen Stücken von Granat, Karneol und Türkis und waren im Wechsel mit etlichen Goldplättchen angeordnet.

Einige der interessantesten Goldamulette aus frühdynastischer Zeit sind in einem Grab in Naga el-Der gefunden worden. Das größte hat die Gestalt eines Skarabäus und ist aus zwei Stücken dünnen Goldblechs zusammengesetzt, ehe dem Käfer der Kopf vom Körper getrennt wurde. Das obere der beiden getrennt erhaltenen Stücke zeigt das Emblem der Göttin Neith. Amulette aus dem gleichen Grab stellen eine Antilope und einen Stier dar. Die Antilope ist aus zwei getriebenen Goldblechen zusammengesetzt. Das Tier ist auf einen hohlen Stab gestützt und hat einen Kragen in Form des Zeichens *Sa*. Der Stier trägt einen ähnlichen Kragen, zusätzlich das Zeichen der Göttin Bat.

Abydos ist der Fundort der vier schönsten Armbänder aus frühdynastischer Zeit. Petries Arbeiter entdeckten sie an einem Arm, den Grabräuber einer Mumie abgerissen und in einem Loch in der Wand des Grabes versteckt hatten. Wachssiegel an dem Grab trugen den Namen des Königs Djer, weshalb man annimmt, daß eine von dessen Gemahlinnen dort bestattet wurde.

Eines der Armbänder besteht aus siebenundzwanzig Gold- und Türkisplättchen, deren jedes das von einem Falken bekrönte Serech zeigt. Der Falke ist auf den goldenen Plättchen geringfügig anders gestaltet als auf denen aus Türkis: Hier kauert er, wie man ihn auf den Elfenbeinplättchen König Ahas, des Vorgängers von Djer, sieht, weshalb Petrie geneigt war, die Türkisplättchen für älter zu halten als die goldenen. Die Plättchen sind in der Längsrichtung durchbohrt. Die Endstücke sind zwei abgeflachte, auf eine ovale Scheibe gelötete hohle Goldkegel. Das zweite Armband besteht aus geriffelten Gold- und Lapislazuliperlen, die durch trennende kleine Scheiben und Perlen aus Türkis zu Dreiergruppen geordnet sind. Das dritte Armband zeigt in der Mitte einen Amethyst, flankiert von vier Paaren stundenglasförmiger goldener Perlen. Das vierte Armband schließlich war zweiteilig gearbeitet, geflochtene Goldschnüre hielten die Teile zusammen. Das Vorderteil bildete eine große goldene Rosette. Daran waren beiderseits drei Perlenschnüre befestigt, auf denen Türkise und kleinere Goldperlen einander abwechselten. »Hier am Kristallisationspunkt der ägyptischen Kunst sehen wir die unbegrenzte Vielfalt und Lebendigkeit der Erfindung . . .«, sagte Petrie zu dieser Entdeckung. »Jedes Stück ist originell entworfen, frisch, frei und vollkommen unkonventionell.«

Andere Armbänder aus frühdynastischer Zeit sind einfacher gearbeitet, ihr Material besteht aus Knochen, Feuerstein und Schildpatt. Vergoldete Armbänder fand man im Grab des Königs Chasechem in Abydos, kupferne in Hierakonpolis und Saqqara. Elfenbeinerne Armreifen aus Tarkhan sind denen aus Naqada ähnlich, anders aber als diese an den Enden mit Entenköpfen verziert. Armreifen aus Abydos sind im Relief mit dem Lebenssymbol *Anch* und einem Schnurornament verziert und tragen das Namenszeichen der Prinzessin Benerib. Ein Knochenarmreif aus der Zeit zwischen Naqada II und der 1. Dynastie stammt vielleicht aus Abu Zeidan bei Edfu.

Schmuckkragen, wie sie für die Kleidung im Alten Reich und später so charakteristisch wurden, gab es in frühdynastischer Zeit wohl noch nicht. Auf der Grabstele einer Prinzessin der 2. Dynastie in Saqqara sieht man diese allerdings mit drei Halsketten dargestellt, die miteinander schon so etwas wie einen Kragen bilden. Von der unteren der drei Perlenschnüre hängt ein spitzer Anhänger, bei dem es sich um einen Zahn oder eine Klaue handeln könnte.

Nur ein einziges Diadem, gefunden in Naga el-Der, blieb aus frühdynastischer Zeit erhalten. Es ist aus Gold und einen Zentimeter breit. Als einzige Darstellung eines Diadems aus dieser Periode läßt sich das Bild einer Prinzessin der 2. Dynastie deuten, die sich eine Perlenkette um die Perücke geschlungen hat. Auch Ringe kommen nur selten vor. Gürtel sind aus dieser frühen Zeit nicht bekannt, und Pektorale kennt man lediglich durch bildliche Darstellungen. So trägt auf der Narmer-Palette der Sandalenträger des Königs einen solchen Brustschmuck. Das andere bekannte Stück schmückt die Brust des Bildnisses einer Zwergin namens Sa-anch-Hathor. König Narmers Sandalenträger trägt auf der Vorderseite der Palette ein anderes Pektorale als auf der Rückseite, doch beide sind trapezförmig und unverziert. Dieser Typus des Pektorales war im Alten Reich nicht mehr gebräuchlich. Zukunftsweisend dagegen schmückte sich die

Zwergin: Trapezförmige und mit breiten Perlenbändern verzierte Pektorale wie das ihre wurden im Alten Reich Mode.

1954 legte H. Zakaria Goneim in Saqqara die Reste einer unvollendet gebliebenen Stufenpyramide des Königs Sechemet frei. Der zunächst unberührt scheinende Alabastersarkophag erwies sich als leer. Im Gang zur Grabkammer jedoch wurden einundzwanzig goldene Armreifen gefunden, ein goldener Stab, 388 teils röhrenförmige, teils runde goldene Kettenperlen, fünf goldene Distanzstücke sowie eine muschelförmige kleine goldene Dose für Kosmetika.

Bei den Ausgrabungen in Giza kam nur eine geringe Anzahl von Amuletten aus der Zeit der 3. und 4. Dynastie zum Vorschein. Sie lassen keine große formale Vielfalt erkennen, in einem Grab fand sich jedoch eine schöne Halskette, bestehend aus fünfzig goldenen Skarabäen. Das sind nicht etwa einfache Nachbildungen des gewöhnlichen sogenannten Mistkäfers oder »Pillendrehers«, sondern in recht mannigfaltiger und unterschiedlicher Gestalt geformte, oft reich verzierte Schmuckstücke und Amulette, denen allesamt das mehr oder minder vereinfachte natürliche Bild des Skarabäus zugrunde liegt. Amulette als Skarabäen wurden in großer Menge gefunden, verschiedene mit Einlegearbeit verzierte Exemplare im Grab der Königin Iput, der Mutter Pepis I.

Amulette als Schutz- und Machtsymbole aus Karneol, Feldspat und Amethyst fand man in Naga el-Der, Mostagedda und Qaw el-Kebir. Sie stellen Falken dar, Bienen, das heilige Auge (Udjat), Hände, Gesichter, Schildkröten und Köpfe von Flußpferden. Die auf Reliefs erscheinenden Amulette sind oft schwer zu identifizieren. Eines hat die Gestalt einer Blume, ein anderes mutet an wie ein Knoten auf einer Hand. Derartige Amulette wurden von Männern, Frauen und Kindern aller Schichten getragen. Bei aller Vielfalt der Formen der gefundenen Anhänger kommt an allen irgendwo ein schematisiertes knotenähnliches Gebilde vor.

Fußreifen trugen zur Zeit des Alten Reiches nur Frauen. Die Mode kam schon in vordynastischer Zeit auf und hielt sich lange, wenn auch auf den aus der Zeit der 3. Dynastie bekannten Reliefs keine Darstellung solcher Reifen vorkommt. In den Jahrhunderten von der 4. bis zur 6. Dynastie trugen die Damen Fußreifen aus mit Distanzstücken verbundenen Perlenschnüren, so daß sie Armbändern fast zum Verwechseln ähnlich sahen. Entsprechend ist das ägyptische Wort für »Fußreifen« jenem eng verwandt, mit dem man das Armband zu bezeichnen pflegte. Das Armband hieß im Alten Reich *Varu*. Während des Mittleren Reiches war eine Reihe anderer Bezeichnungen üblich, auf Sarkophagen dargestellte Armbänder findet man oft »Bewahrer« oder »Wächter des Arms« genannt. Kleine Armbänder oder -reifen nannte man *Hadjerit*, ein Wort, mit dem auch Halsketten bezeichnet wurden.

Wie in vordynastischer Zeit trug man auch während des Alten Reiches den starren Armreif, daneben oft die neuere Form aus aufgefädelten Perlen und Distanzstücken. Das Fragment einer Djoser-Statue zeigt den König mit einem großen Armband am linken Handgelenk. Frauen trugen während der 3. Dynastie ein Band oder mehrere an jedem Arm. Die Kalksteinfigur der Nesamis im Louvre hat elf am linken und zwölf am rechten Arm.

Der folgenden 4. Dynastie gehörte die Königin Hetepheres an, die Mutter des Cheops, deren berühmte zwanzig Armreifen man in einem goldbeschlagenen Holzkästchen fand. Die Außenseiten dieser Reifen aus Silberhohlguß schmücken je vier mit Türkis, grünem Jaspis, Lapislazuli und Karneol eingelegte Schmetterlinge. Einfache Armbänder wurden sowohl von Frauen wie von Männern getragen, doch ein Pharao der 5. Dynastie, Niuserre, ist mit einem Armband dargestellt, auf dem man, einen Feind niederschlagend, ihn selbst, den König, dargestellt sieht, in der Haltung, in der man noch lange seine Nachfolger als Sieger verewigt sieht. In Diospolis Parva und in Mostagedda hat man aus der Zeit der 6. Dynastie Schildpattarmreifen gefunden. Nur in Ausnahmefällen trugen auch Dienstboten Schmuck. In den Gräbern Ahhoteps und Tis

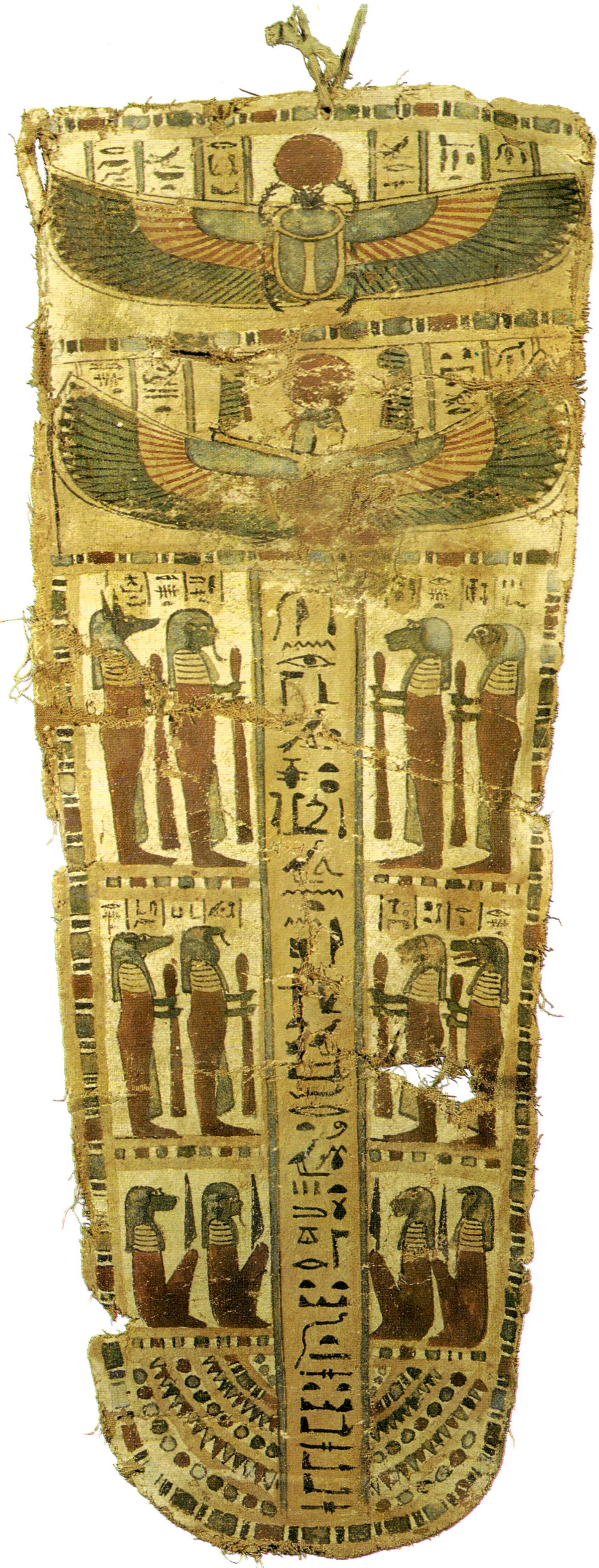

Bemalte Mumienhülle, Leinwand mit Stuck, Spätzeit; Mailand, Museo Archeologico. – Den oberen Abschnitt schmückt eine Darstellung der Göttin Isis mit ausgebreiteten Vogelflügeln, über ihr, ebenfalls mit einem ausgebreiteten Flügelpaar, ein Skarabäus. Darunter erscheinen, beiderseits des Mittelstreifens mit den Hieroglyphen, zunächst die vier Söhne des Horus als Beschützer der bei der Einbalsamierung entfernten und in Kanopen (Eingeweidekrügen) gesondert aufbewahrten inneren Organe des Toten. Bilder von Unterweltdämonen schließen die auffallend symmetrische Darstellung ab.

sieht man Gabenträger und Tänzer mit Armbändern geschmückt. Während der 6. Dynastie wurde es für Männer und Frauen üblich, Perlenarmbänder zu tragen.

Der breite Perlenkragen ist zweifellos eines der charakteristischsten Schmuckstücke im Alten Ägypten. Er war, von Frauen ebenso wie von Männern getragen, manchmal aus Gold, Silber oder Kupfer hergestellt, meist aber aus Steatit- oder Fayenceperlen, die mitunter einen goldenen Überzug hatten. Vollständig erhalten sind nur wenige Schmuckkragen, von den meisten blieben nur bescheidene Fragmente. Auf dem Sarkophag des während der Herrschaft der 4. Dynastie in Giza bestatteten Babaef lag ein vollständiger Kragen aus röhren- und scheibenförmigen Gold-, Steatit-, Karneol-, Hämatit-, Türkis- und Perlmuttperlen. Kragen aus Giza und Saqqara, die aus der Zeit der 6. Dynastie datieren, Anhänger in Form einer Knospe, eines Tropfens, eines Blatts oder eines Skarabäus und sind zwischen röhrenförmige Perlen gesetzt, aus denen der größte Teil des Kragens besteht. Wandbilder und bemalte Statuen zeigen solche Kragen blau, rot, grün, gelb und weiß gemustert. Kragen wurden von den Eigentümern eines Grabes bevorzugten Dienern verliehen.

Halsschmuck aus mehreren Perlenschnüren wurde von Frauen aller Stände getragen. Das Bild des Methethy, eines Edelmanns in der Spätzeit der 5. Dynastie, führt einen Kragen vor, bei dem unter dem Usech vorn noch zwei dicke Perlenschnüre hängen. Auch ein engerer Kragen war zu jener Zeit in Mode, dessen Perlenschnüre oft durch Distanzstücke miteinander verbunden waren. Verarbeitet wurden bei Kragen dieses Typs Gold, Fayence und – nicht selten vergoldet oder verkupfert – Steatit.

Zwei besondere Arten des Kragens kamen während des Alten Reiches in Mode und blieben bis in die letzte Periode der ägyptischen Geschichte gebräuchlich. Der eine hat die Gestalt des Emblems Bat, der andere wird »Sah-Kragen« genannt, doch ist kein Exemplar dieser beiden Kragentypen erhalten. Man kennt sie nur von kleinen Amuletten und einem Teil des Emblems mit dem Schriftzeichen *Bat*, das bei der zur Zeit der 11. Dynastie beigesetzten Mumie des Hepianchtefi gefunden wurde.

Das Bat-Emblem zeigt in der Mitte ein Frauengesicht mit Kuhohren und langen gewundenen Hörnern, dem unter das Kinn wie ein Bart eine Perlenschürze gebunden ist. Das älteste bekannte Exemplar dieses Emblems wurde in Naga el-Der entdeckt, denn ein dort gefundenes goldenes Amulett in Gestalt eines Stiers trägt Bat als Amulett am Halse. Bat war eine Göttin des siebenten Gaus von Oberägypten, des Gebiets von Diospolis Parva; ihr Emblem wurde beliebt zur Zeit des Mykerinos (4. Dynastie). Der Adel jener Zeit trug es, und es erhielt sich bis in die Spätzeit. Bronzekatzen aus der saïtischen 26. Dynastie ist es als Amulett um die Hälse gebunden. Vornehme trugen es auf der Brust oder am Gürtel. Bei Amenhotep, Sohn des Hapu, schmückte ein Bat-Emblem den Hals.

Der Sah war ein Ehrenkragen, vielleicht aus Edelmetall. Die einzige Farbe, in der er vorkam, war Blau; sein Gebrauch ist für die Zeit von der 3. bis zur 12. Dynastie bezeugt. *Sah* findet sich in einer Inschrift des Neuen Reiches, in der ein Verstorbener spricht: »Empfangt mich auf der Insel der Wahrheit, in dem heiligen Land. Ich komme in Frieden . . . mit dem Sah-Kragen.« Die Hieroglyphe zeigt die Grundform, eine trapezförmige Figur, deren obere und untere Begrenzungslinien parallel und deren Seiten nach vorn geneigt sind. Von einem Kreis in der Mitte der oberen Begrenzungslinie strahlen drei Linien aus, eine als Lot auf die Basis, die beiden anderen seitlich. In einem der oberen Winkel sieht man den Kopf eines Schakals und anbetend erhobene Hände, auf der entgegengesetzten Seite die Füße. Cha'bauseker, der älteste bekannte Träger eines Sah, führt ein Exemplar vor, das den Kopf des Schakals links zeigt, die anbetend erhobenen kleinen Arme und die Pfoten unten.

Die aus dem Alten Reich erhaltenen Diademe sind sämtlich als Grabbeigaben hergestellt. Es gibt sie in zweierlei Art. Das eine ist ein einfacher Metallreifen mit einer stilisierten Papyrusdolde, das andere ist geschmückt mit Anch-Zeichen, flankiert von zwei Flügeln (Ibissen?) über einer stilisierten Rosette. Die Diademe wurden in Gräbern aus der 4. und 5. Dynastie in Giza gefunden. Das älteste ist wahrscheinlich das Exemplar, das man dort im unversehrten Grab einer Frau entdeckte. Es besteht aus einem gebogenen, brünierten Goldblech, die Enden sind leicht abgerundet und durchbohrt für die Bänder, mit denen die Trägerin es am Hinterkopf festband. Vorn in der Mitte ist eine Scheibe aus getriebenem Gold, geschmückt mit vier Blumenornamenten, die rund um einen in die Mitte der Scheibe eingesetzten Buckel aus Karneol disponiert sind. Gefunden wurde dort auch ein Kupferreifen, der noch Reste von Vergoldung aufwies.

Ein anderes Diadem aus Giza, heute in Leipzig, besteht aus einem Reifen, in der Mitte etwas breiter als an den Enden, die für ein Schnürband durchbohrt sind. Von den drei Schmuckelementen, die es zierten, blieb nur eines erhalten. Aus Holz geschnitzt und mit bemaltem Gips überzogen, stellt es drei Papyrusblüten vor. Bei einem Diadem in Boston aus vergoldetem Kupfer handelt es sich um einen geschlossenen Reif, den vorn und seitlich drei Rosetten schmücken. Über der mittleren stehen sich neben einem Anch-Zeichen zwei Vögel auf Papyrusdolden gegenüber. Die Verbindung von Anch-Zeichen, Vögeln und Papyrusdolden bei diesen drei Diademen und auf den Scheiben anderer in Giza gefundener Diademe kehrt wieder an dem Kopfschmuck, den man auf dem Relief mit der Darstellung einer Goldschmiedewerkstatt in der Mastaba des Mereruka in Saqqara erblickt.

An den Reliefwänden von Mastabas des Alten Reiches treten gelegentlich mit Diademen bekrönte Lebende auf. Dieser Schmuck besteht aus offenen Reifen, die hinten mit einem Knoten oder einer Schleife aus Papyrus befestigt sind, wahrscheinlich in Nachahmung der von Bauern und Dienstboten getragenen Kopftücher. Die Diademe, mit denen sich zu Lebzeiten die Frauen schmückten, waren mitunter aufwendiger dekoriert – mit Blumen und Bändern –, nirgendwo aber sieht man Lebendige mit Diademen, die das Anch-Zeichen mit flankierenden Vögeln zeigen. Diademe, die man hinten zuband, wurden von der 4. bis zur 6. Dynastie von Männern wie auch von Frauen getragen. Darstellungen der Verleihung eines solchen Diadems fanden sich in den Gräbern des Nebemachet, des Zwergs Seneb und Ahhoteps. Die Könige Sahure und Niuserre verliehen es ihren Höflingen, und oft sieht man Bilder von Männern und Frauen in Staatsgewändern, die solche Diademe tragen.

Das Diadem mit einem Papyrusknoten am Hinterkopf blieb während des Mittleren und des Neuen Reiches gebräuchlich. Es ist die Grundform, aus der die Diademe der Könige Nubkeperre, Antef und Tutanchamun entwickelt sind. Am Reifen war oft eine Uräusschlange angebracht. Die Könige Snofru, Userkaf, Sahure und Niuserre tragen auf ihren Darstellungen über einem solchen Diadem die Atef-Krone. Die Metallreifen sind meist mit senkrechten Strichen wiedergegeben, die den Anschein einer gerollten Papyrusmatte geben sollen. Der »Knoten« wurde mit einer Karneolscheibe eingelegt, die Papyrusblüten mit Halbedelsteinen oder Fayence. Offenbar wurde diese Form des Diadems nicht nur bei bestimmten Gelegenheiten getragen, denn wir sehen Herren von Adel und ihre Damen damit bekrönt nicht nur auf den erwähnten Bildern, sondern auch bei der Jagd auf das Flußpferd, beim Vogel- und Fischfang in den Sümpfen oder beim Empfang königlicher Geschenke.

Der dritte Typus des Diadems, der am reichsten geschmückte, stand nur Prinzessinnen und den Gattinnen hoher Beamter zu. Es bestand aus dem gewöhnlichen Reifen mit Bändern und Knoten am Hinterkopf, war aber rundum mit Blumen verziert, die oft aus Metall gebildet und mit Halbedelsteinen eingelegt waren. Der Statue der Nofret, Gattin des Prinzen Rahotep, ist ein mit Einlegearbeit verziertes Diadem aufgemalt. Die Grundfarbe Weiß bezeichnet vielleicht Silber als Material des Reifens; die Einlegearbeit zeigt Rosetten und blühende Binsen.

In einer Opferszene sieht man Sumpfbewohner mit blumengeschmückten Kopfreifen dargestellt, angesichts derer sich die Frage stellt, ob die dargestellten Blumen hier nicht eher Gewächse der Natur als Erzeugnisse der Kunst sein sollen, zumal die Blumen, welche die Köpfe dieser einfachen Leute bekränzen, ziemlich naturalistisch erscheinen. Es liegt nahe, die Blumen als natürlich gewachsene zu begreifen und diesen Kopfschmuck aus den Sümpfen als Muster der mit künstlichen Blumen verzierten Diademe der Hofdamen.

Da man auf gemalten Friesen an Sarkophagen des Mittleren Reiches Ohrringe niemals dargestellt sieht, ist wohl anzunehmen, daß Ohrschmuck im Alten Reich nicht zu den Zeichen der Königswürde gehörte. Auch an den Statuen des Alten Reiches kommen Ohrringe nicht vor, von einer Ausnahme abgesehen, der Statue eines Mannes der 5. Dynastie, aus dessen Perücke ein Stück Kupfer ragt, das einen Ohrring darstellen könnte. Auch Fingerringe scheinen im Alten Reich nicht als wichtiges Zubehör des königlichen Ornats gegolten zu haben. Einfache Reifen aus Gold und Kupfer fand man an den Fingern von während des Alten Reiches und der Ersten Zwischenzeit beigesetzten Mumien.

Die Pektorale des Alten Reiches sind von zweierlei Art. Einerseits gibt es Exemplare, bei denen eine Perlenschürze unter einen Usech-Kragen gehängt ist, während bei anderen eine trapezförmige Schürze entweder von einem breiten Perlenband hängt oder an einem starren gebogenen Kragen befestigt ist. Die meisten bekannten Bezeichnungen des Pektorales sind erst am Ende des Alten Reiches aufgekommen. Obwohl man mitunter auch Männer mit Pektoralen geschmückt dargestellt sieht, wurden sie im allgemeinen von Frauen getragen, drei Darstellungen aus der 4. Dynastie belegen das: Zwei Frauen in einer Prozession von Opfernden auf den Gütern Snofrus im Oryx-(Antilopen-)Gau, die Tochter Cha'efchufus und Setet, die Tochter Rahoteps in Medum, tragen Pektorale.

1894 begann de Morgan in Dahschur in der Nähe der Ziegelpyramide Sesostris' III. (1878–1843 v. Chr.) zu graben. Er fand einen unterirdischen Gang und durch diesen einen zweiten, noch tiefer gelegenen. Ein Loch im Boden der Grabkammer hatte Schmucksachen vor Grabräubern verborgen. Der hölzerne Kasten, in dem sie lagen, war zerfallen, doch der erhaltene Silberbeschlag des Deckels gab den Namen der Eigentümerin preis: Sit-Hathor. Die wichtigsten Stücke des Schatzes waren ein Pektorale mit der Kartusche Sesostris' II., ein Skarabäus mit dem Namen Sesostris' III., Armbandschnallen mit Djet-Zeichen, Spangen in Form von Hieroglyphen und Knoten, goldene muschelförmige Anhänger, löwengestaltige Amulette, acht aus Gold hohl nachgebildete Kaurimuscheln von einem Gürtel, zwei Amulettanhänger in Röhrenform, Klauenanhänger für Fußreifen und eine Anzahl loser Perlen. In den Stollen vordringend entdeckte de Morgan einen weiteren Sarkophag und in dessen Nähe einen Haufen Schmuck, einst Besitz der Königin Mereret: ein Pektorale mit dem Namen Sesostris', ein weiteres mit dem Amenemhets III., mit Granulation verzierte Ringe, röhrenförmige Amulettanhänger, Perlmuttamulette, Perlen in Gestalt des Kopfes eines Leoparden (oder einer Löwin), die einen Gürtel schmückten, Spangen in Form von Hieroglyphen, Löwenamulette für Armbänder, keulenförmige Perlen, Klauenamulette für Fußreifen sowie Skarabäen mit dem Namen Amenemhets III. und Mererets.

Die reichsten Schätze wurden in Dahschur und Illahun gehoben. Sie gehörten den Töchtern Amenemhets II. (1929–1985 v. Chr.) und Sesostris' II. (1897–1878 v. Chr.). Viele der für diese Prinzessinnen angefertigten Schmuckstücke ähneln einander so sehr, daß sie mit einiger Wahrscheinlichkeit als Arbeiten der gleichen Künstler gelten dürfen. Den Geschmack einer folgenden Generation zeigen die Schmuckstücke, die man im Grab der südlich der Pyramide ihres Vaters in Hawara beigesetzten Tochter Amenemhets III. (1842–1797 v. Chr.), der Prinzessin Neferu-Ptah, gefunden hat. Ihr Schmuck ähnelt dem des Königs Awibre-Hor, der wahrscheinlich ihr Gemahl war, sowie dem der Prinzessin Nurhotepti.

Während der zweiten Grabungskampagne in Dahschur, im Winter 1894/95, entdeckte Jacques-Jean-Marie de Morgan, der damalige Direktor der Ägyptischen Altertümerverwaltung, verschiedene Gräber von Angehörigen der königlichen Familie. Als erstes wurde das Grab der Prinzessin Ita freigelegt. Der Sarkophag enthielt einen Dolch mit goldenem Griff und Schmuck in Einlegearbeit, Armreifen mit Djet-Schließen, das ornamentale Netz einer Schürze, einen Kragen, ein am Halse zu tragendes Amulett aus Karneol und verschiedene Waffen. Als nächstes entdeckte de Morgan das Grab der Prinzessin Chenemet. Nicht nur die Mumie trug Schmuck – Kragen, Armbänder, Fußreifen und eine Schürze –, kostbare Schmuckstücke lagen auch unter einem Kasten mit Kosmetika versteckt: zwei Diademe, zwei Kopfreifen aus massivem Gold sowie Spangen und Anhänger mit Einlegearbeit in Form von Hieroglyphen.

Der Gebrauch von Amuletten war im Mittleren Reich weit verbreitet. Beliebt waren sogenannte Motto-Spangen, wie sie in Dahschur und Illahun gefunden wurden, Amulette aus Perlmutt und in Röhrenform, Spangen mit einem Knoten und Knopfsiegel, bei denen die flache Unterseite, wie bei den Skarabäen, eingravierte Hieroglyphen zeigt. Besonders häufig kommt in dieser Zeit ein Amulett vor, dessen schlanke Röhrenform mit aus Goldkügelchen gebildeten Winkeln verziert ist. Es gab Amulette dieses Typs aus Gold, Silber oder Stein (der von einer Nadel durchbohrt war); ein sehr dünnes, metallenes ist mit Steinen eingelegt. Steinerne oder aus Perlen gebildete Amulette haben nicht selten konische goldene Kappen. Die verwendeten Perlen bestehen größtenteils aus Amethyst, Karneol, grünem Feldspat, Lapislazuli, Türkis oder Fayence.

Unter den in Dahschur gefundenen Schätzen waren Spangen in Gestalt von Hieroglyphen. Als »Motto-Spangen« bezeichnet, haben sie eher die Funktion von frommen Wünschen und Gebeten. Den mit Halbedelsteinen eingelegten goldenen Spangen sind nämlich Begriffe abzulesen wie »Schutz und Leben«, »Freude«, »Befriedigendes Leben«, »Geburt«, »Das Herz der Götter ist zufrieden« und »Schutz und Leben umgeben dich«. In der Einlegearbeit mancher Amulette meint man Motive aus den Friesen an bemalten Holzsarkophagen wiederzuerkennen, namentlich das *Schen,* das auf den Friesen als »Quelle des Lebens« beschrieben wird, das *Meset* (ein Symbol, gebildet aus der Darstellung von drei als Schürze dienenden Fuchsbälgen) und das *Bat*-Emblem.

Grabmalereien, aber auch Statuen beweisen, daß Frauen in der Zeit des Mittleren Reiches gern Amulette in Gestalt zweischaliger Muscheln trugen. Die erhaltenen Exemplare sind meist aus Gold oder Elektron (einer natürlichen Legierung von Gold mit Silber) und etwa zwei Zentimeter lang. Die kleinsten und elegantesten Stücke fand man unter den Schmucksachen Mererets und Sit-Hathors. Mereret besaß ein schmales Halsband, an dem mindestens fünf solcher Muscheln hingen. Prinzessin Chenemet hatte kleine Anhänger, deren Muschelform derjenigen des goldenen Kosmetikkästchens glich, das in der unvollendeten Pyramide Sechemchets, eines Königs der 3. Dynastie, in Saqqara entdeckt wurde. Ein mit Karneol, Lapislazuli und Türkis eingelegtes schönes Exemplar fand sich im Schatz der Königin Mereret in Dahschur. Die Außenseite der Muschel ist mit Cloisonné geschmückt. Die Dekoration zeigt eine große Lotosblüte, von der ein Kranz stilisierter Blütenblätter hängt, der einen großen Karneol einfaßt.

Fußreifen ähnelten den im Alten Reich gebräuchlichen, das heißt, sie waren Bänder von zwischen Distanzstücken aufgezogenen Perlen, doch charakteristisch ist, daß sie jetzt gewöhnlich aus einer oder mehreren Schnüren von Amethystperlen hergestellt wurden, an denen Klauen hingen. Auf einem Relief in Qaw el-Kebir sieht man eine Tänzerin, von deren Fußreifen solche Klauen hängen, weshalb man annehmen darf, daß die Klauenamulette in den Schätzen von Illahun und Dahschur für Fußreifen bestimmt waren. Die schönsten Exemplare, aus Gold und mit Einlegearbeit verziert, stammen aus dem Schmuckkasten der Prinzessin Chenemet.

Die Armbänder weisen gegenüber denen des Alten Reiches nur geringe Unterschiede auf, doch verwendete man jetzt goldene Distanzstücke eines neuen Typs, neuartige Schnallen mit Einlegearbeit sowie ein neues, löwengestaltiges Amulett, das ausschließlich an Armbändern getragen wurde. Bilder auf Särgen zeigen noch die traditionellen Formen. Am Steinsarkophag Kawits, einer Prinzessin der 11. Dynastie, fand man in Der el-Bahari neben Perlenarmbändern andere dargestellt, bei denen es sich offenbar um doppelte Schnüre aus Gold mit Knotenverschlußschnallen handelt. Solche Schnallen sind fein gearbeitet, manche mit dem Namen des Stifters, etwa Amenemhets III., eingelegt.

Die im Alten Reich beliebten Armbänder aus Perlenschnüren, durch Distanzstücke oder Steg miteinander verbunden und durch goldene Schnallen zu schließen, blieben auch im Mittleren Reich gebräuchlich. Die Armbänder der Neferu-Ptah bestanden aus zehn Schnüren runder Perlen von Karneol, Türkis und Gold, die durch eine Kastenschnalle zusammengehalten wurden. Armreifen aus gehämmertem Gold nach der Mode des Alten Reiches fanden sich an den Mumien der Prinzessinnen Ita-weret, Mereret und Sit-Hathor.

Die Schmuckkragen werden jetzt mit Amuletten behängt, wenn nicht sogar gänzlich aus solchen zusammengestellt. Eine Anzahl breiter Kragen aus der Zeit der 11. und 12. Dynastie ist unversehrt gefunden worden, darüber hinaus vermitteln Bilder an hölzernen Sarkophagen eine gewisse Vorstellung von der Vielfalt der Kragen, die man damals Toten mitgab. Ein Falken-Kragen der Prinzessin Chenemet trägt in Einlegearbeit ausgeführte Amulette in Gestalt von Anch- und Sma-Zeichen, Was-Zeptern und Djet-Pfeilern, daneben andere kleine Amulette, Nachbildungen von Gegenständen, wie sie auch in Sarkophagbildern vorkommen. Ein anderer Kragen aus dem Besitz der Prinzessin bestand aus Anhängern in der Form von Blütenblättern, eingelegt mit Lapislazuli und Türkis. Chenemet besaß Perlen in großer Menge, in der Mehrheit rund, röhren- oder doppelkegelförmig (bikonisch) und aus Karneol, Türkis, Lapislazuli und Gold. Die Prinzessin hatte überdies eine Sammlung von goldenen Schmuckstücken, bei denen es sich vielleicht um ausländische Arbeiten handelt. Darunter ist ein Medaillon, in dessen Mitte unter einer dünnen Scheibe von Bergkristall eine liegende Kuh dargestellt ist. An kurzen Ketten hängen drei sternförmige Anhänger, während das Medaillon selbst an dünnen goldenen Ketten von zwei reichverzierten runden Anhängern hängt. Die Schmetterlingsanhänger und fünfzackigen Sterne, die sich ebenfalls in ihrem Schatz fanden, sind von unverkennbar ägyptischen Stil, ebenso die vierundzwanzig kleinen sitzenden Vögel, die als Perückenschmuck dienten.

Drei einander sehr ähnliche Kragen stammen aus den Schätzen des Königs Hor und der Prinzessinnen Nubheteptichrad und Neferu-Ptah. Alle drei waren aus röhrenförmigen Karneol- und Feldspatperlen sowie kleinen goldenen Ringen zusammengesetzt, mit Anhängern, deren Einlegearbeit in Karneol, Feldspat und blauem Glas ausgeführt war. Einen kleineren, vollständigen Kragen gibt es aus Schech Ferrah.

Mit dem Wort *Menat* (oder *Menchet*) bezeichnete man zwei Arten von schmückenden Kragen. Solche des ersten Typs bestanden aus vielen Perlenschnüren, die zusammen durch ein oder mehrere runde Distanzstücke geführt wurden. Die des zweiten Typs glichen ihnen, waren aber zusätzlich mit einem langen und schmalen, an den Endstücken abgerundeten Gegengewicht versehen.

Kragen des ersten Typs wurden während des Alten Reiches von der Hathor-Priesterin Nebet und der Prinzessin Sescheseschet, einer Tochter König Tetis, getragen. Die Hathor-Priesterin und die in einem Grab aus der Zeit des Mittleren Reiches dargestellten Tänzerinnen Ihweys tragen das Menat bei der Feier der Begräbnisriten. Die jungen Mädchen, die an der Begräbnisprozession der Königin Nofru teilnahmen, schmückten ebenfalls Menat-Kragen. Eine im Museum in Kairo befindliche Statue Amenemhets III. zeigt den Pharao mit einem solchen Kragen, in diesem Fall wohl Teil einer priesterlichen Tracht. Menats wurden auch den Toten mitgegeben, vielleicht weil man ihnen die gleiche lebenspendende Kraft zuschrieb wie dem Anch-Zeichen. Die Tänzerinnen Ihweys sieht man mit Menat-Kragen an den Hälsen, und eine Inschrift erklärt, daß sie den »Menat Hathors« der Seele des Verstorbenen reichen.

Die Diademe des Mittleren Reiches sind vielgestaltiger als die der voraufgegangenen Periode. Könige und Edelleute sieht man dargestellt mit Diademen, die hinten den charakteristischen Papyrusknoten aufweisen. Das früheste Exemplar eines Stirnreifens des Mittleren Reiches datiert aus der Regierungszeit Amenemhets I. (1991–1962 v. Chr.) und wurde im Grab der Senebtisi in Lischt gefunden. Prinzessin Chenemet, Tochter Amenemhets II., hatte in ihrem Schatz in Dahschur zwei Diademe, das eine leicht, aus Golddrähten, zarten Goldblumen, Halbedelsteinen als Einlagen und kleeblattförmigen Ornamenten gebildet, das andere massiver und aus acht Elementen zusammengesetzt, Rosetten, aus denen je zwei hohe, lyraförmige Binsenblüten sprießen.

Das in Illahun gefundene Diadem der Prinzessin Sit-Hathor-Iunet besteht im wesentlichen aus einem zu einem vollständigen Reifen gebogenen Streifen brünierten Goldblechs. Vorn erhebt sich eine Uräusschlange, hinten ist mit Nieten eine Röhre befestigt, in der eine Papyrusblume und zwei hohe Federn stecken. Hinten und zu beiden Seiten hängen drei doppelte Streifen glatten Goldblechs herab. Der Reifen ist mit fünfzehn Cloisonné-Rosetten geschmückt, die von gleicher Gestalt, aber leicht unterschiedlicher Größe mit Nieten am Goldblech befestigt sind. Die Rosetten zeigen vier kreuzförmige Arme zwischen Blütenblättern, die mit vier Staubfäden oder stilisierten Schoten abwechseln. Schoten und Arme sind mit Lapislazuli und Feldspat eingelegt. Im Grab Uchhoteps III. in Meir sieht man mit Federn geschmückte Diademe von der Art desjenigen der Sit-Hathor-Iunet gemalt. Hathor-Priesterinnen, die an Prozessionen teilnehmen oder musizieren, tragen dort solche Diademe auf den Köpfen. Man glaubt, daß Diademe dieses Typs zur Regierungszeit Amenemhets III. aufkamen. Dafür spricht die im Vergleich zum Pektorale Sesostris' II. geringere Qualität der Arbeit und die Tatsache, daß die eingelegten Steine »eingeklebt« sind.

An mehreren der bisher gefundenen Diademe sieht man hinten »Bäume« oder Federn angebracht. Malereien lassen jedoch an dieser Stelle des Kopfreifens auch eine Lotosblume erkennen. Die Blumen des Kopfputzes der Töchter Djehutihoteps in el-Berscha sind grün und weiß, doch hat man sich diese Farben wohl als diejenigen der Steine zu denken, mit denen künstliche Blumen eingelegt sind. Im gleichen Grab ist eine Prozession von Frauen gemalt, deren Diademe einfache Reifen sind, geschmückt mit Papyrusdolden neben einer Scheibe aus Karneol. In Meir tragen die Frauen und Uchhotep selbst einfache Kopfreifen mit Papyrusknoten.

Diademe waren nicht der einzige im Mittleren Reich gebräuchliche Kopfputz. Es gab vielerlei Haar- und Hauptschmuck. Im Grab von Nianch-Pepi (6. Dynastie) in Meir sieht man eine Harfenistin, deren langer Zopf durch eine Scheibe gezogen ist. Junge Sklavinnen trugen nicht nur einen hohen Kopfputz, sondern auch Anhänger an den Zöpfen. Ein Mädchen, das man im Grab Uchhoteps in dessen Gesellschaft fischen sieht, trägt an einer Seitenlocke ein kleines Amulett in Gestalt eines Fisches. Solche Amulette entdeckte man in vielen Gräbern des Mittleren Reiches, manchmal aus Gold, Silber oder sorgfältig bearbeitetem Elektron.

In Der el-Bahari fand man drei einfache Silberreifen an den Fingern der Mumie einer Priesterin namens Ament, die während der Herrschaft der 11. Dynastie bestattet worden war. Ringe mit Steinen in Form von Skarabäen kamen während der 12. Dynastie in Gebrauch, nicht notwendigerweise als Siegelringe, denn keineswegs alle gefundenen Exemplare haben Inschriften, und bei anderen ist die Gravierung nur sehr flach. In Illahun, im Schatz der Sit-Hathor-Iunet, fand man zwei auf Ringe gefaßte Skarabäen und zwei ungefaßte aus Lapislazuli. Die Ringskarabäen bestehen aus Goldcloisonné, eingelegt mit Karneol und grünem Feldspat.

Vor Beginn des Neuen Reiches waren die Fassungen der Ringe nicht sonderlich abwechslungsreich. Abgesehen von der Art derjenigen, welche die in den Gräbern in Dahschur und Illahun gefundenen Ringe zeigen, ist nur die Fassung eines Ringes des Pharaos Ameni bemerkenswert, bei dem das Metall des Ringes direkt in den Skarabäus geführt ist. Diese Form der Fassung wurde während der Zeit des Neuen Reiches allmählich üblich.

Frauen und Mädchen trugen Perlengürtel als alltäglichen Schmuck. Die Perlen, flach und unterschiedlich geformt, gab es in Gestalt von Kaurimuscheln, als Leoparden- oder Löwinnenköpfe, als Scheiben und bikonisch. Die schönsten Gürtel mit Kaurimuscheln gehörten den Töchtern Sesostris' II., Sit-Hathor, Mereret und Sit-Hathor-Iunet. Der Gürtel der letztgenannten Prinzessin bestand aus acht hohlen goldenen Kaurimuscheln (von denen eine als Schnalle zu öffnen war) mit akaziensamenförmigen Perlen aus Gold, Feldspat, Karneol und Lapislazuli.

Die Pektorale des Mittleren Reiches zeigen die ägyptische Goldschmiedekunst auf ihrem Höhepunkt. Sie sind sämtlich in Zellenschmelztechnik gearbeitet, mit Glas und Halbedelsteinen eingelegt und stellen Götter und Könige dar. Die Zeichnung der Vorderseite ist stets auf der getriebenen Rückseite wiederholt, alle Einzelheiten sind äußerst sorgfältig ausgeführt.

Unter dem Schmuck, der Mereret ins Jenseits mitgegeben wurde, fanden sich zwei Pektorale, das erste aus der Regierungszeit Sesostris' III., das zweite aus derjenigen Amenemhets III. Beide stellen den über seine Feinde triumphierenden König dar. Sesostris III. erscheint als ein Paar falkenköpfiger Sphingen, welche seine gestürzten Feinde zertreten, während die Geiergöttin Nechbet über seinem Triumph die Flügel breitet. Es ist dies zweifellos das schönste der erhaltenen Pektorale, wenn nicht überhaupt die schönste überlieferte Goldschmiedearbeit aus Ägypten.

Aus dem Besitz Sit-Hathor-Iunets stammt ein Pektorale mit dem Namen Amenemhets III., vielleicht ein Geschenk ihres Neffen, des genannten Königs. Gleichwohl deutet die merklich mindere Qualität der Arbeit darauf hin, daß die ägyptische Goldschmiedekunst sich auf der während der 12. Dynastie erreichten Höhe nicht lange halten konnte. In der Mitte steht die Kartusche mit dem Namen Nimaatre, welche der Gott Heh auf die gekerbten Palmblattrispen stützt, die er in den Händen hält. Zwei Falken flankieren die Figur und greifen mit einer Kralle nach den Palmrispen, während sie in der anderen jeder ein Schen-Zeichen halten. Auf den Köpfen tragen sie in roten Karneol eingelegte Sonnenscheiben. Die Uräusschlangen um die Sonnenscheiben tragen Anch-Zeichen um die Hälse gehängt. Die Bodenlinie ist mit dem eine gerollte Matte andeutenden Muster in Karneol eingelegt. Es gibt kein äußeres Rahmenwerk. Die in vielen Zellen der Falkenflügel noch erhaltene Einlegearbeit zeigt außer dunklem Lapislazuli eine opake gelbe Substanz, die Klauen und Köpfe der Vögel sind in Gold ausgeführt. Heh hat blaues Haupt- und Barthaar. Die Glasmasse, mit der seine Haut eingelegt ist, hat sich im Laufe der Jahrtausende grau verfärbt.

Ein weiteres Pektorale mit dem Namen Amenemhets III. befindet sich in Beirut. Man nimmt an, daß es aus einem Königsgrab in Byblos stammt, der Stil indessen ist ganz ägyptisch, bereichert nur durch einige ungewöhnliche Motive. Der Rahmen hat die übliche Kiosk-Form und enthält eine streng symmetrisch angeordnete Komposition.

Stücke silberner Pektorale aus der Zeit Sesostris' II. wurden in Haraga gefunden. Man darf sie wohl als Symbole der von Bienen umgebenen Bat deuten, über denen Udjat-Augen waren, von Papyrusstengeln gerahmt. Die anderen Stücke, ein Falke über einem *Nub*-Zeichen und die Kartusche des Chacheperre waren vielleicht Elemente des gleichen Pektorales. Die vollplastische Biene, die auf der Platte sitzt, ist vermutlich als Einzelstück gearbeitet.

Die Entwicklung der ägyptischen Goldschmiedekunst in den beiden Jahrhunderten der Zweiten Zwischenzeit ist wegen fehlender Zeugnisse so gut wie unbekannt. Von Skarabäen abgesehen, blieben kaum persönliche Schmucksachen erhalten. Dafür lassen Goldschmiedearbeiten der Folgezeit erkennen, daß die Überlieferung der herkömmlichen Techniken und Formen nicht abriß. Es begegnen auch schon zu Anfang des Neuen Reiches gewisse Abwandlungen und Bereicherungen des hergebrachten Formenschatzes. Einerseits wurden jetzt früher unbekannte Motive behandelt – so etwa Tiere in »fliegendem Galopp« –, andererseits machte sich eine Tendenz zum größeren Format geltend. Statt der Halbedelsteine wurde nun auch zunehmend gefärbtes Glas verwendet. Vergessen allerdings scheint zu Beginn des Neuen Reiches die Kunst der Granulation, wenn auch einige in dieser Technik ornamentierte Schmuckstücke unter den Schätzen Ahhoteps und der drei Prinzessinnen Thutmosis' III. gefunden wurden. Die besten Exemplare von Arbeiten in dieser Technik entstanden jedoch erst wieder zur Regierungszeit Tutanchamuns. Bemerkenswert sind vor allem die Dolchscheide und die Armbänder, die man bei der Mumie des Pharaos fand.

Ein weiterer bedeutender Schatz der 17. Dynastie wurde in der Nekropole von Theben entdeckt, und zwar im unversehrten Grab einer Frau, die vielleicht der königlichen Familie angehörte, nach dem Wert ihrer Schmucksachen zu urteilen, unter denen sich ein Schebiu-Kragen, ein Gürtel, Armbänder und Ohrringe befanden.

Der wichtigste bisher gehobene Schatz aus der Frühzeit der 18. Dynastie ist derjenige Königin Ahhoteps, der Gattin Seqenenre Taos II. und Mutter Ahmoses, des Gründers der 18. Dynastie. Er enthält Zeremonialäxte, Armbänder, ein Pektorale mit Einlegearbeit, drei große goldene Fliegenamulette, einen goldenen Kragen mit vielen Amuletten, einen Skarabäus mit goldener Kette, den Griff eines Fächers, einen weiteren Kragen und silberne Bootmodelle. Unter den im Grab der Königin gefundenen Schmuckstücken befanden sich auch drei große Anhänger in Gestalt einer Fliege an goldener Kette. Die Flügel sind aus einem einzigen Stück Goldblech geschnitten; Kopf und Leib bestehen ebenfalls, in durchbrochener Arbeit, aus einem Stück. Der Orden der Goldenen Fliege, in Inschriften oft erwähnt, war die höchste militärische Auszeichnung. Es gibt kleinere fliegengestaltige Amulette, doch aus Silber. Der Leib der Insekten besteht bei diesen aus einer hohlen Kuppel ohne Verzierungen. Weitere Exemplare wurden in Diospolis Parva im Grabe Abmus gefunden und im Schatz der drei Prinzessinnen; sie stammen sämtlich aus der Zeit der 18. Dynastie.

In Nubien entdeckte Fliegenamulette, bei denen der Kopf aus Gold, der Leib aus Elfenbein, Silber und Bronze ist, entstanden vermutlich in der Zeit zwischen dem Mittleren Reich und der Herrschaft der Hyksos. In Lischt sind ähnliche Amulette aus Fayence ans Licht gekommen, die noch ins Mittlere Reich zu datieren sind. Darstellungen von Personen, die solche Fliegenamulette tragen, sind nicht selten. So sieht man Dedi, den Gouverneur der Wüsten des westlichen Theben und Oberbefehlshaber des pharaonischen Heeres, mit einer Fliege ausgezeichnet.

Das Herzamulett, das gleichfalls ein Ehrenzeichen gewesen zu sein scheint, wurde dem Bürgermeister von Theben, Sennufer, verliehen, wie dieser selbst wissen läßt: »Zwei Herzamulette von Silber und Gold wurden mir um den Hals gehängt.« In seinem Grab sieht man ihn mit diesen Auszeichnungen dargestellt, eine trägt die Kartusche Amenophis' II. Auch seine heute im Museum in Kairo befindliche Statue, die ihn neben seiner Gemahlin Senai und der Tochter Mutnofret verewigt, ist mit den beiden Herzamuletten dekoriert.

Sehr beliebt waren während der 18. Dynastie Fußreifen. Man sieht Götter und Göttinnen, Männer und Frauen damit geschmückt, vollplastisch, in Relief oder gemalt. Den in Gräbern gefundenen Exemplaren ist gewöhnlich nicht anzusehen, ob sie als Fußreifen oder als Armbänder gedient haben. Armbänder verschiedener Art enthielt der Schatz der Königin Ahhotep. Einige bestanden aus mehreren Perlenschnüren, die durch im rechten Winkel zu ihnen gestellte Distanzstücke geführt und dergestalt miteinander verbunden waren. Sie hatten als Verschluß eine Schnalle, die den Namen des Königs, Ahmose, trug. Dieser Typus war während des Mittleren Reiches allgemein gebräuchlich. Einen neuen Stil dagegen vertreten Armbänder in Einlegearbeit, eines davon, eher ein Oberarmreifen als ein am Handgelenk zu tragendes Armband, zeigt zwei Sphingen beidseits einer kastenförmigen Kartusche. Ein zweites »heraldisches« Armband zeigt einen mit Karneol, Lapislazuli und grüner Fayence eingelegten Geier.

Der breite Kragen *(Usech)* war auch im Neuen Reich noch der für Männer wie für Frauen gebräuchlichste. Diese Kragen bestanden größtenteils aus Perlenarbeit, wobei eine Fülle verschiedenartiger Perlen verarbeitet wurde. Ahhoteps Schatz enthielt zwei Kragen und Perlen genug für zwei oder mehrere weitere. Der größte Kragen bestand aus vierzehn Reihen von Amuletten, die mit Blattgold überzogen waren. Die Amulette haben die Gestalt von Tieren, darunter Löwen, Katzen, Steinböcke und Gazellen. Die geflügelte Uräusschlange ist zu identifizieren, daneben allerlei geometrische Formen: Buckel, Spiralen und Kreuze, am unteren Rand erkennt man Papyrusdolden. Die Endstücke bilden Falkenköpfe, deren Augen, Wangen und Schnäbel mit Niello verziert sind. Der zweite Kragen besteht aus drei Reihen von Anhängern.

Das älteste bisher gefundene Diadem aus der Zeit des Neuen Reiches ist dasjenige des Königs Nubcheperre Antef. Es ist sehr zerbrechlich, was die Vermutung zuläßt, daß es eigens als Grabbeigabe angefertigt wurde. Das Diadem besteht aus einem Reifen vergoldeten Silbers mit einer goldenen Uräusschlange vorn und einem Papyrusknoten mit Bändern hinten. Die Uräusschlange ist aus Goldblech, ihr Schwanz schlingt sich um den Reifen. Die Züge der Augenlider und des Mundes der Schlange sind sorgfältig ziseliert, kleine goldene Scheiben bilden die Augen.

Beim Kopfschmuck aus dem Schatz der drei Prinzessinnen Thutmosis' III. handelt es sich nicht um zerbrechlichen Mumiendekor, sondern um Schmuck, der von den jungen Prinzessinnen getragen wurde. Der große Kopfputz im New Yorker Metropolitan Museum ruht auf einer ovalen Scheitelplatte, an deren Rand von dreißig goldenen Ringen lange Bänder von miteinander verbundenen Rosetten fallen. Zum unteren Rand des schweren, perückenähnlichen Kopfputzes hin werden die Rosetten größer. Viele der ursprünglich eingelegten Steine – Karneol, Türkis, Fayence – sind aus den Fassungen gefallen oder zerstört.

Ein Diadem aus dem gleichen Schatz besteht aus einem Goldband mit zwei Gazellenköpfen vorn (s. Seite 251). Ein weiteres Goldband legt sich, von dem um die Stirn zu tragenden ausgehend, über den Scheitel. Beide Bänder sind mit Rosetten verziert, das Scheitelband schmücken zwei, vier das Stirnband. Die Rosetten zeigen je zwölf an den Enden abgerundete Blütenblätter, die mit Karneol sowie blauem und kobaltblauem Glas eingelegt sind, rings um ein mit Karneol eingelegtes Zentrum angeordnet. Zwei hohle Gazellenköpfe sind vorn auf das Band gesetzt. Die beiden Hälften jedes der vollplastisch wirkenden Köpfe sind über ein Formstück getrieben und dann zusammengelötet. Im Nacken verbindet ein Band mit kleinen Leoparden- oder Löwinnenköpfen die Enden des Reifens. Nur wenige Frauen trugen derartigen Kopfschmuck. Sie führten gewöhnlich den Titel einer »Konkubine des königlichen Harems«, wie die Töchter Menmas und Pairis, die Prinzessin Sitamun, Tochter und Gemahlin Amenophis' III., sowie Meritamun und Bentianath, Töchter Ramses' II.

Der beliebteste Kopfschmuck der Frauen jener Zeit war ein Reifen mit blattförmigen goldenen Anhängern. Fischerinnen und Vogeljägerinnen schmückten ihre Kopfreifen statt mit Blättern aus Edelmetall mit solchen aus Glas oder echten Blättern. Mitunter sieht man Frauen auch mit dem ältesten Typus dieses Kopfschmucks dargestellt, dem »Schifferstirnband«, an das anscheinend echte Blumen gebunden wurden.

Die Mumie Tutanchamuns trug ein Diadem, das dem des Nubcheperre Antef gleicht, jedoch aufwendiger gestaltet ist und wohl nicht als Grabbeigabe angefertigt wurde. Es besteht aus einem goldenen Reifen mit den Emblemen der Schlange und des Geiers über der Stirn sowie einem Papyrusblumenknoten und vier fallenden Bändern am Hinterkopf. Der einfache goldene Stirnreifen ist mit runden Zellen verziert, die mit Karneol eingelegt sind. Der Knoten am Hinterkopf besteht aus einer Scheibe roten Chalcedons, flankiert von Dolden mit Einlagen aus blauem Türkis.

Vor der Zeit des Neuen Reiches waren Ohrringe ziemlich selten. Grabmalereien aus der Zeit der 18. Dynastie zeigen jedoch Damen mit großen goldenen Ohrringen, eine Mode, der später auch Männer folgten. Die ältesten Funde stammen aus Gräbern der Zweiten Zwischenzeit (um 1789–um 1567 v. Chr.) in Qaw al-Kebir, Mostagedda und El-Balabisch. Die Ringe sind aus Kupfer und vergoldetem Silberdraht gefertigt. Eine in Diospolis Parva gefundene Elfenbeinstatuette mit Ohrringen aus Silberdraht entstand vermutlich während der Herrschaft der Hyksos. Im übrigen stellten die Ägypter des Neuen Reiches die Nubier gern mit Ohrringen dar, so einen Gefangenen am Fuße des Throns im Grab Antefs aus der Zeit Hatschepsuts und Thutmosis' III.

Zu Beginn der 18. Dynastie waren sieben Arten von Ohrringen in Gebrauch: offene Ringe verschiedener Größe, sowohl recht breite, zylinderförmige als auch sehr schmale; offene Ringe, an denen weitere Ringe hingen; große offene Ringe, aus kleinen dreieckigen Röhren zusammengesetzt; solche, die unter der Bezeichnung »Boot« oder »Blutegel« bekannt waren; Drahtringe mit Anhängern; spiralförmig gedrehte aus dreieckigem oder rundem Draht; schließlich röhrenförmige mit Buckeln an beiden Enden. Die goldenen Ohrringe aus dem Schatz der Königin Ahhotep sowie aus dem unversehrten Grab einer Frau, die zur Zeit der 17. Dynastie in Qurna bestattet wurde, bestehen aus dreieckigen Goldröhren, die aneinander gelötet sind. Derartiger Ohrschmuck wurde auch im Schatz der drei Prinzessinnen Thutmosis' III. gefunden und war während des Neuen Reiches sehr beliebt. Die Mumie Mahirpers, der Hatschepsut und Thutmosis III. als Bannerträger diente, hat dreieckige Blumen in den Ohrläppchen. An den mumifizierten Ohren Chas, der während der Herrschaft Amenophis' III. starb, sind die Ohrringe mit Schrauben befestigt. Seine Gattin Merit schmückte sich mit Ohrringen von der Art, die auch die Gattinnen Thutmosis' III. trugen. Die frühesten Darstellungen von Ägyptern, die Ohrringe tragen, gibt es in zwei in Theben entdeckten Gräbern.

Die Ohrringe, die im Schatz der drei Prinzessinnen Thutmosis' III. gefunden wurden, sind den erwähnten aus dem Grab in Qurna sehr ähnlich. Sie bestehen aus zusammengelöteten Goldröhren, sechs bei dem einen Paar, acht bei dem anderen. Vier Paare sind mit runden Glaseinlagen geschmückt. Echnaton, den man zwar nirgends mit Ohrringen dargestellt findet, hatte, wie seine Statuen in Karnak zeigen, durchbohrte Ohren. Eine Kalksteinskulptur in Berlin, die wahrscheinlich die Königin Nofretete darstellt, zeigt diese mit gehämmerten Ohrringen. Andere Darstellungen Nofretetes, so auch die berühmte in Berlin, lassen solche Zierde vermissen.

Die schon während des Alten Reiches beliebten Fingerringe blieben auch danach in Mode. Die einzige Neuerung dieses Schmucks war, daß man nun dazu überging, den Ring an der Unterseite des Fingers zu schließen. Bei den meisten erhaltenen Exemplaren ist auf einen goldenen Ring ein Skarabäus montiert. Eine »Erfindung« des Neuen Reiches aber ist der Siegelring. Die Fassung der Siegel ist oval und mit einem Emblem oder einer Inschrift ziseliert. Neu auch waren Ringe, deren rechteckige Platten mit einem Zapfen im Ring befestigt wurden. Manche der Ringe dieses Typs tragen den Namen Thutmosis' III., einer zeigt nebeneinander die Kartuschen Hatschepsuts und Thutmosis' III. Eine Weiterbildung des Siegelrings mit Kartuschenfassung ist der Doppelring aus zwei miteinander verlöteten Ringen. Auf den Platten sieht man oben Federn und statt des Königsnamens das Bild des Gottes Bes. Der Schatz der drei Prinzessinnen Thutmosis' III. enthielt eine Anzahl in gleicher Weise gefaßter Skarabäen.

Tutanchamun besaß insgesamt sechsundzwanzig Pektorale. Einige fand man an seiner

Mumie, andere in einem kartuschenförmigen Kasten, weitere in einer Schatulle aus Elfenbein und Ebenholz, etliche auch in der pylonförmigen Truhe, auf deren Deckel Anubis den Eingang in die Schatzkammer bewachte. Manche Pektorale Tutanchamuns haben die hergebrachte Kioskform, zeigen jedoch teilweise neue Schmuckmotive. Da sieht man Isis und Nephthys, den Skarabäus und die geiergestaltige Göttin Nechbet, einmal das Heb-Sed-Fest. Andere sind nicht, wie bis dahin üblich, nur flächig dekoriert, sondern mit vollplastischen Aufsätzen versehen, unter denen feinmodellierte Skarabäen und Blumen mit fleischigen Blütenblättern auffallen. Neu ist auch die Weiterbildung der Träger, an denen die Pektorale hängen. Einige wurden aus Platten mit Einlegearbeit gefertigt, was den panzerartigen Charakter dieser Schmuckstücke steigert. Vom Nacken fiel dem Träger ein Gegengewicht auf den Rücken, dessen Dekoration die der Vorderseite wiederholte und ergänzte (s. Seiten 76–77).

Das häufigste Motiv ist der Skarabäus. Sechs solcher Käfer sind mit Vogelflügeln, sechs ohne diesen Zusatz dargestellt. Die Skarabäen sind gewöhnlich aus Lapislazuli, eine bemerkenswerte Ausnahme aber ist ein Exemplar aus durchscheinendem grünen Chalcedon, umfaßt von den in Einlegearbeit ausgebreiteten Schwingen eines Sonnenfalken. Die Barken der Sonne und des Mondes erscheinen dreimal. Unter den Geiern, die auf vielen Pektoralen vorkommen, ist ein sehr stattliches Exemplar, das auf dem Kopf eine aus Elektron gefertigte Atef-Krone trägt. Da sind auch zwei Falken, einer mit zur Seite gewendetem Kopf, der andere, dessen Körper ein Rahmen umschließt, blickt nach vorn.

Die Pektorale sind im allgemeinen aus den gleichen Materialien wie die übrigen im Schatz des Königs gefundenen Schmucksachen gefertigt. Manchmal findet man Lapislazuli und Türkis durch gefärbtes Glas imitiert, die blauen Skarabäen jedoch bestehen aus Lapislazuli. Türkis ist seltener verwendet, zeigt sich aber an den Rümpfen zweier Boote. Gold, meist von großer Reinheit, wurde für Rahmen und die Zellenschmelzarbeit gebraucht. Silber kommt kaum vor, reichlich dagegen Karneol, Feldspat, Jaspis, Quarz und Obsidian.

Auffällig ist, daß die Pektorale, die in der pylonförmigen Truhe, auf welcher am Eingang zur Schatzkammer Anubis wachte, gefunden wurden, sämtlich die herkömmliche Kiosk- oder Schreinform hatten und mit nur flächig ausgeführter Dekoration versehen waren. Dargestellt sah man da Isis und Nephthys, den Skarabäus, den Djet-Pfeiler und die Göttin Nut. Nur eines dieser Pektorale hatte eine Reihe von Perlen, keines war mit einem Gegengewicht ausgestattet.

Viele Pektorale zeigen die Bilder in den Grabkammern. Drei erblickt man unter den Gaben, die Thenuna dem König Thutmosis IV. überreicht, andere unter den Geschenken Sureros und Cheruefs für Amenophis III. Thutmosis III. trägt Pektorale auf den Reliefs, die ihn an den Wänden des Tempels von Der el-Bahari zeigen, ebenso wie die Kinder Thutmosis' IV. im Grab ihres Erziehers Hekerneheh. Meist sind auf diesen Pektoralen geflügelte Skarabäen dargestellt, die Kartuschen und Schen-Zeichen halten, seitlich der Kartuschen Uräusschlangen. Im Grab des Mencheperra'sonb tragen die Kinder Amenophis' III. den alten Typus des langen Pektorales. Ramose hat eines mit einem vogelgeflügelten Skarabäus, der im Grab Neferhoteps dargestellte Eje ebenfalls.

Die künstlerisch wie vom Material her hochwertigen Pektorale, jene mit Darstellungen geschmückten kleinen Täfelchen als Brustschmuck, lassen leicht vergessen, daß es sie auch in billigeren Materialien gab, in Ausführungen aus Fayence und Glas, sogar aus Holz. Dem Schmuckbedürfnis ihres Trägers aber dürften sie trotzdem entsprochen haben, ebenso wie dem auch hier in bildliche Formen gekleideten Götter- und Jenseitsglauben.

MITTEL ZUR KÖRPER- UND SCHÖNHEITSPFLEGE

Körperpflege gehörte zumindest in den wohlhabenderen Schichten der altägyptischen Bevölkerung zum Alltag. Wer auf eine ästhetische Erscheinung seiner selbst bedacht war, badete allmorgendlich, wusch sich vor und nach den Mahlzeiten mit natronhaltigem Wasser und einer reinigenden Paste aus Ton oder Asche Hände, Arme und Hals. Massagen waren ebenso bekannt wie die Anwendung von Bimsstein auf Ellenbogen und Knie; wohlriechende Öle schützten vor Sonnenbrand und Insektenstichen. Solche Essenzen, aus verschiedenen Harzen gezogen, gab es viele. Myrrhenduft, dessen feines Aroma man kennt, und das kostbare Stibid, aus Akaziensamen und Teakholz gewonnen, waren Parfüms für Angehörige gehobener Stände.

Eine Frau, die auf sich hielt, wußte, wie sie sich zu schminken hatte. Beliebt war eine weiße Basis aus Bleiweiß (das schon damals gesundheitsschädlich war). Die sorgfältig mit spitzem Pinsel umrandeten Lippen wurden mit einem gelbroten Stift geschminkt. Tupfer der nämlichen Farbe waren auf den Wangen und an den Schläfen anzubringen. Besondere Sorgfalt galt dem Auge, dessen ideale Form im überall verbreiteten Amulett gegenwärtig war, dem Auge des Horus, das diesem im Streit sein böser Onkel, der Gott Seth, ausgerissen hatte. Das Schminken der Augen war die wichtigste Übung der täglichen Schönheitspflege. Man vergrößerte und verlängerte das Auge durch einen schwarz gezogenen Strich. Dann wurden Lidschatten aus pulverisiertem grünen Malachit aufgetragen, die man zu den Brauen hin mit dunkelgrauem Antimonpulver fortsetzte und vertiefte und als Arabeske bis auf die Wangen auszog. Auch Finger- und Zehennägel wurden bemalt. Schminken, Salben und Öle wurden in Vasen, kleinen Tiegeln, Flaschen und Schachteln aufbewahrt. Wer sich zur eleganten Welt rechnete, besaß überdies Pinsel verschiedener Größe, Stäbchen zum Anlegen der Augenschminke, Spiegel, Kämme aus Holz oder Kupfer und kleine Geräte zum Reinigen der Nägel.

Wohlduftende Essenzen hielten böse Geister fern, doch wußte man auch die therapeutischen Kräfte zu schätzen und das angenehme Befinden, das sie einem während des täglichen Rituals der Körperpflege verschafften. Bei Gastmählern und Gelagen parfümierte man auch die Luft der Festräume. Salben und Waschungen schützten die Augen gegen Überreizung durch das blendende Sonnenlicht. Es gibt Papyri mit ärztlichen Rezepten, die aromatische Substanzen zur Behandlung verschiedener Leiden erwähnen, so Weihrauch und frisches Öl gegen das Augenleiden einer Frau, gegen eine Kopfwunde eine Salbe aus einem Duftstoff und Honig. Andere alte Texte empfehlen den Gebrauch von Ölen zur Pflege der Haut. König Sethi I. war genötigt, die Salbölration seiner Soldaten zu erhöhen. Ramses III. erlebte einen Aufstand der Arbeiter an der Nekropole von Theben, dessen Ursache die mangelhafte Versorgung war: Nicht nur Nahrungsmittel forderten die Aufständischen, sondern auch Salböl.

Ihren hygienischen Bedürfnissen trugen die Ägypter auch beim Bau der Häuser Rechnung. So gab es vielfach im hinteren Teil des Wohnhauses einen besonderen Waschraum, wo man

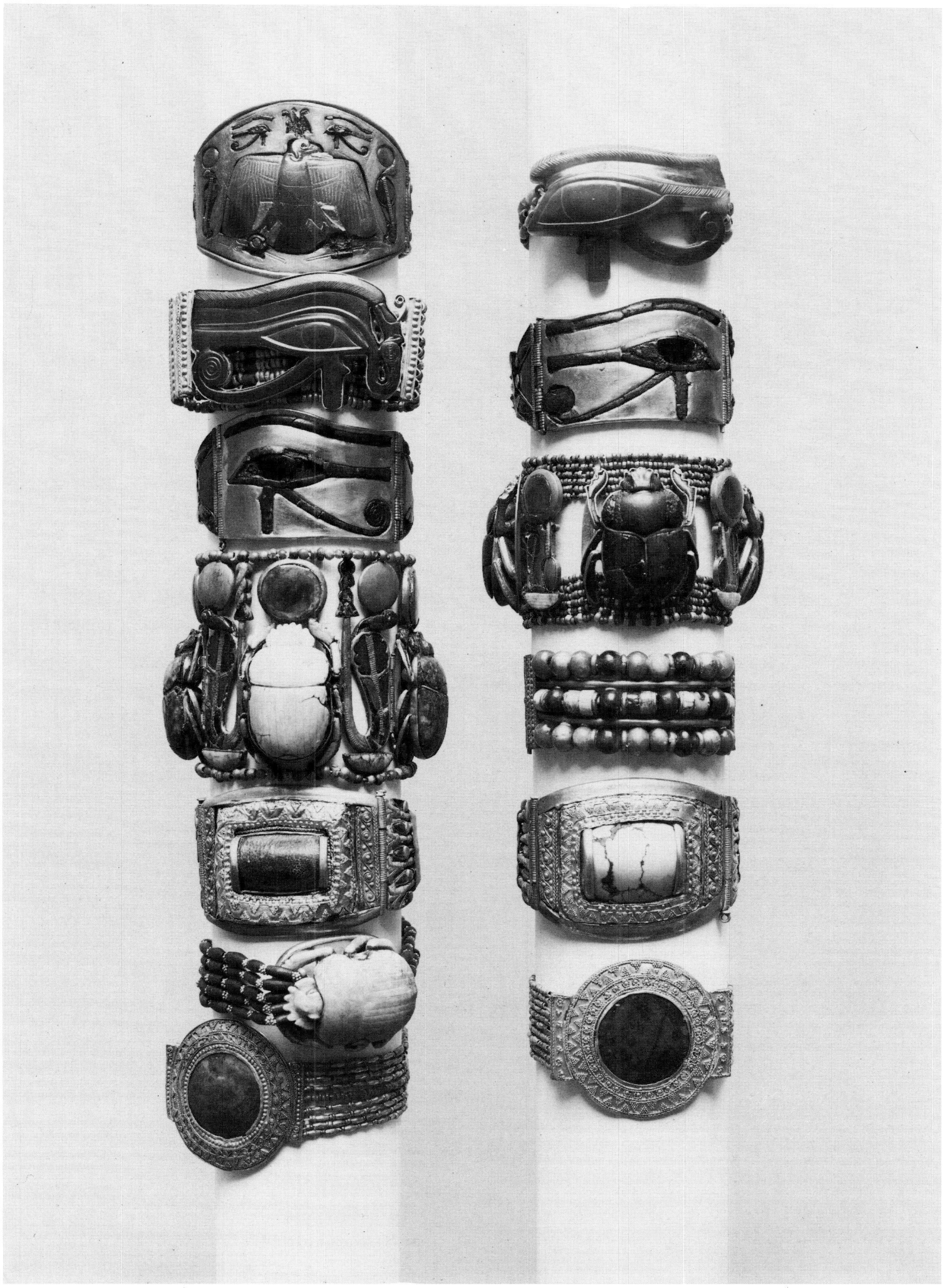

Armreifen aus dem Grab des Königs Tutanchamun, aus Theben, 18. Dynastie; Kairo, Ägyptisches Museum. – Die Mumie des jung gestorbenen Herrschers war, als man den innersten Schrein im Sarkophag öffnete, mit kostbaren Armreifen aus Gold und Silber geschmückt, die zudem noch Halbedelsteine zierten. Der König trug den Schmuck offenbar schon zu Lebzeiten.

sich nach dem Aufstehen sowie vor und nach den Mahlzeiten erfrischte. Man benetzte sich mit parfümiertem Wasser und wusch sich mit *Suabu*, jener als Seife dienenden Paste aus Ton und Holzasche, ehe man sich mit Weihrauch einrieb. Die Badewanne kam erst in römischer Zeit in Gebrauch, doch schon im Alten Reich gab es in manchen Häusern einen Raum, der eine Art Duschkabine gewesen zu sein scheint. Zur Zeit des Mittleren Reiches jedenfalls wurde es üblich, sich Gießbäder verabreichen zu lassen, von niedrigen Bänken aus, auf welchen stehend die Diener den Herrschaften Wasser über den Kopf gossen.

In der Kunst sind es stets Frauen, die bei der Körperpflege gezeigt werden. In einem Nebengelaß des Badezimmers, der »Salbkammer«, ließen sich die Damen, auf Bänken liegend, von ihren Zofen pflegen. Eine goß aus einer Amphora der Herrin Haaröl aufs Haupt und rieb die Zöpfe mit einer Pomade ein, *Abra* genannt. Andere massierten ihre Haut mit aromatischen Ölen und Salbtinkturen, dabei warfen Dienerinnen von Priestern zubereitetes Räucherwerk in Räucherfässer.

Schon um 2500 v. Chr. nahmen die Ägypterinnen die Schönheitspflege sehr ernst. Jede war bestrebt, so weißhäutig wie möglich zu erscheinen, mit zartem Teint und sorgfältig geschminkt; Lider und Brauen wurden grün getönt, die Adern mit blauen Strichen hervorgehoben, die Handflächen mit Henna gelbrot gefärbt. Victor Lorets Untersuchung der schwarzen und grünen Augentusche aus dem Grab der Prinzessin Nubhotep (12. Dynastie) in Dahschur verdanken wir genaue Kenntnis der Zusammensetzung dieser Farbe. Die Analyse der schwarzen Substanz, die Loret in einer Alabastervase, deren Hals mit einem Stück Stoff verschlossen war, fand, bestand aus Bleisulfatkristallen (Galenit), deren Verwendung schon für die Badari-Kultur nachgewiesen ist. Die in einer gleichen Vase enthaltene grüne Substanz erwies sich als Kupferhydrosilikat oder Malachit. Kosmetika wurden in solchen kleinen Vasen, auch in Röhren, Muscheln oder kleinen Beuteln aus Leinen oder Leder aufbewahrt. In der Frühzeit trug man sie mit Fingern auf, erst dann kamen mehr und mehr Stäbchen aus Knochen, Holz und Metall als Schminkstifte in Gebrauch.

Was die Frisur angeht, so gab es zu ihrer Herrichtung und Pflege viele Mittel, darunter Schlangenöl, Hennastaub und, seit der 18. Dynastie, Cartamopulver. Sie dienten dazu, das Haar weich zu machen, den Wuchs anzuregen und die natürliche Färbung des Haars zu variieren. Malereien und Reliefs zeigen entsprechende Verrichtungen und belegen, welchen Wert die Ägypter auf die Pflege und Verschönerung ihres Haupthaars legten. An einem in Der el-Bahari ausgegrabenen Sarkophag aus der Zeit der 11. Dynastie fand sich das Bild einer Zofe, die die Locken der Königin Kawit frisiert. Die Herrin hält in der einen Hand eine Schale, in der anderen einen Spiegel.

Solche Spiegel waren Luxusgegenstände. Auf einer Stele aus der Zeit des Mittleren Reiches erkennt man eine Frau, die, mit einem Spiegel in der linken Hand, ein mit Öl getränktes Tuch auf ihre Wangen legt. Auch der erotische Papyrus des Turiner Museums zeigt eine sitzende junge Dame, die einen Spiegel aus poliertem Metall in der Hand hält, mit der anderen schminkt sie die Lippen. Als Grabbeigaben wurden Spiegel den Damen zur Schönheitspflege mit ins Jenseits gegeben. Die Griffe solcher Scheiben aus polierter Bronze oder poliertem Kupfer hatten oft die Gestalt von nackten Frauen oder von Papyrusstauden, andere waren gebildet wie Katzen, die als Symbol der Reinlichkeit galten, wieder andere stellten den grotesken Zwergengott Bes dar, den Beschützer der Gebärenden. Selbstverständlich wurden auch die Salbölkästen und Kämme liebevoll geschmückt. Salblöffelchen, aus kostbaren Hölzern geschnitzt, gehören zu den schönsten Schöpfungen der ägyptischen Kleinkunst.

Den Ägyptern war bewußt, daß Wohlgerüche nicht nur böse Geister abwehrten, sondern auch Bewunderung und Gefallen erregten. »Ich werde dich meine Schönheit schauen lassen in einem Gewand von feinstem königlichen Linnen, von balsamischem Wohlgeruch, mit duftendem Öl getränkt.« So parfümierten sich die Ägypterinnen auch ihrem Gatten zuliebe, wozu ihnen außer parfümierten Gewändern auch kleine, mit wohlriechenden Kräutersamen gefüllte Säckchen dienten, die sie zwischen den Perlen ihrer Halsketten trugen. Zur Förderung der partnerschaftlichen Harmonie bedachten ägyptische Herren ihre Damen gern mit Parfüms. Viele Liebesgedichte bezeugen, daß die Ägypter Wohlgerüchen aphrodisiakische Kräfte zuschrieben. »Lege ein parfümiertes Laken auf ihr Bett«, befiehlt ein junger Liebhaber seiner Dienerin, um dann, der Geliebten gedenkend, fortzufahren: »Wenn ich sie in die Arme schließe und ihre Arme mich umschlingen, ist's mir, als wäre ich im Lande Punt, als würde mir der Leib mit wohlriechendem Öl getränkt.«

Exzessiv frönten die Ägypter ihrer Lust an Wohlgerüchen unter den letzten Ptolemäern. Der Teppich, in dem sich Kleopatra in Cäsars Hauptquartier in Alexandria einschmuggeln ließ, soll mit allen Wohlgerüchen Arabiens getränkt gewesen sein, mit dem Erfolg, daß nachher – wie Plutarch mitteilt – einige behaupteten, der Krieg, in den Cäsar in Alexandria verwickelt wurde, sei gar nicht notwendig gewesen, sondern durch die Liebe zu Kleopatra veranlaßt worden.

Bei Festmählern und Gelagen vergaßen es ägyptische Gastgeber nie, ihre Gäste auch mit Wohlgerüchen zu überraschen. Der Boden der Räume wurde mit Blumen bestreut, auf den Tafeln verbreiteten Kräuter ihren Duft. Dienerinnen bekränzten die Gäste mit Blumengewinden, und zur Zeit des Neuen Reiches pflegten sich bei Gastmählern Männer, Frauen und Kinder in das Haar oder in die Perücke »Thebanische Kegel« zu setzen. Sie bestanden aus Fett, dem Stoffe beigemischt waren, die beim allmählichen Schmelzen des Fetts ihren angenehmen Duft entfalteten. Einige der Duftstoffe kamen im Lande vor, aber schon im Alten Reich führten die Ägypter wohlriechende Kräuter, duftende Harze und Räucherwerk aus Libyen und Vorderasien ein. Oft brachten ägyptische Heere exotische Spezereien als Beute von Kriegszügen heim. So kehrte um 2350 v. Chr. ein Expeditionskorps aus dem Sudan mit dreihundert Esellasten der begehrten Duftstoffe zurück.

Die erste große Handelsflotte wurde zur Regierungszeit der Königin Hatschepsut (1509–1483 v. Chr.) nach Punt geschickt (das Land, dem die Ägypter diesen Namen gaben, lag vermutlich auf dem Gebiet des heutigen Somalia). Die Königin folgte damit einer Anweisung des Sonnengotts Amun: »Sende Schiffe auf den Weg in die Weihrauchländer, denn die Rauchfässer deiner Priester sind leer... Also belade die Schiffe mit Weihrauchbäumen und allem Aromatischen, das da unten ist.« Eine Schilderung dieser Meerfahrt (um 1495 v. Chr.) ist an den Wänden des Grabtempels der Hatschepsut in Der el-Bahari am Westufer des Nils bei Theben (Luxor) erhalten. Ein Bild zeigt die Ankunft der Schiffe und die Überreichung der ägyptischen Geschenke in Punt, ein anderes das Beladen der Schiffe mit Säcken voll aromatischen Gummiharzes und Olibanums (Weihrauch) sowie mit einunddreißig lebenden Weihrauchbäumen, die sodann in den vor ihrem Tempel angelegten heiligen Garten der ägyptischen Königin verpflanzt wurden (die Wurzeln dieser Bäume hat man dort ausgegraben).

Über die Gewinnung des Weihrauchs und die Zusammensetzung der wohlriechenden Öle, welche die Ägypter herstellten, geben Texte an Tempelwänden und auf Papyri, aber auch die Schriften griechischer und römischer Autoren Auskünfte. Interessant ist, daß die Rohstoffe der ägyptischen Parfümerie ausnahmslos vegetabilische Substanzen waren. Vor Alexander dem Großen kannten die Ägypter weder Moschus noch Zibet noch Ambra, auch kein anderes in der Parfümerie verwendbares tierisches Sekret. Weihrauch wurde schon spätestens im Zeitalter der Pyramidenbauten aus Südarabien und vom Horn von Afrika eingeführt, teils in Form von tropfenartigen Gebilden und Harzkugeln, teils als zähe Flüssigkeit. Weihrauch wurde in Rauchfässern verbrannt, doch nie beim Einbalsamieren verwendet. Da die Rohstoffe der Parfümherstellung sehr kostbar waren, suchten sich die Hersteller in Alexandria gegen Diebstahl zu schützen, indem sie die Lendenschurze der Arbeiter markierten. Jeder von ihnen

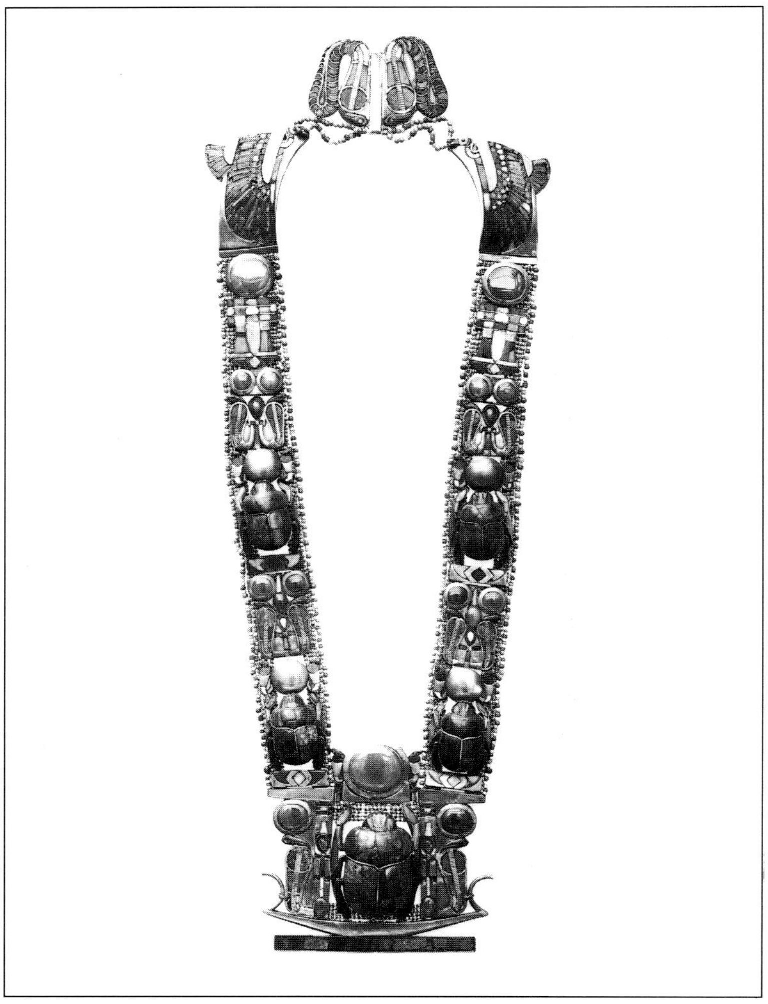

Pektorale aus dem Grab des Königs Tutanchamun, aus Theben, 18. Dynastie; Kairo, Ägyptisches Museum. – Die schweren Platten des Hals- und Brustschmucks aus dem Schatz des Tutanchamun sind mit Halbedelsteinen besetzt und tragen symbolische Zeichen und Darstellungen, darunter Uräusschlangen, Skarabäen und Djet-Pfeiler. Die runden Scheiben symbolisieren jeweils die Sonne.

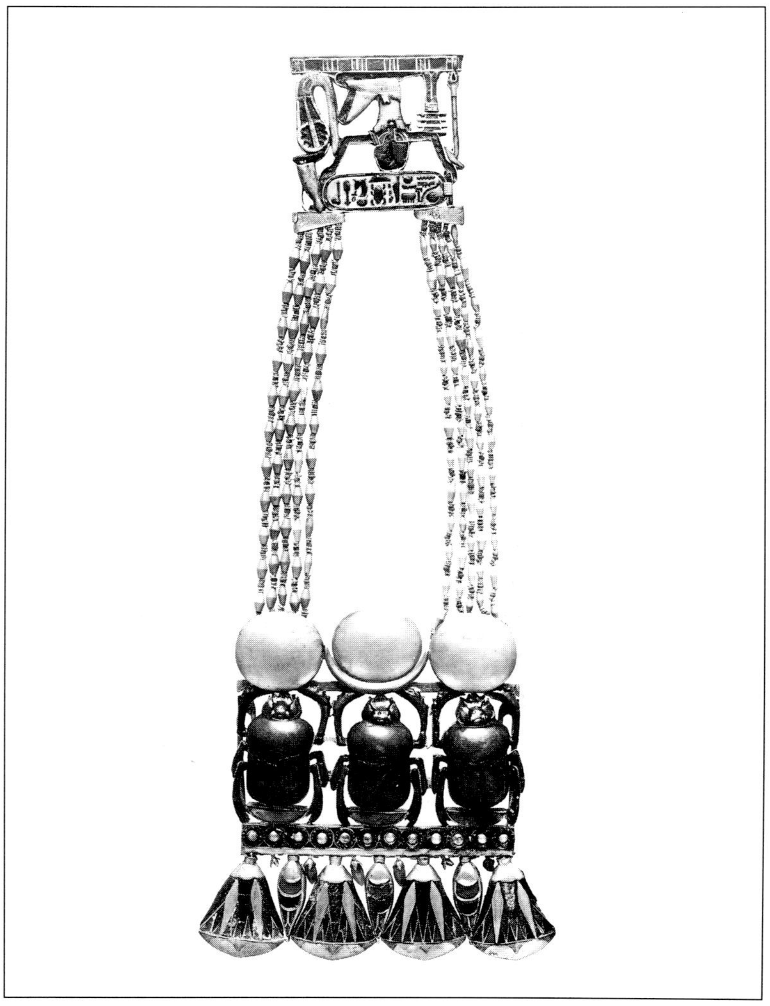

Pektorale aus dem Grab des Königs Tutanchamun, aus Theben, 18. Dynastie; Kairo, Ägyptisches Museum. – Die Mumie des Königs trug außer Armreifen, einem Diadem und der berühmten Goldmaske auch dieses Pektorale. Es hat den Herrscher vermutlich auch in seiner neunjährigen Regierungszeit geschmückt.

mußte zudem eine Maske oder ein geknüpftes Netz über den Kopf ziehen und den Arbeitsplatz nackt verlassen.

Von großer Bedeutung für das religiöse Ritual war ein anderer kostbarer Duftstoff, Balsam. Für Balsam gab man das doppelte Gewicht in Silber; ein Kügelchen reichte aus, einen ganzen Saal zu parfümieren. Der Ebers-Papyrus (aus der Frühzeit der 18. Dynastie) und der Great Harris-Papyrus (aus der Regierungszeit Ramses' III.) belegen, daß im Neuen Reich auch Storax-Rinde als Räucherwerk verbrannt wurde. Myrrhe, in Tierhäute eingenäht versandt, verbrannten die Ägypter bei religiösen Zeremonien. Der Stoff fand auch beim Einbalsamieren der Toten Verwendung, ebenso das Erdpech aus Judäa, denn beide Substanzen empfahlen sich durch ihre ausdörrende Wirkung. Kräuter und Blumen lieferten gleichfalls Ingredienzen für Parfüms. Mit Vorliebe verwendete man Majoran, Lilie und Lotos, das Eryphillim, das weiße Veilchen und die Rose, am höchsten jedoch wurde duftender blauer oder Wasserlotos geschätzt, der als heilig und als Symbol des Gottes der Düfte galt und dessen ägyptischer Name Vollkommenheit bedeutet.

Wohlgeruch verbreitete auch eine Pflanze, deren Namen *Tech* schon in ältester Zeit genannt wird. In einem Königsgrab in Der el-Bahari hat man Jasmin gefunden. Die indische Narde, die Iris und das Faenum Graecum (*Trigonella foenumgraecum*, ein Kraut, das gut für den Teint war)

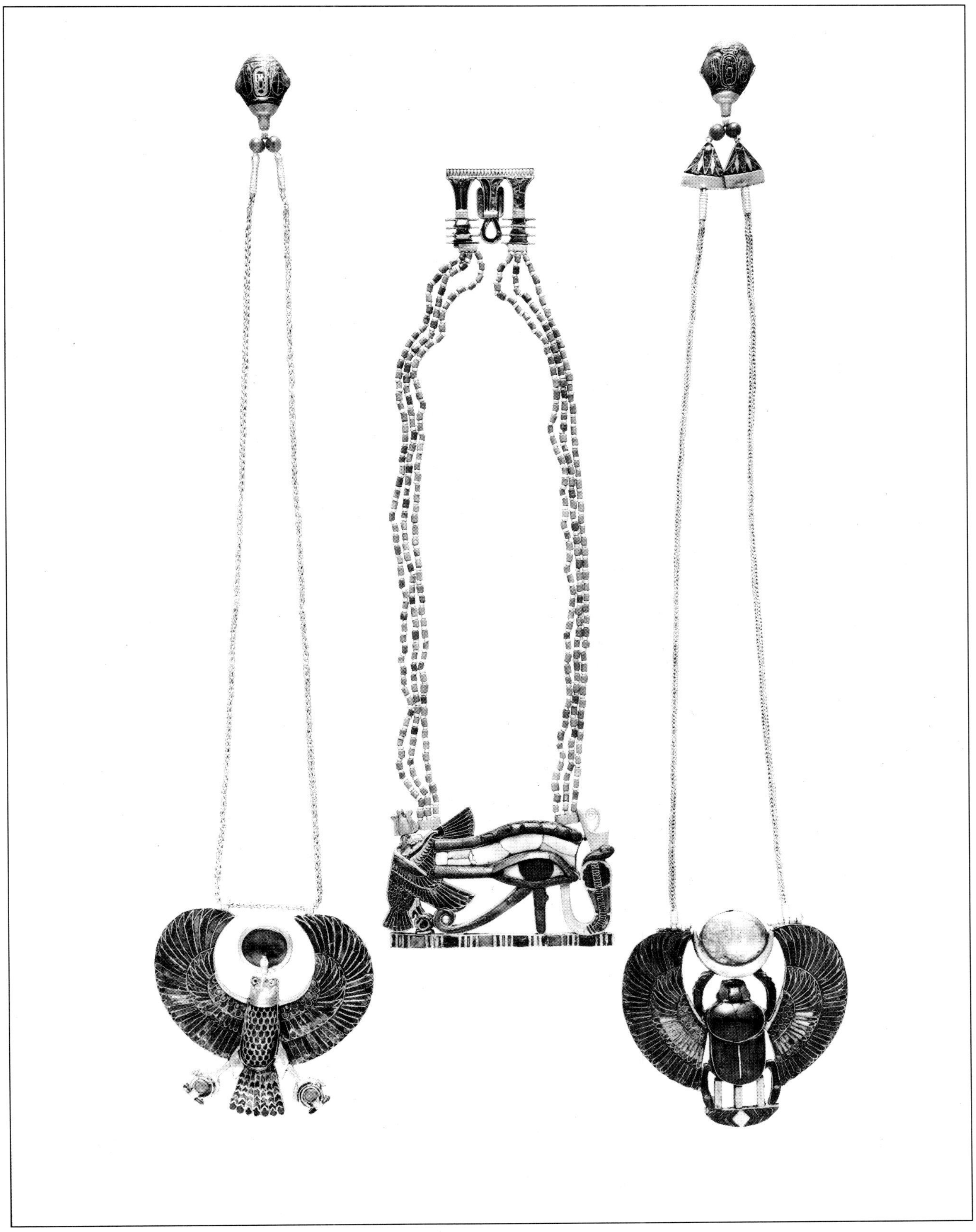

Drei Pektorale aus dem Grab des Königs Tutanchamun, aus Theben, 18. Dynastie; Kairo, Ägyptisches Museum. – Der Brustschmuck fand sich im Goldsarg mit der Mumie des Herrschers. Der Falke links symbolisiert den Gott Horus, der die Institution des Königtums vertritt. Das Motiv in der Mitte ist das heilige Udjat-Auge, eines der wichtigsten Schutz- und Machtsymbole. Der Skarabäus des rechten Anhängers steht nach altägyptischer Vorstellung für zyklische Erneuerung und Wiederkehr.

wurden bei der Herstellung von duftenden Ölen und Pomaden verwendet, desgleichen der Granatapfel, die Ben-Nuß, der Mirabolano und Sesam. Die Cipriana-Pomade stellte man aus den weißen Blüten der judäischen Zypresse her, und mit dem Saft der Blätter färbten Frauen sich die Handflächen. Einfache Leute freilich konnten sich derart kostbare Kosmetika nicht leisten. Statt jenes von Plinius erwähnten Öls, das seinen Duft noch nach acht Jahren unvermindert bewahrte, wählten gewöhnliche Sterbliche Rizinusöl mit Minze und Oregano.

Sehr beliebt war Aegyptium, das Zimt enthielt, ebenso Balanus – eine Mischung von Ölen mit Myrrhe und anderen Harzen –, Metopion aus Bittermandelöl, ferner Kalmus, Olivenöl, Binsen, Wein, Myrrhe, Galbanum und Trauben. Doch das berühmteste und begehrteste aller Parfüms war *Ryphi*, das auf den Altären verbrannt wurde. Es wurde, mit Wein und Honig gemischt, gegen Menstruationsbeschwerden verschrieben, doch parfümierte man auch Schränke damit. Das Rezept ist an den Wänden der Tempel von Edfu und Philae sowie im Ebers-Papyrus und bei griechischen und römischen Autoren unterschiedlich überliefert. Dioskurides nennt zehn Zutaten, Galen und Plutarch führen sechzehn an. Victor Lore, der 1913 eine Untersuchung der diesbezüglichen Quellen veröffentlichte, gibt Galen und Plutarch recht. Ein Relief im ptolemäischen Tempel in Edfu zeigt die Herstellung eines flüssigen Auszugs von destilliertem Storax, mit dem das Wasser Hathors parfümiert wurde und alle Göttinnen des Deltas und der Thebais.

Von ihren Salbölen versprachen sich die Ägypter nicht weniger, als es die Reklame der heutigen kosmetischen Industrie verheißt. Eine Salbe aus Terpentin und Weihrauch verhinderte unangenehmen Körpergeruch, zur Festigung des Hautgewebes legte man Alabasterstaub, Natron und Honig auf. Einen schönen Teint und Verjüngung der Erscheinung versprach man sich von Präparaten, deren Rezepte der Ebers- und der Hearst-Papyrus enthalten. Dazu gehörten Eselsmilch, Horn von Eselshufen, Fischöl und Straußeneierschalenpulver. Diesem Mittel wurde eine wahrhaft wunderbare Wirkung zugeschrieben, es kräftigte und verjüngte, reinigte nicht nur die Haut von Sommersprossen, sondern glättete auch Runzeln und Falten. Olivenöl, seit Beginn des 2. vorchristlichen Jahrtausends gebräuchlich, war verhältnismäßig leicht verderblich. Deshalb zog man zur Zeit des Mittleren Reiches das Behen-Öl vor, ebenso Mandel- und Sesamöle.

Ein Bild im Grab des Rechmire in Theben zeigt, wie man um 1430 v. Chr. bei der Herstellung wohlriechender Substanzen zu Werke ging. Dargestellt ist die Werkstatt eines Tempels, in der sieben Angehörige der Priesterschaft mit verschiedenen Arbeiten beschäftigt sind. Der Meister zerbricht die Rohstoffe, zwei Gehilfen zerstoßen sie in einem Mörser, drei stellen eine kalte Paste daraus her, der siebente erhitzt das Präparat über dem Feuer.

Ätherische Öle gewann man durch Auspressen von Blüten und Samen. Ein heute im Louvre befindliches Relief aus Saïs zeigt mehrere junge Mädchen bei der Herstellung von Lirinon oder Lilienwasser. Die Blüten legte man in einen Leinenbeutel, der dann zwischen zwei Stöckchen über einem Gefäß geschwungen wurde, das die austretende duftende Flüssigkeit aufnahm. Daß die Ägypter auch die Technik des Destillierens beherrschten, läßt sich nicht zweifelsfrei beweisen; mindestens eine primitive Form der Destillation kannten sie nach dem Zeugnis des Aristoteles, des Theophrast und des älteren Plinius. Dabei wurden in einem Kessel mit Wasser die duftenden Kräuter sanft erhitzt. Dann legte man ein mit Fett getränktes Tuch über den Kessel und brachte dessen Inhalt zum Kochen, so daß das Fett die allmählich verdunstenden Düfte band.

BILDTAFELN

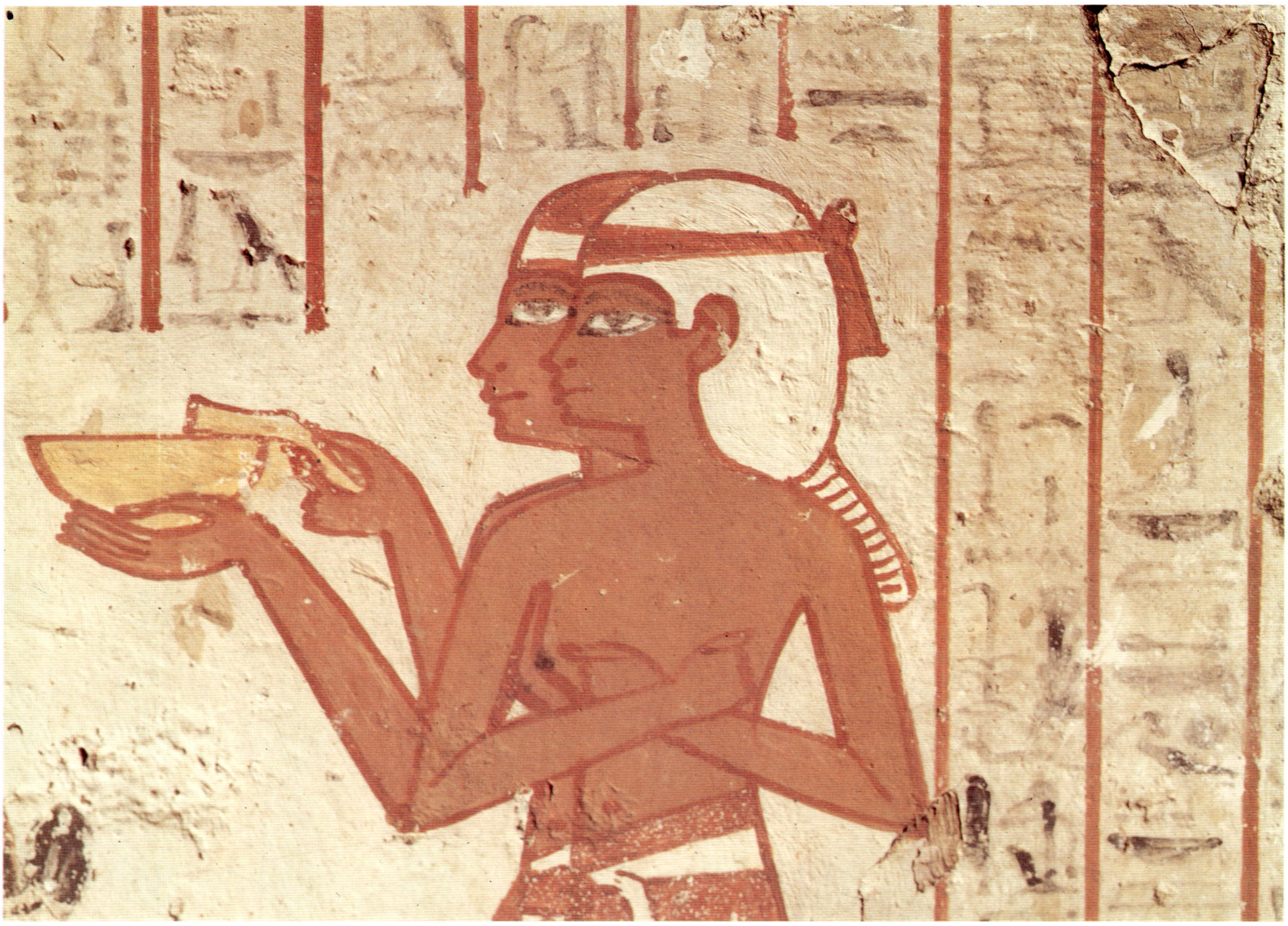

Ausschnitt aus einer Wandmalerei:
Zwei Gabenträger mit Chat-Kopftüchern.

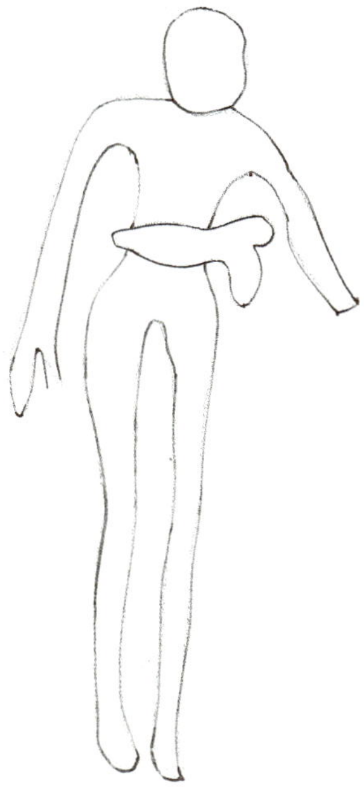

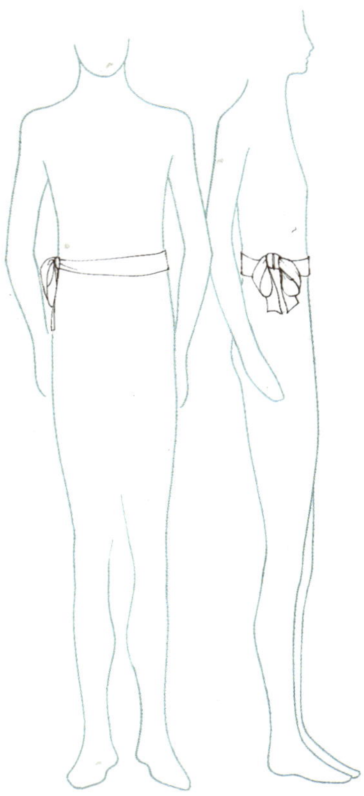

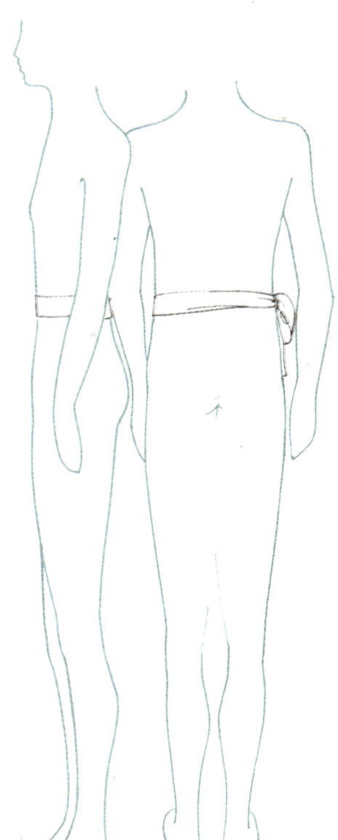

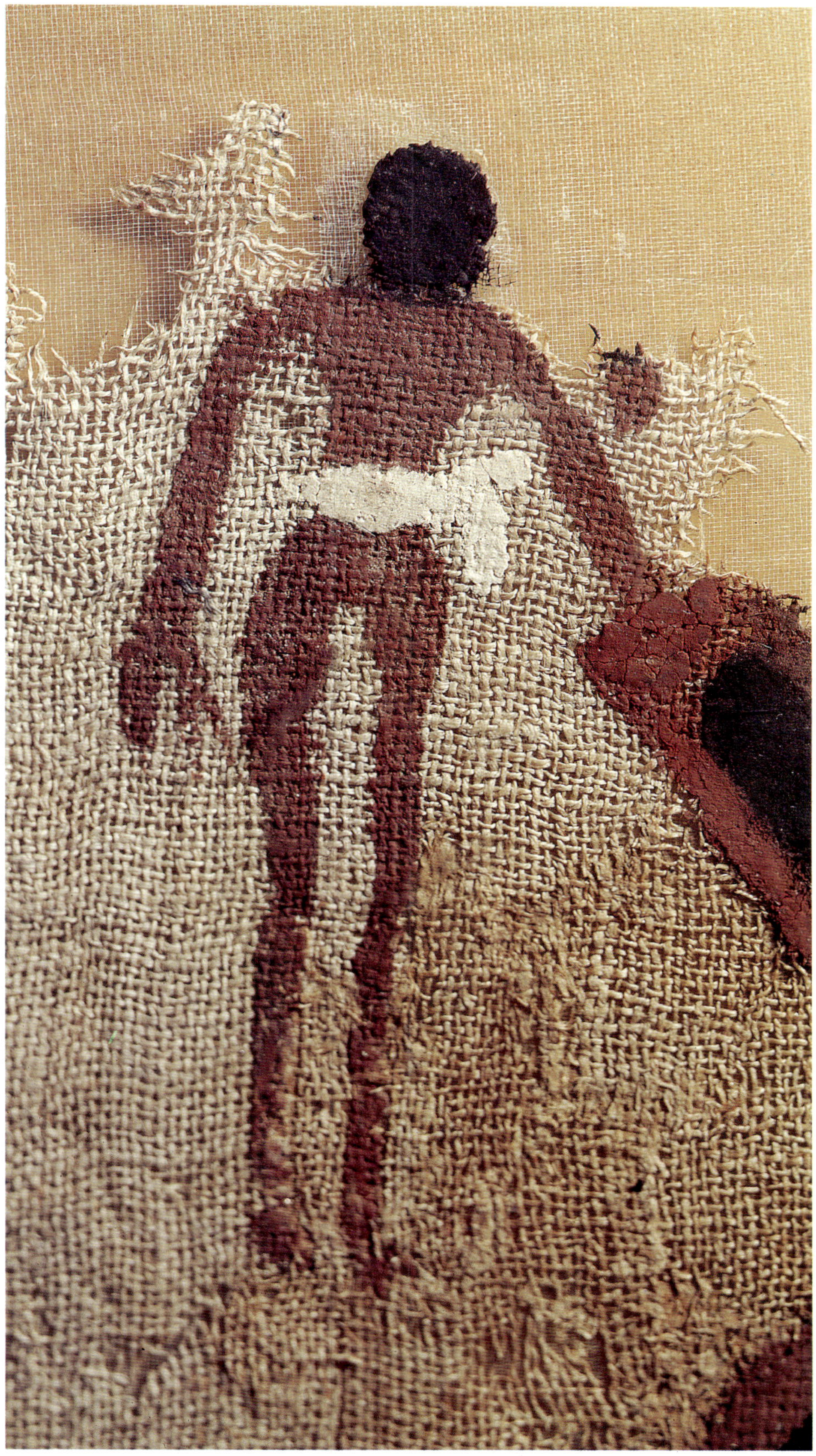

Teilstück eines in El-Gebelein, Oberägypten, gefundenen Gewebes aus vordynastischer Zeit mit dem Bild eines Mannes, der als einziges Kleidungsstück ein um die Hüften geschlungenes, rechts geknotetes Tuch trägt.

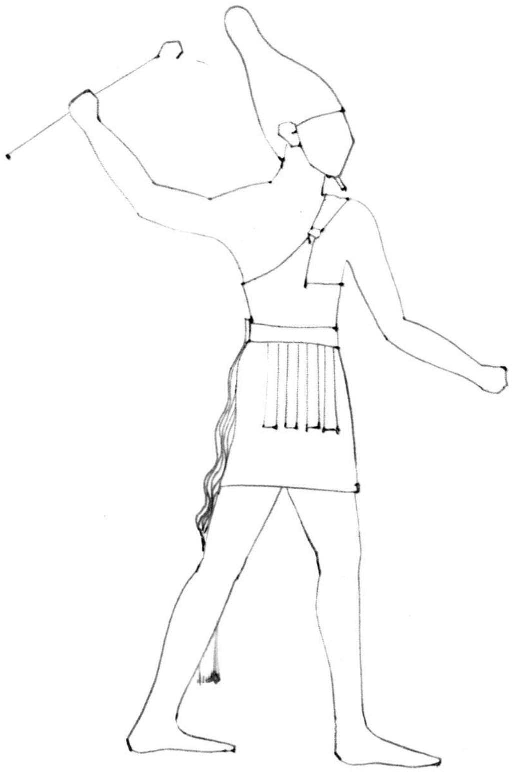

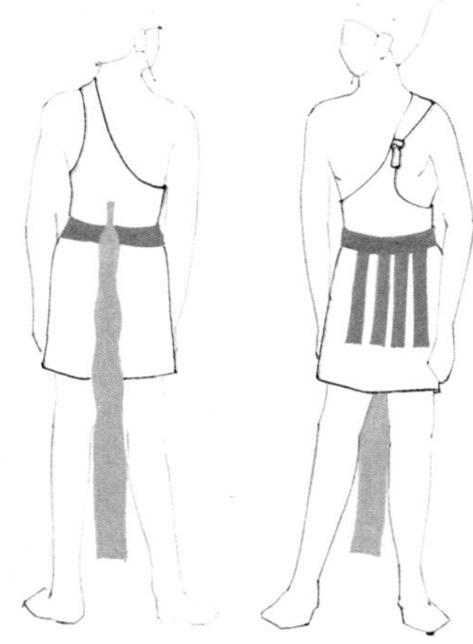

Aus organischem Material gefertigt, haben Sandalen und Schuhe sich nur selten in altägyptischen Gräbern erhalten können. Der Mann hinter dem barfüßigen König auf der Narmer-Palette hält Sandalen der hier skizzierten Art. Sie sind aus Palmblättern oder ähnlichem Material geflochten; Zehenriemen und breite Lederstreifen sorgten für einen bequemen Sitz (oben).

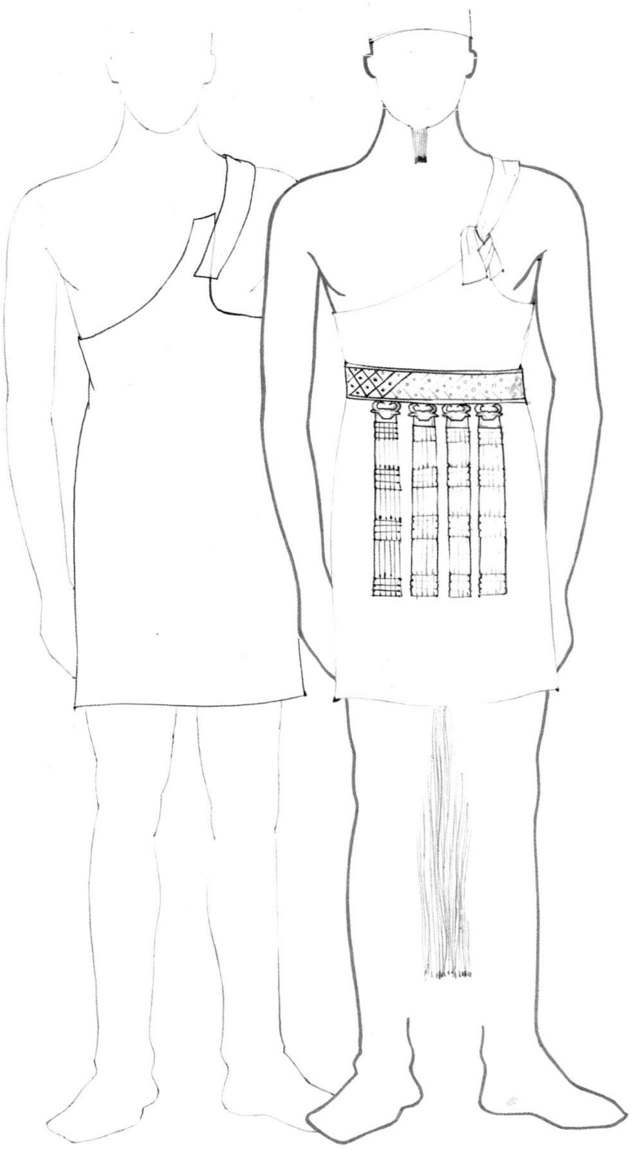

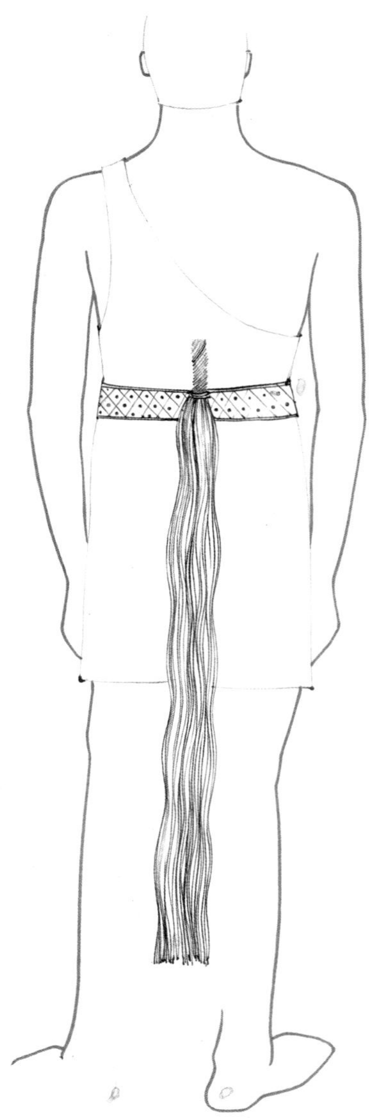

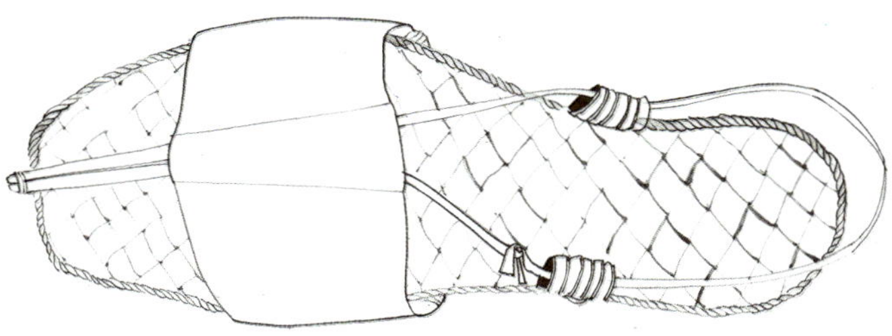

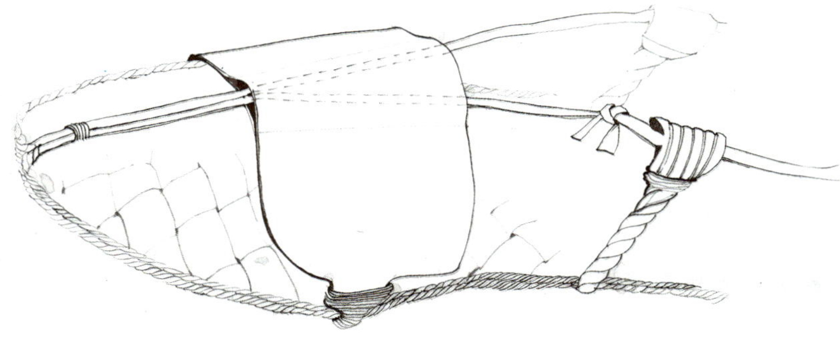

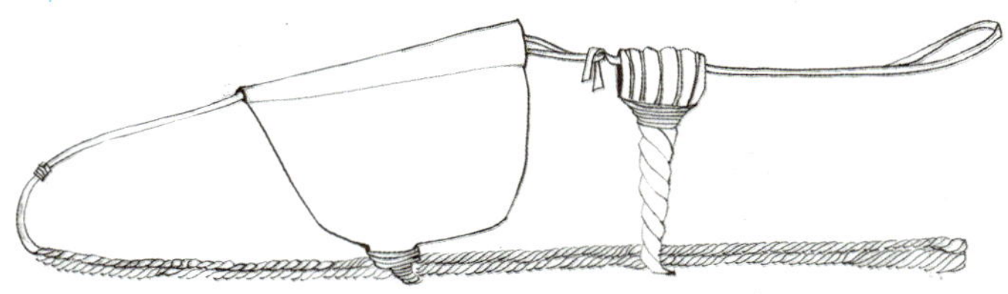

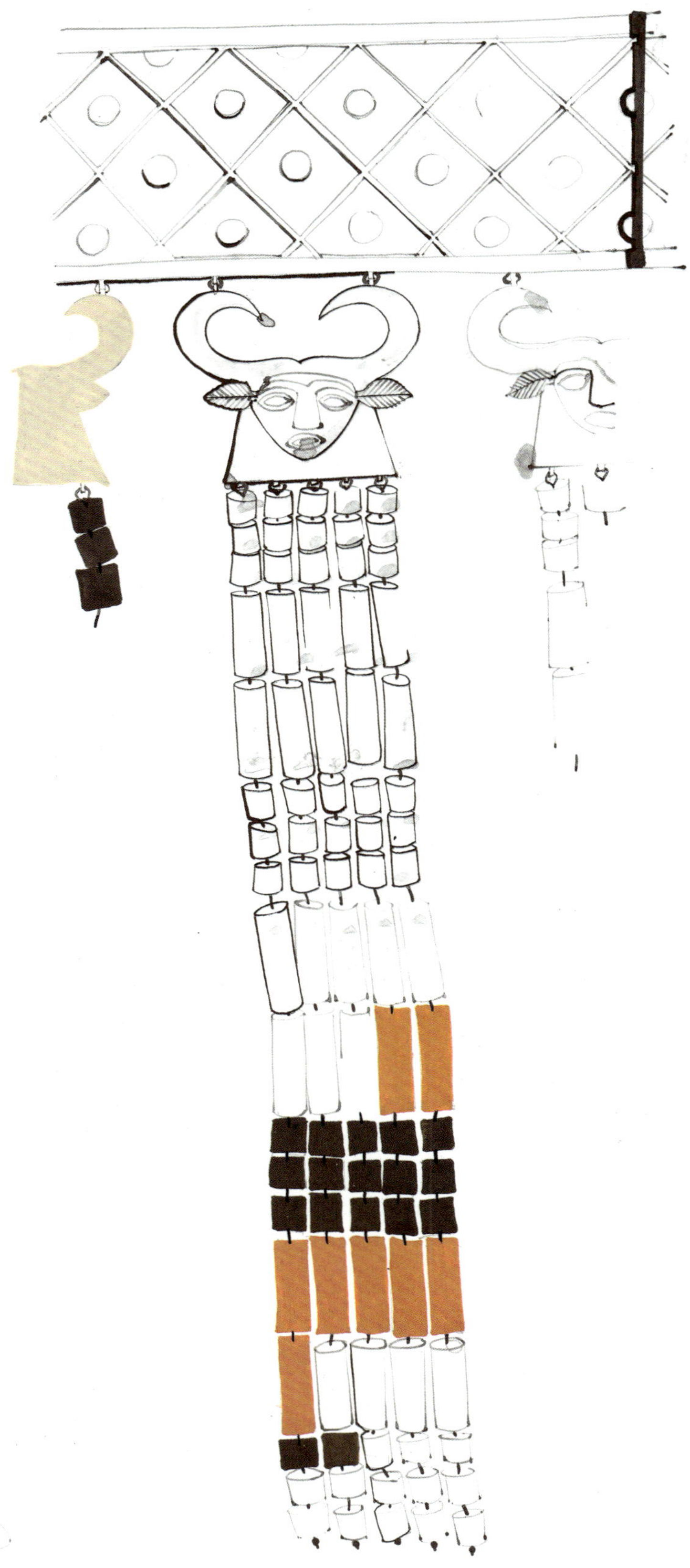

Auf der Rückseite der Narmer-Palette (um 3000 v. Chr.) erscheint der König, der einen bezwungenen Feind erschlägt, in vollem Ornat. Er trägt die Weiße Krone Oberägyptens. Die einzelnen Streifen der zu seinem Ornat gehörigen Schürze hängen von Köpfen der mit Kuhhörnern und -ohren dargestellten Göttin Hathor; im Rücken hängt ein Stierschwanz vom Gürtel (s. auch Seite 83 unten). Dieser Schwanz weist wohl auf die Vorstellung hin, die einer der späteren Titel der Pharaonen ausdrückt: Horus, mächtiger Stier. Perlenschürzen und Gürtel wurden später auch Privatleuten ins Grab mitgegeben.

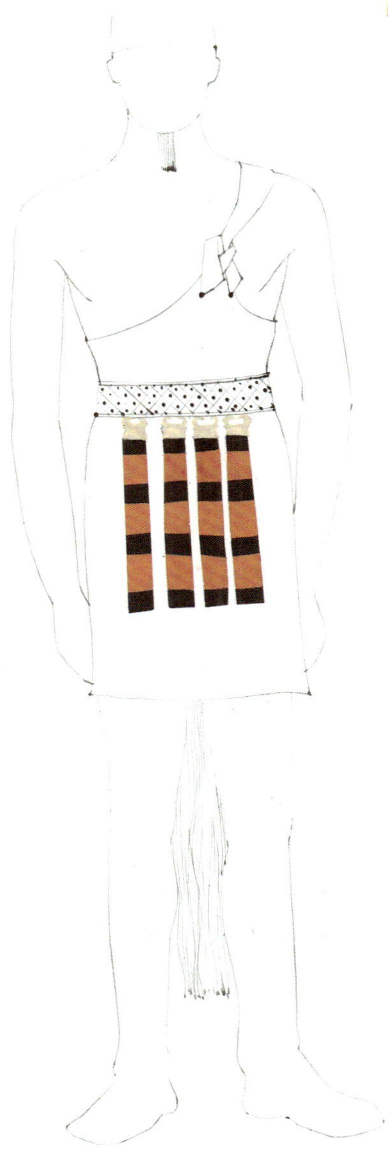

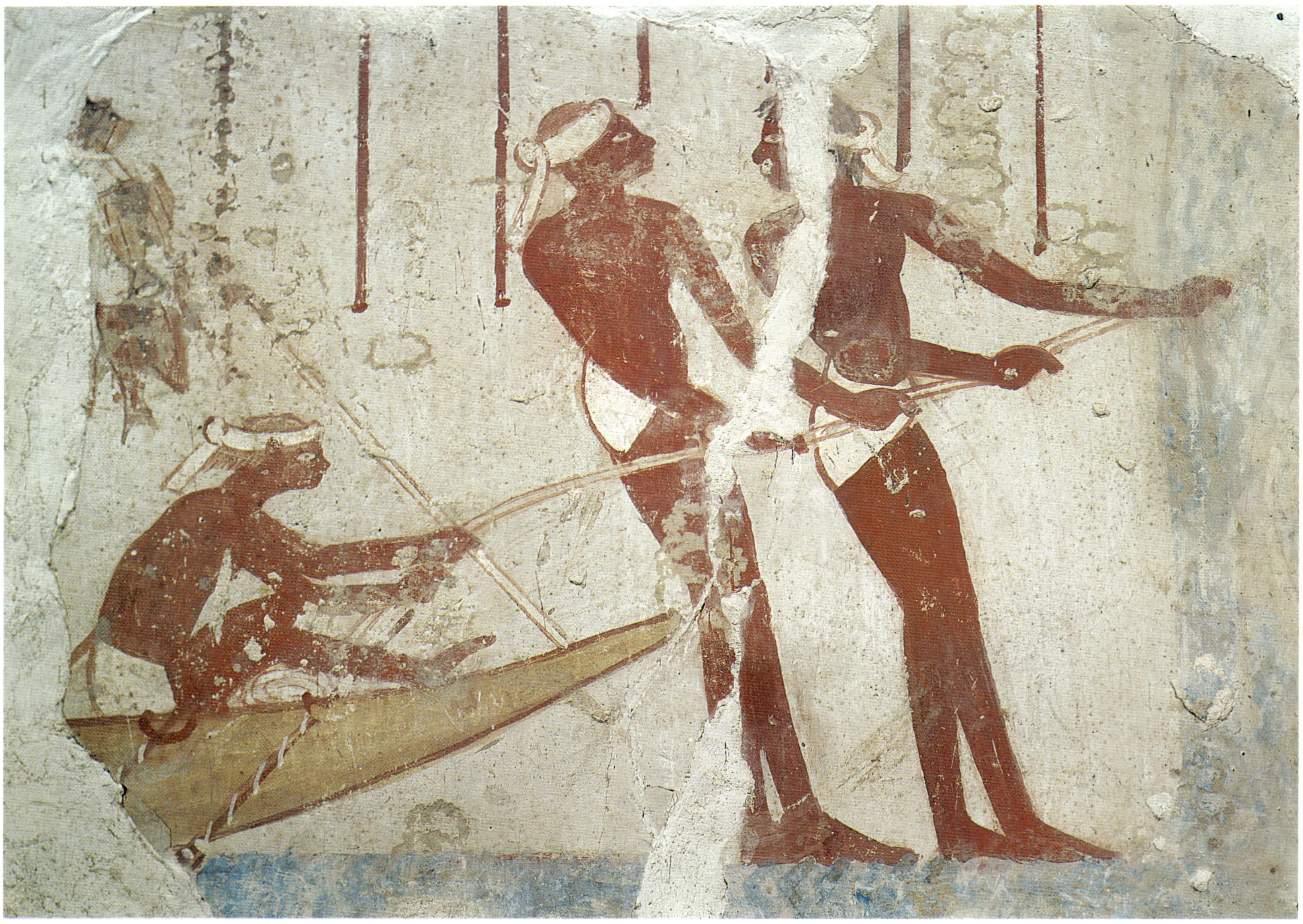

Drei Fischer, jeder bekleidet mit einer Stirnbinde und einem knapp um die Hüften geschlungenen Lendenschurz. Ausschnitt aus einer Wandmalerei, Mittleres Reich; Turin, Museo Egizio.

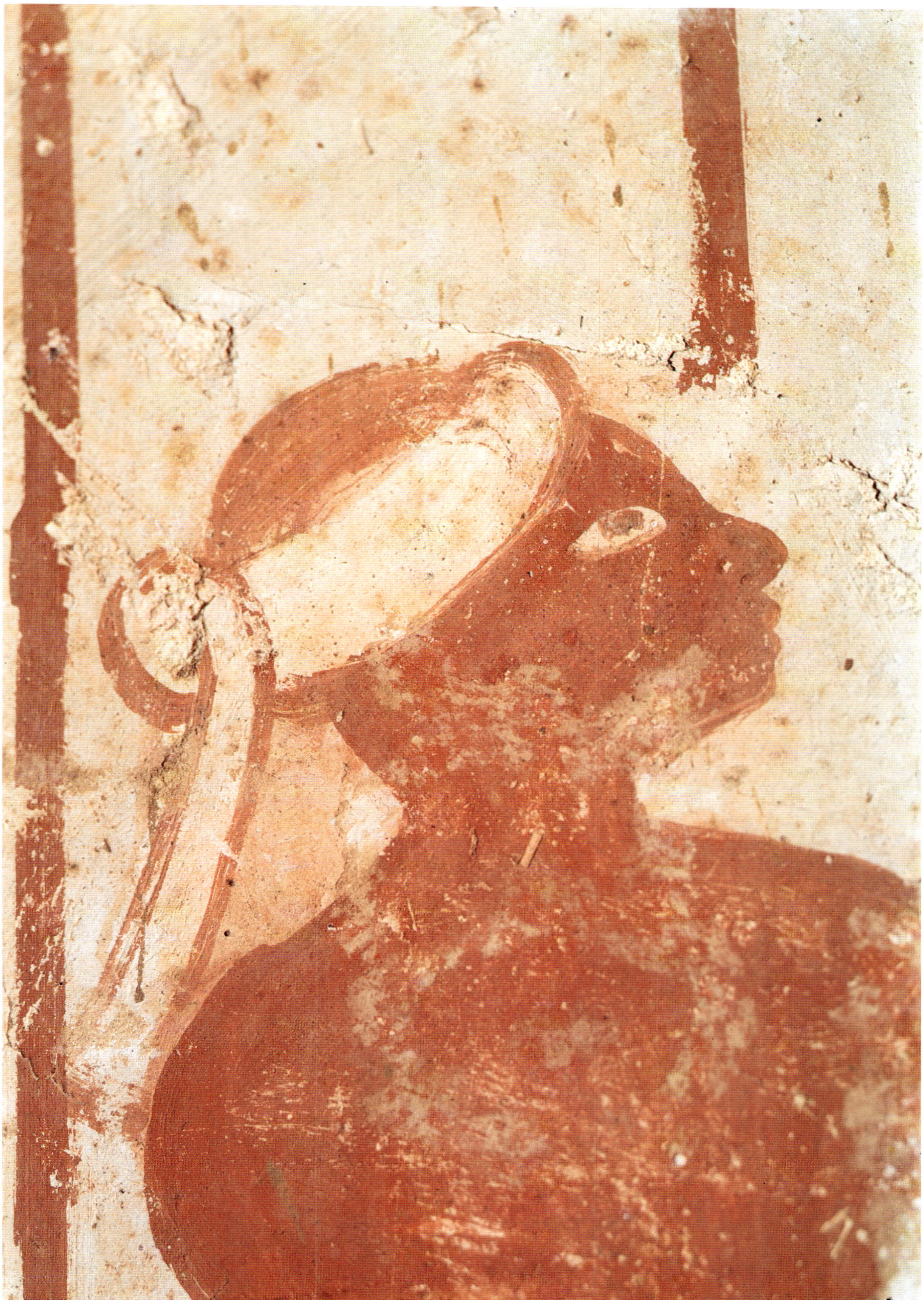

Fischer mit Stirnbinde, Teilansicht der nebenstehend abgebildeten Wandmalerei aus der Zeit des Mittleren Reiches.

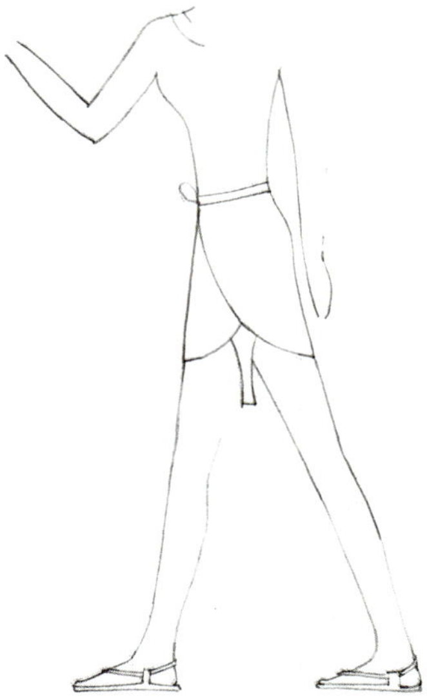

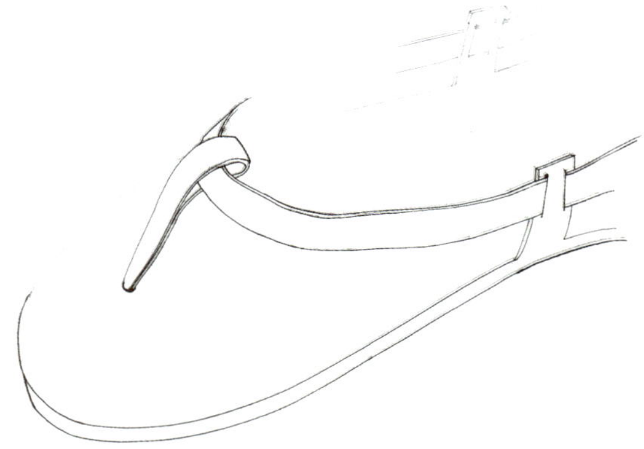

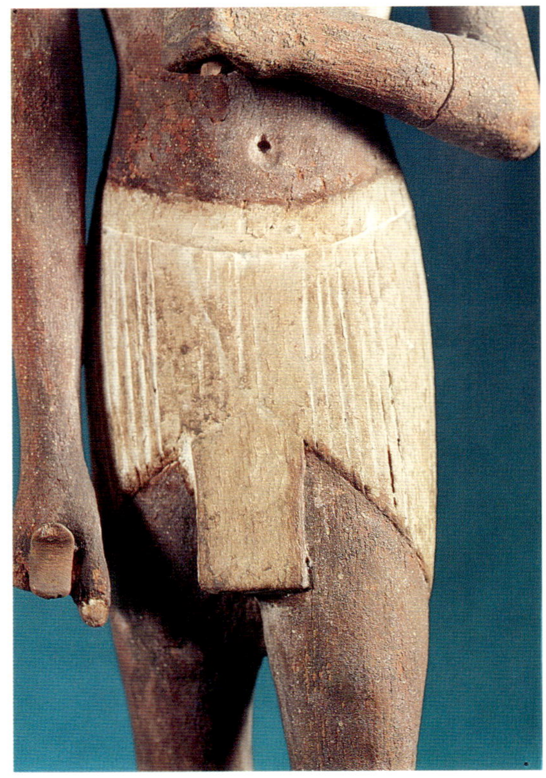

Lendenschurz, die Arbeitskleidung der ärmeren Bevölkerung und der Diener. Das schlichte Gewand bestand aus einem um die Hüften geschlungenen, halbrund geschnittenen Tuch und einer vorn vom Gürtel hängenden rechteckigen »Schürze«.

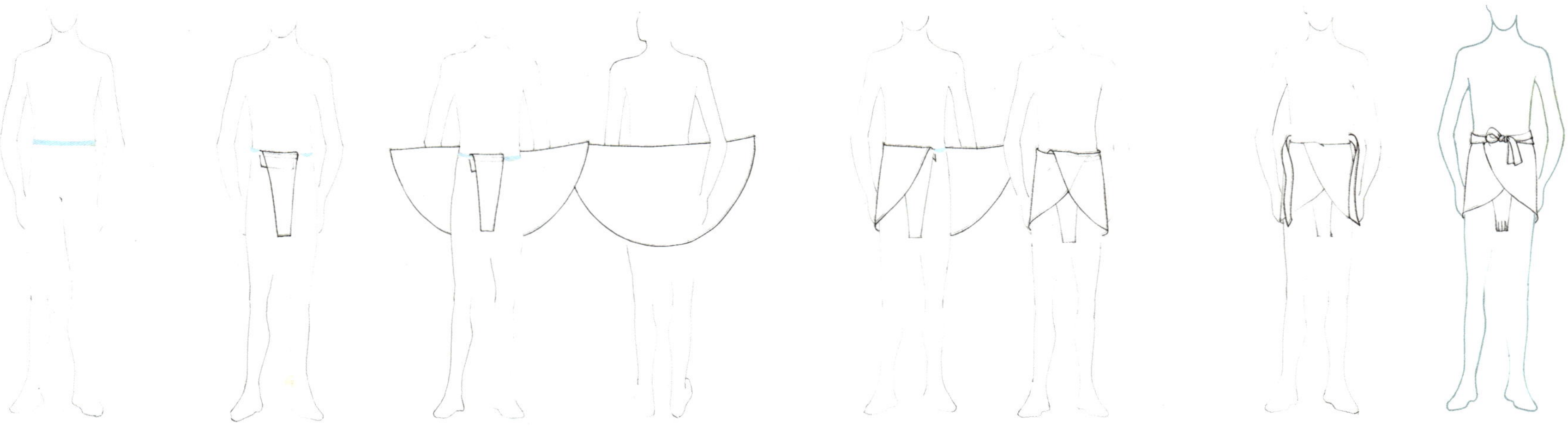

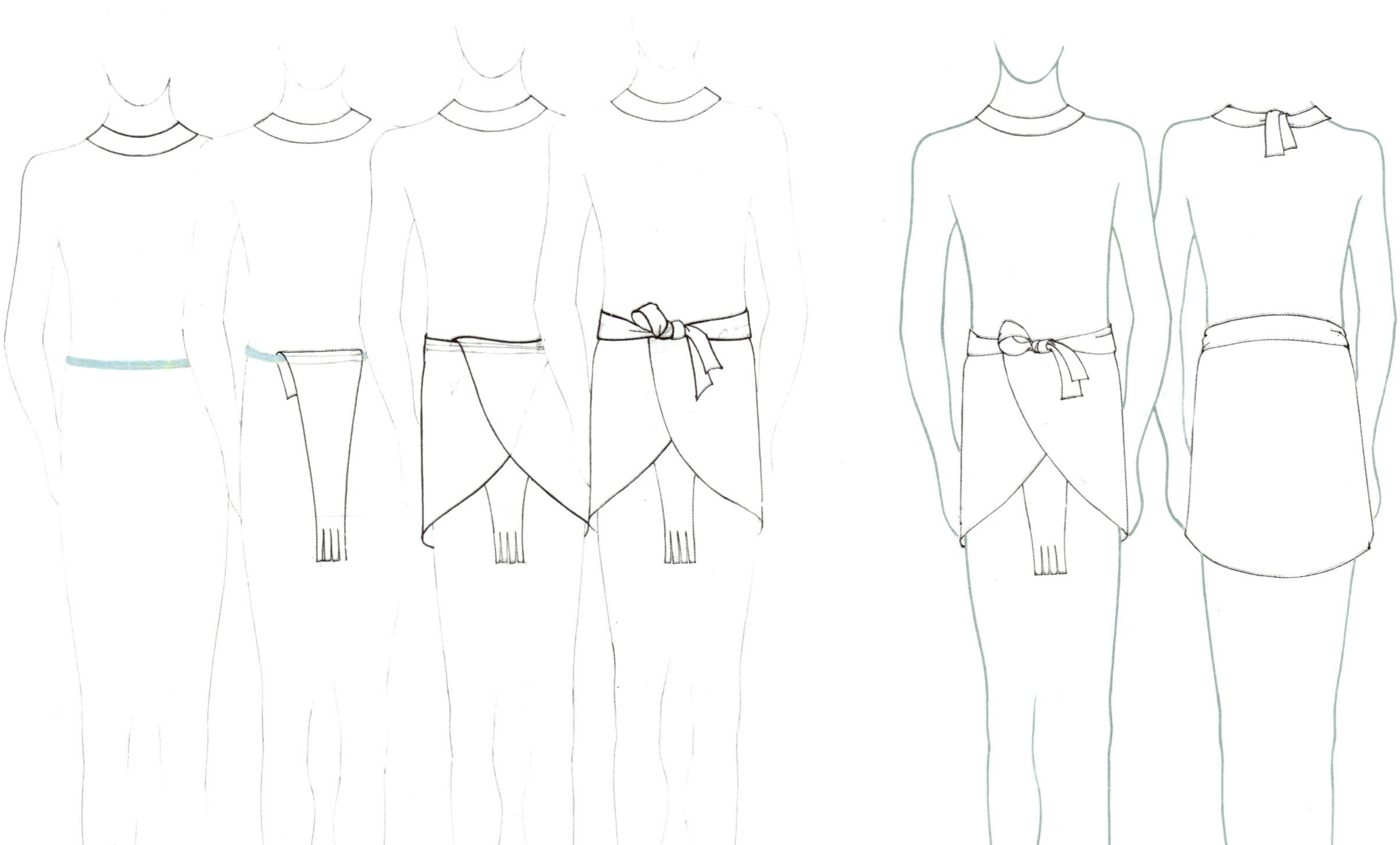

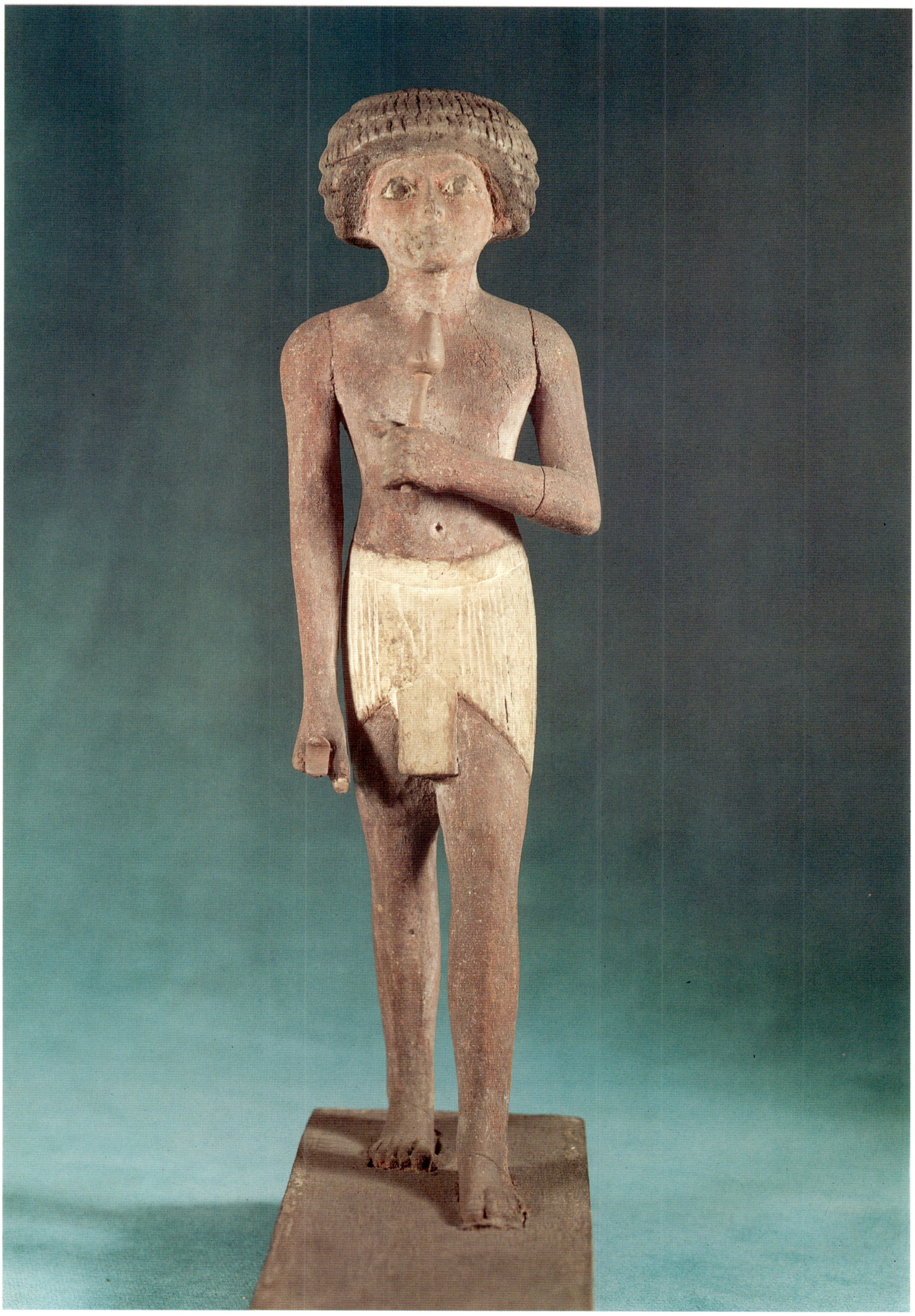

Diener, bekleidet mit Schurz und kurzer Perücke, bemalte Holzstatuette, Mittleres Reich; Turin, Museo Egizio.

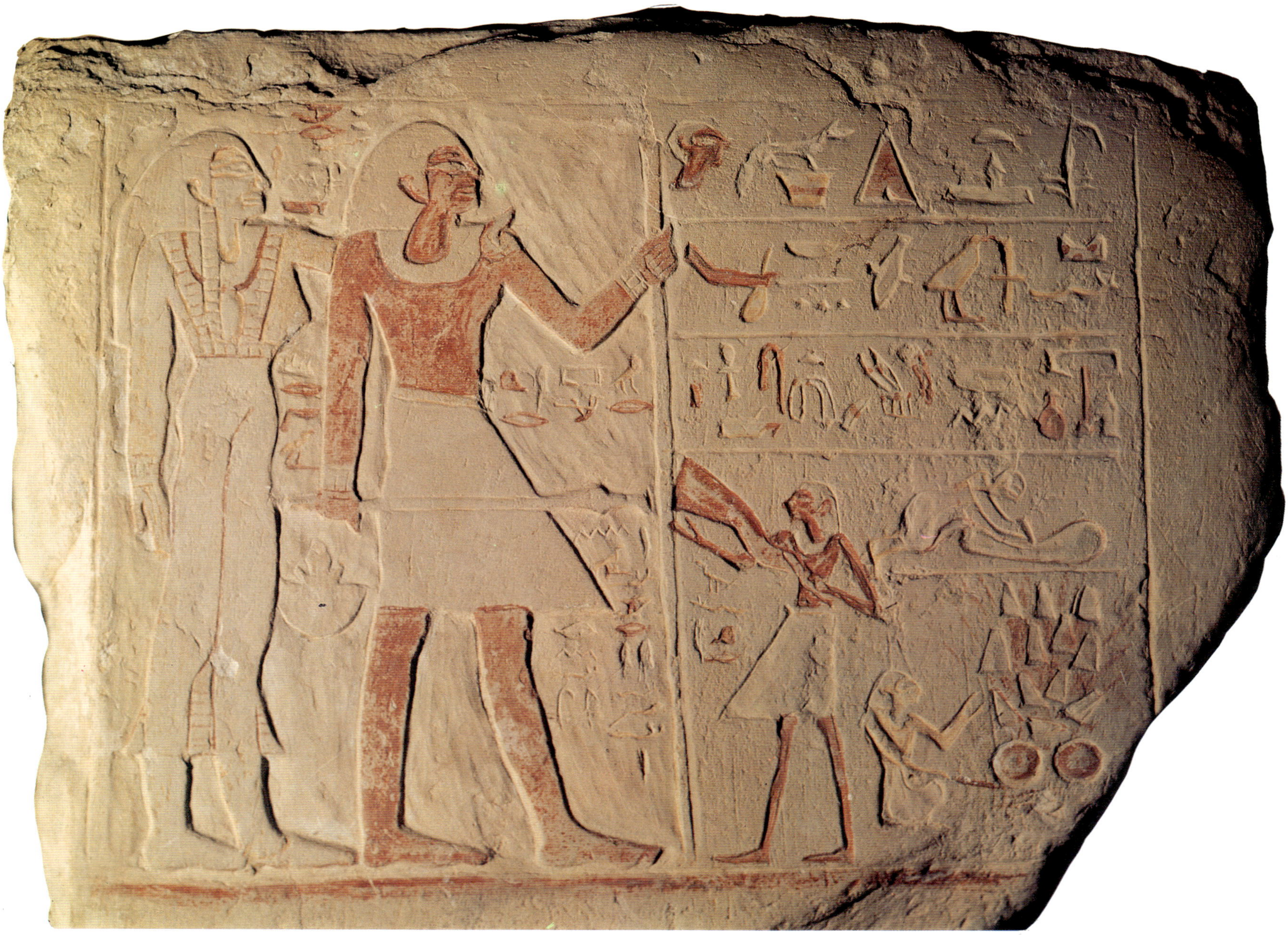

Grabstele eines Würdenträgers und seiner Gemahlin, Mittleres Reich; Florenz, Museo Archeologico. – Beide Dargestellten tragen Schmuckkragen, der Mann überdies eine kurze, enganliegende Perücke und den kurzen Schurz mit ausgestelltem, vermutlich gestärktem oder versteiftem dreieckigem Vorderteil. In den Händen hält er die Insignien seines Amts, Zepter und Stab. Die Dame trägt die lange dreigeteilte Perücke und ein enges, bis zu den Waden reichendes Kleid.

Den kurzen Schurz, der von Männern in der Zeit des Alten Reiches getragen wurde, vervollständigte eine vorn herabhängende lange schmale »Schürze«.

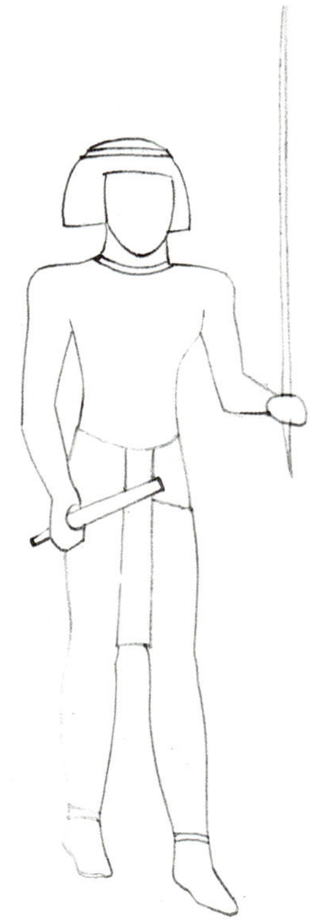

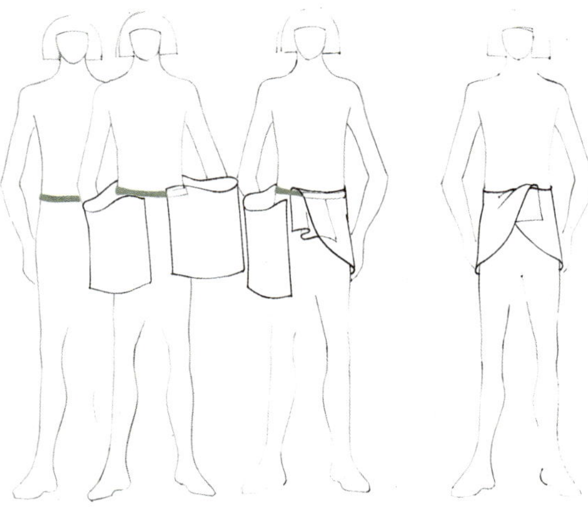

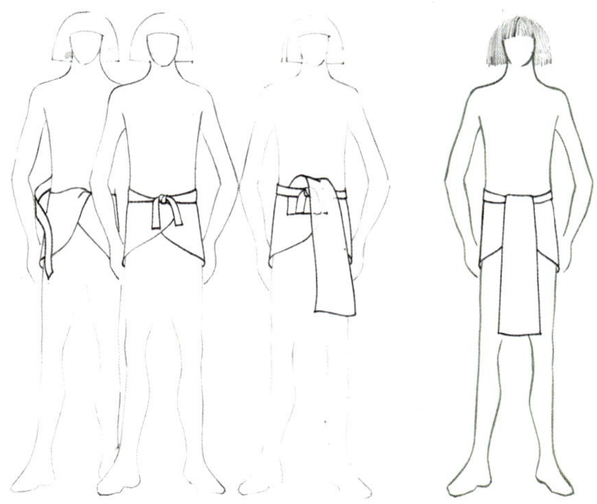

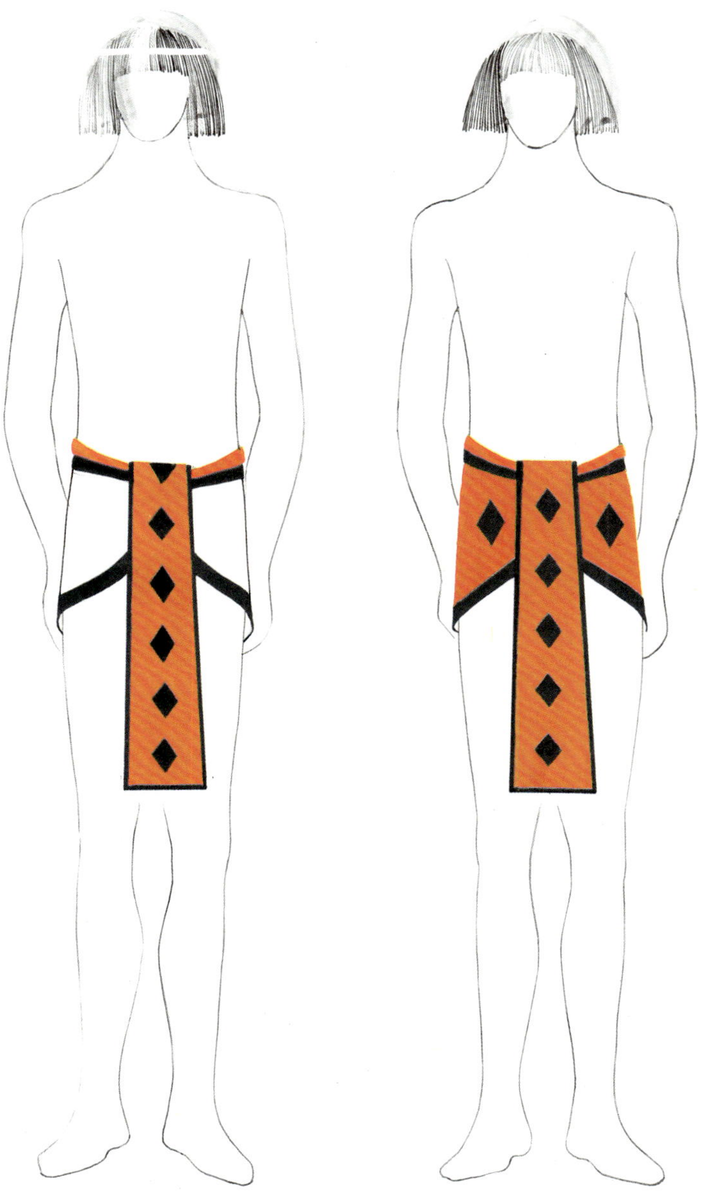

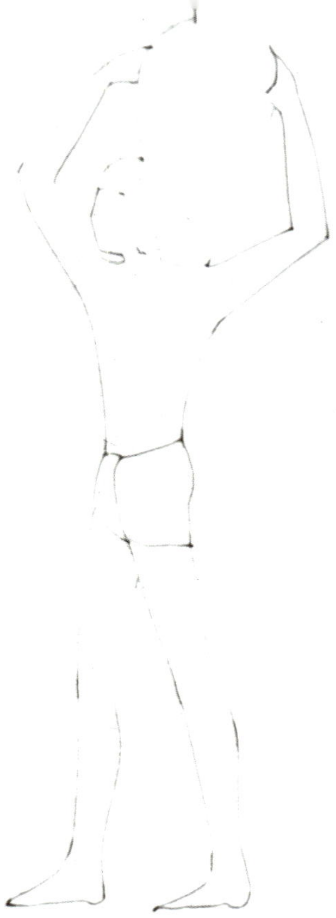

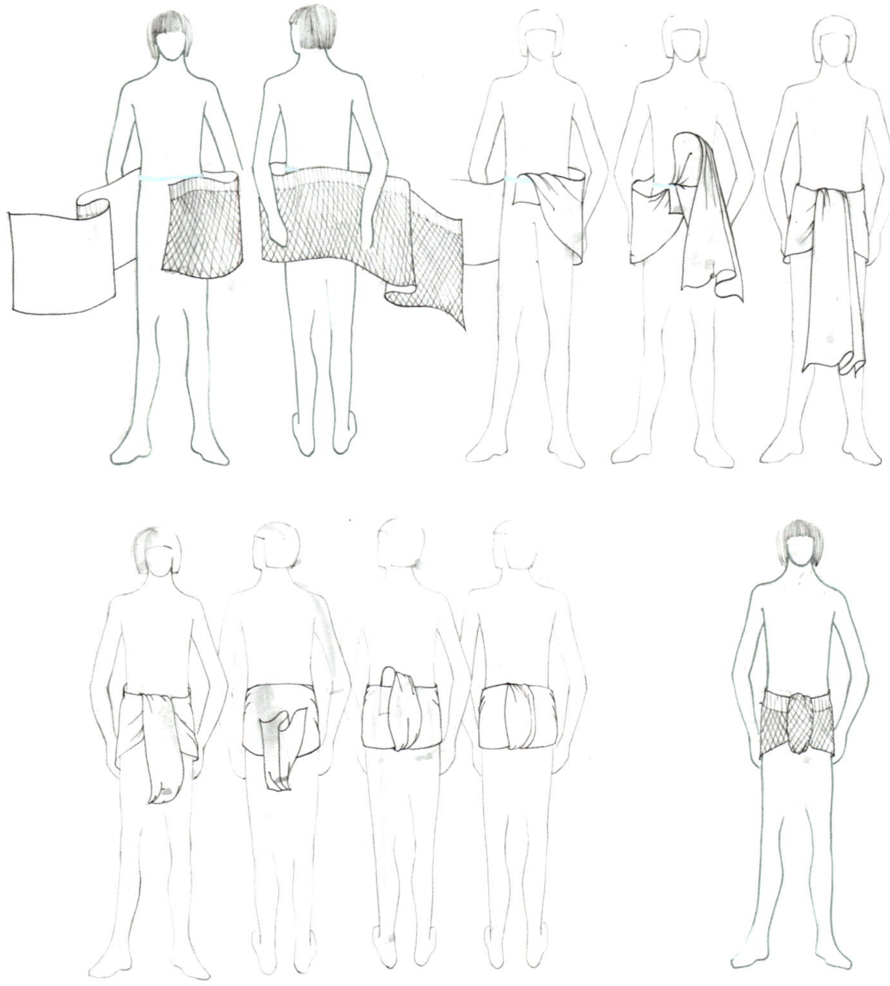

Das Hüfttuch wurde wie eine Windel gewickelt; die Enden des Tuches steckte man vorn wie auf der Rückseite in den oberen Bundrand.

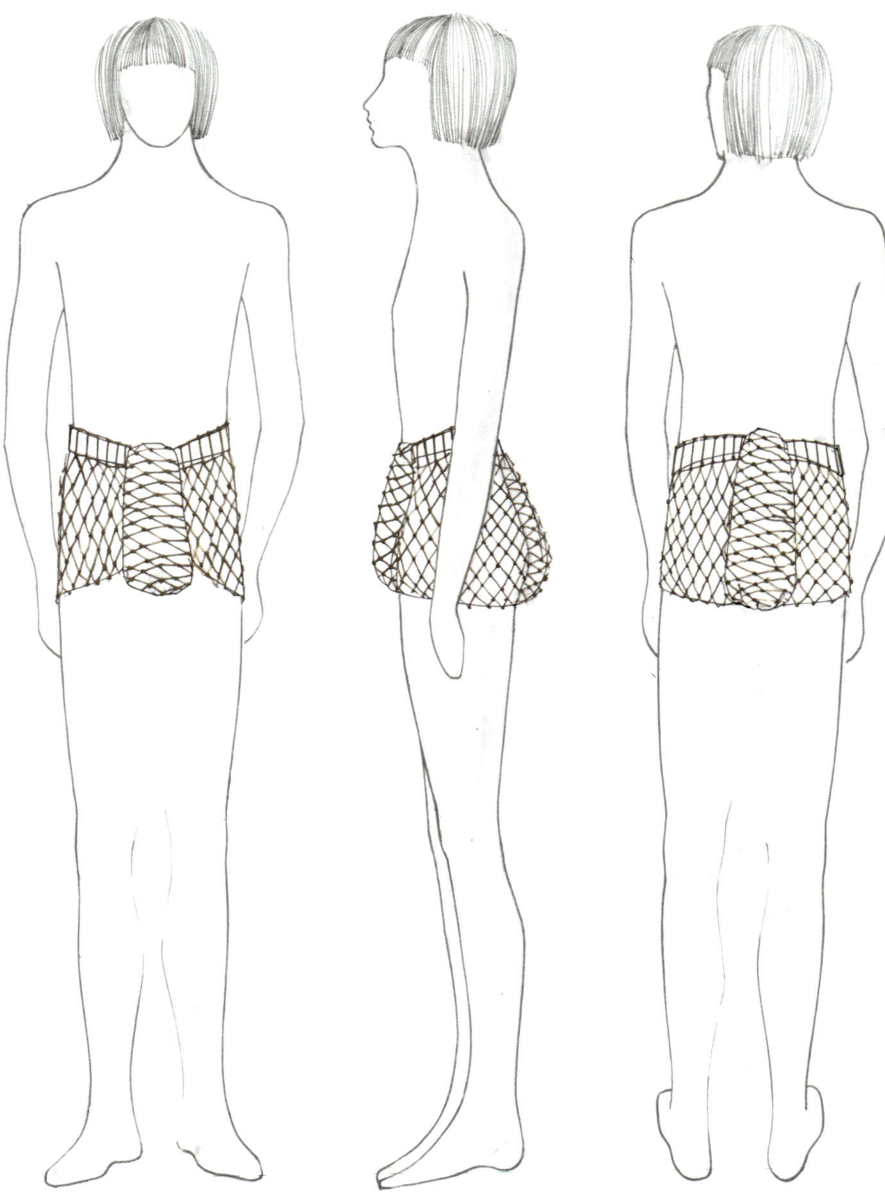

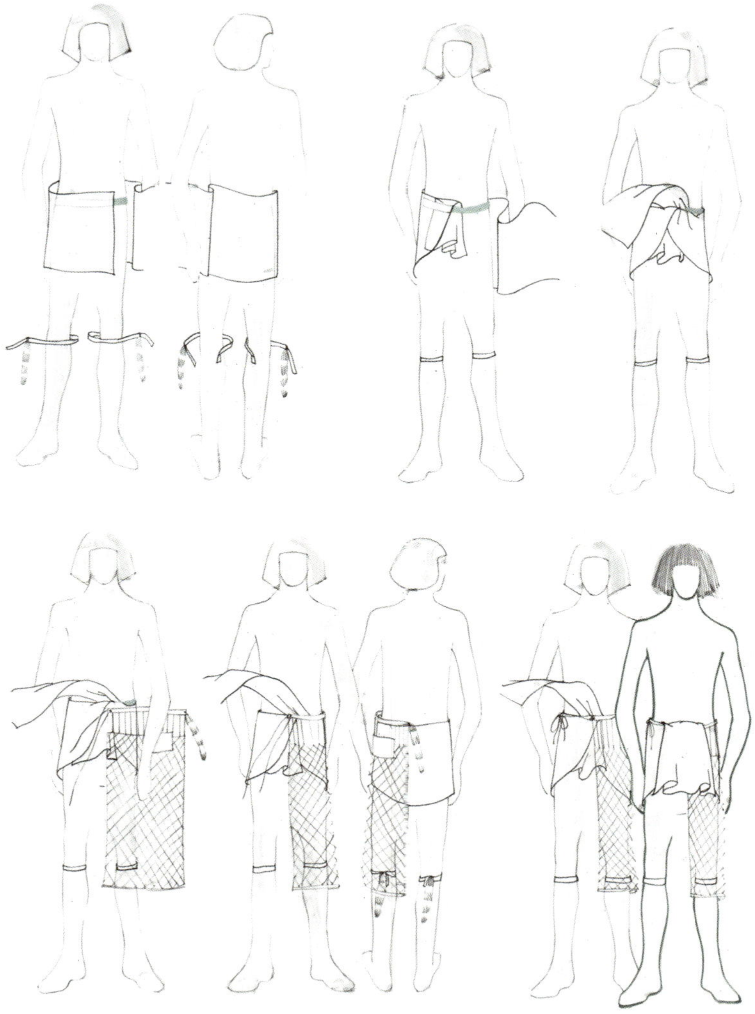

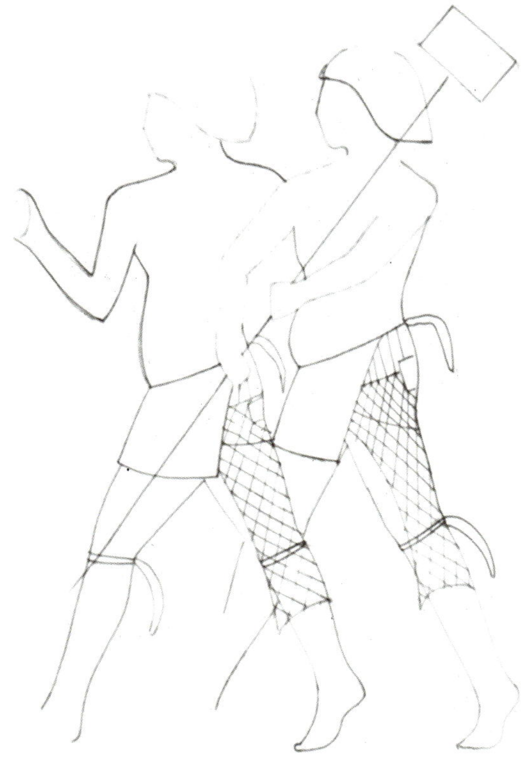

Männer mit enggewickelten Hüfttüchern und längeren Schürzen aus Netzen, die nicht geknüpft, sondern aus Leder geschnitten wurden, sind an den Wänden thebanischer Gräber dargestellt. Im Grab eines Heeresoffiziers, der um 1425 v. Chr. unter König Thutmosis IV. diente, sieht man nubische Söldner mit solchen Ledernetzen bekleidet. Das Metropolitan Museum in New York besitzt ein Exemplar eines netzartigen Lederschurzes.

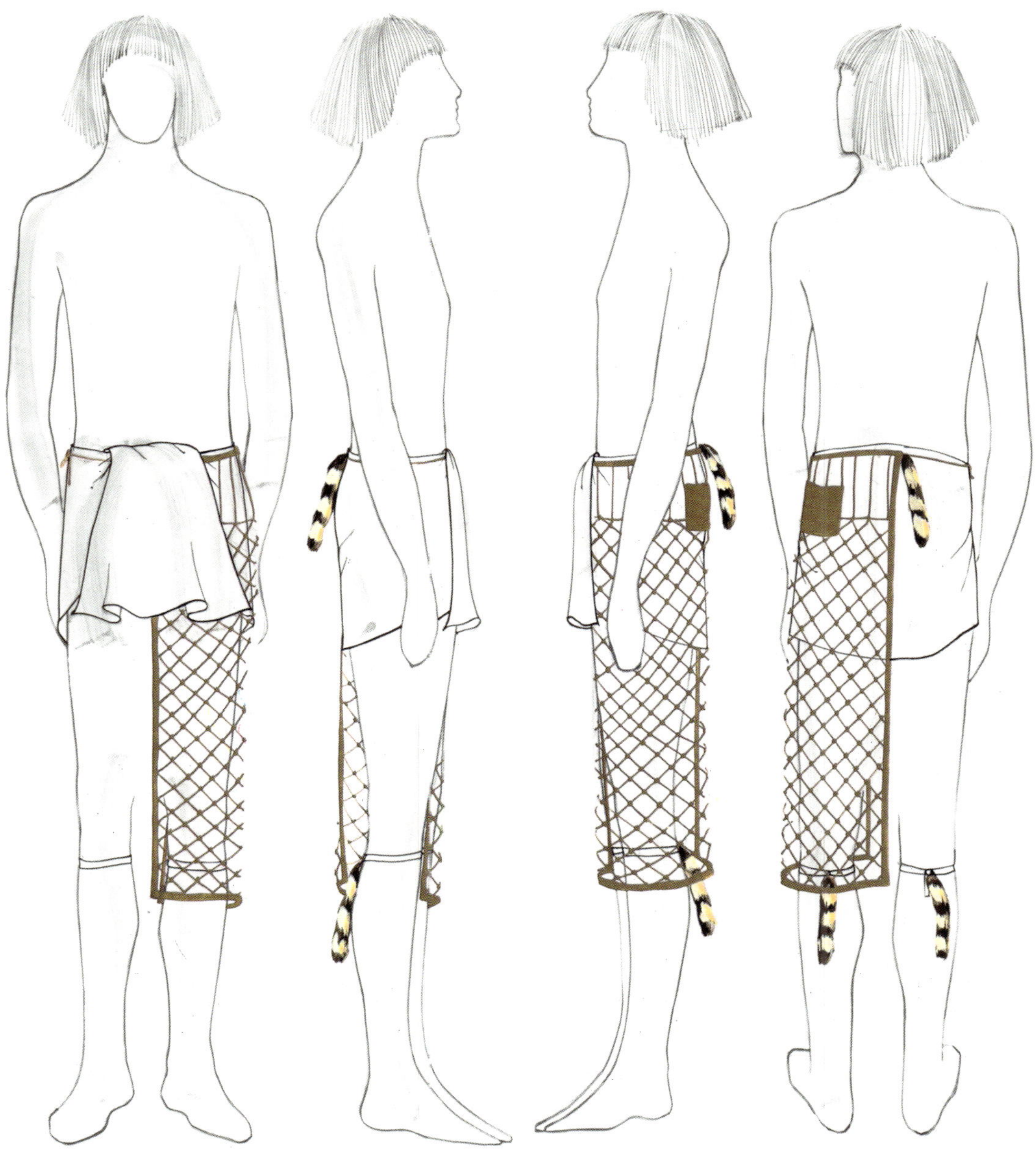

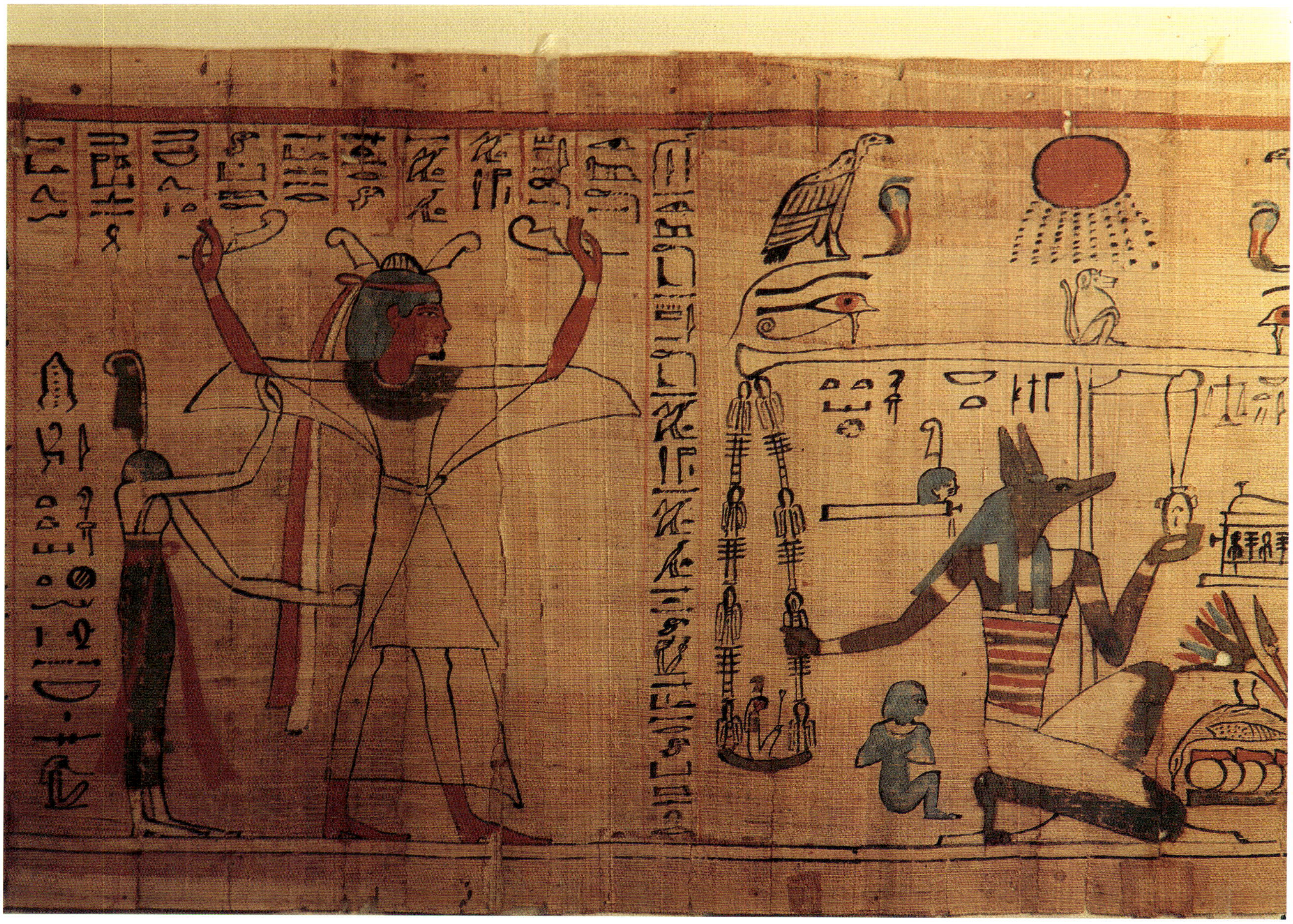

Illustration aus einem Totenbuch, Papyrus, Neues Reich. – Der Abgeschiedene, dessen Herz Anubis wiegt, trägt über dem Schmuckkragen und dem kurzen Schurz einen hauchdünnen Mantel, der von den erhobenen Oberarmen hängt. Hinter ihm die Göttin Maat; statt des Hauptes erscheint hier ihr Symbol, die Feder der Wahrheit.

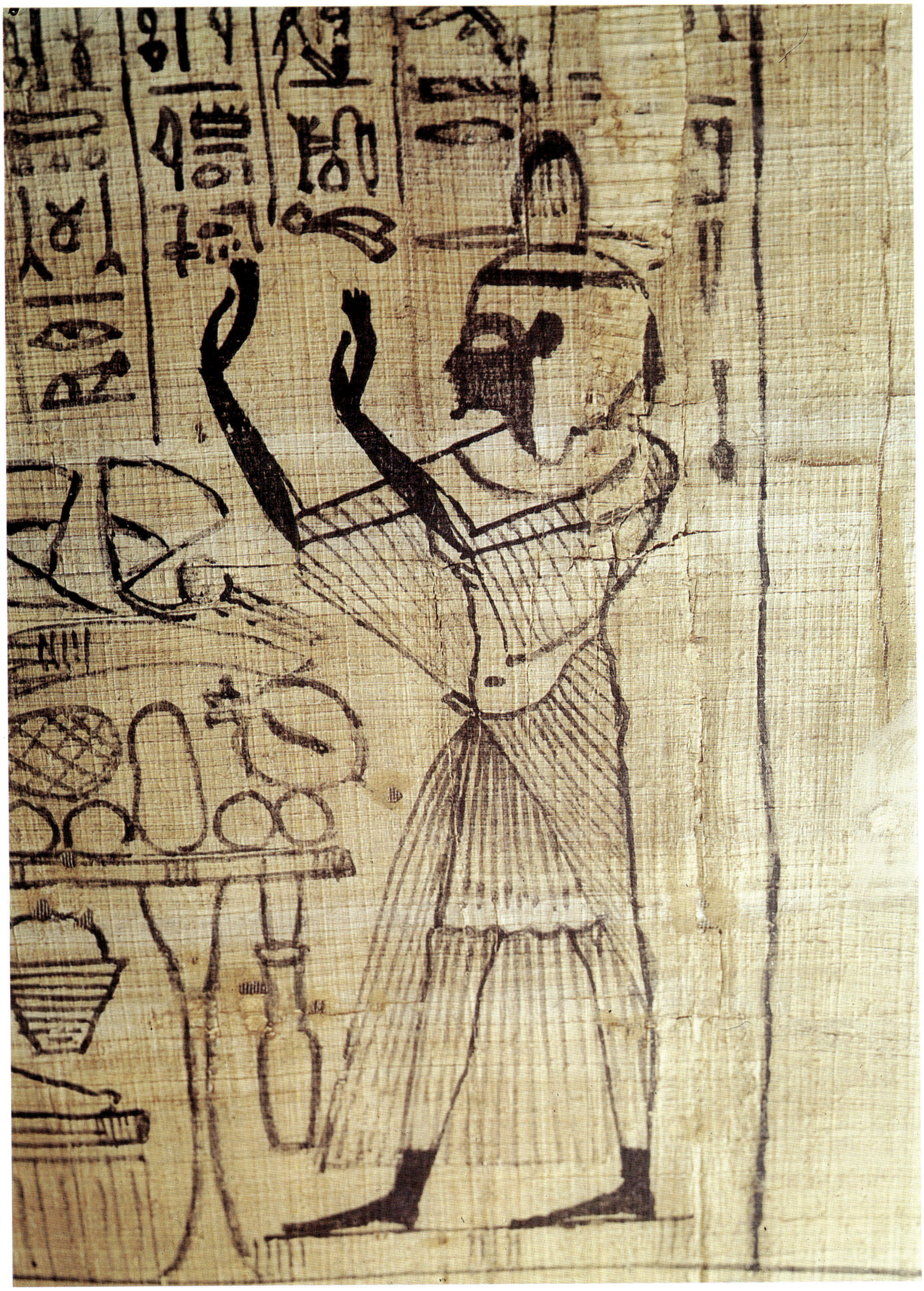

Illustration aus einem Totenbuch, Papyrus. – Der Verstorbene, ein Schreiber, trägt das feingefältelte Hofgewand und einen Myrrhekegel auf dem Kopf. Anbetend hebt er die Hände vor einem Tisch mit Opfergaben.

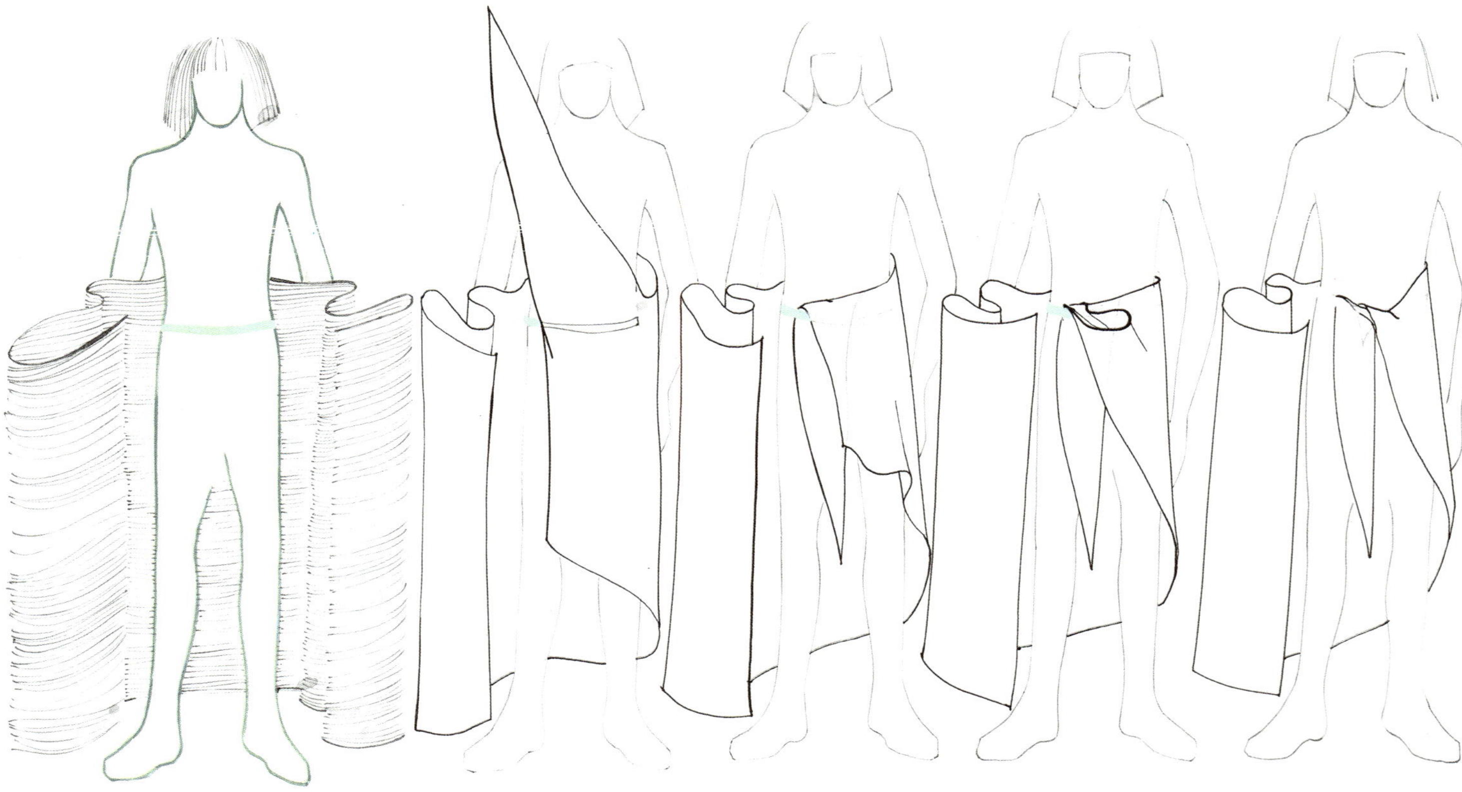

Anders als der wie eine Windel angelegte kurze Hüftschurz war der lange Schurz ein regelrechtes Beinkleid, dessen Tuch man in einem komplizierten Wickelverfahren kunstvoll zu einem faltenreichen Gebinde drapierte.

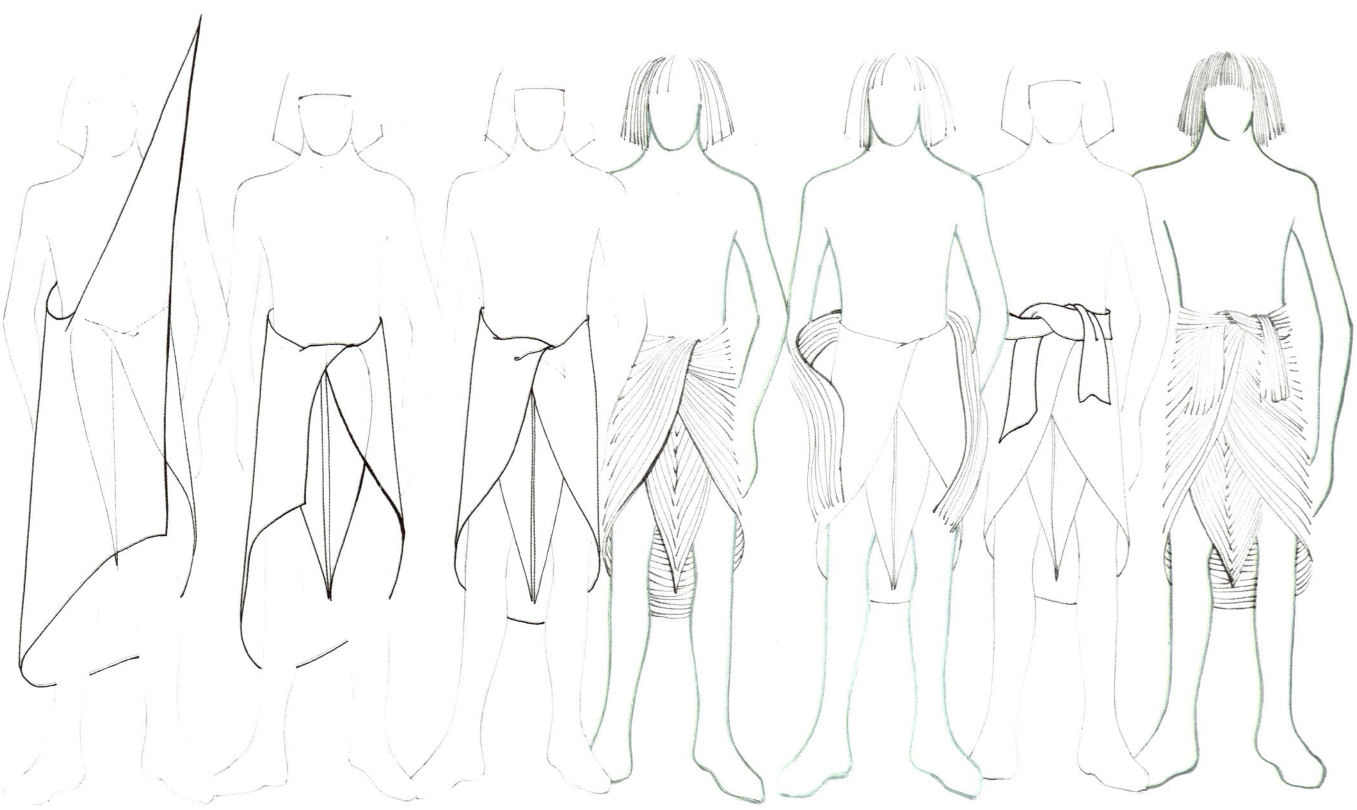

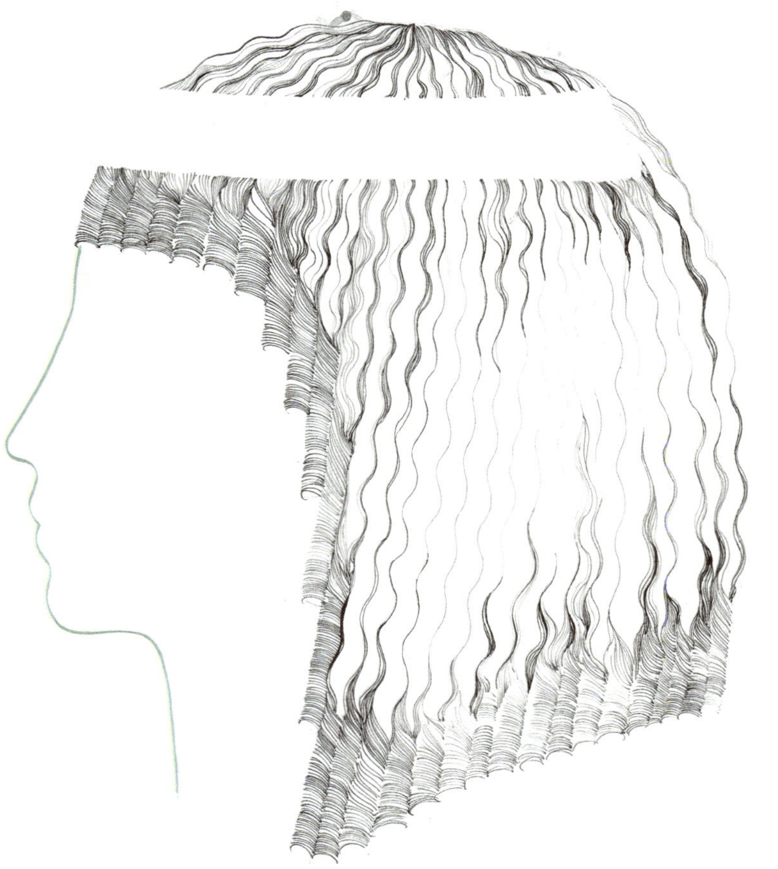

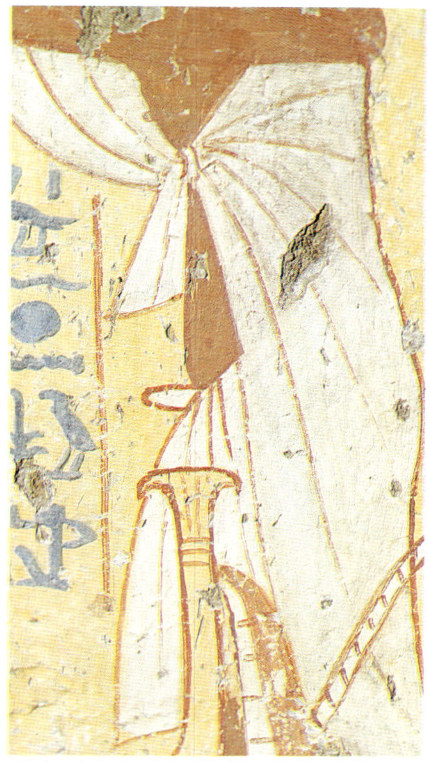

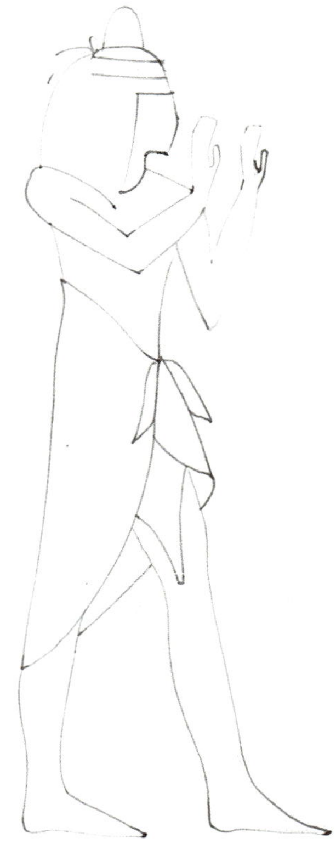

Gabenträger, Ausschnitt aus einem bemalten Relief, Neues Reich. – Der Mann mit einer Hes-Vase in der erhobenen Linken und einem Büschel Feigen in der Rechten ist bekleidet mit einem gefältelten Schurz.

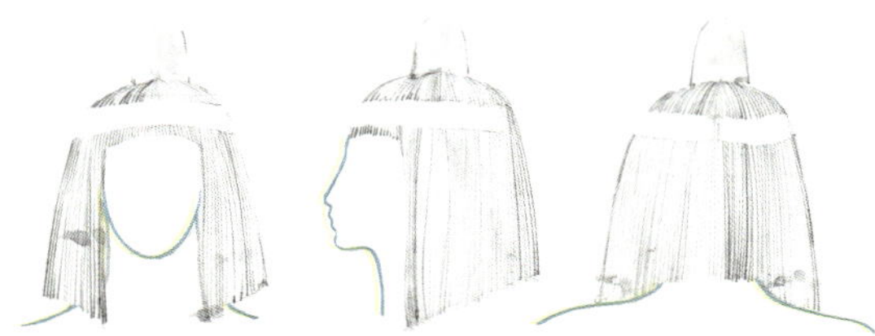

Angehörige wohlhabender Bevölkerungsschichten und Würdenträger in der Zeit des späteren Neuen Reiches kleideten sich in feingefälteltes Leinen. Sie trugen gepflegte kurze Perücken, auf die bei festlichen Anlässen oft ein Myrrhekegel gesetzt wurde. Der Duftstoff war mit Wachs oder Fett zu einem Kegel geformt, der langsam schmolz, dabei den Duft freisetzte und somit Wohlgeruch in der Umgebung des Trägers verbreitete.

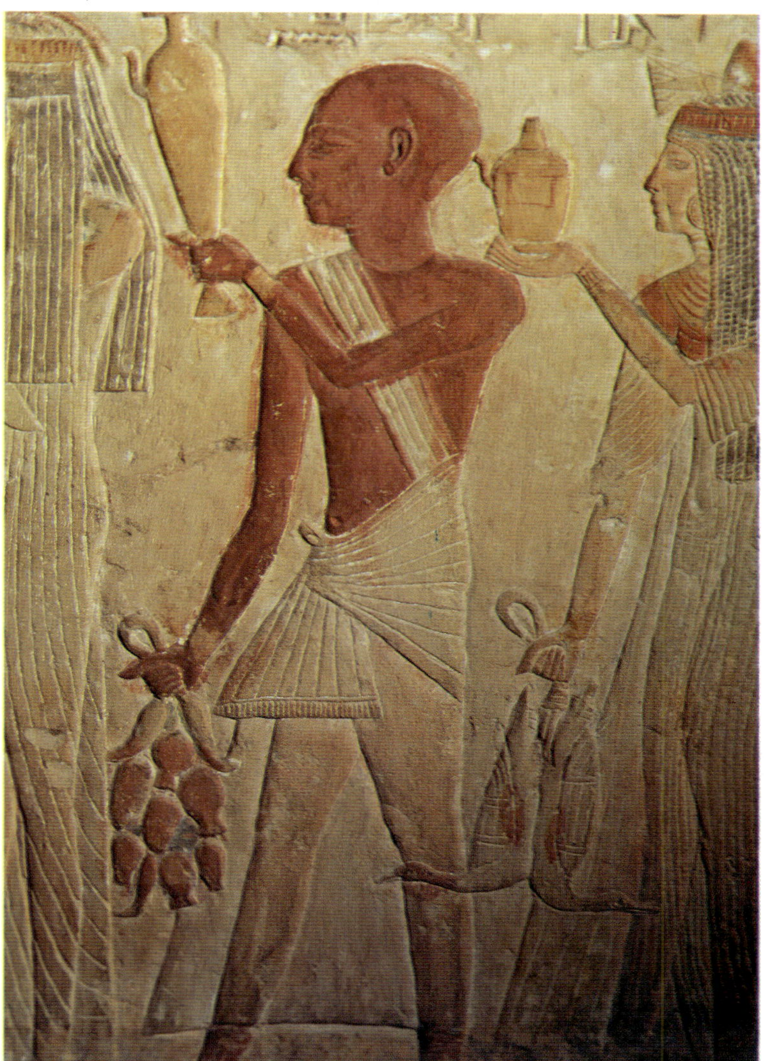

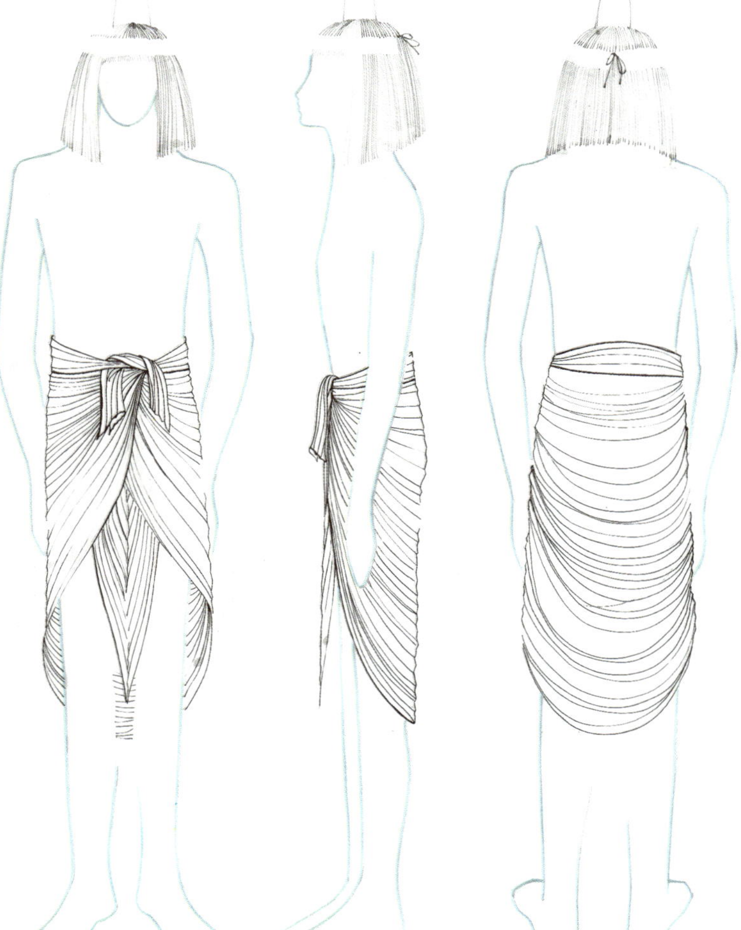

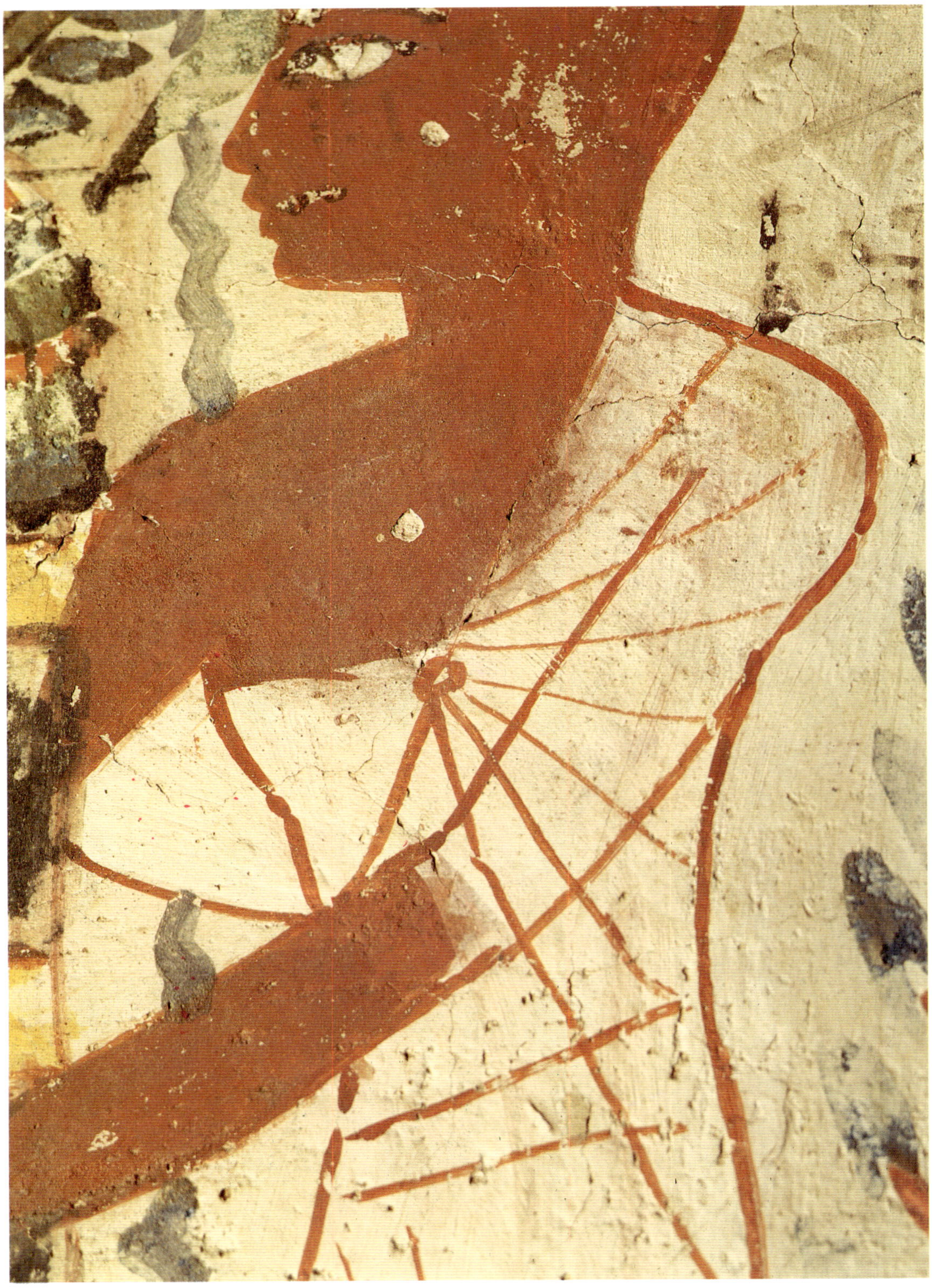

Ausschnitt aus einer Grabmalerei; Florenz, Museo Archeologico. – Mit wenigen Strichen hat der Künstler hier angedeutet, wie das Gewand über der Schulter gerafft wurde. Die andere Schulter blieb frei.

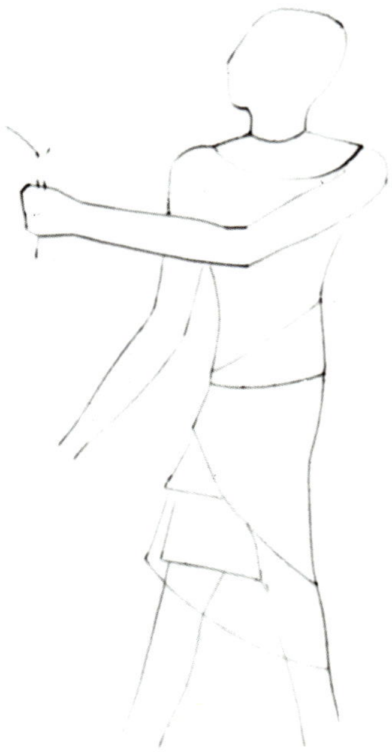

Das schurzartige Gewand, das Angehörige der Beamtenschaft trugen, wurde eng um das Gesäß gerafft und hing vorn, mehrfach übereinander geschlagen, in Falten. Bis auf den um die Schultern gelegten Kragen blieb der Oberkörper unbekleidet. Wie die Frauen schminkten sich auch Männer die Augenlider mit grünem Malachitstaub.

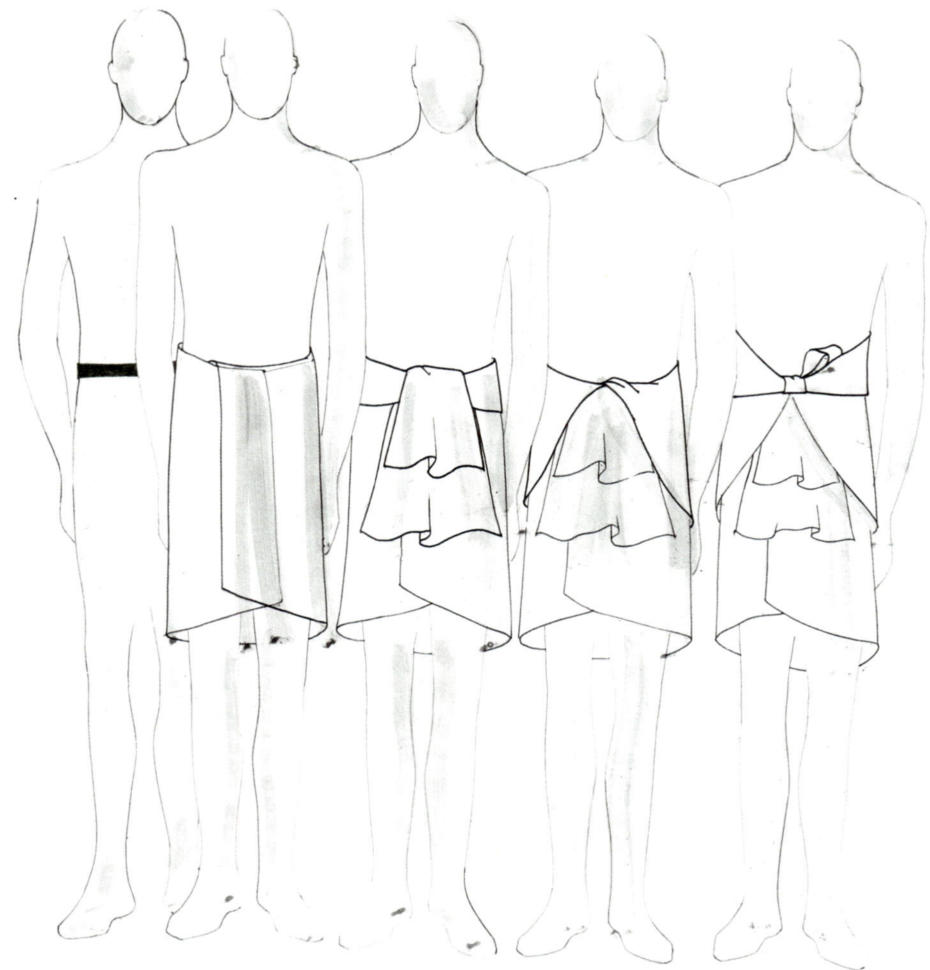

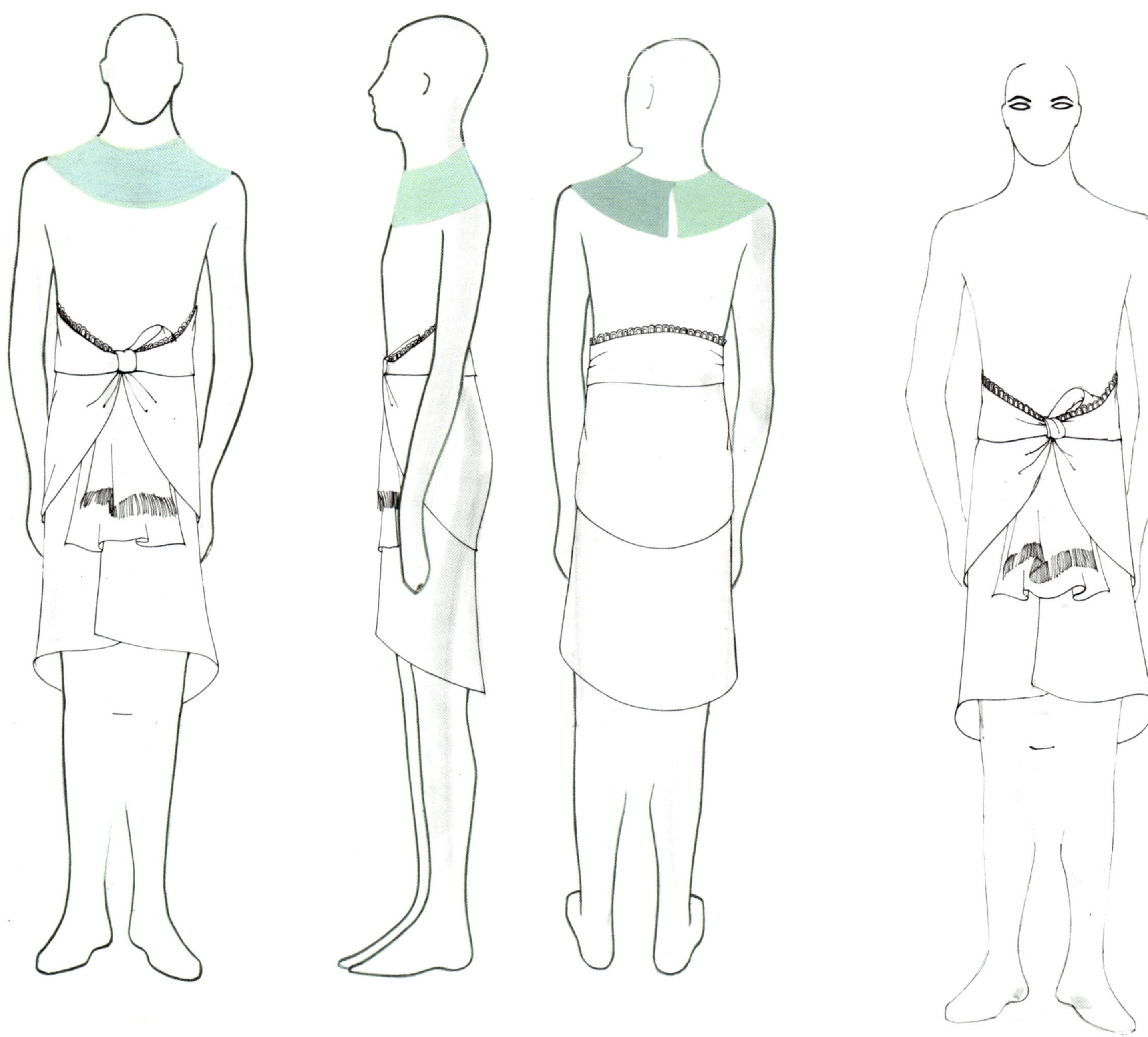

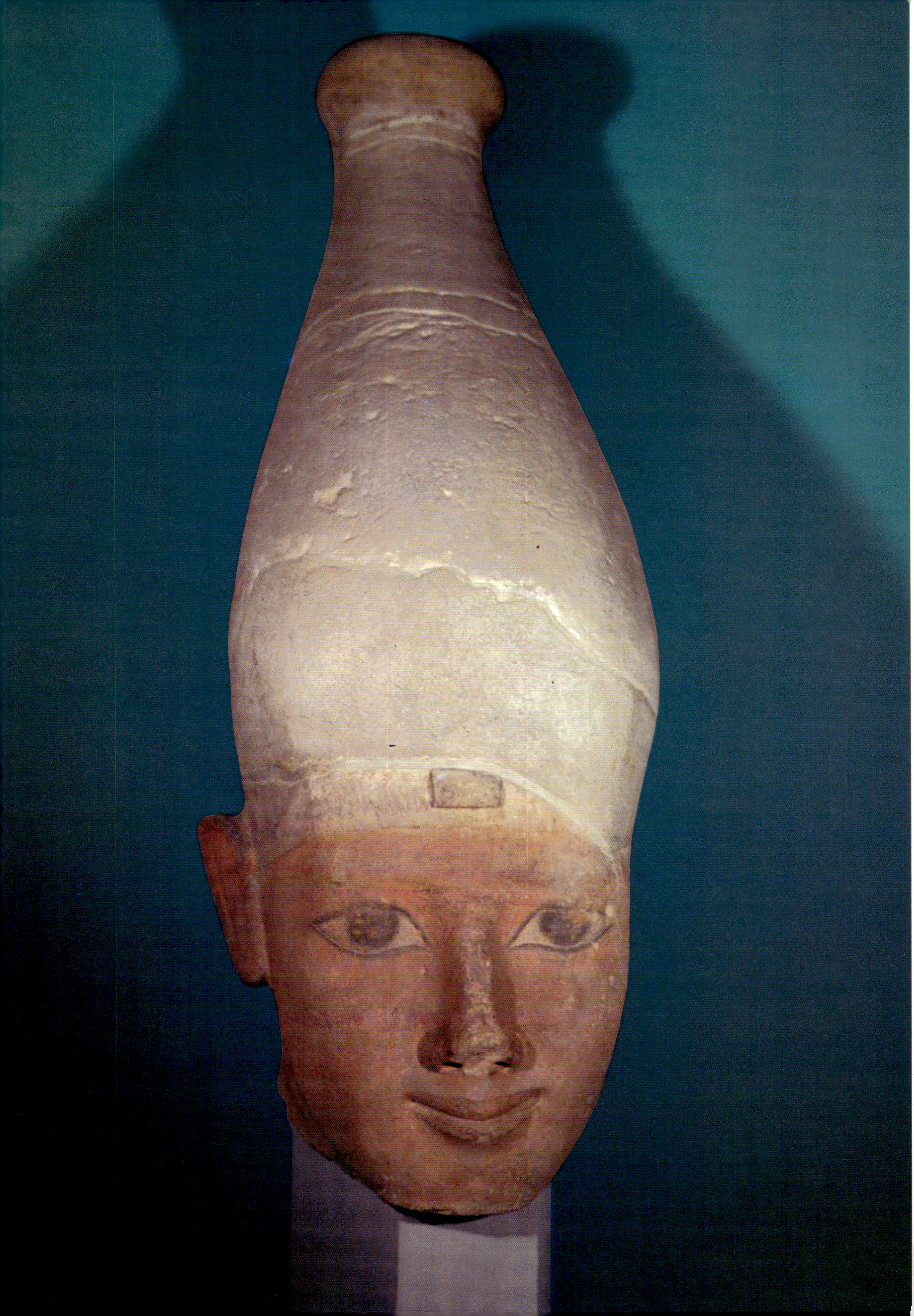

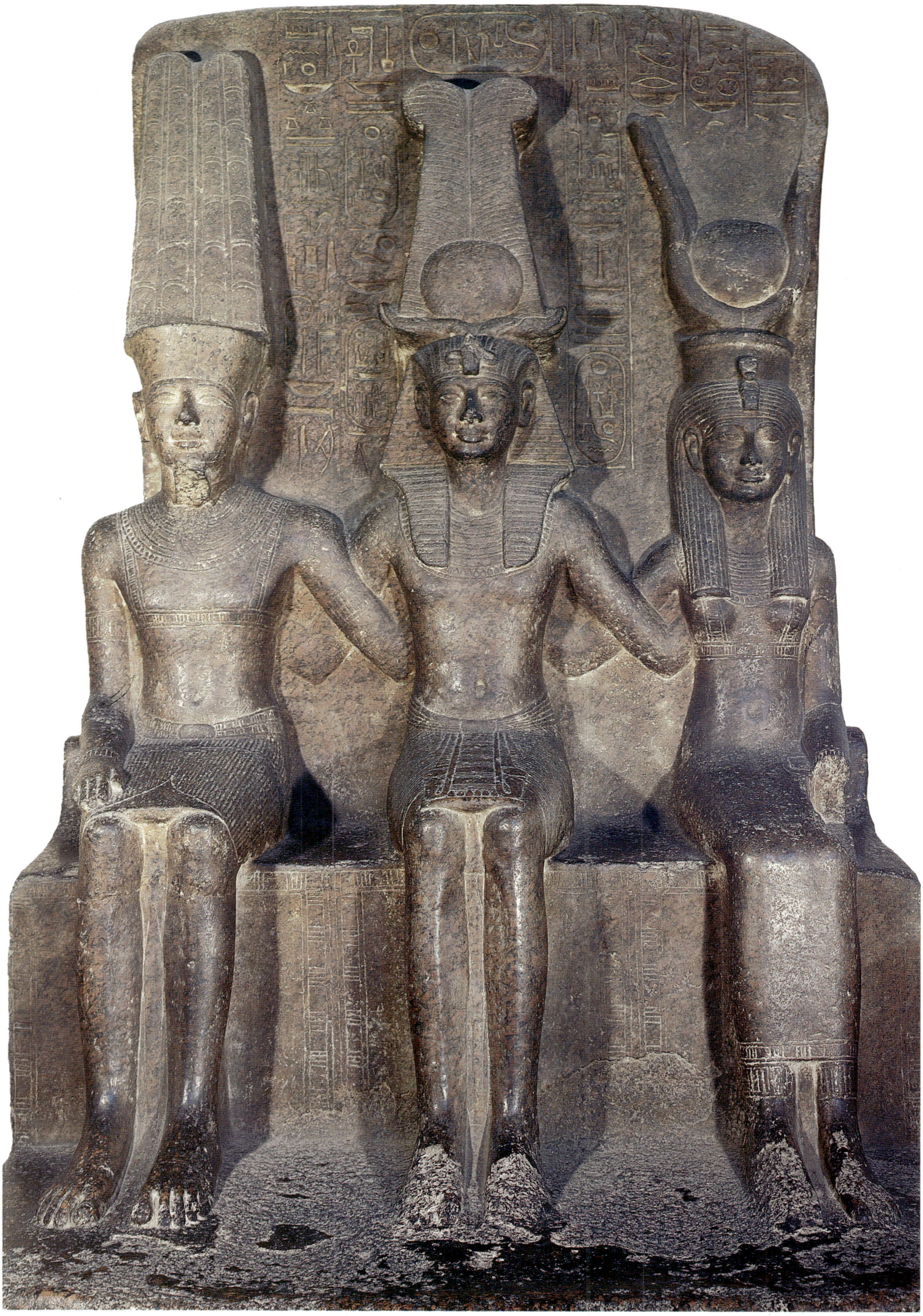

Ramses II. zwischen dem Gott Amun und dessen Gemahlin Mut, aus Theben, 19. Dynastie; Turin, Museo Egizio. – Der König, der hier den Platz des Sohns des göttlichen Paars übernimmt, trägt das Nemes-Kopftuch, darüber Widderhörner, die Sonnenscheibe und hohe Straußenfedern. Amun schmücken über der flachen Krone zwei hohe Federbüsche, deren Hälften jeweils siebenfach unterteilt sind (die Zahl Sieben war magisch bedeutend). Die Figur des Gottes und die des Königs gleichen sich, was die Bekleidung – Schurz und Schmuckkragen – angeht. Mut trägt eine lange Perücke mit einer Uräusschlange über der Stirn und die Göttinnenkrone mit der Sonnenscheibe zwischen Kuhhörnern. Zu dem engen Futteralkleid trägt auch sie einen Schmuckkragen.

Kopf eines mit der hohen Weißen Krone Oberägyptens (Hedjet) bekrönten Pharaonen. Dargestellt ist wahrscheinlich ein Herrscher der 11. Dynastie.

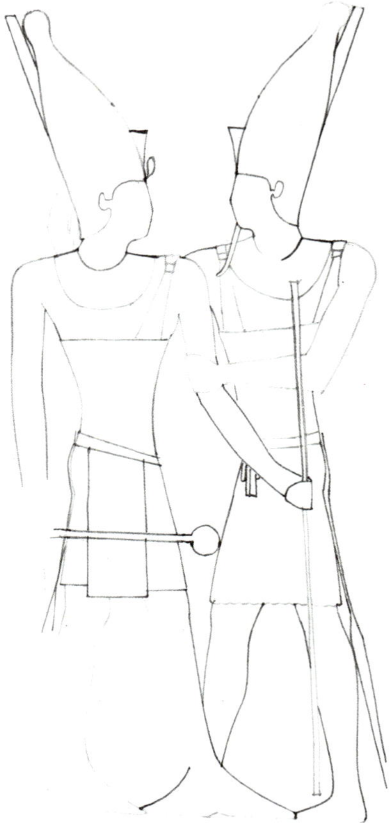

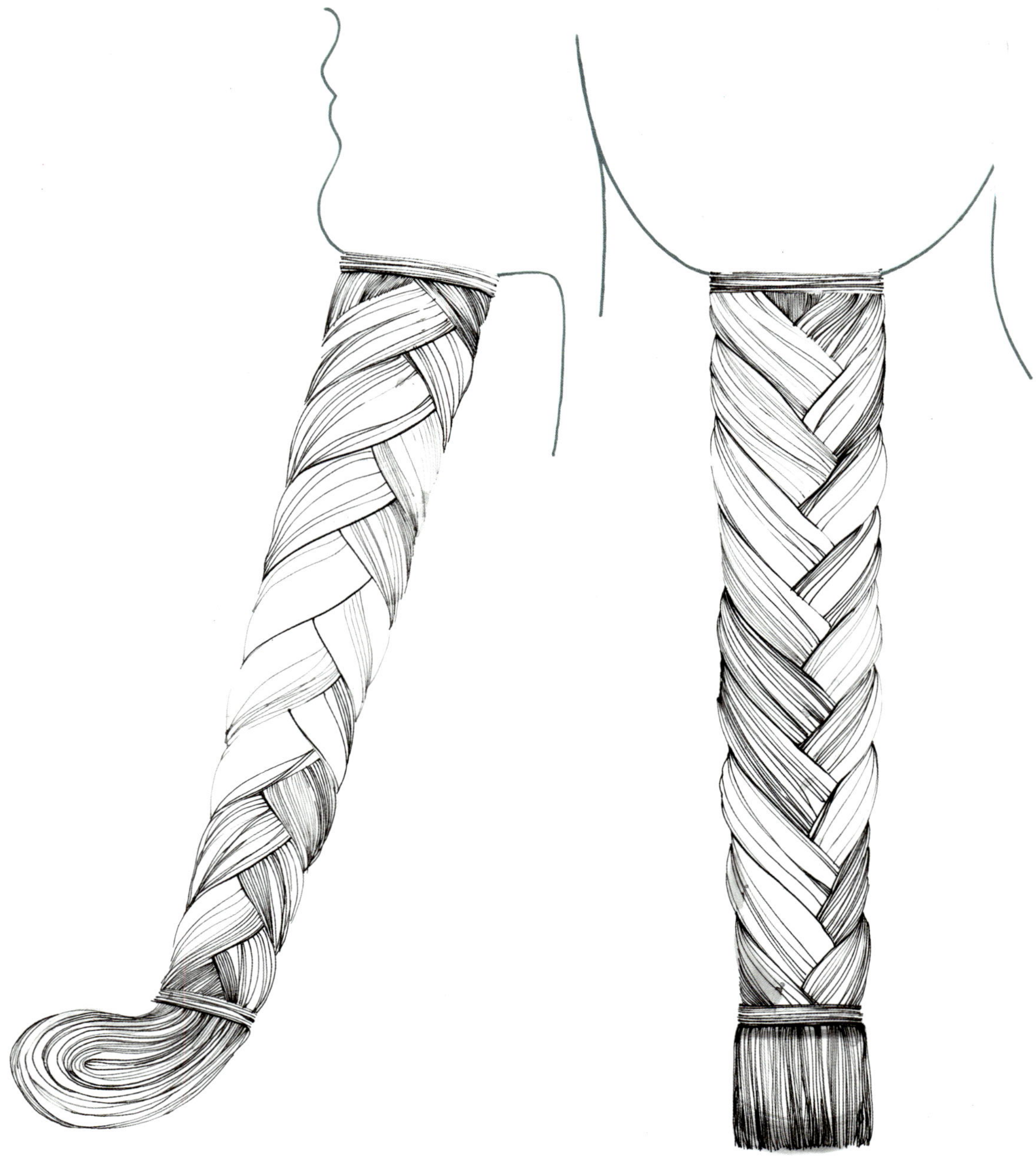

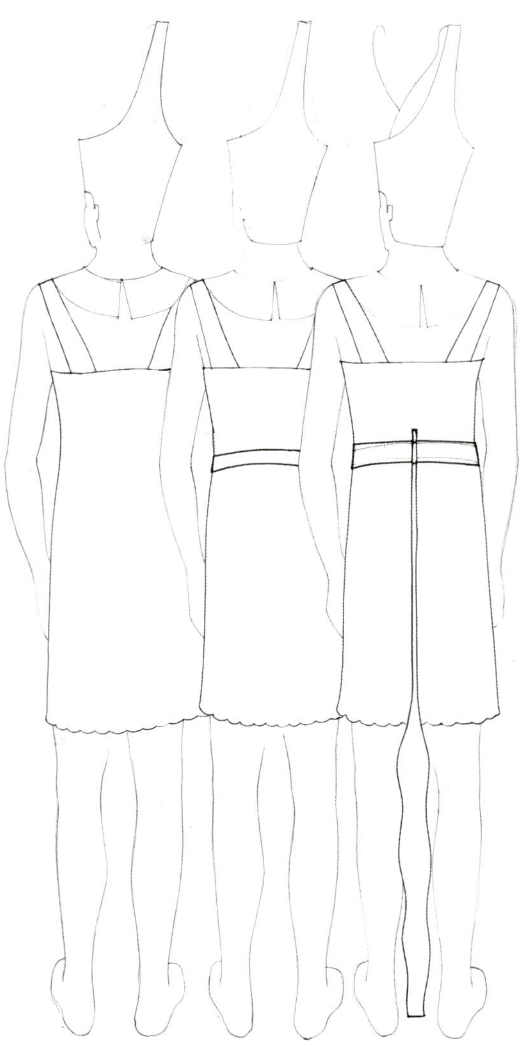

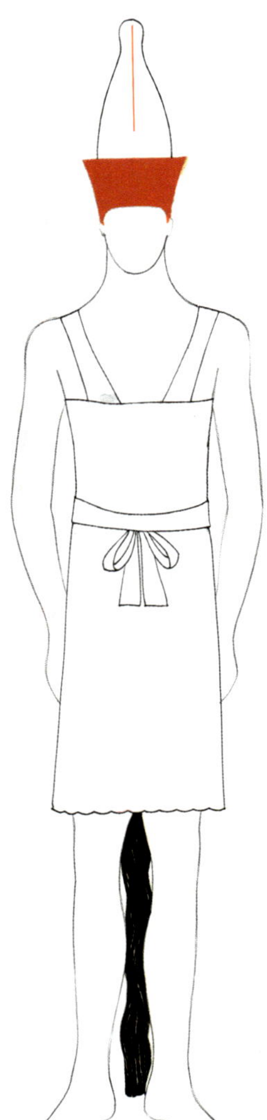

Der geflochtene Bart, der zum Ornat des Pharaos gehörte, war künstlich. Skulpturen zeigen häufig, statt sie zu kaschieren, die Riemen, mit denen der Bart an den Ohren befestigt wurde. Daß der Kinnschmuck Teil des königlichen Ornats war, läßt sich u. a. daran ersehen, daß auch die Königin Hatschepsut ihn anlegte.

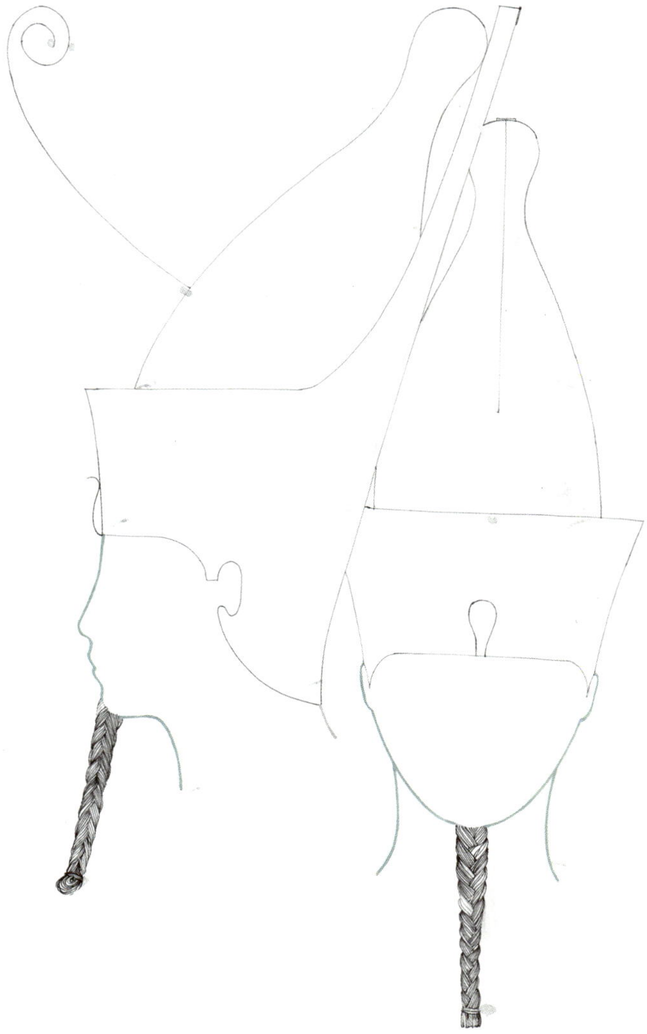

Die flache Rote Krone (Deschret) Unterägyptens war das Herrschaftszeichen der im Delta gelegenen Städte Buto und Sais. Die kegelförmige hohe Weiße Krone (Hedjet) war die Krone von Aphroditopolis. So zusammengesetzt, daß sich die Weiße aus der Roten Krone erhob, symbolisierten sie die Herrschaft über ganz Ägypten. Diese doppelte Krone wurde »Pschent« genannt (s. auch Seite 100 unten).

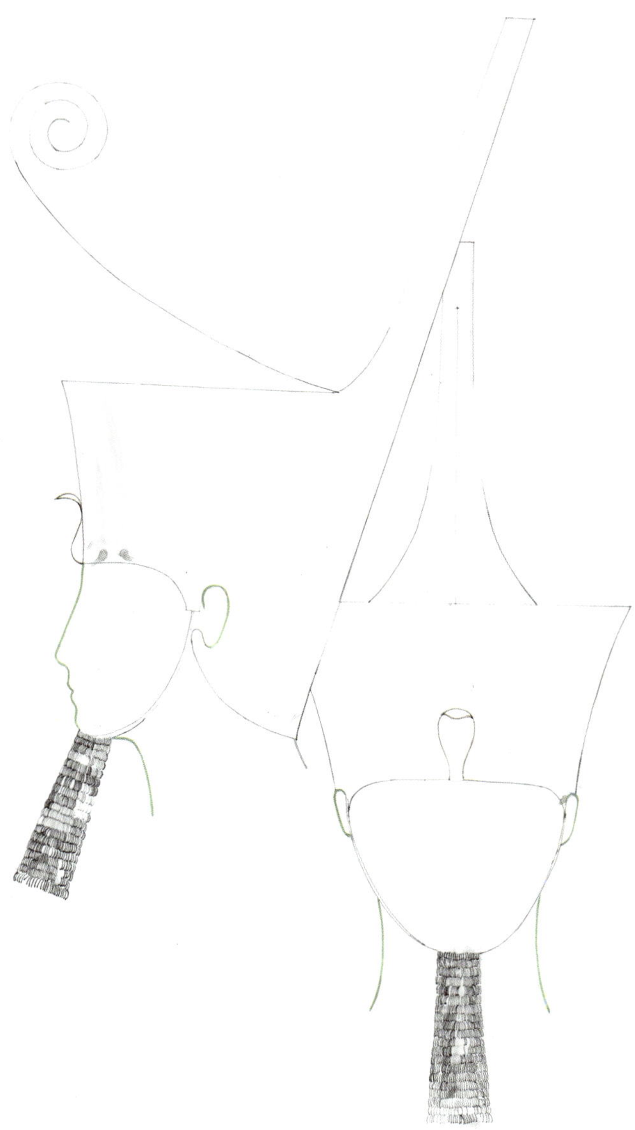

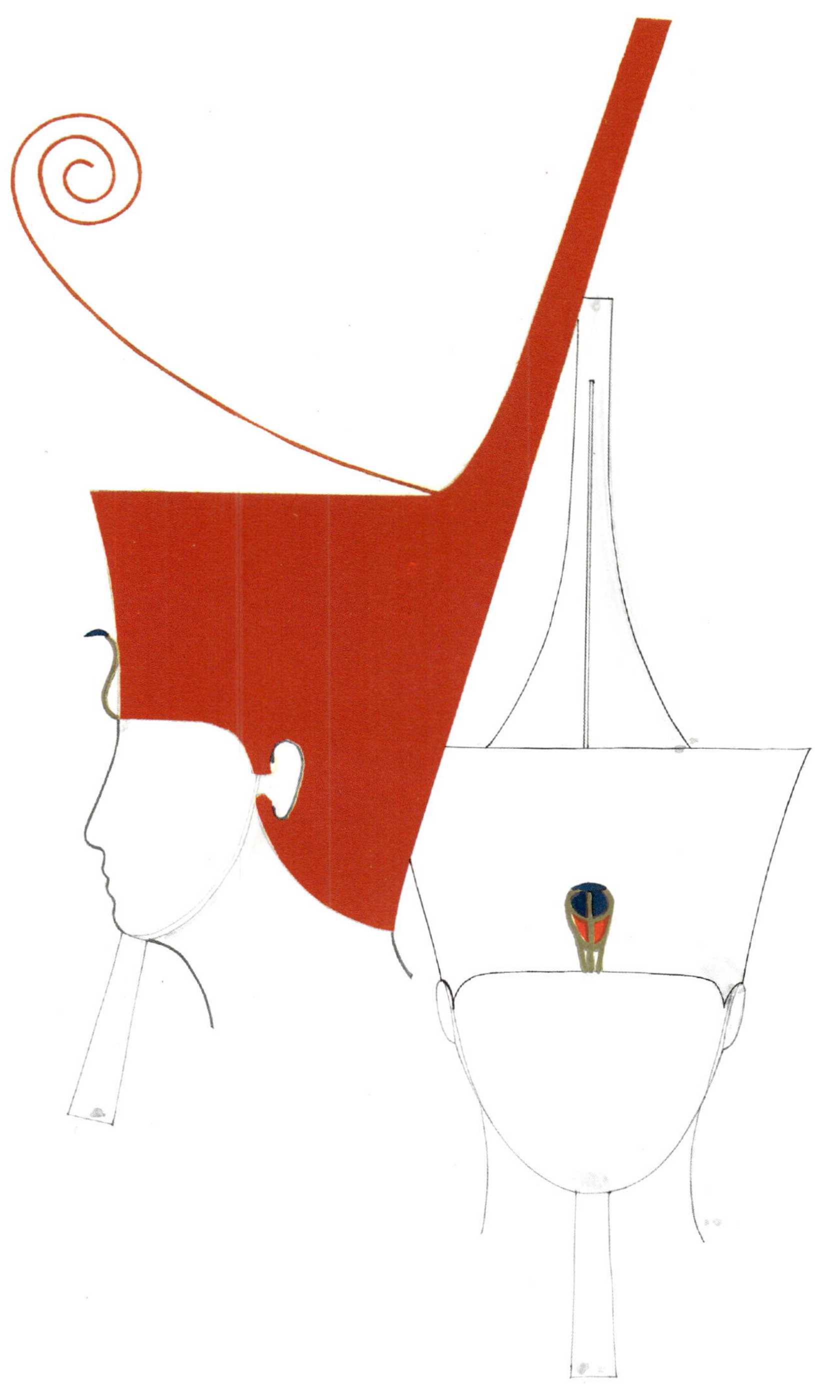

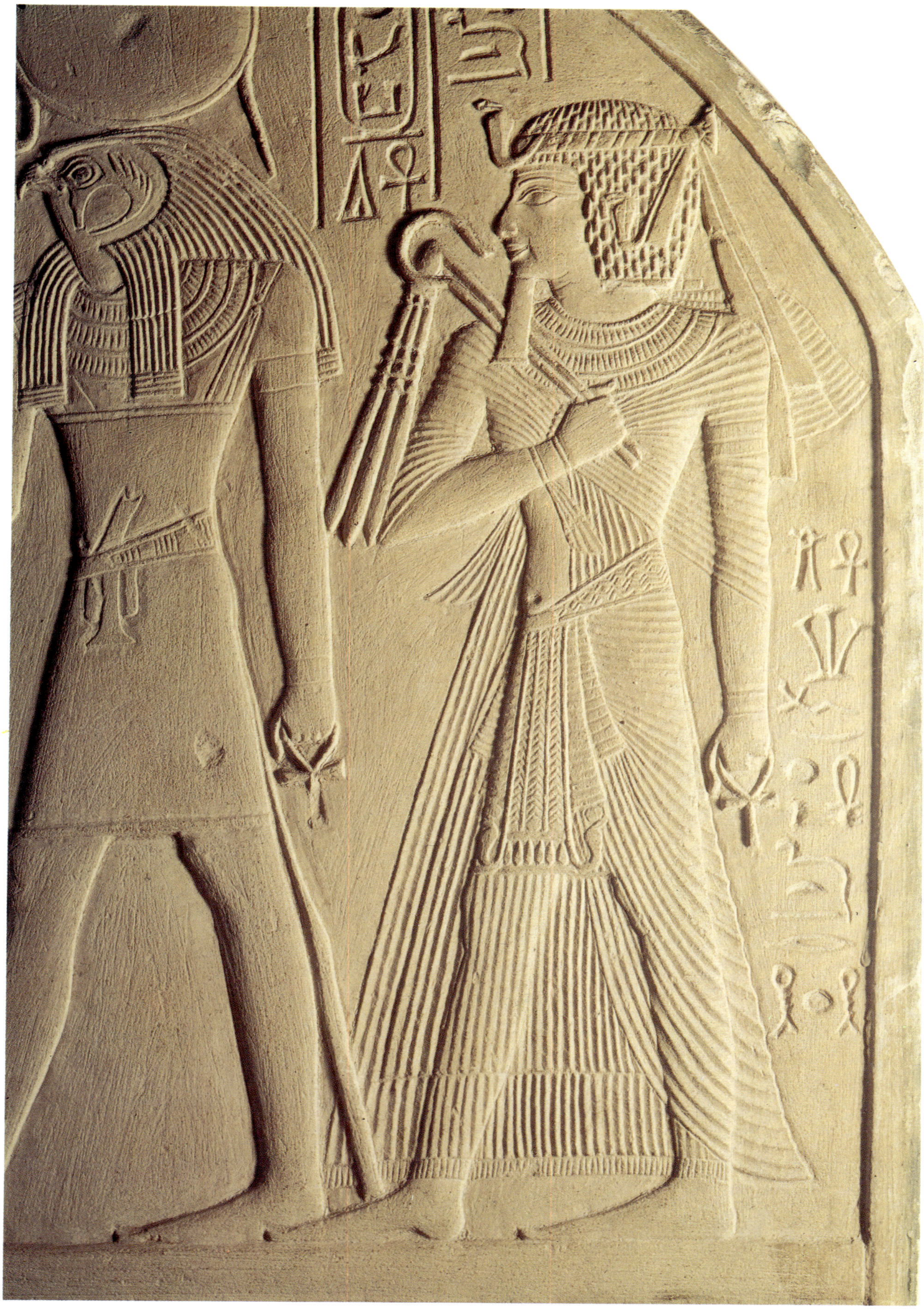

Horus und Amenophis I., Ausschnitt aus einem Grabrelief, 18. Dynastie. – Der König trägt über Schurz und Kragen ein reich gefälteltes Leinengewand und über der kurzen Perücke das Schifferstirnband, aus dem vorn die königliche Uräusschlange züngelt. In der herabhängenden Linken hält er das Lebenszeichen, in der Rechten vor der Brust die Insignien des Gottes Osiris, das Zepter (Heka) und die Geißel (Nechech).

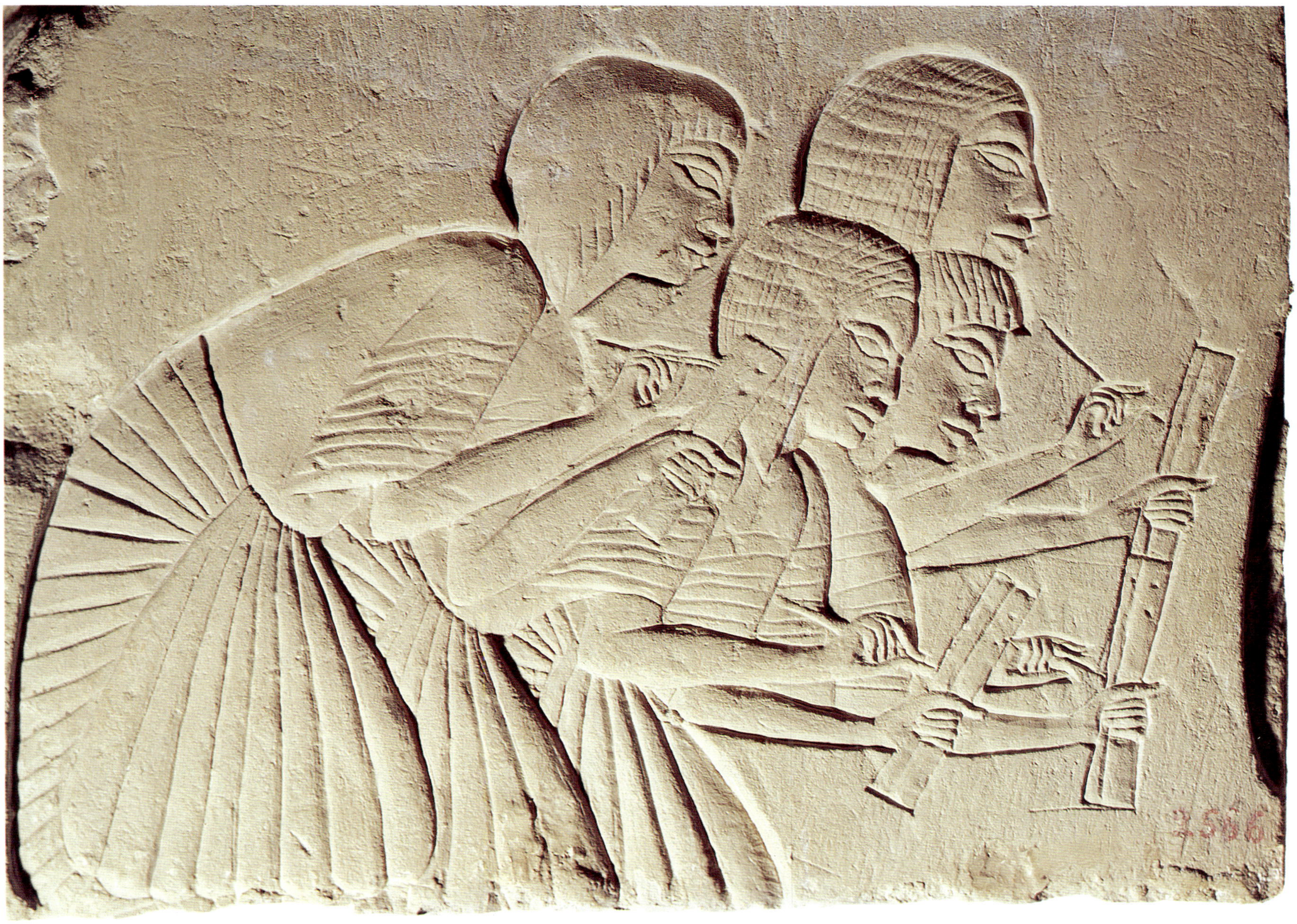

Schreiber in höfischer Tracht, Ausschnitt aus einem Grabrelief, Neues Reich; Florenz, Museo Archeologico. – Mit Amtsperücken auf den Häuptern stehen die Schreiber, achtungsvoll gebeugt, zum Diktat bereit.

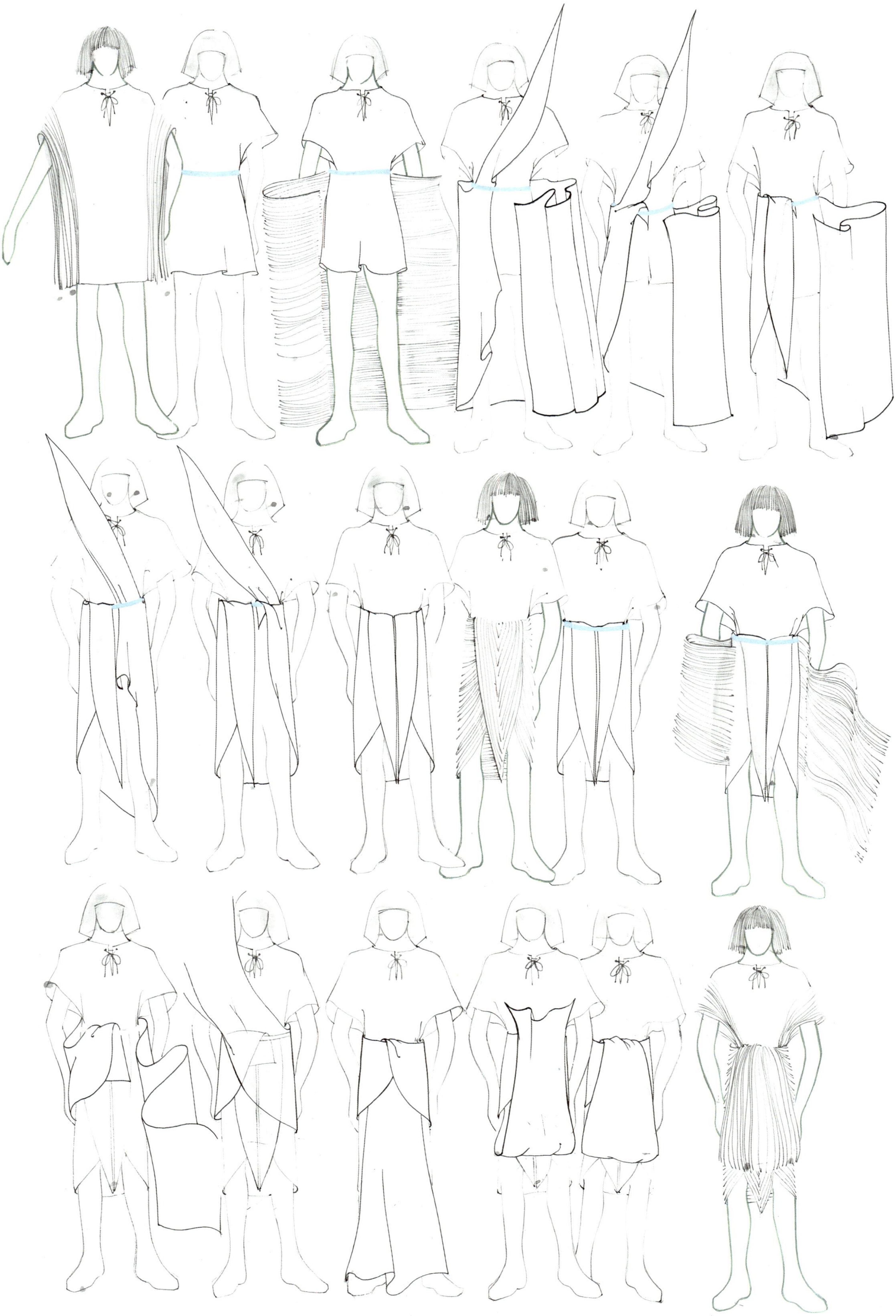

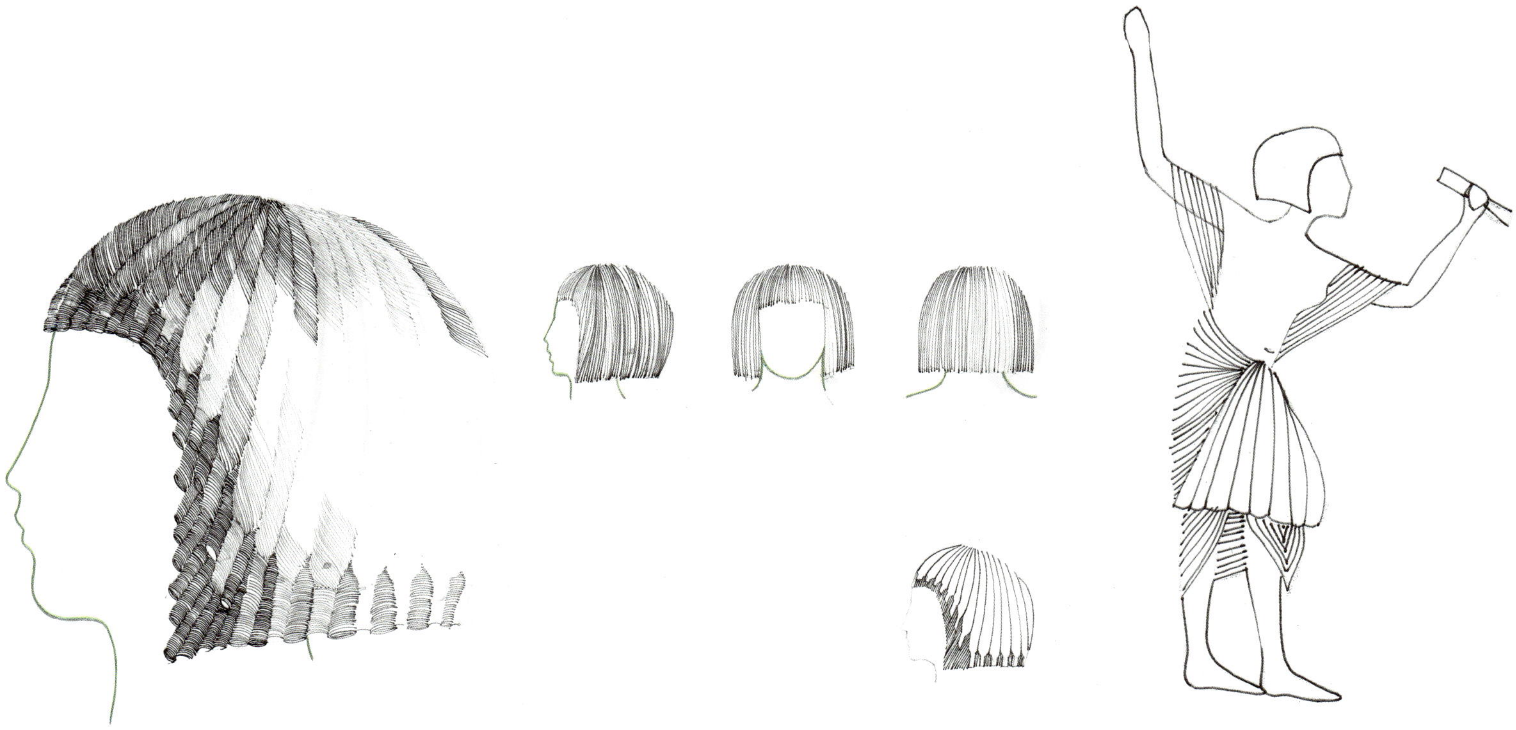

Gegen Ende der Regierungszeit Amenophis' III. und zunehmend unter der Herrschaft von dessen Nachfolger Echnaton nahm die Tracht des Hofadels Züge an, die Männer fast feminin erscheinen ließen. Das fein gefältelte Leinen wurde lose um den Körper geschlagen, über die Oberarme gelegt und zwischen den Beinen nach vorn durch einen Gürtel gezogen, so daß die Enden des Stoffes sich vom Gürtel bis zu den Knien bauschten.

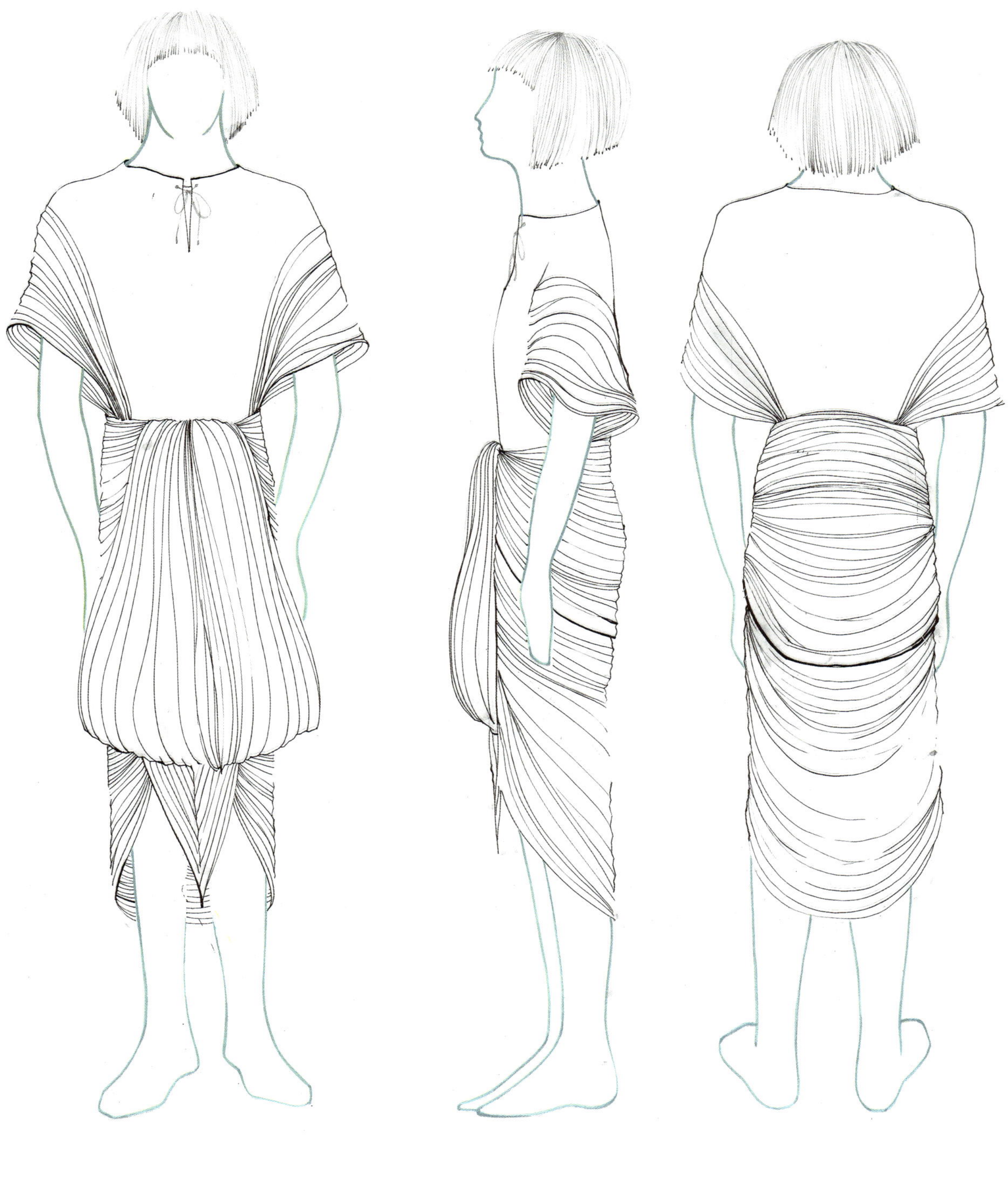

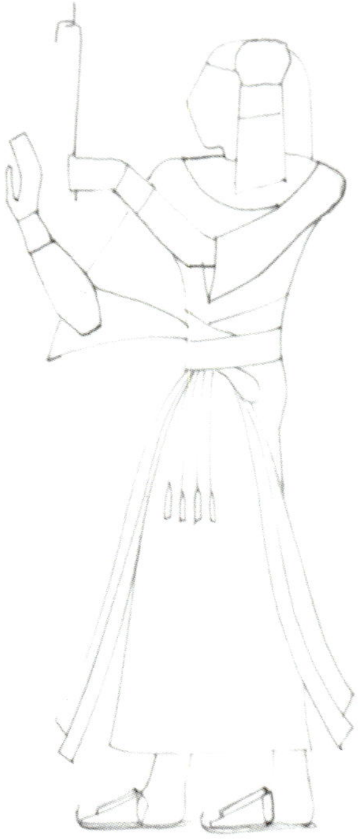
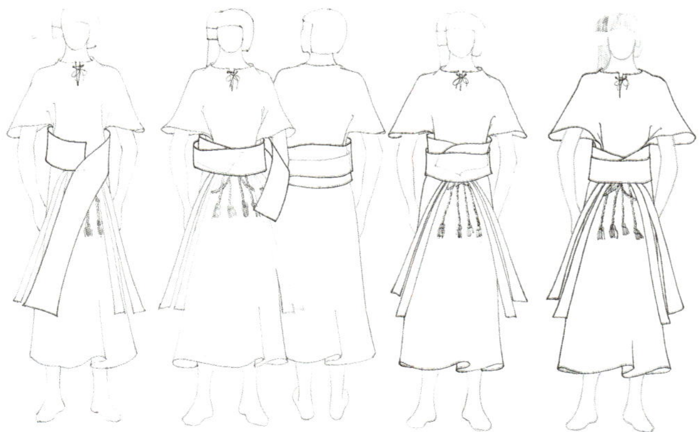
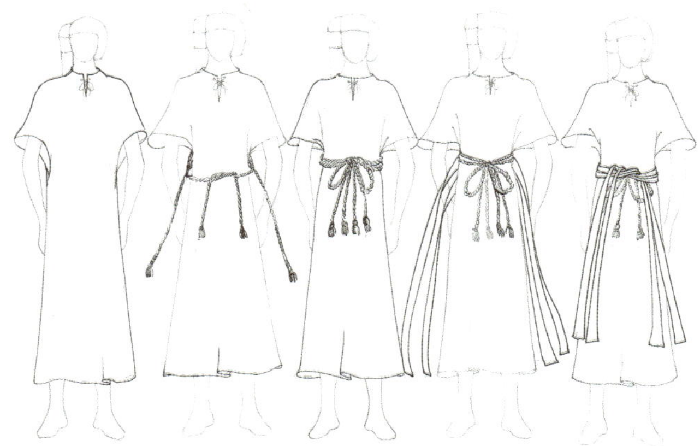
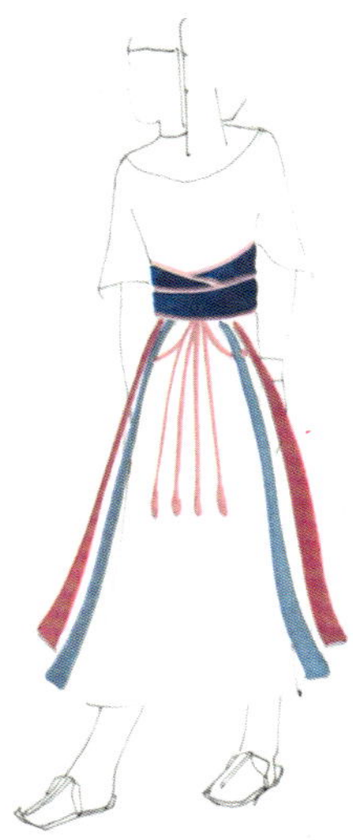
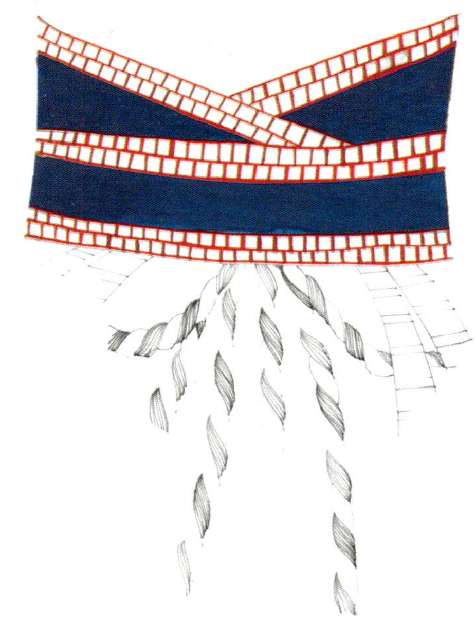
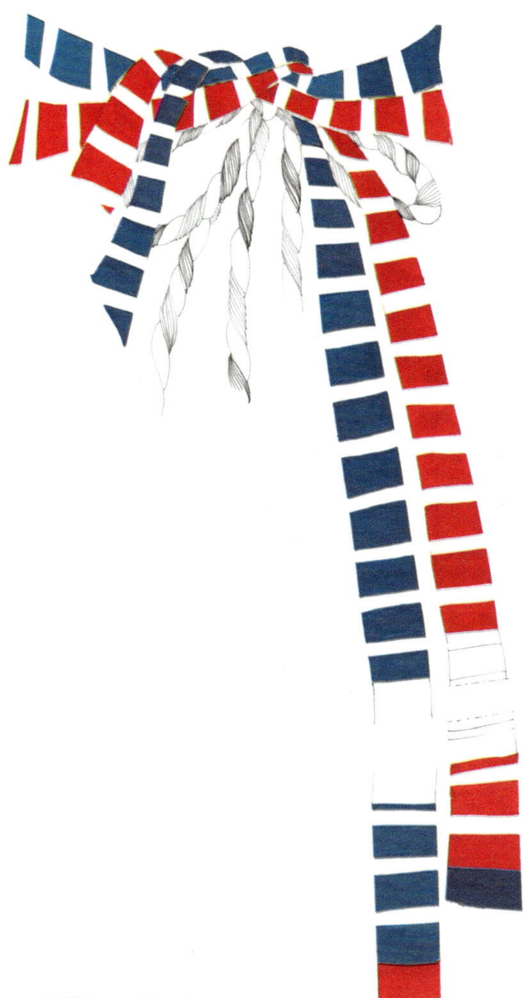
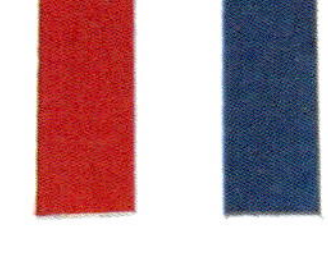

Zur Kleidung der Prinzen in der Zeit des Neuen Reiches gehörte ein vorn zur Schleife gebundener Gürtel.

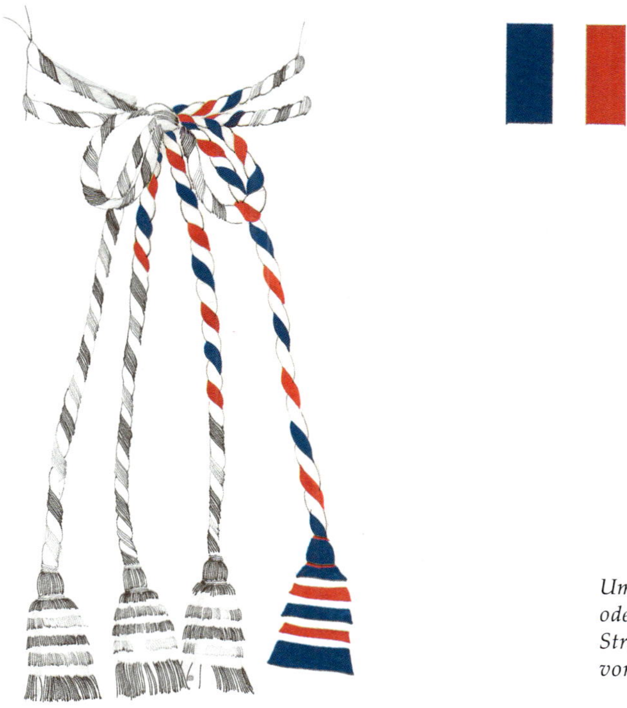

Um das lange Obergewand aus feinem Leinen wurden Gürtel oder Schärpen gebunden, ebenso aus verschieden gefärbten Strängen gedrehte Schnüre mit Quasten an den Enden, die man vorn herunterhängen ließ.

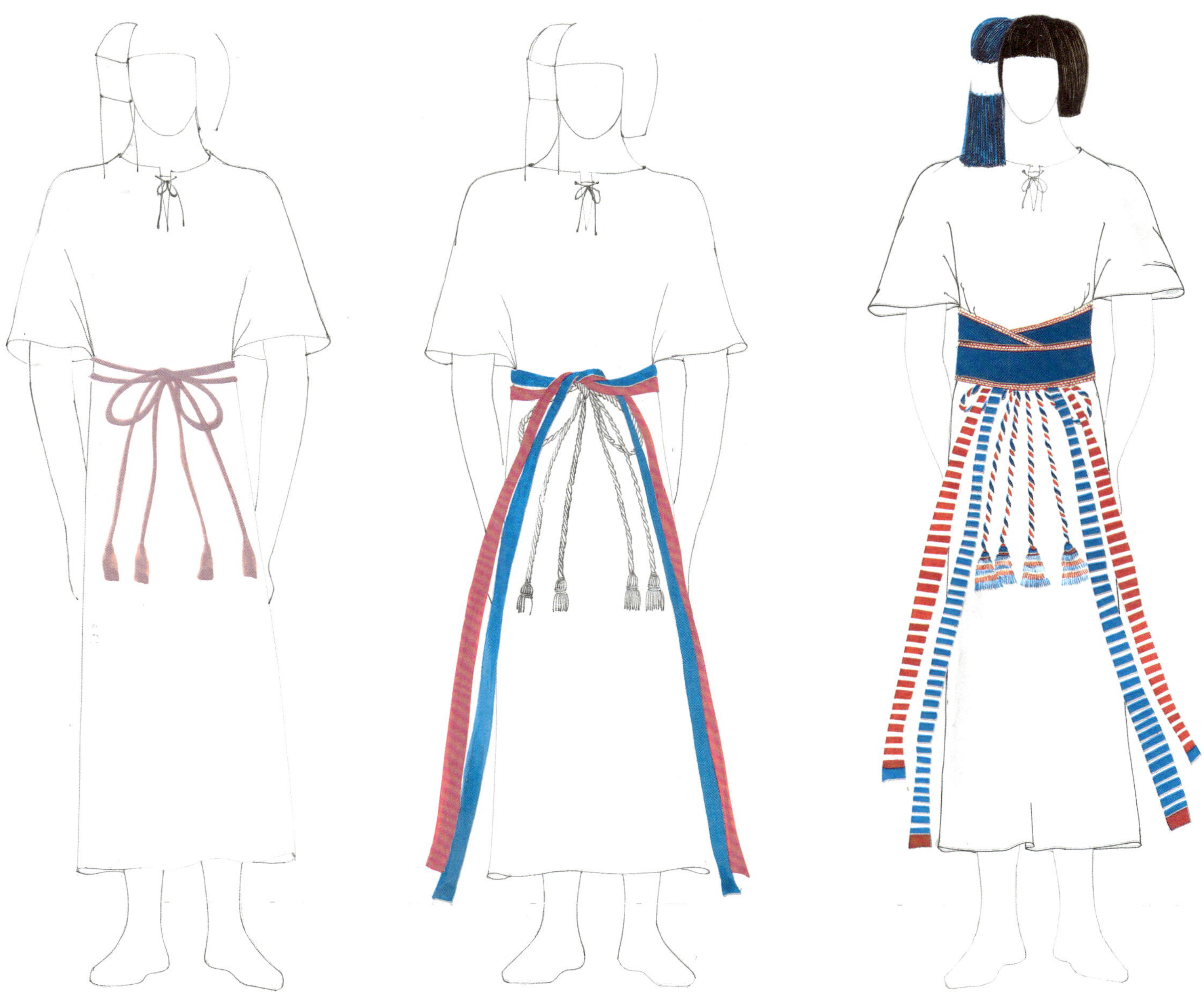

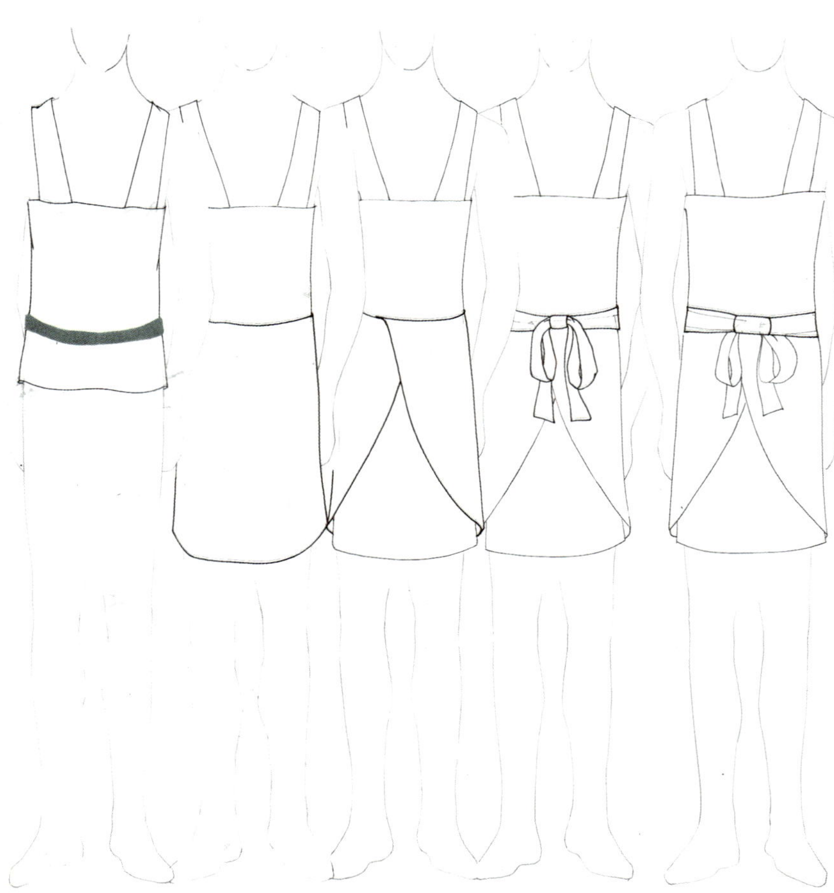

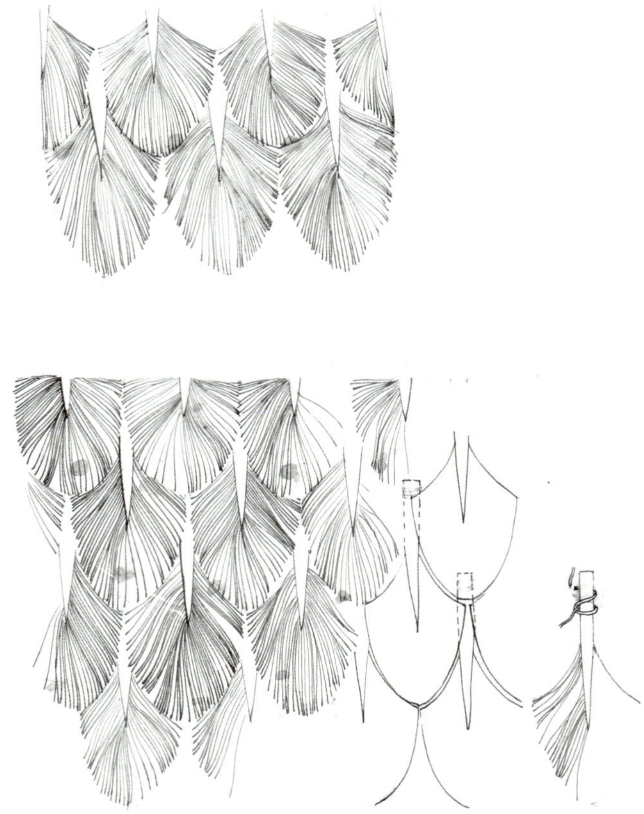

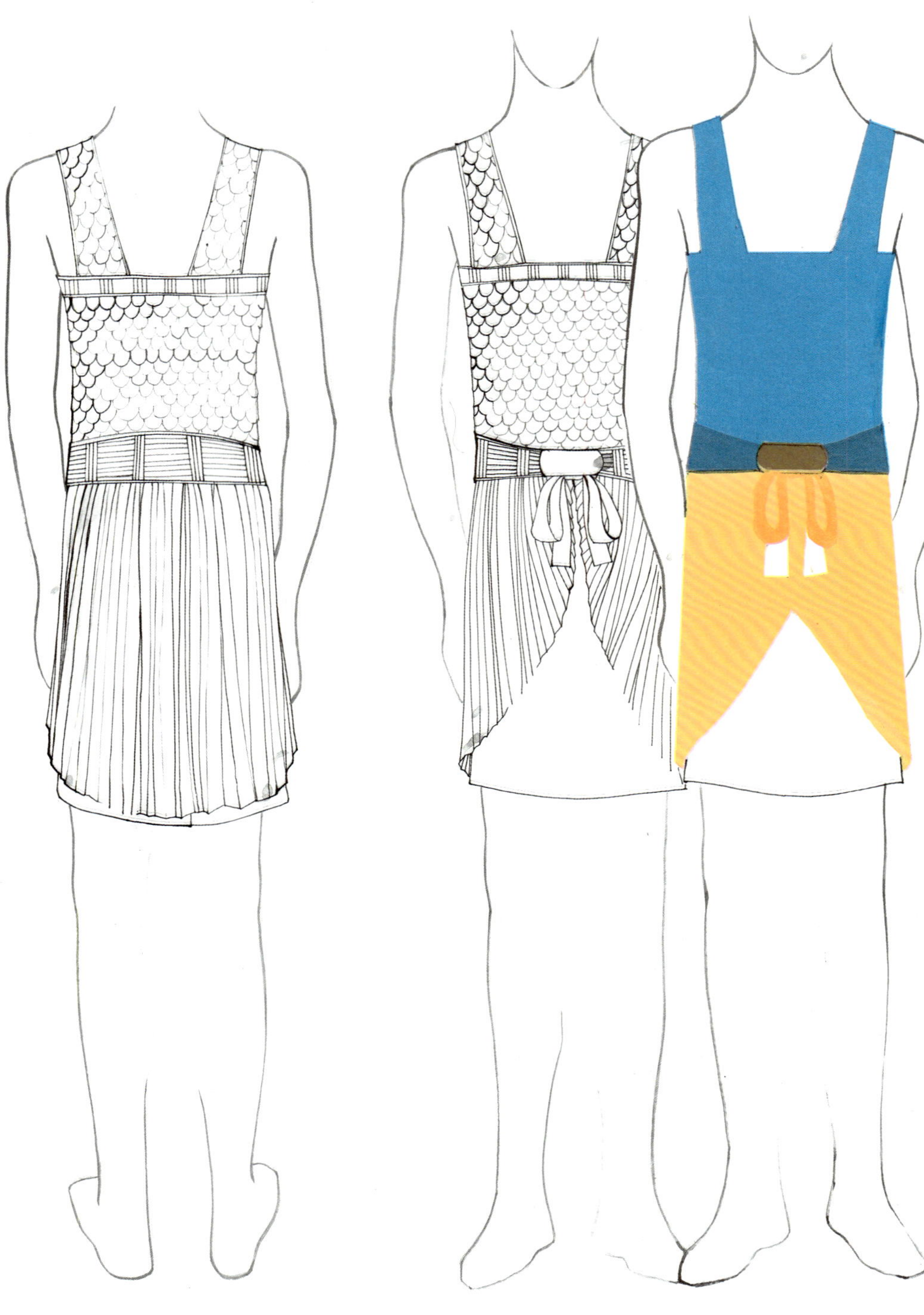

Vielfach trug man über dem gefältelten Schurz ein Leibchen, dessen Muster dem Brustharnisch der Krieger nachgebildet war. In der Hoftracht jedenfalls bestanden die Plättchen, aus denen man diese Leibchen zusammengesetzt sieht, vermutlich nicht aus Metall. Hier sollten sie statt des Panzerhemds farbiges Gefieder vortäuschen.

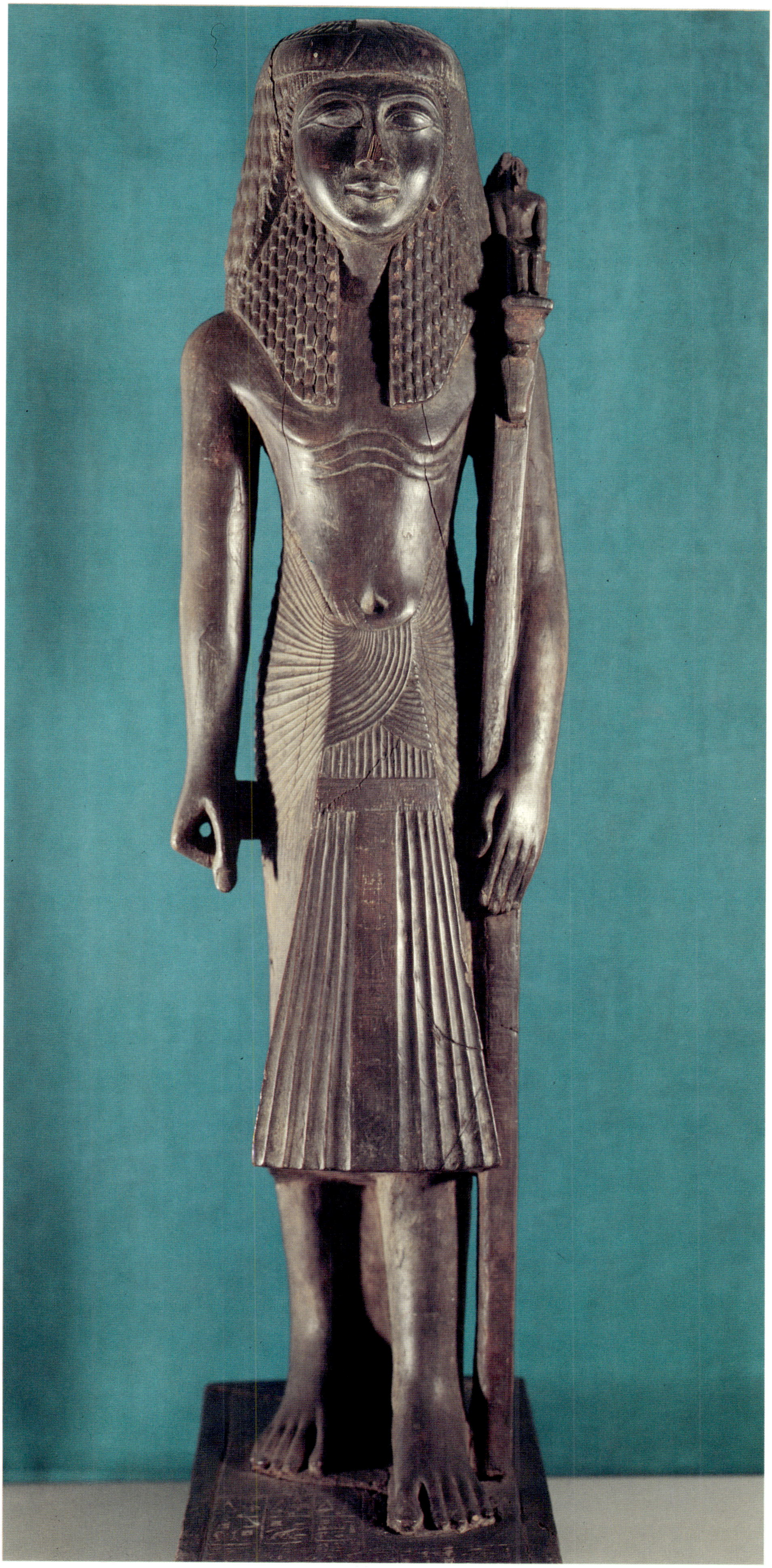

Statuette eines Beamten, Neues Reich, 19. Dynastie. – Die kleine Figur aus Ebenholz zeigt einen Beamten mit einem Stab als Zeichen seiner Würde. Er ist mit einem Schurz aus gefälteltem Leinen bekleidet und trägt die übliche Perücke.

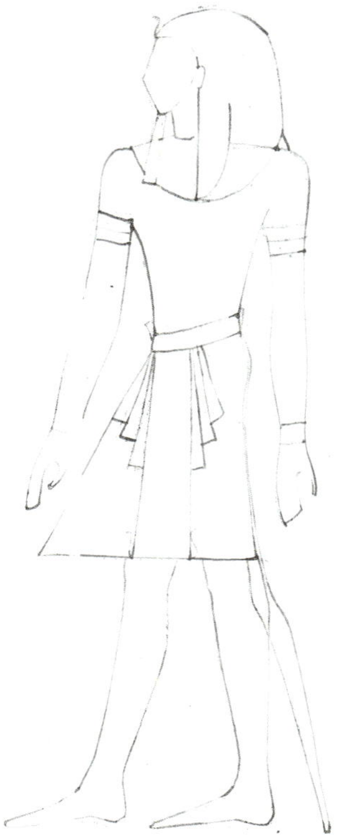

Wahrscheinlich stehen die Farben, in denen die Schurze der Könige in stets gleichen Proportionen gemustert waren, in einer symbolischen Beziehung zu den jeweiligen Ritualen, bei denen die Herrscher amtierten. Jeder religiösen Zeremonie entsprachen bestimmte Farbkombinationen.

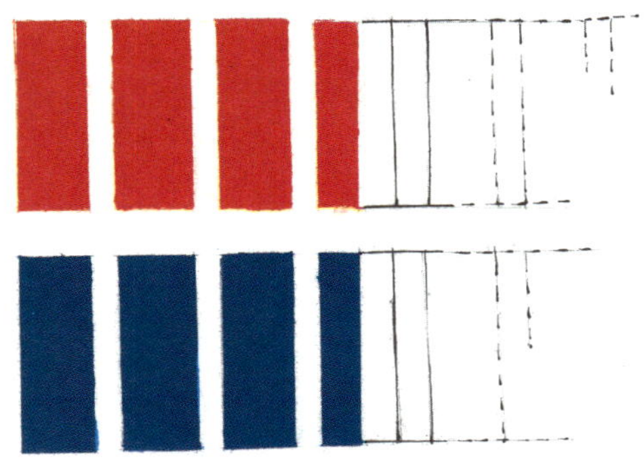

Die Vorderseite des vom König getragenen Schurzes war vermutlich mit mehrfarbigen Metallplättchen appliziert.

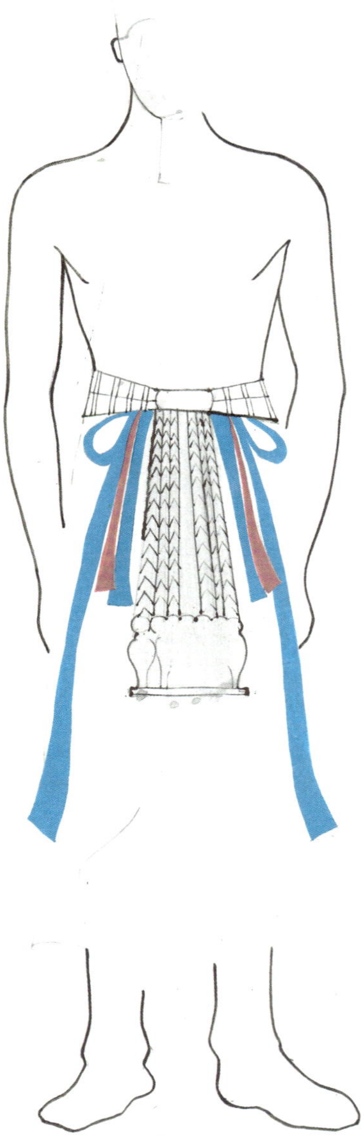

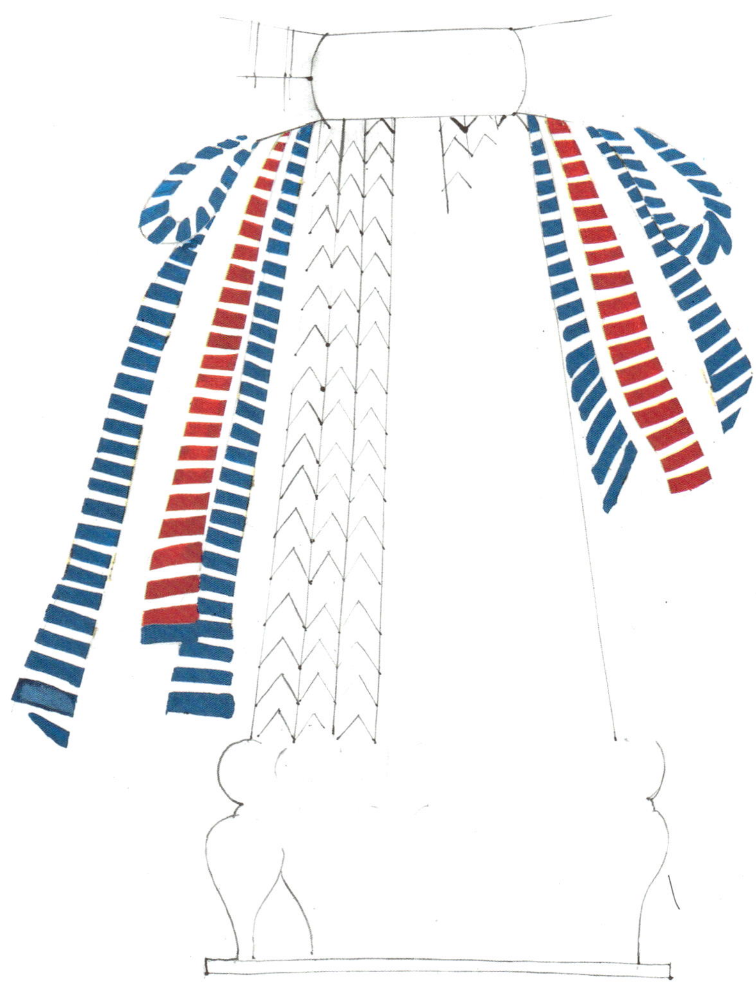

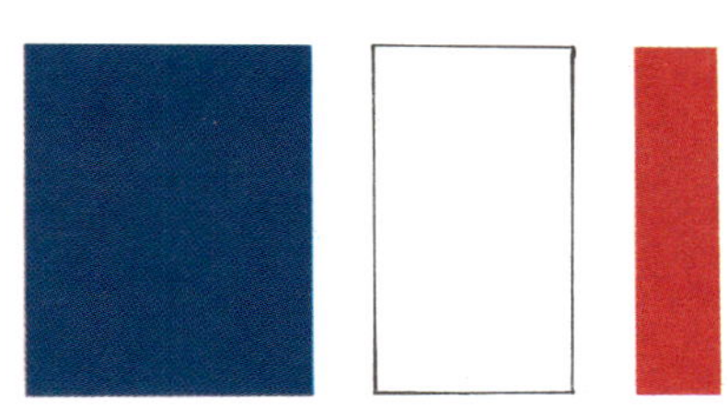

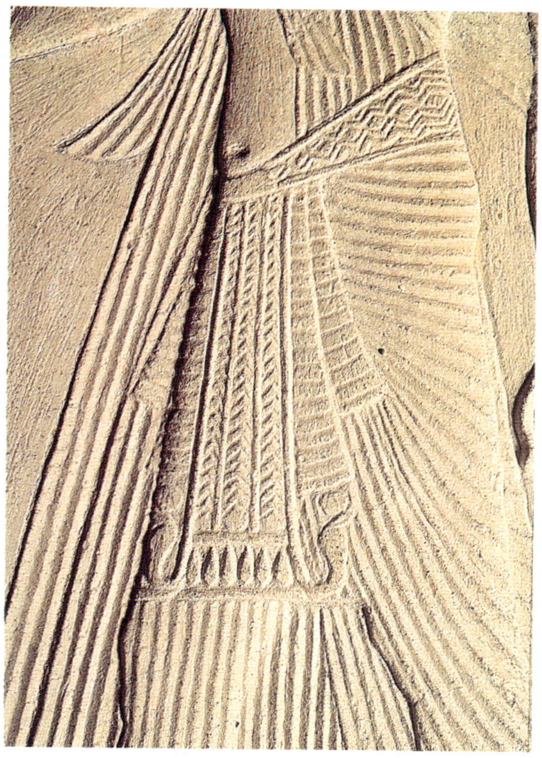

Der Ausschnitt aus einem Grabrelief (Neues Reich) zeigt einen langen, faltenreichen Leinenschurz mit Gürtel und »Schürze«, an deren Seite Uräusschlangen hängen.

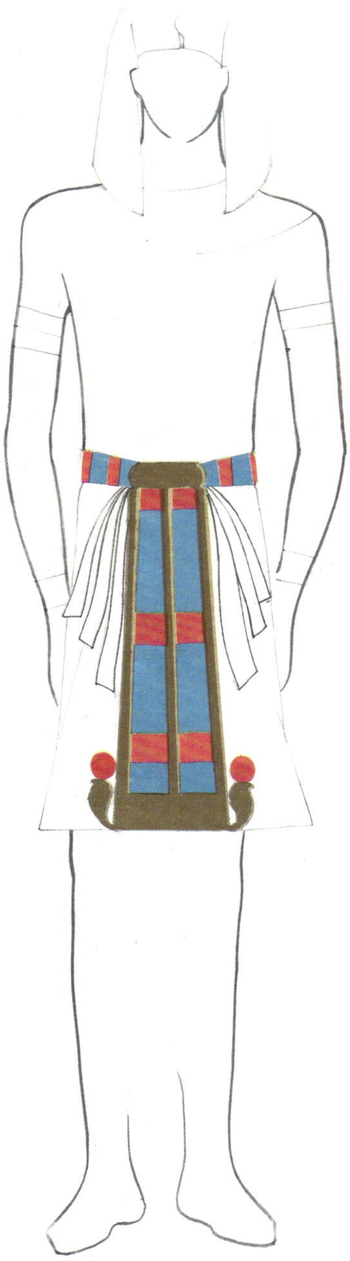

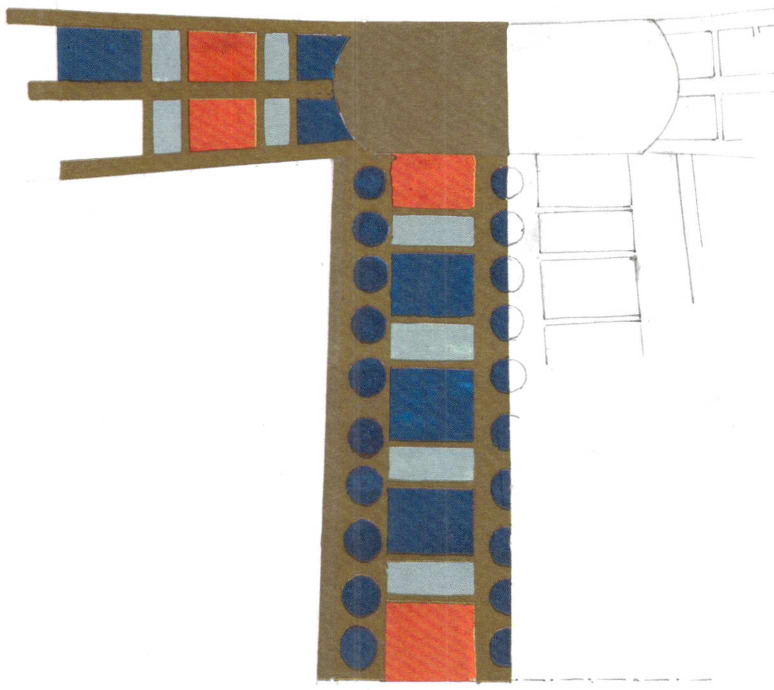

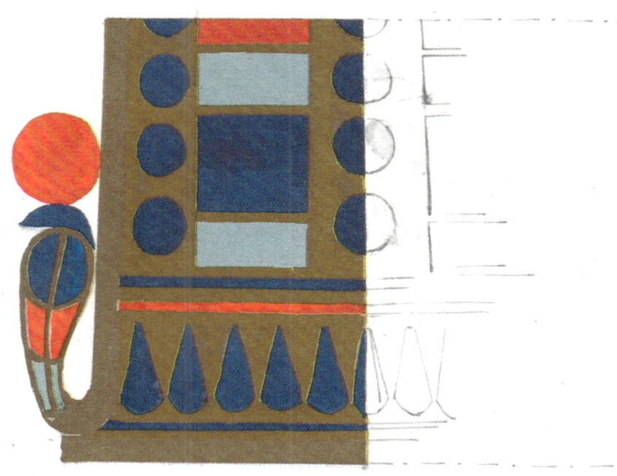

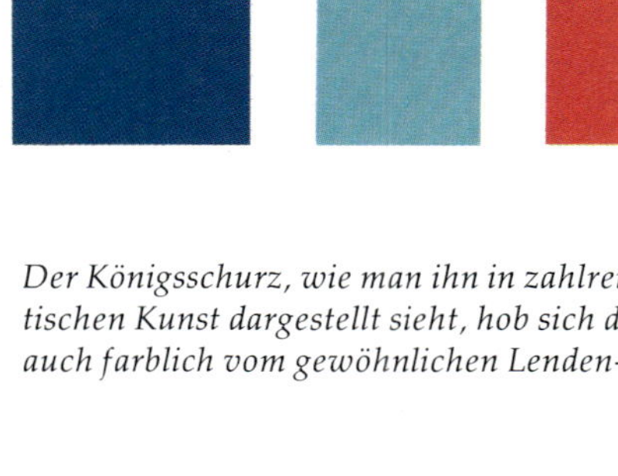

Der Königsschurz, wie man ihn in zahlreichen Werken der ägyptischen Kunst dargestellt sieht, hob sich durch seinen Schmuck auch farblich vom gewöhnlichen Lenden- oder Beckenschurz ab.

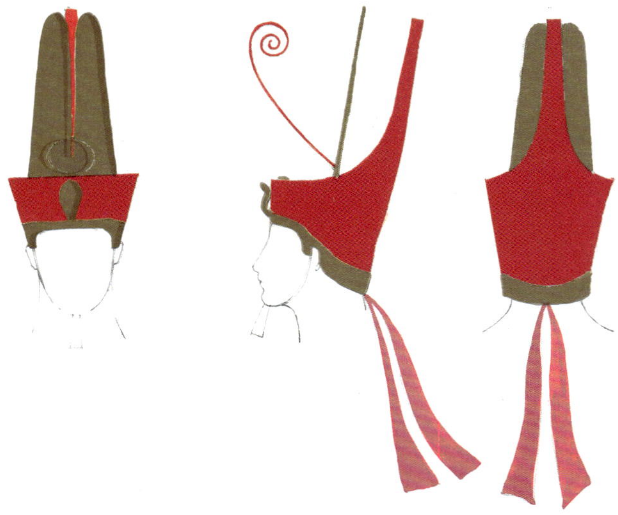

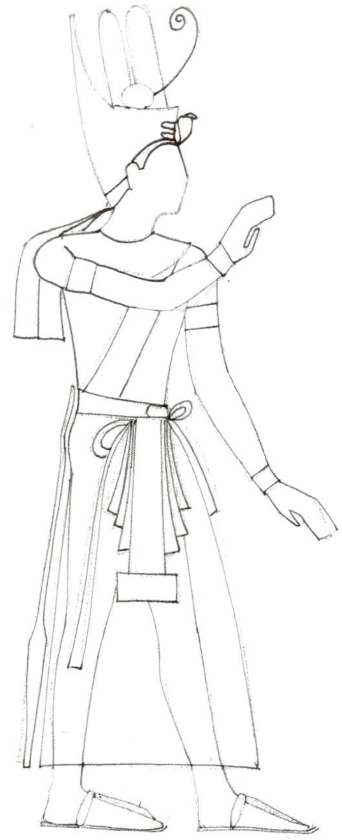

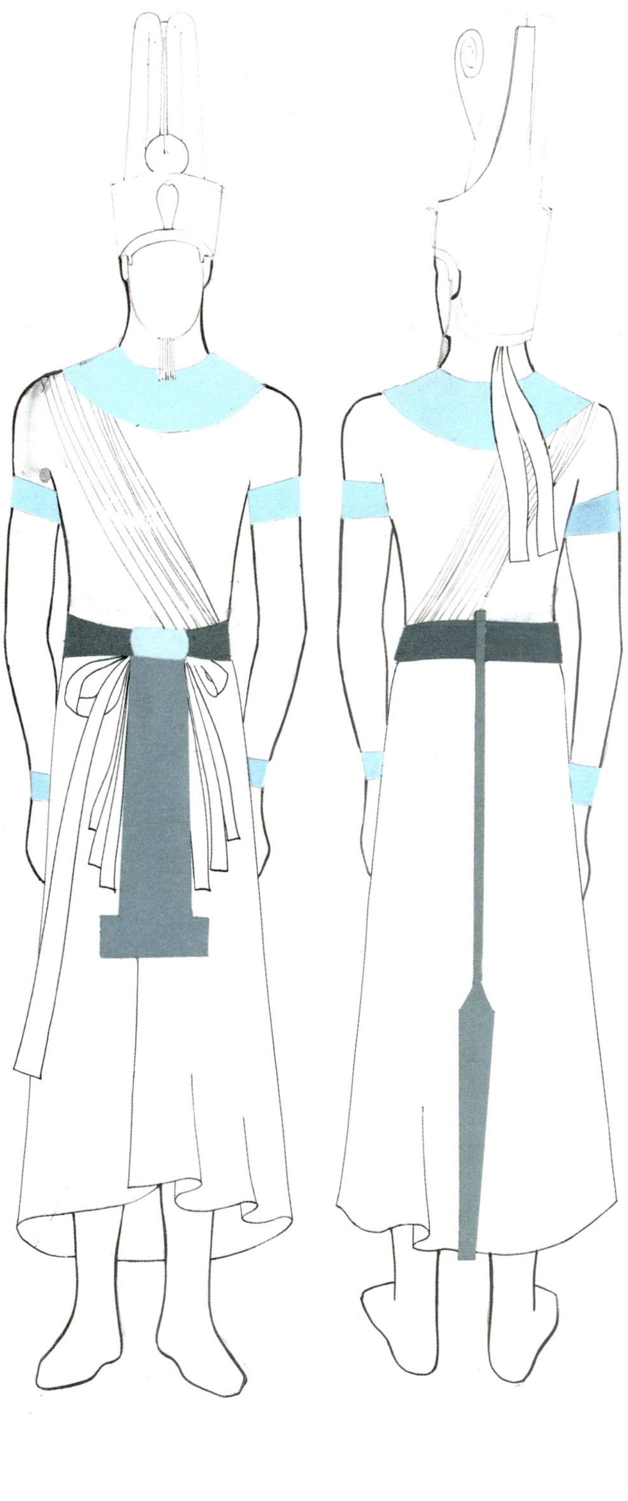

Darstellung eines Königs in vollem Ornat. Der Pharao trägt die Rote Krone Unterägyptens, an seinem breiten Gürtel hängt hinten der Tierschwanz herab, mit dem man auf der Narmer-Palette schon den Stifter derselben amtieren sieht. In der Zeit des Mittleren Reiches wurden Gürtel mit Stierschwanzanhängern als Grabbeigaben auch für gewöhnliche Sterbliche üblich.

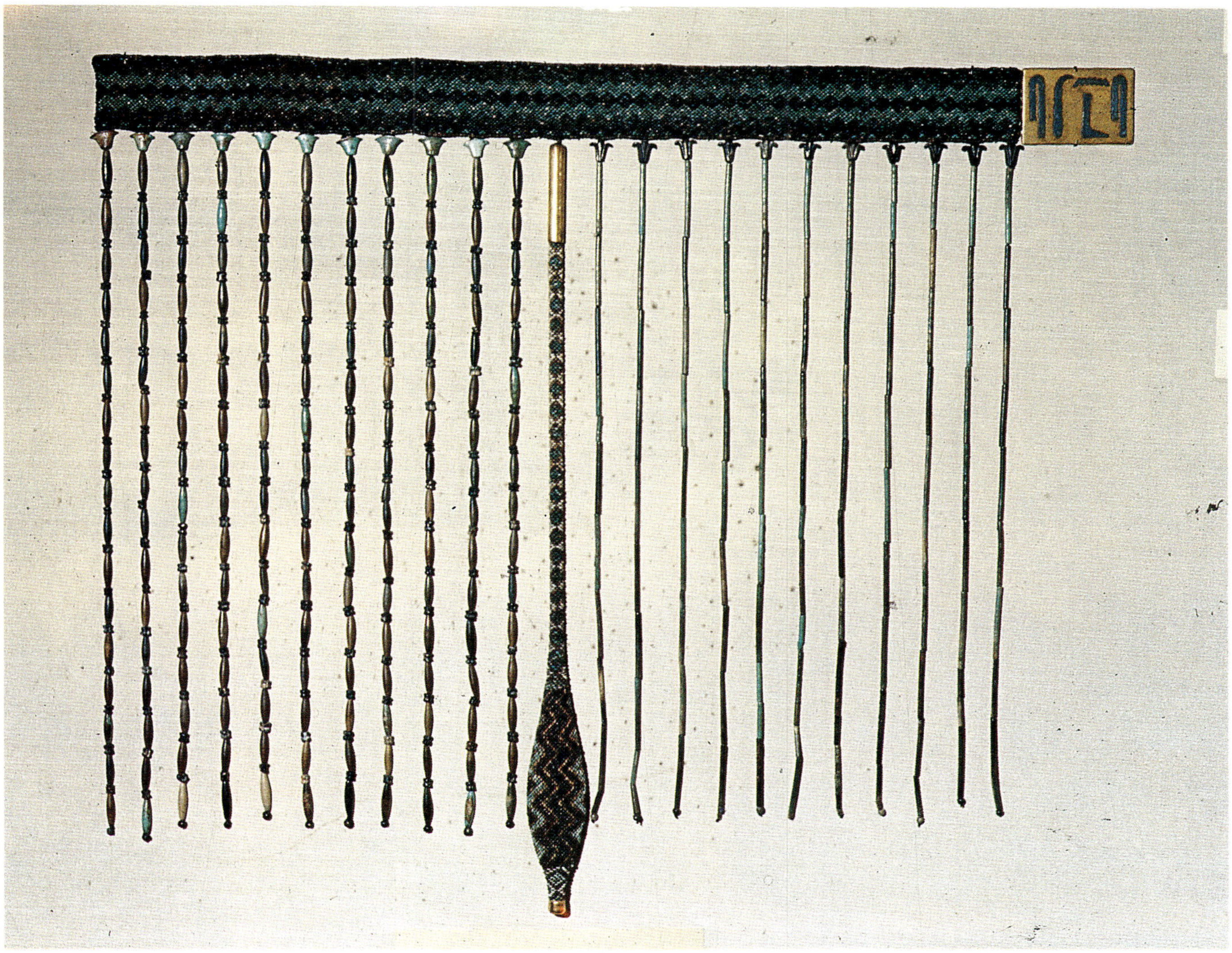

Gürtel mit Perlengehänge, aus dem Grab der Senebtisi in Lischt, 12. Dynastie; New York, Metropolitan Museum of Art. – Vom Perlengürtel der Senebtisi, der in deren Grab in Lischt gefunden wurde, hängt in der Mitte die Nachahmung eines sich nach unten verdickenden Tierschwanzes herab. Der Gürtel wird vorn mit einer von Goldblech überzogenen Holzschnalle geschlossen; mit blauer Farbpaste ist der Name der Senebtisi in die Schnalle eingelegt. Die Perlen bestehen aus grüner, weißer, gelber und schwarzer Fayence.

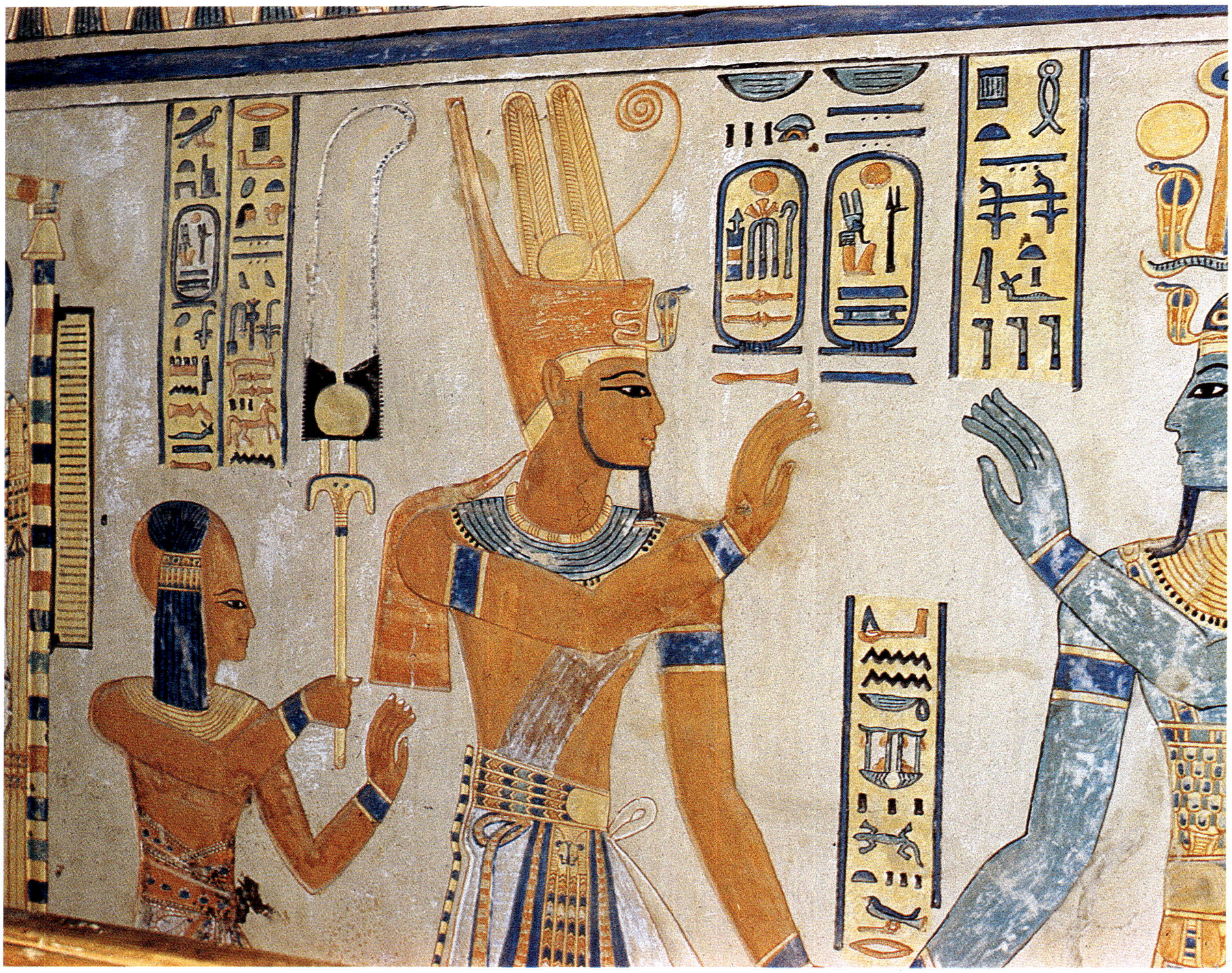

In einer Wandmalerei im Grab eines der Söhne des Königs, des Prinzen Amenhirchopschef, im Tal der Königinnen bei Theben, erscheint Ramses III. (1198–1166 v. Chr.) mit der Roten Krone Unterägyptens.

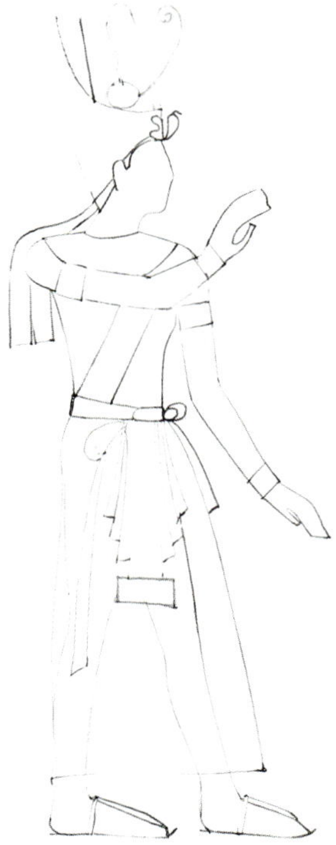

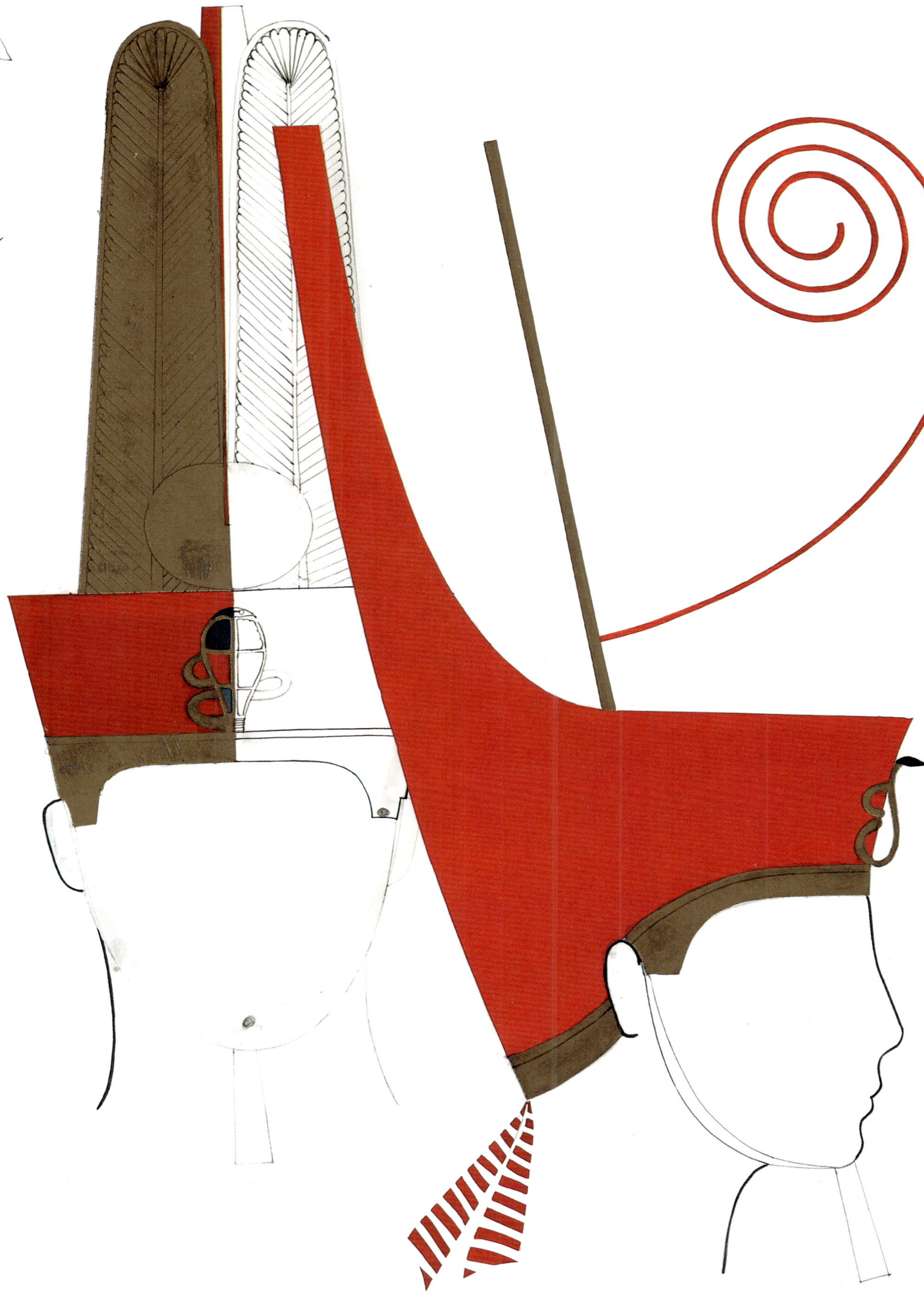

Vorder- und Seitenansicht der Roten Krone Unterägyptens, wie sie Ramses III. auf dem nebenstehenden Bild trägt. Die Sonnenscheibe und die stilisierten Federbüsche waren mit Blattgold überzogen.

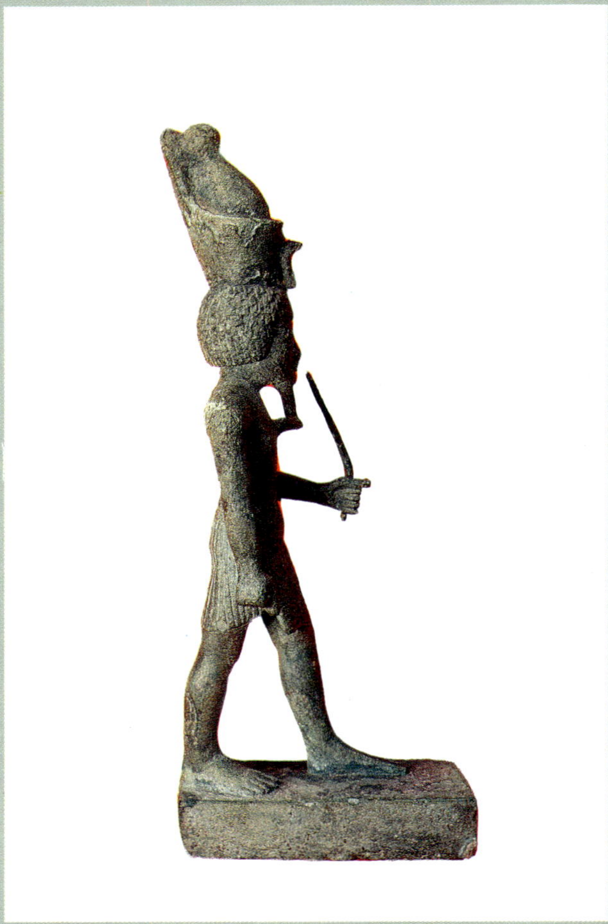

Die kleine Bronzefigur aus der Spätzeit stellt einen Pharao dar, der die aus den Kronen der beiden Landesteile zusammengesetzte Krone Ober- und Unterägyptens trägt.

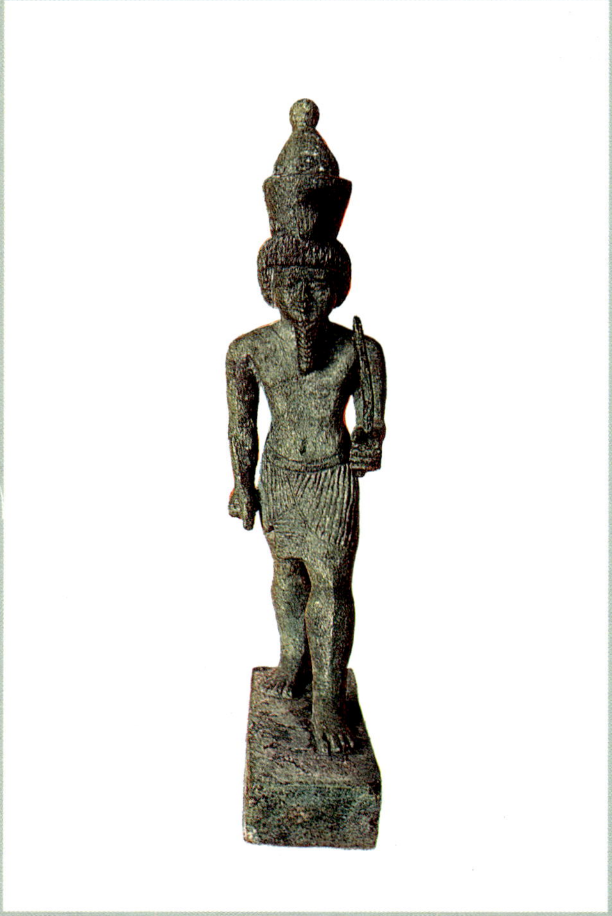

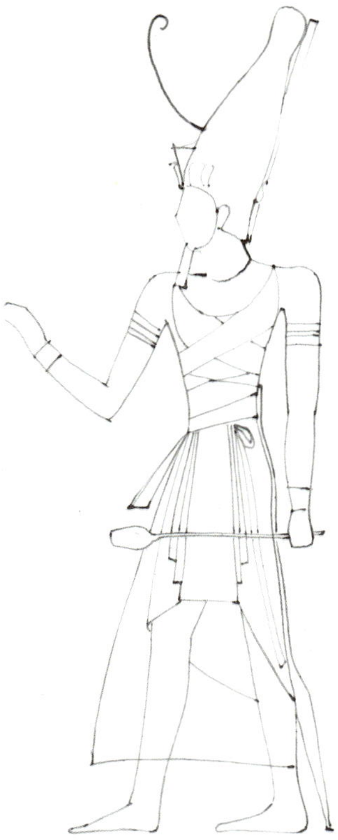

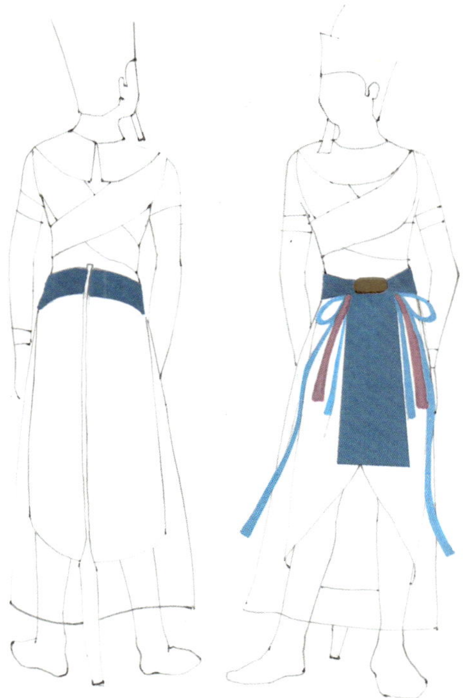

Das königliche Ornat für die Feier des Heb-Sed-Festes, das alle dreißig Jahre prunkvoll begangen wurde, ist jahrtausendelang in den überlieferten Formen und Farben beibehalten worden. Auch die Kleidung, in der die Götter dargestellt wurden, hat sich im Laufe der Zeit nur wenig verändert.

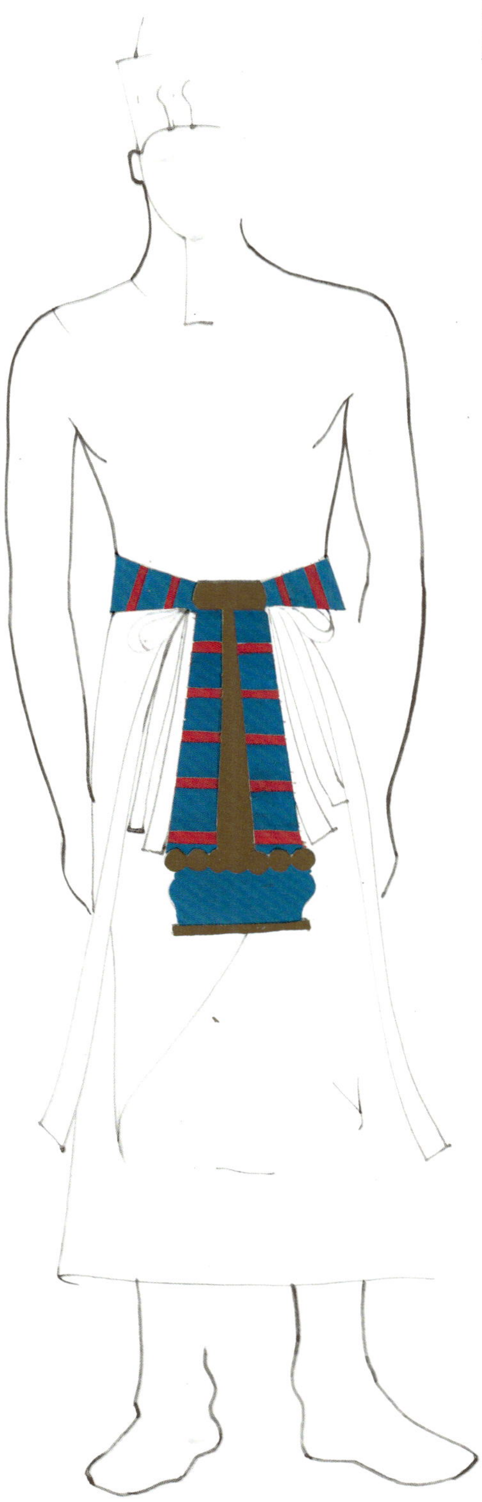

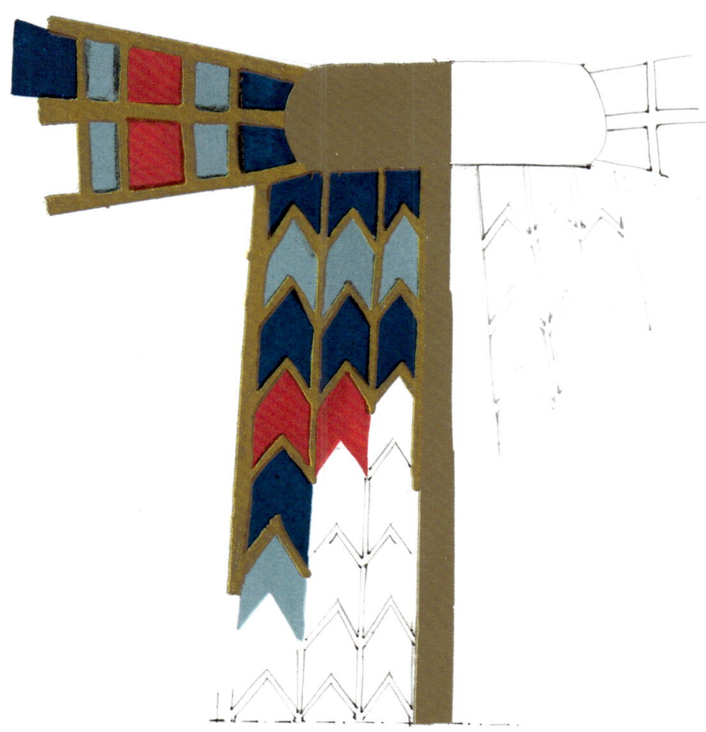

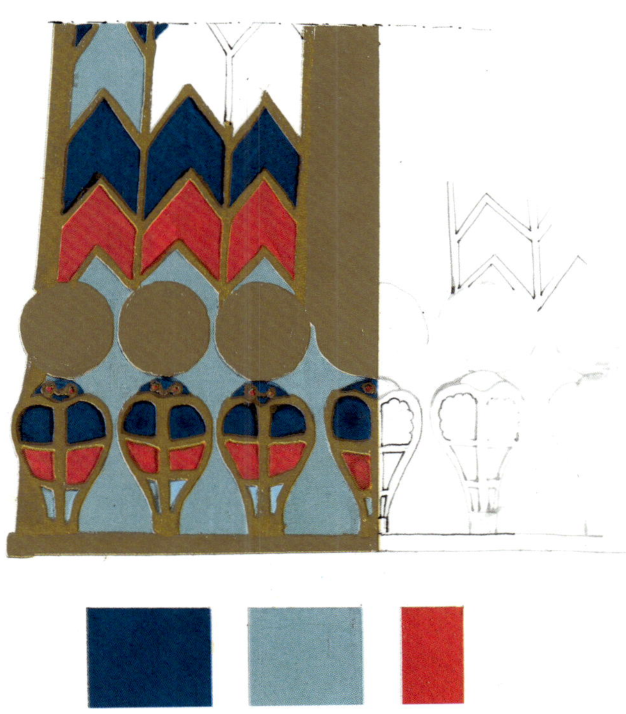

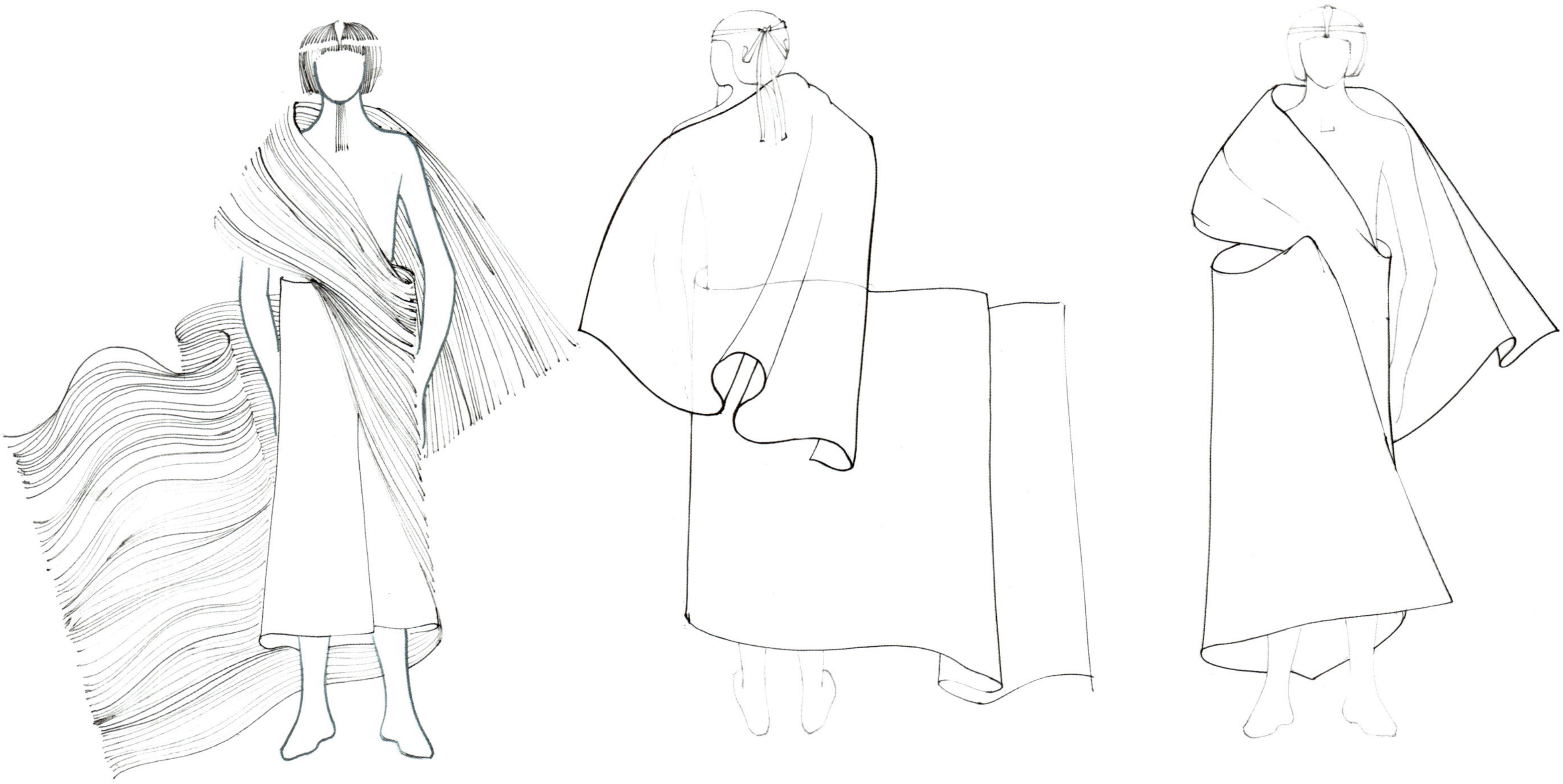

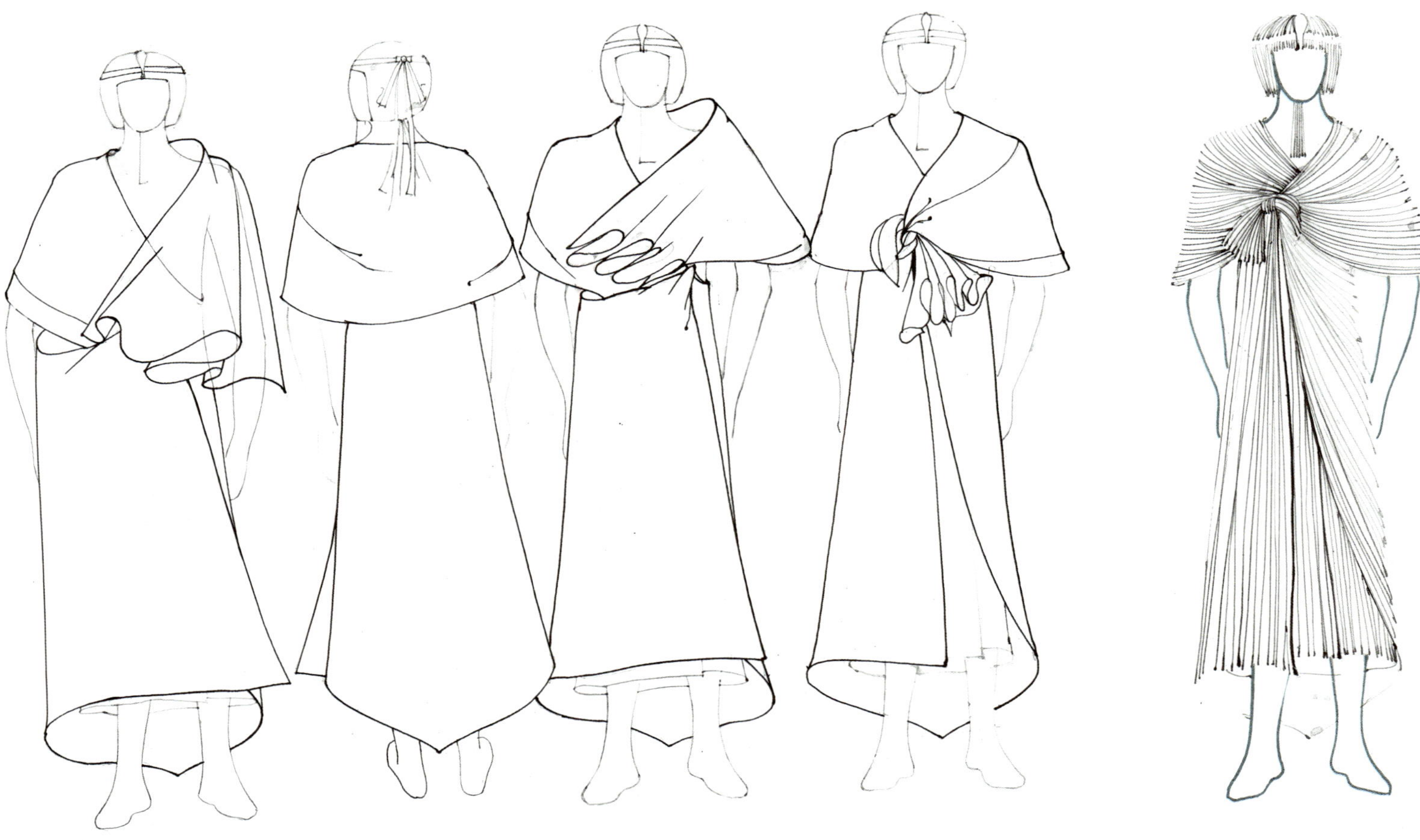

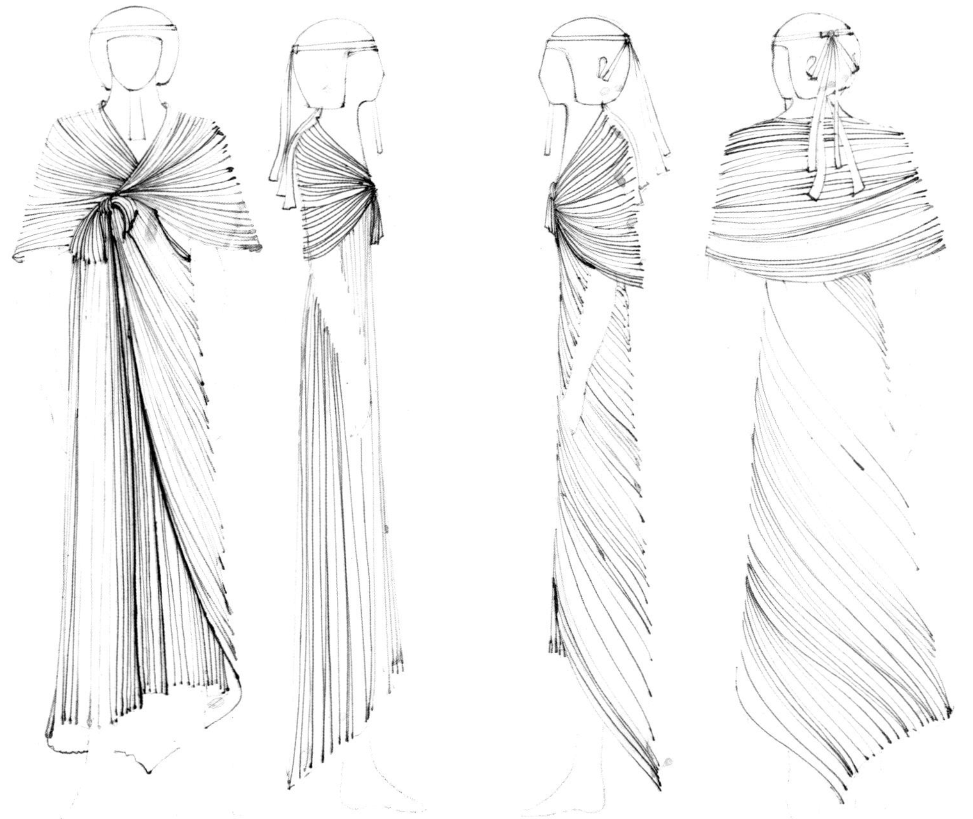

Für die Kleidung von Angehörigen der Hofgesellschaft in den letzten Jahren des Neuen Reiches sind kunstvoll gefältelte Leinengewänder typisch. Sie wurden so drapiert, daß der Faltenwurf die Oberfläche des Stoffes reizvoll zur Geltung brachte. Beispiele solcher faltenreichen Gewänder zeigen Reliefbilder jener Zeit in der Nekropole von Memphis in Saqqara, in den Gräbern Majas, des Bildhauers und Oberbauleiters von Tutanchamun, und des Haremhab, der am Ende der 18. Dynastie, vier Jahre nach dem Tod Tutanchamuns, zur Regierung gelangte.

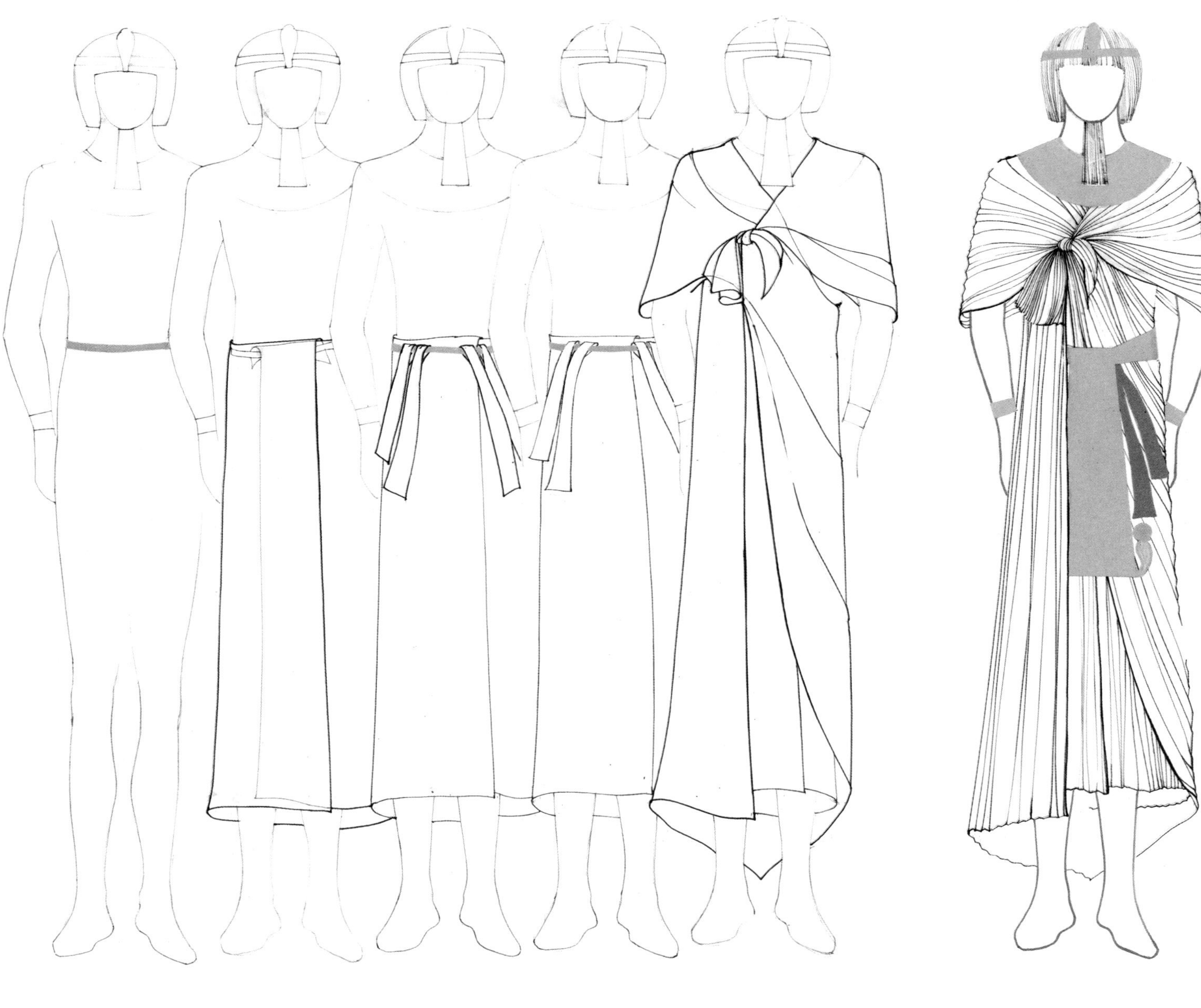

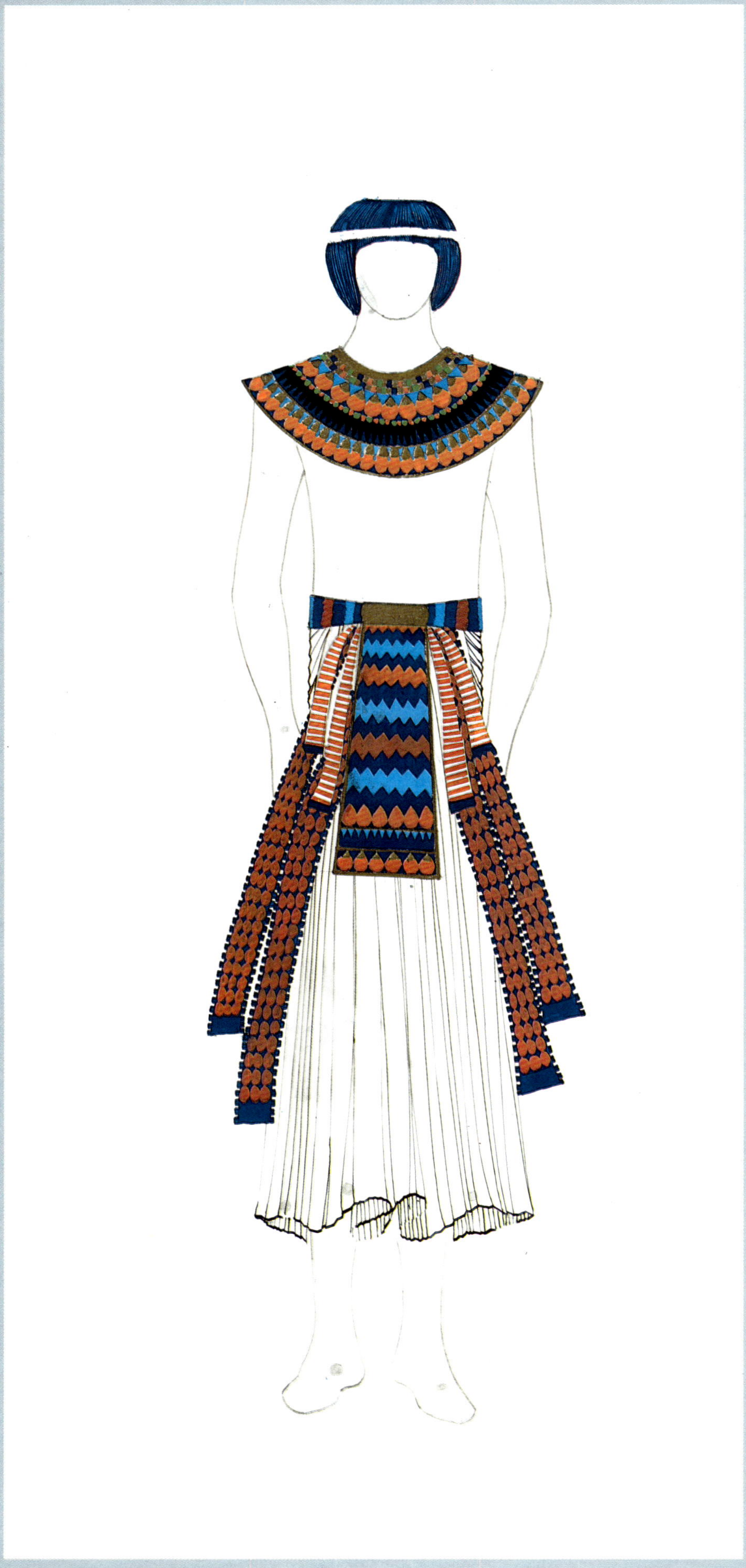

Zu den besonders schönen und auffälligen Merkmalen der Kleidung am Hof Tutanchamuns gehörten die farbigen, lang herabfallenden Enden kunstvoll gebundener Gürtel.

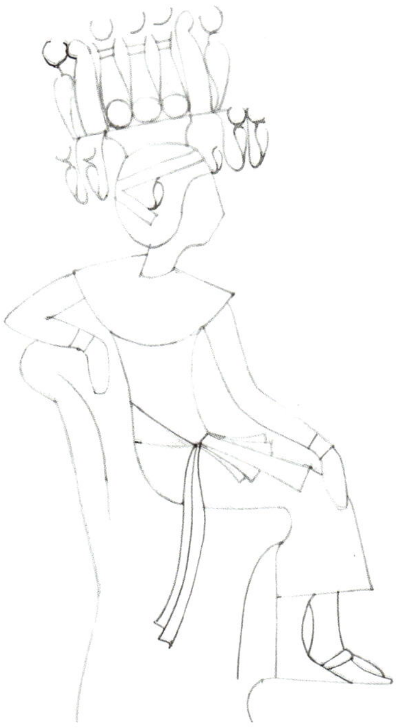

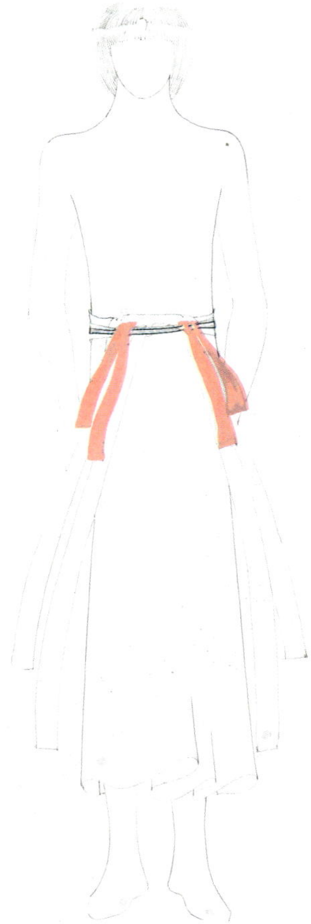

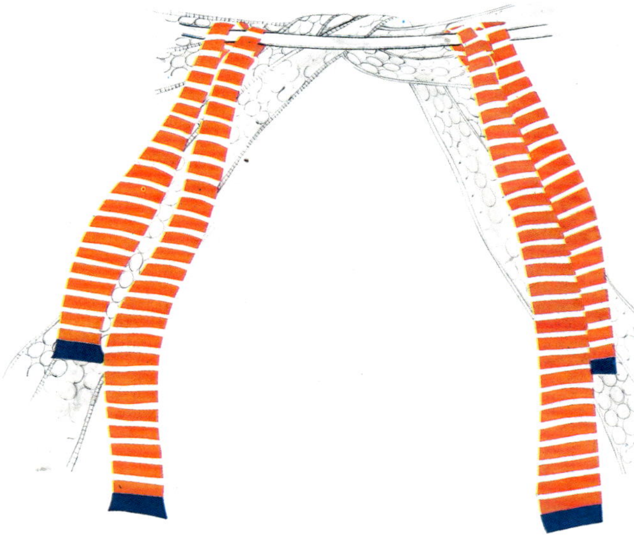

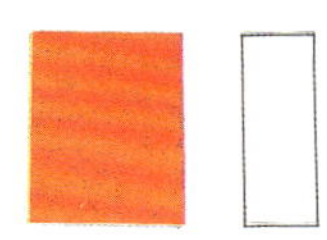

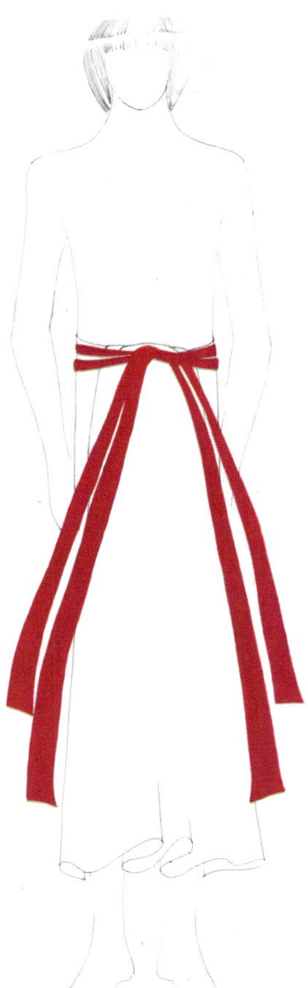

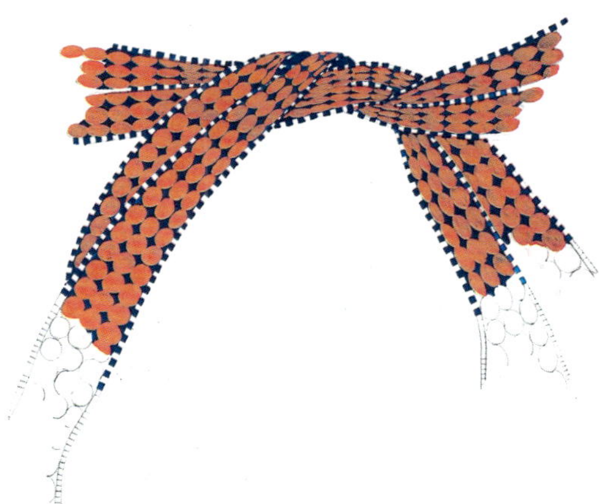

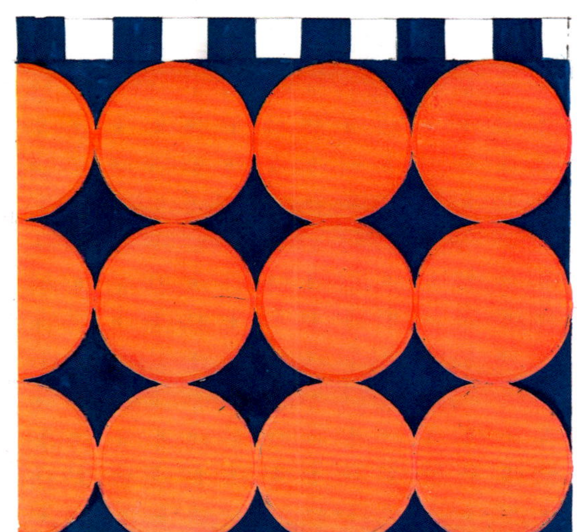

Gürtel der Art, wie man ihn auf der Rückenlehne des Thronsessels von Tutanchamun dargestellt sieht, waren farbig gemustert und hatten seitlich lang herabfallende Enden. Das Muster war einfach, lebte aber von Farbkontrasten.

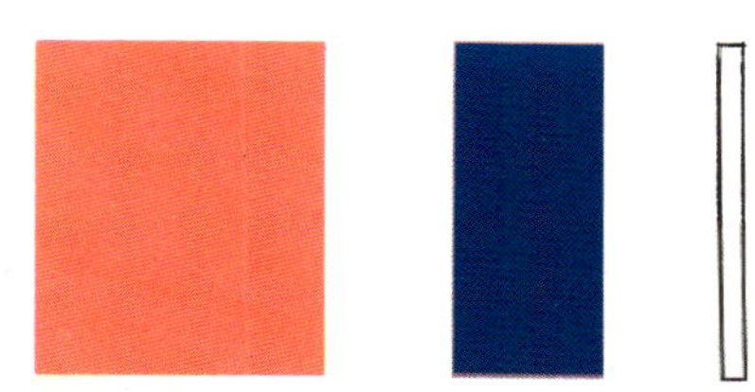

Darstellung eines Teilstücks von einem Kragen in natürlicher Größe. Die Elemente, aus denen sich solche bis auf die Brust herabreichenden Kragen zusammensetzten, waren oft Metallplättchen, mit ziselierten Blumenornamenten oder Einlegearbeiten geschmückt.

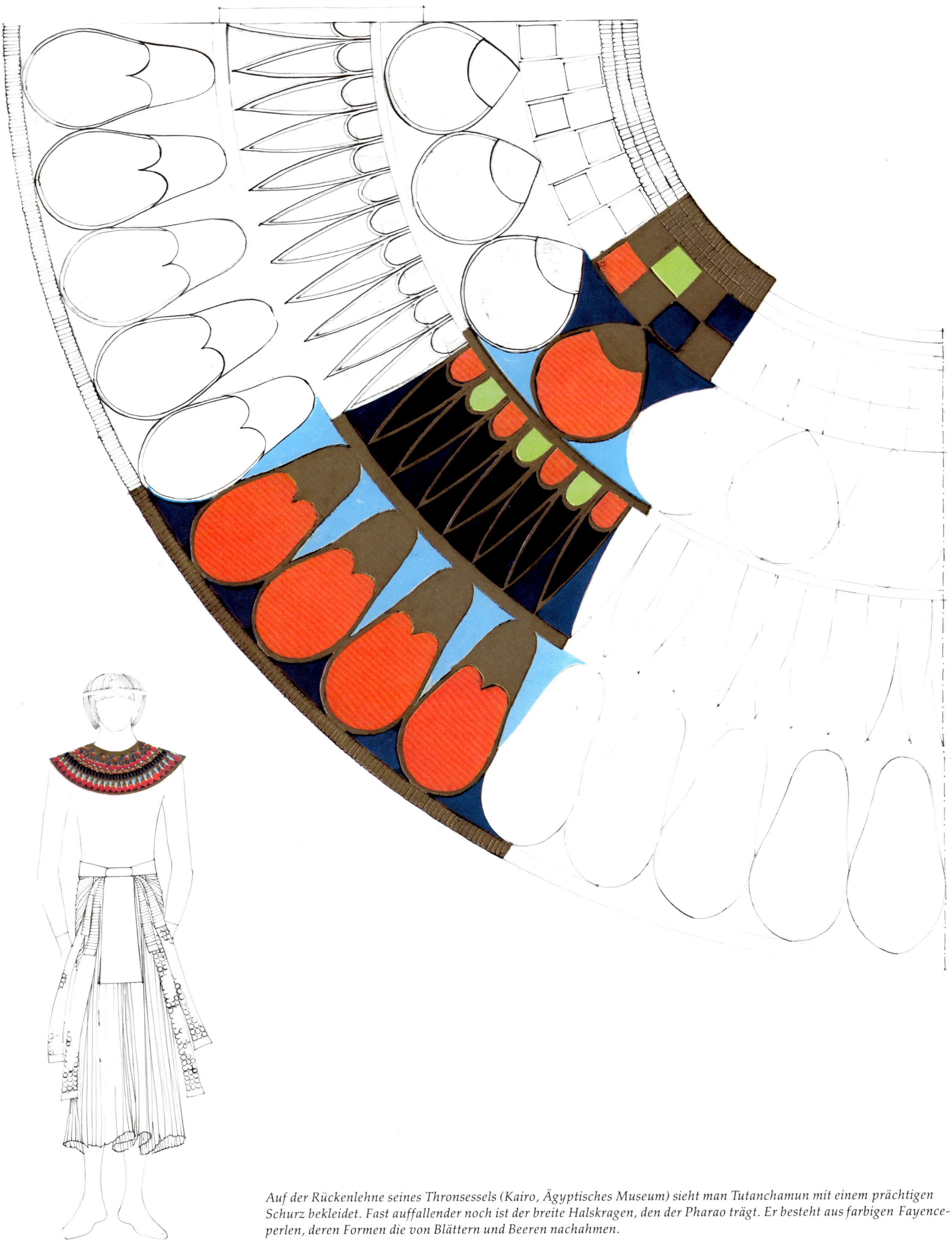

Auf der Rückenlehne seines Thronsessels (Kairo, Ägyptisches Museum) sieht man Tutanchamun mit einem prächtigen Schurz bekleidet. Fast auffallender noch ist der breite Halskragen, den der Pharao trägt. Er besteht aus farbigen Fayenceperlen, deren Formen die von Blättern und Beeren nachahmen.

Zeremonialschürzen gehörten zum Ornat bei religiösen Riten und Feiern. Sie waren meist mit kräftigen Farben ornamental gemustert.

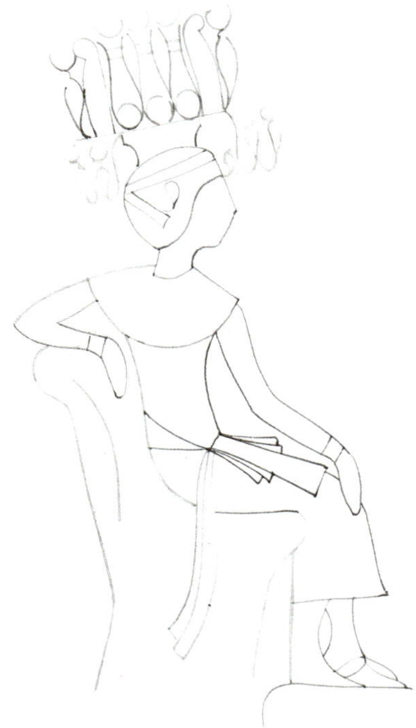

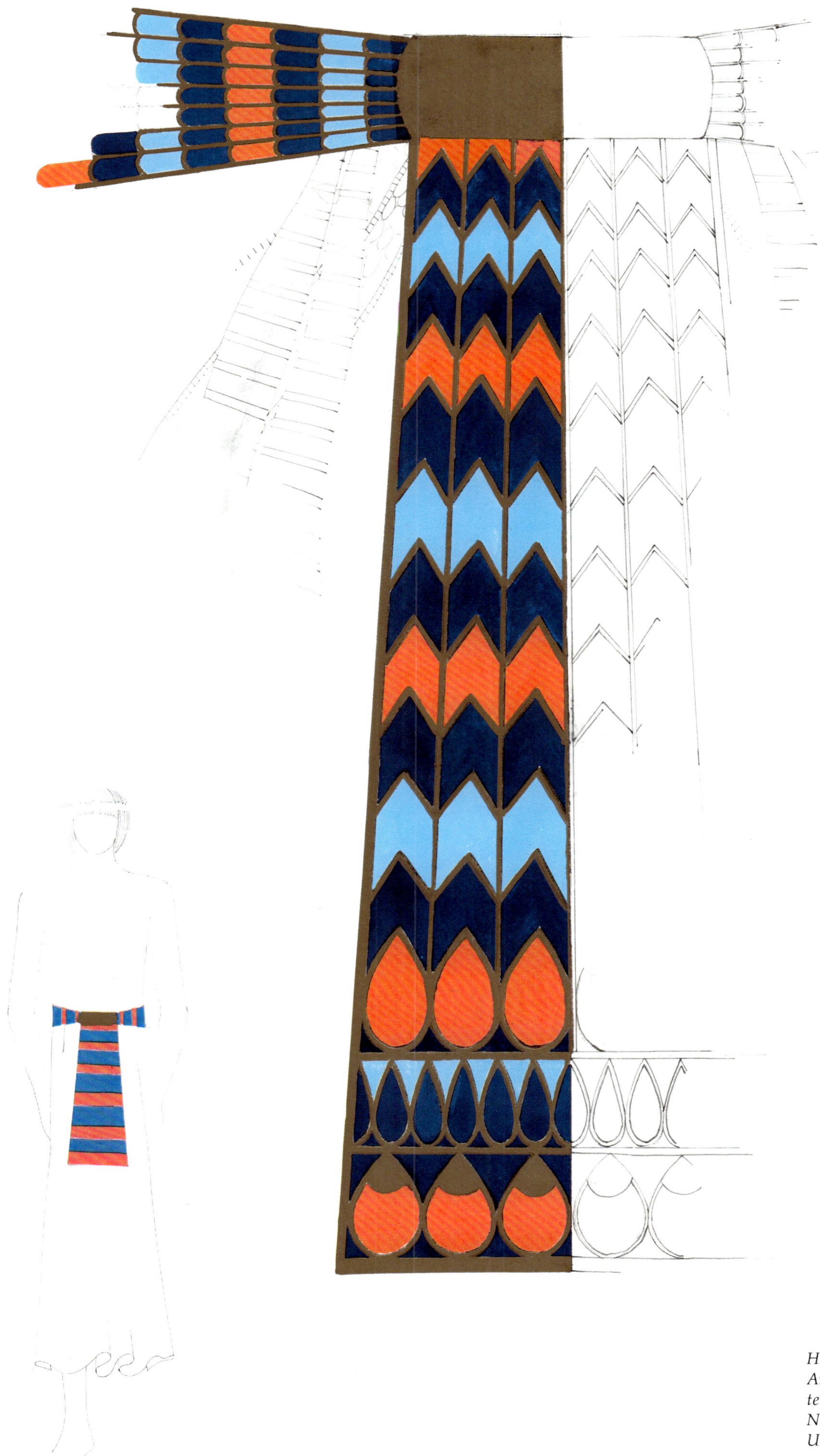

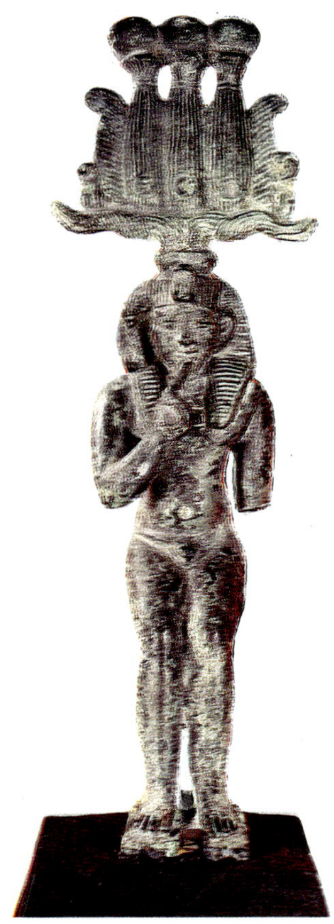

Harpokrates-Statuette, Bronze, Spätzeit; Como, Museo Archeologico. – Die Griechen nannten Horus »Harpokrates«. Der schwere Kopfputz, den die Figur über einem Nemes-Kopftuch trägt, ruht auf Bockshörnern und zeigt Uräusschlange, Straußenfedern und Federbüsche.

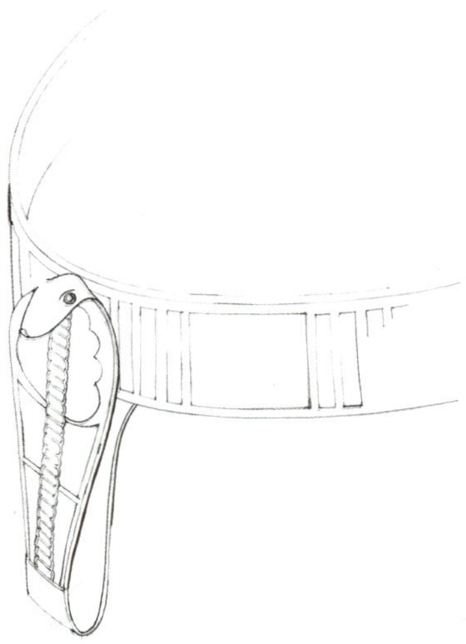

Das Schifferstirnband, ursprünglich vielleicht aus Wasserpflanzen gedreht, wurde in allen möglichen, auch kostbaren Materialien nachgeahmt. Selbst der Pharao trug es. Auf dem Haupt des Königs bildeten oft Uräusschlangen den Knoten am Hinterkopf, über der Stirn reckte meist eine weitere solcher Schlangen den Kopf.

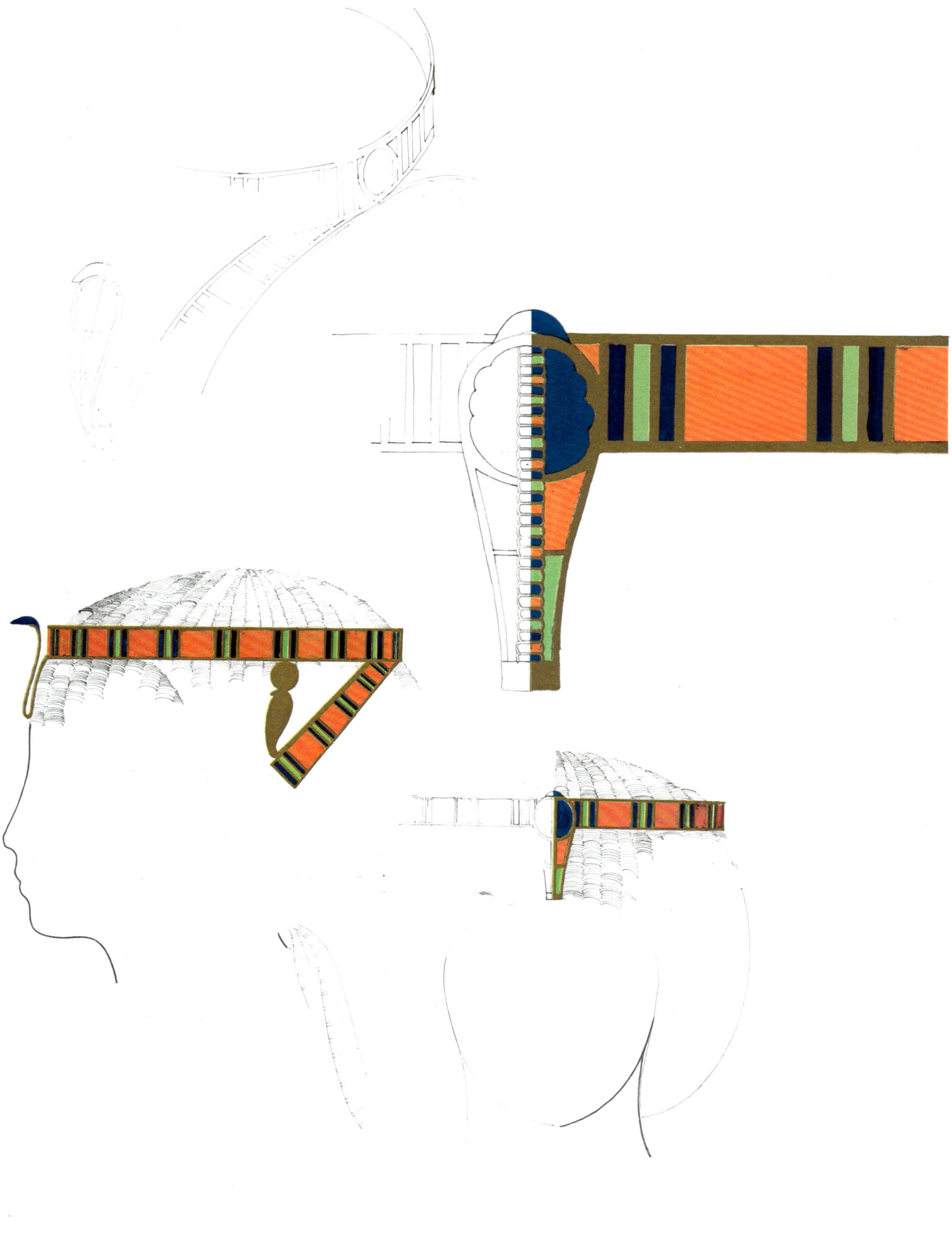

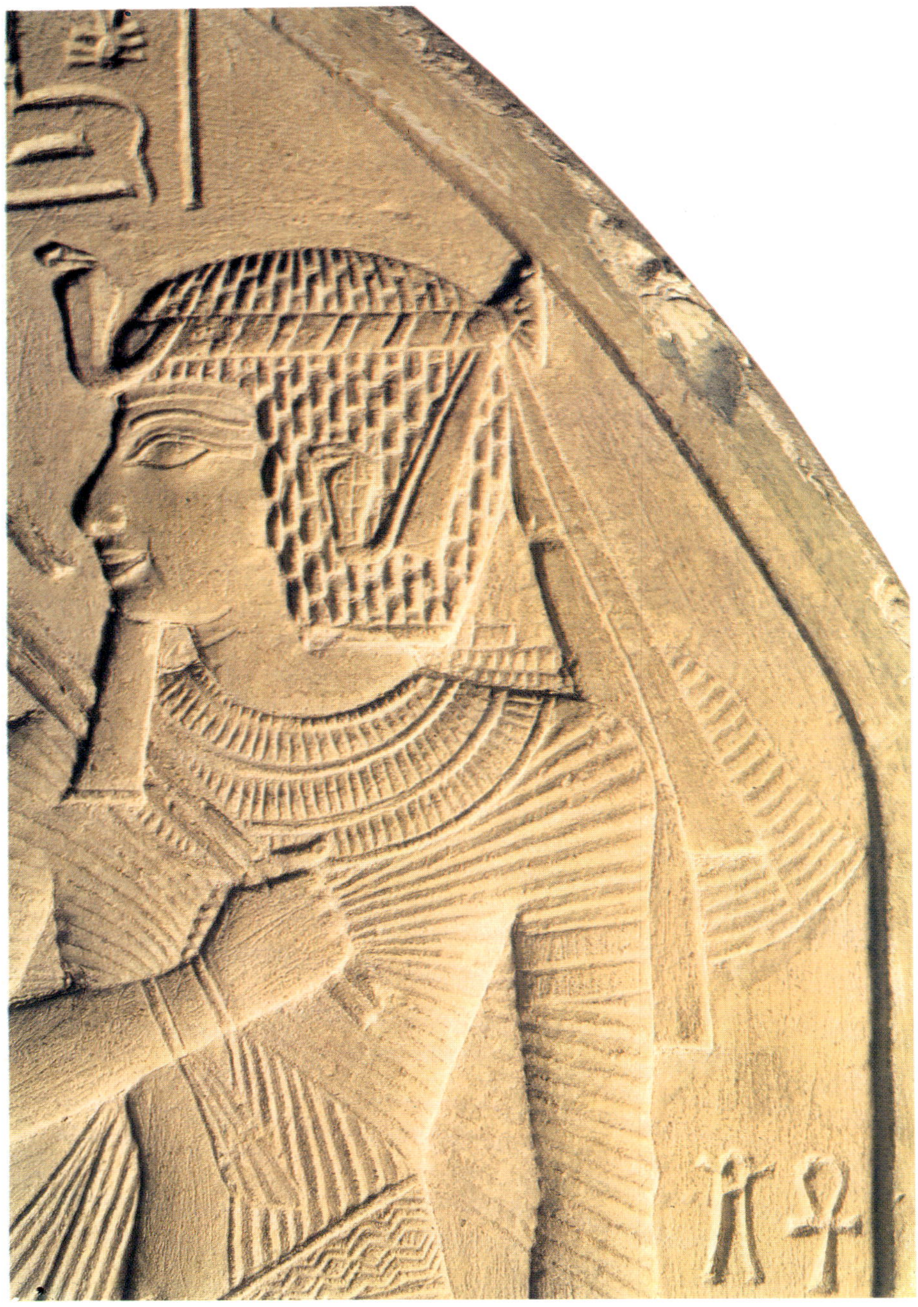

Amenophis I. hat ein Schifferstirnband mit königlicher Uräusschlange um die kurze Perücke gebunden. Das Museum in Leiden besitzt ein aus Silber gefertigtes Exemplar eines solchen Stirnbands (Ausschnitt aus Abb. auf Seite 102).

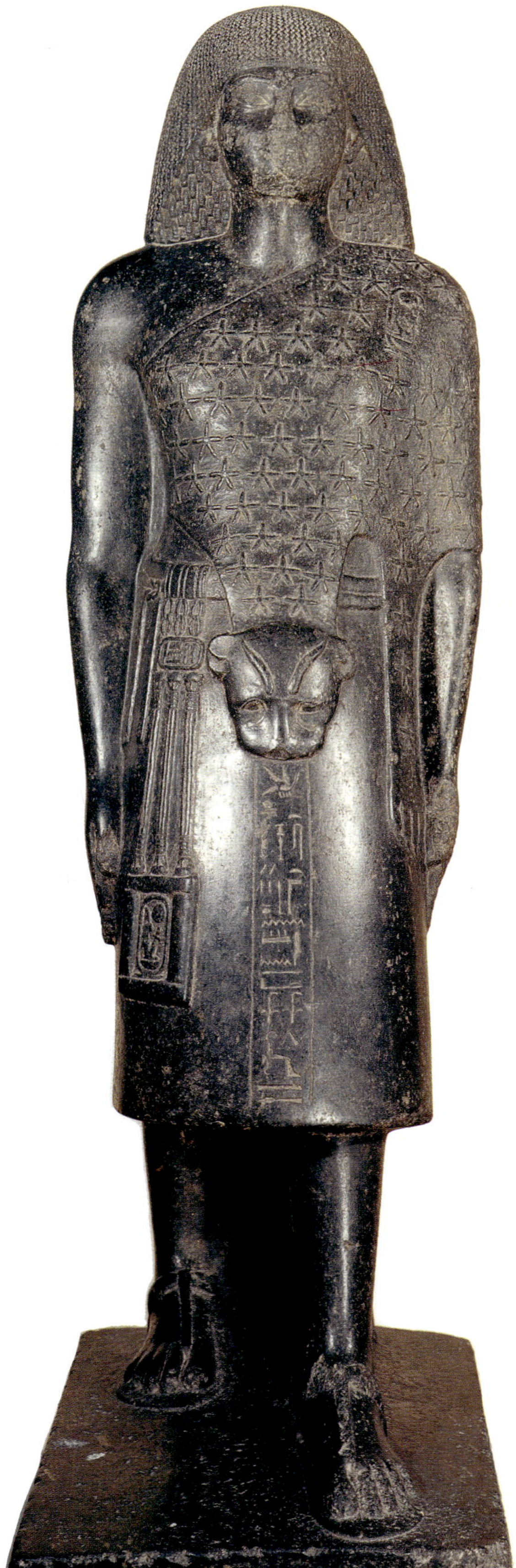

Anen-Statuette, 18. Dynastie; Turin, Museo Egizio. – Der Bruder der Königin Teje und zweiter Priester Amuns trägt das priesterliche Ornat mit dem Fell des Panthers, dessen Kopf vorn über den Gürtel hängt. Das Fell ist mit fünfzackigen Sternen gefleckt. Die Kartusche an der linken Schulter des Anen ist diejenige seines königlichen Schwagers Amenophis III.

Priester, die den Tempeldienst versahen und Opferhandlungen vornahmen, trugen bei solchen und anderen feierlichen Anlässen Gewänder, die sie aus der Menge des einfachen Volkes heraushoben. Zum knie- oder wadenlangen Schurz kam ein Pantherfell. Es wurde gewöhnlich so angelegt, daß der Kopf des Tieres vorn zu liegen kam (s. Seiten 128 und 129), während der Schwanz vorn über den Schurz hing.

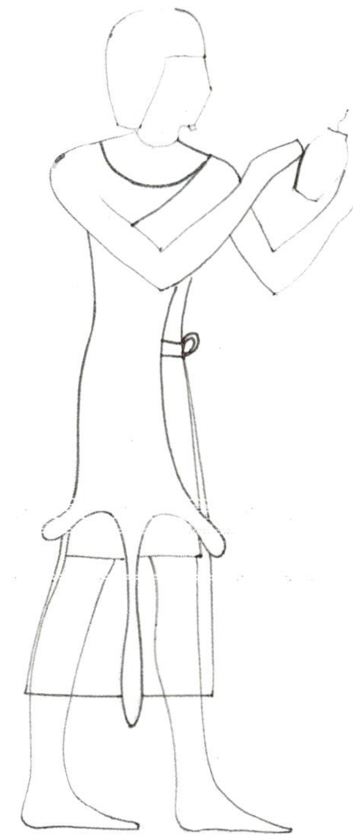

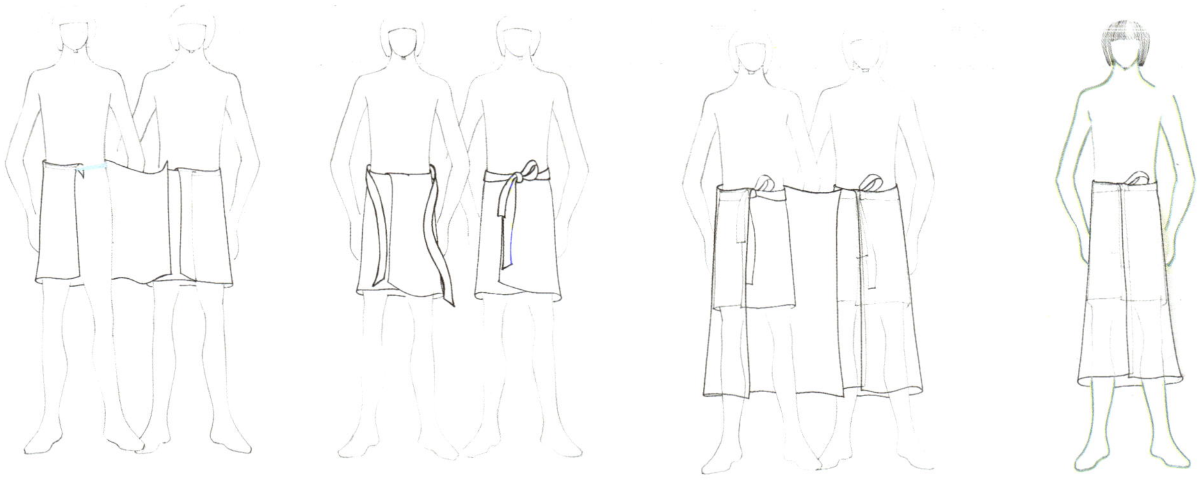

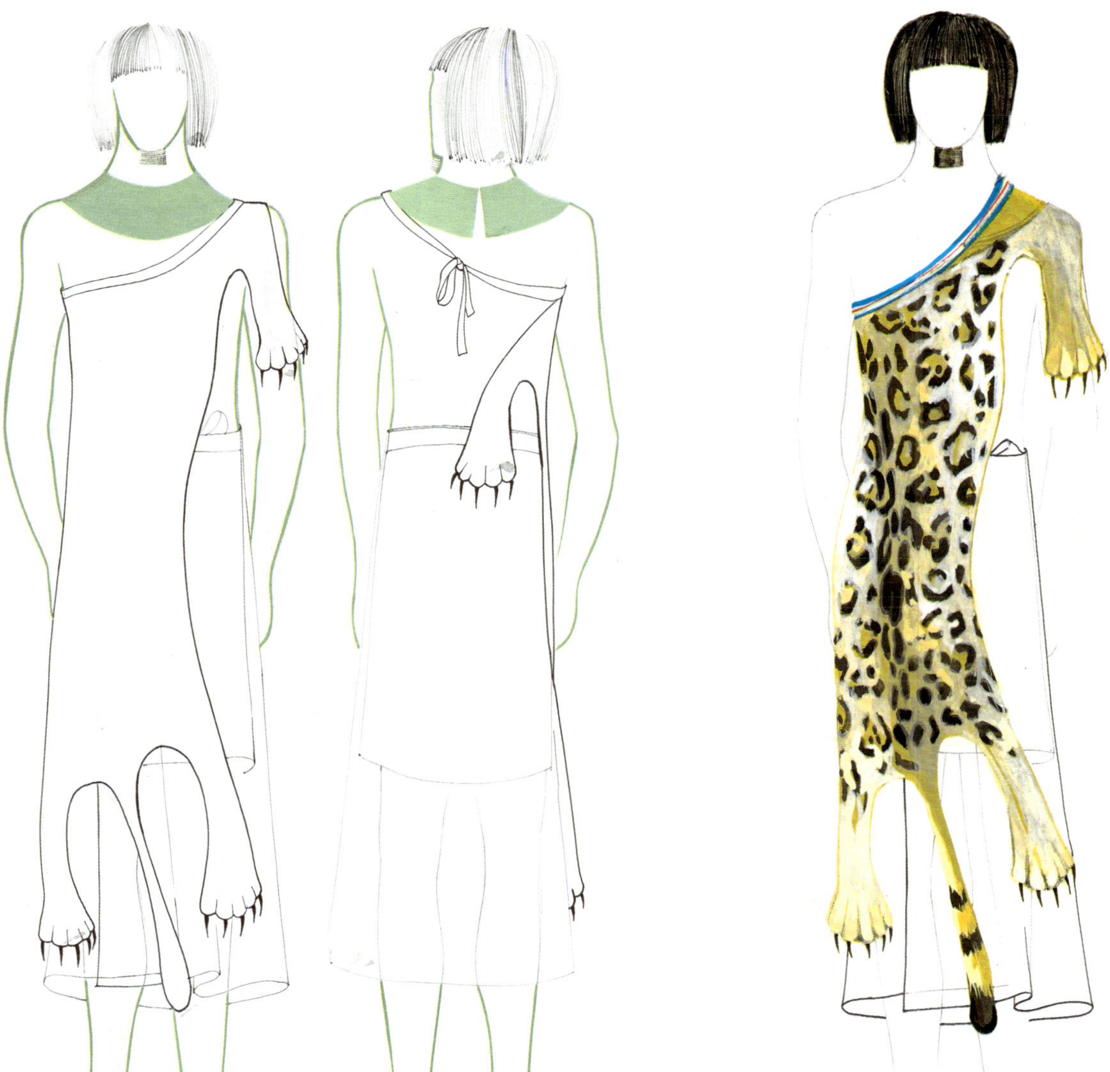

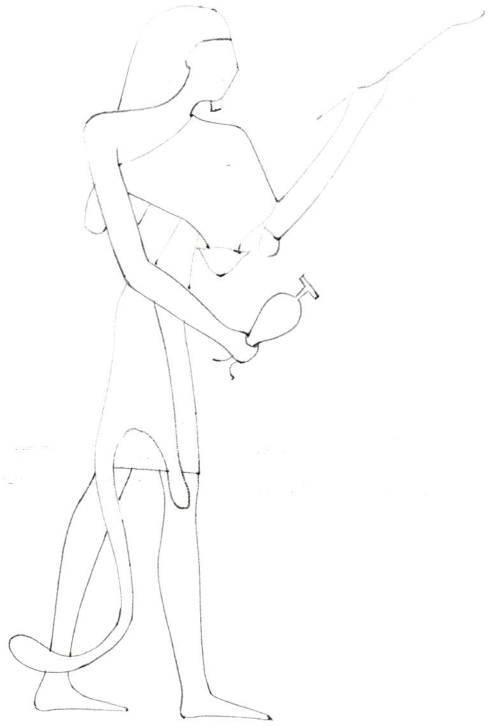

Panther- oder Leopardenfelle waren in Ägypten Abzeichen der Priesterwürde, Insignien eines besonders hohen Amtes. Das Fell wurde unterschiedlich angelegt. Hier liegt es mit seitlich herabhängendem Schwanz über einer Schärpe und einem Schurz; der Tierkopf befindet sich etwa in Höhe des oberen Schurzrandes, ähnlich wie auf der nebenstehend wiedergegebenen Malerei.

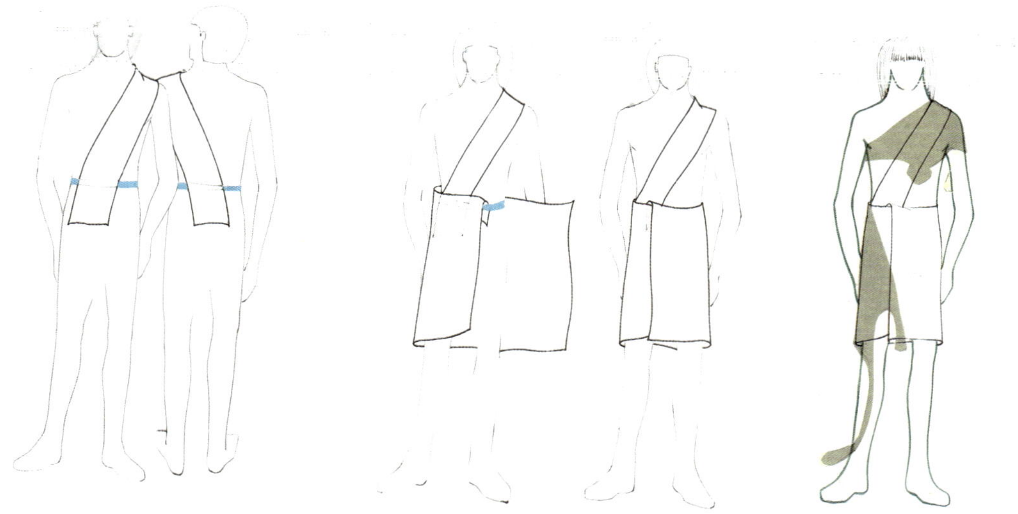

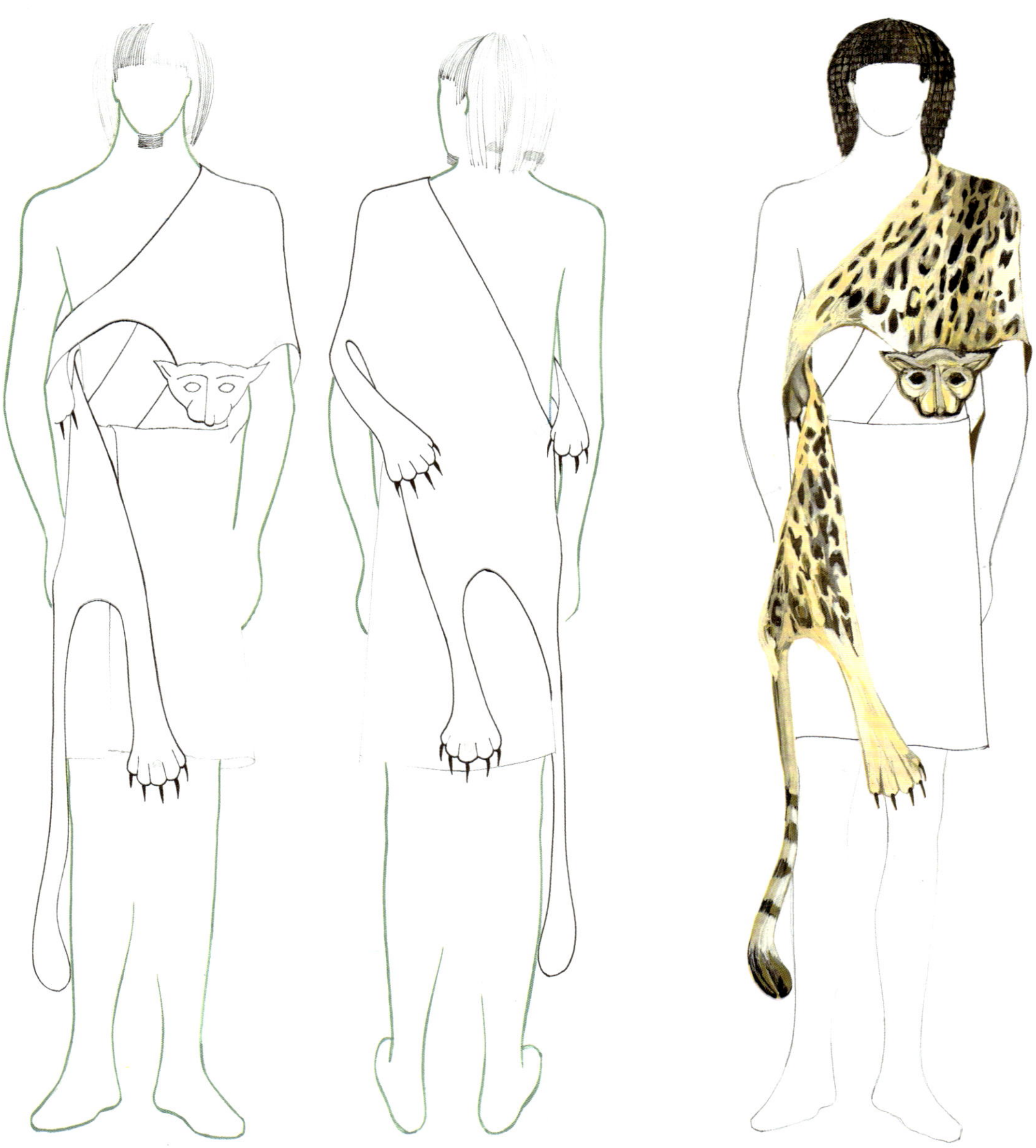

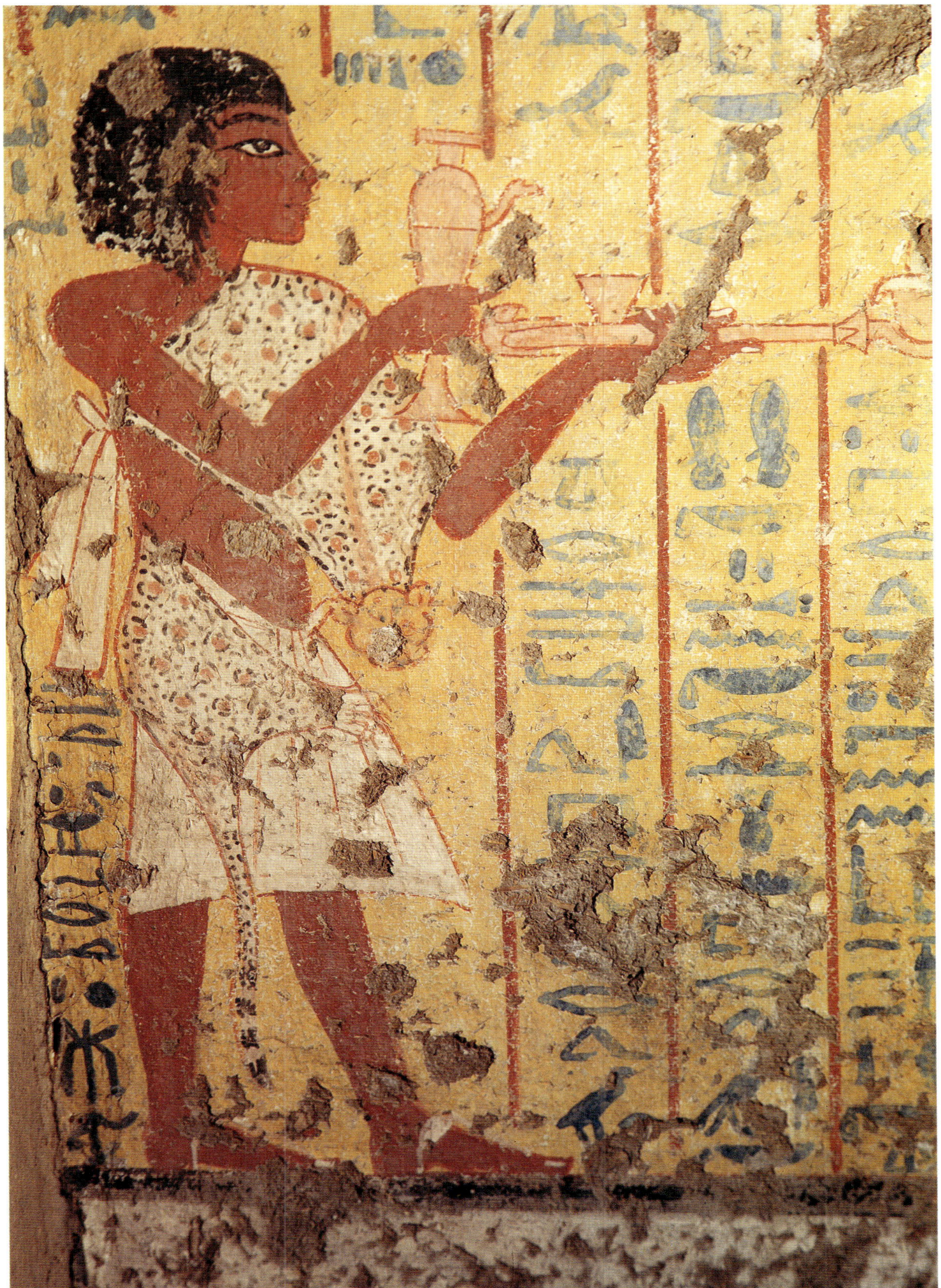

Als Priester ist der Dargestellte nicht nur an der Hes-Vase für Trankopfer und an Räucherarm erkennbar, den er in Richtung des Verstorbenen schwenkt, sondern auch am umgehängten Raubtierfell.

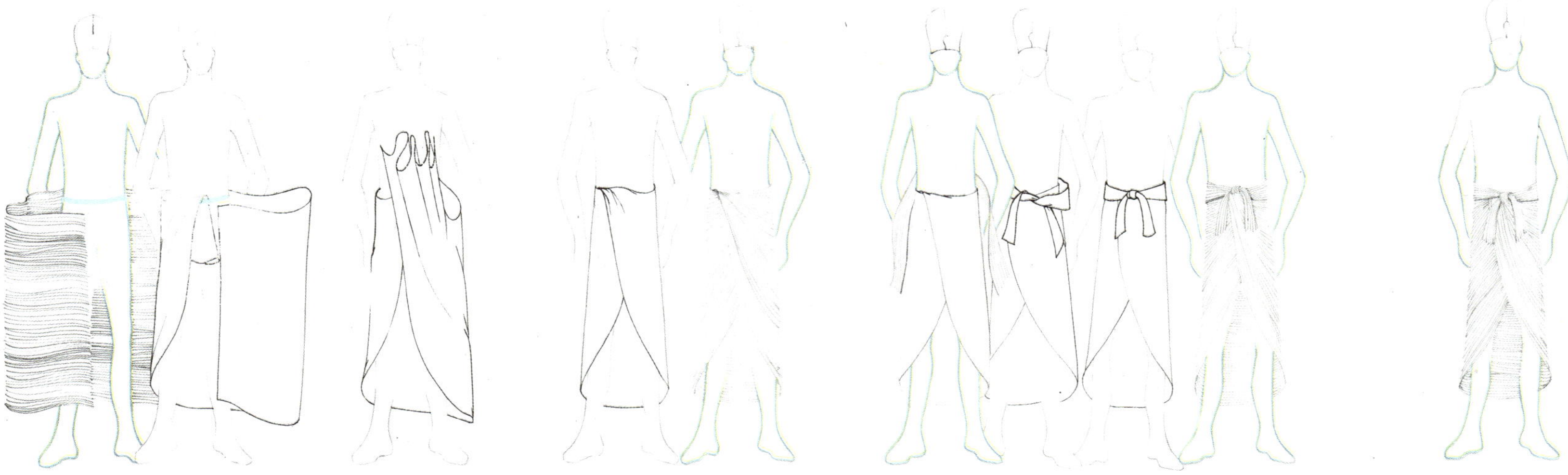

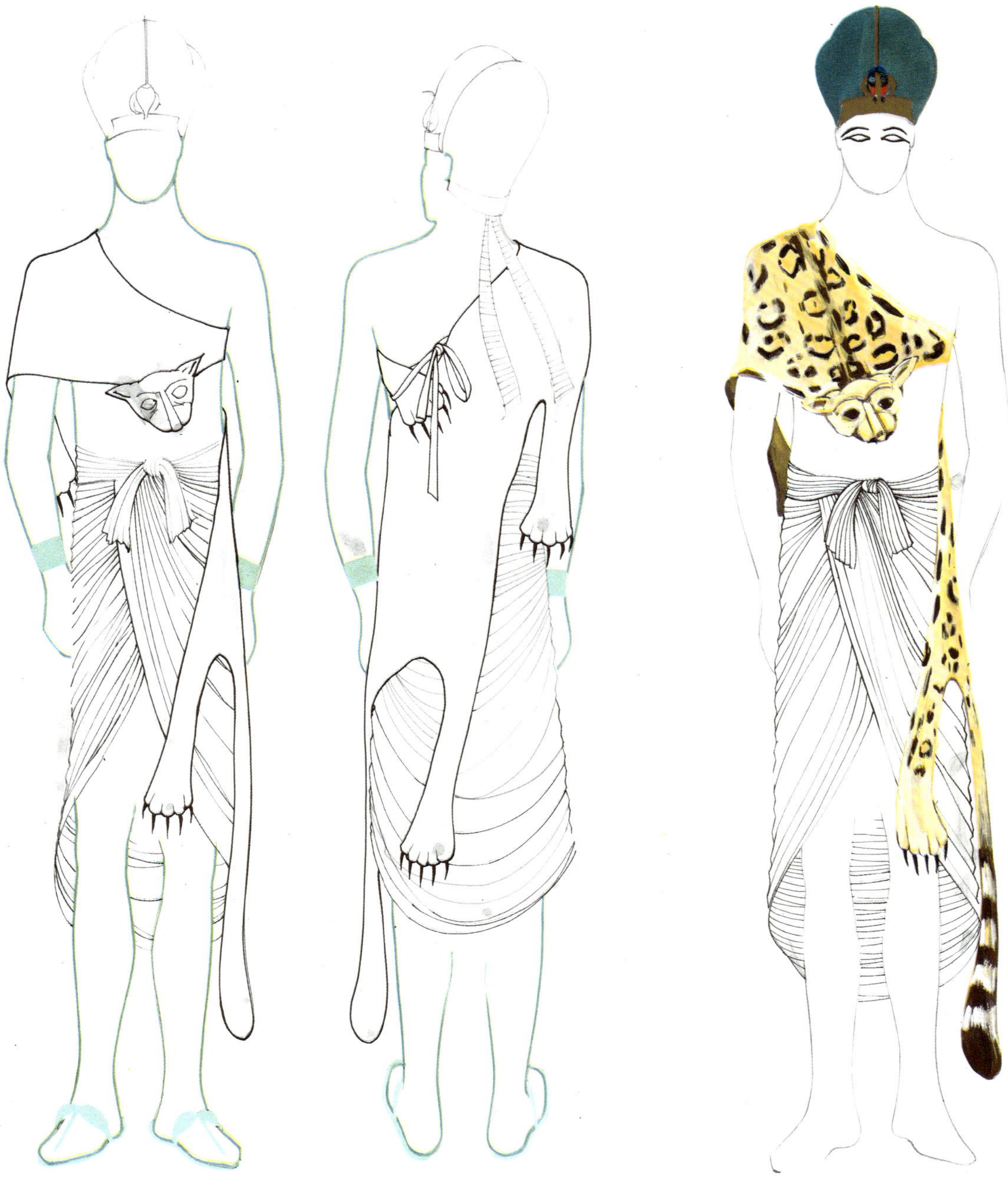

Die traditionellen Papyrussandalen wurden gehalten von einem quer über den Spann verlaufenden Band und einem gedrehten Riemen, der zwischen der großen und der folgenden Zehe mit der Sohle verbunden war.

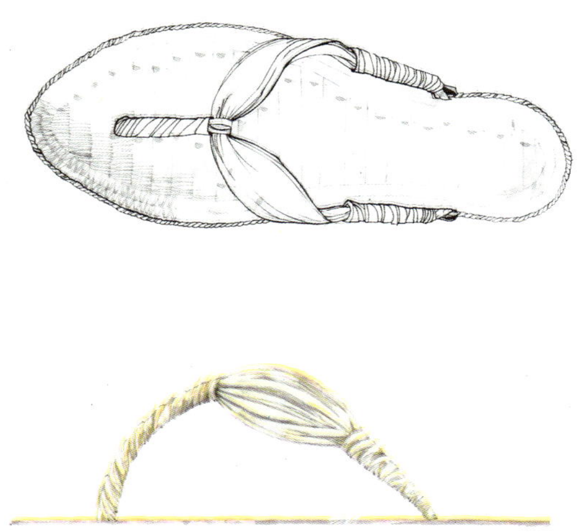

Wenn der Pharao als Hoher Priester amtierte, trug er zum priesterlichen Ornat mit dem Pantherfell die Blaue oder Kriegskrone. In diesem Ornat sieht man an der Ostwand der Grabkammer Tutanchamuns im Tal der Könige dessen Nachfolger, König Eje, dargestellt. Eje nimmt das Ritual der Mundöffnung an der Mumie des Verstorbenen vor.

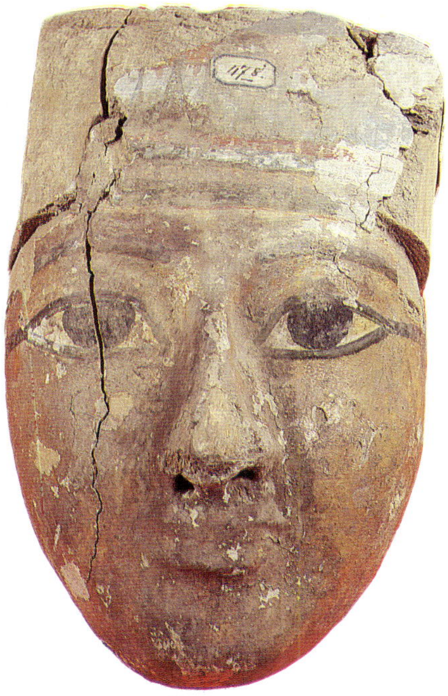

Mumienmaske, Spätzeit; Mailand, Museo Archeologico. – Die Augen der bemalten Holzmaske sind nach ägyptischer Sitte geschminkt.

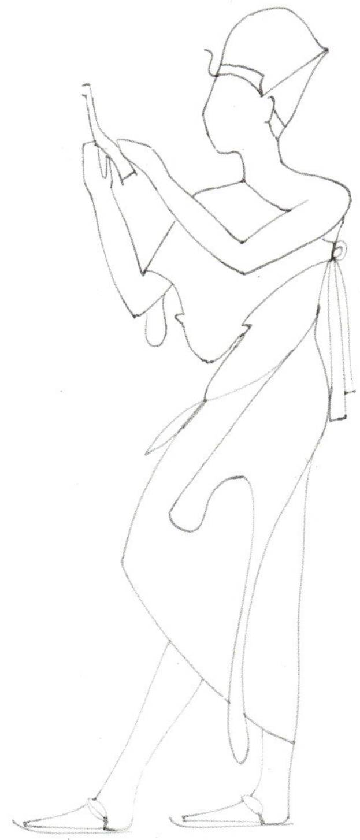

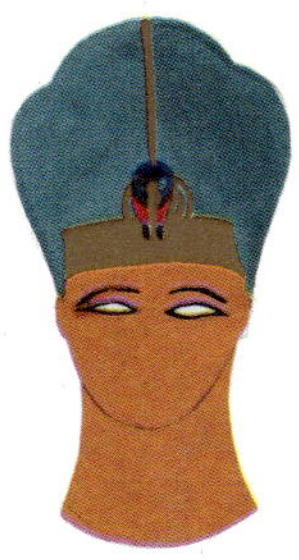

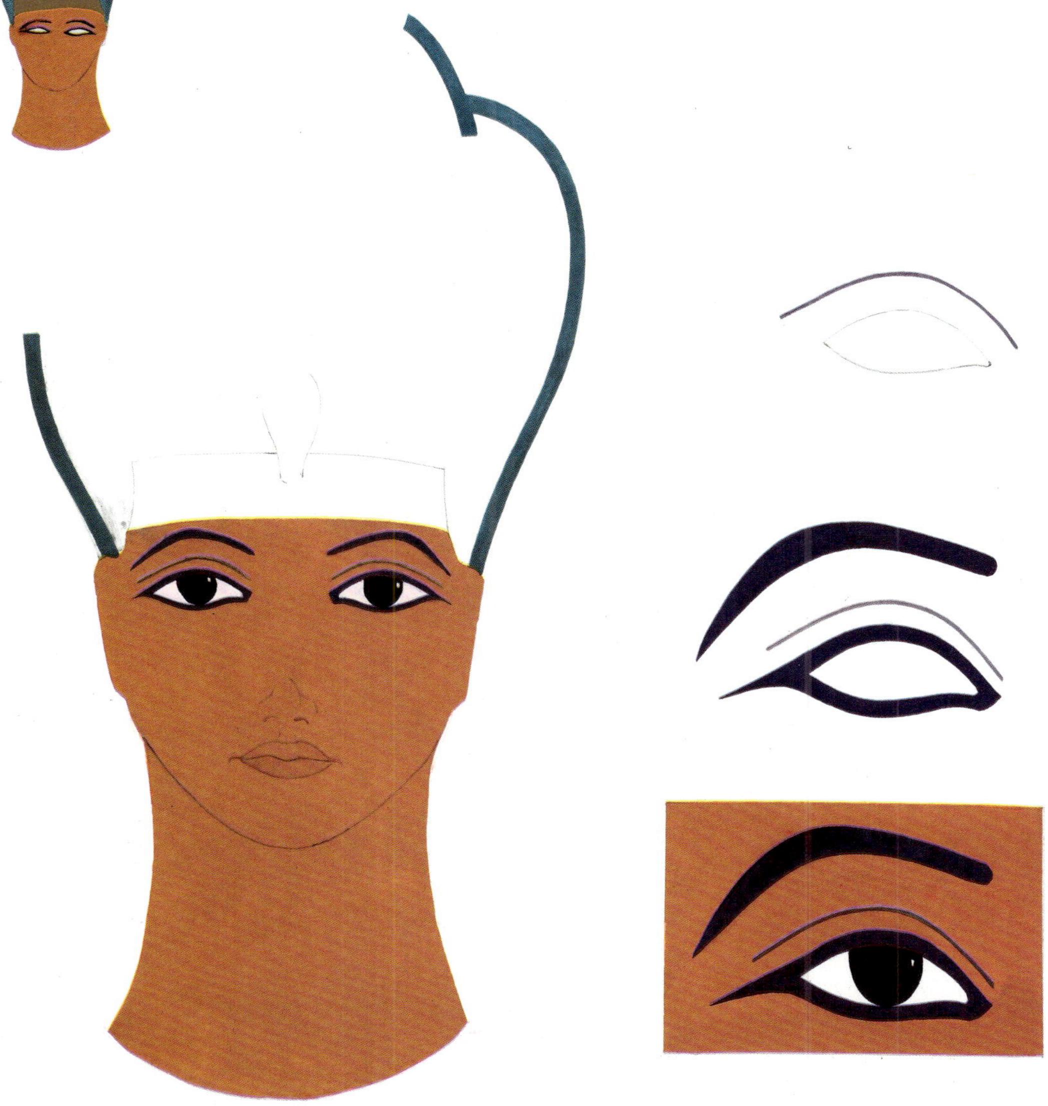

Das Gesicht eines Königs, geschminkt für die Ausübung seiner Funktion als Hoher Priester. Die Augenbrauen sind mit Khol nachgezogen, die Augen desgleichen schwarz umrandet, die Lider mit grünem Malachit getönt.

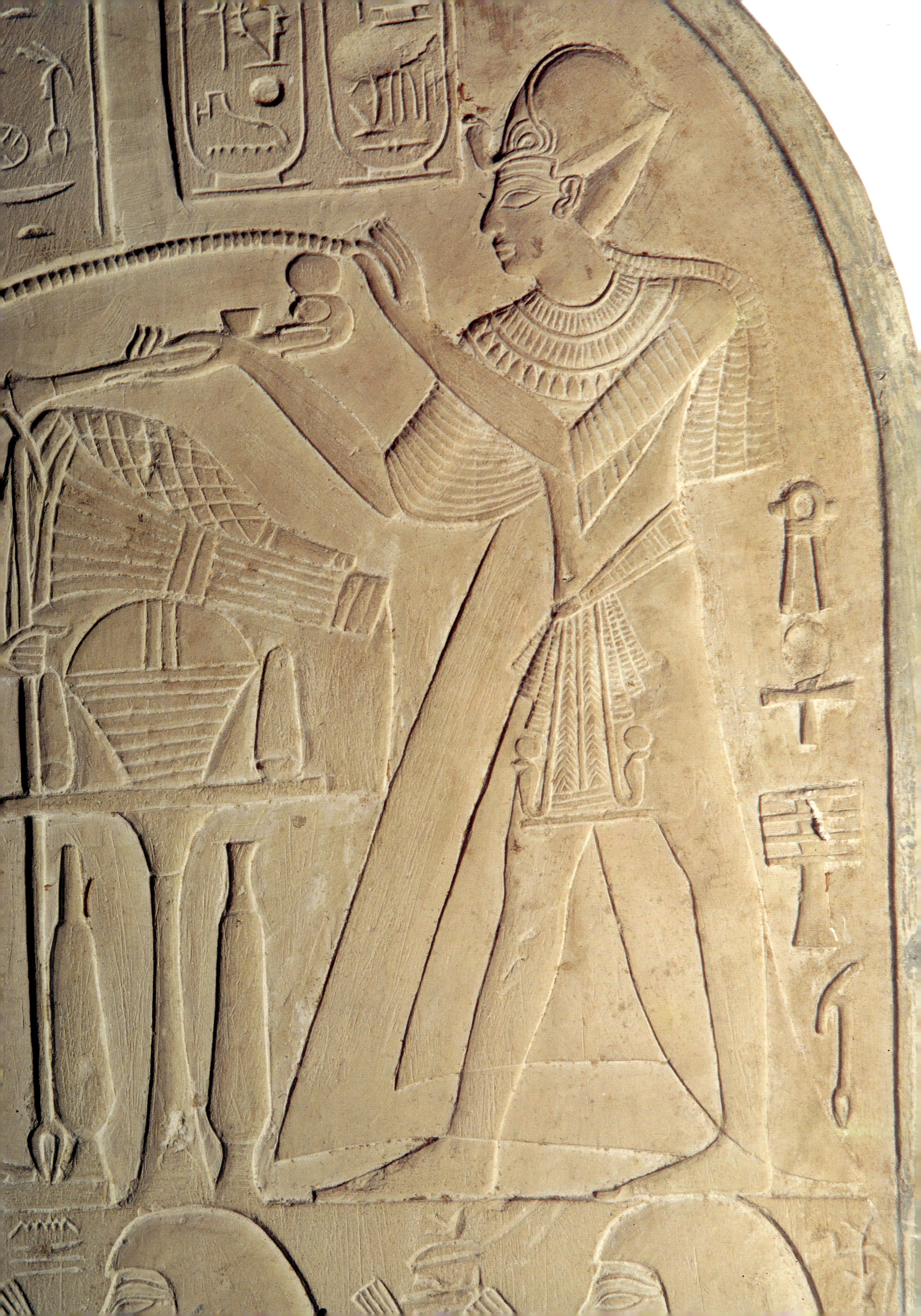

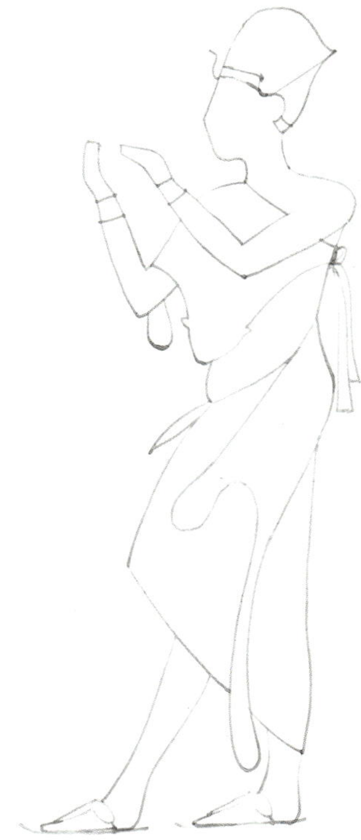

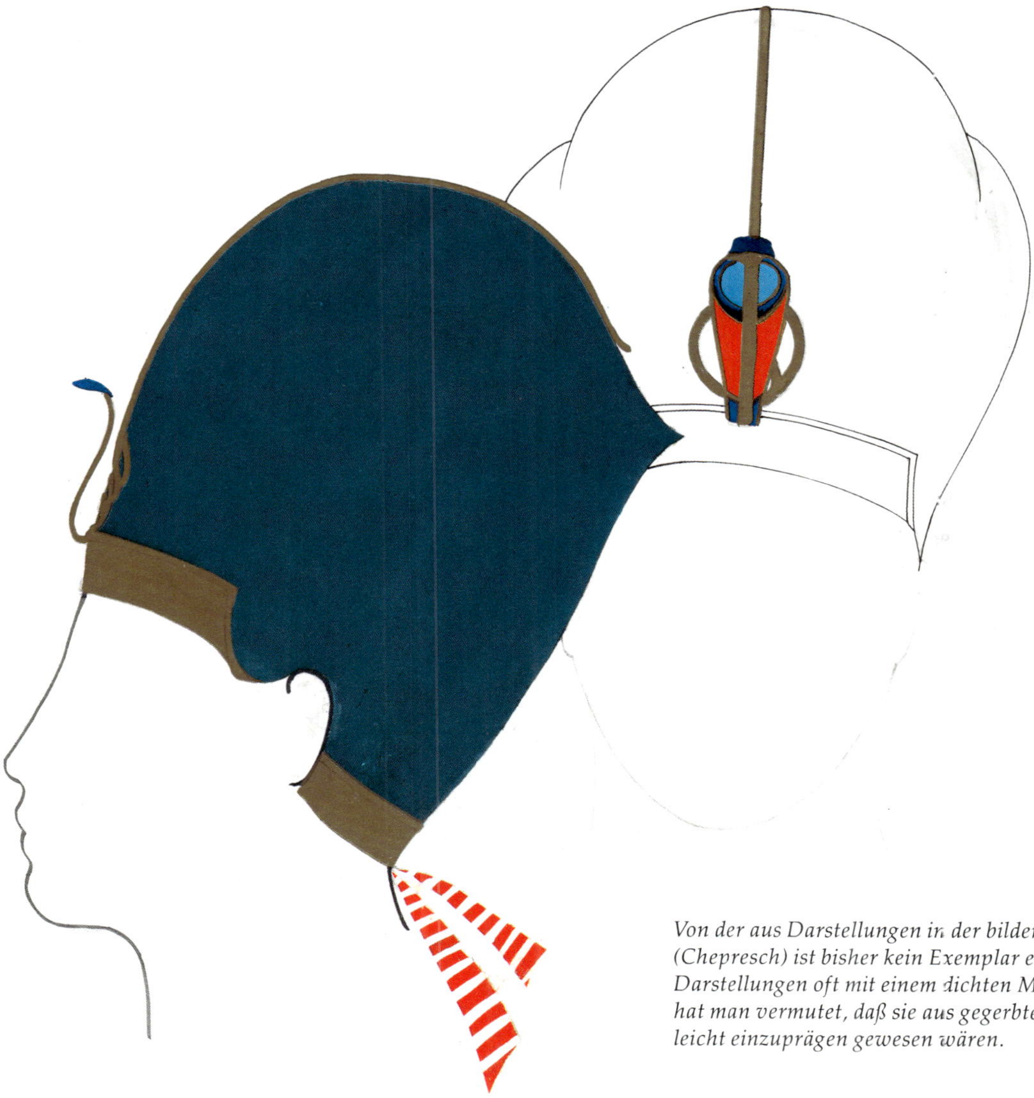

Von der aus Darstellungen in der bildenden Kunst wohlbekannten Blauen Krone (Chepresch) ist bisher kein Exemplar entdeckt worden. Da man sie bei den bekannten Darstellungen oft mit einem dichten Muster von Ringen und Punkten überzogen sieht, hat man vermutet, daß sie aus gegerbtem Leder hergestellt wurde, in das solche Muster leicht einzuprägen gewesen wären.

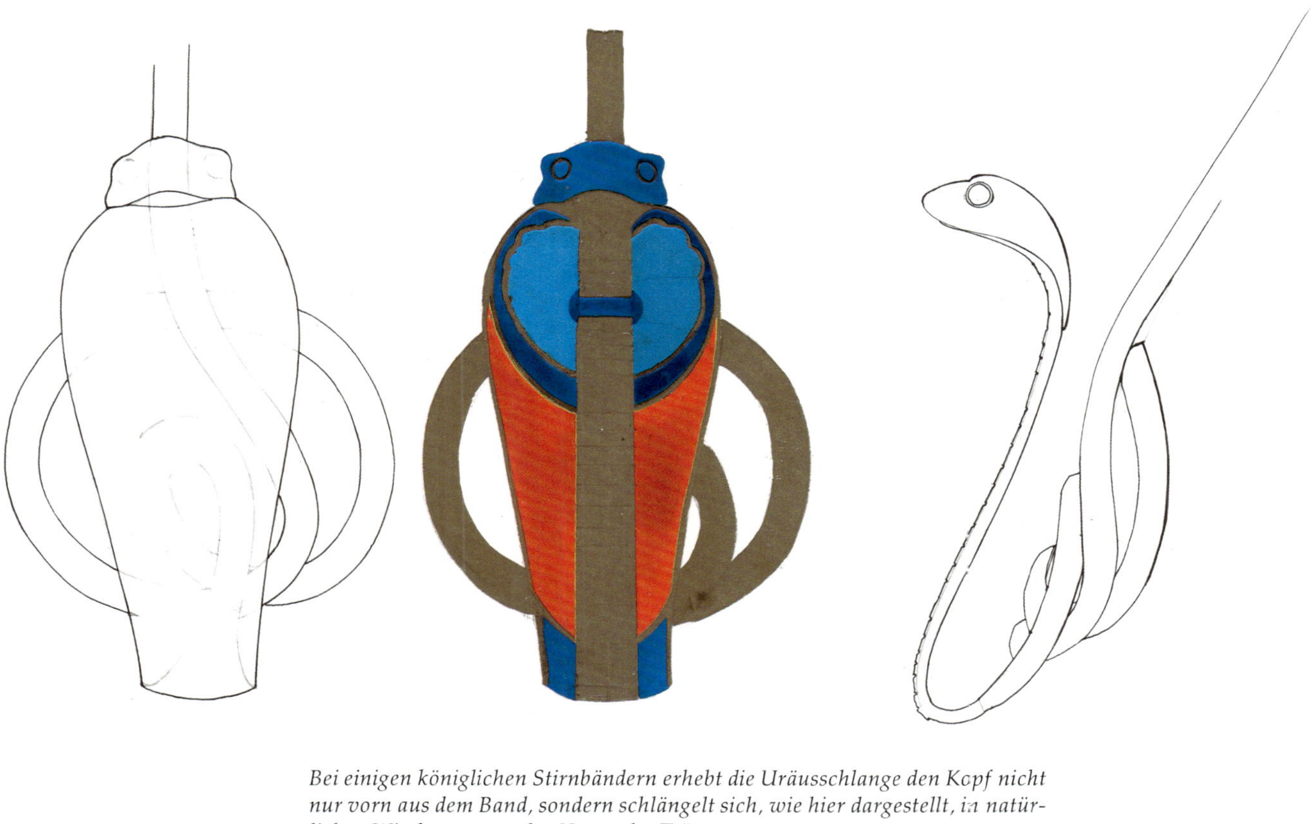

Bei einigen königlichen Stirnbändern erhebt die Uräusschlange den Kopf nicht nur vorn aus dem Band, sondern schlängelt sich, wie hier dargestellt, in natürlichen Windungen um das Haupt des Trägers.

Nebenstehend: Ramses II., Neues Reich, 18. Dynastie; Turin, Museo Egizio. – Bekrönt mit der Blauen Krone, schwenkt der Pharao einen Räucherarm, der in einem Falkenkopf endet, über einen Tisch mit Opfergaben (s. Seite 32).

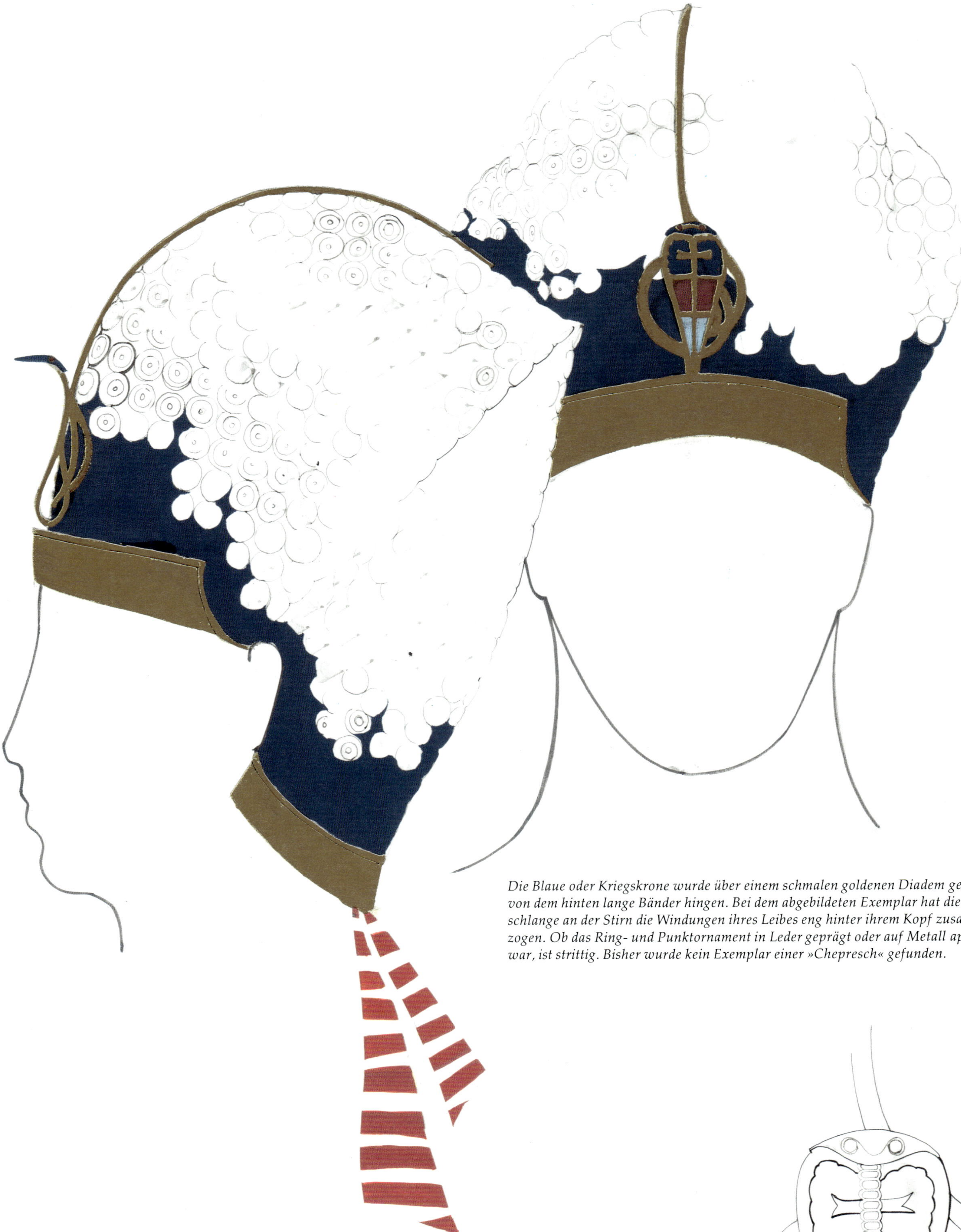

Die Blaue oder Kriegskrone wurde über einem schmalen goldenen Diadem getragen, von dem hinten lange Bänder hingen. Bei dem abgebildeten Exemplar hat die Uräusschlange an der Stirn die Windungen ihres Leibes eng hinter ihrem Kopf zusammengezogen. Ob das Ring- und Punktornament in Leder geprägt oder auf Metall appliziert war, ist strittig. Bisher wurde kein Exemplar einer »Chepresch« gefunden.

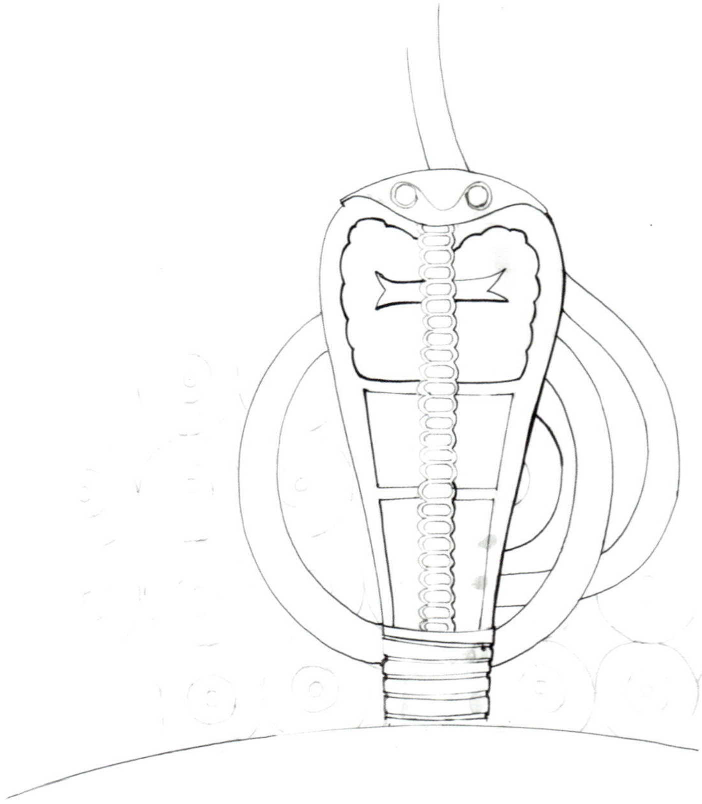

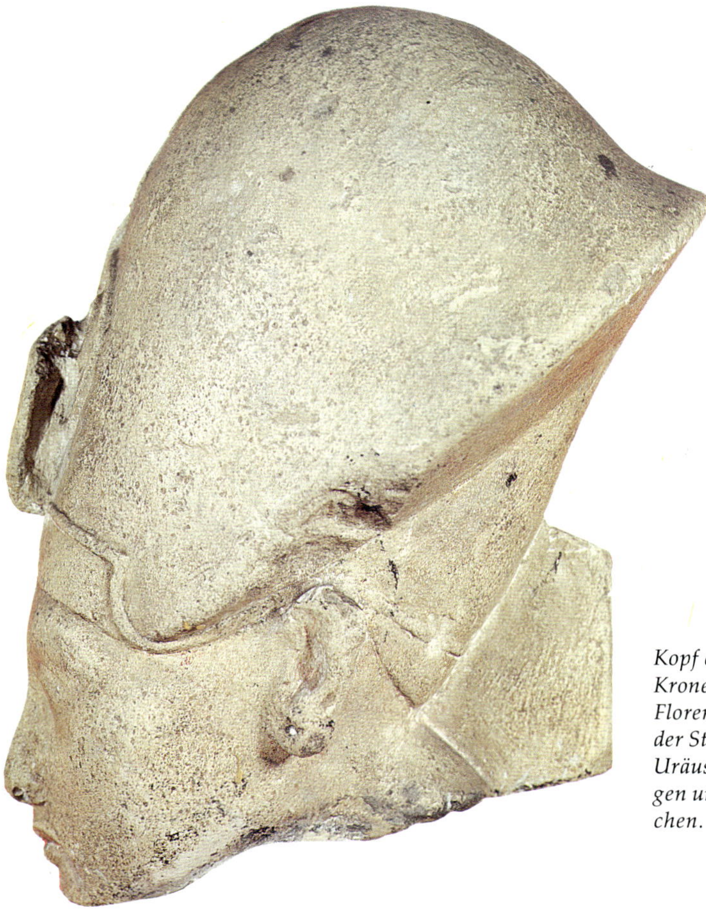

Kopf eines Königs mit der Blauen Krone, Kalkstein, Amarna-Zeit; Florenz, Museo Archeologico. – An der Stirn erhebt sich der Kopf einer Uräusschlange, wie die Zeichnungen unten noch stärker verdeutlichen.

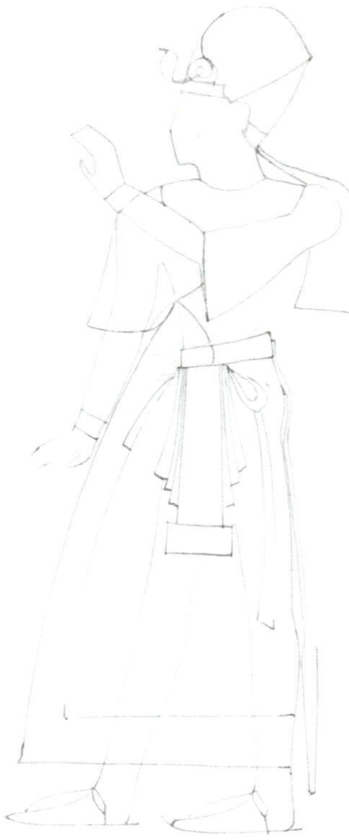

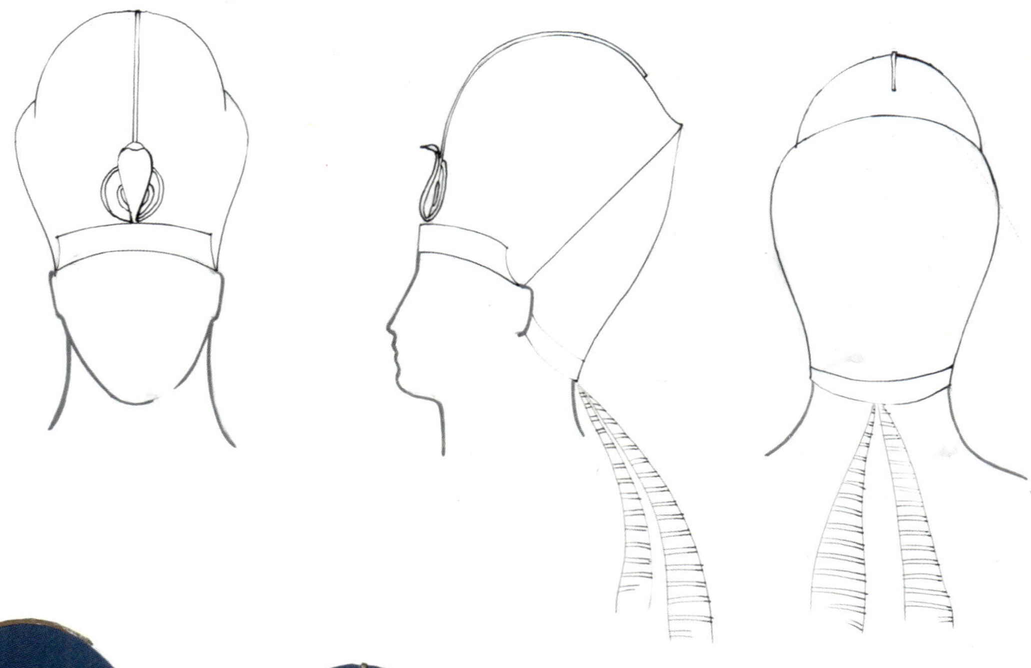

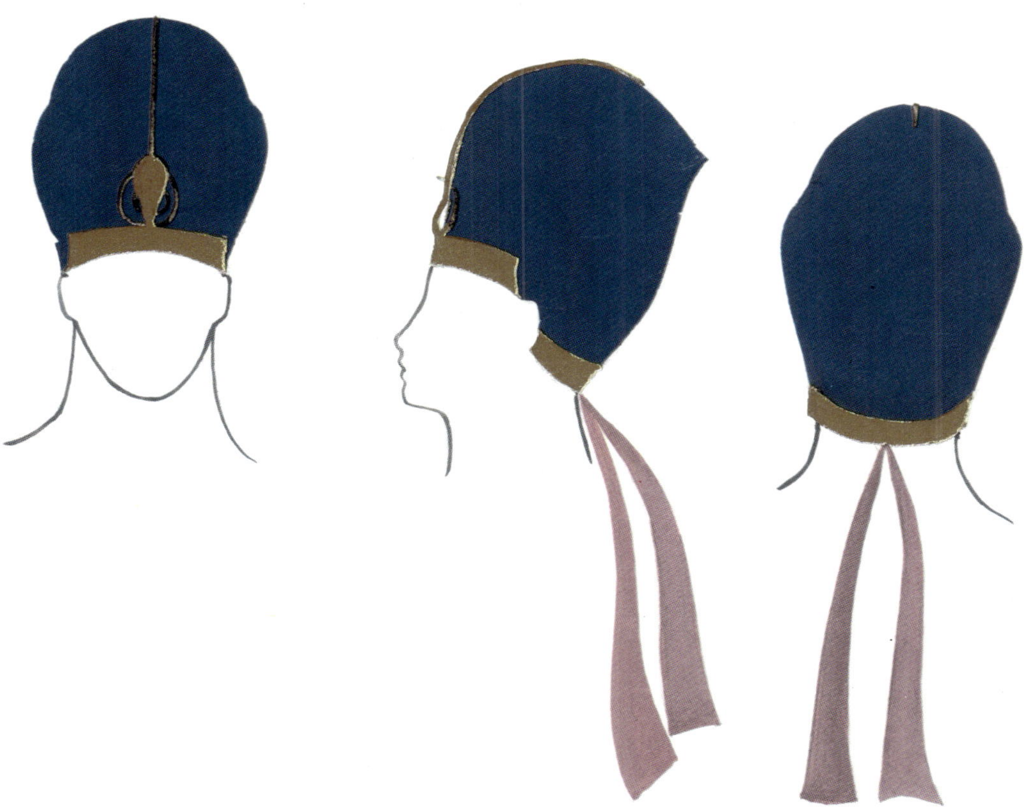

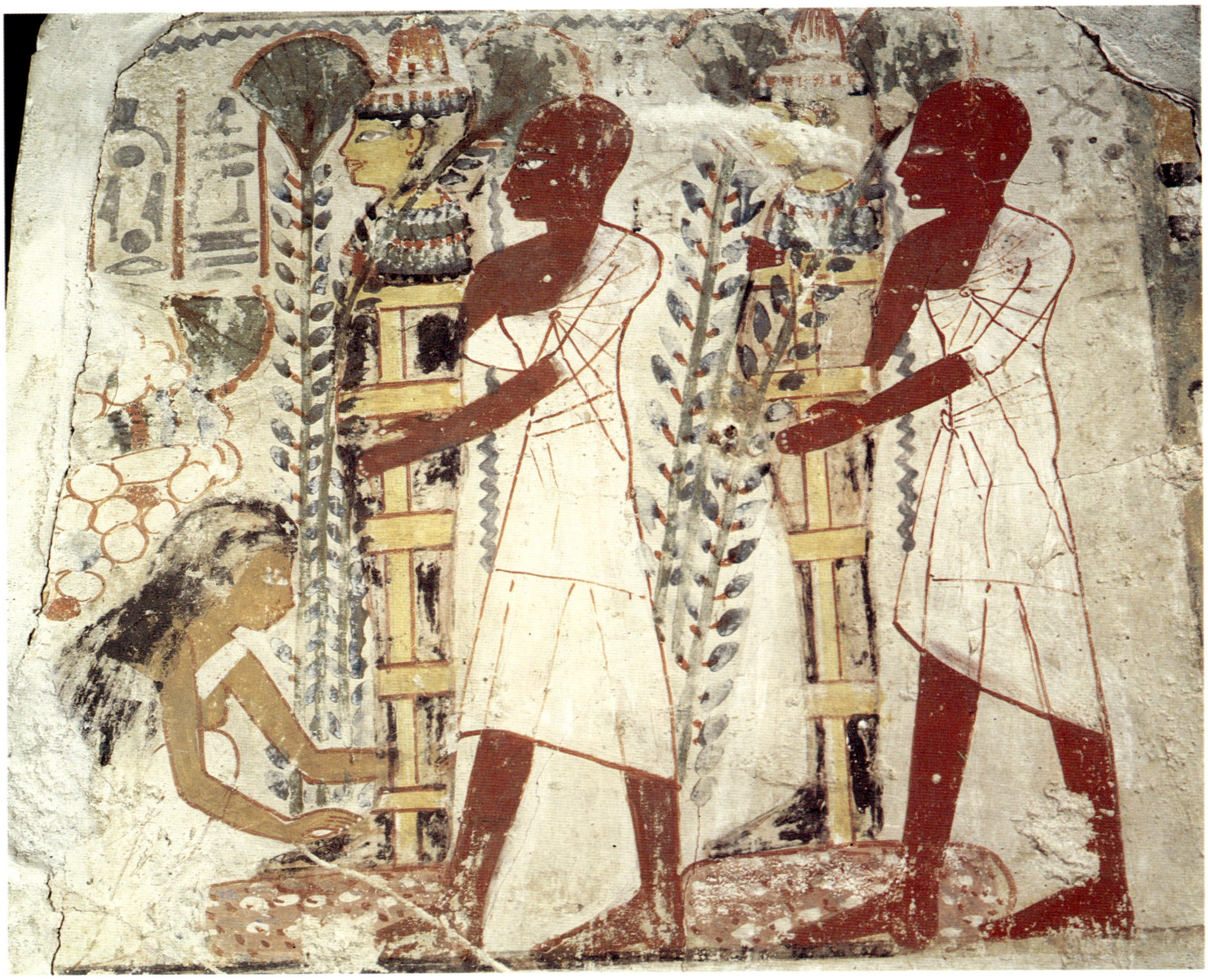

Diener mit Mumienhüllen, Fragment einer Wandmalerei, Neues Reich; Florenz, Museo Archeologico. – Jeder der beiden Diener hält eine Mumienhülle, auf deren Köpfen sich Myrrhekegel erheben. Die weißen, etwa knielangen Gewänder der beiden Männer sind nahezu identisch. Vorn links kniet, mit aufgelöstem Haar, eine Trauernde.

DIE KLEIDUNG DER FRAUEN

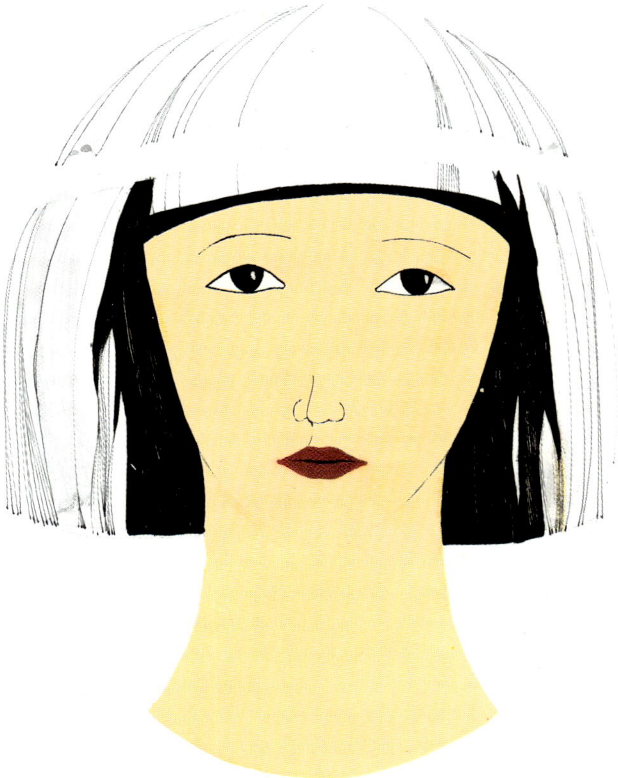

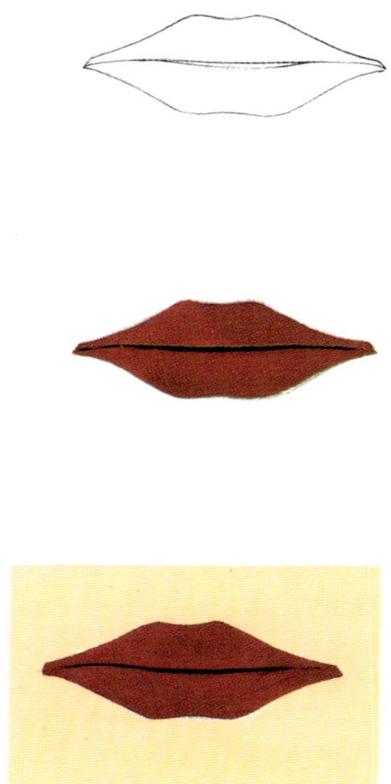

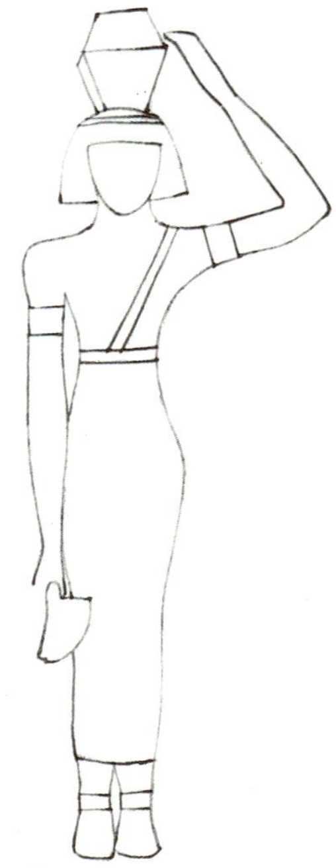

Die Pagenkopffrisur der ägyptischen Frauen rahmte Gesichter, deren Reize dank farbkräftiger Schminke und anderer Schönheitsmittel der grellen Sonne des Landes begegnen konnten, ohne Schaden zu nehmen.

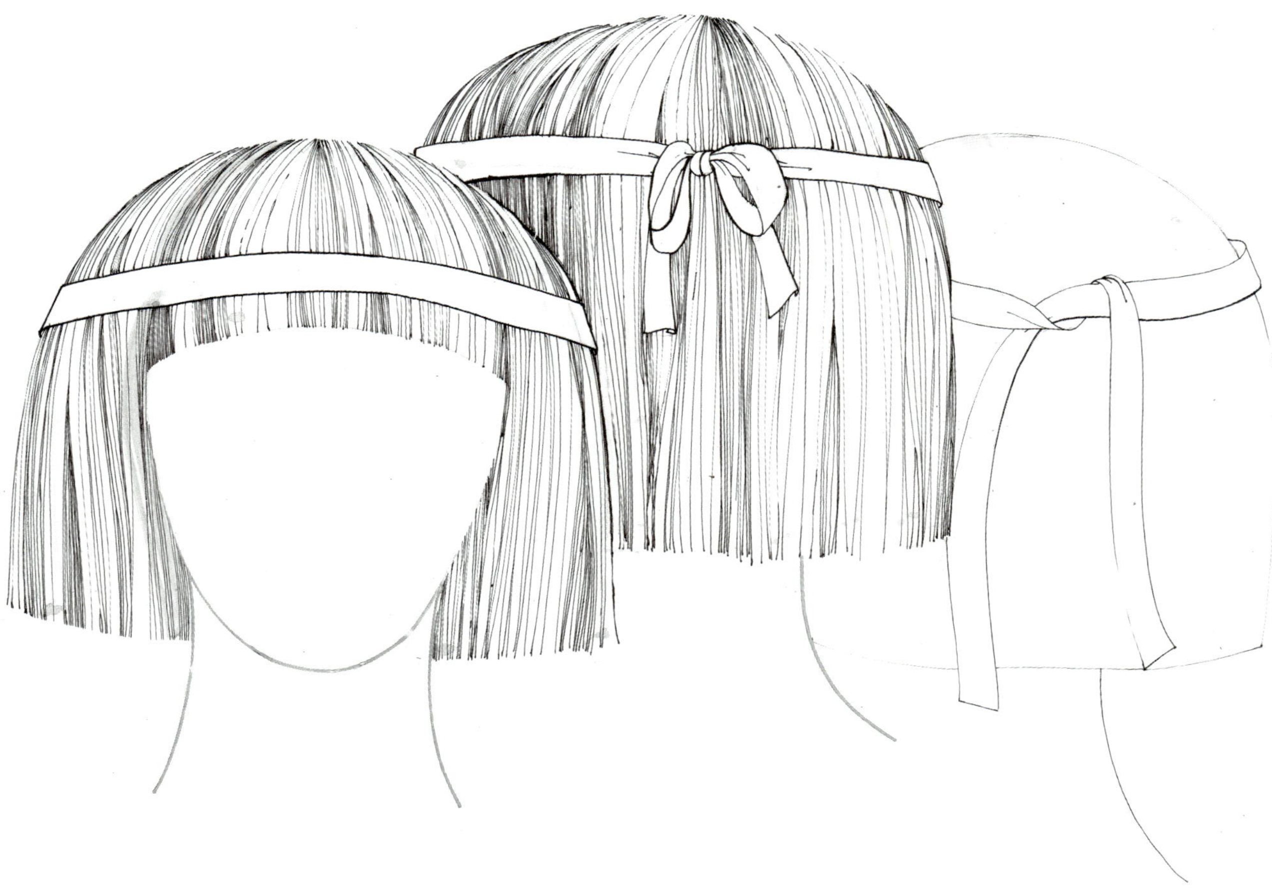

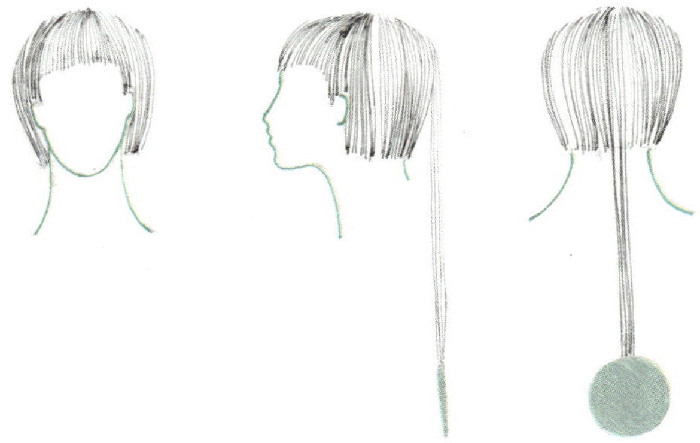

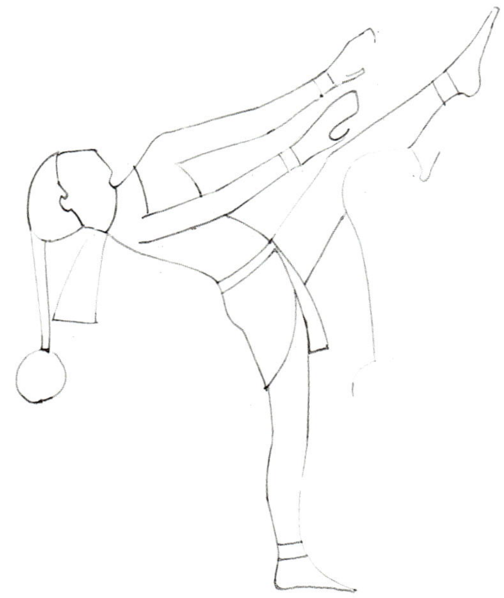

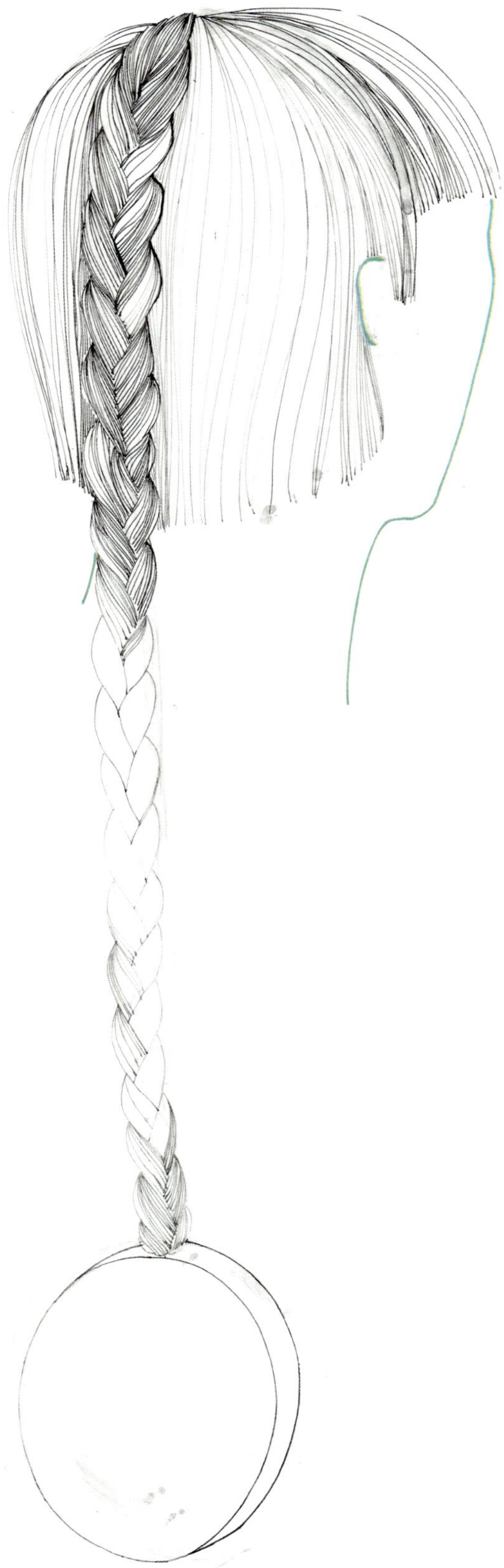

Tänzerinnen ließen einen Teil ihres Haares am Hinterkopf lang wachsen. Sie flochten es zu einem Zopf, an dessen Ende sie, wie Darstellungen in den Mastabas des Alten Reiches zeigen, einen Ring oder eine runde Scheibe befestigten. Deren Bewegungen begleiteten während des Tanzes diejenigen der Körper und Glieder.

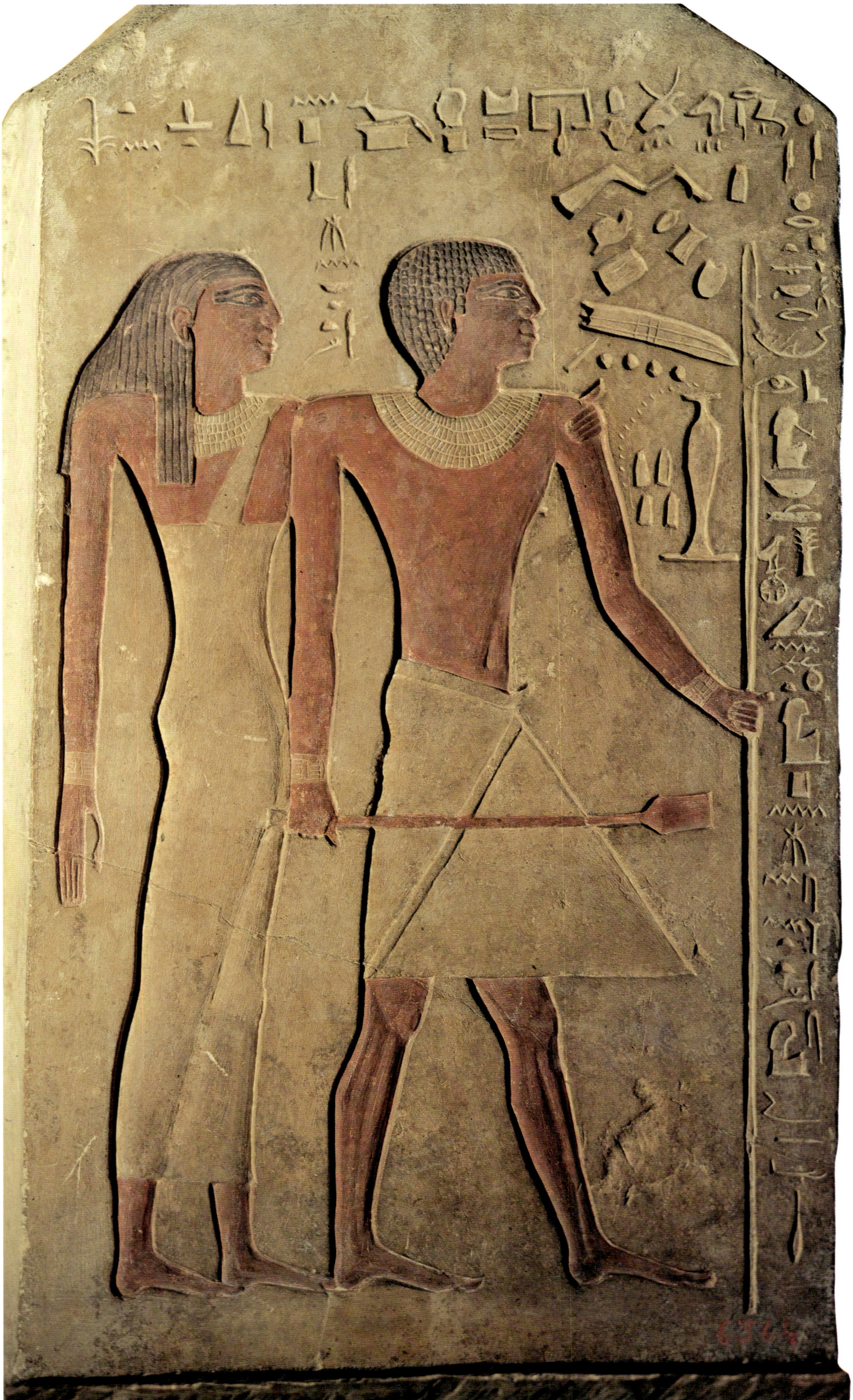

Vornehmes Paar, Grabrelief, Mittleres Reich, Florenz, Museo Archeologico. – Herr und Dame haben Kragen angelegt. Der Herr trägt einen kurzen Schurz, in der Rechten einen Amtsstab. Die Dame ist in ein wadenlanges Futteralkleid gehüllt, schulterfrei bis auf den einen Träger, der es über der linken Schulter festhält.

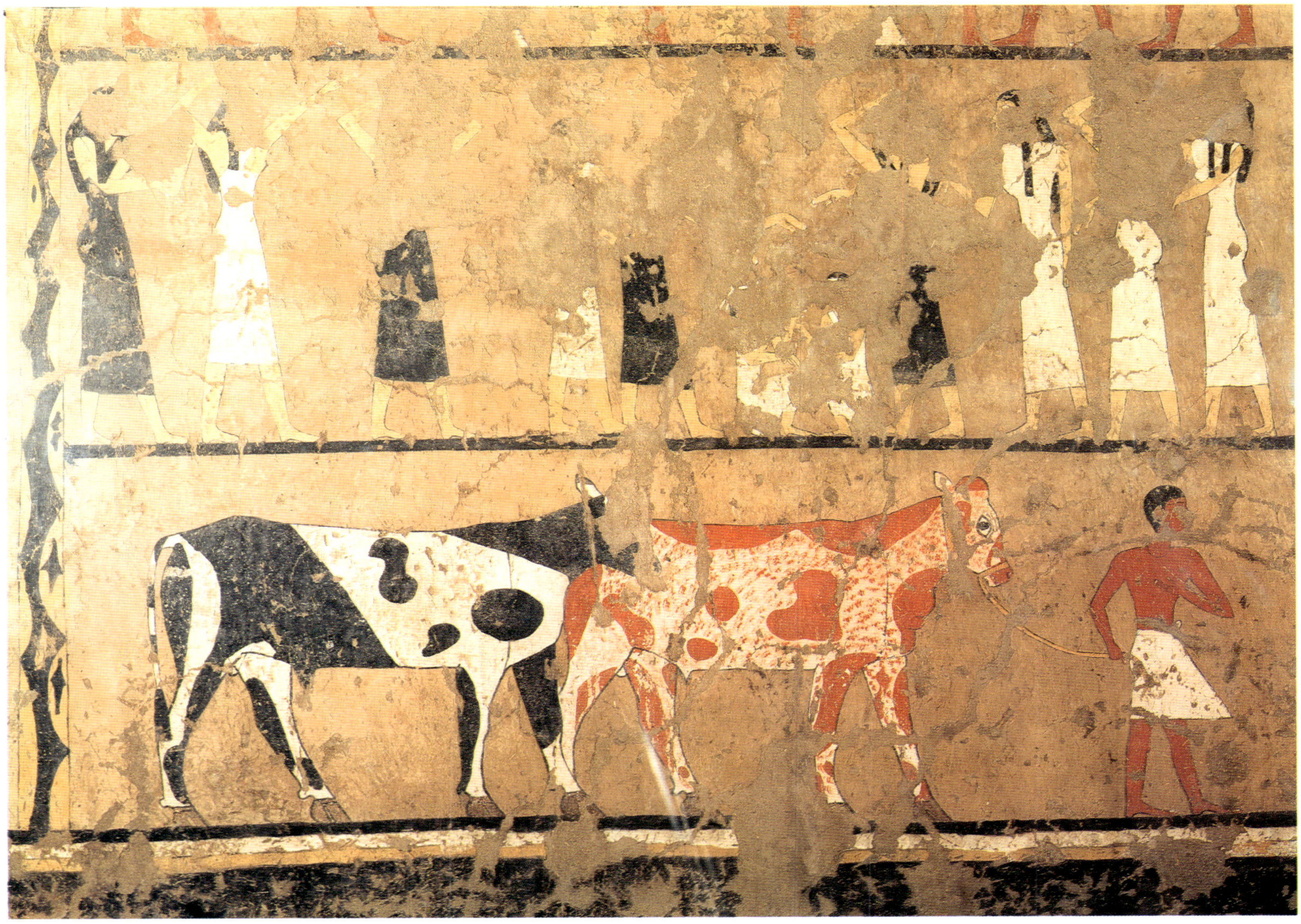

Auf dem oberen der beiden Bildstreifen einer Wandmalerei aus dem Mittleren Reich schreiten von beiden Seiten Gabenträgerinnen zur Mitte. Bekleidet sind sie mit langen Kleidern, die von einem oder zwei Trägern gehalten werden. Unten führt ein nur mit einem einfachen Schurz bekleideter Hirte zwei Stiere.

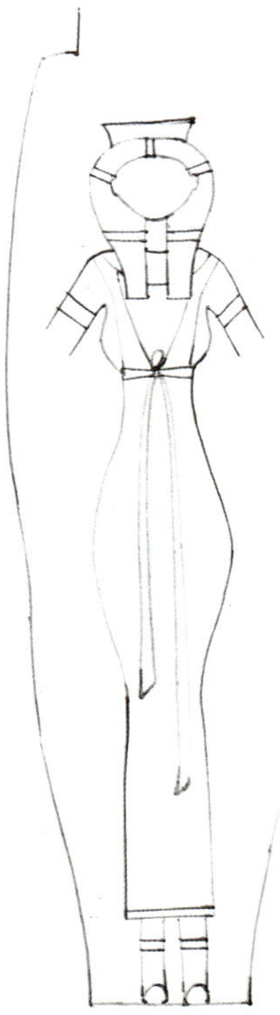

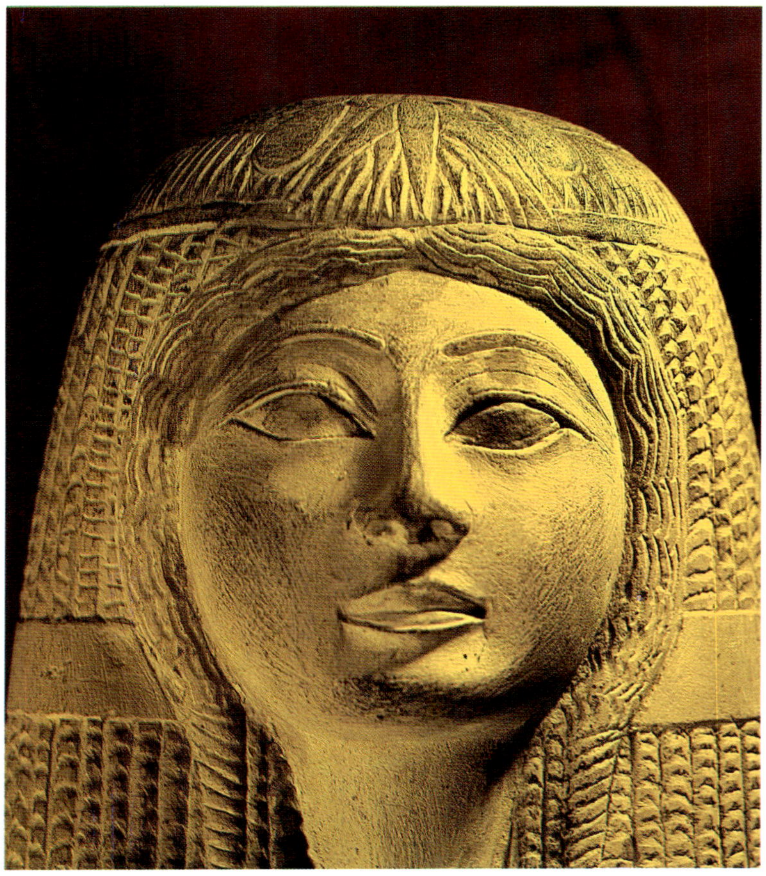

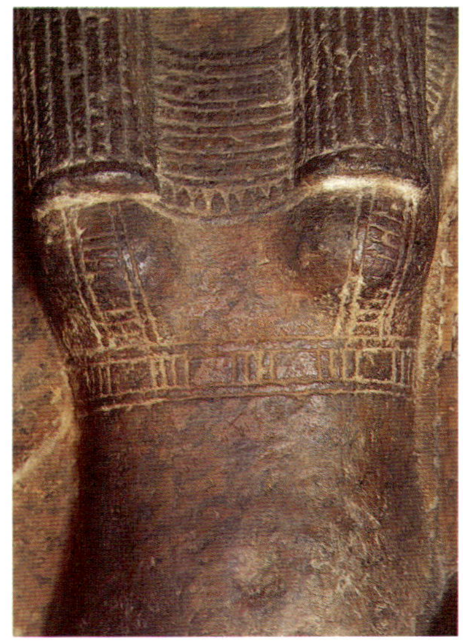

Die beiden Träger des engen Kleides setzen an dem mit einer breiten Borte besetzten oberen Saum an, direkt unterhalb der Brüste. Oben verschwinden die Träger unter dem breiten Kragen und den Lappen der Perücke (s. die auf Seite 99 abgebildete Dreiergruppe).

Die schwere, dreigeteilte Perücke mit den lang nach vorn fallenden Lappen rahmte die Gesichter von Sterblichen wie von Göttinnen. Oft war sie vorn oder hinten, manchmal auch ganz mit Ornamenten in Blütenformen verziert, etwa in Gestalt fallender Lotosblumen.

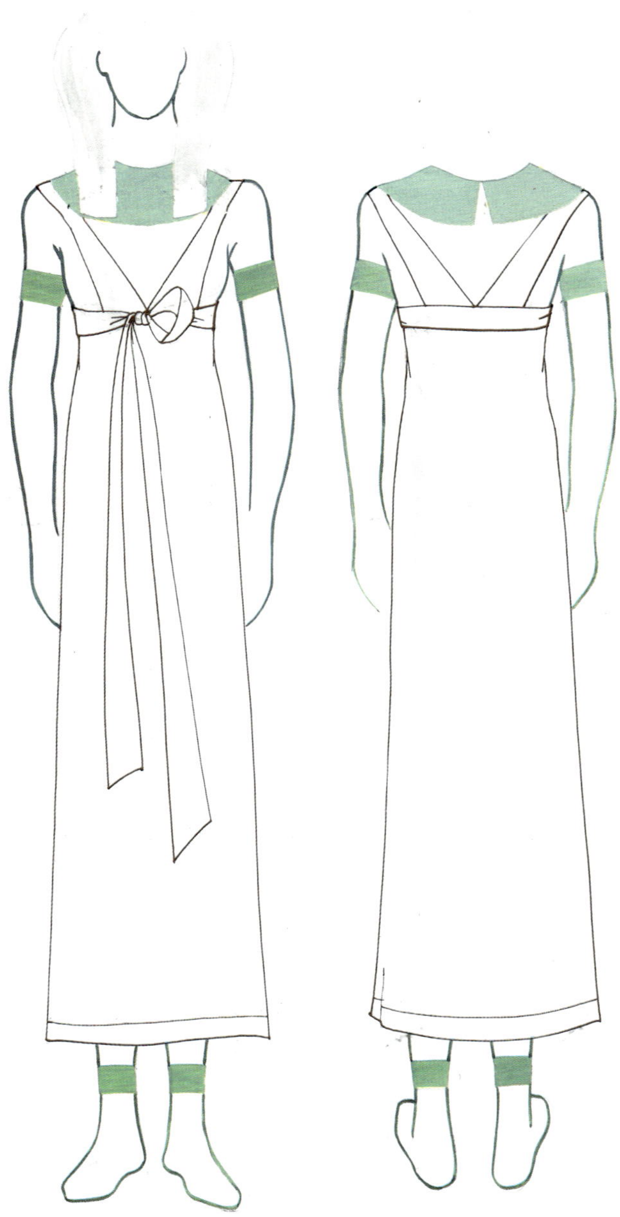

Vorder- und Rückenansicht eines langen Futteralkleides mit zwei Trägern und dem langen Gürtel, der unter den Brüsten zur Schleife gebunden wurde.

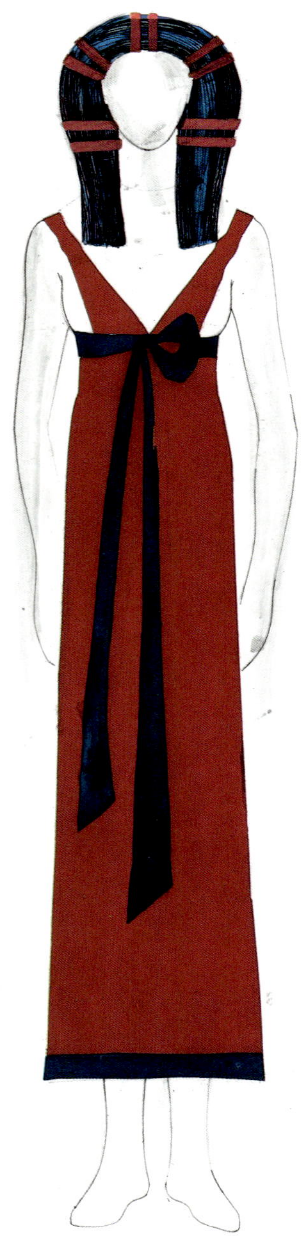

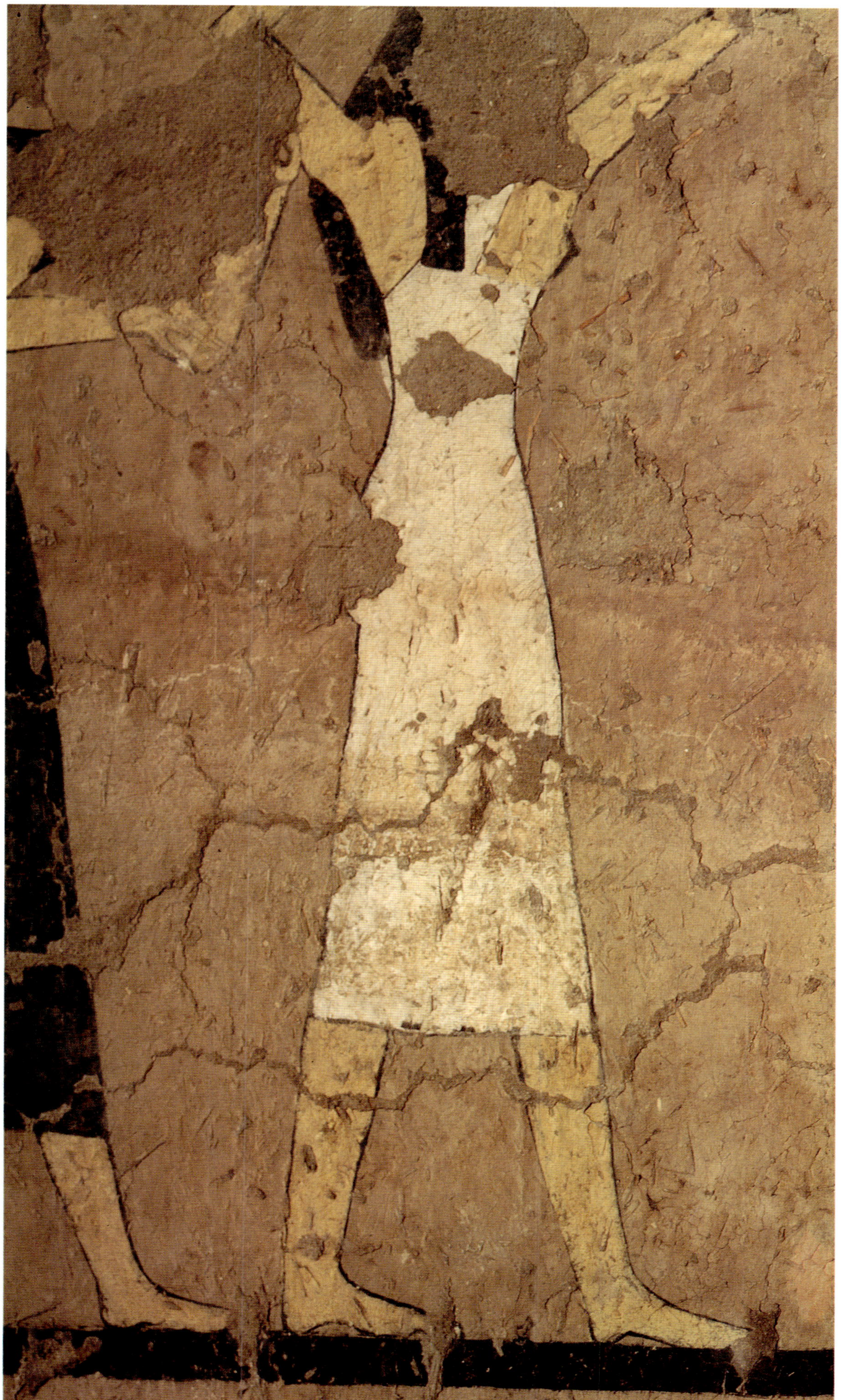

Gabenträgerin in knielangem Futteralkleid mit einem Träger, der die Brüste freiläßt (s. die auf Seite 141 abgebildete Malerei).

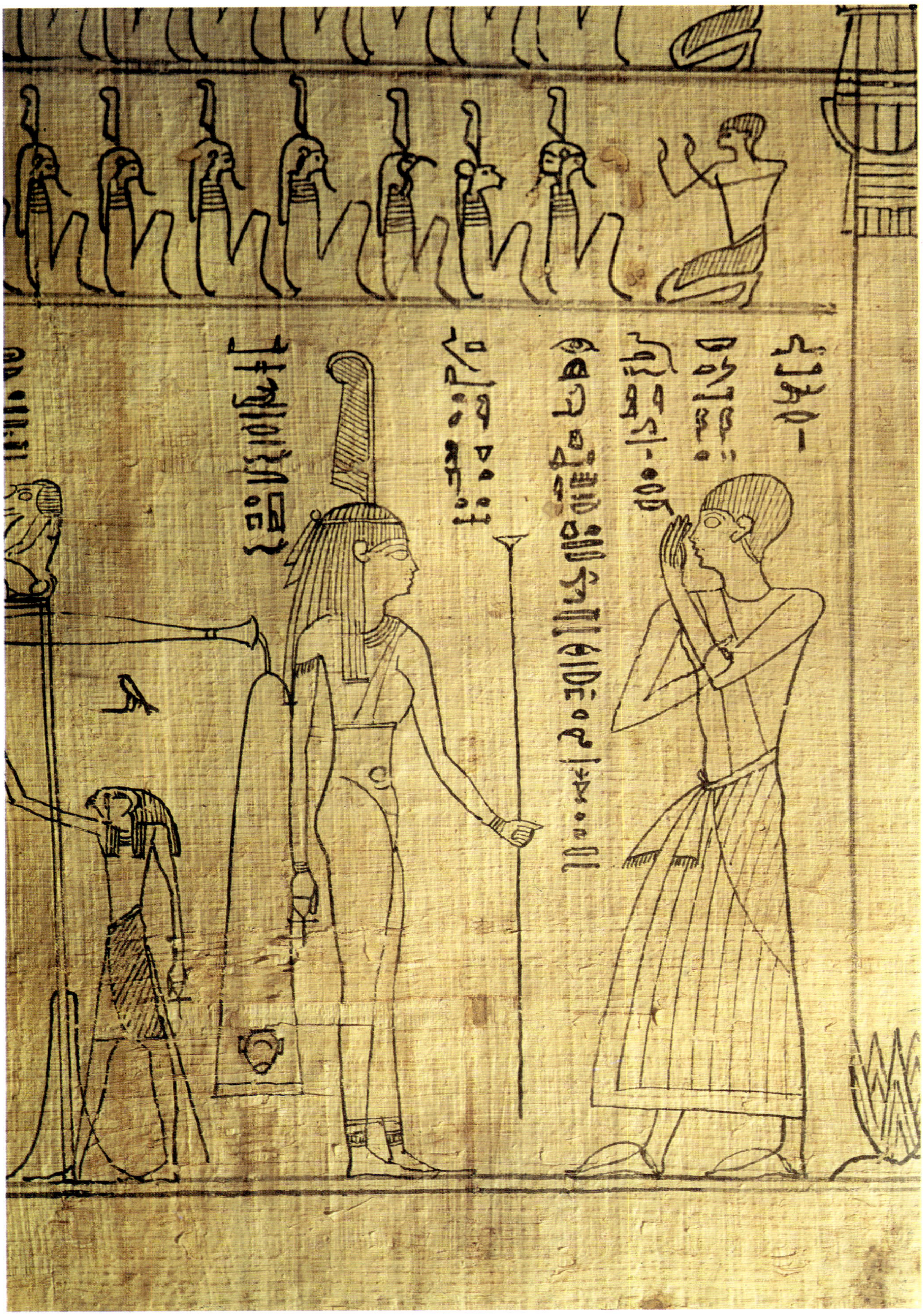

Illustration aus einem Totenbuch, Papyrus. – Die Göttin der Wahrheit, Maat, in engem Kleid mit schräg über die linke Schulter gelegtem Träger schmücken Fuß- und Armreifen, Kragen und die mit einem Band festgebundene Perücke, darauf das Maat-Symbol, eine hohe Feder. Der vor ihr stehende Abgeschiedene, dessen Herz hinter Maats Rücken gewogen wird, trägt einen langen, weiten Schurz und eine Schärpe über der rechten Schulter, außerdem Sandalen, deren Riemen nicht auf dem Spann aufliegen, sondern in hohem Bogen vom oberen zum unteren Ansatzpunkt geführt sind.

Illustration aus einem Totenbuch, Papyrus; Turin, Museo Egizio. – Die Göttin Maat im Futteralkleid mit schräg angesetztem Träger hält in der Rechten ein Anch-(Lebens-)Zeichen, in der Linken ein hohes Was-(Glücks-)Zepter.

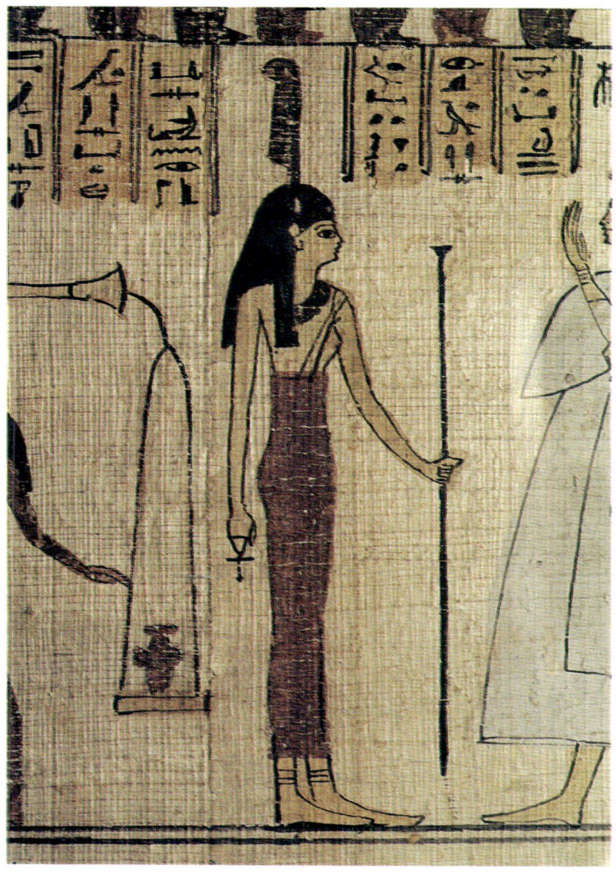

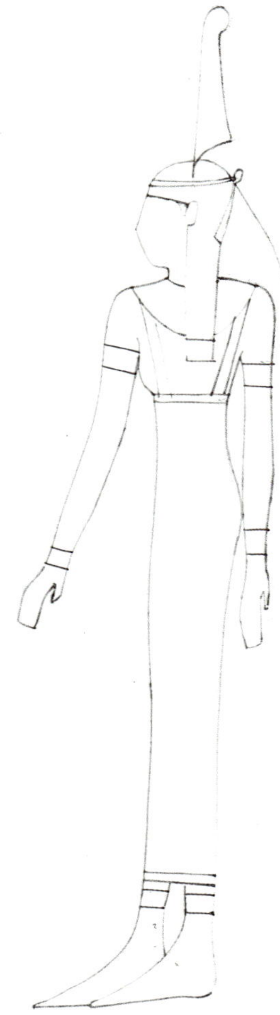

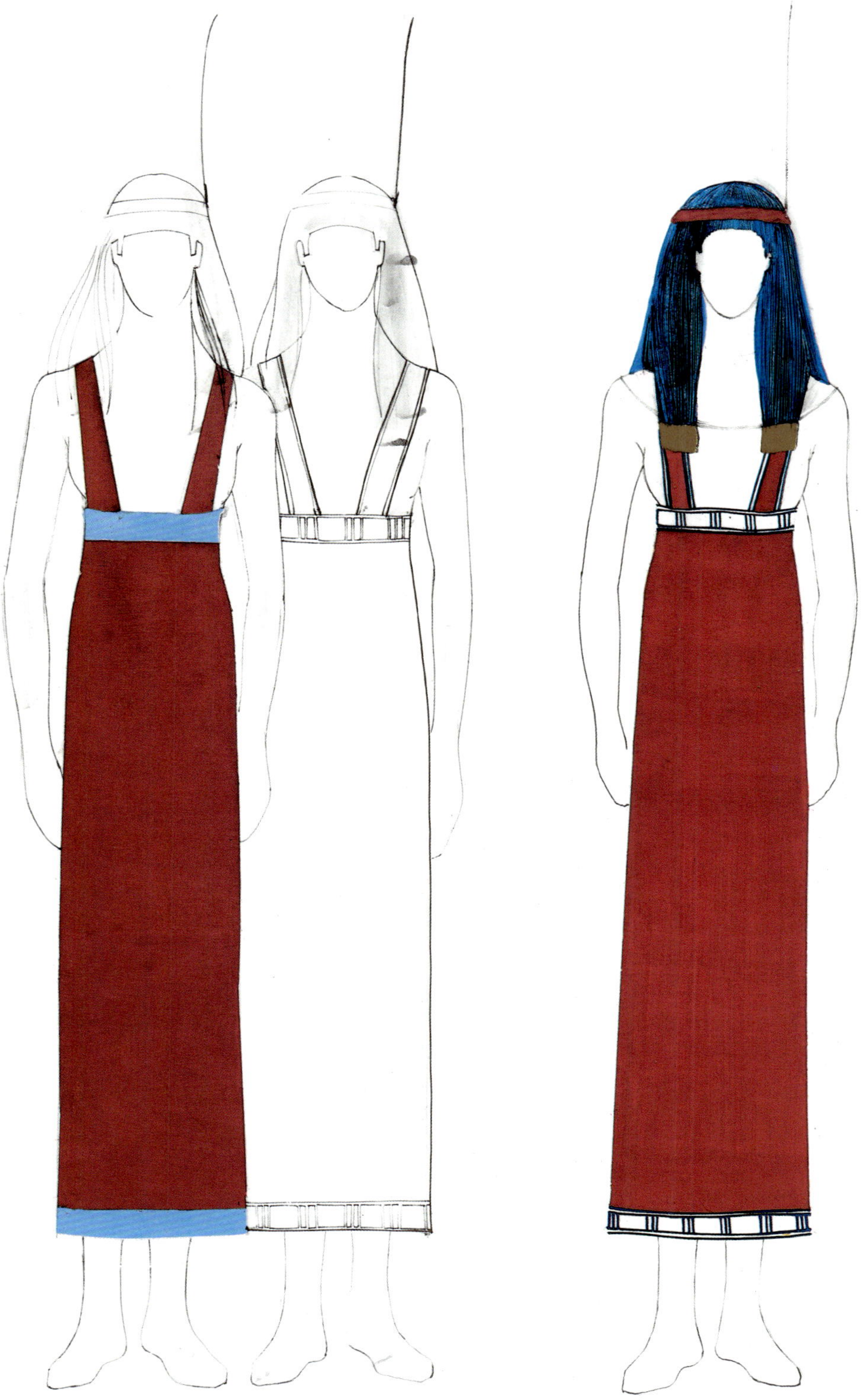

Kleider mit Borten und Trägern, deren Form und Muster in der altägyptischen Zivilisation im wesentlichen unverändert beliebt waren. Blau und Rot bildeten eine besonders reizvolle Farbkombination.

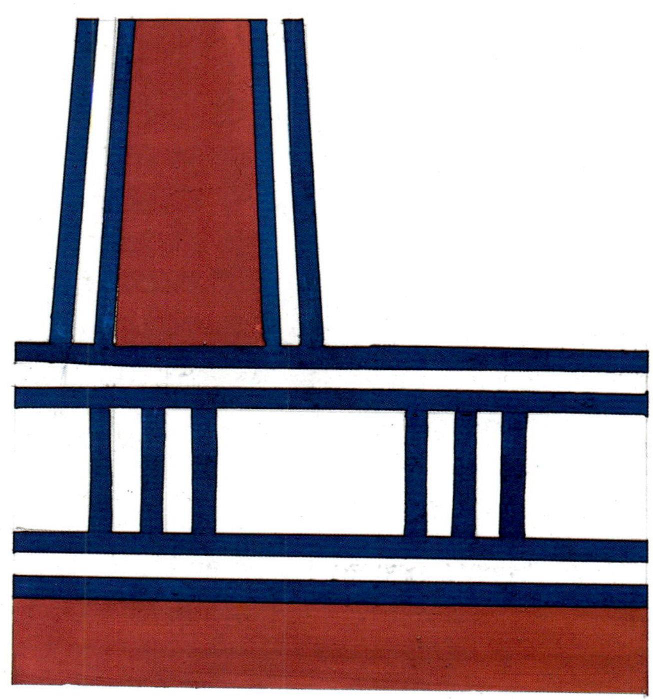

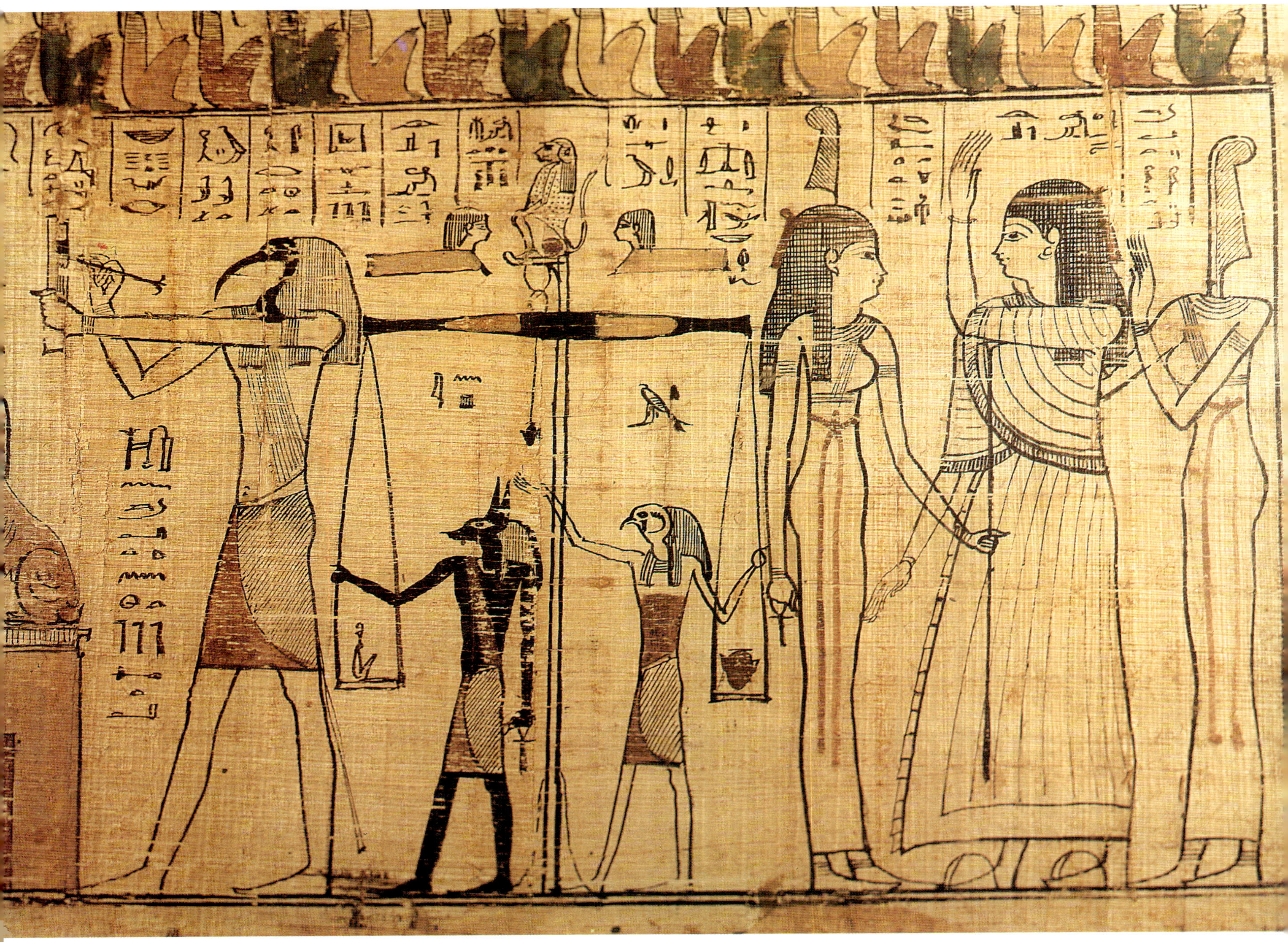

Illustration aus einem Totenbuch, Papyrus, spätes Neues Reich; Turin, Museo Egizio. – Mit kurzen und knapp sitzenden Schurzen bekleidet sind die Götter Thot, Anubis und Horus, die hier bei dem Wiegen des Herzens einer Abgeschiedenen amtieren (der hundeköpfige Anubis prüft das Gewicht, Thot schreibt das Ergebnis auf). Die Göttin Maat als Frau in engem Kleid, die emblematische Feder auf dem Kopf, empfängt die Verstorbene, die in eleganter Hoftracht zu dem Gericht über ihr Leben erschienen ist. Zum weiten Schurz trägt sie über den Schultern ein Umschlagtuch mit fransenbesetzter Borte. Den Rückweg aus der Unterwelt schneidet ihr eine zweite Verkörperung der Maat ab. Hier trägt die Göttin der Wahrheit statt des Frauengesichts, das die Verstorbene vor sich erblickt, nur ihr Emblem, die Feder, auf den Schultern.

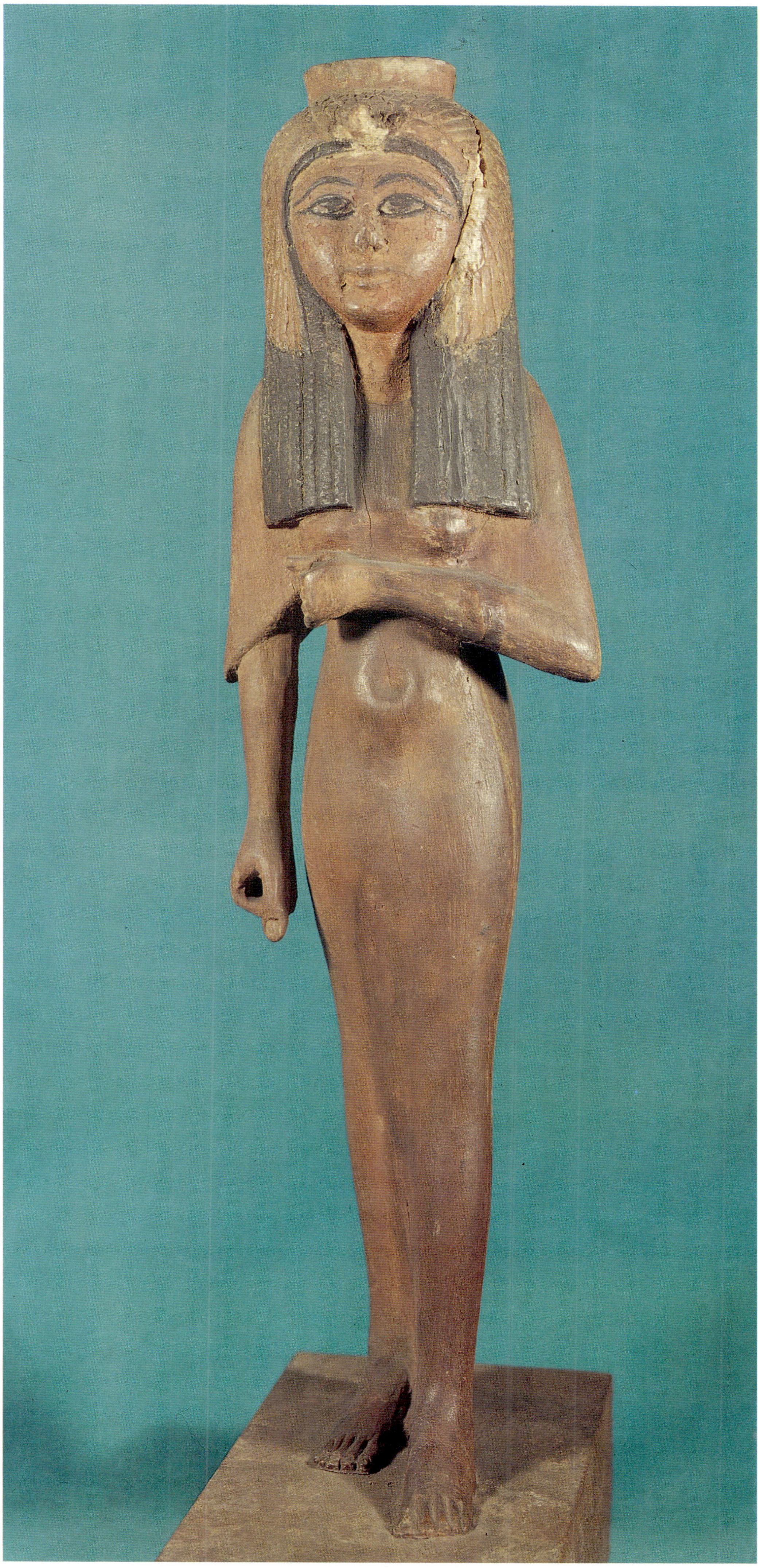

Frauenstatuette; Como, Museo Archeologico. – In ihren eng anliegenden Kleidern und den Draperien, die die Formen ihrer Körper hauchdünn umfließen, wirken die von ägyptischen Bildhauern dargestellten Frauen oftmals fast nackt. Auch das Gewand dieser Frau, in dem sich die Nabelgrube abzeichnet, erscheint wie nicht vorhanden. Lediglich das die rechte Schulter verdeckende Umschlagtuch hebt diesen Eindruck auf.

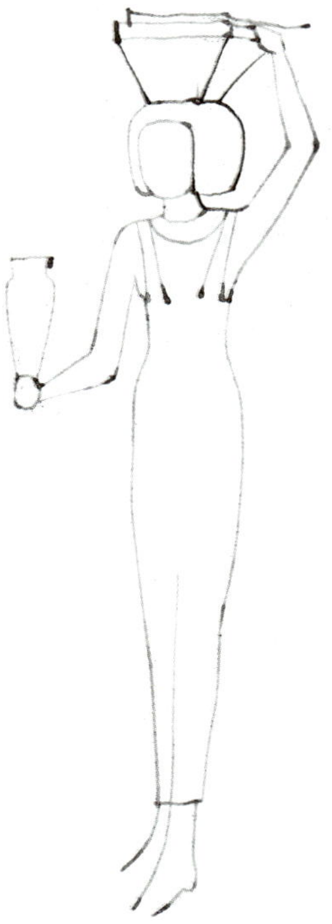

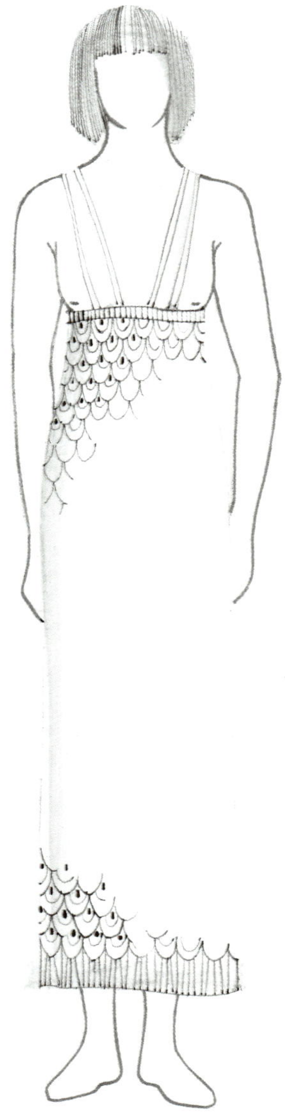

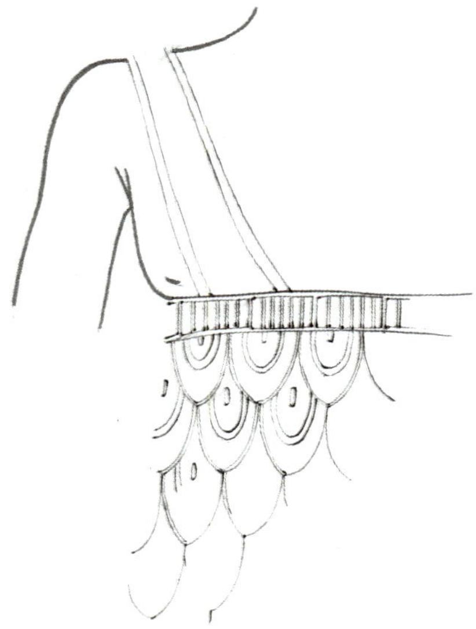

Blau-Rot-Kontraste in geometrisch gebildeten Streifen auf Trägern und Borten sowie stern- und blütenförmige Muster zeugen von der handwerklichen und künstlerischen Fertigkeit der Webereien Alt-Ägyptens.

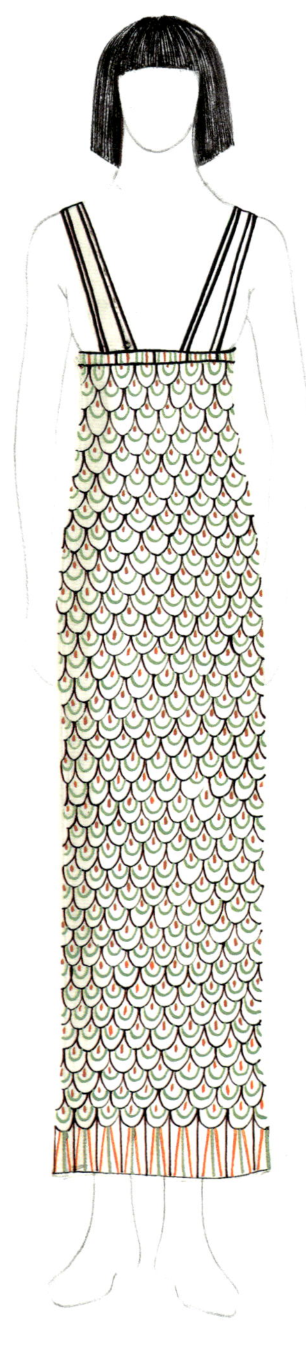

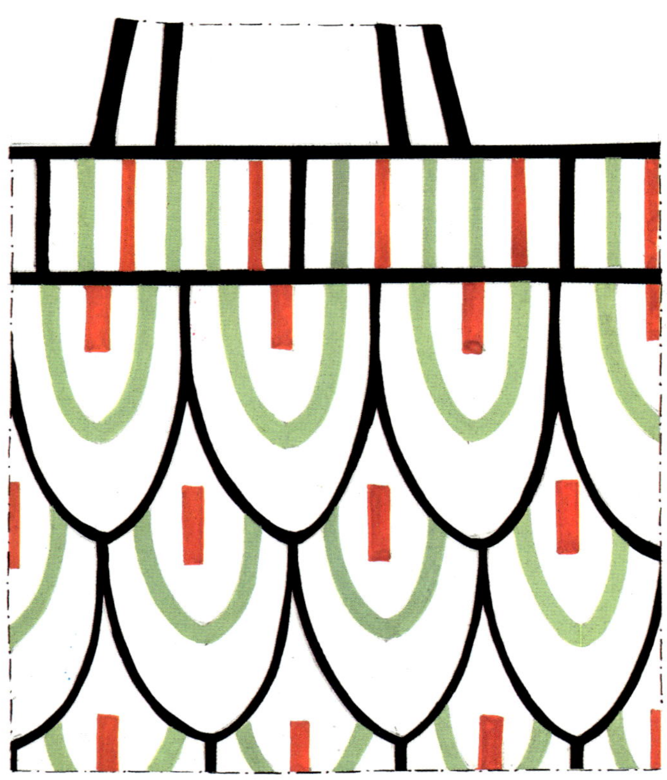

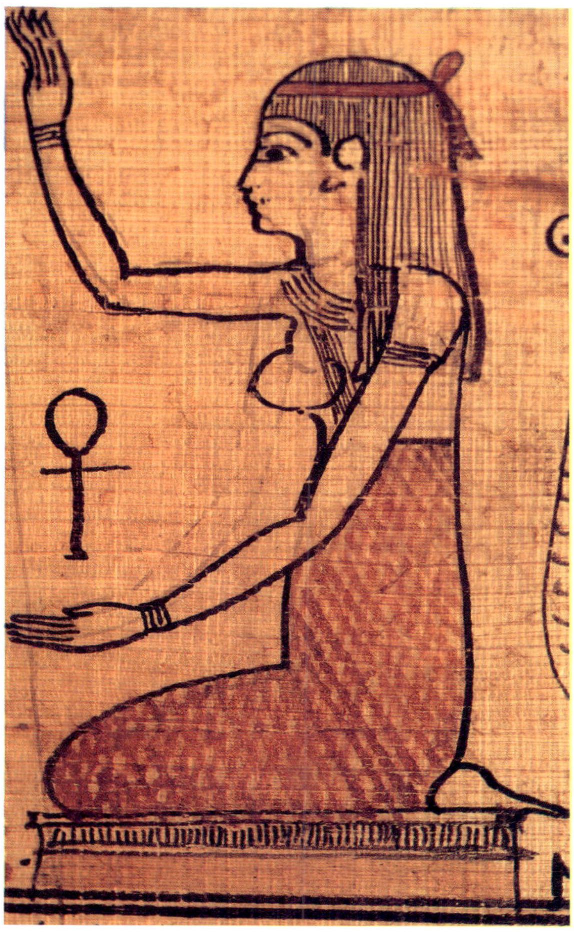

Illustration aus einem Totenbuch, Papyrus; Turin, Museo Egizio. – Das die Brüste freilassende enge Kleid dieser Opfernden zeigt ein Netzmuster (s. Seite 50).

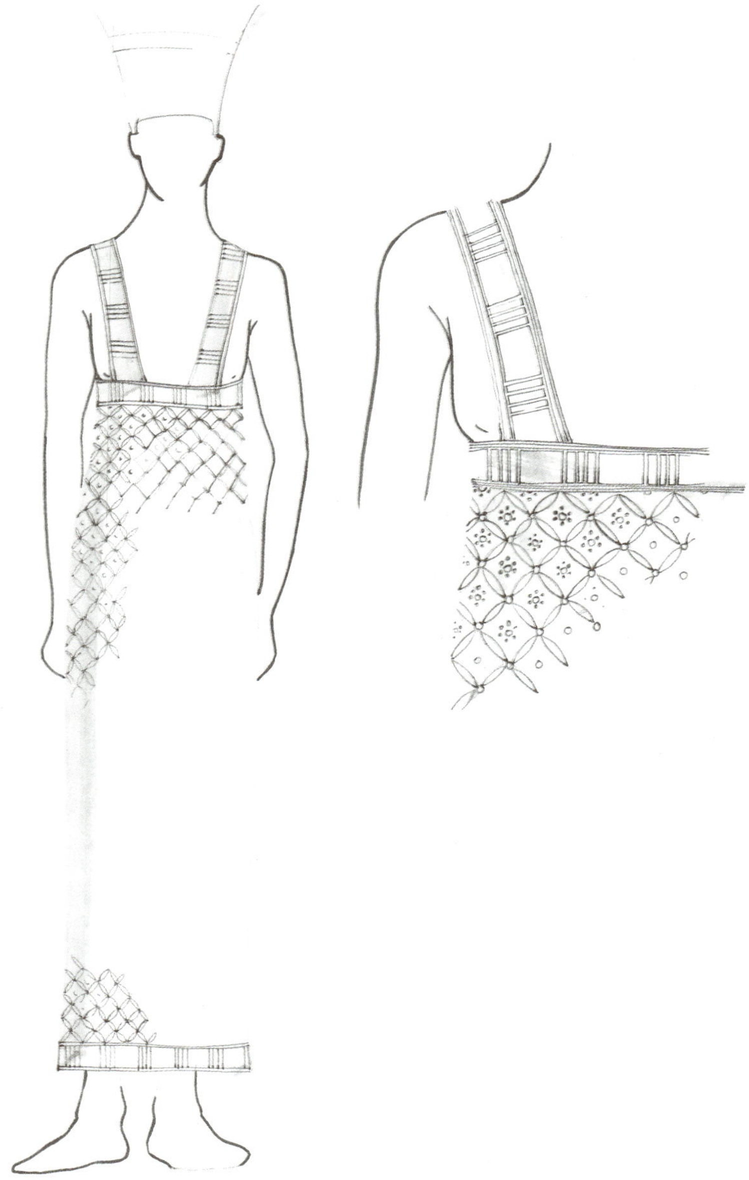

Das enge Kleid, das die oben links skizzierte Holzstatuette einer Gabenträgerin aus einem Grab des Mittleren Reiches trägt, ist, wie es damals offenbar besonders beliebt war, mit einem starkfarbigen Feder- oder Fischschuppenmuster geschmückt.

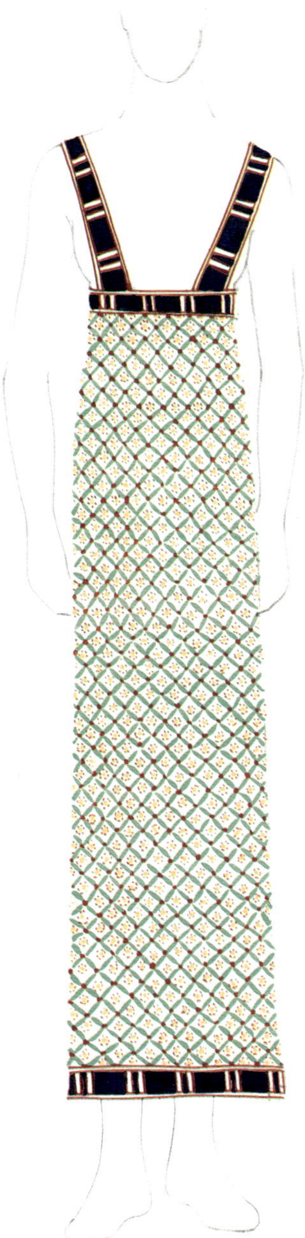

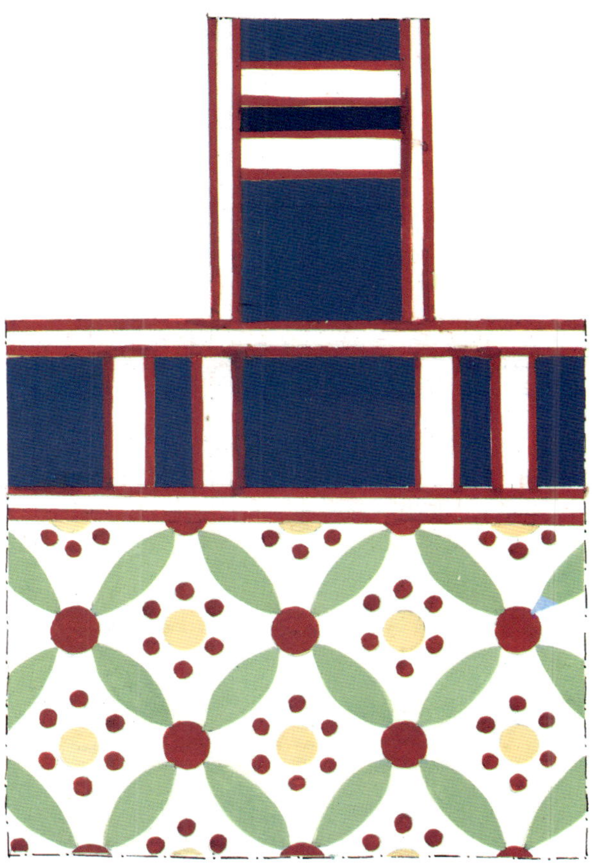

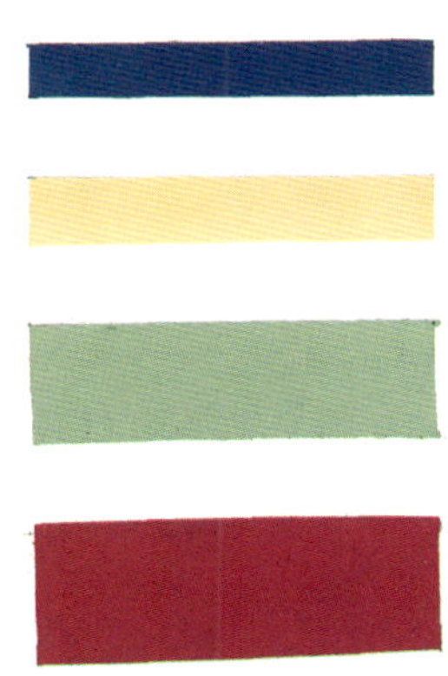

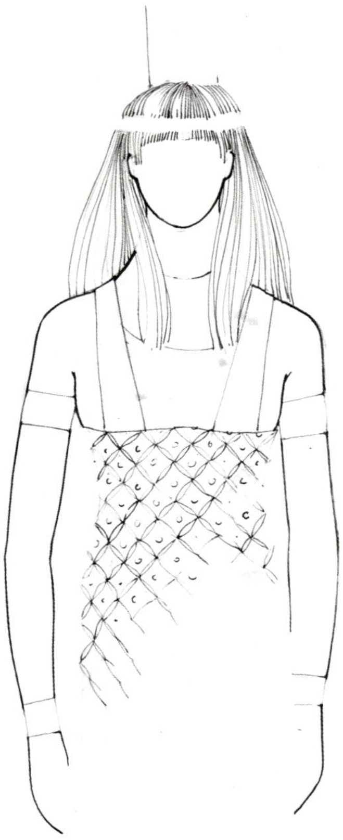

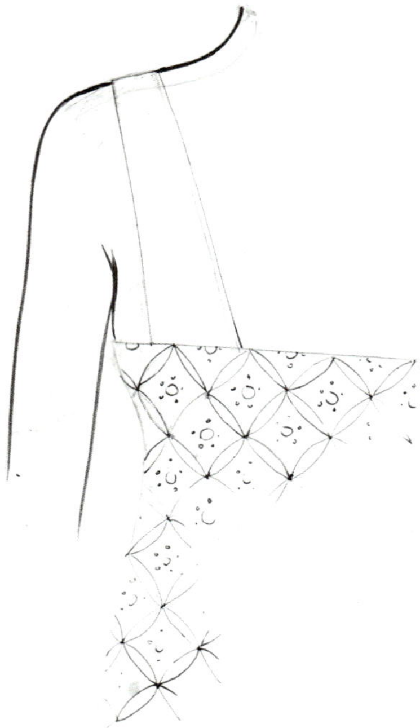

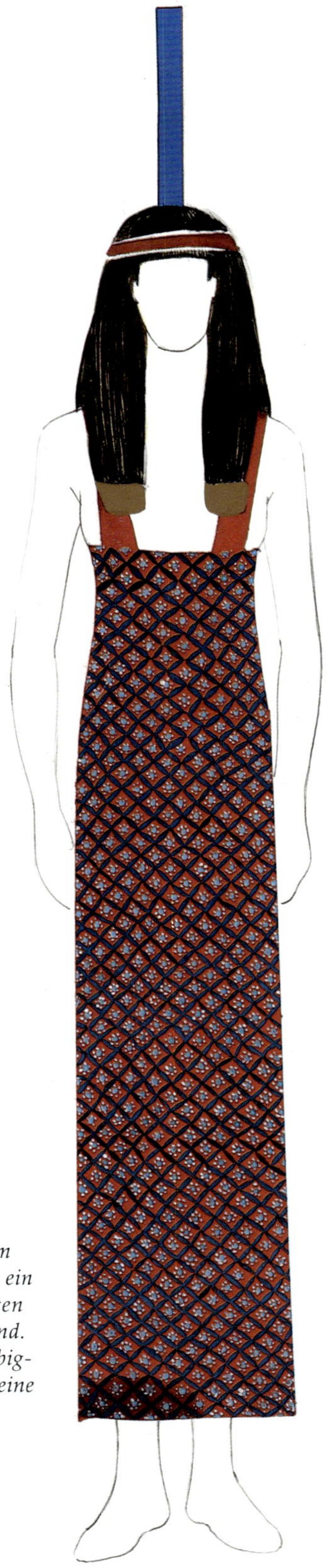

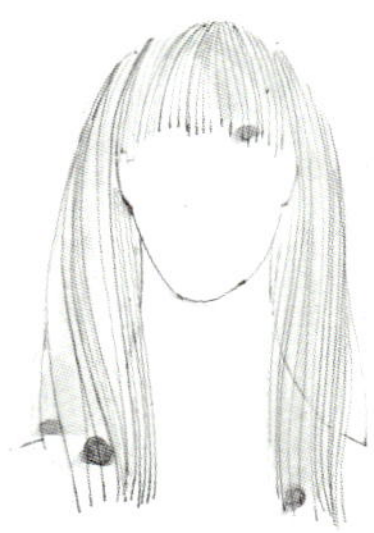

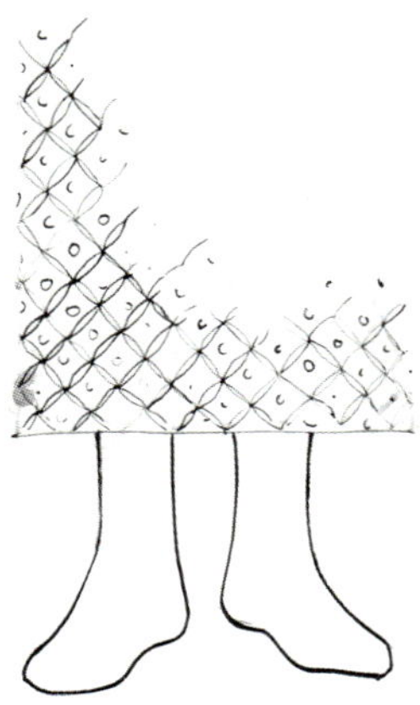

Lang herabfallende Perücken paßten gut zum Umriß des eng anliegenden Kleides, das eher ein langer Rock war, von breiten Trägern gehalten und mitunter bis zu den Fußknöcheln reichend. Manche Muster waren von leuchtender Farbigkeit, Blüten- und Blattmotive fügten sich in eine geometrisch regelmäßige Grundstruktur.

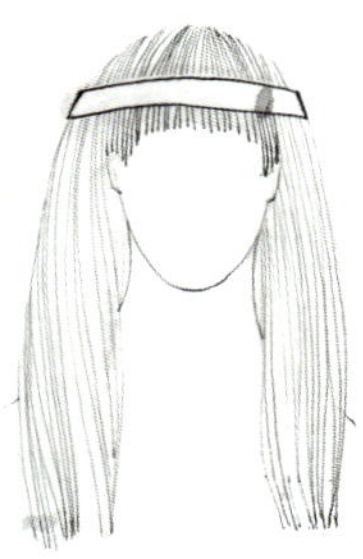

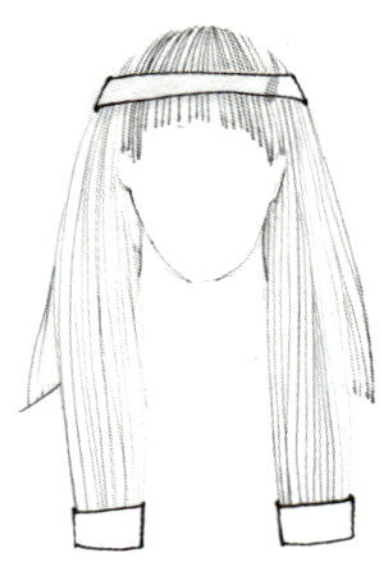

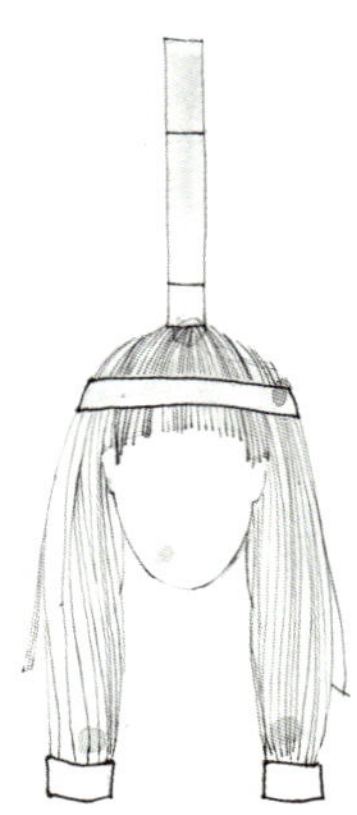

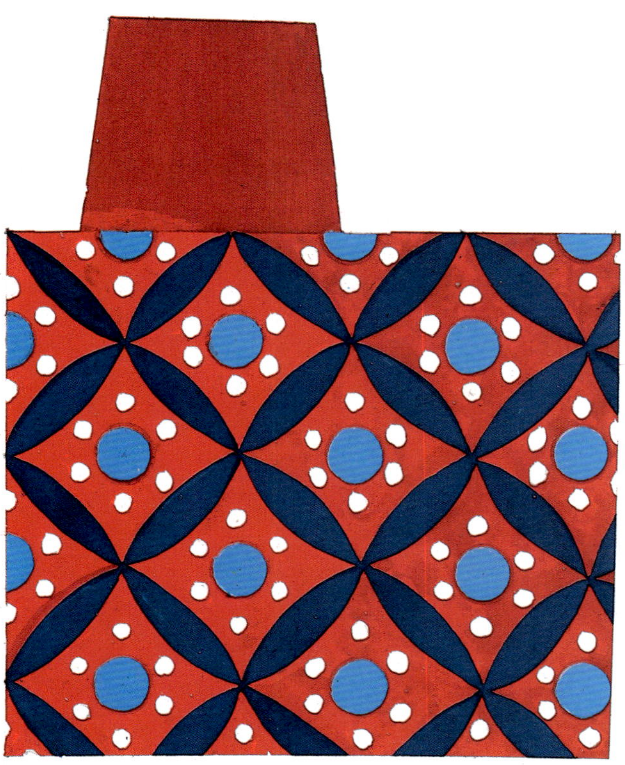

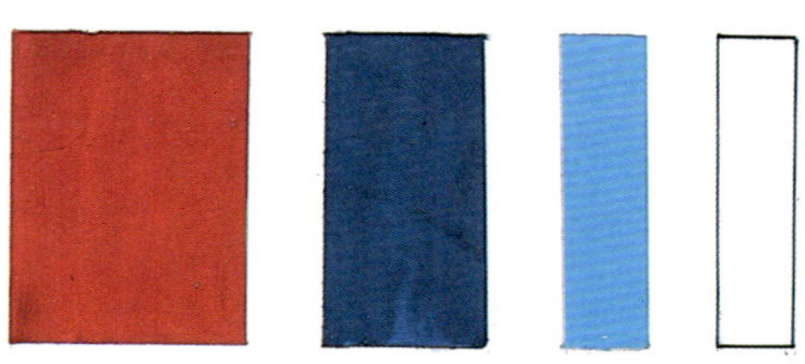

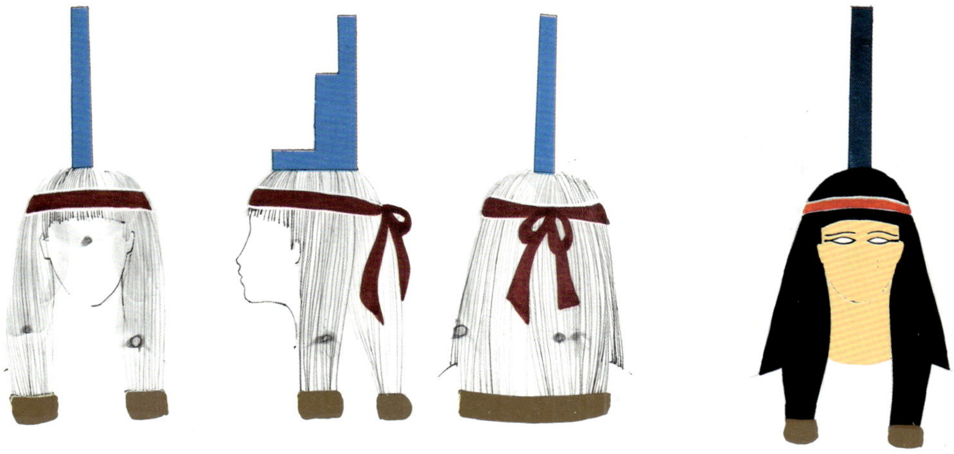

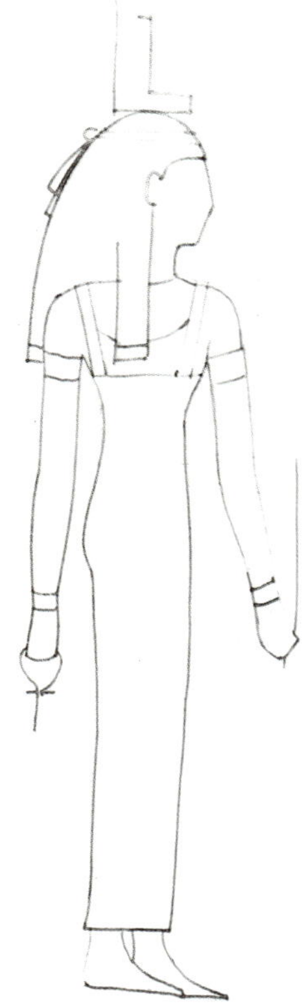

Vorder-, Seiten- und Rückansicht der dreigeteilten Perücke mit Stirnband. Die Hieroglyphe des Throns, welche die Perücke trägt, weist deren Trägerin als Göttin Isis aus.

Die Frauen schminkten, wie hier in Zeichnungen dargestellt wird, ihre Augen in der Absicht, diese größer erscheinen zu lassen. Das geschah u. a. dadurch, daß sie die Augenwinkel nach den Seiten mit Strichen verlängerten.

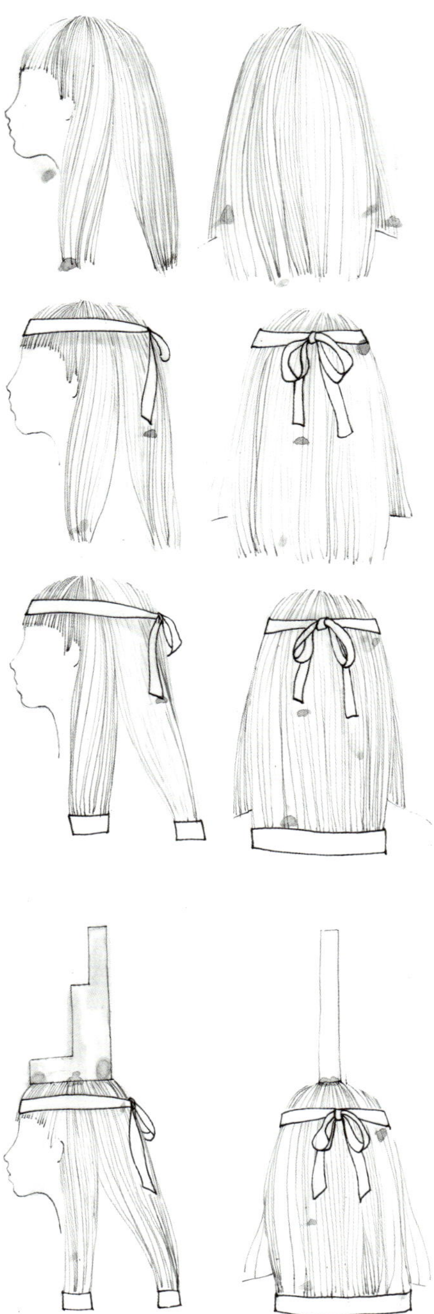

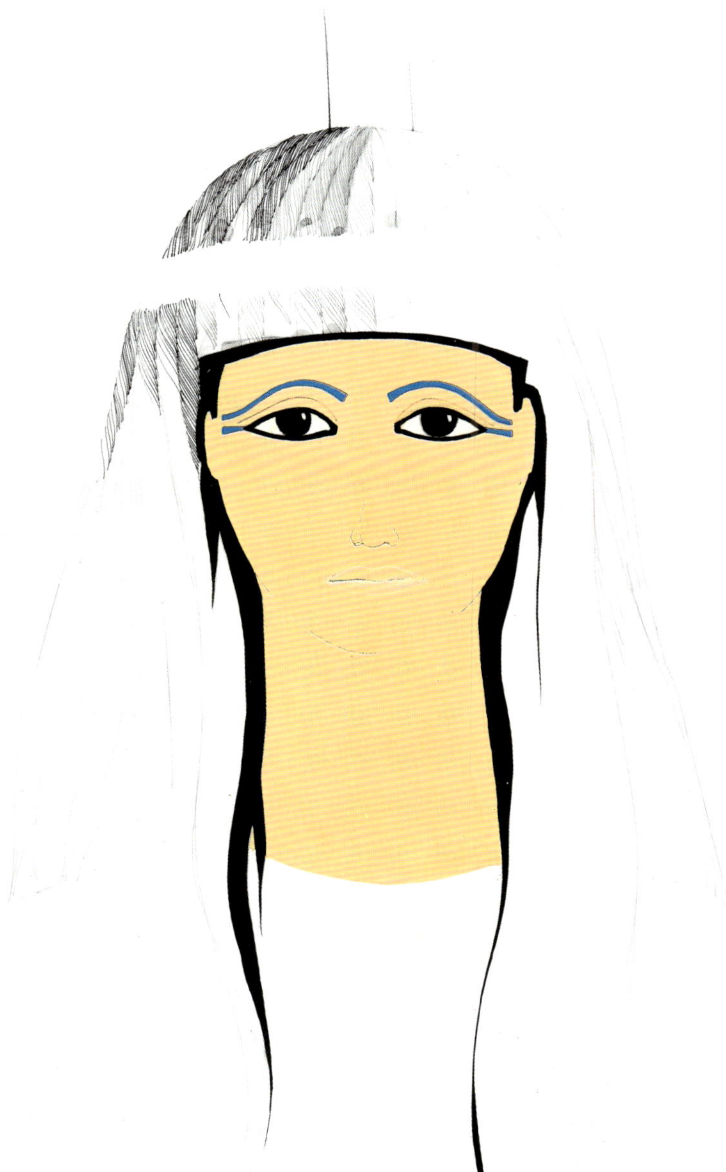

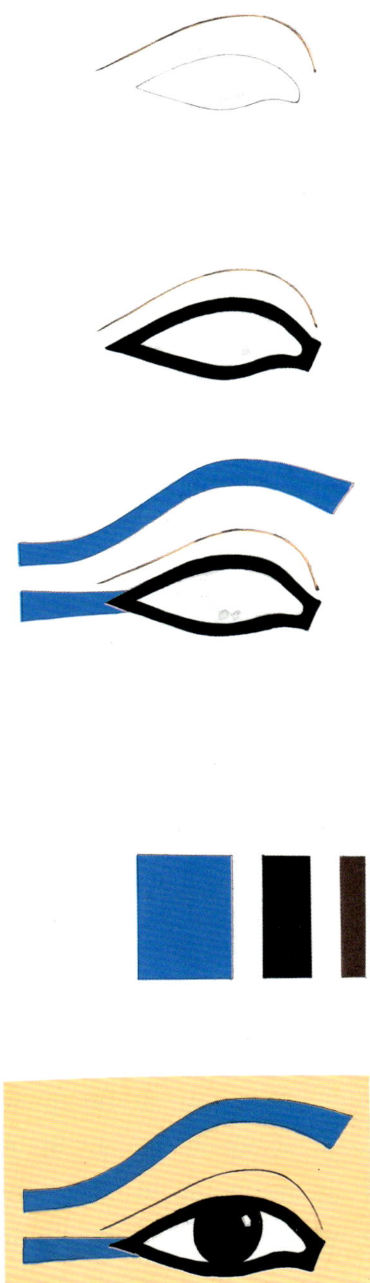

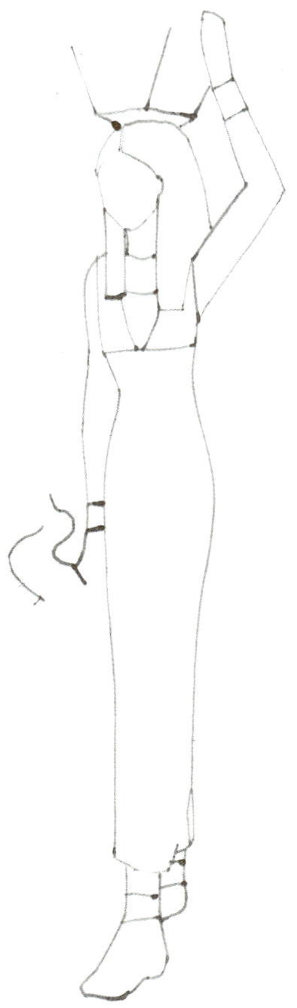

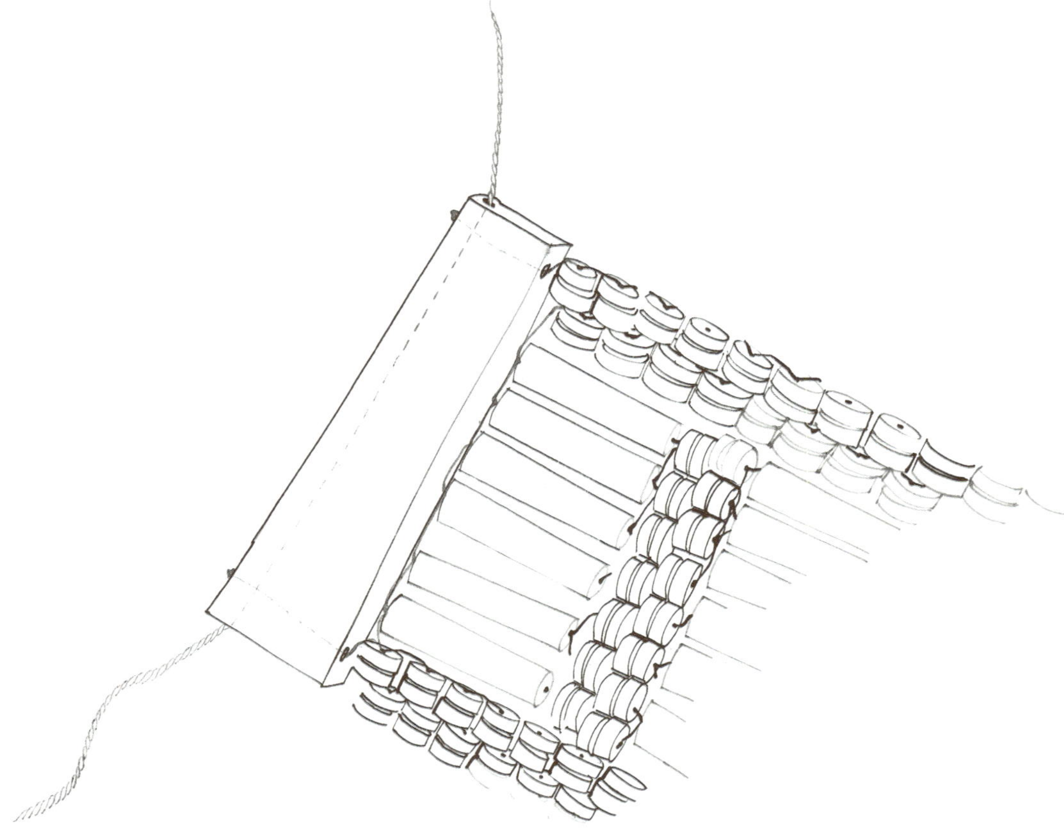

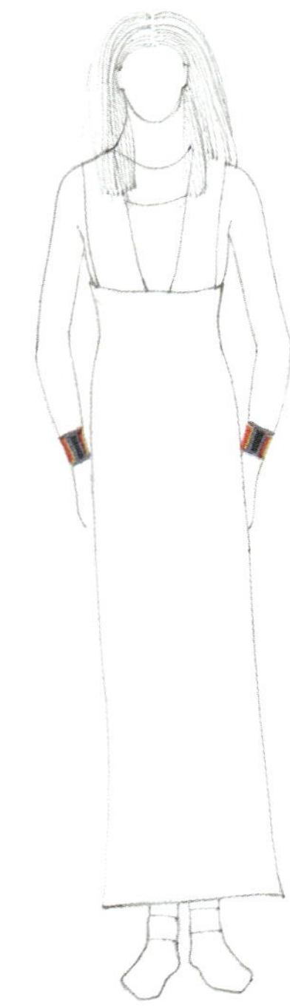

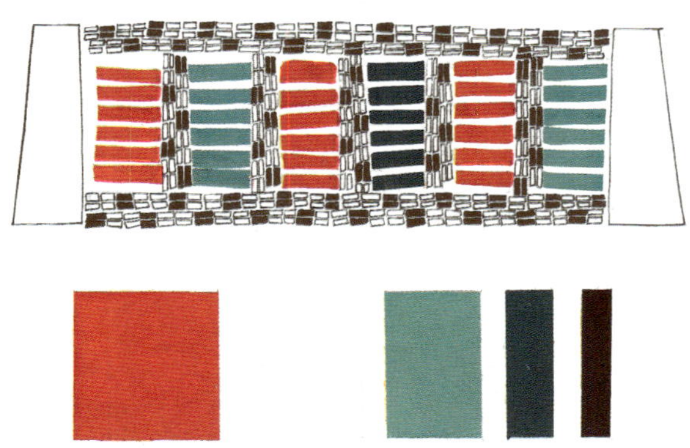

Perlen aus unterschiedlichstem Material und von großer Formenvielfalt bilden das wesentliche Element der meisten ägyptischen Schmuckstücke. Vom Mittleren Reich bis zum Ende des Neuen Reiches, d. h. von der Herrschaft der 11. bis zur 20. Dynastie, gut tausend Jahre lang, fertigten Goldschmiede oft ganze Sätze von Schmucksachen an, Kragen, Oberarmreifen, Arm- und Fußbänder, deren Farben und Muster zueinander paßten. Edelmetalle und Halbedelsteine fanden Anwendung bei der Gestaltung des Schmucks so bedeutender Frauen wie Senebtisi oder Sit-Hathor-Iunet, doch verfehlt auch der aus billigen bunten Fayenceperlen angefertigte Schmuck dank der Kunstfertigkeit und des Geschicks der ägyptischen Juweliere nicht seine Wirkung. Um verschiedende Perlenschnüre auf Abstand zu halten, verband man sie mit Distanzstücken, die oft Inschriften tragen. In Perlenarbeit wurden sogar Netze geschaffen, welche die Damen als Schmuck über den Kleidern trugen.

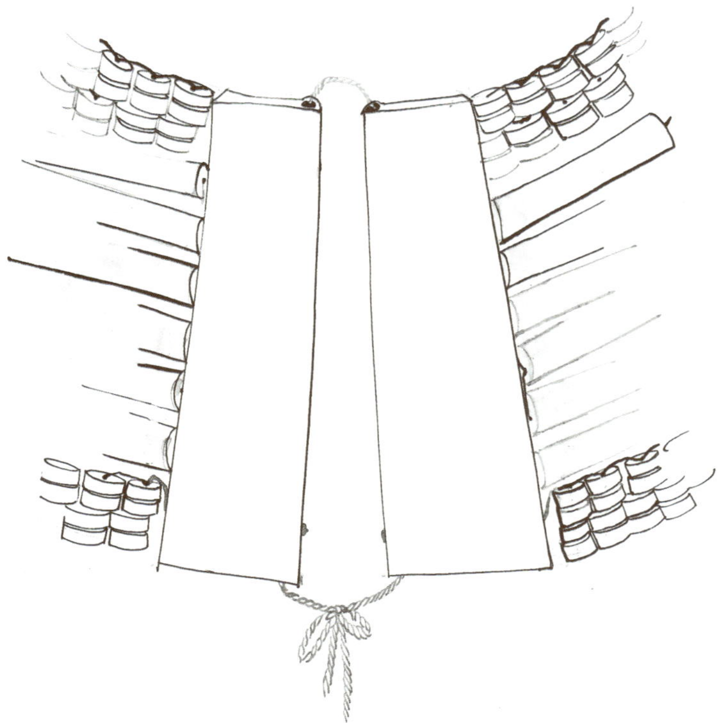

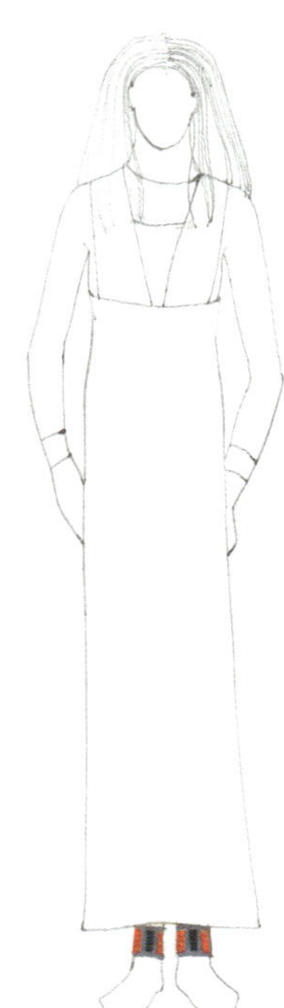

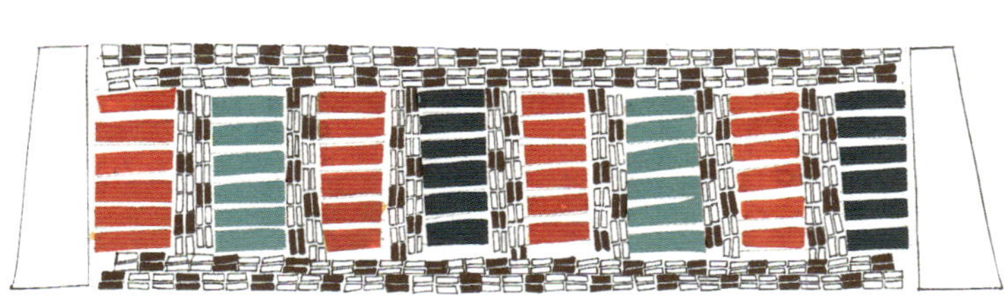

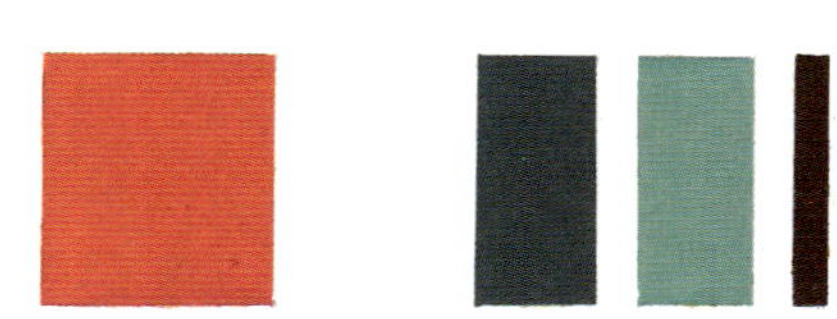

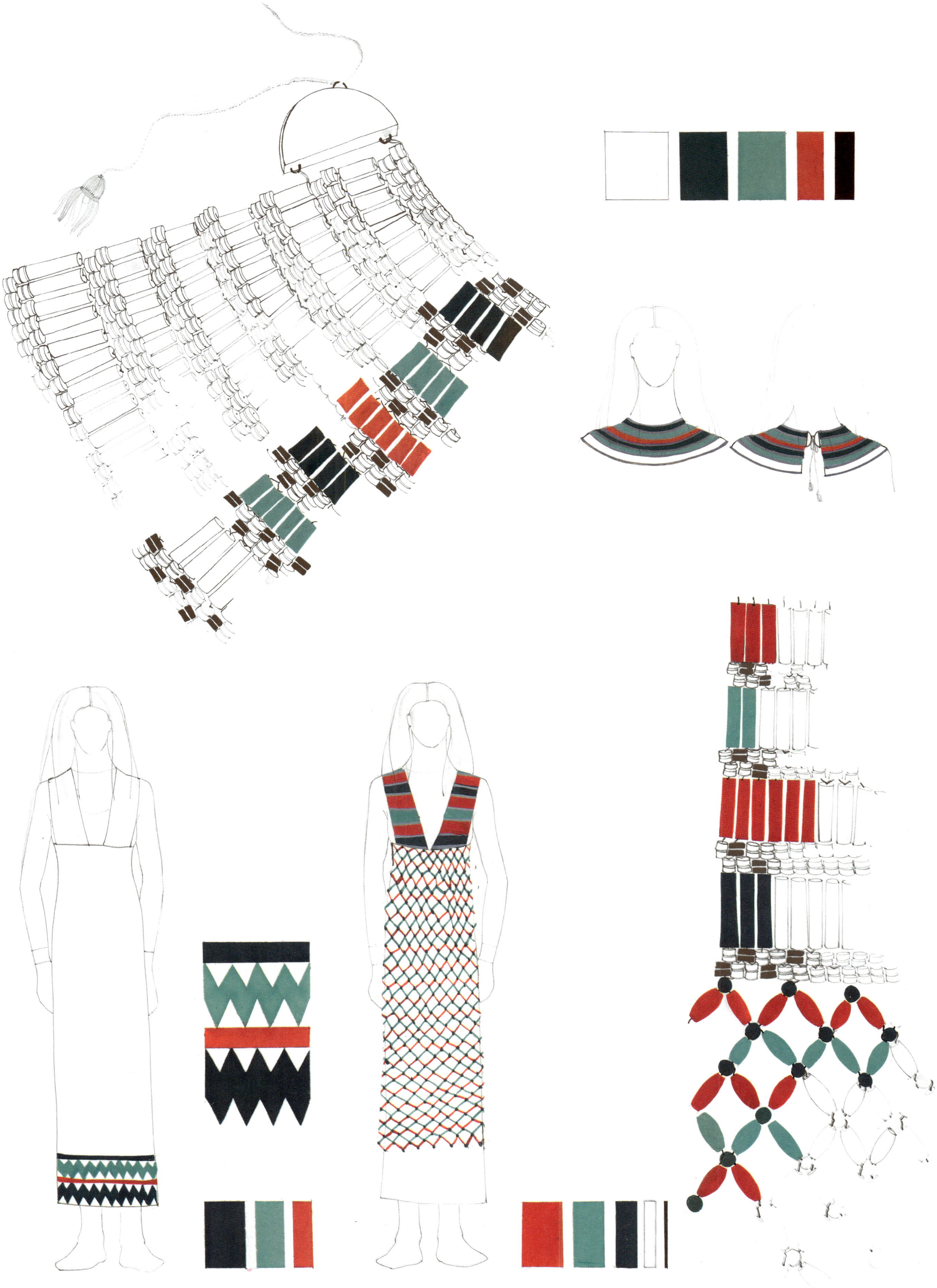

Gottheiten stellten die Ägypter mit den jeweiligen Attributen ihrer Funktion dar. Die Sonnenscheibe zwischen Kuhhörnern, wie sie hier auf einer Reliefskulptur aus der Zeit der 19. Dynastie (s. Abb. auf Seite 99) die Göttin Mut trägt, war auch ein Emblem der Göttinnen Hathor und Isis. Die Zeichnungen versuchen, die einzelnen Bestandteile des Gewandes der Mut-Figur mit allen Details zu veranschaulichen: das rockähnliche Kleid mit den Trägern und den Ornamenten des Saums sowie den langen, vorn geknüpften Gürtel, dessen Enden bis zur Kniehöhe herabfallen.

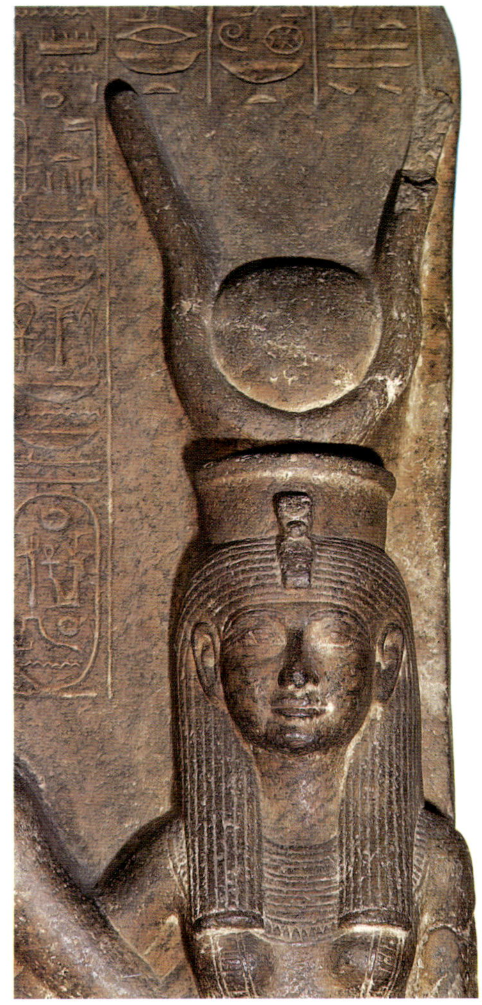

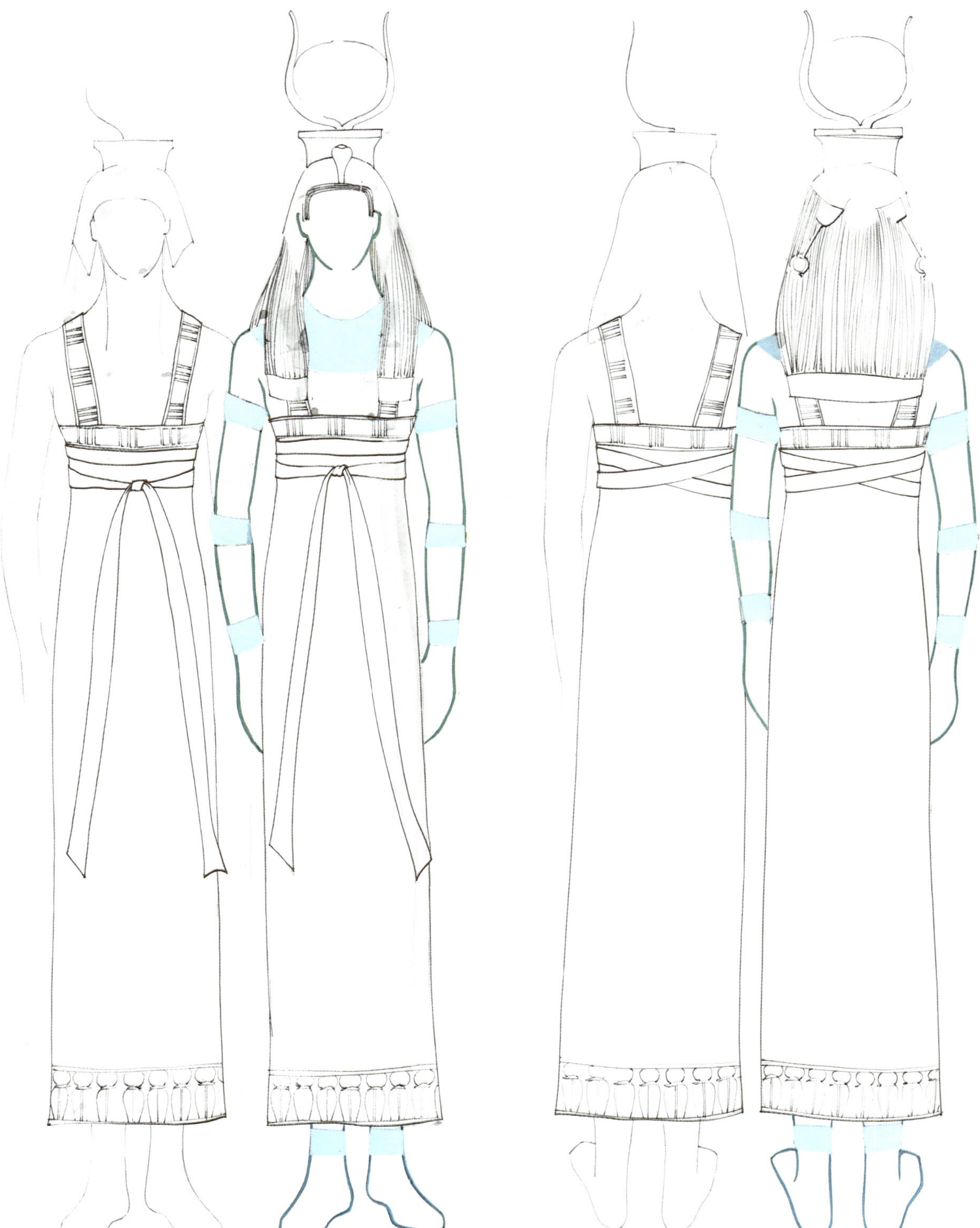

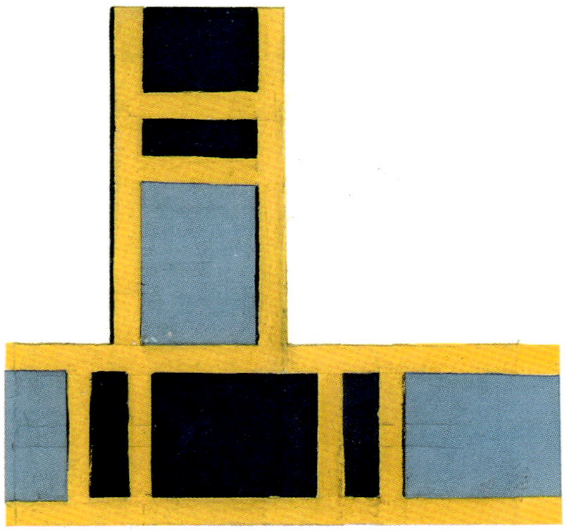

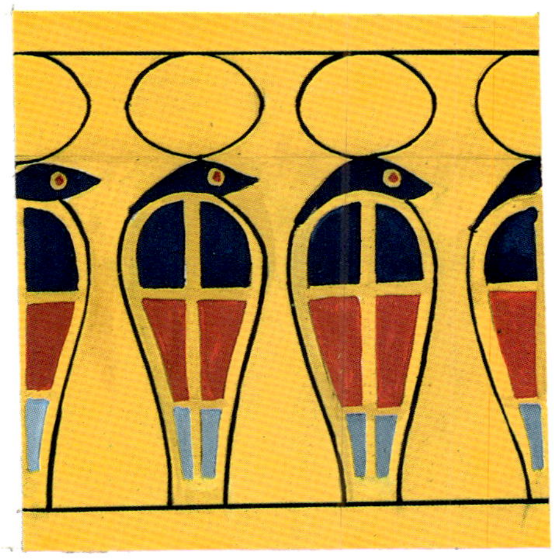

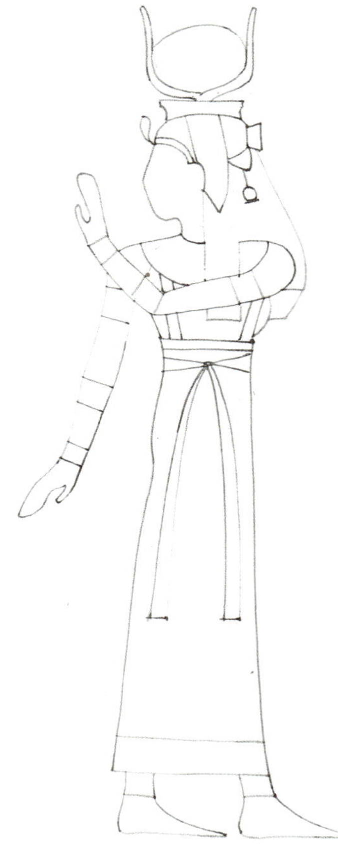

Die stilisierte Uräusschlange war ein beliebter Bortenschmuck an Kleidern weiblicher Gottheiten. Einfache, rechteckige Farbfelder, von Streifen und Stegen gerahmt, bildeten dagegen oft das Muster von Trägern, Gürteln oder dem Rock- und Kleiderbund.

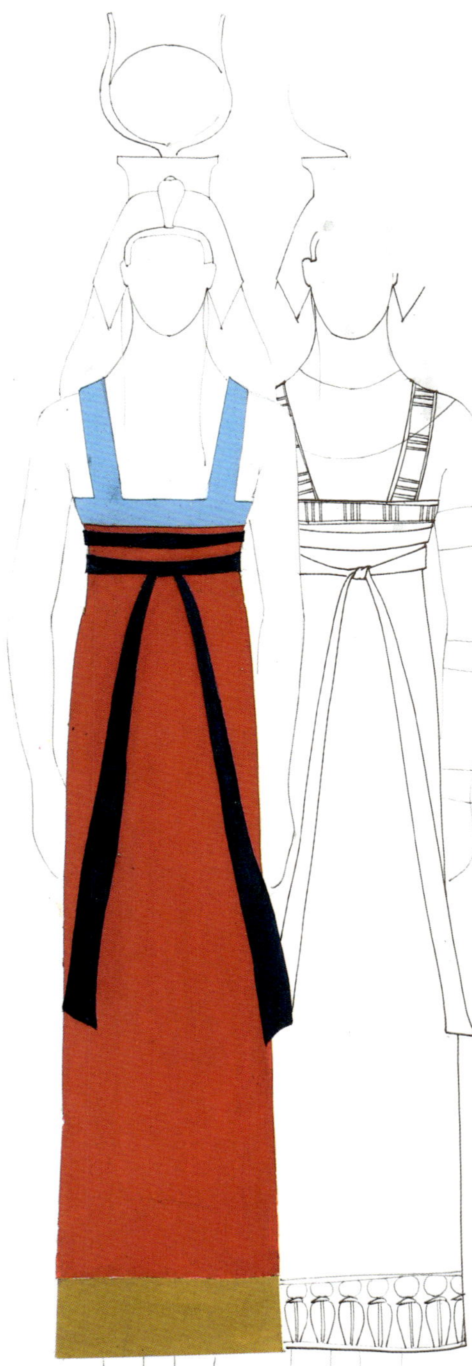

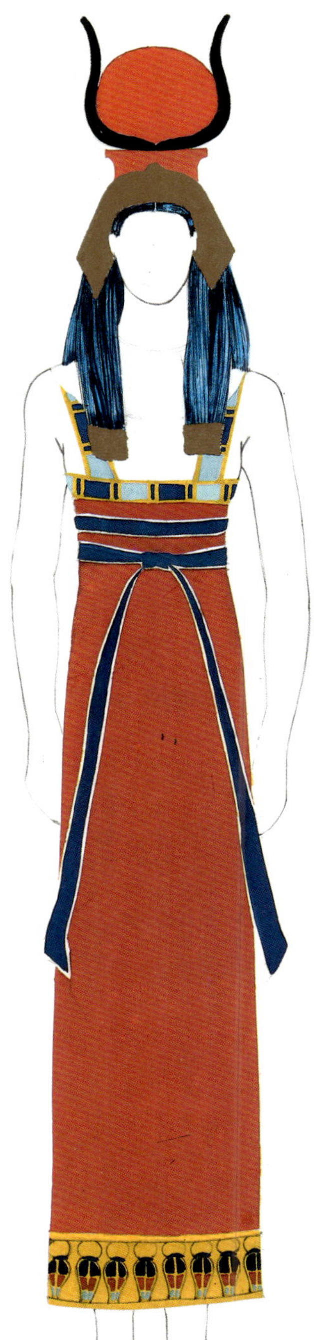

Die Kostbarkeit und erlesene Eleganz, mit der in ihrer Kleidung die altägyptischen Göttinnen auftreten, darf nicht zu dem Schluß verleiten, daß derartige Prachtgewänder zum Lebensstil breiterer Bevölkerungsgruppen gehörten. Den Künstlern ging es vielmehr darum, Idealbilder zu schaffen. In einfacherer Ausführung gingen Formen dieser »Modelle« aber durchaus in die Alltagskleidung ein.

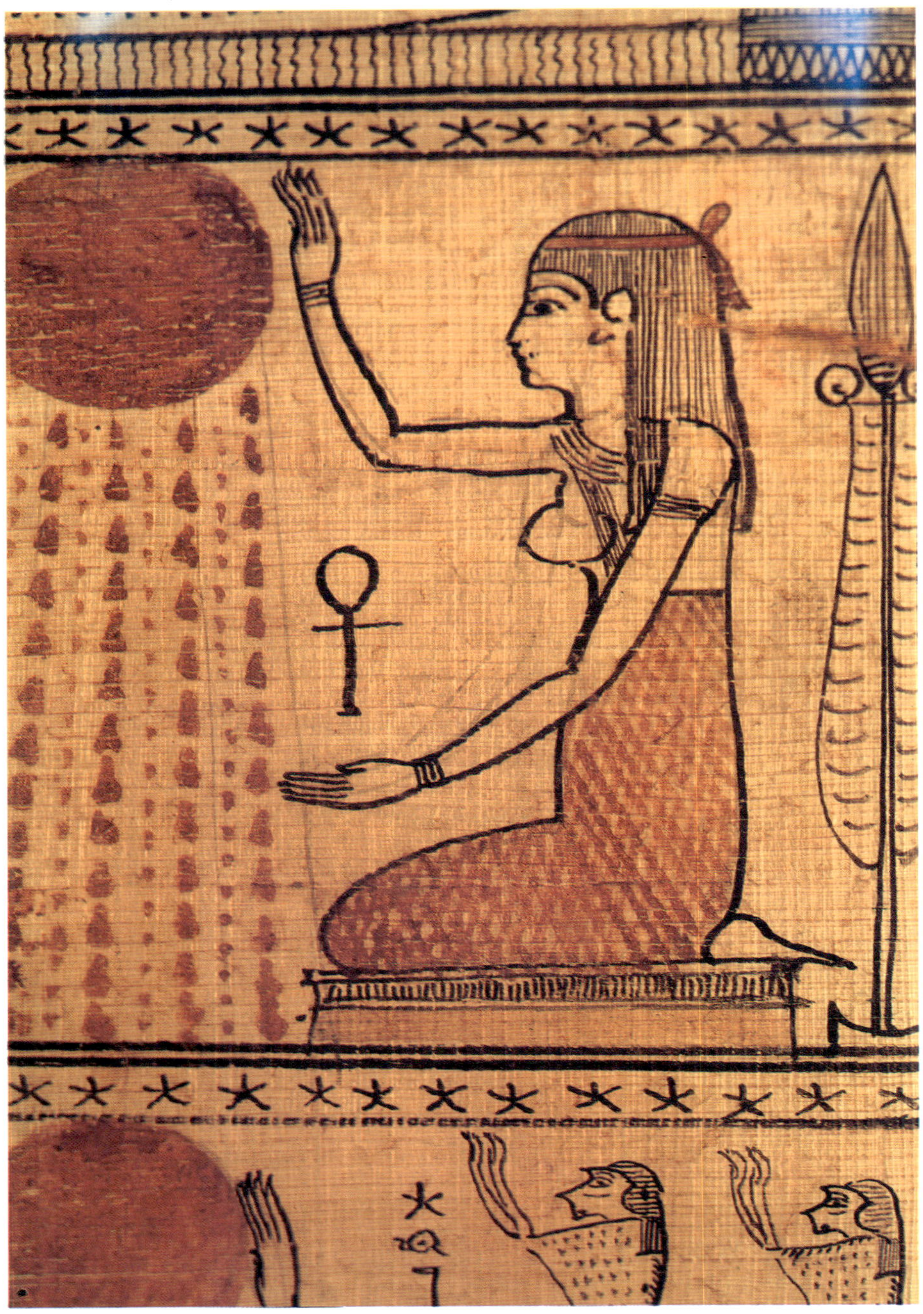

Opfernde, Ausschnitt aus der Illustration eines Totenbuchs, Papyrus; Turin, Museo Egizio (s. Abb. auf Seiten 50 und 149).

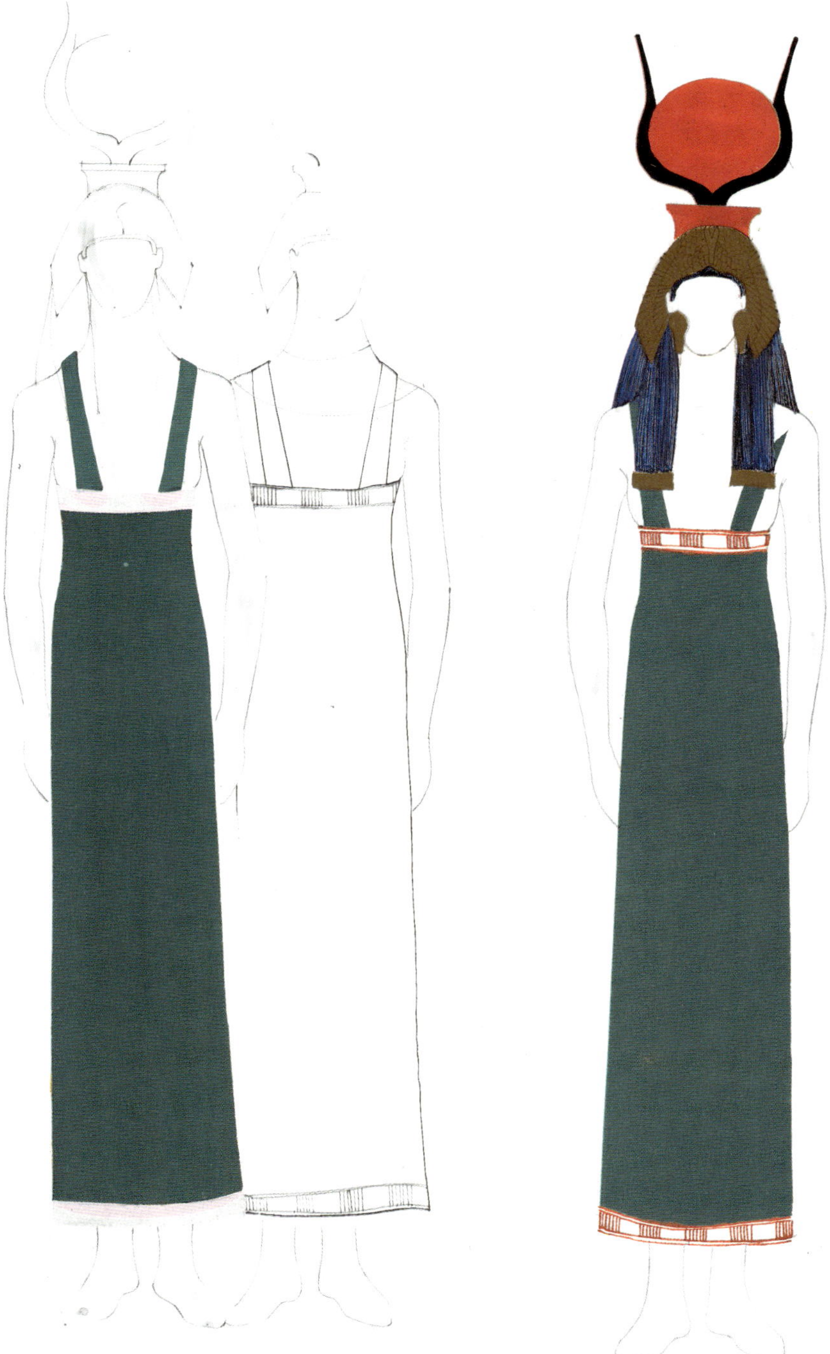

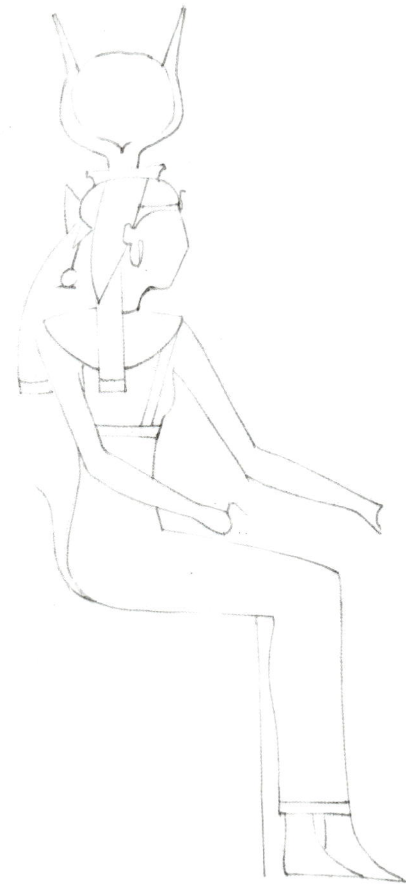

Der Typus des schmalgeschnittenen, engen Kleides, das kurz oberhalb der Füße endet, läßt Teile der Schultern frei. Nur die Träger, ein Schmuckkragen und ein leichtes Umschlagtuch bedecken die obere Körperpartie. Oberarmreifen ersetzen gewissermaßen die Kleidärmel.

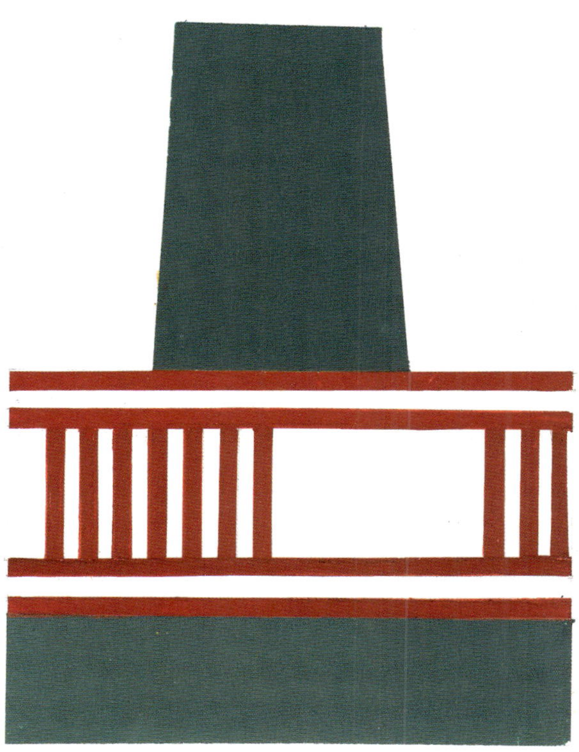

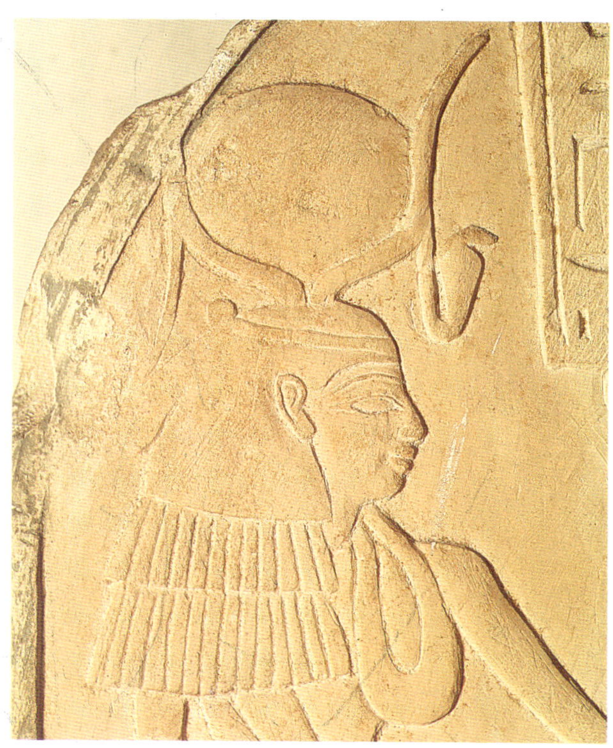

Hathor, bekrönt mit der Sonnenscheibe zwischen Kuhhörnern, hat sich hier ein Menat, Gegengewicht des schweren Schmuckkragens, über die linke Schulter gelegt.

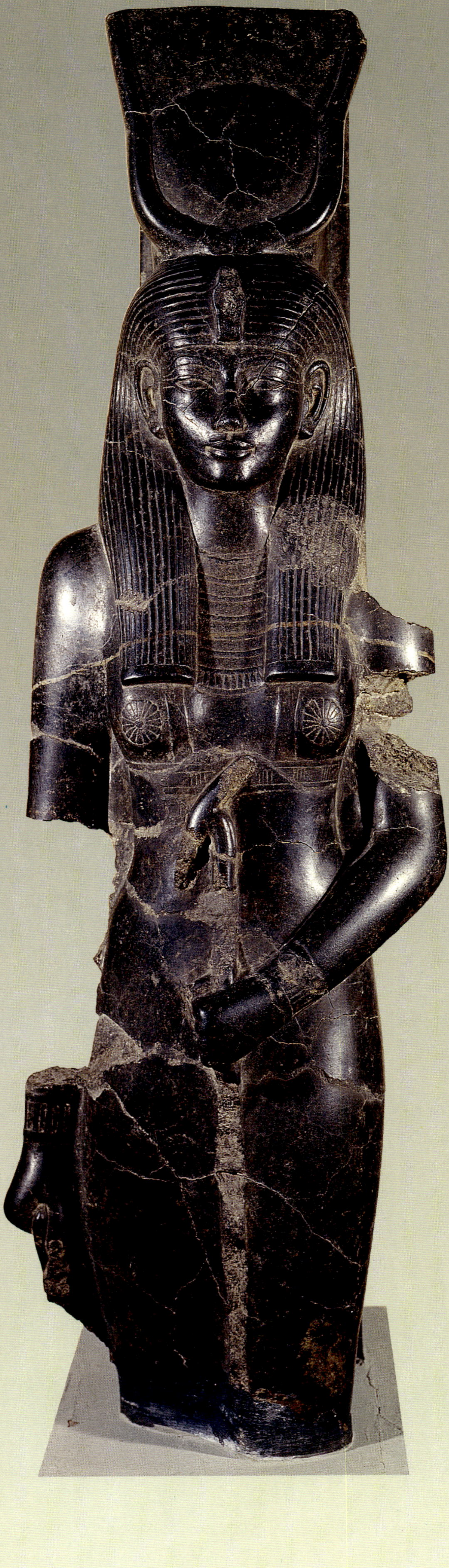

Vorder-, Seiten- und Rückansichten des Aufbaus der abgestuften Damenperücke. Die verschiedenen Lagen konnten, wie die Abbildung zeigt, unterschiedlich gefärbt sein.

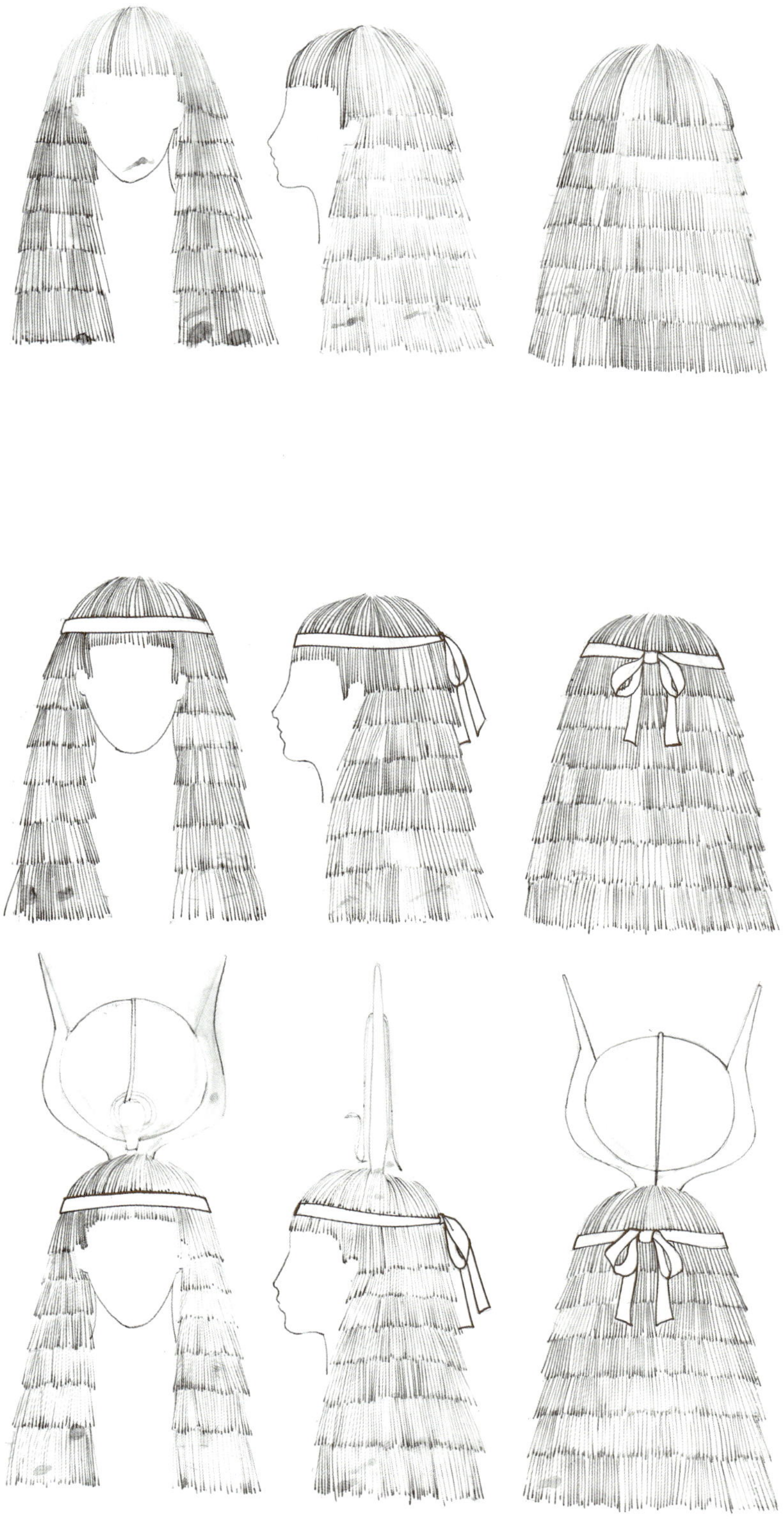

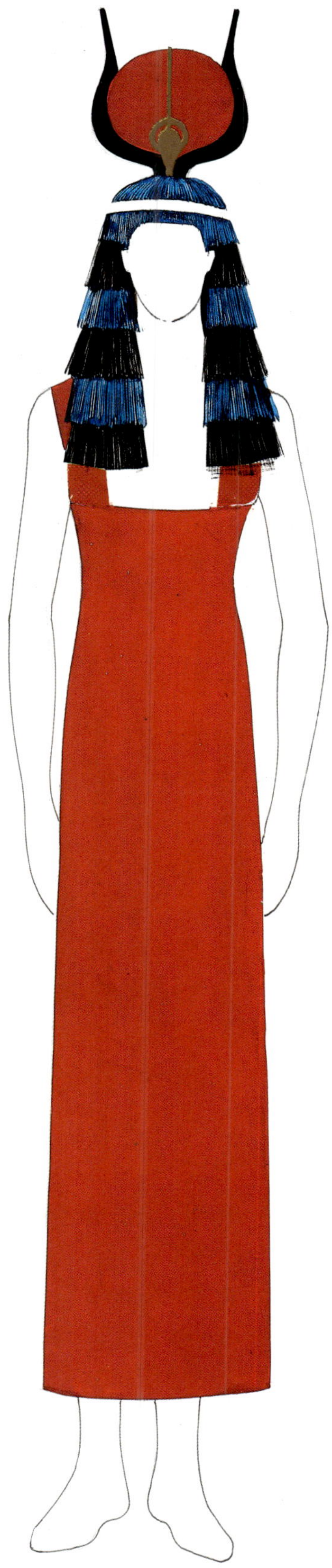

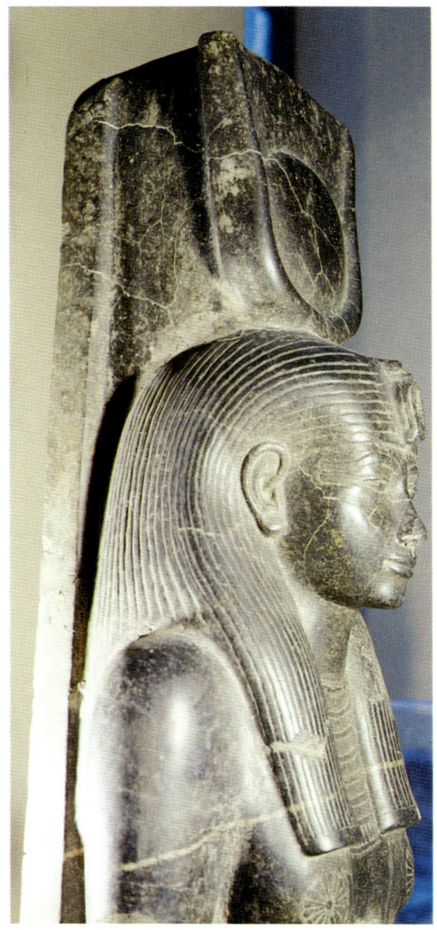

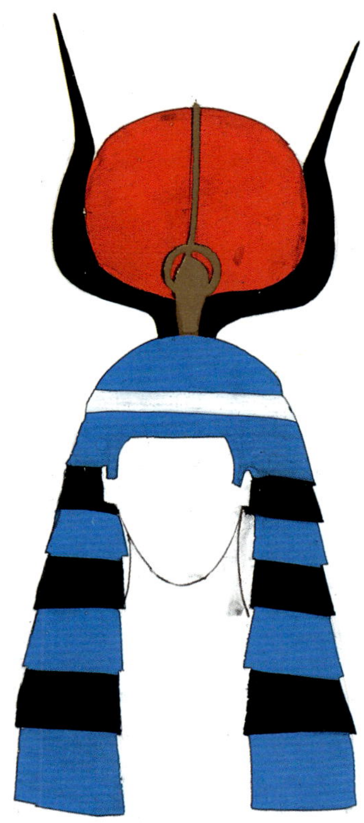

Links: Statue der Göttin Hathor; Turin, Museo Egizio. – Die Skulptur aus schwarzem Granit zeigt die als Himmels- und Liebesgöttin, in Theben auch als Totengöttin verehrte Hathor, Schutzheilige mehrerer Orte und auch außerhalb Ägyptens, etwa in Syrien und auf der Halbinsel Sinai, bekannt. Hathor hält ein Was-(Glücks-)Zepter in der Linken und trägt auf der hohen Perücke zwischen Kuhhörnern die Sonnenscheibe. Der unter den Brüsten verlaufende obere Saum ihres Kleides ist mit senkrechten Stegen gemustert; die breiten Träger, die die Brüste verdekken, sind mit Rosetten verziert.

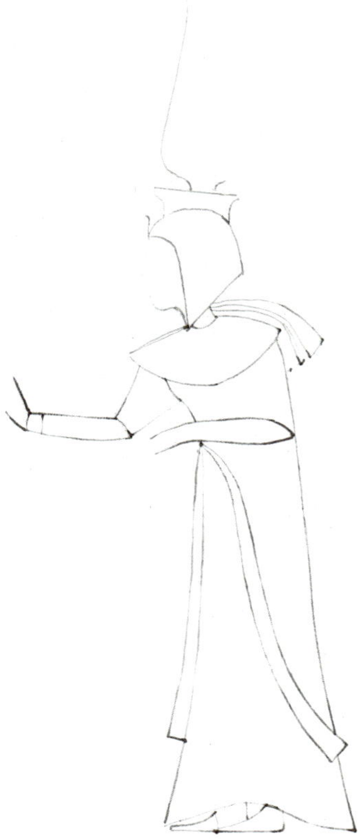

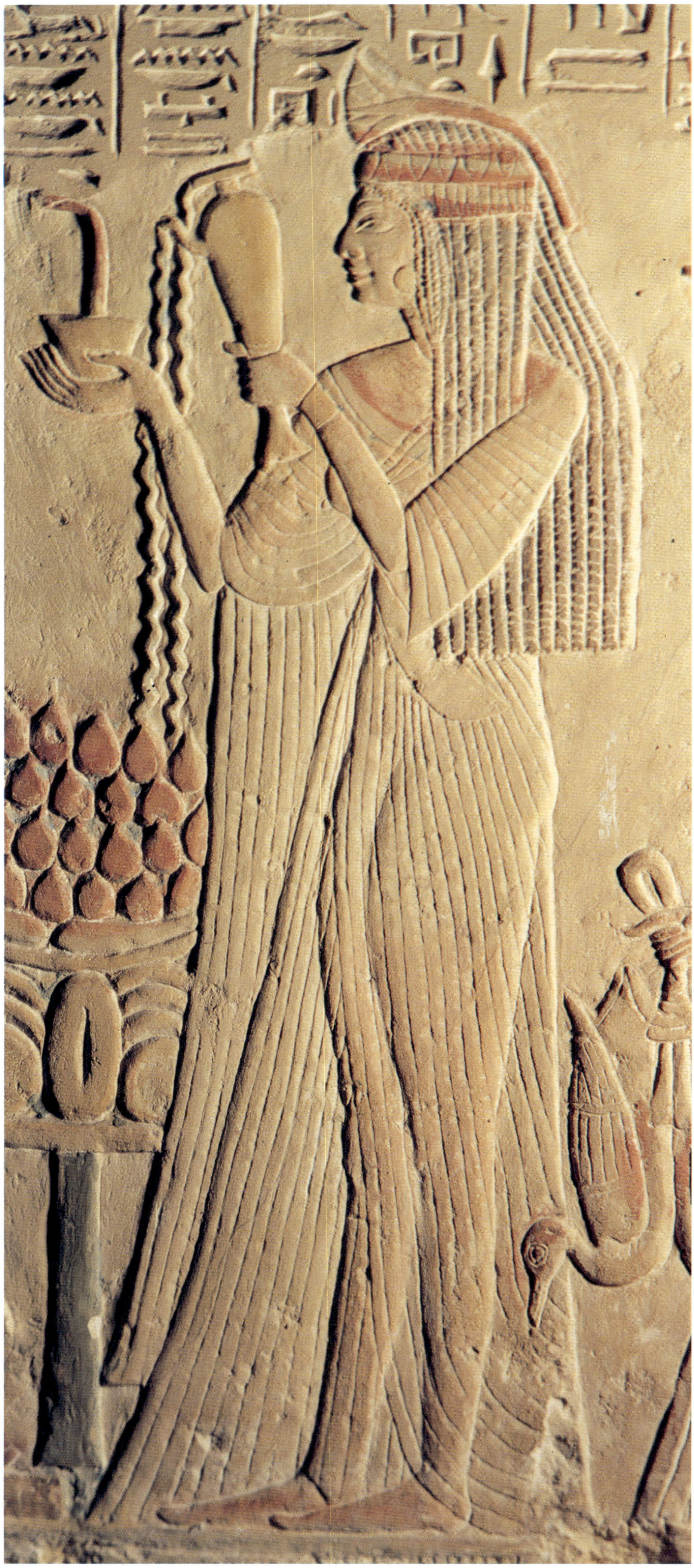

Die langen, oft bis zum Boden reichenden feinen Leinengewänder ägyptischer Frauen wurden auf komplizierte, kunstvolle Weise am Körper drapiert. Die Zeichnungen verdeutlichen einzelne Abschnitte dieser Bekleidungsprozedur, die geübte Hände erforderte. Erstrebt war stets eine möglichst feine, die Schlankheit der Figur betonende Fältelung des Stoffes.

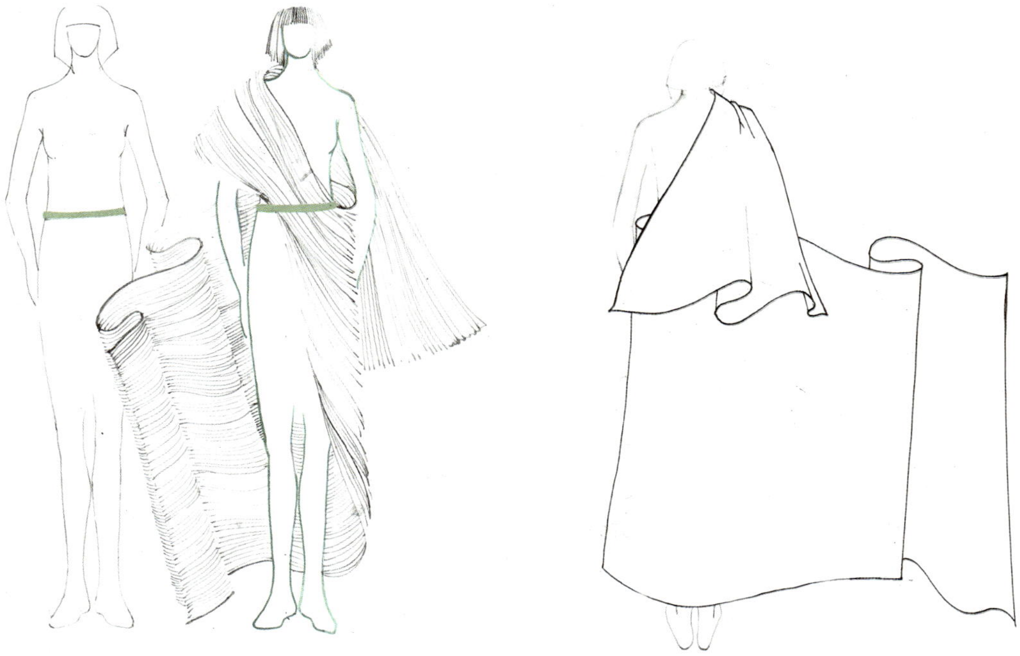

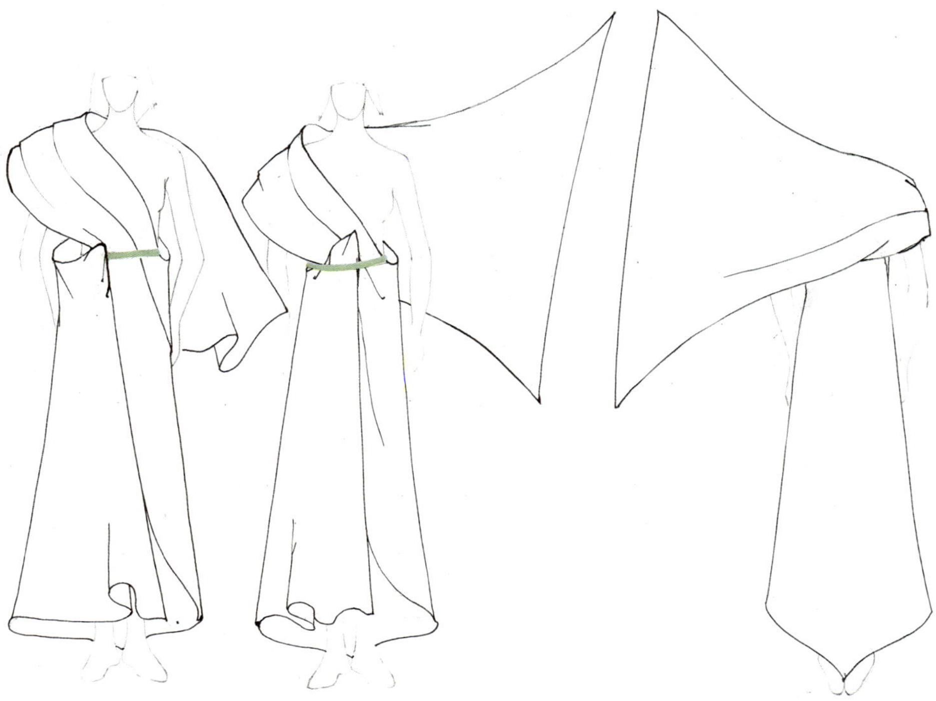

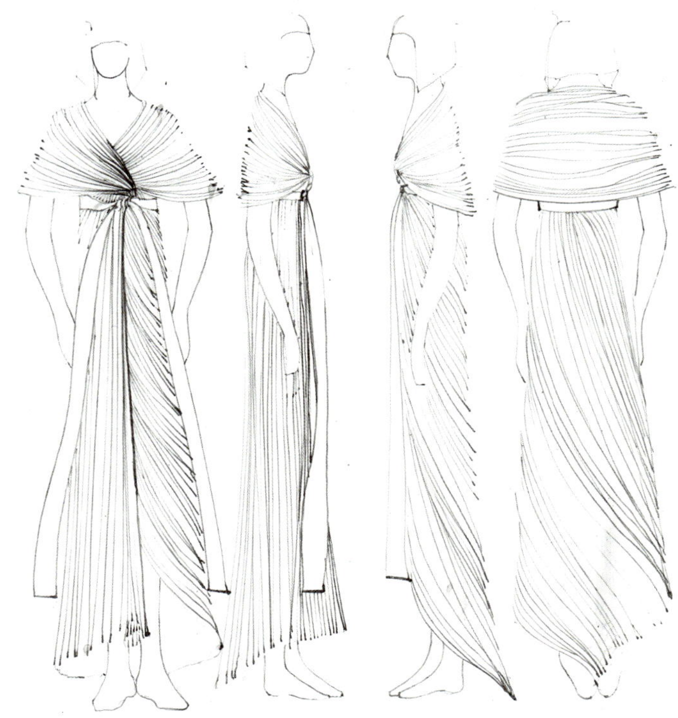

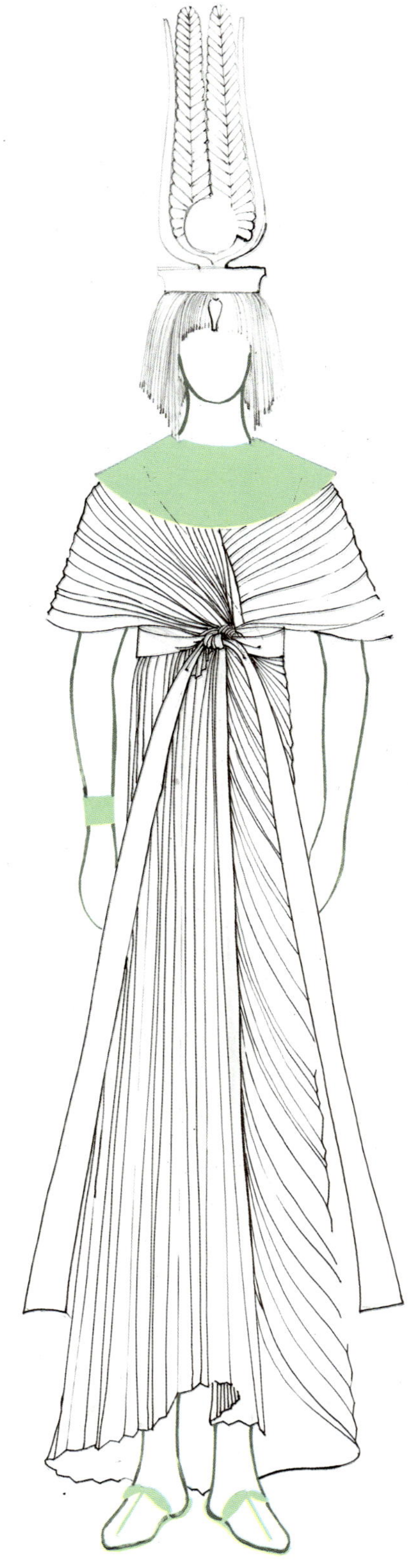

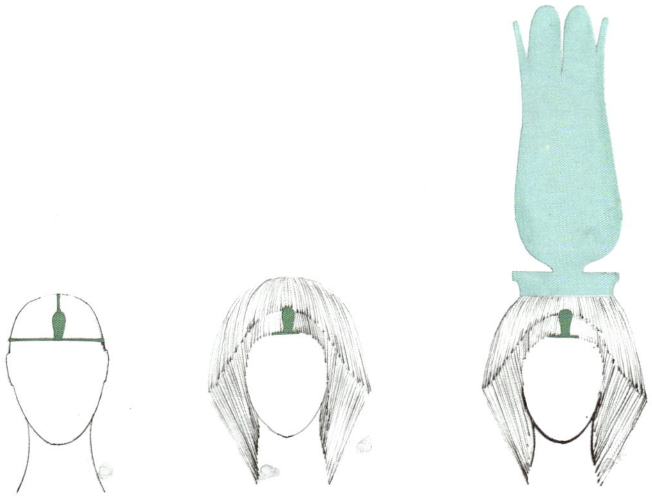

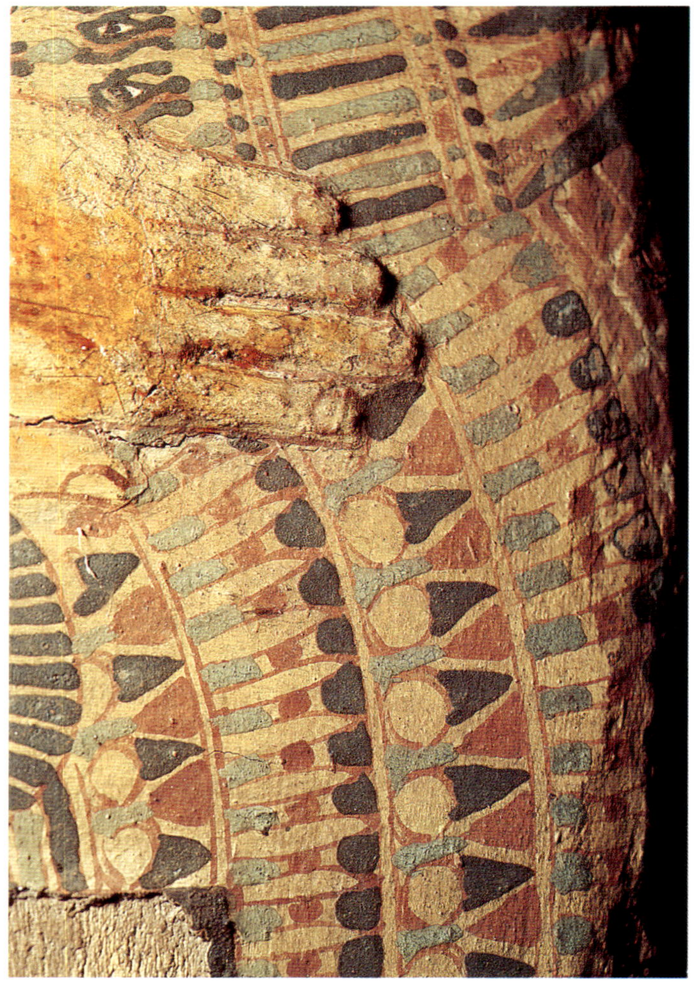

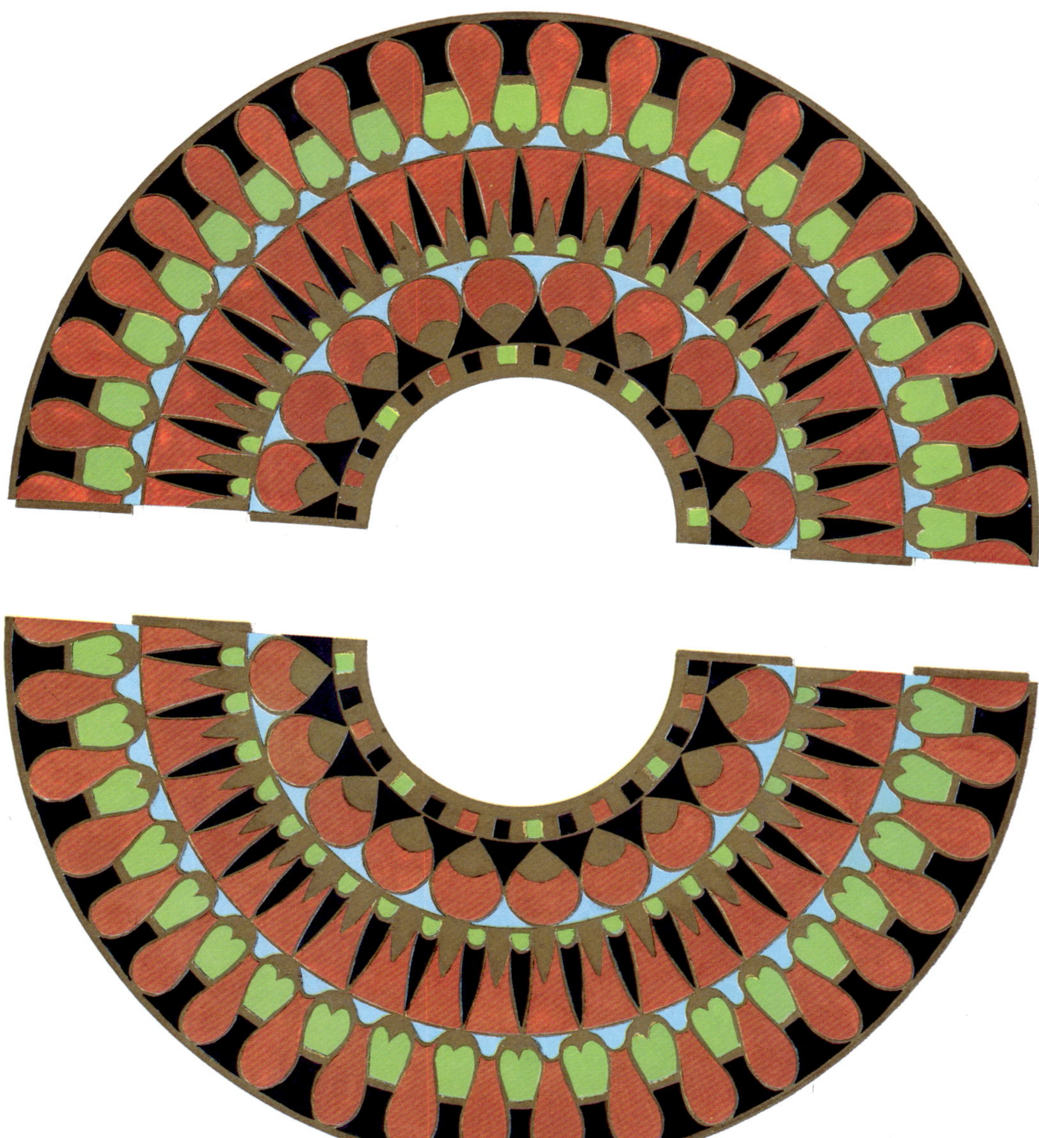

Muster eines breiten Schmuckkragens, wie er in der Spätzeit des Neuen Reiches zum Ornat der Königinnen gehörte.
Der Halskragen war vielfach aus Edelmetallen gefertigt – in Zellenschmelzarbeit mit eingelegten Halbedelsteinen –, bestand häufig jedoch auch aus Perlenschnüren. Kragen aus bunt leuchtenden Fayenceperlen, die wie Pflanzensamen, Blätter und in Nachahmung anderer pflanzlicher Formen gebildet waren, erfreuten sich während der Amarna-Zeit großer Beliebtheit. Mitunter wurden solche Kragen auch aus Stoff geschnitten und mit farbigen Ornamenten verziert.

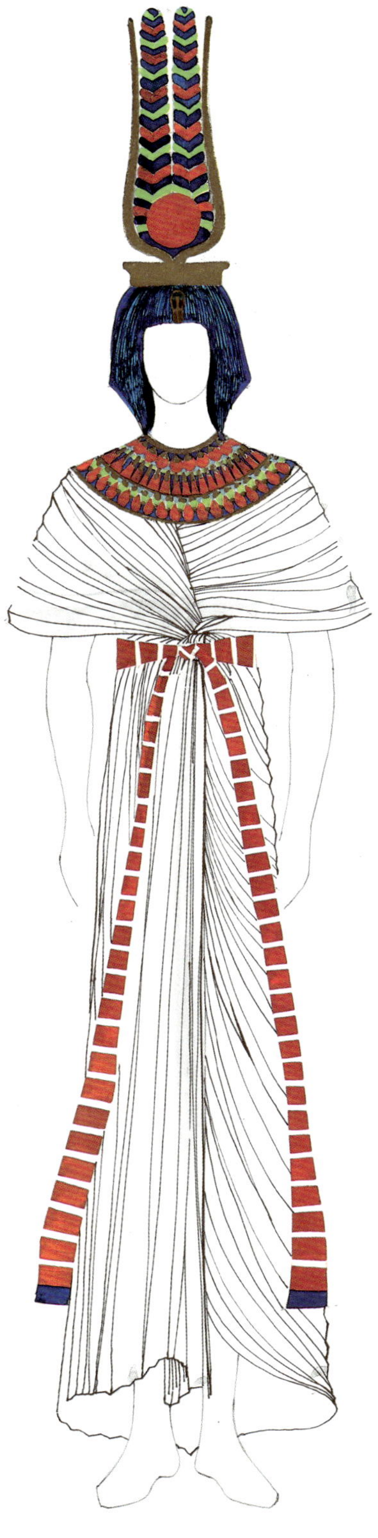

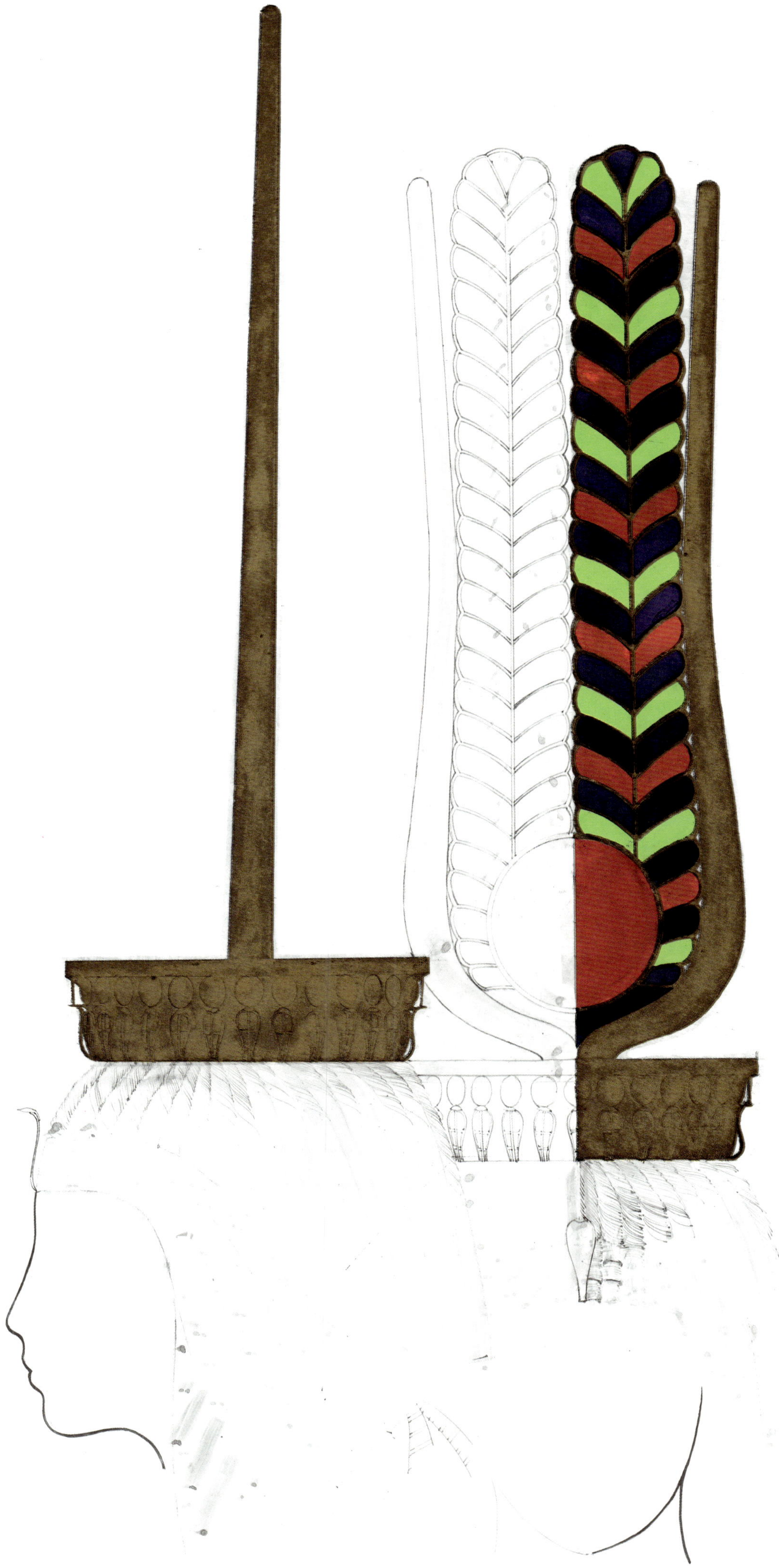

Kopfschmuck einer Königin. Die hohen geschwungenen Kuhhörner, die zum Kopfputz verschiedener Göttinnen gehörten, standen auch der Königin zu. Hier jedoch umschließen sie statt der Sonnenscheibe zwei Federbüsche, die vermutlich bei den ausgeführten Exemplaren (man kennt solche Kronen nur aus Darstellungen der bildenden Kunst) aus Straußenfedern bestanden. Die Seiten des Kopfreifens, über den sich der Aufbau erhebt, sind in der Zeichnung, gemäß vieler Vorbilder in der Kunst, mit Uräusschlangen geschmückt, dem Königssymbol.

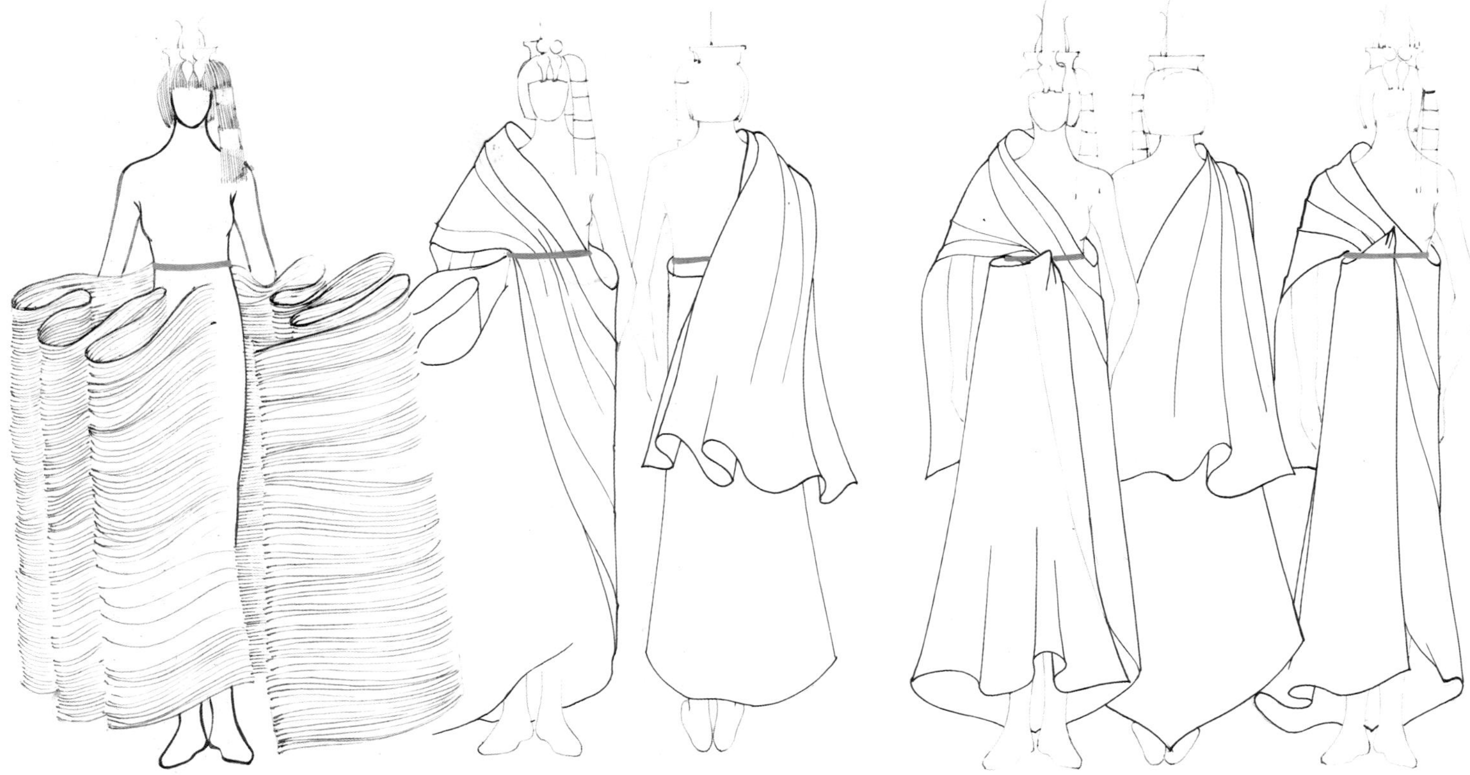

Die feinen Leinengewänder der Königinnen aus der Zeit des späteren Neuen Reiches sieht man auf Wandmalereien, so im Grab der Königin Nefertari, und auf Reliefs, wie jenem an der Rückenlehne des Throns Tutanchamuns oder an den Seiten des kleinen goldenen Statuenschreins sehr detailliert dargestellt. Die Zeichnungen auf dieser und der folgenden Seite sollen durchschaubar machen, wie solche Gewänder drapiert wurden. Am Ende der langwierigen Prozedur stand stets ein raffiniertes Kunstgebilde von ästhetisch ungemein ansprechender Art.

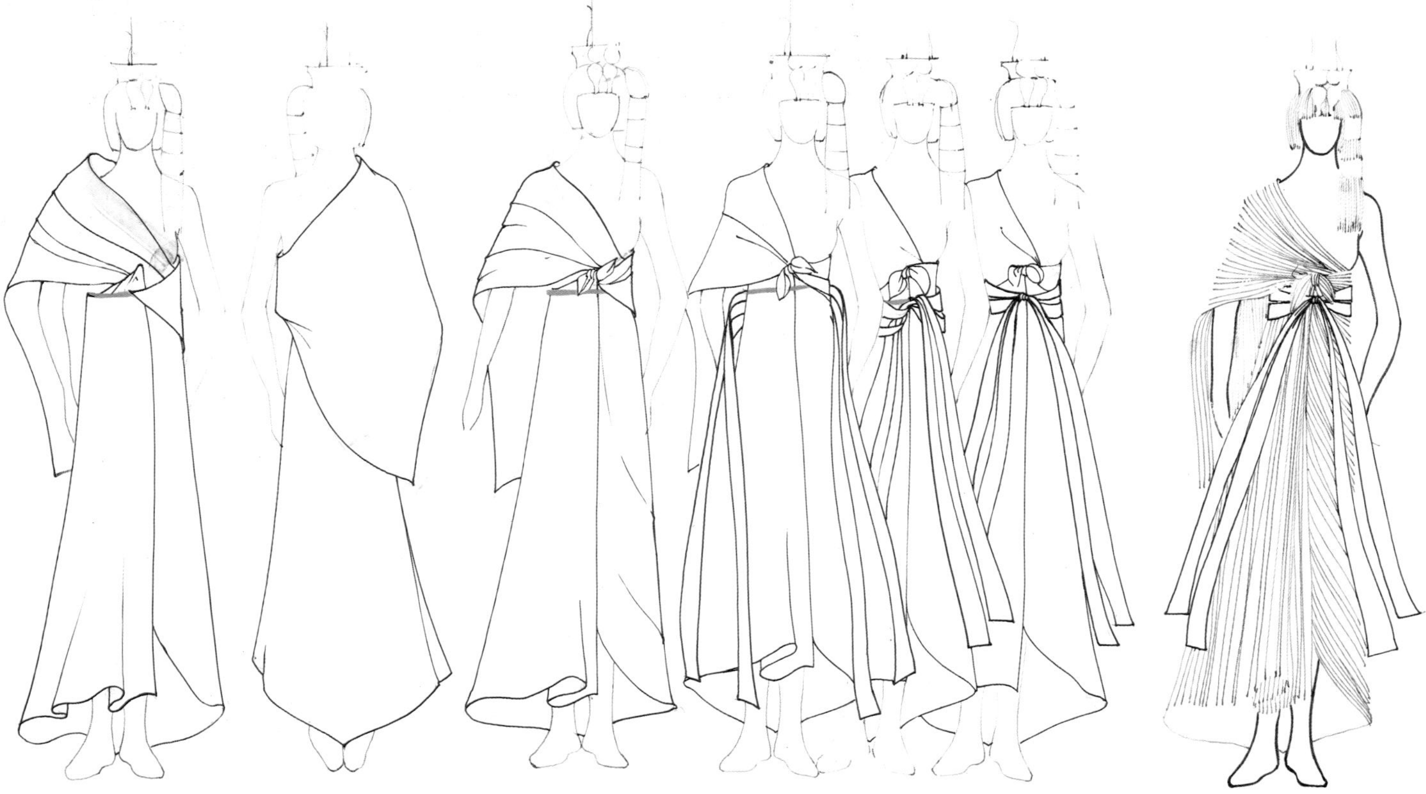

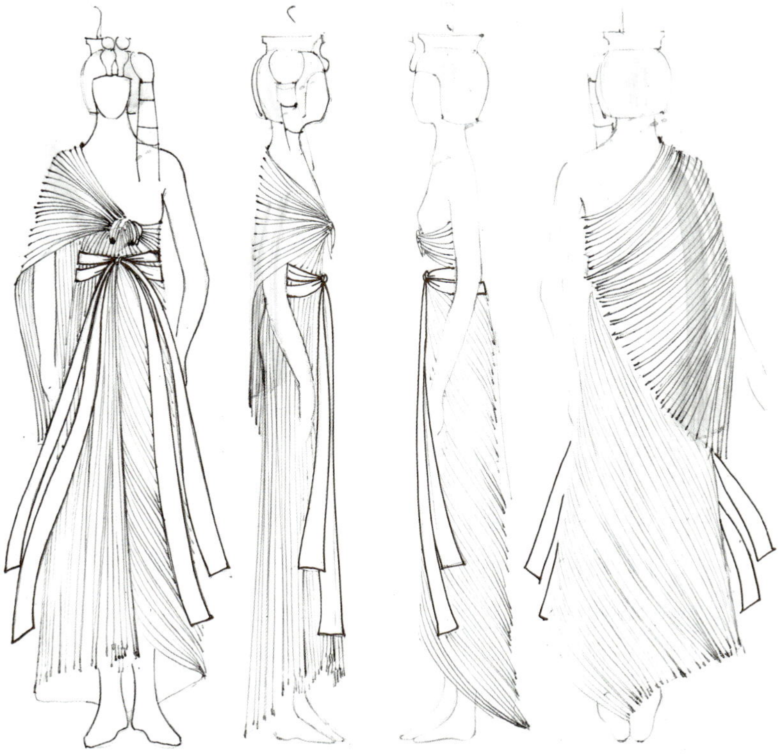

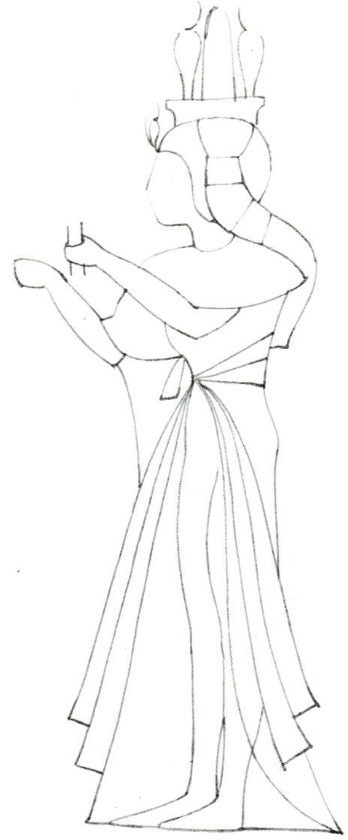

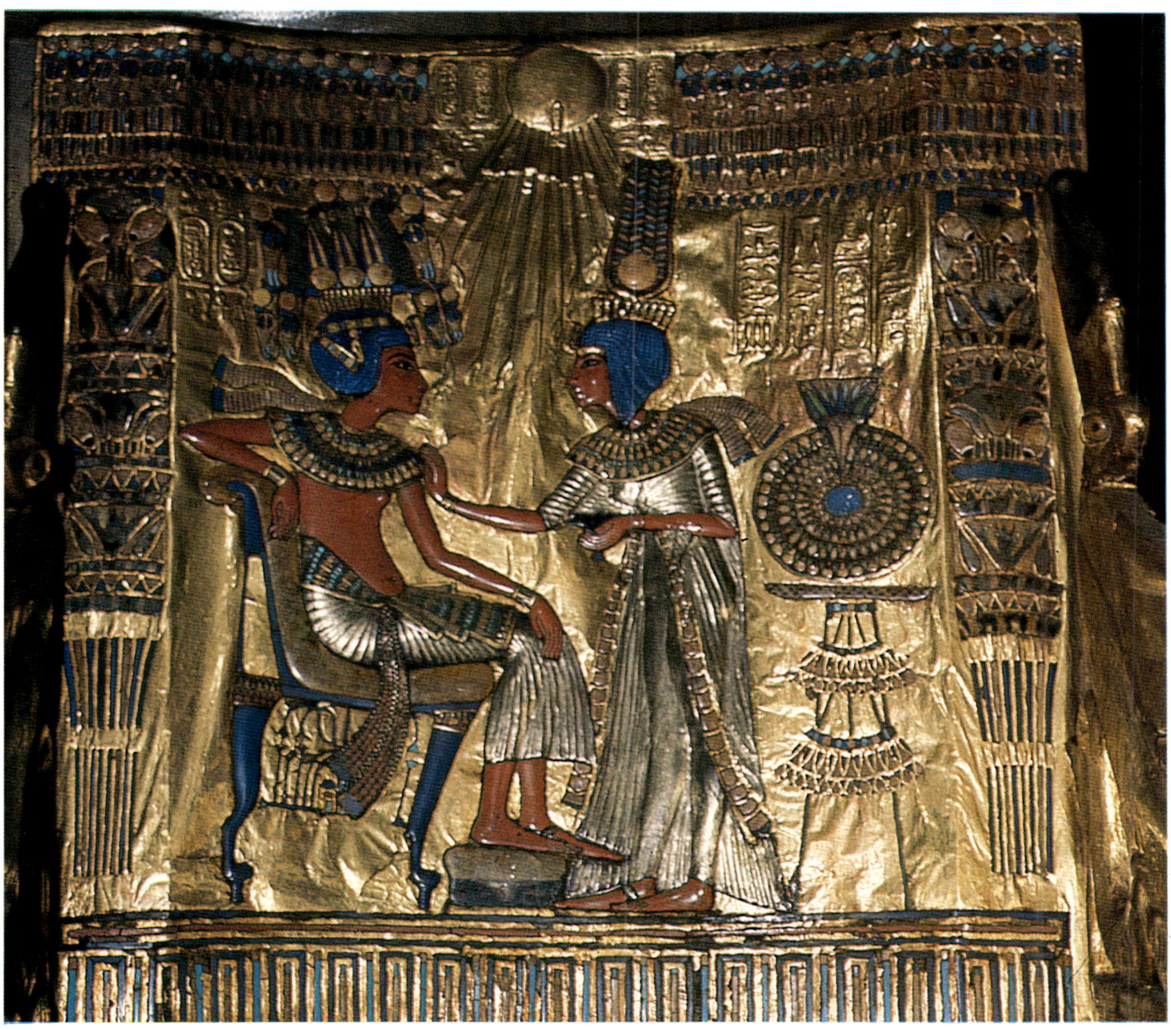

Rückenlehne vom Thronsessel des Königs Tutanchamun, aus Theben, 18. Dynastie; Kairo, Ägyptisches Museum. – Der König sitzt in lässiger Haltung auf seinem Thron. Die Königin Anchesenamun im langen, weiten, gefältelten und kunstvoll drapierten Gewand reicht ihm eine Schale, in dem sich vielleicht ein Duftwasser befindet.

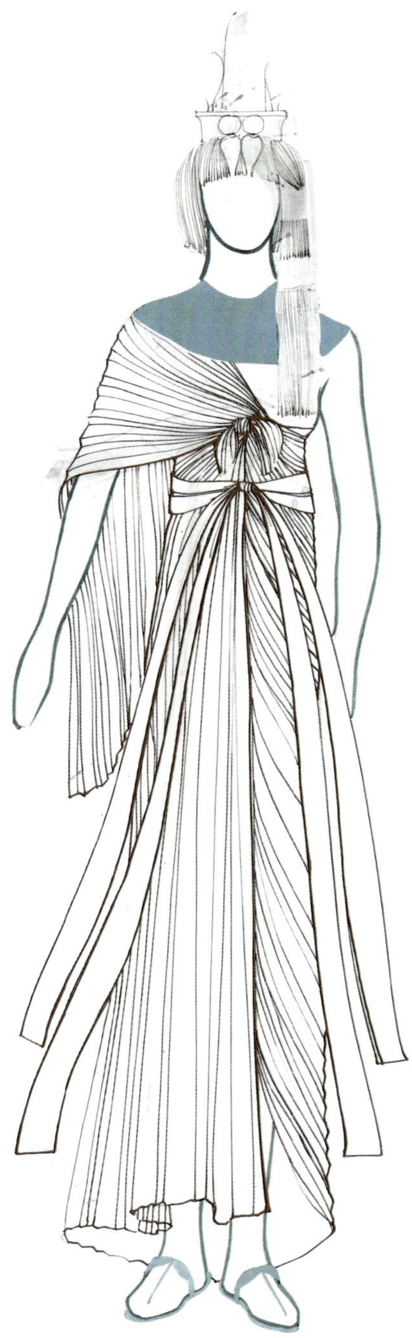

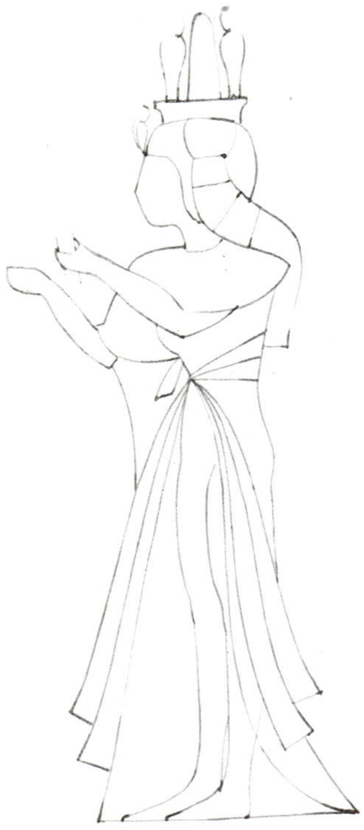

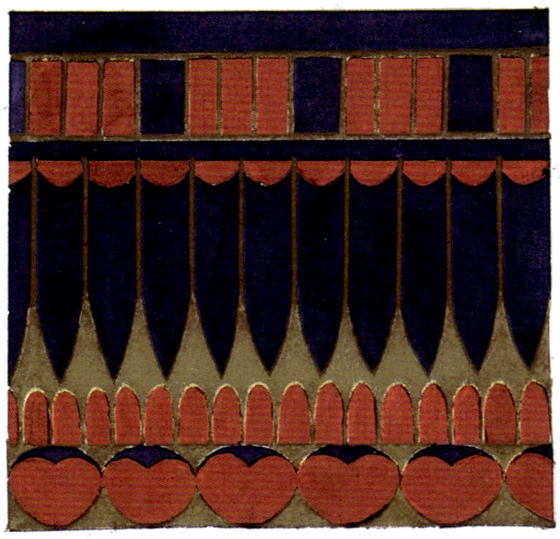

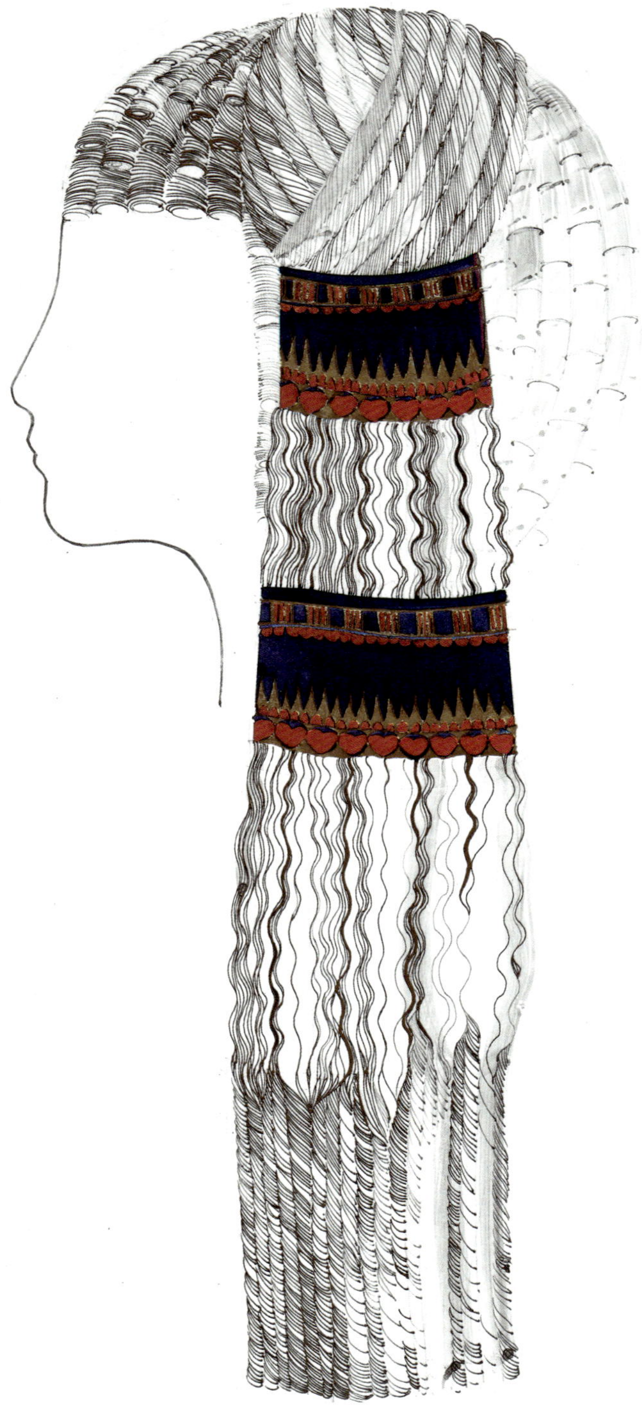

Haarspangen in Zellenschmelztechnik mit Einlegearbeit wurden oft als Reifen gestaltet, durch welche das Haar seitlich über die Schultern floß. Ebensolche Reifen faßten auch die sogenannten Jugendlocken, die bis zur Erreichung der Reife Prinzen und Prinzessinnen trugen, so auch der junge Prinz, der auf der auf Seite 114 abgebildeten Wandmalerei Ramses III. folgt.

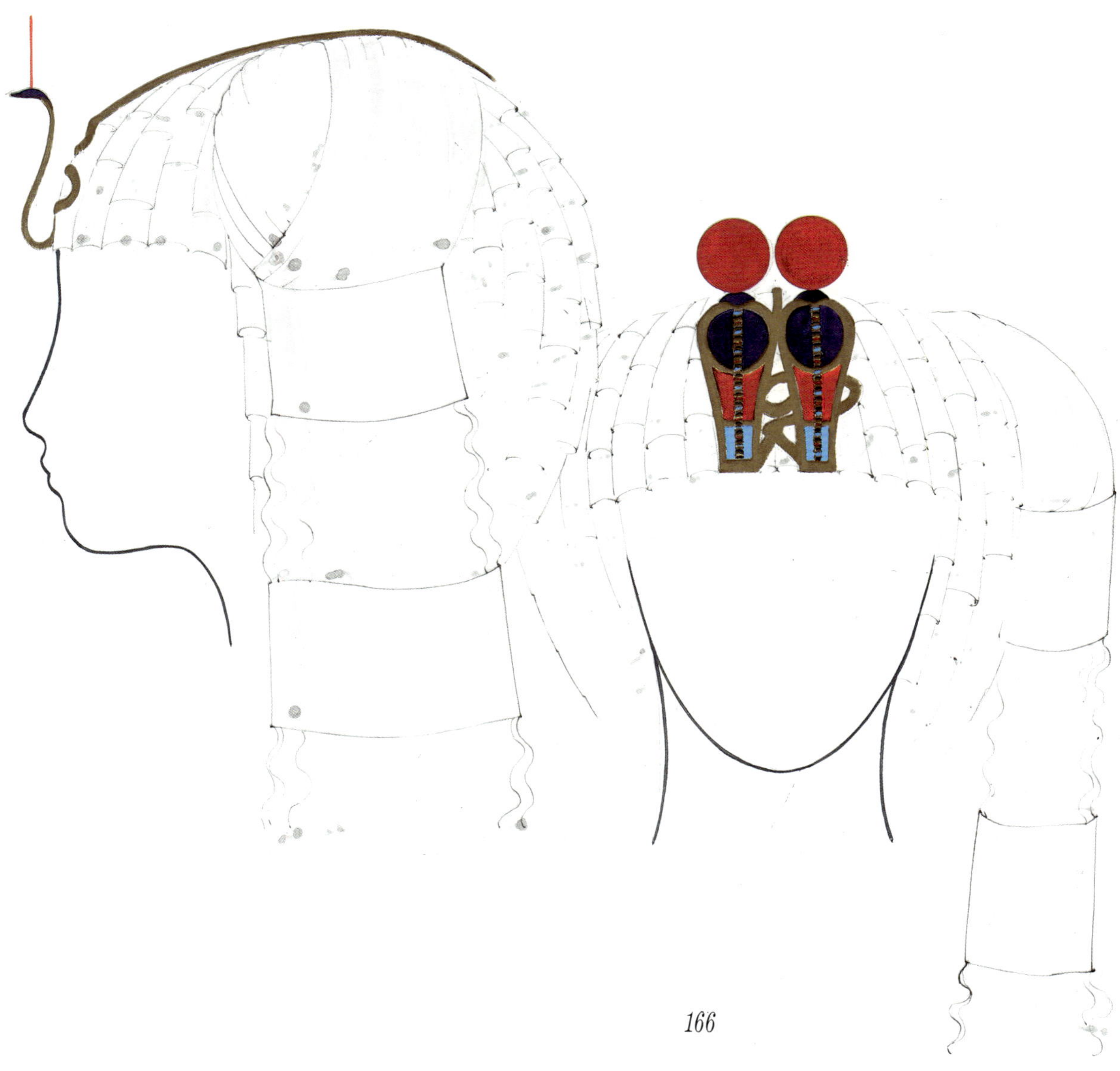

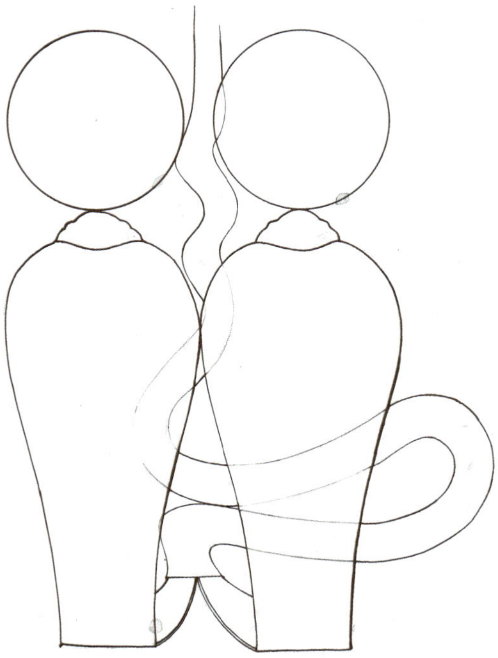

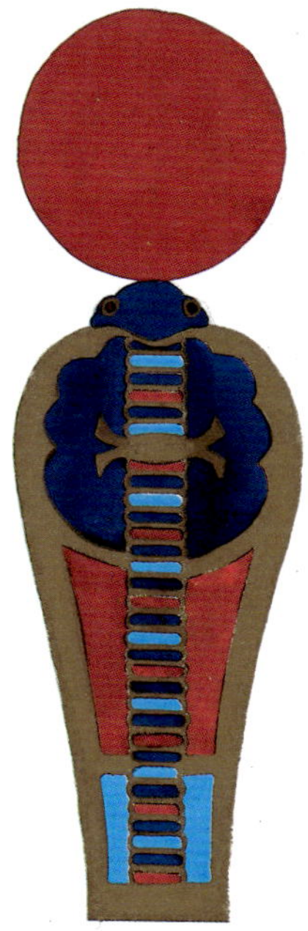

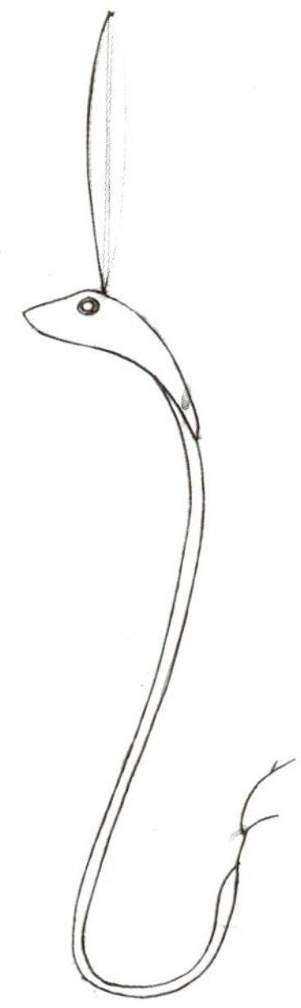

Die heilige Uräusschlange symbolisiert die kobragestaltige Göttin Wadjet der Stadt Buto im Delta. Ihr Bild war das wichtigste der königlichen Insignien. Zwei Uräusschlangen erheben nebeneinander ihre Köpfe über die Stirnreifen der Könige.

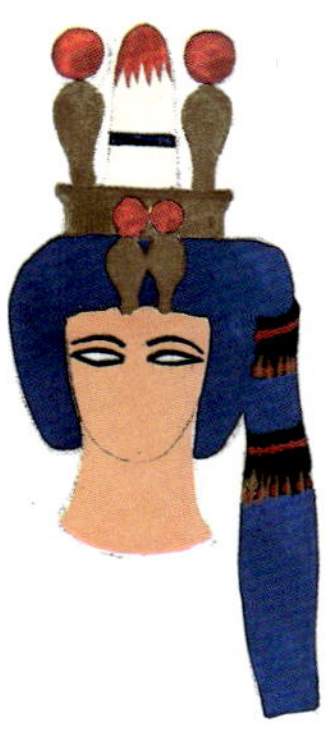

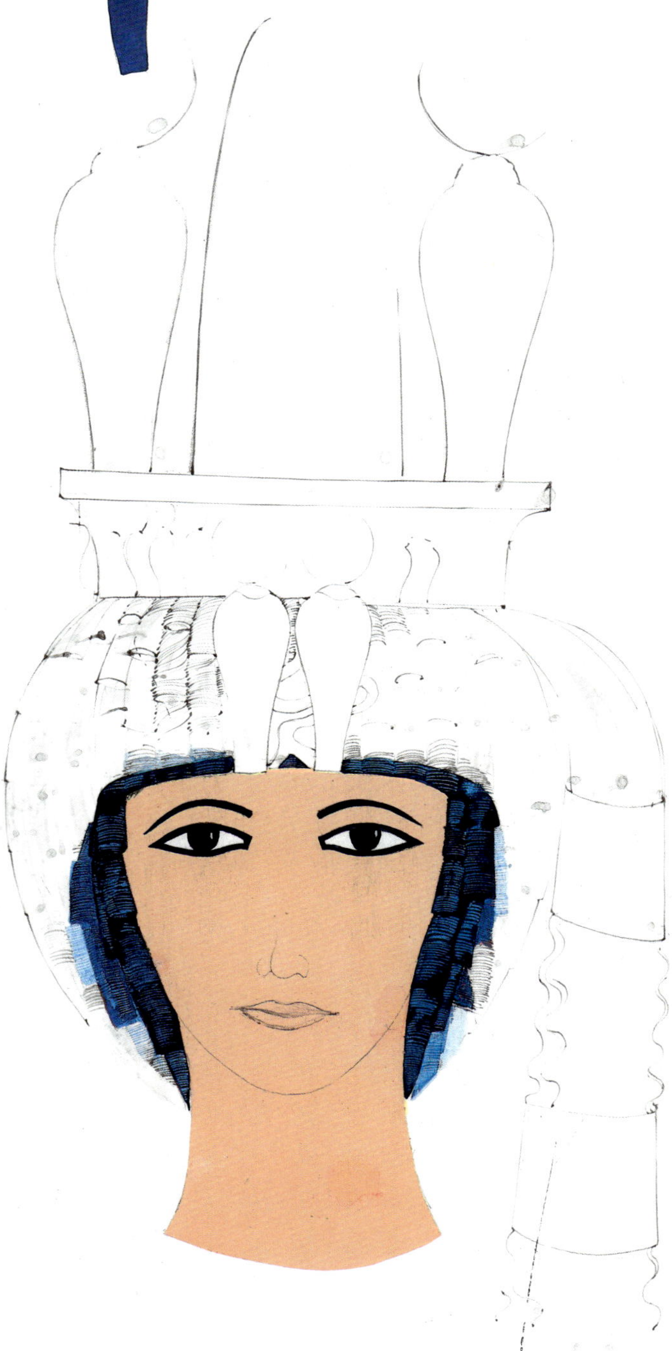

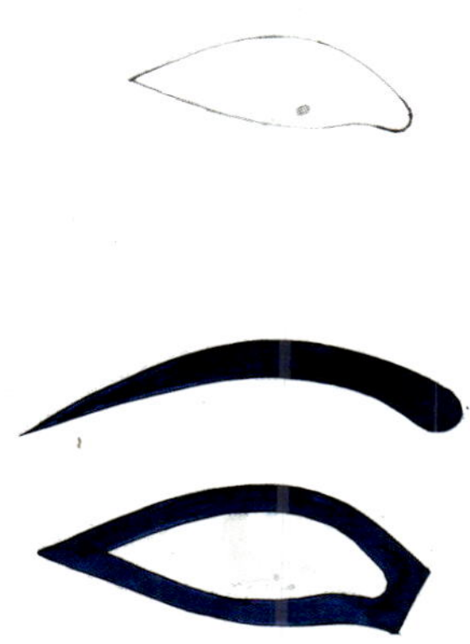

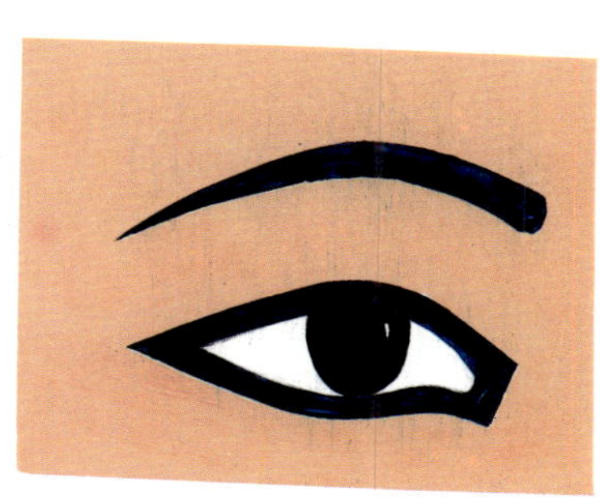

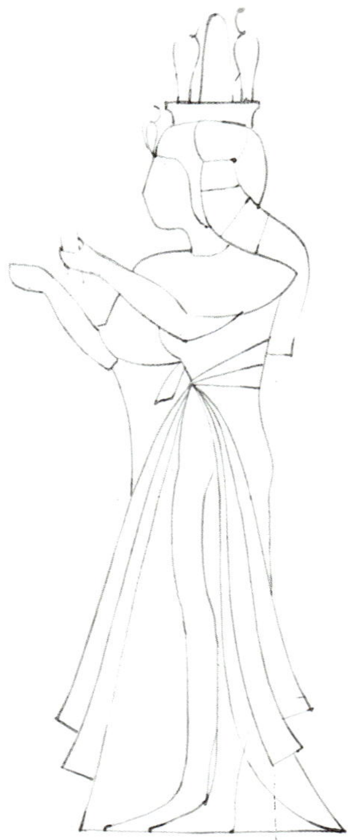

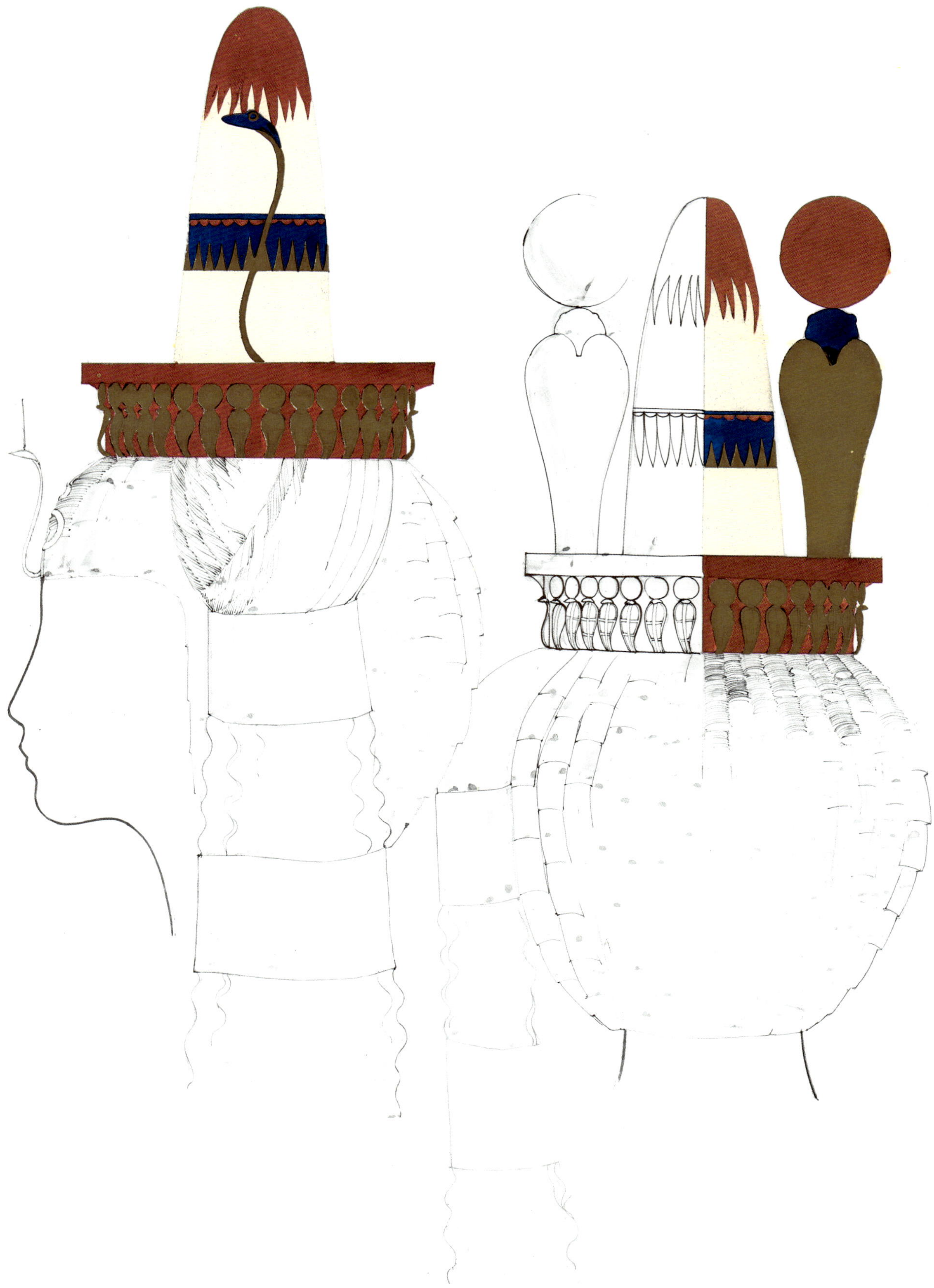

Das Bild der Uräusschlange kommt nicht nur als alleinstehendes Emblem der Königswürde vor und als schützendes Zeichen der Gottheit. Es erscheint häufig auch in dekorativer Reihung am Rande eines Diadems oder am Saum eines Kleidungsstücks. Wegen der starken Stilisierung ist die Schlange oft nicht als solche zu identifizieren.

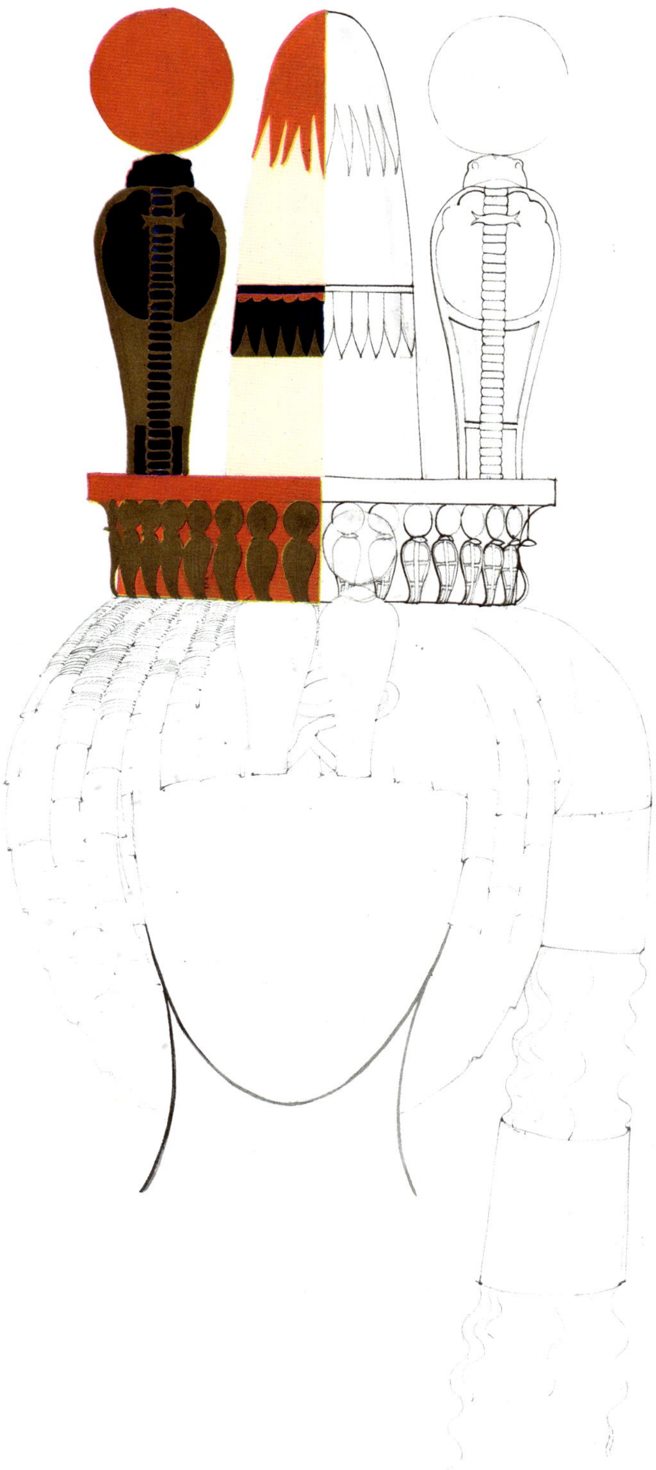
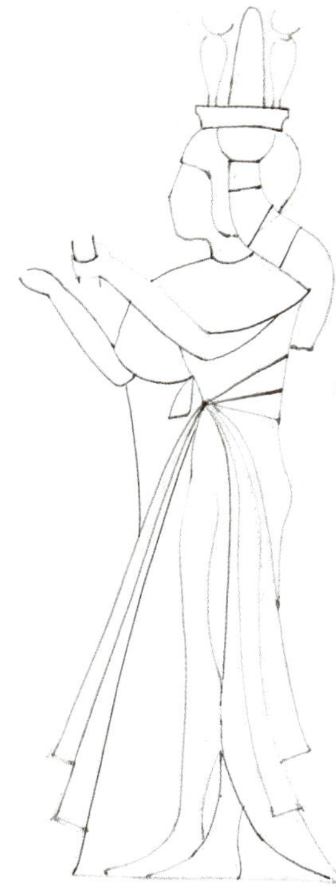
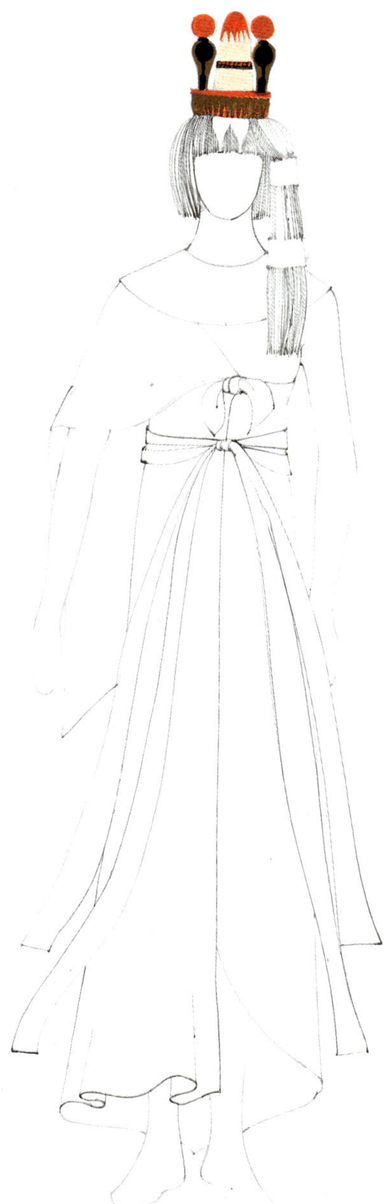
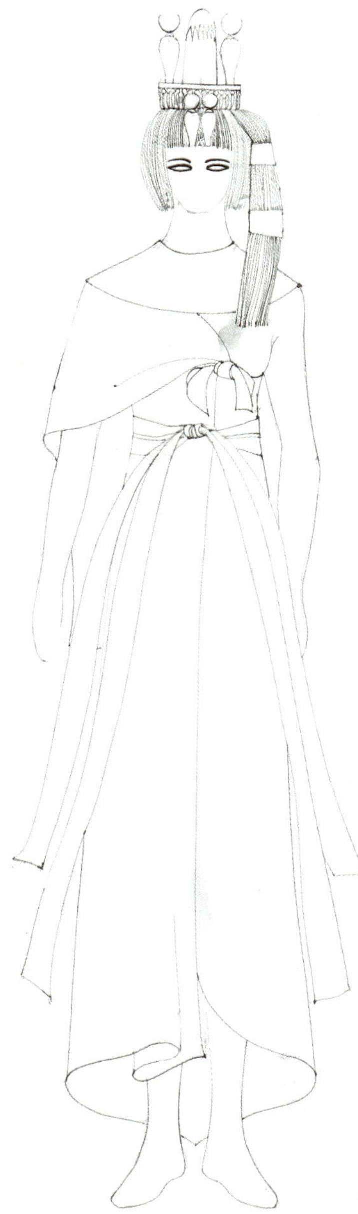

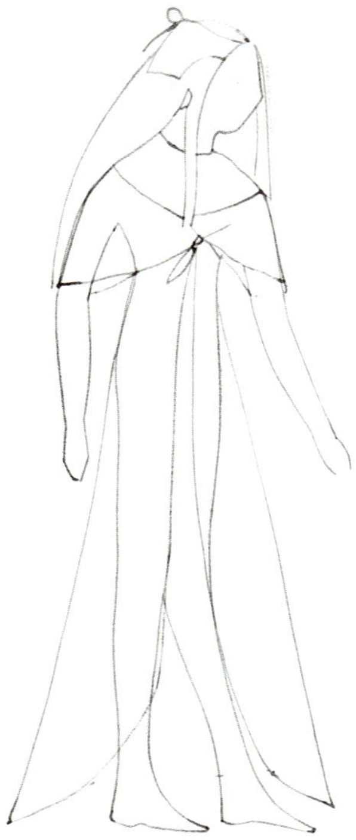

Vorder-, Rücken- und Seitenansicht eines Kleides, das Damen der höfischen Gesellschaft zur Zeit des Neuen Reiches trugen. Die Zeichnungen orientieren sich an einer Gewandform, wie sie besonders häufig in den Grabmalereien jener Zeit vorkommt, vor allem in Theben.

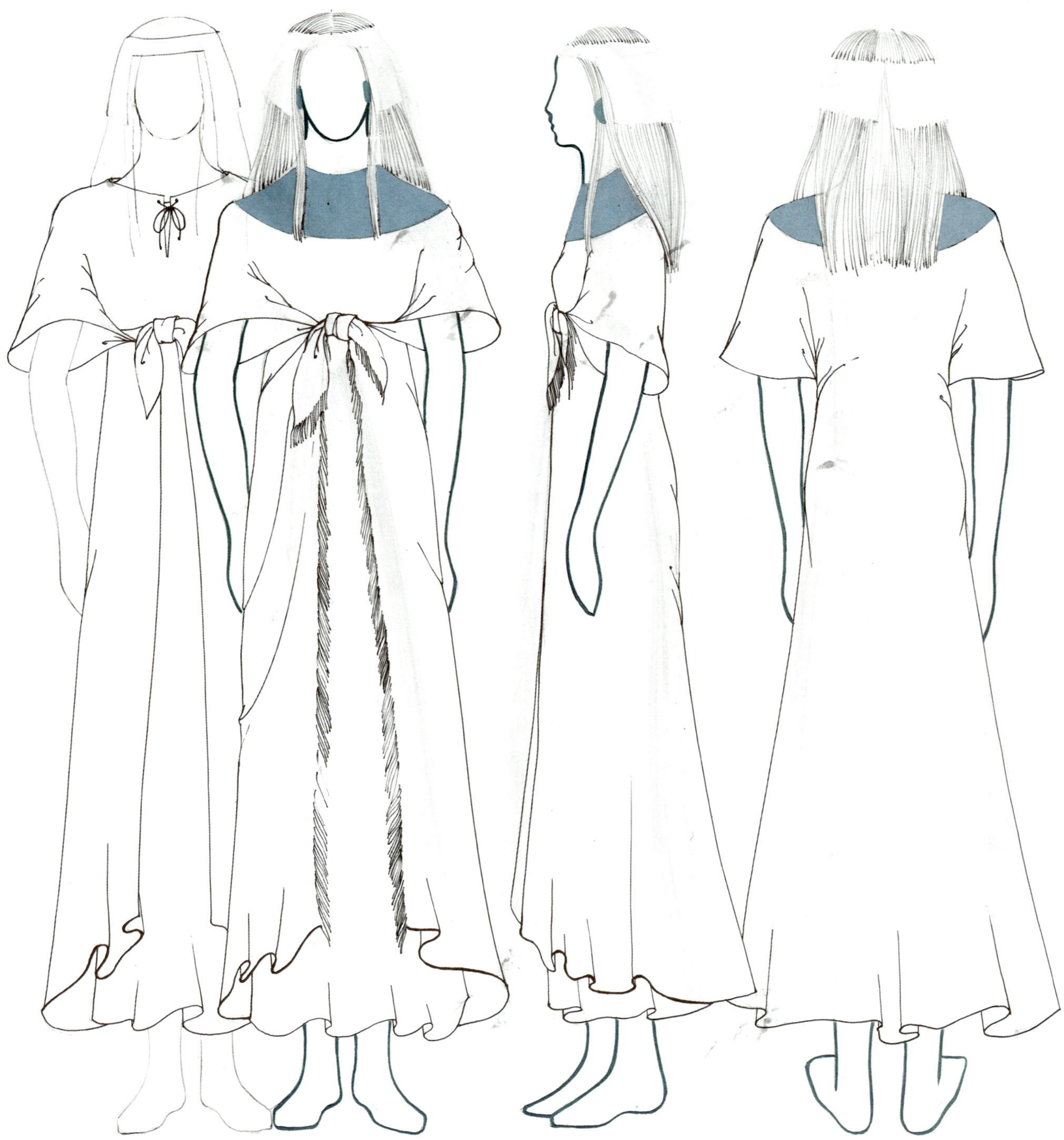

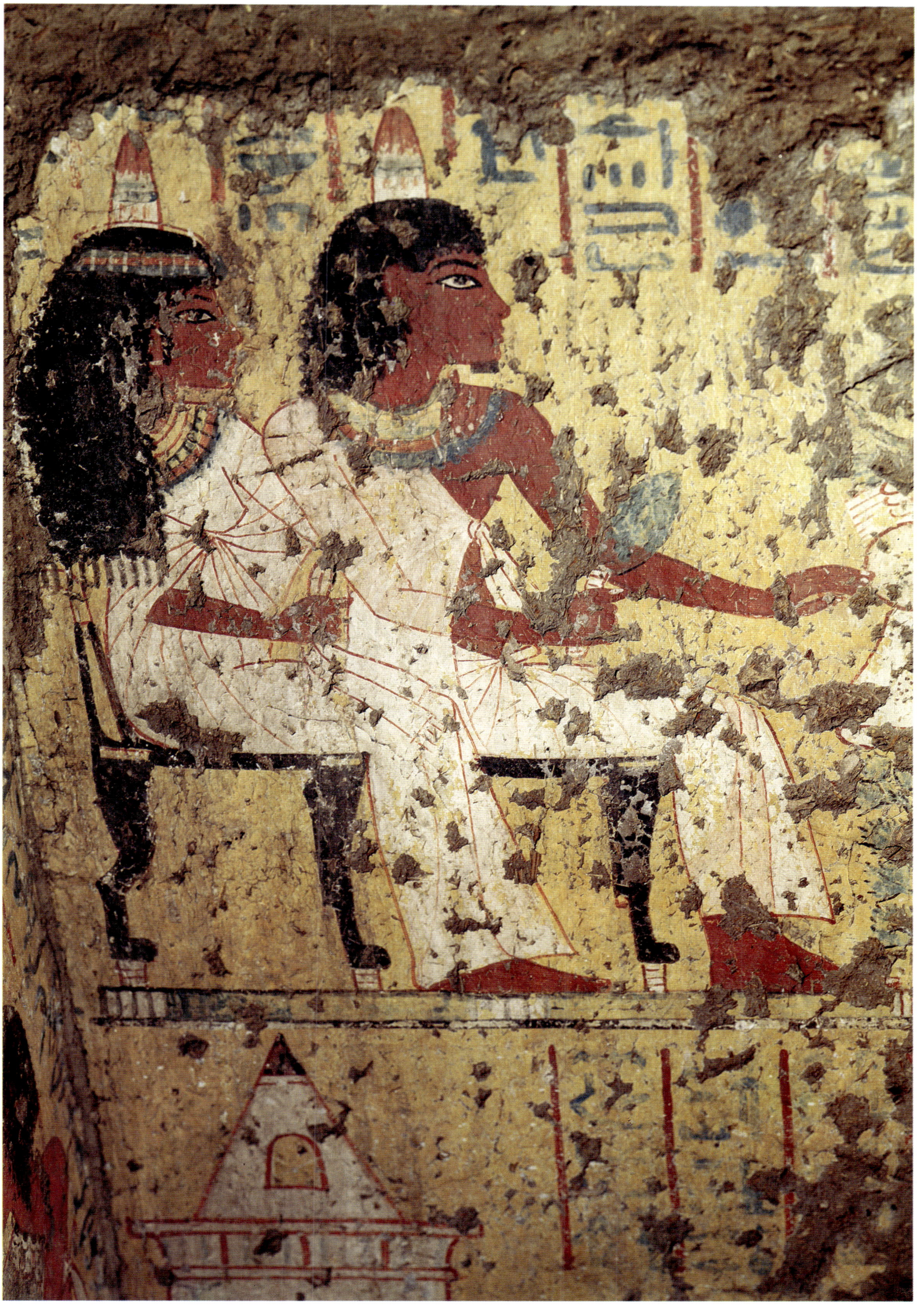

Vornehmes Paar bei einem Gastmahl. Die beiden auf einem Grabbild aus der Zeit des Neuen Reiches Dargestellten tragen die Hoftracht ihrer Zeit und auf den Köpfen Wohlgeruch verbreitende Myrrhekegel.

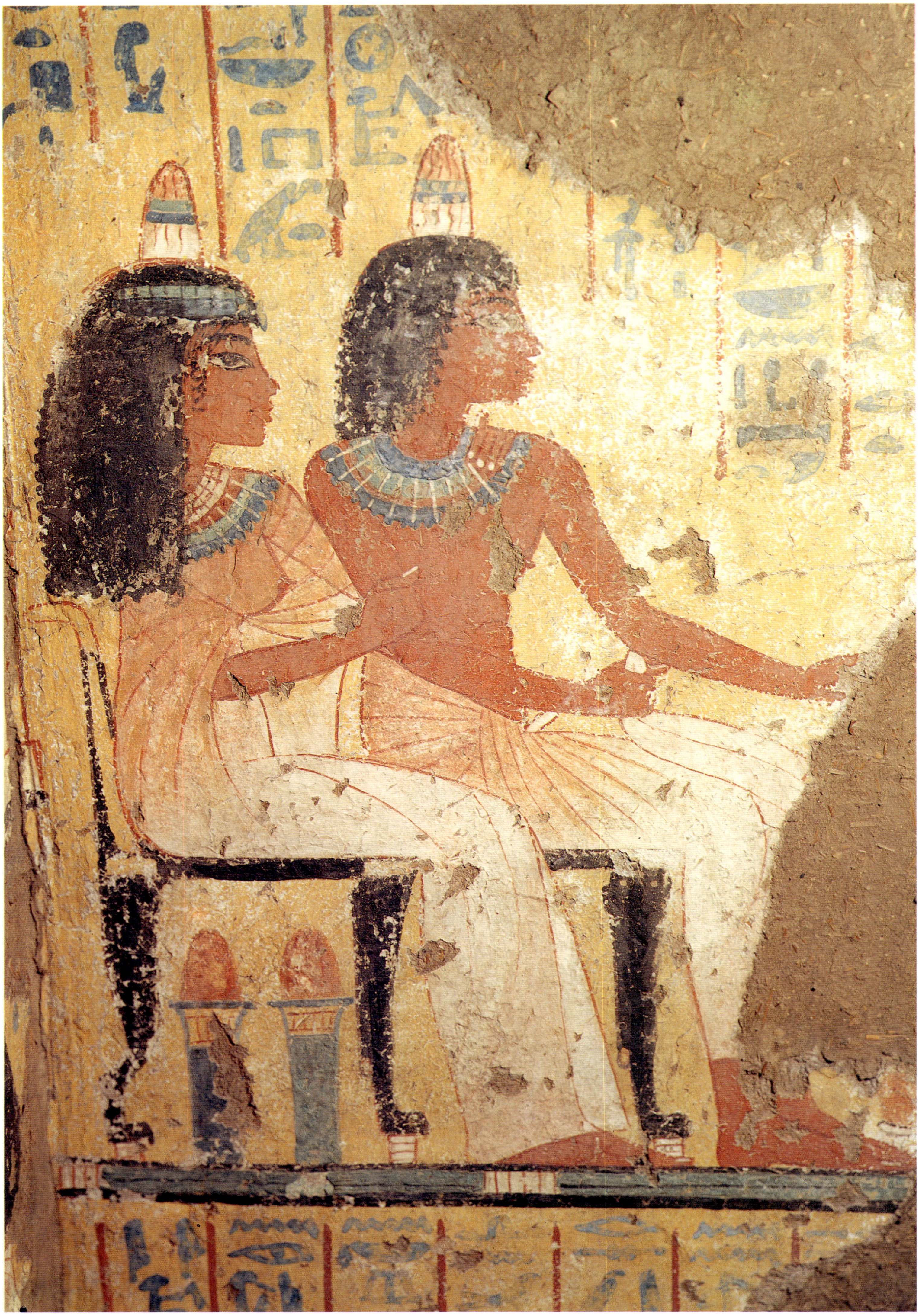

Maj, Zeichner Amuns, und seine Gattin Tamit bei einem Gastmahl; Turin, Museo Egizio. – Mit Myrrhekegeln auf den Köpfen und breiten Schmuckkragen sitzen die beiden Dargestellten nebeneinander. Das Bild befand sich im Grab des Künstlers in Der el-Medine, wo während des Neuen Reiches all jene lebten, die mit der Ausstattung der königlichen und privaten Gräber beauftragt waren.

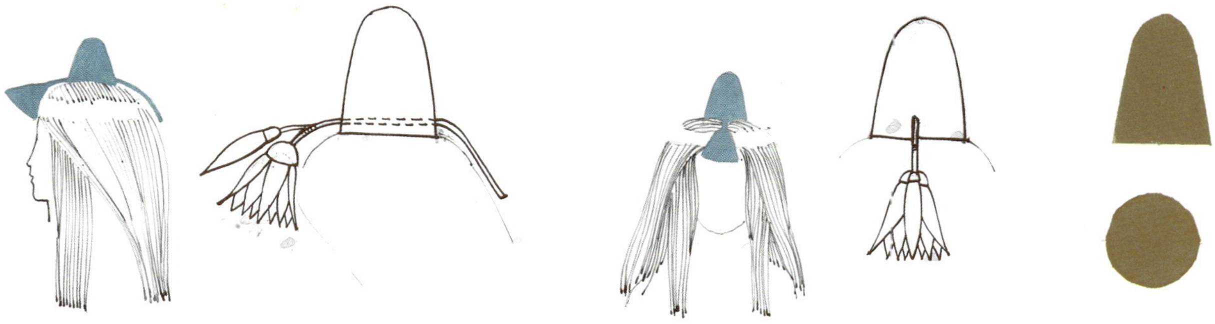

Ein bei den Damen des Neuen Reiches beliebter Kopfschmuck war eine Stirnbinde, die entweder mit Blumenornamenten geschmückt war oder echte Blumen hielt. Wie die meisten Vorlieben des Neuen Reiches ging freilich auch die für Kopfbinden mit Blumenschmuck auf eine ältere Tradition zurück. Eine mit Blütensternen geschmückte derartige Binde trägt schon die im Ägyptischen Museum in Kairo befindliche Statue der Prinzessin Nofret, die zur Zeit Snofrus lebte, des Begründers der 4. Dynastie, also an die tausend Jahre vor Beginn des Neuen Reiches. Eine zuvor unbekannte Mode scheinen dagegen die Myrrhekegel gewesen zu sein, Duftstoffe enthaltende Wachs- oder Fettkegel.

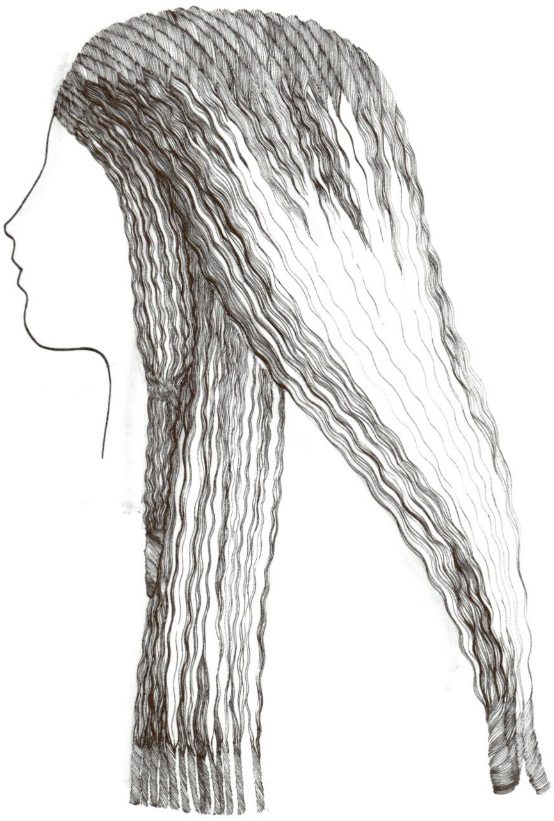

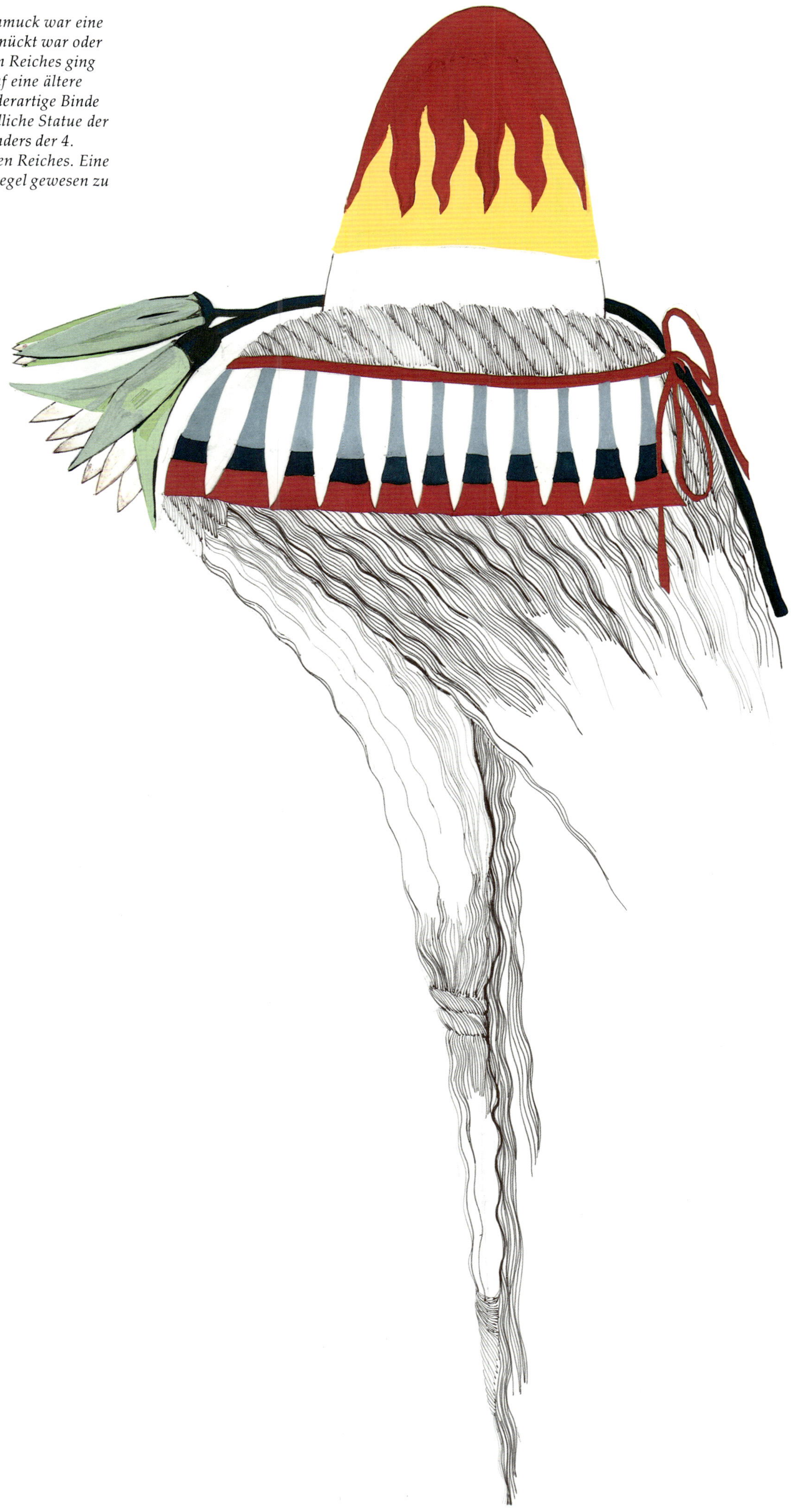

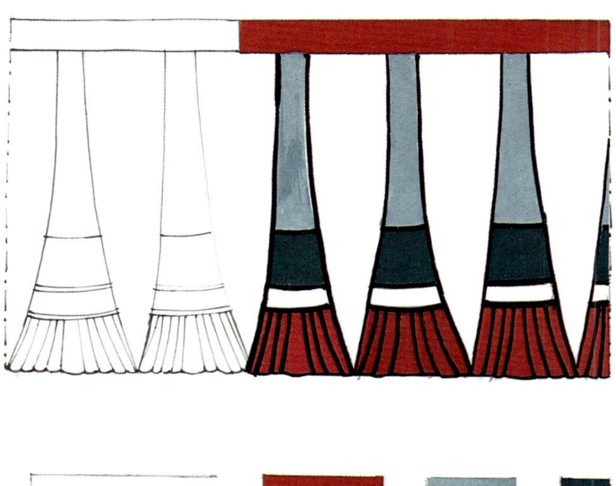

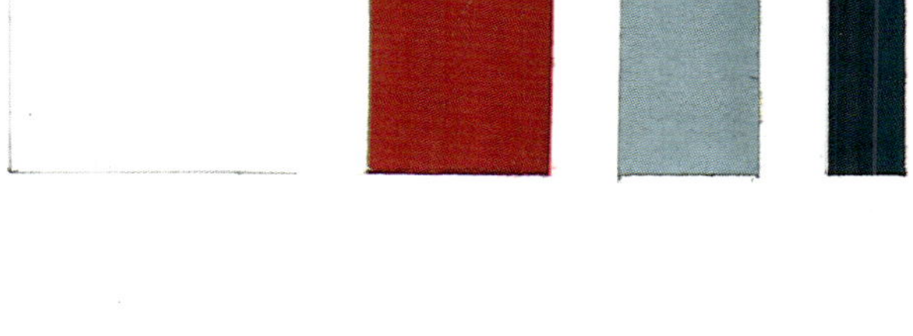

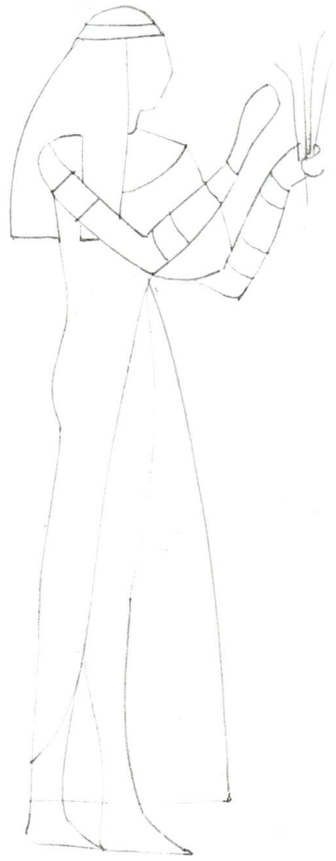

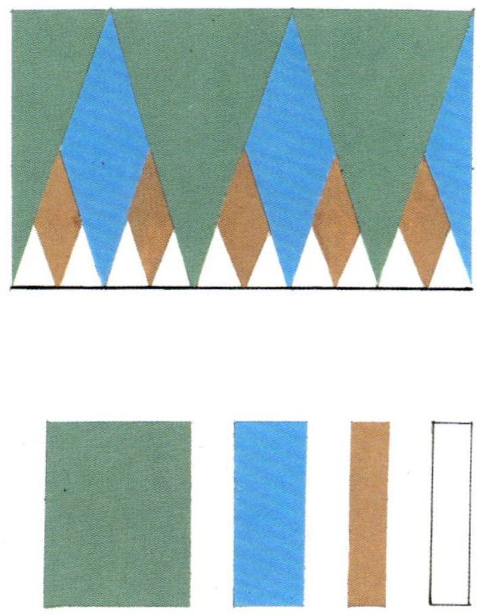

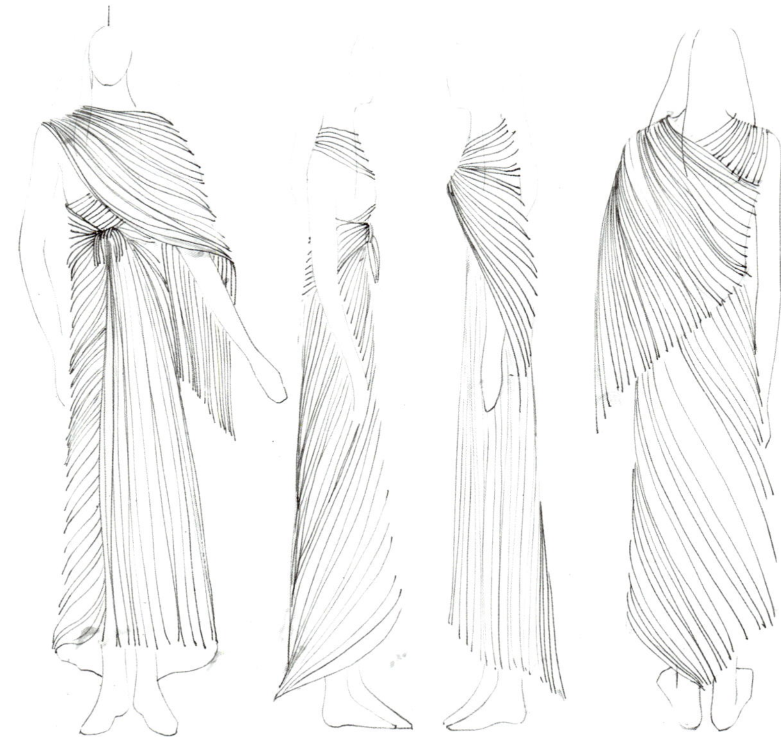

Reliefs aus der Zeit des Neuen Reiches, aber auch zahlreiche Grabmalereien jener Zeit aus Theben erwecken den Eindruck, als sei das Leinengewebe der Frauenkleider damals nahezu durchsichtig, wenn nicht völlig transparent gewesen. Die Stirnbinden, die man zu diesen Kleidern trug, waren oft mehrfarbig ornamentiert, auf dem hier dokumentierten Beispiel in betont zurückhaltenden, zarten Tönen.

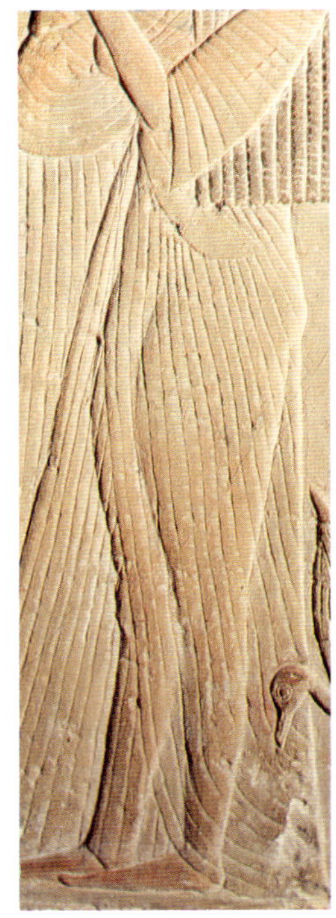

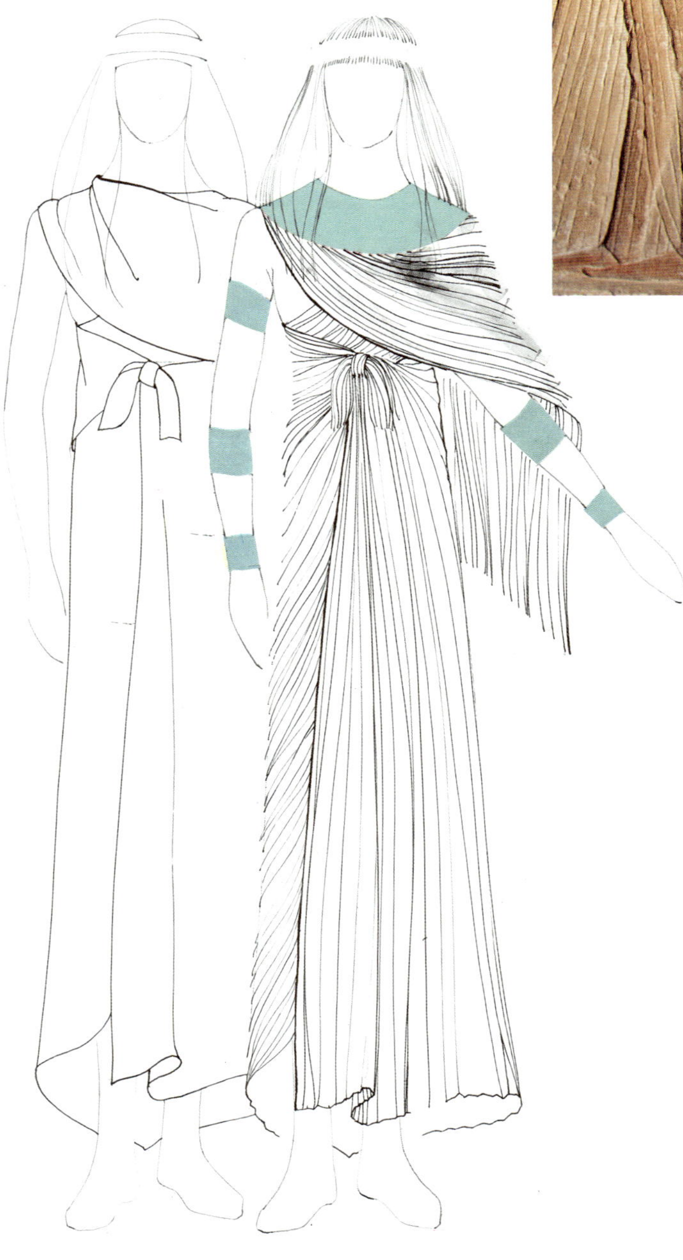

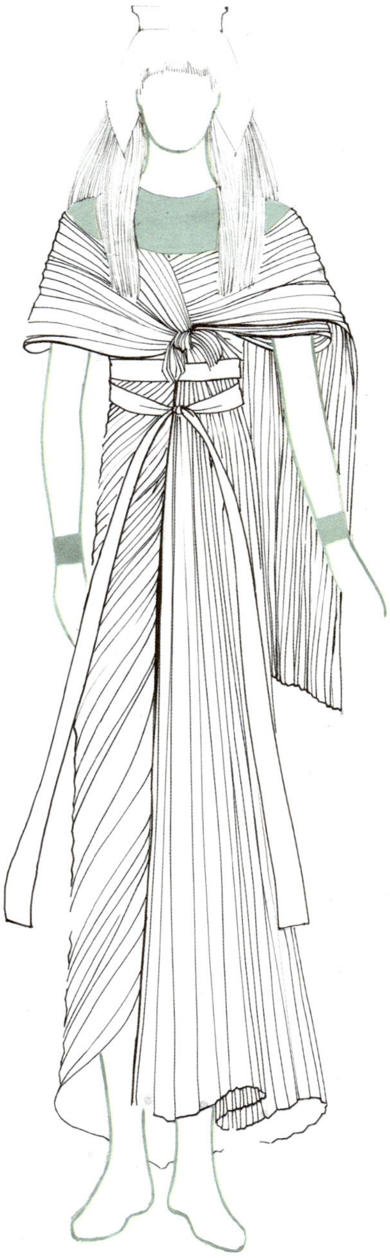

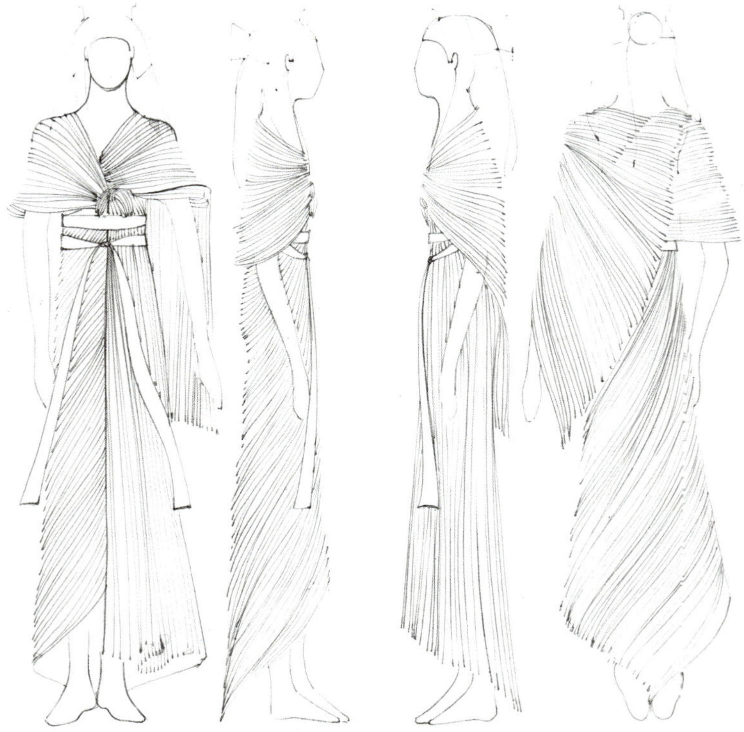

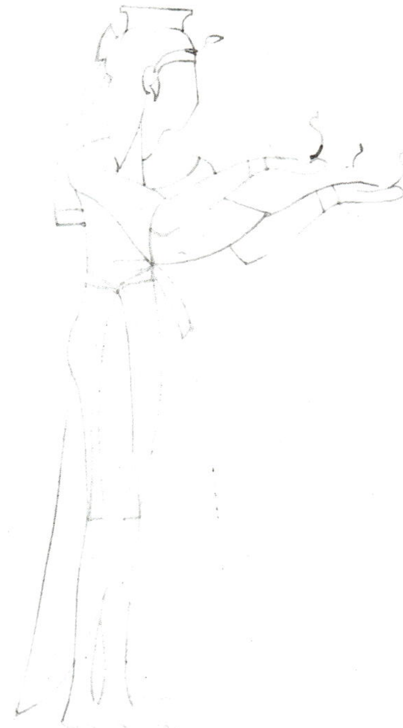

Wesentlich einfacher als die Gewänder der Hofdamen (oben) waren, wie aus dem Vergleich der Zeichnungen in der unteren Reihe mit denen der oberen deutlich wird, die Kleider von Frauen aus weniger wohlhabenden Bevölkerungsschichten. Doch auch sie trugen, wenn möglich, Perücke und Schmuckkragen sowie einen mehrfach um die Hüfte gewundenen Gürtel, der sowohl vorn wie auf dem Rücken geknotet war.

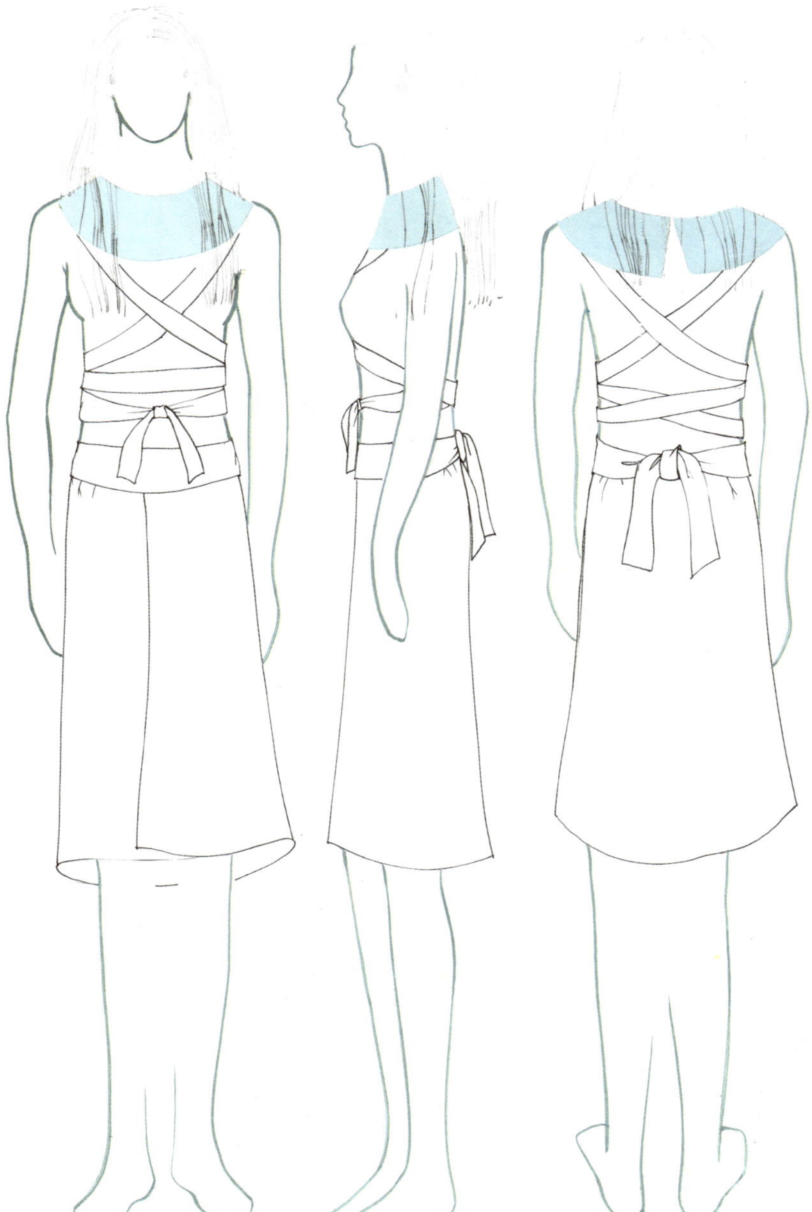

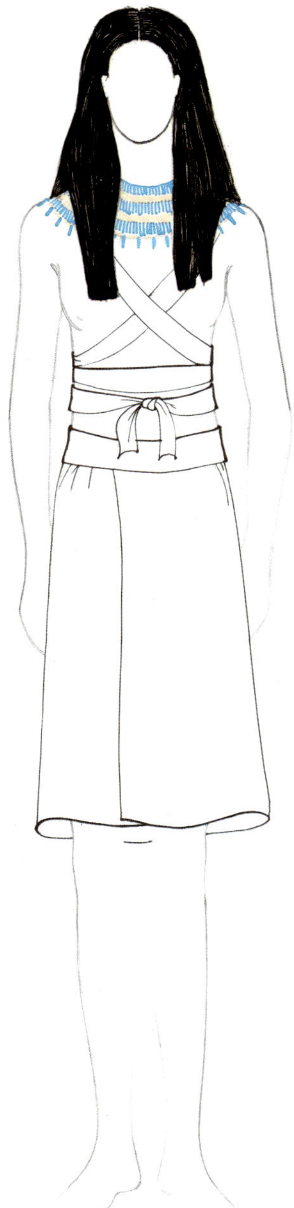

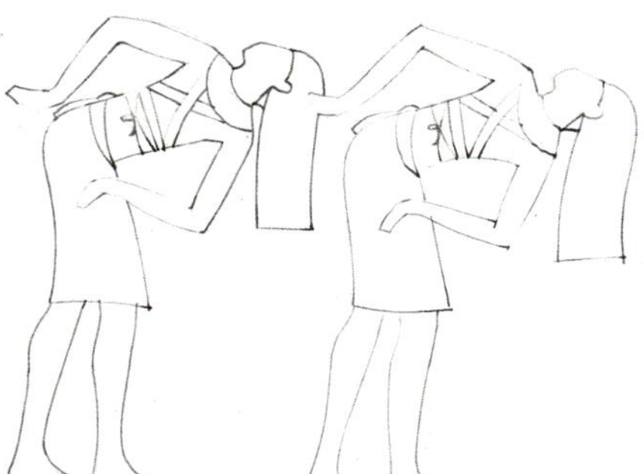

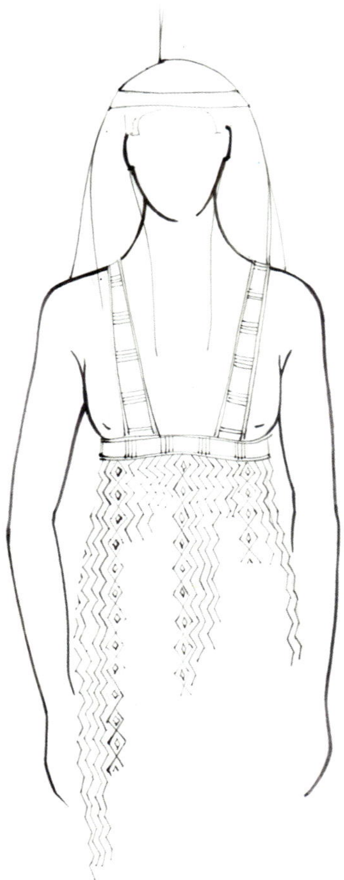

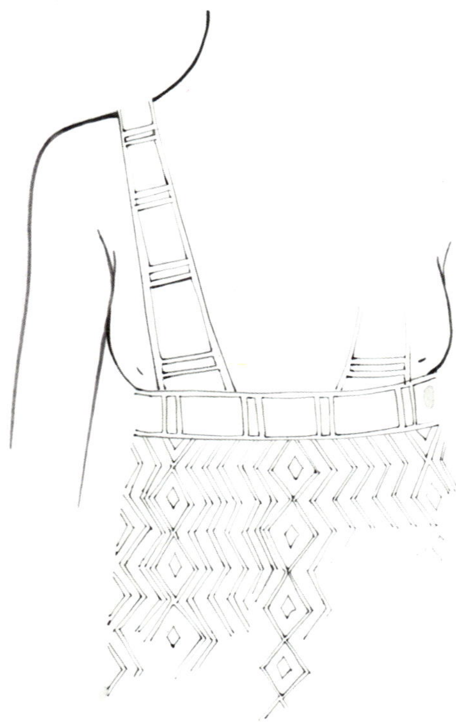

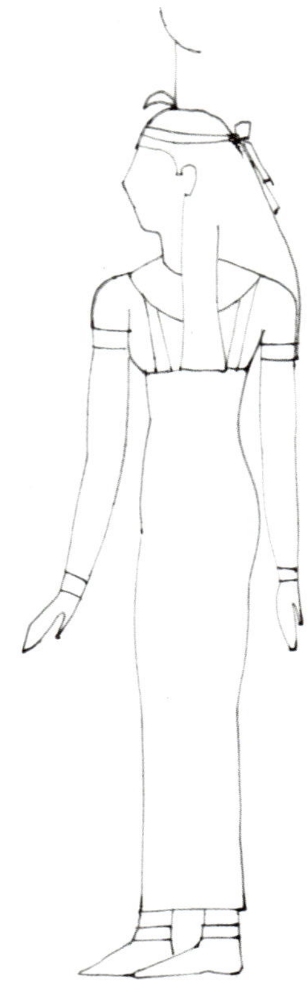

Schon für die Frauenkleidung in der Zeit des Mittleren Reiches sind Muster belegt, die aus farbigen Rauten- und Zickzackbändern bestanden. Abgesehen davon, daß sie, von oben nach unten geführt, den schlanken Körperwuchs betonten – ähnlich wie die Parallelfalten des Kleides selbst –, lagen den Mustern symbolische Vorstellungen zugrunde. So bedeuteten Zickzackbänder Wasser, das weibliche Element.

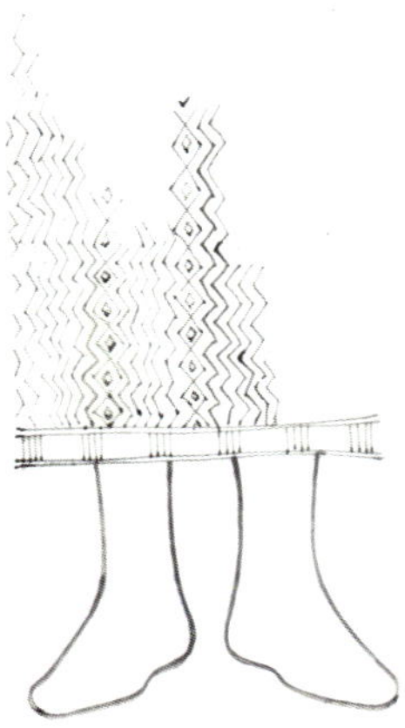

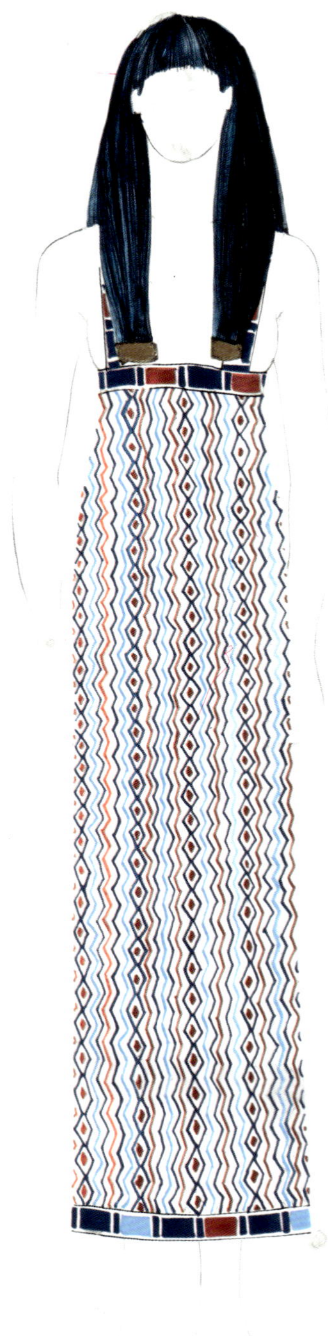

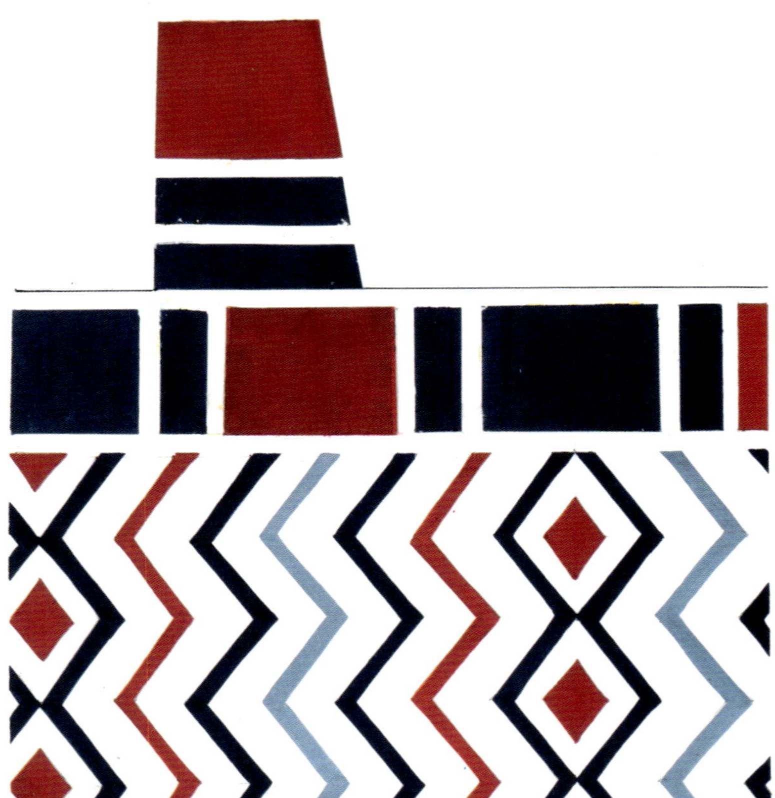

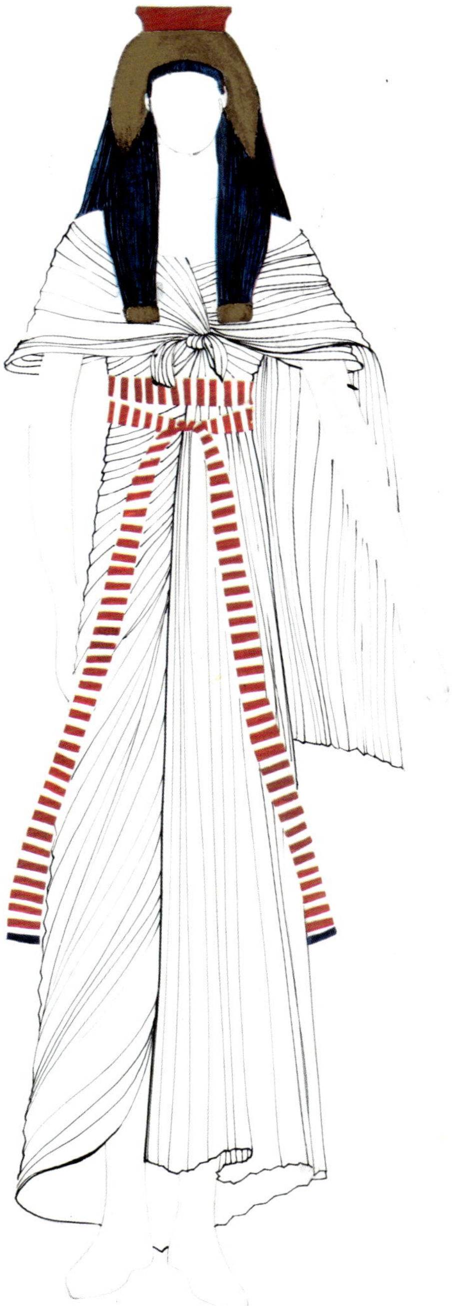

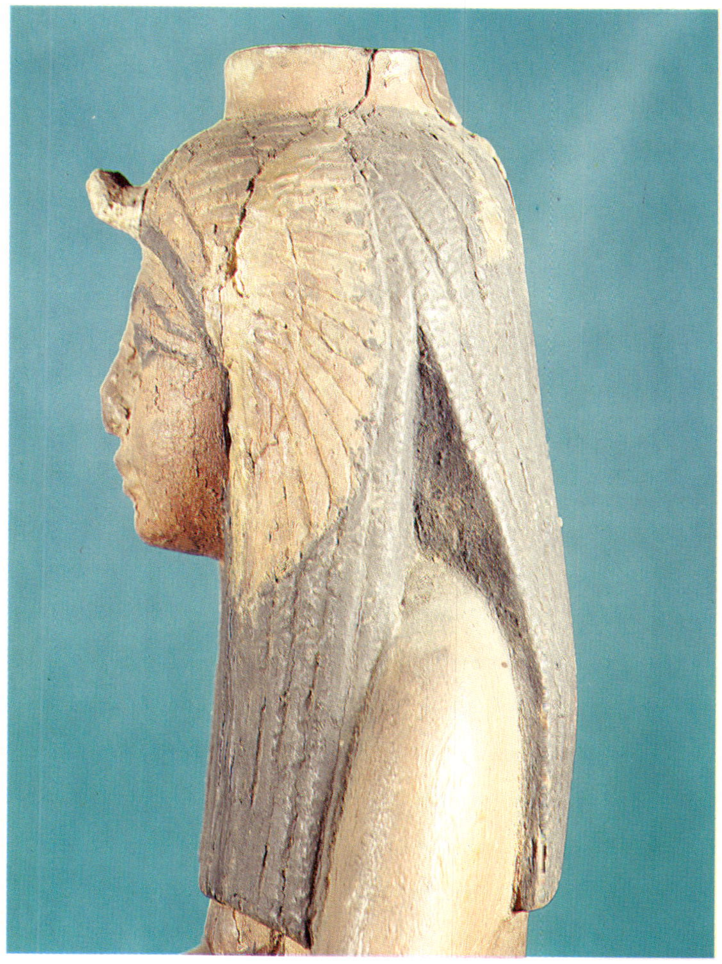

Die bemalte Holzstatuette trägt einen Geierkopfputz, aus dem vorn eine Uräusschlange züngelt.

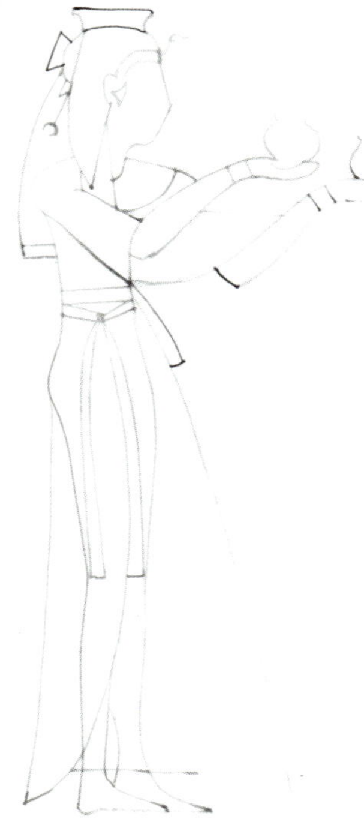

Der Geierkopfputz, den die Königinnen des Neuen Reiches bei religiösen Zeremonien und Staatsfeierlichkeiten trugen, symbolisiert die Göttin Mut. Es handelte sich dabei um eine Art Kappe, deren Nackenstück die Schwanzfedern des Vogels und deren Seiten dessen herabhängende Flügel bildeten. Die nach hinten gestreckten Fänge des Geiers halten Schen-Zeichen, Symbole der ewigen Dauer. Die schönste bekannte Darstellung einer Königin, die einen solchen Kopfputz trägt, ist das Bild der Königin Nefertari, der Lieblingsfrau Ramses' II.; es wurde in deren Grab im Tal der Königinnen bei Theben gefunden. Gut tausend Jahre nach ihr soll auch Kleopatra eine solche Krone getragen haben.

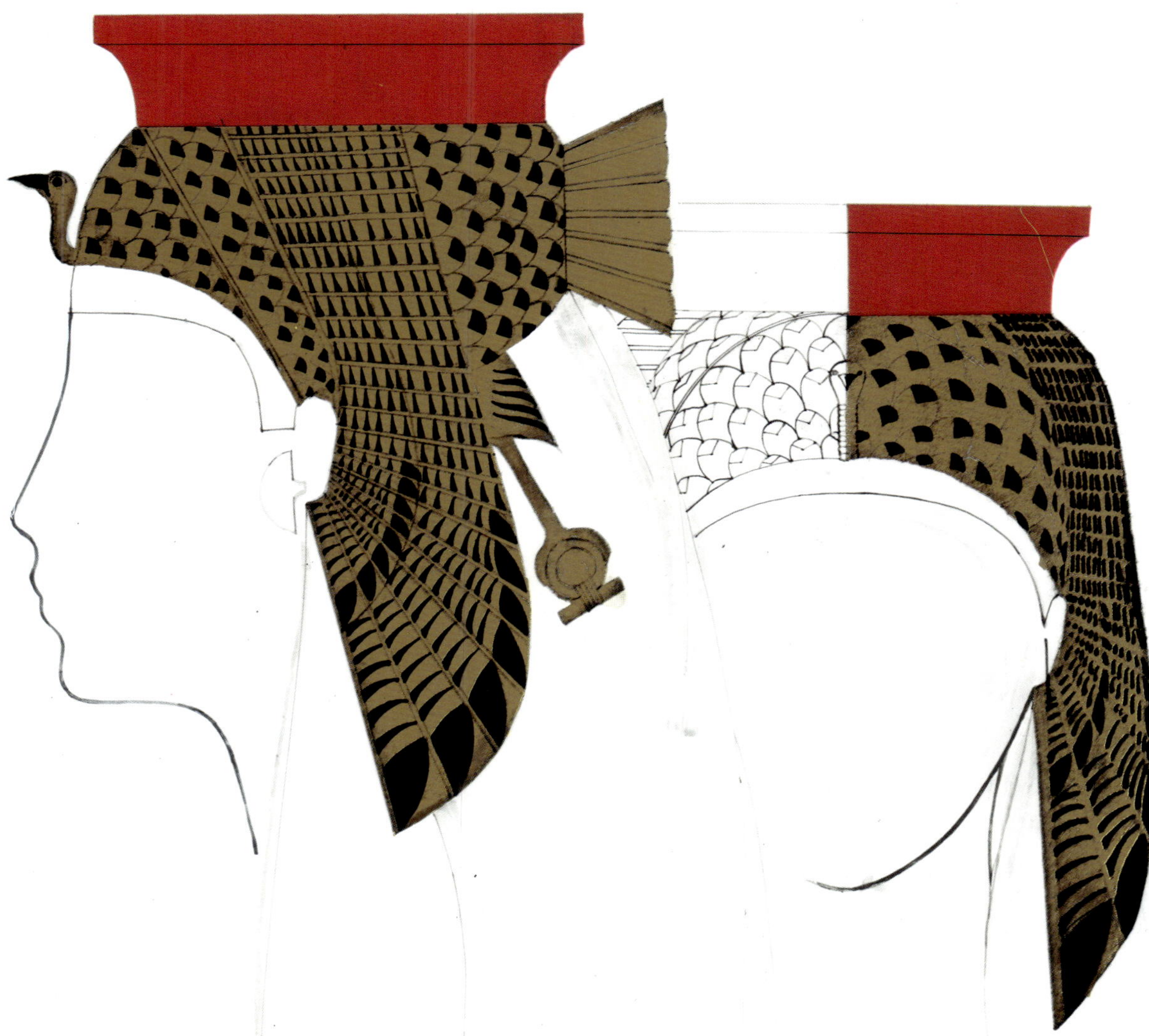

Fragment eines Grabreliefs, Neues Reich; Florenz, Museo Archeologico. – Der links hinter dem Gabentisch sitzende Mann hatte das Amt sowohl eines Wab-Priesters als auch eines königlichen Schreibers inne. Er trägt Hoftracht mit breitem Kragen und hält einen Amtsstab. Von rechts tritt eine Reihe von Gabenträgerinnen heran, in der ein einziger Mann erscheint (s. Abb. auf Seite 95). Die Damen tragen üppige, lange Perücken, die Gewänder sind aus offensichtlich hauchdünnem Leinen. Die dem Gabentisch und dem sitzenden Beamten zunächst Stehende gießt ein Trankopfer aus der Hes-Vase, die sie in der Linken hält, mit der Rechten schwenkt sie ein Räuchergefäß. Die am Rand der Szene rechts sitzenden Damen scheinen sich am Duft der Lotosblumen zu erfreuen, die sie in den Händen halten.

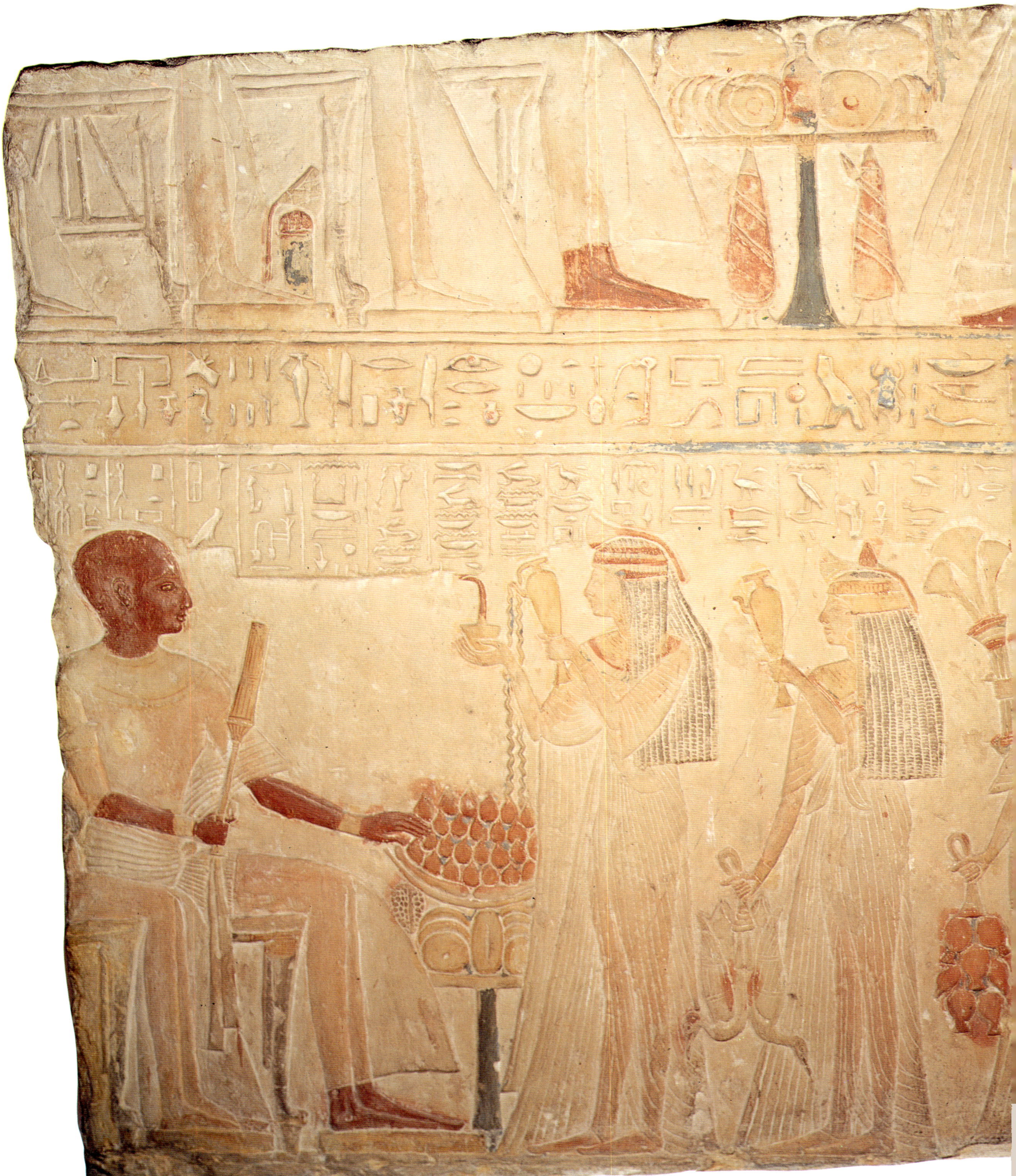

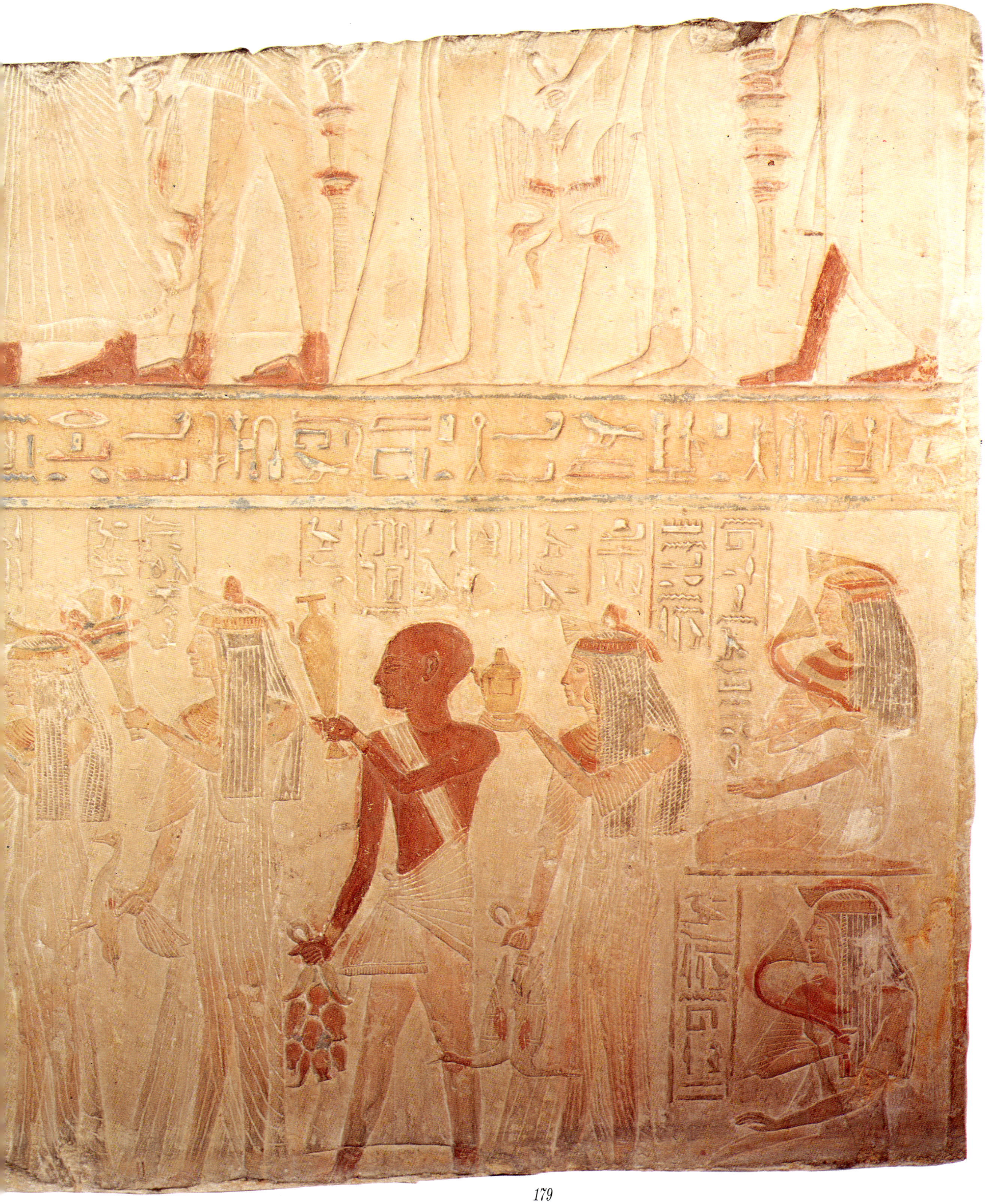

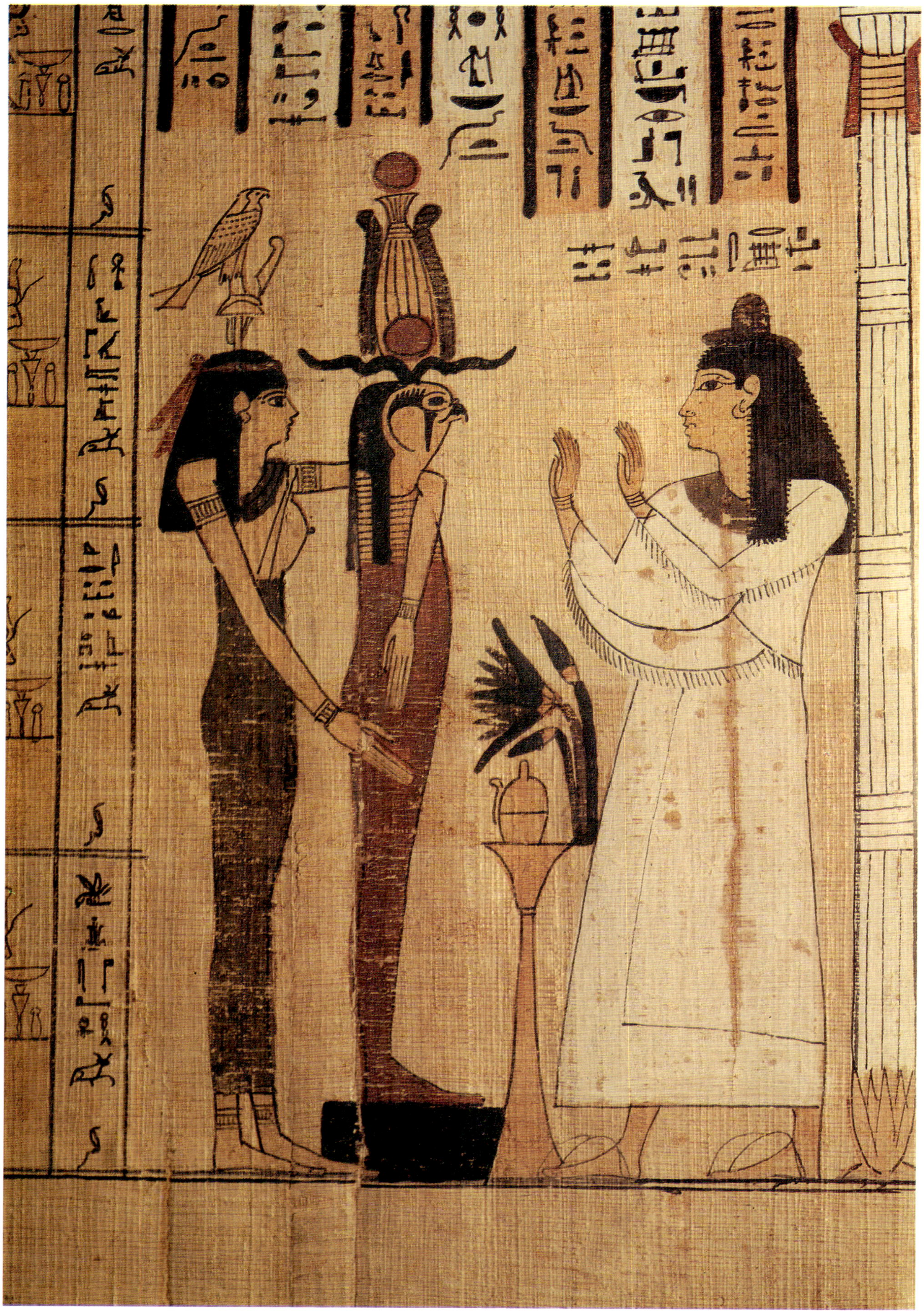

Illustration aus einem Totenbuch, Papyrus; Turin, Museo Egizio. – Der Verstorbene in weißem Leinengewand erhebt anbetend die Hände vor Horus. Der Gott trägt den Falkenkopf mit der Atef-Krone. Hinter ihm steht in eng anliegendem Kleid die Göttin des Westens.

HAAR- UND BARTTRACHTEN, KOPFBEDECKUNGEN, SCHUHWERK

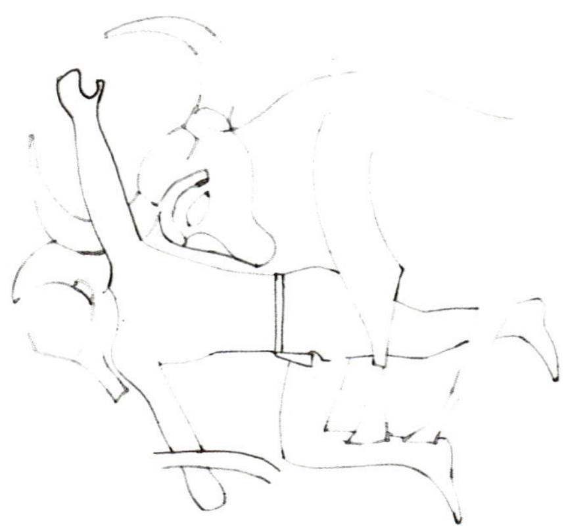

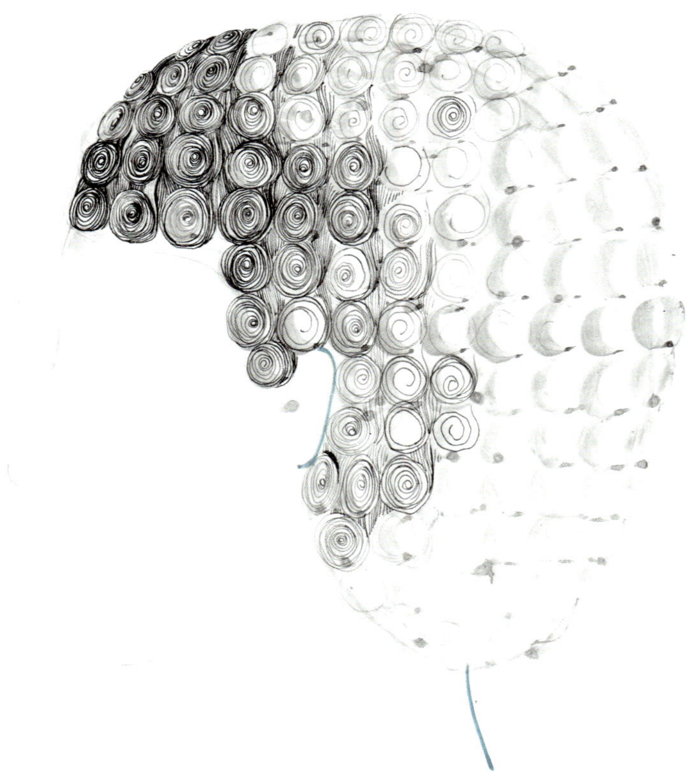

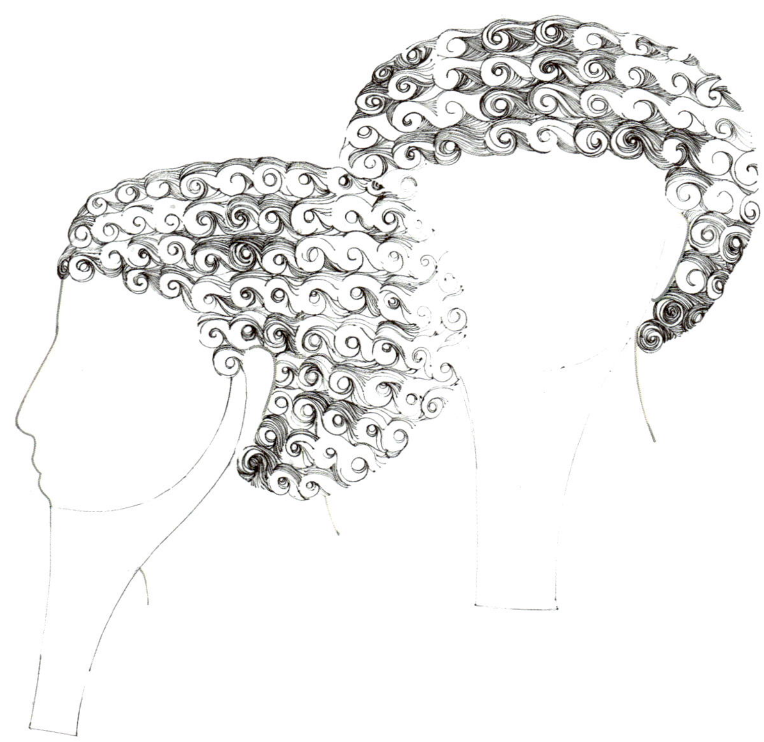

Darstellungen von Ausländern in der ägyptischen Kunst der vordynastischen Zeit (hauptsächlich auf den gefundenen Schminkpaletten) zeigen die Fremden mit kurzem, lockigem Haar und gestutzten Bärten. Beispiele sind der von einem Stier (nämlich dem Pharao) niedergestoßene Mann auf der »Stier-Palette« des Louvre (oben links) und die überwundenen Feinde, die auf beiden Seiten der Narmer-Palette dargestellt sind. Im Unterschied zu den Ägyptern sind die Fremden nur mit Hüftschnur und hängendem Latz bekleidet, woraus man auf die libysche Herkunft dieser Leute geschlossen hat.

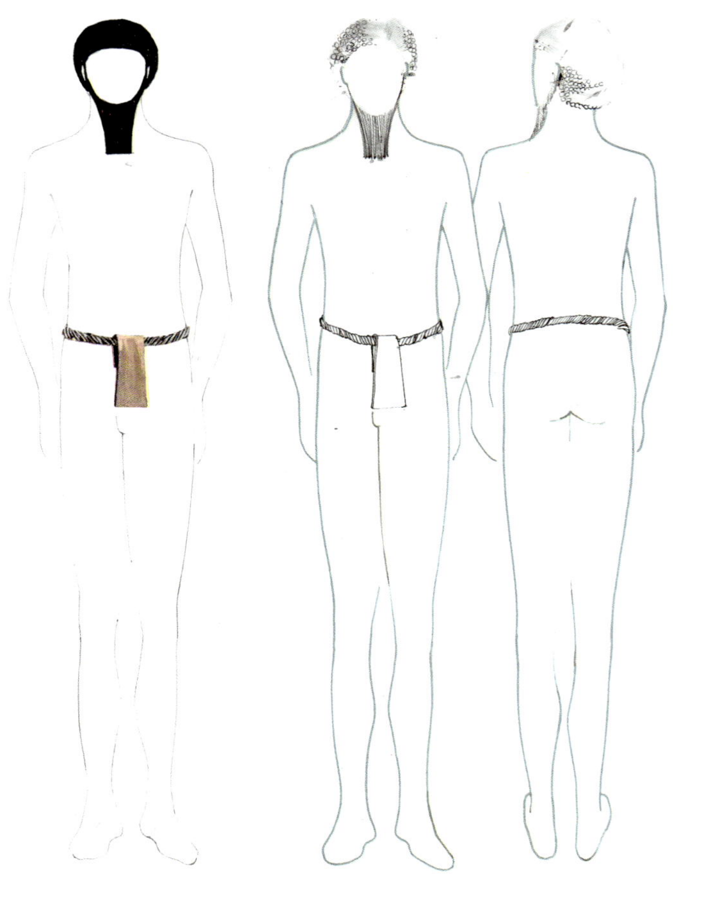

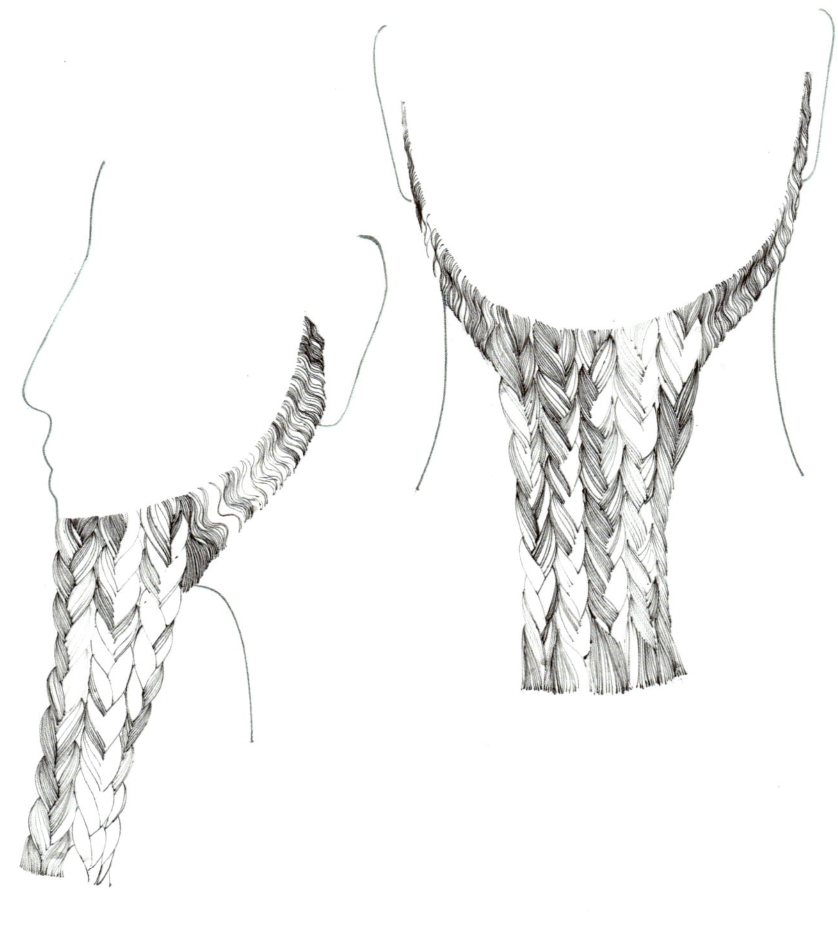

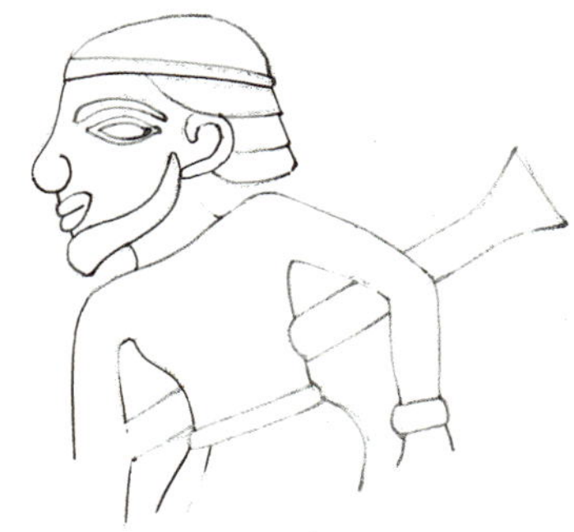

Durch Frühwerke der ägyptischen Kunst überlieferte Formen von Haar- und Barttrachten in vordynastischer Zeit.

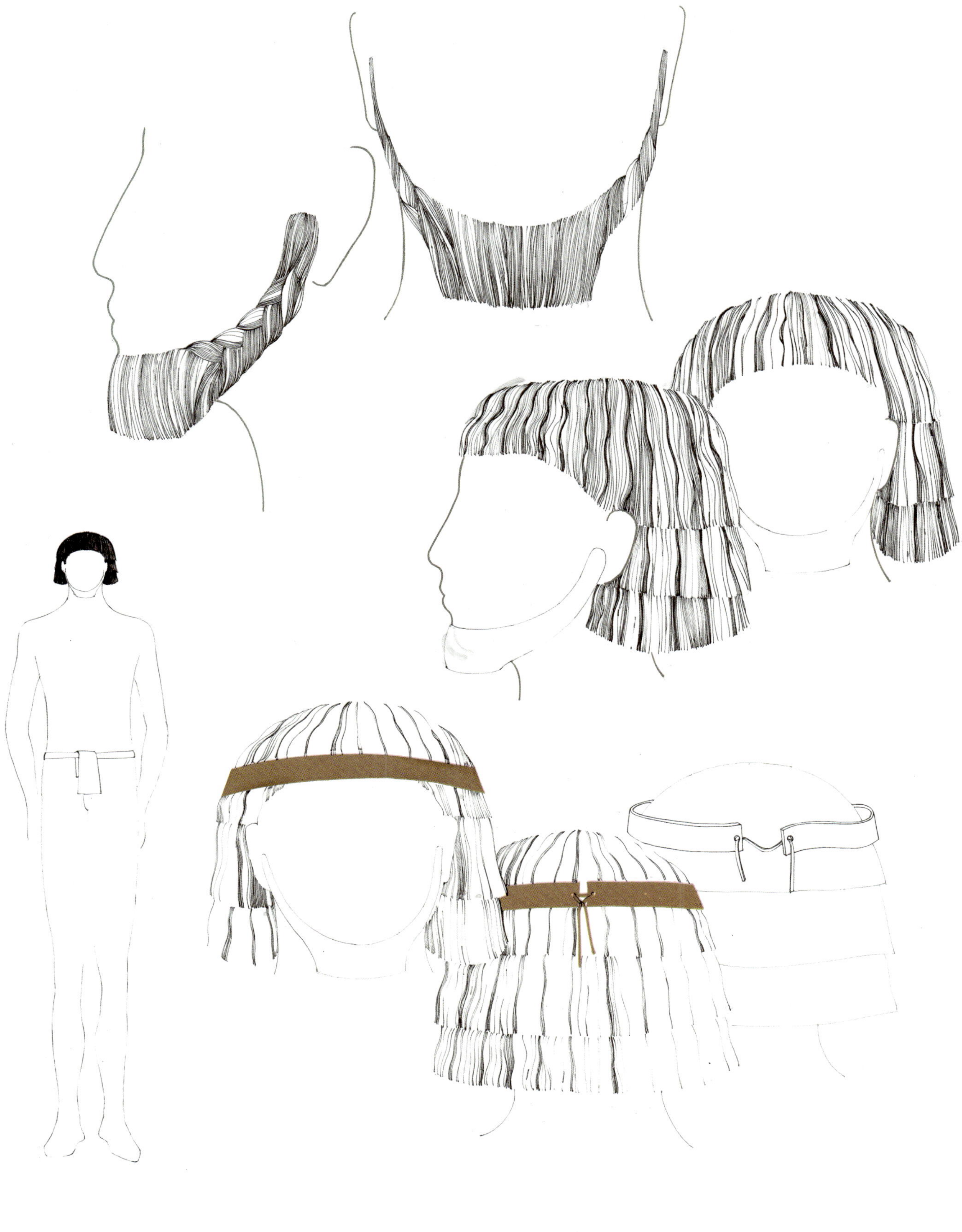

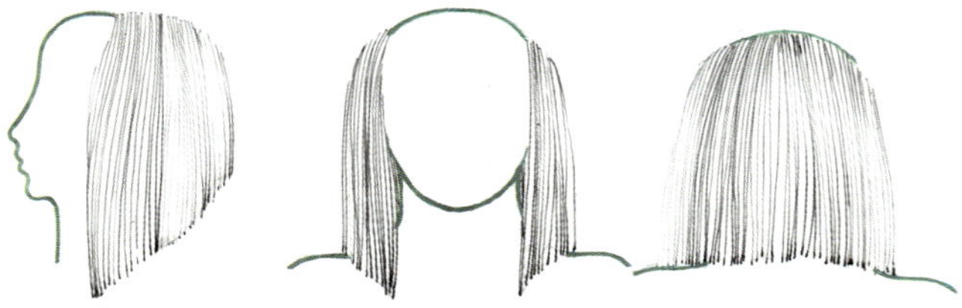

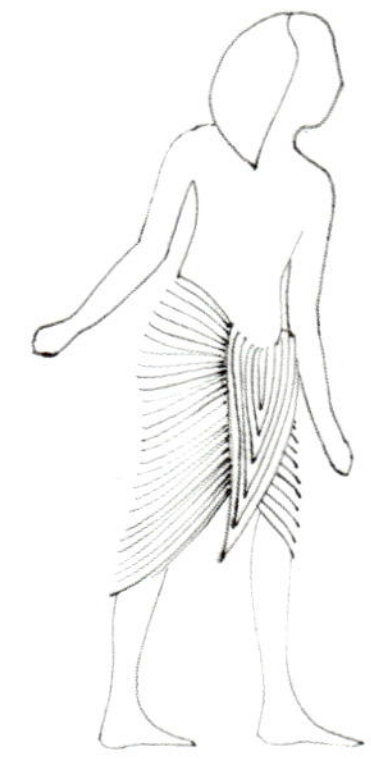

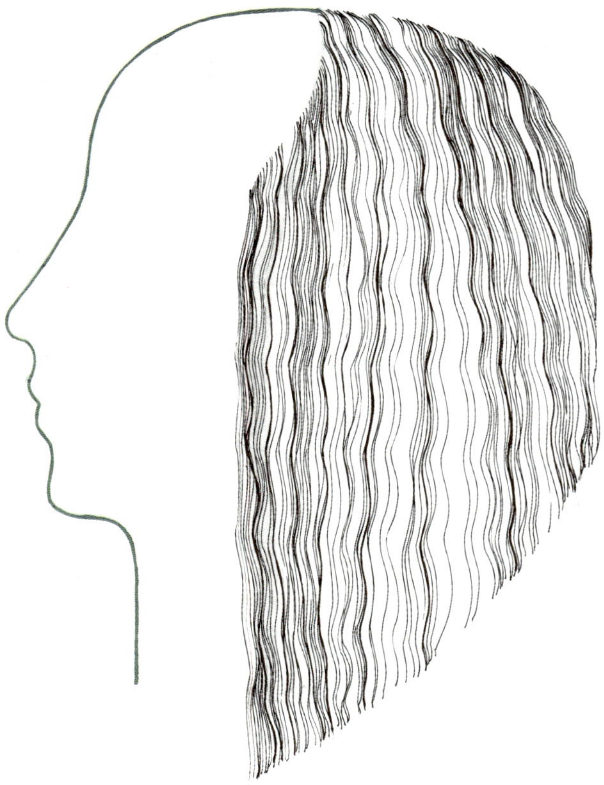

Während des Mittleren Reiches war es zeitweilig Mode, sich das Stirnhaar auszurasieren, um die Stirn höher erscheinen zu lassen, und das verbleibende Haar lang und glatt zu tragen. Im Neuen Reich gab es die Mode, den Schädel zu rasieren und nur an einer Seite eine lange Locke stehen zu lassen; vornehme Leute faßten sie mit einer kostbaren Spange zusammen und ließen sie sich so über die Schulter hängen.

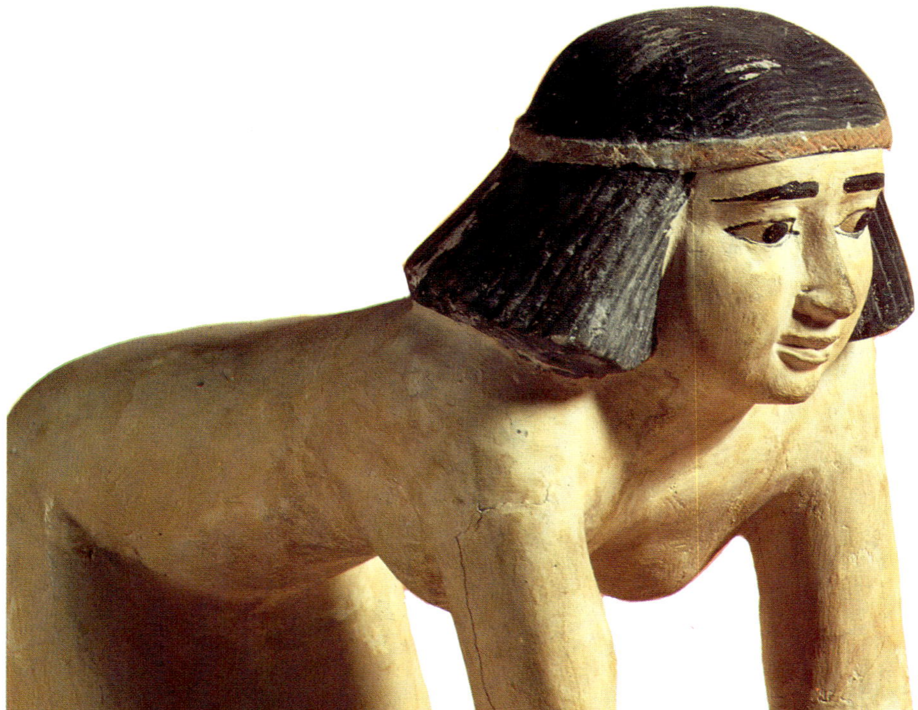

Kornmahlende Dienerin, 5. Dynastie; Florenz, Museo Archeologico. – Das Haar dieser Frau ist zu schmalen, strangartigen Zöpfen geflochten. Zusammengehalten werden sie von einem ebenfalls geflochtenen Band, das quer über die Stirn läuft.

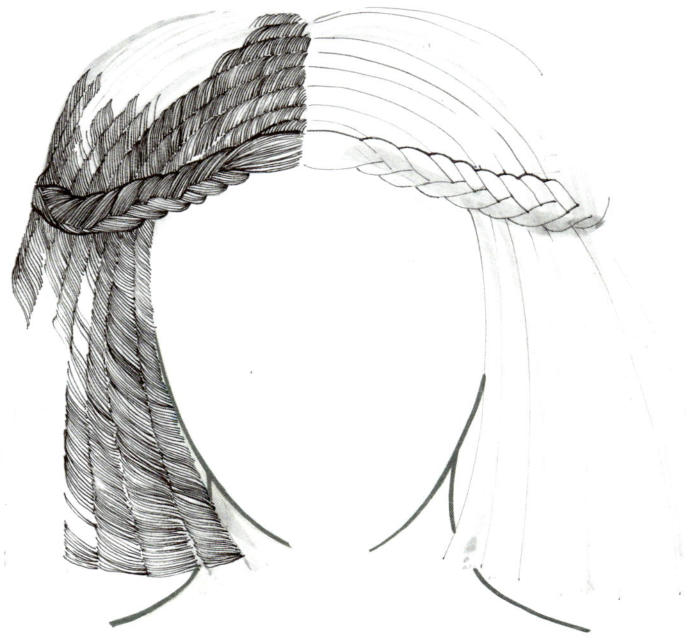

Sich das lange oder kurzgeschnittene Haar dekorativ zu einer Vielzahl dünner Zöpfe zu flechten, wie das bei manchen afrikanischen Völkern noch heute üblich und seit einiger Zeit auch in Amerika und Europa Mode geworden ist, lernten die Ägypterinnen schon sehr früh. So wird denn auch in einigen Fassungen des Mythos von Isis und Osiris erzählt, wie die Göttin Isis die Mägde der Königin von Byblos in der Kunst des Zöpfeflechtens unterwies.

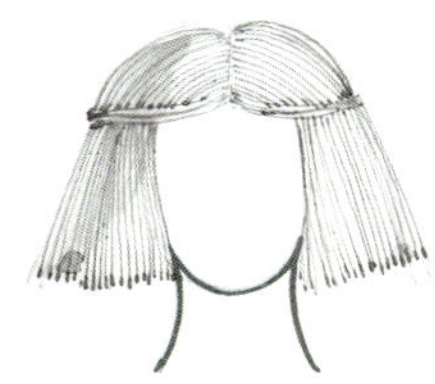

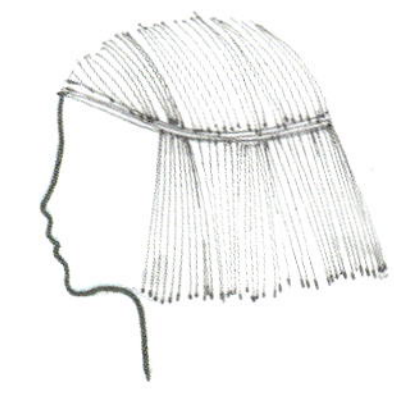

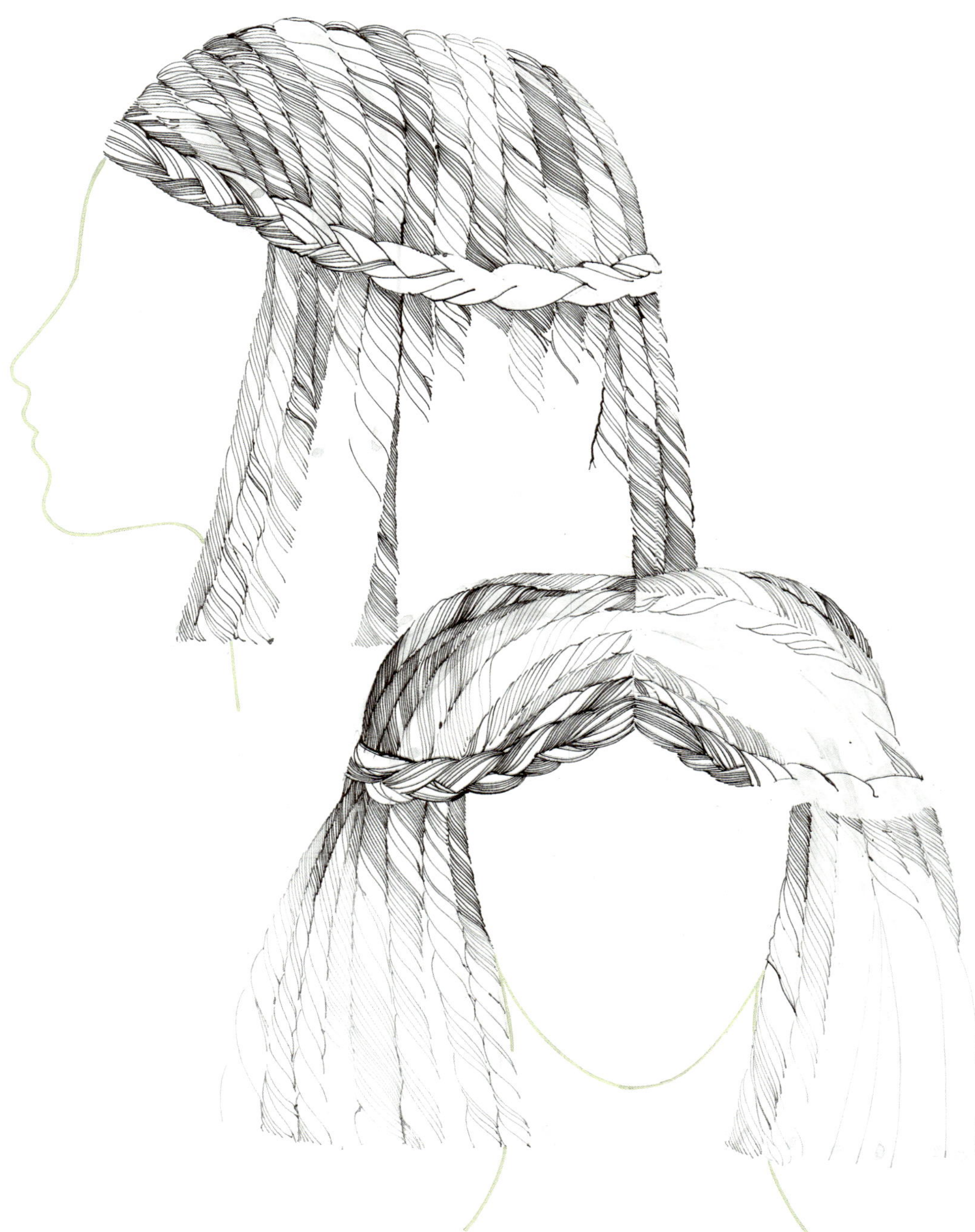

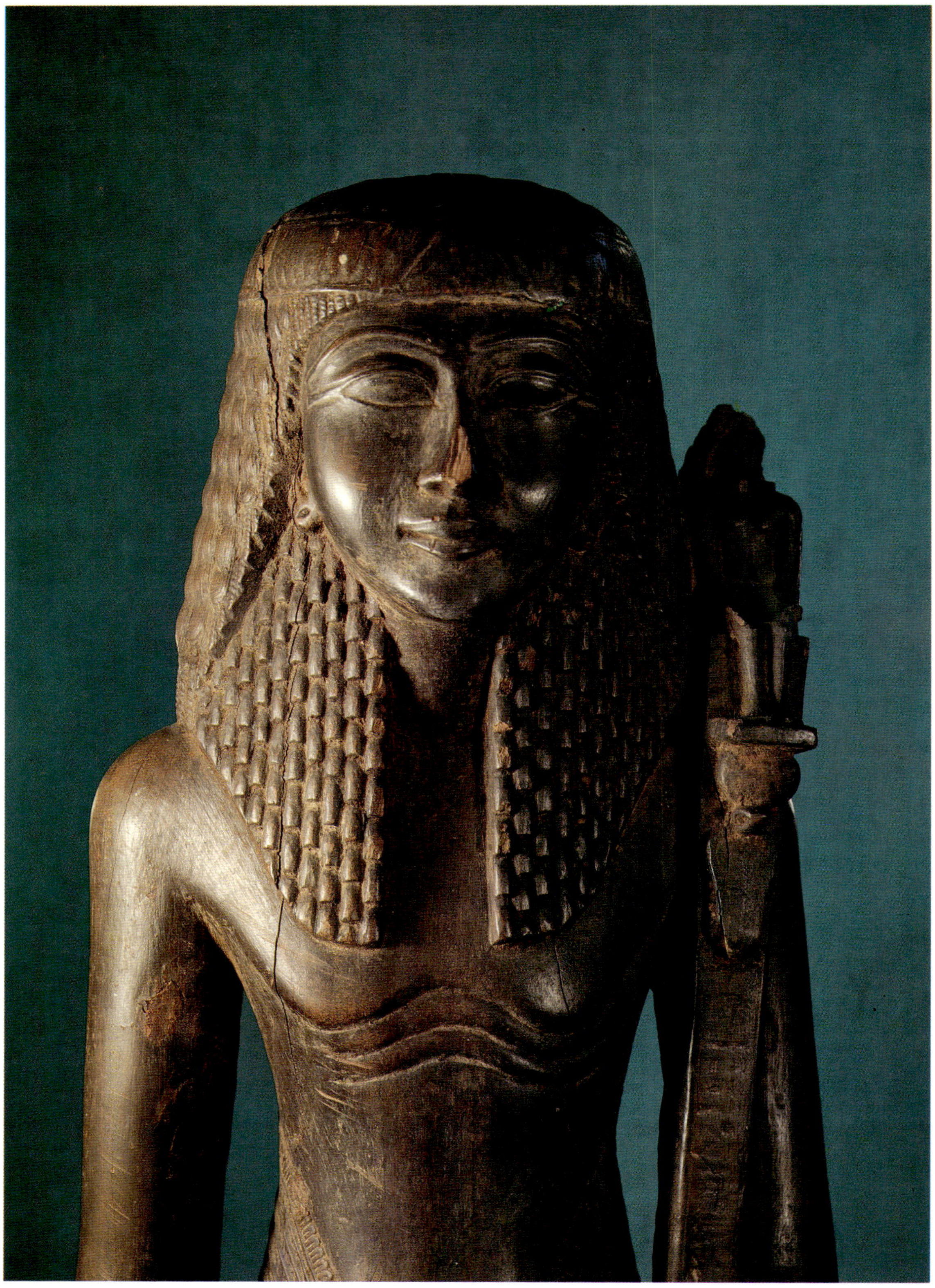

Der Bildhauer hat die aus verschiedenen Lagen falscher Haarpracht aufgebaute Perücke dieses Hofbeamten der 19. Dynastie in allen Einzelheiten modelliert. Bei Darstellungen aus dieser Zeit schaut unter der Perücke manchmal noch das natürliche Haar hervor.

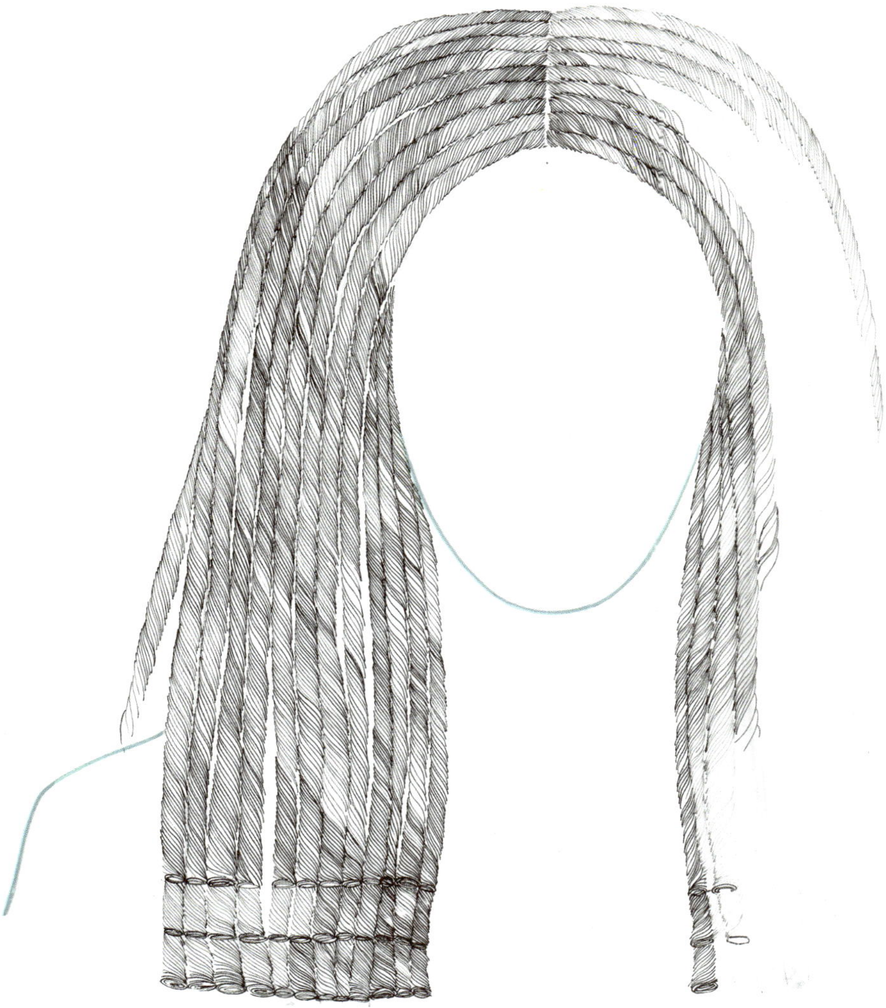

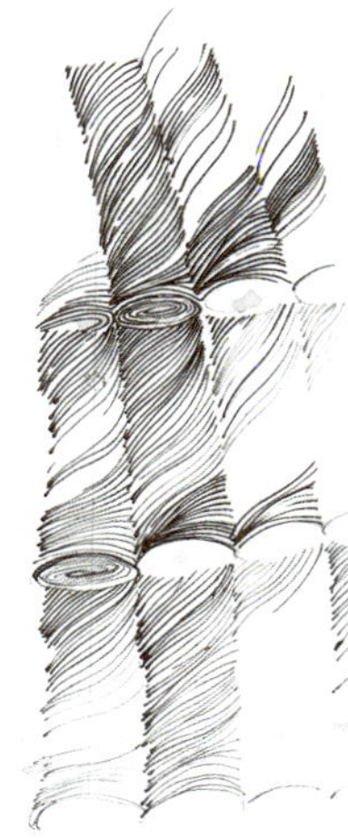

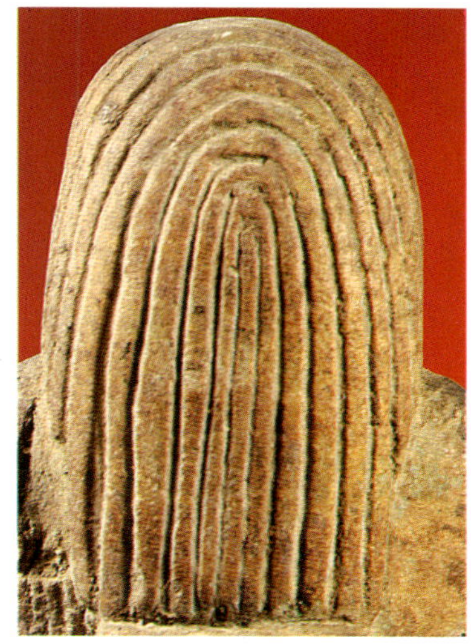

Rückenansicht einer typischen dreiteiligen Perücke an einer Uschebti-Figur aus der Spätzeit, 6. Jahrhundert v. Chr.; Como, Museo Archeologico.

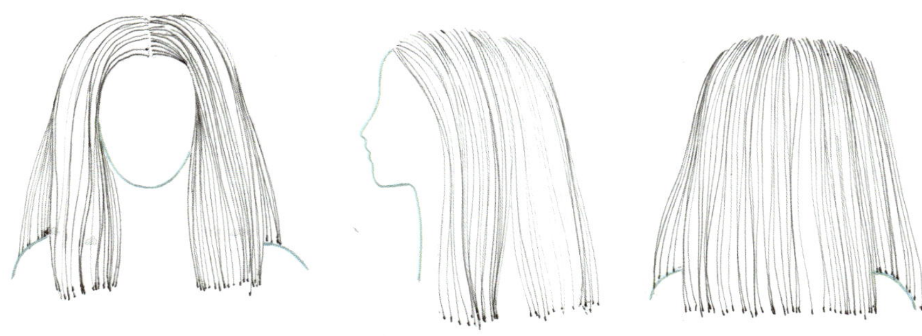

Dienerinnen, wie sie die kleine Kalksteinfigur auf den Seiten 22 und 184 zeigt, trugen im Alten Reich gewöhnlich in der Mitte gescheitelte kurze Perükken. Deren Haar, in dünne Zöpfe geflochten, verlieh den Gesichtern einen vergleichsweise schweren Rahmen.

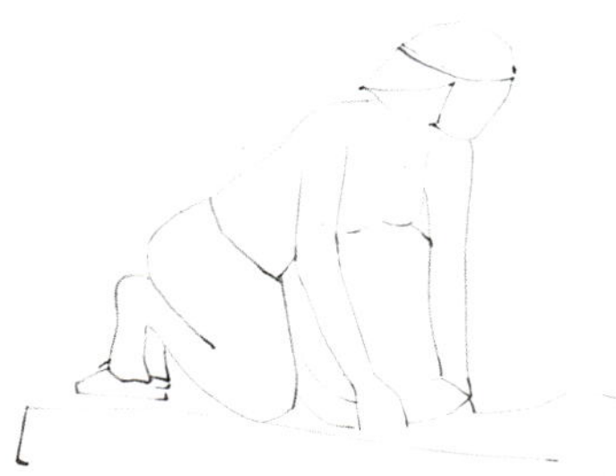

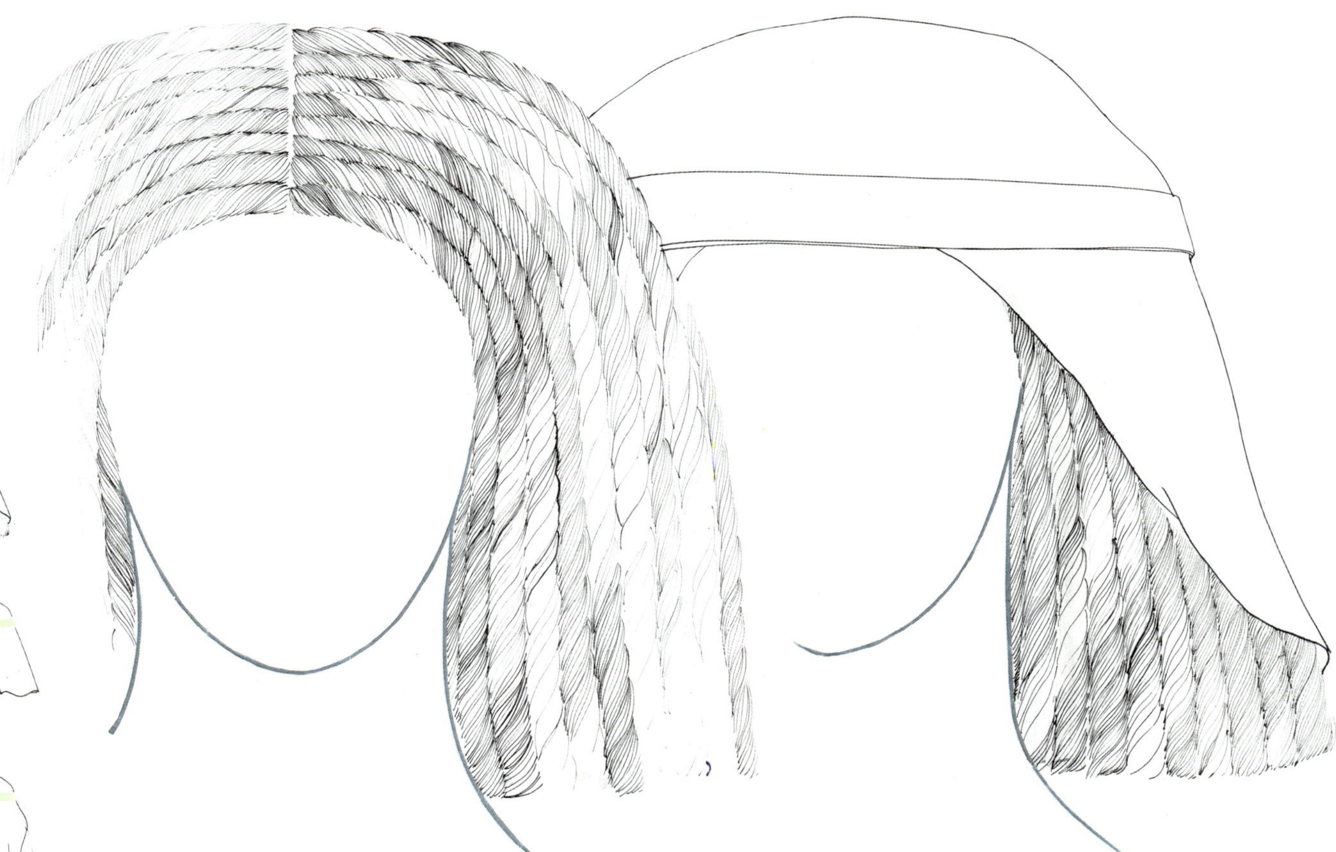

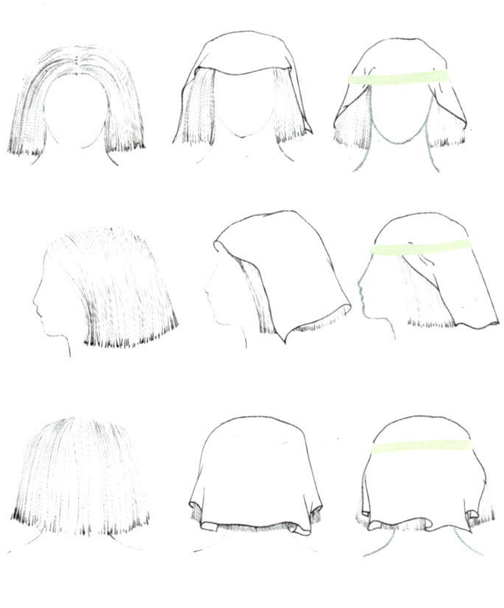

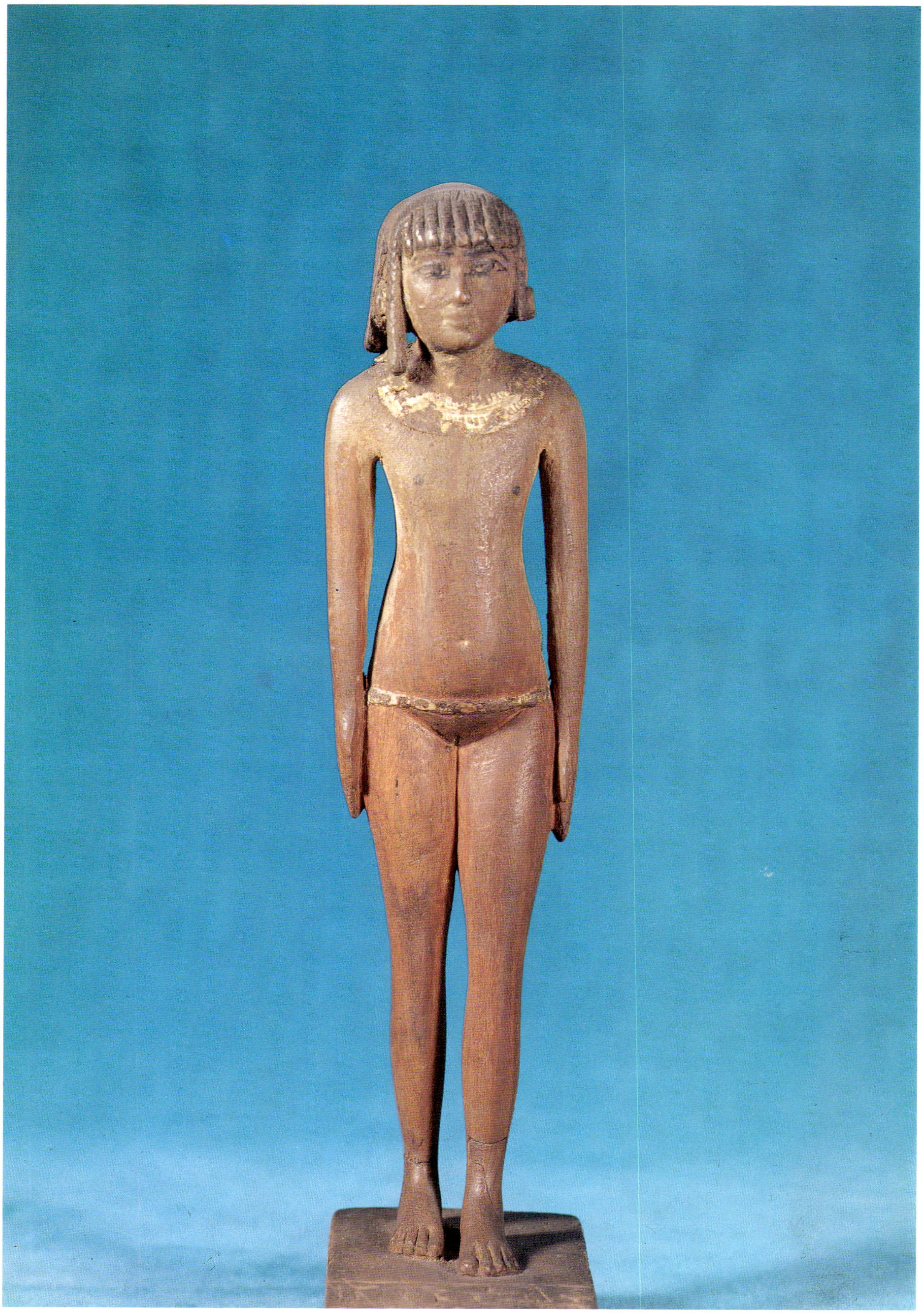

Das Haar dieser reizenden kleinen Magd ist mit nicht geringem Aufwand so frisiert, daß die Zöpfe wie Fransen in die Stirn hängen, seitlich und hinten längere, teilweise bis zu den Schultern reichend. Die Kopfhaut zwischen den einzelnen Zopfbündeln scheint rasiert.

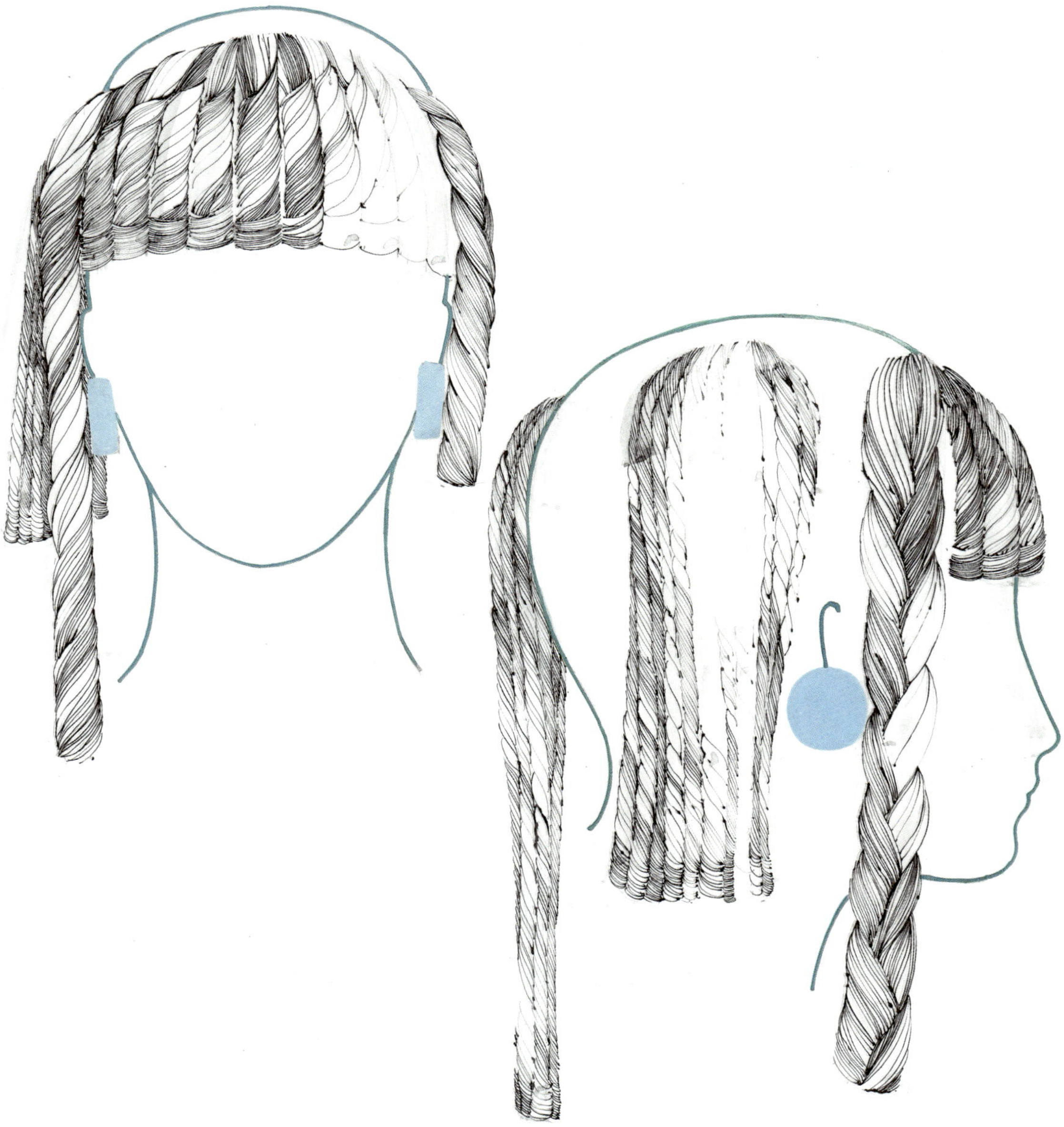

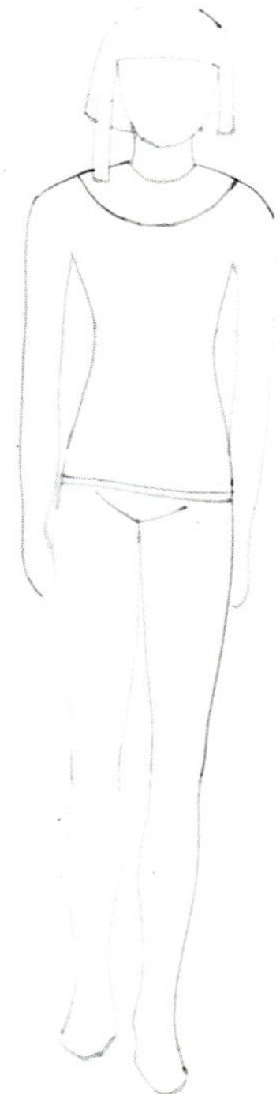

Teilansichten vom Kopf der nebenstehend abgebildeten Figur und Zeichnungen der Frisur aus unterschiedlich starken und langen Zöpfen.

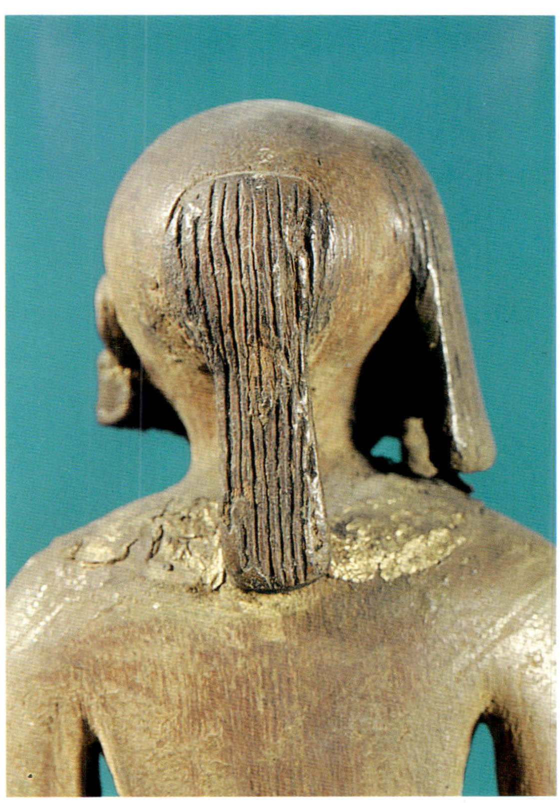

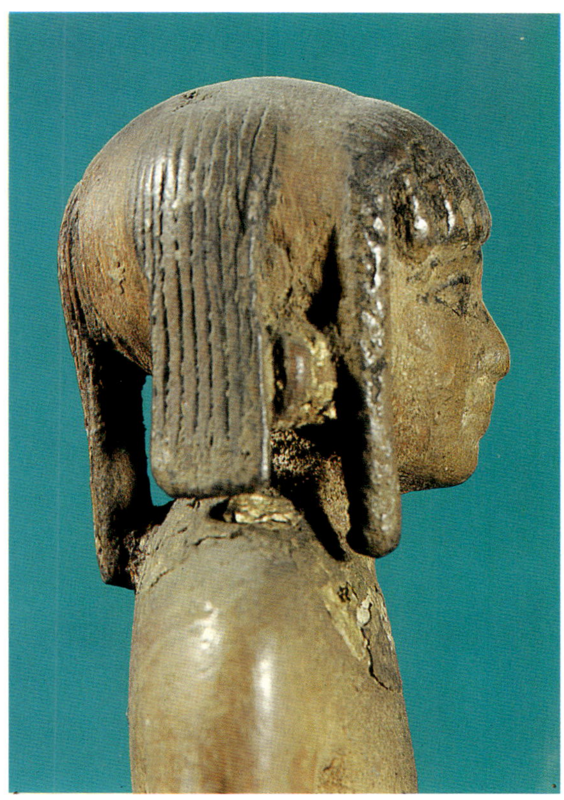

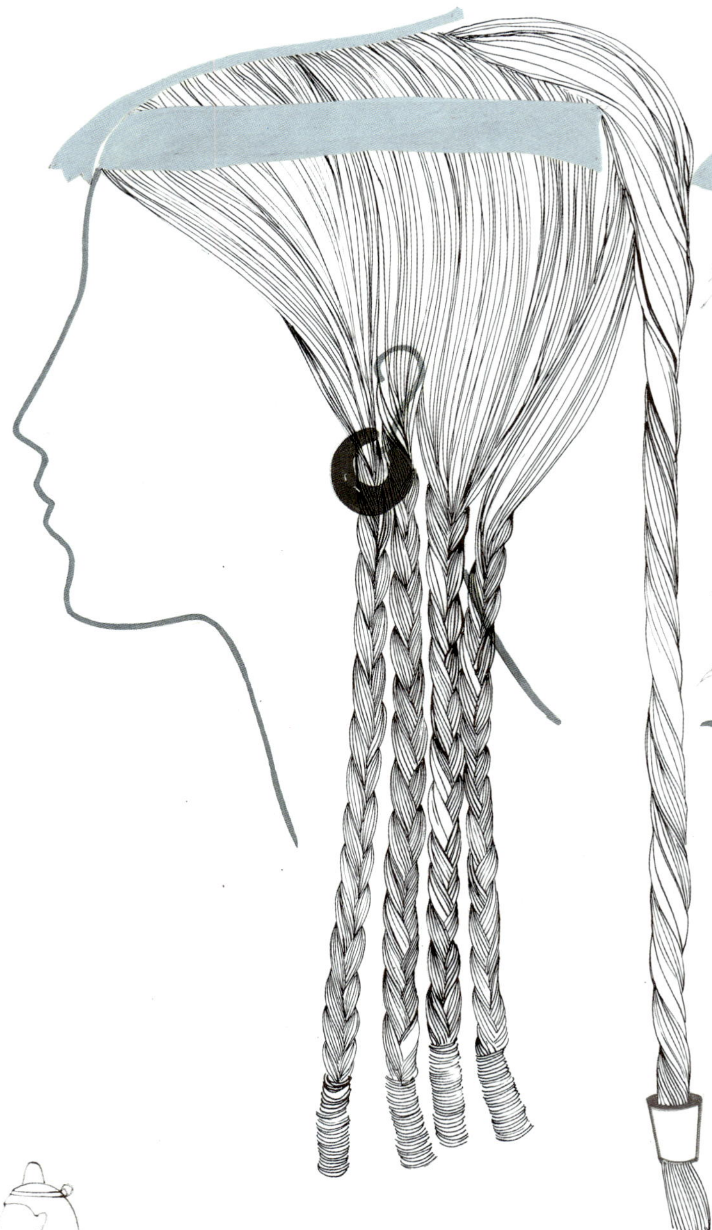

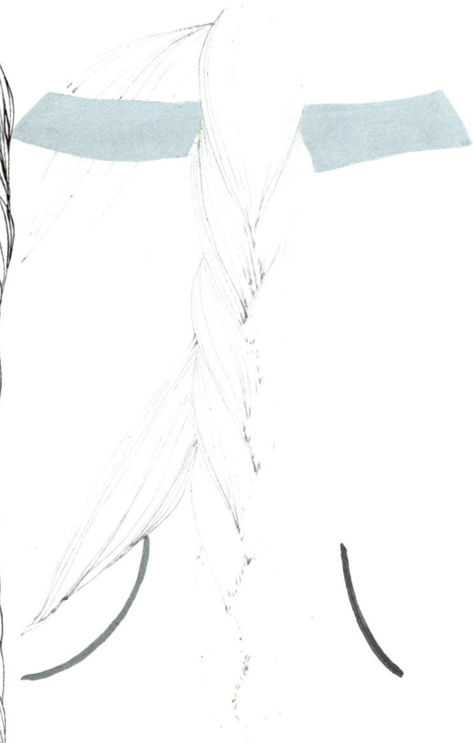

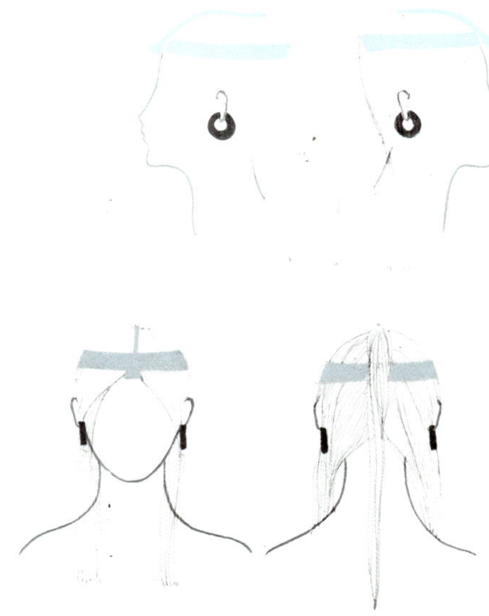

Die Ägypterinnen versahen ihre zu feinen Zöpfen geflochtene Haarpracht gern noch mit allerlei Schmuck, so mit blitzenden Röhren, durch die einzelne Zöpfe oder Haarsträhnen gezogen wurden, oder mit bunten Rosetten. Auch hinter den Vorhängen des Haars schaukelnde Ohrringe steigerten den Reiz der Frisur. Liebesgedichte rühmen den Wohlgeruch des Haars der besungenen Schönen.

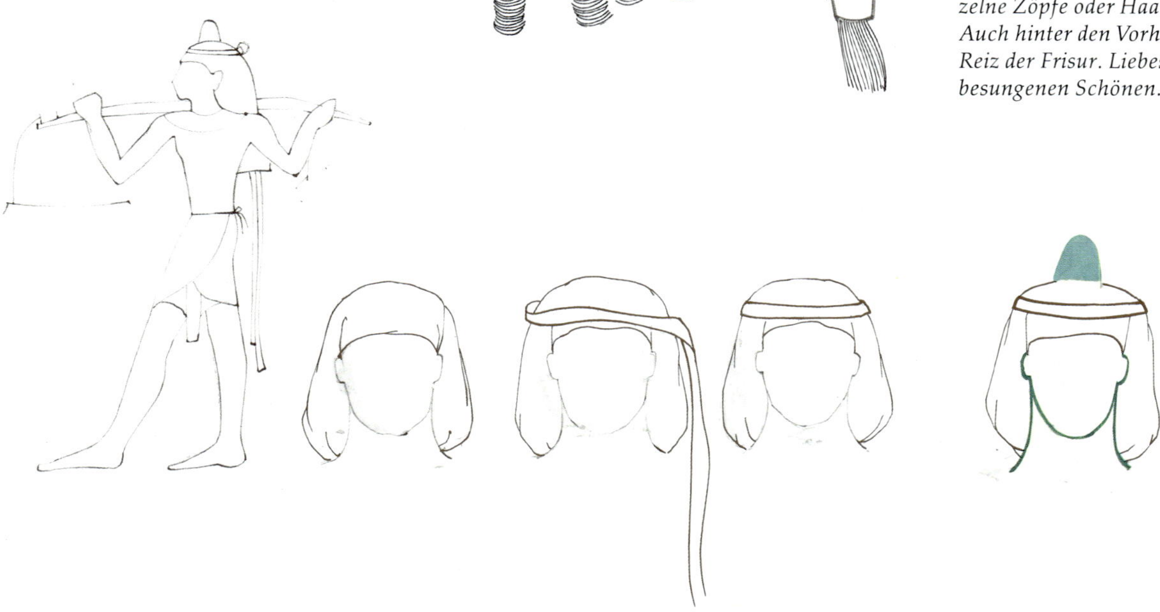

Männer trugen ihr Haar oft in einem zum Beutel geschürzten Kopftuch.

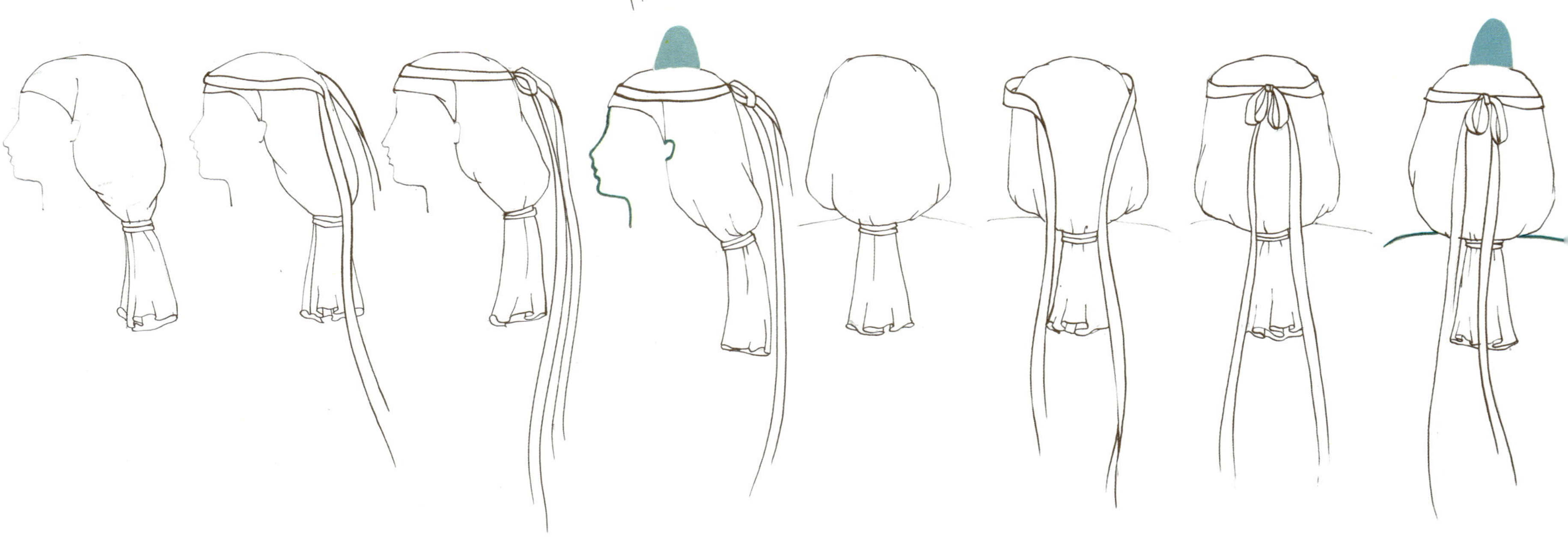

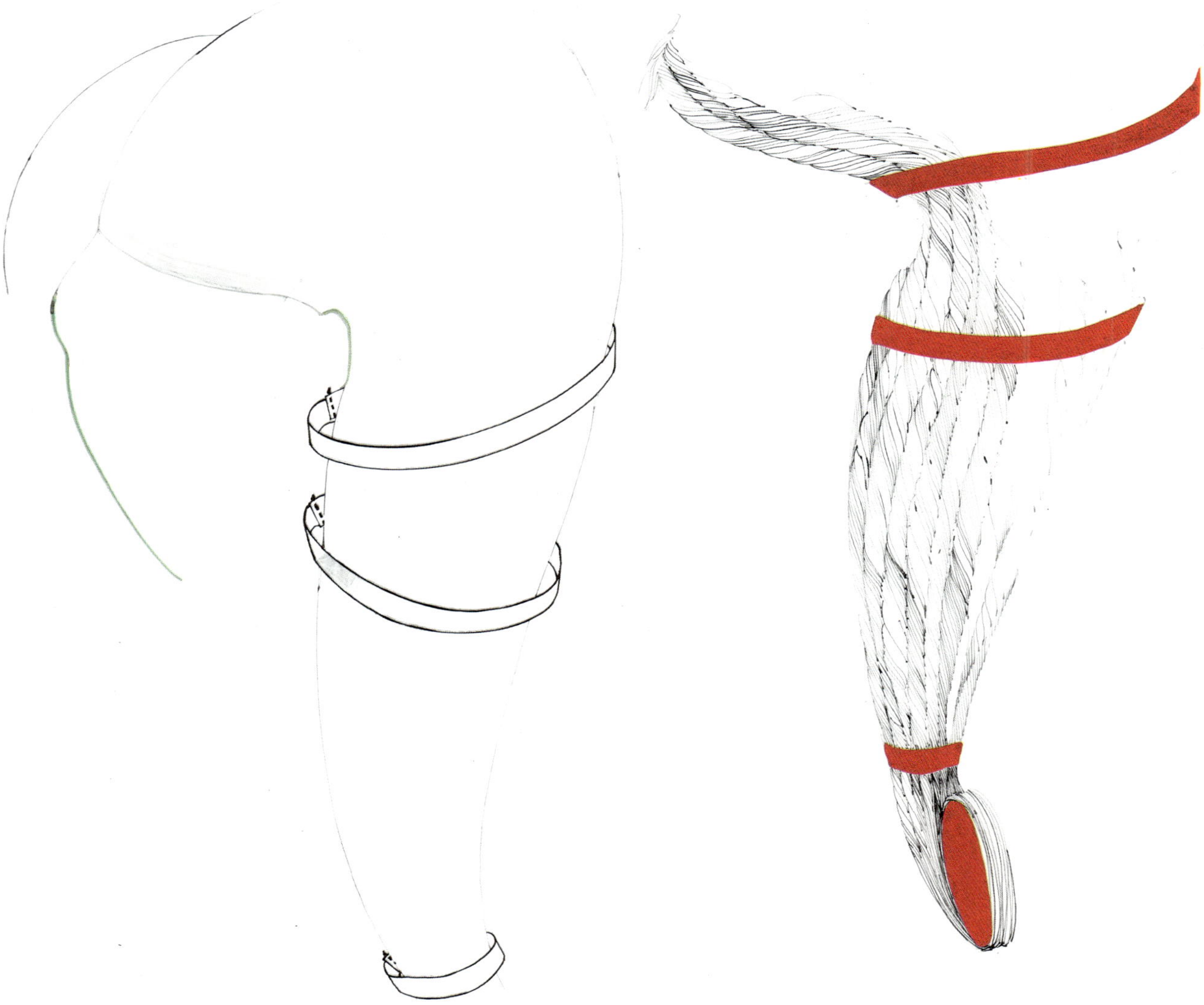

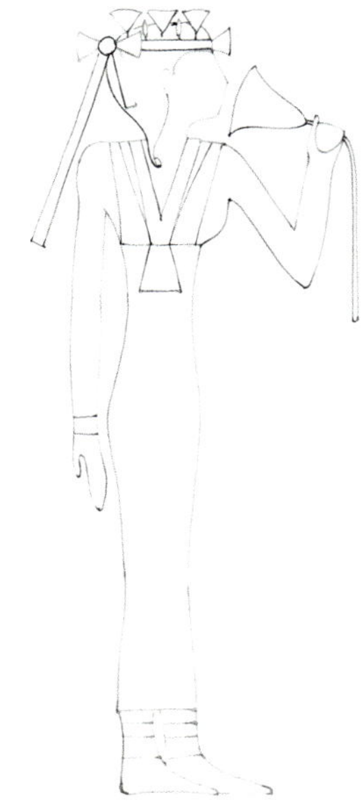

Wenn die Ägypterinnen ihre Gesichter mit dicken Zöpfen rahmten, drehten sie deren Enden gern um schmückende runde Scheiben. Oft sieht man die Enden auch der Zöpfe der Perücke der Göttin Hathor um solche Scheiben gedreht.

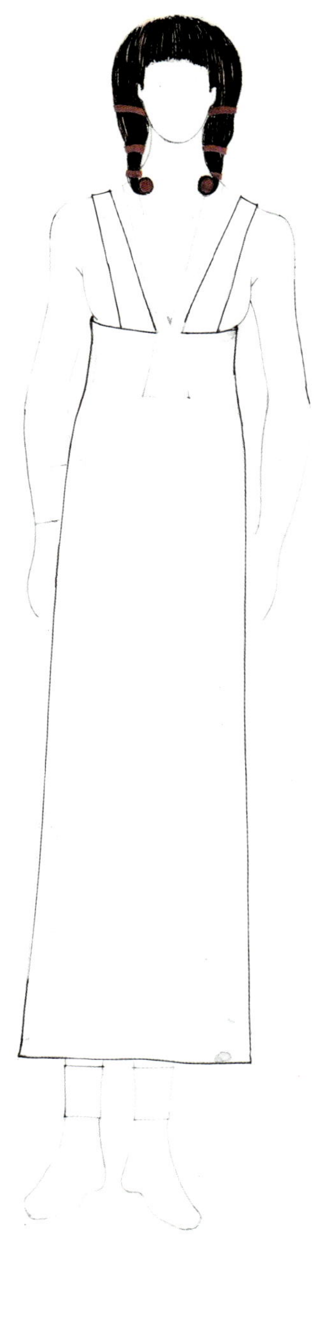

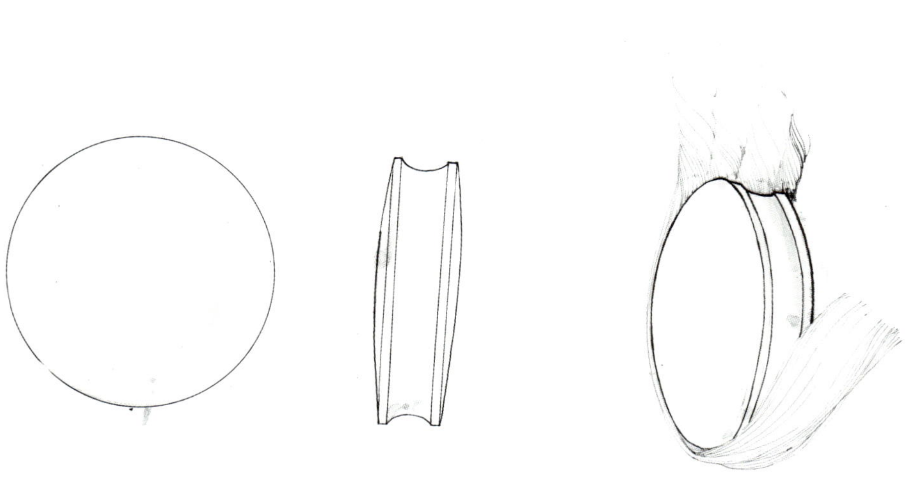

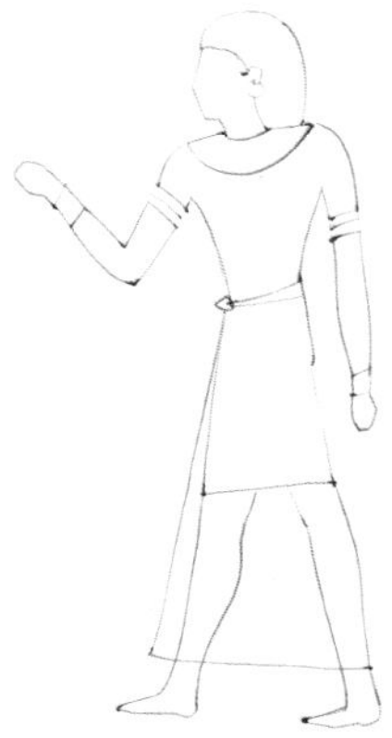
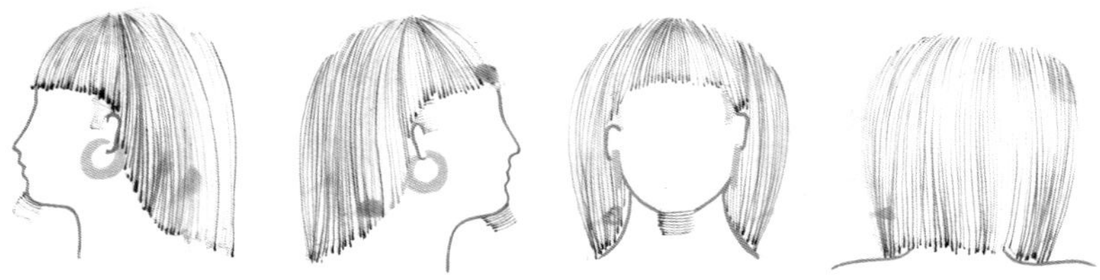
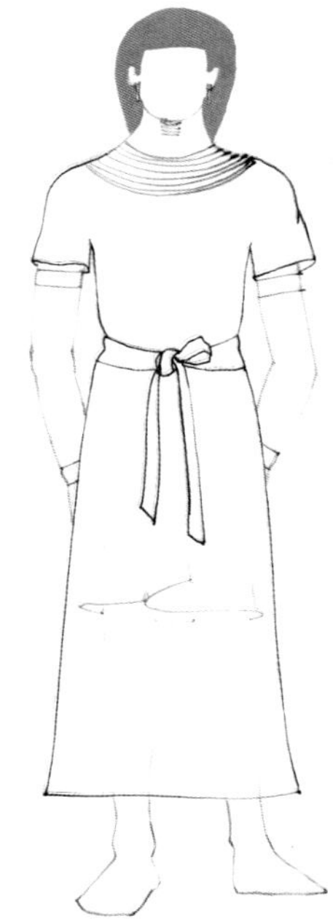
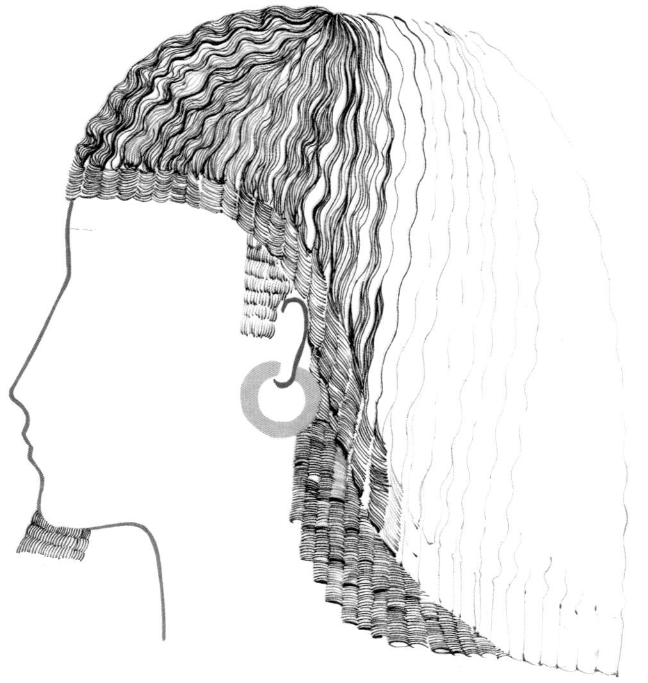

Neben dem Brauch, das Haar in dünnen Zöpfen auf die Stirn und in den Nacken fallen zu lassen, gab es eine Haartracht mit drei langen Seitenzöpfen. Ein angeklebter kleiner Bart war ein Zeichen königlicher Würde.

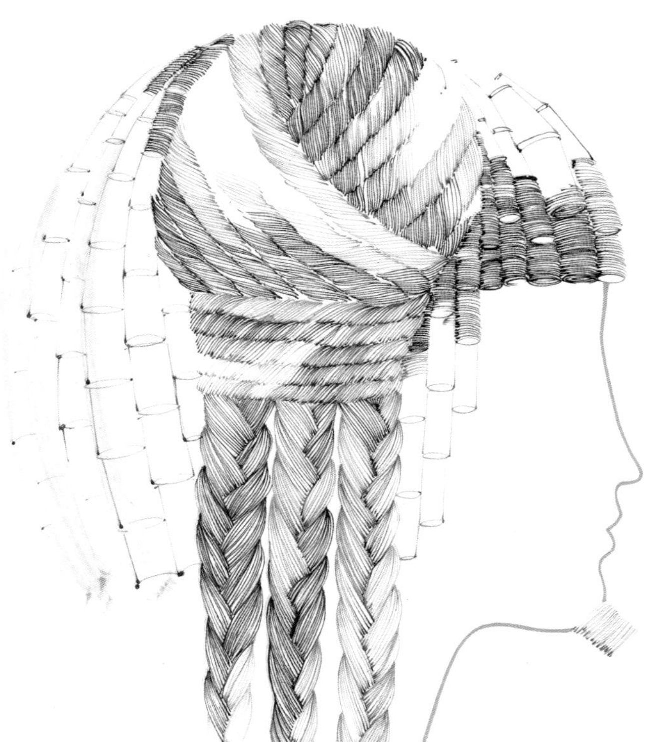
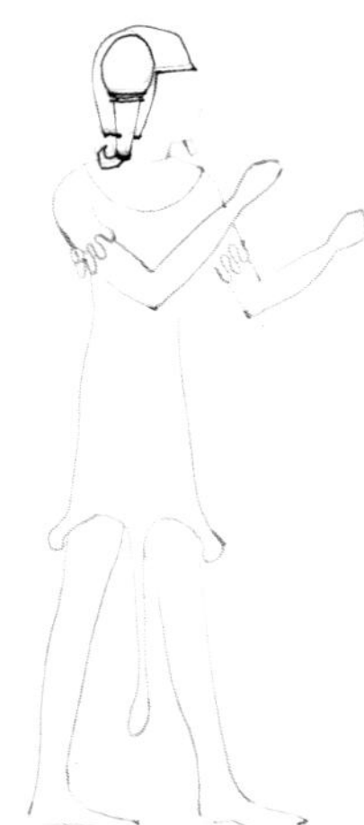
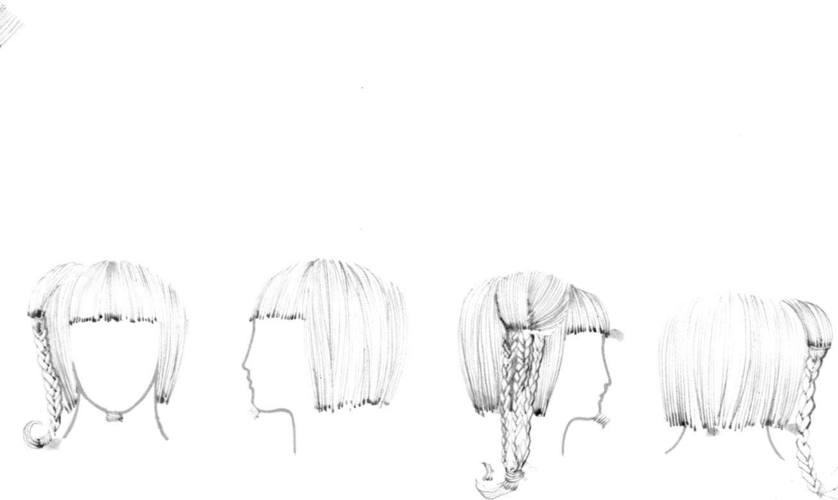

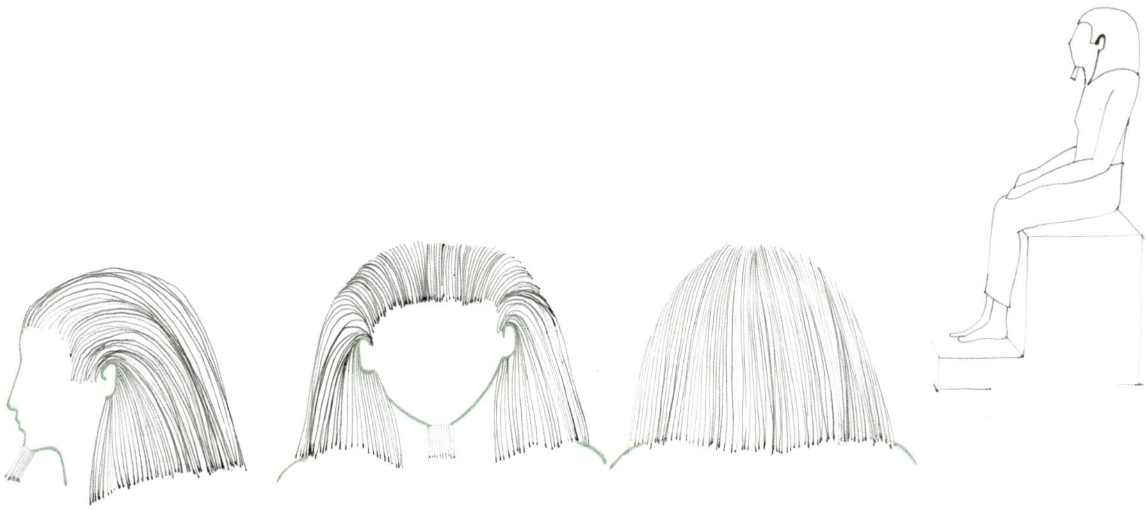

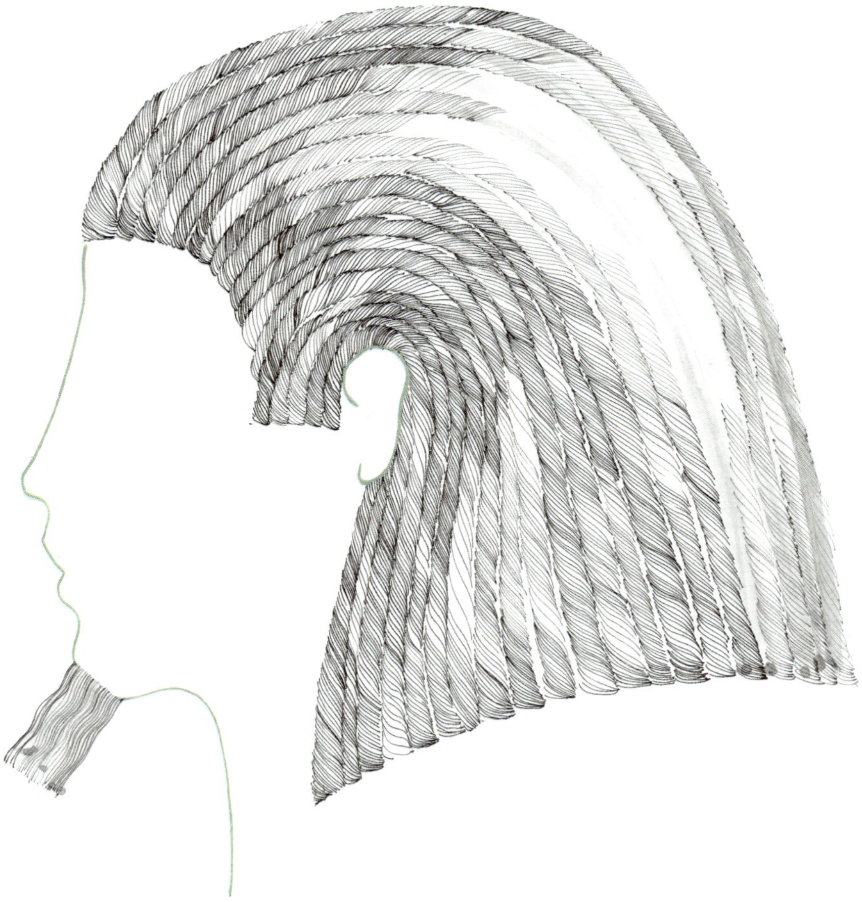

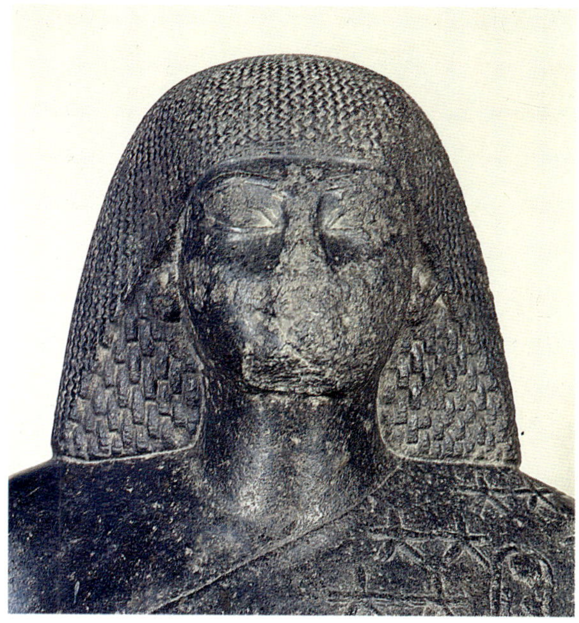

Perücke des Hohepriesters Anen. Teilansicht der auf Seite 126 abgebildeten Skulptur aus schwarzem Granit, 18. Dynastie; Turin, Museo Egizio.

Haartrachten und Perücken des Neuen Reiches, wie sie zum Beispiel die an den Wänden des Grabes des Amose in Theben dargestellten vornehmen Herren tragen. Zum Vergleich (oben) eine einfachere Männerfrisur aus der Zeit des Mittleren Reiches. Damals trug man das lange Haar, sei es eigenes oder das einer Perücke, aus der Stirn und von den Schläfen nach hinten gekämmt, schlicht und offen.

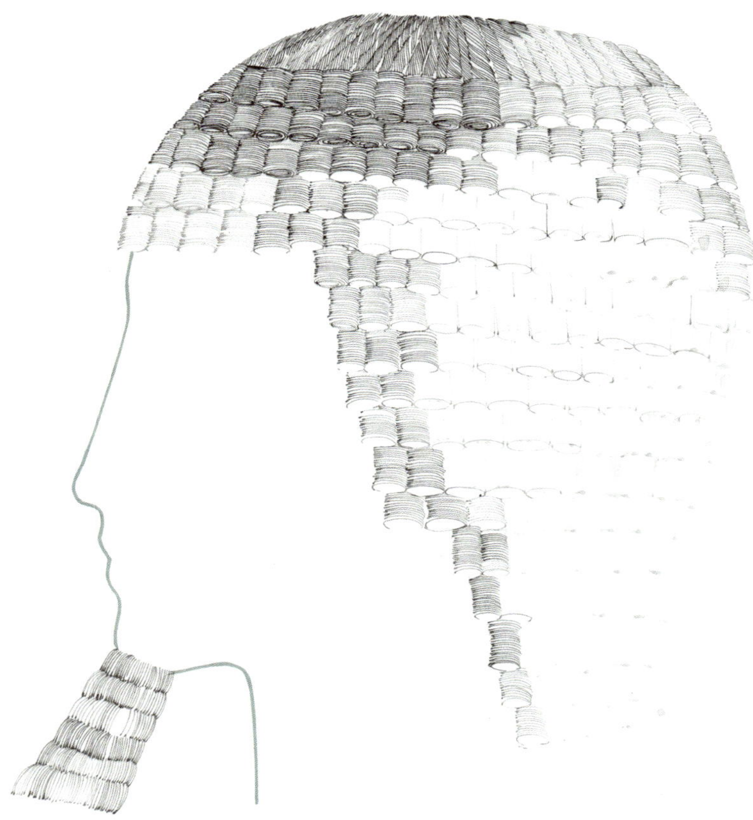

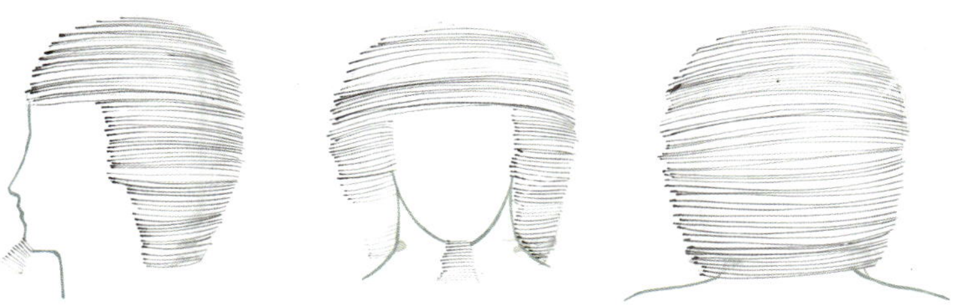

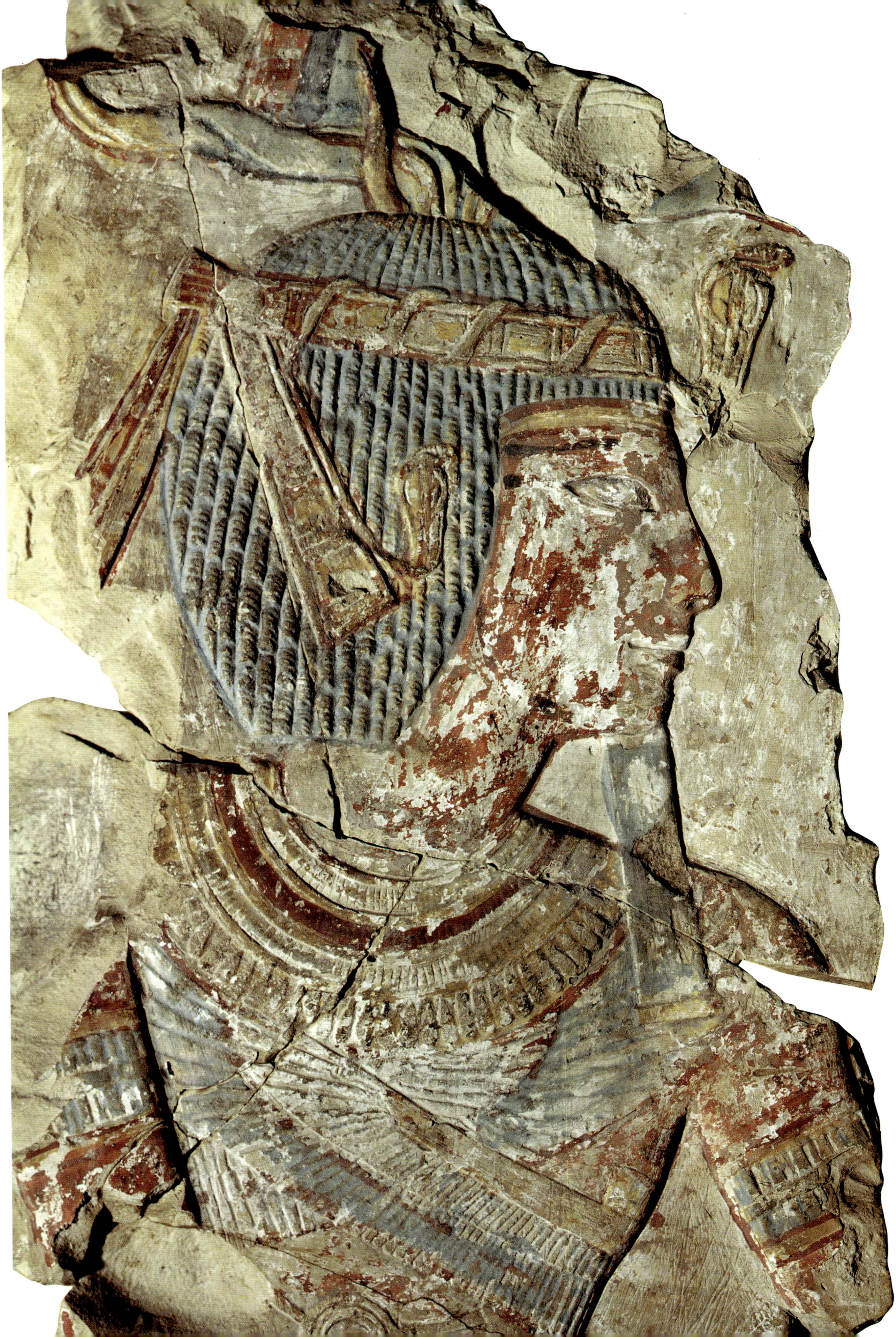

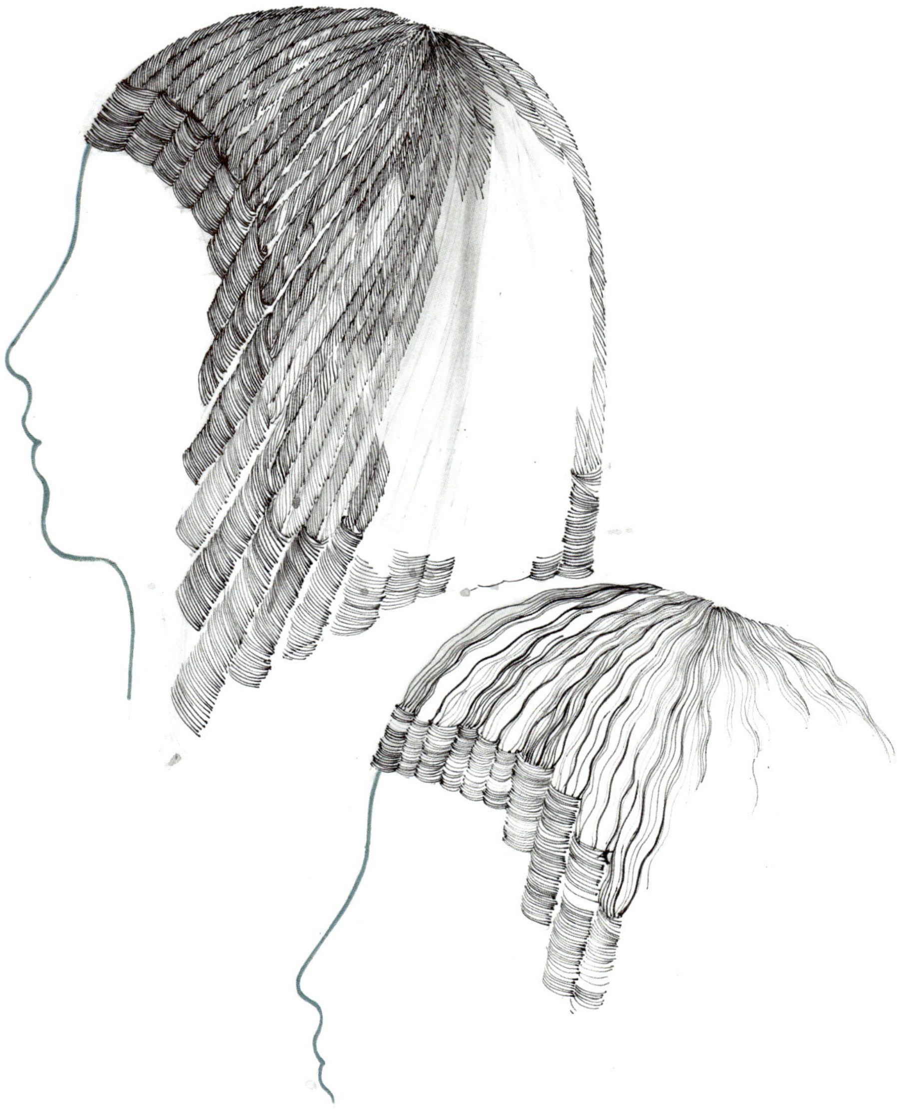

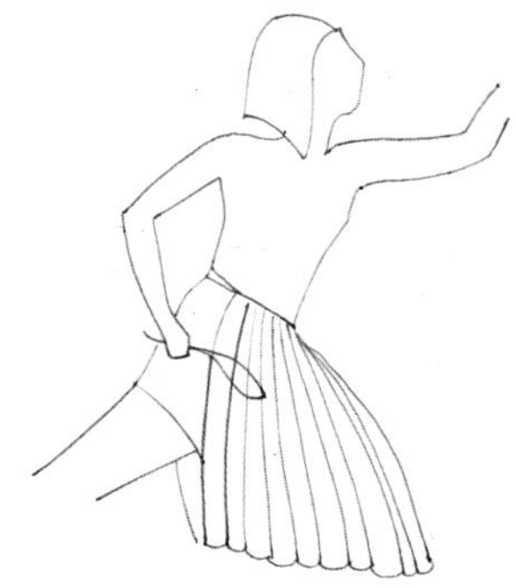

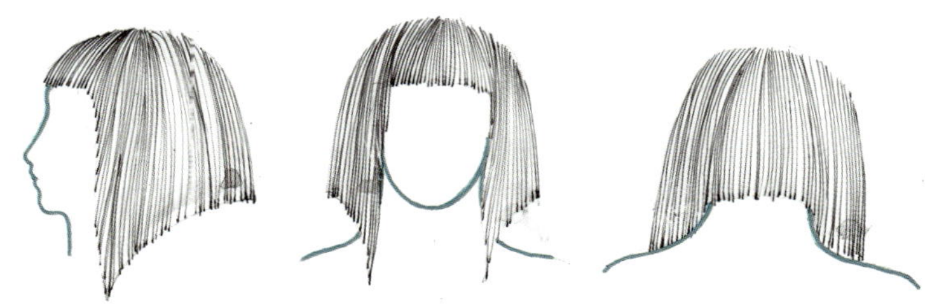

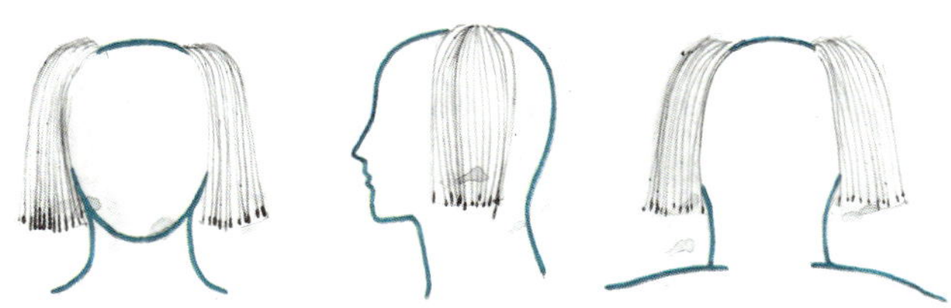

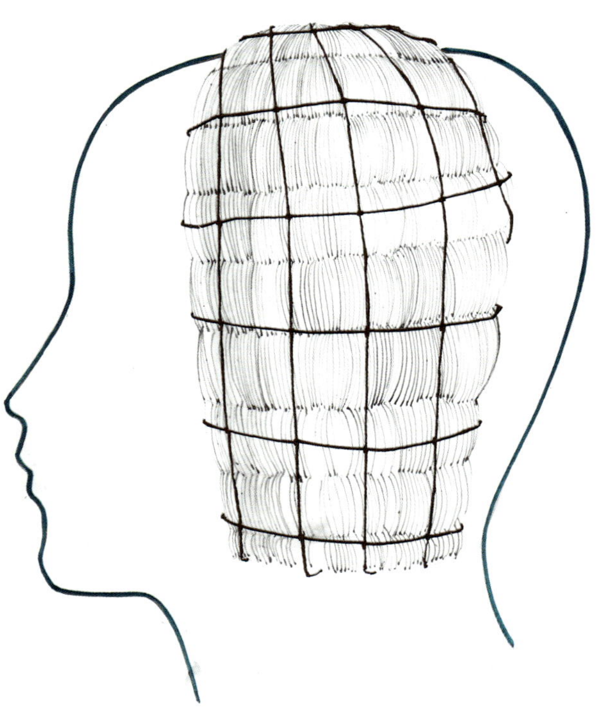

Oben: Männliche Haartracht aus der Zeit des Neuen Reiches mit gedrehten Locken.
Unten: Männliche Haartracht des Alten Reiches. Beiderseits eines glattrasierten Streifens auf dem Scheitel wurde das Haar zu den Seiten gezogen und in Netze gefaßt.

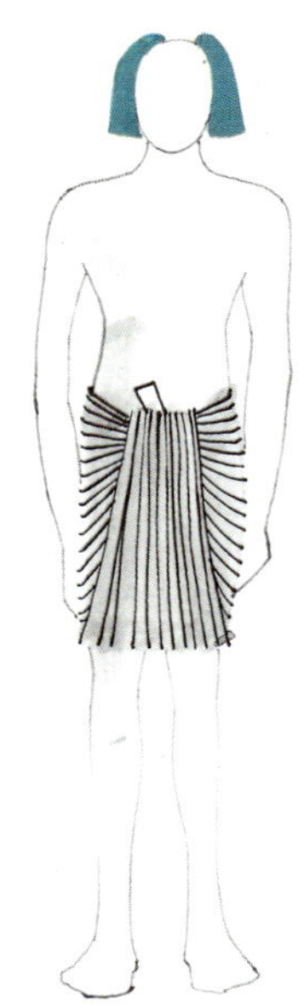

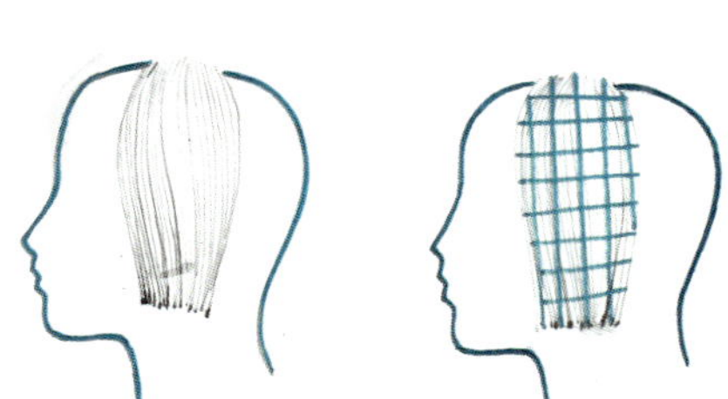

Links: Der hier dargestellte König trägt über einer kurzen Perücke das an das Schifferstirnband erinnernde königliche Diadem, umwunden von der heiligen Uräusschlange.

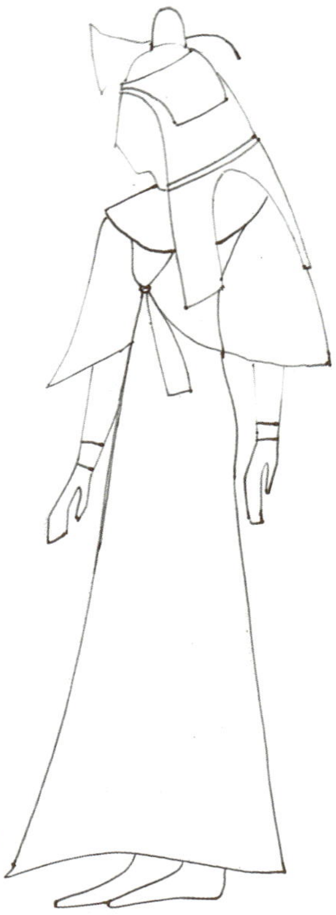

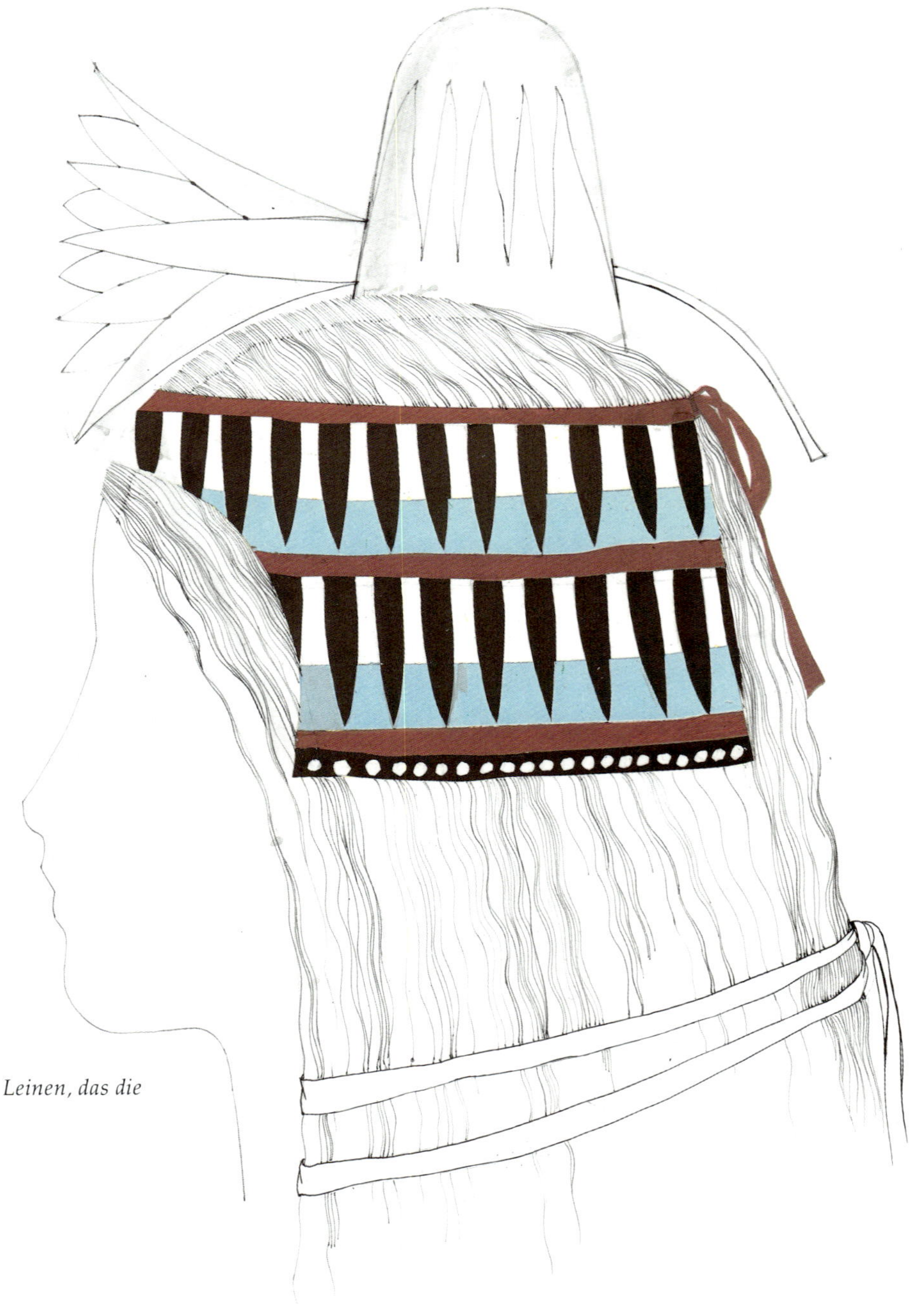

Mit Blütenblättern bedrucktes doppeltes Stirnband aus starkem Leinen, das die Perücke zugleich festhielt und schmückte.

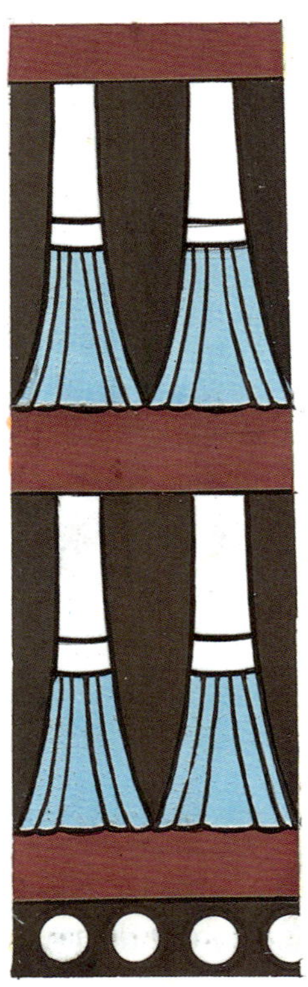

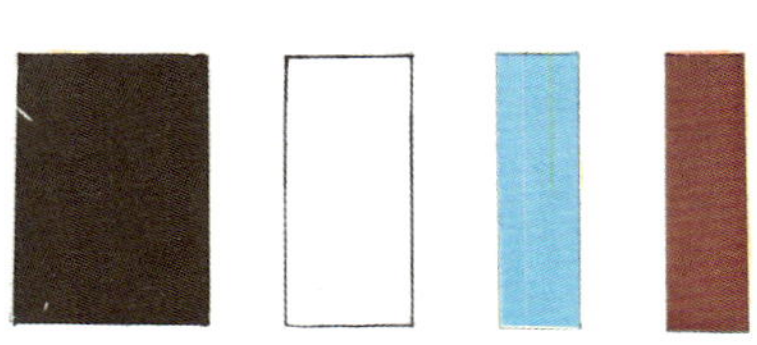

Unten rechts: Ornament eines Stirnbands, Ausschnitt aus einer Wandmalerei, Neues Reich.

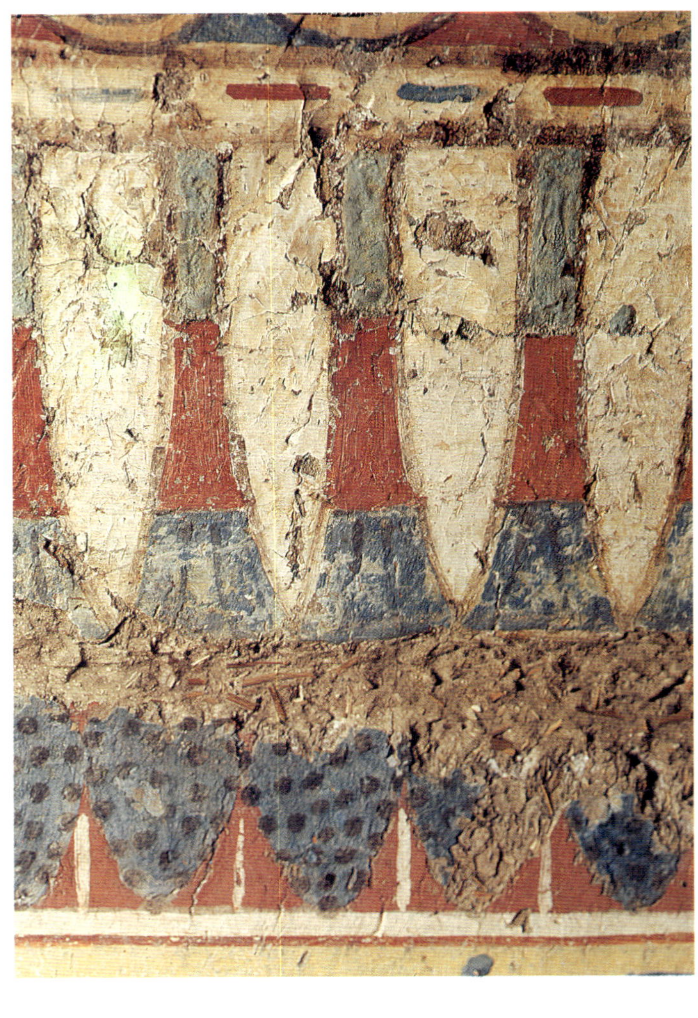

Rechts: Bildnis eines Adligen mit glatter Perücke, Neues Reich; Florenz, Museo Archeologico.

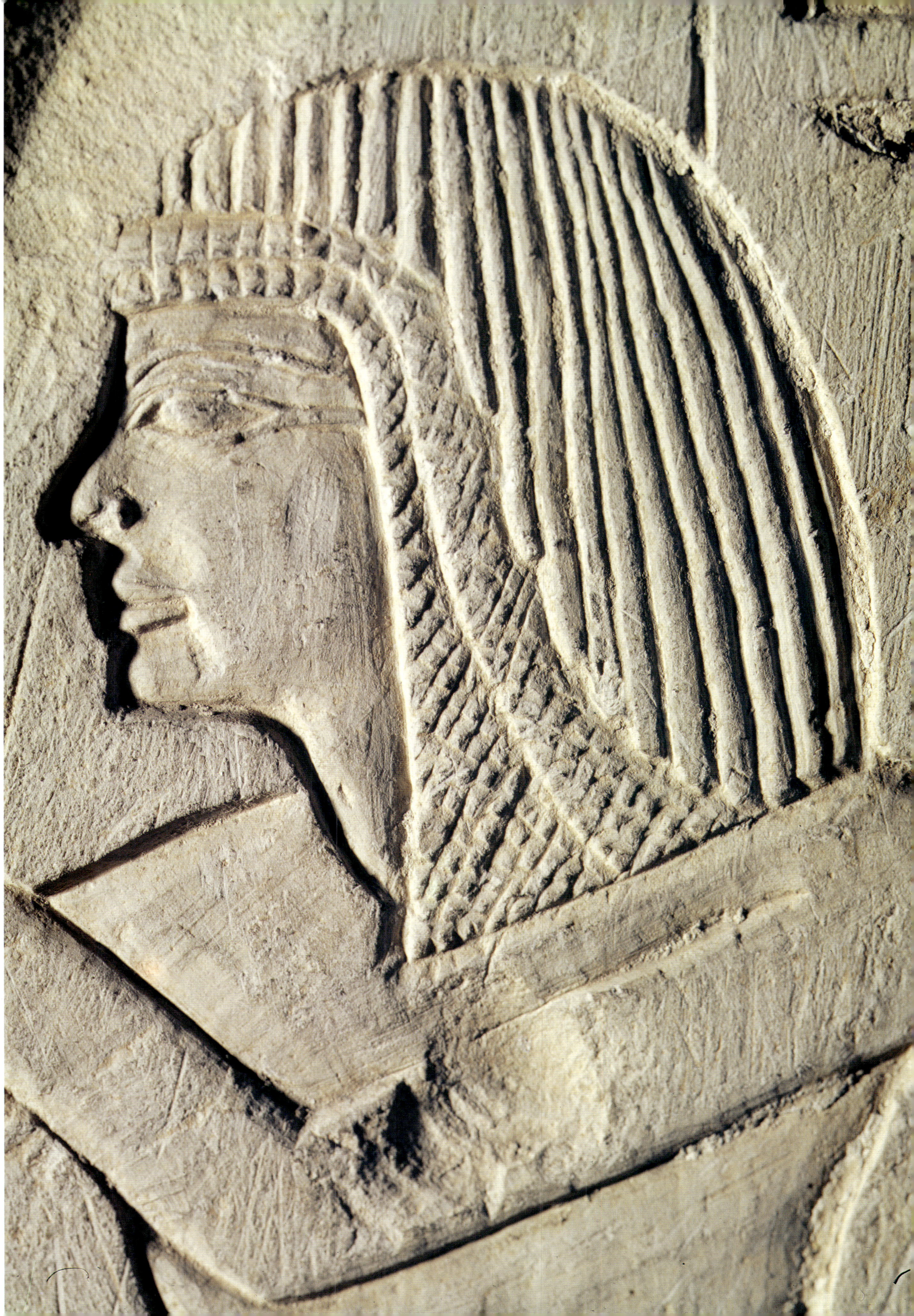

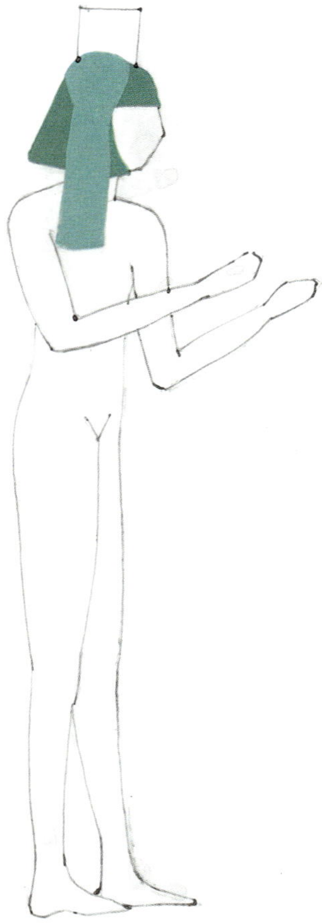

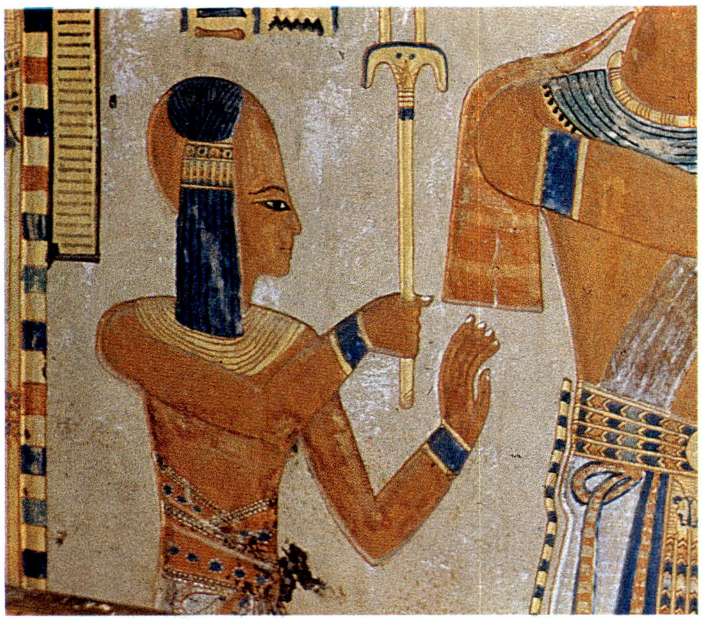

Der junge Prinz Amenhirchoschef, Sohn Ramses' III., trug, wie sein Bild an einer Wand seines Grabes in der Nekropole von Theben zeigt, bei seinem Tod noch die sogenannte Jugendlocke.

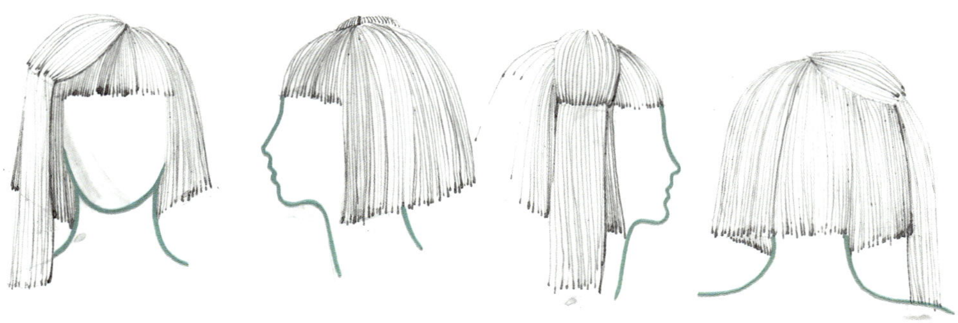

Varianten der »Jugendlocke«, die wie hier nach rechts, aber auch nach links frei über die Perücke hängend getragen wurde. Das Haar wurde gekräuselt, um ihm mehr Fülle zu geben.

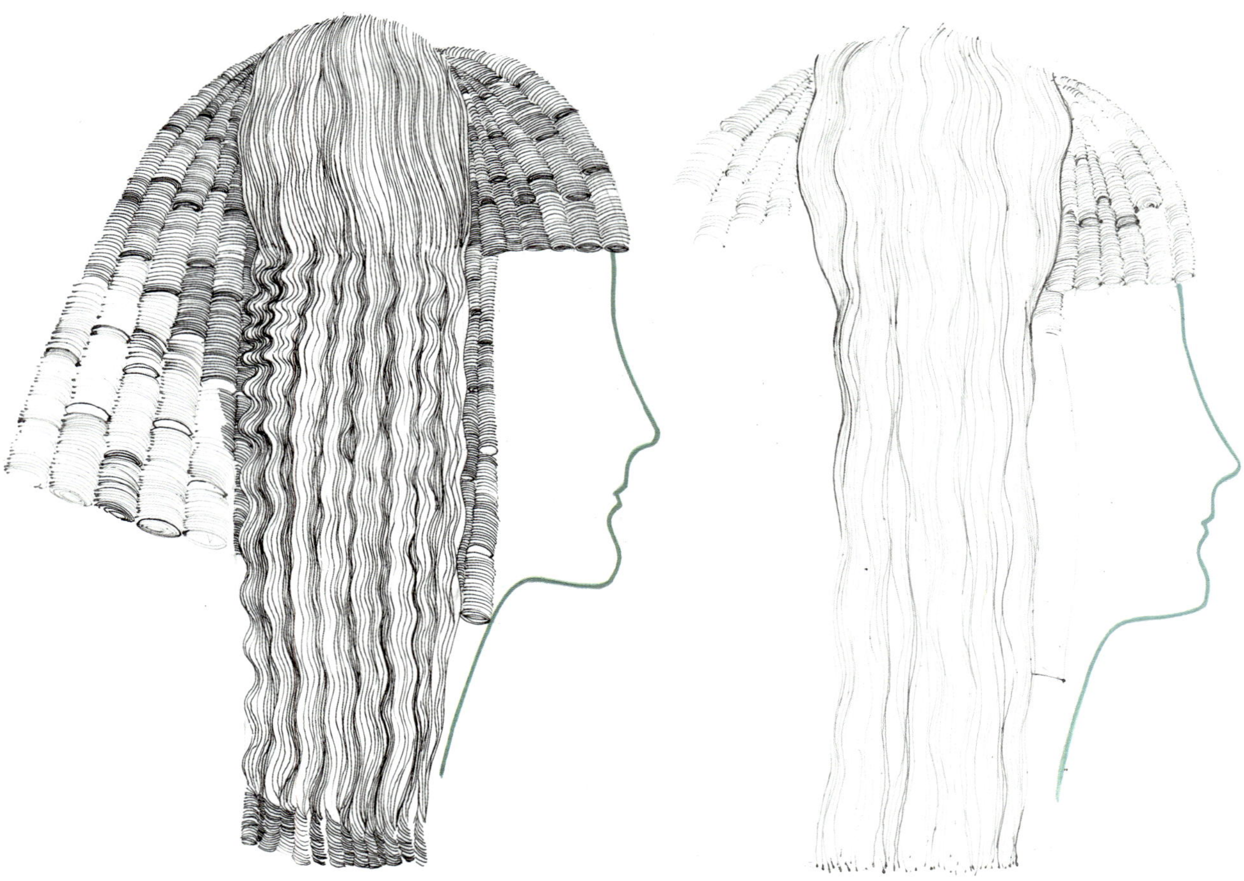

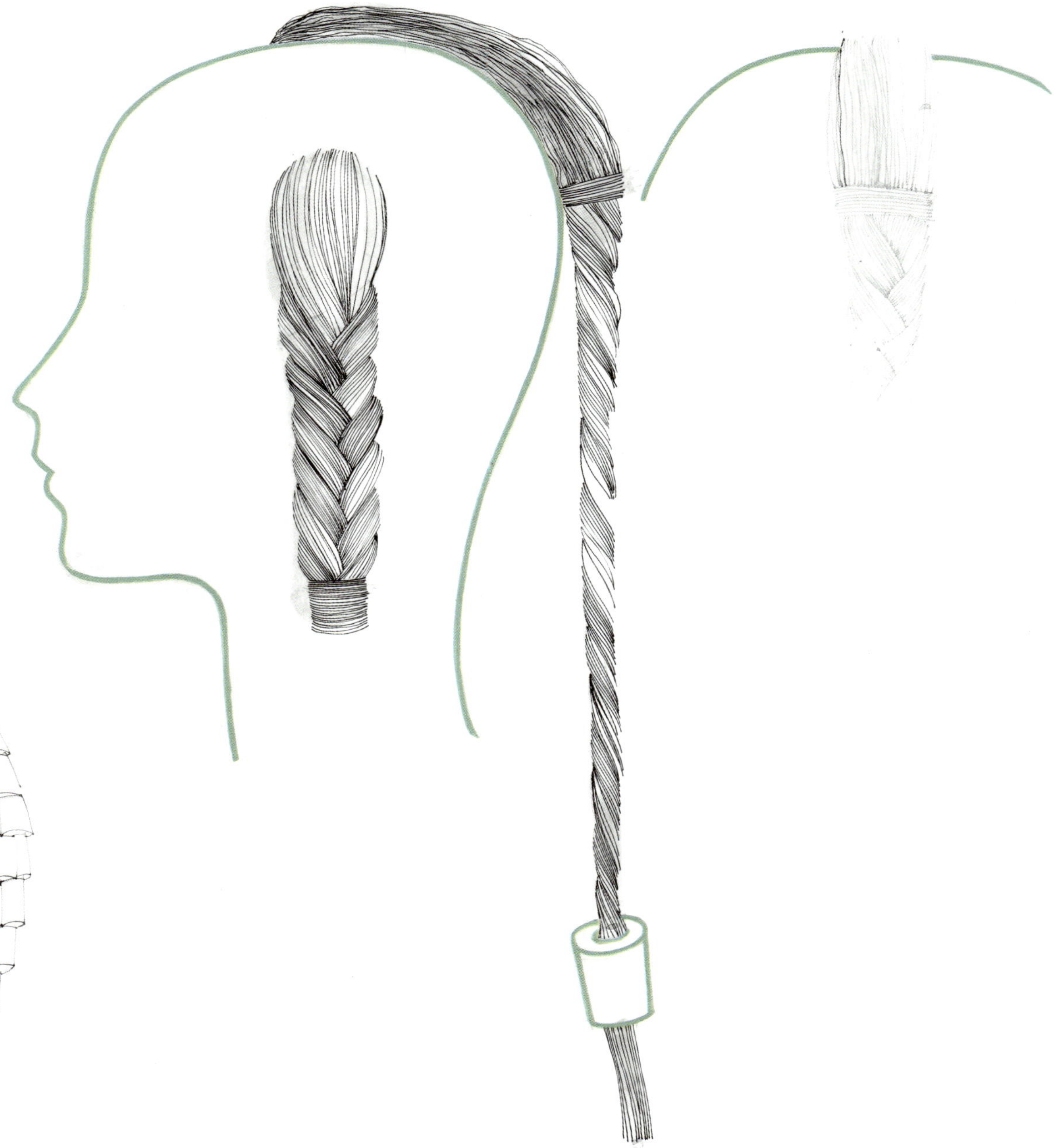

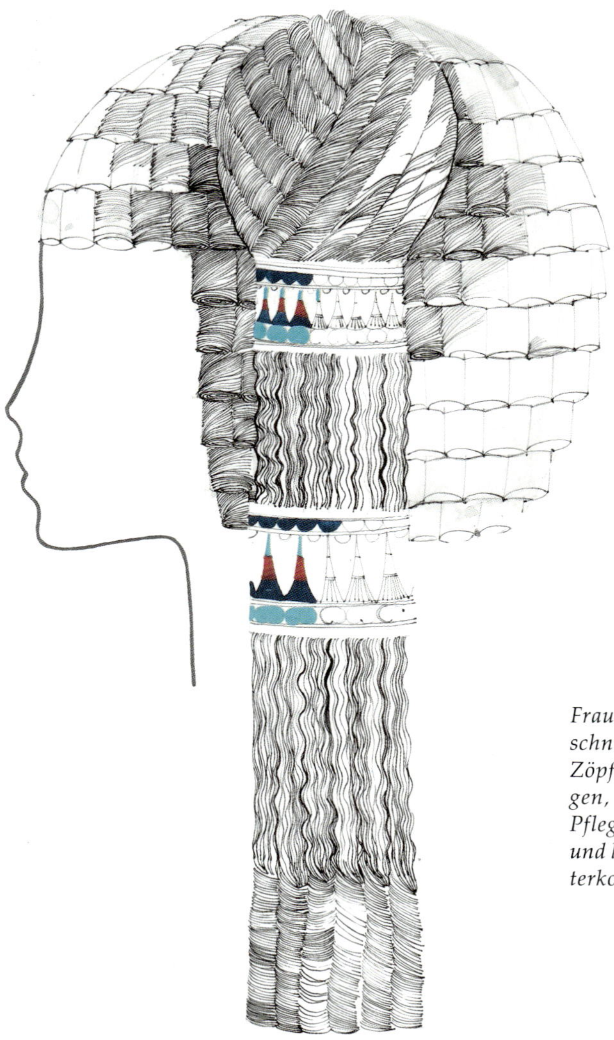

Frauen trugen manchmal zum rundum kurzgeschnittenen Haar eine lange Seitenlocke, die, in Zöpfe geflochten und durch Schmuckreifen gezogen, Gegenstand ihrer besonderen Fürsorge und Pflege war. Andere schoren sich sogar das Haupt und ließen nur etwa an den Schläfen oder am Hinterkopf lange Locken als Zierde stehen.

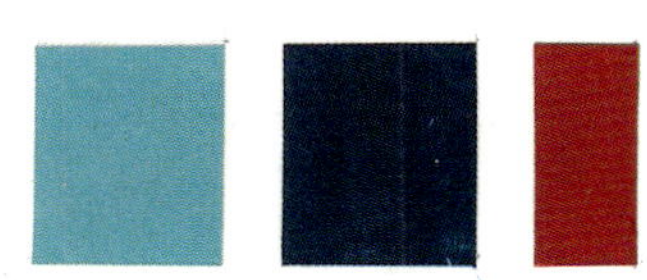

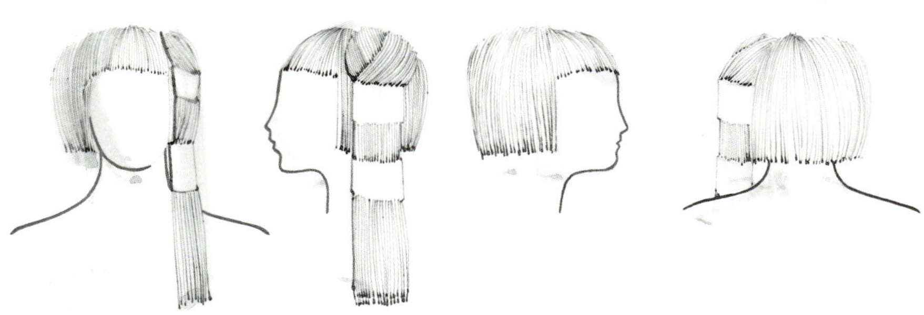

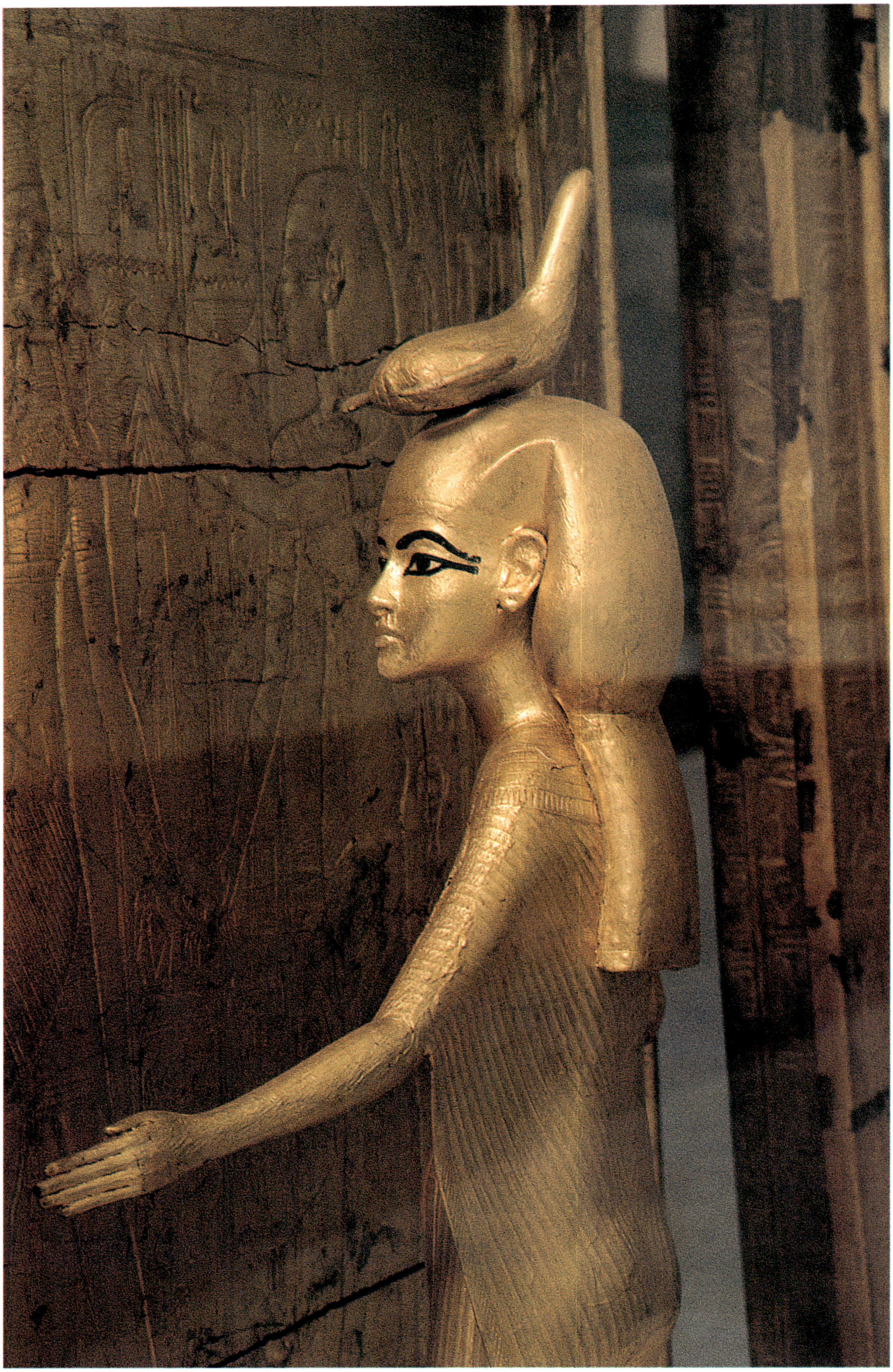

Vergoldete Holzskulptur der Selket, vom Kanopenschrein des Königs Tutanchamun, 18. Dynastie; Kairo, Ägyptisches Museum. – Selket ist eine der vier Schutzgöttinnen des Schreins, der als Behältnis für die Kanopen diente, jene Gefäße, welche die dem Verstorbenen entnommenen Eingeweide enthalten.

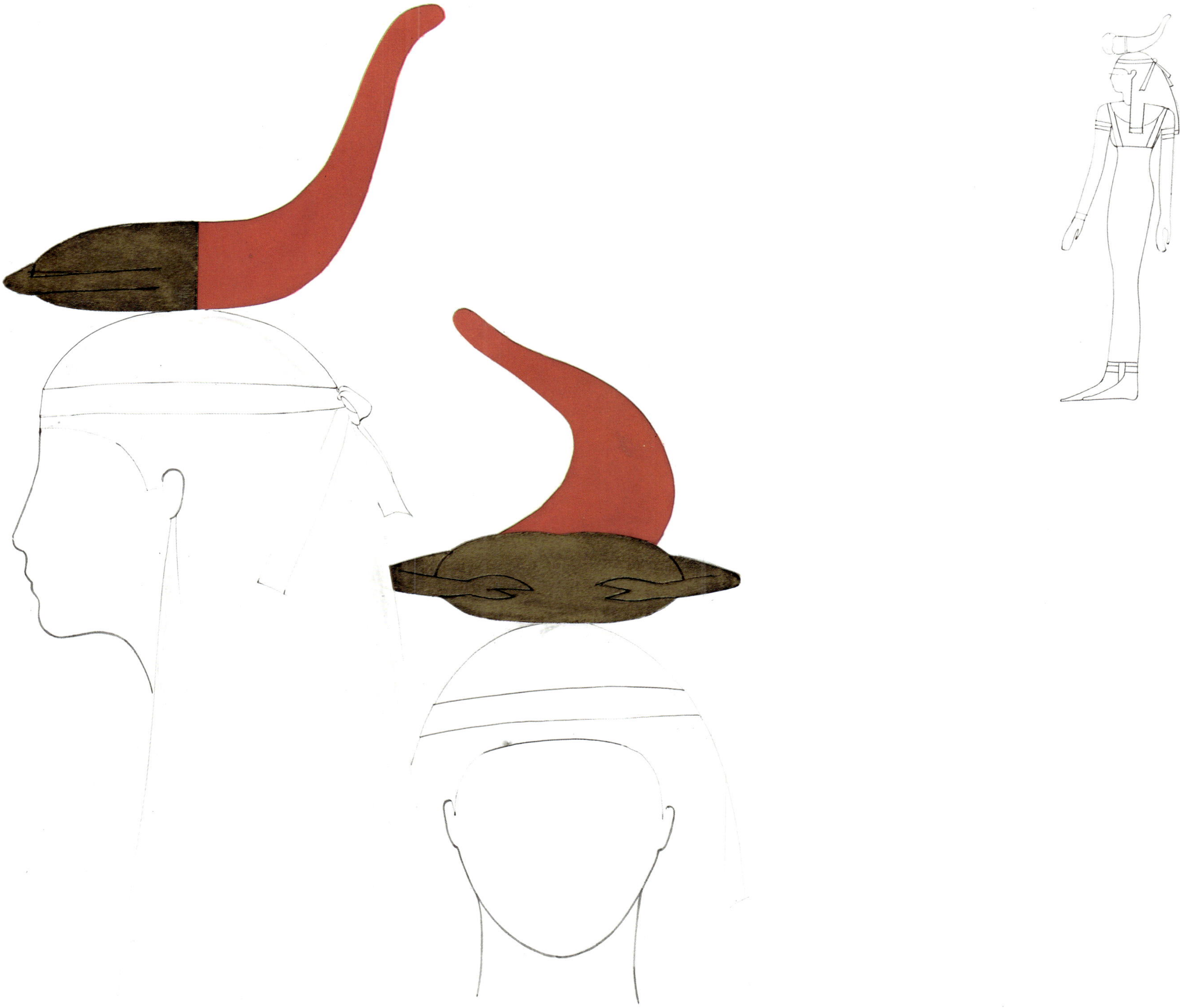

Verschiedene Ansichten des Kopfschmucks der Göttin Selket. Gottheiten sind in den Darstellungen ägyptischer Künstler vielfach an ihrer auf dem Kopf getragenen Hieroglyphe zu identifizieren.

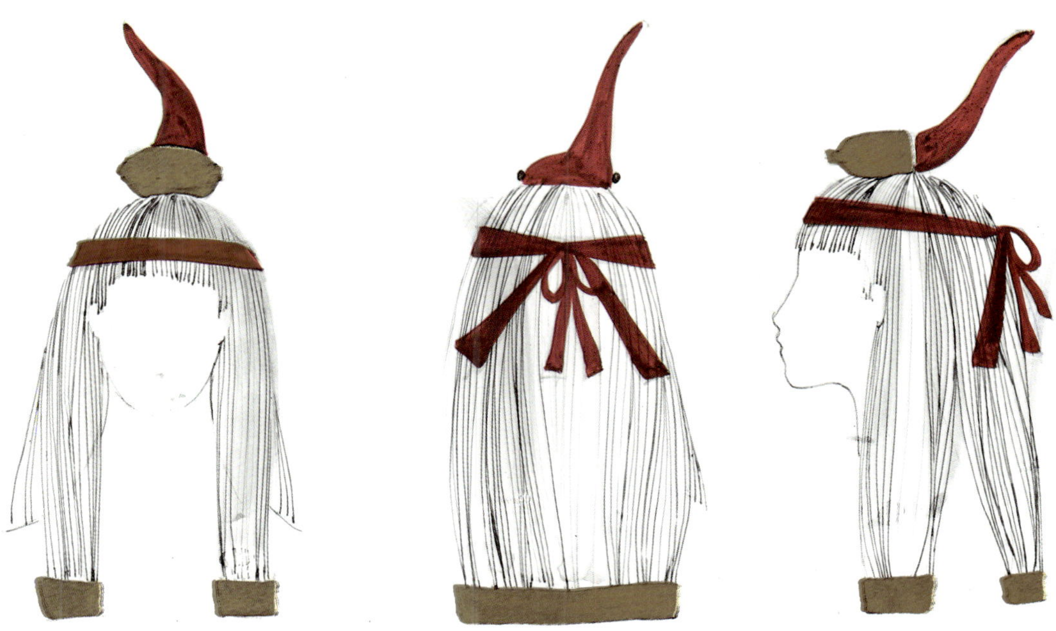

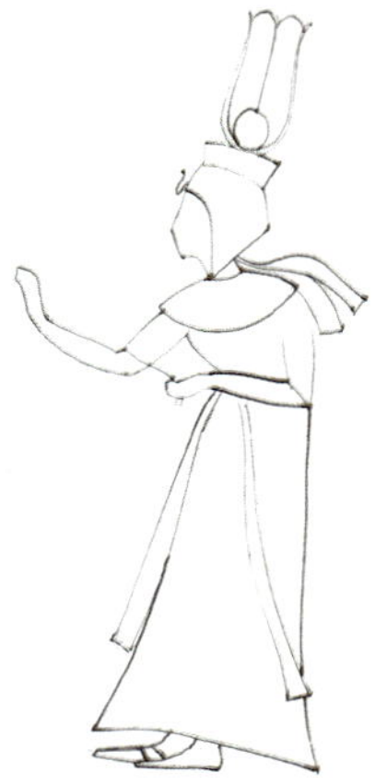

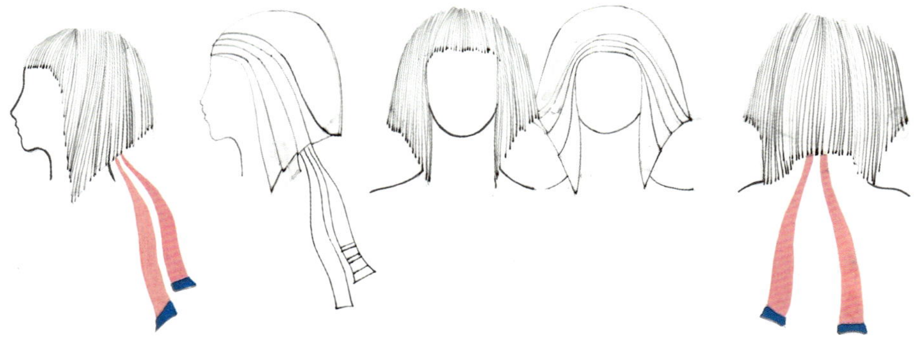

Beispiele der mehrlagigen Perücke, die manchmal als »Militärperücke« bezeichnet wird. Man sieht jedoch auch eine heute im Louvre befindliche Uschebti-Figur aus dem Grab Amenophis' III. mit einer solchen Perücke bekleidet.

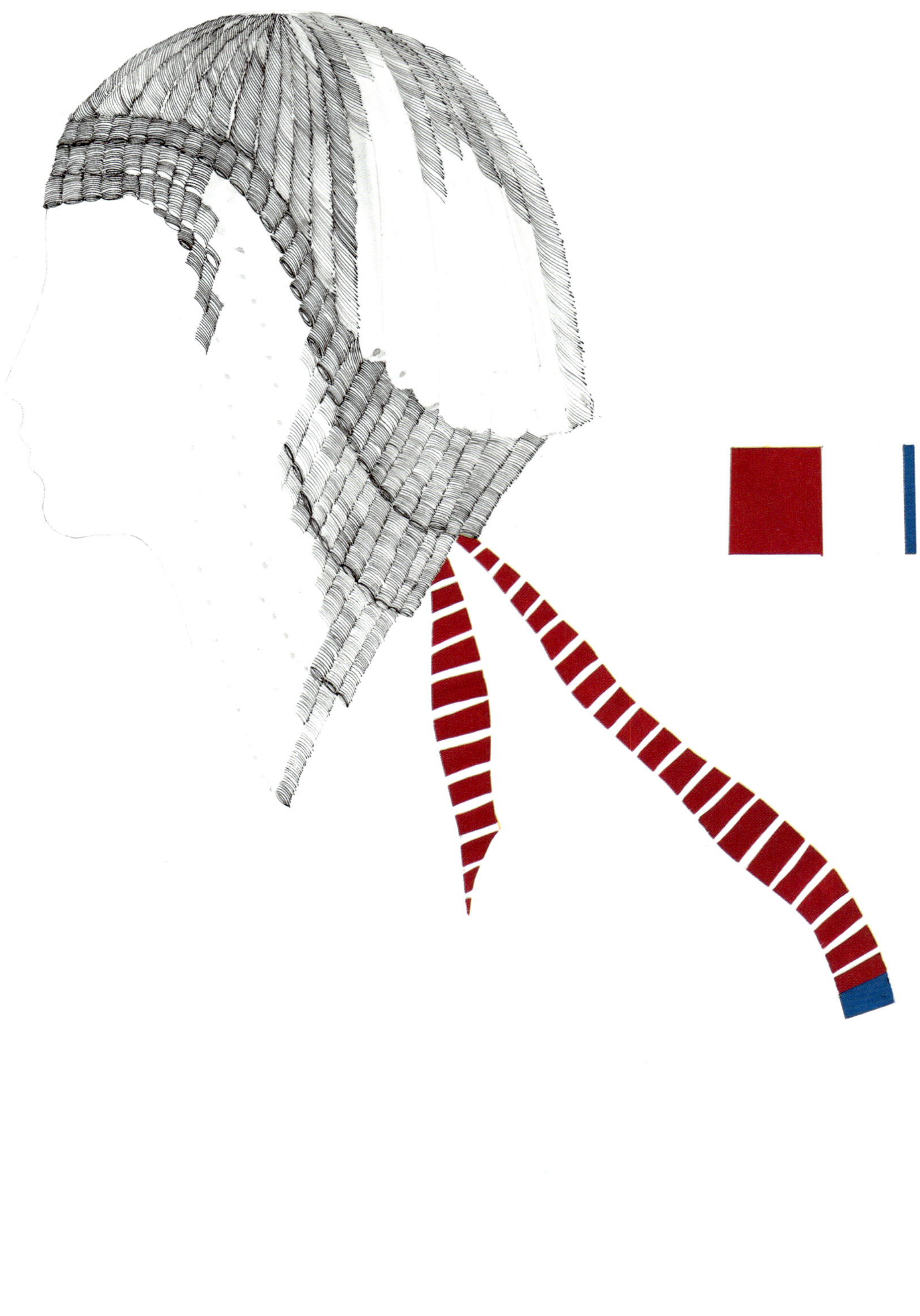

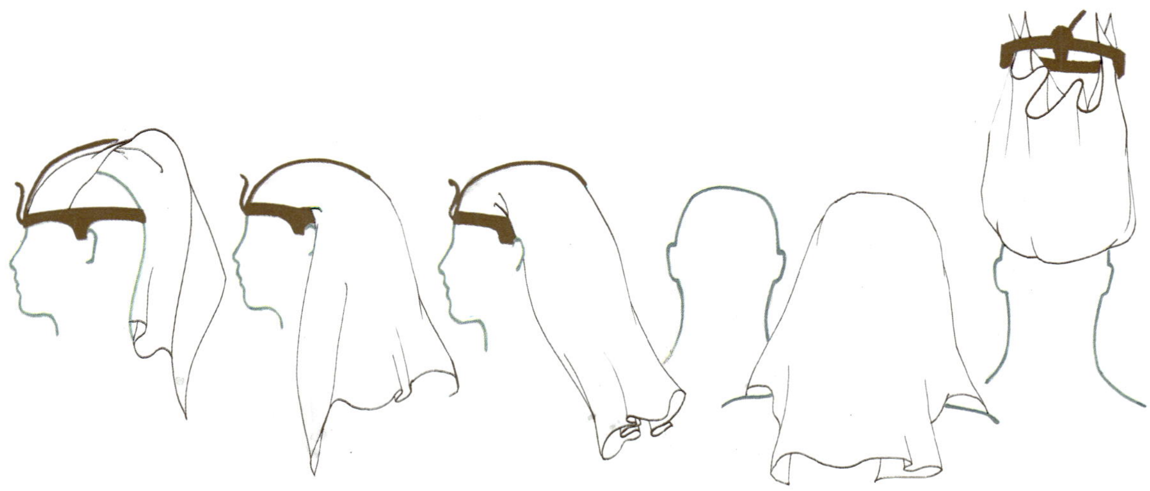

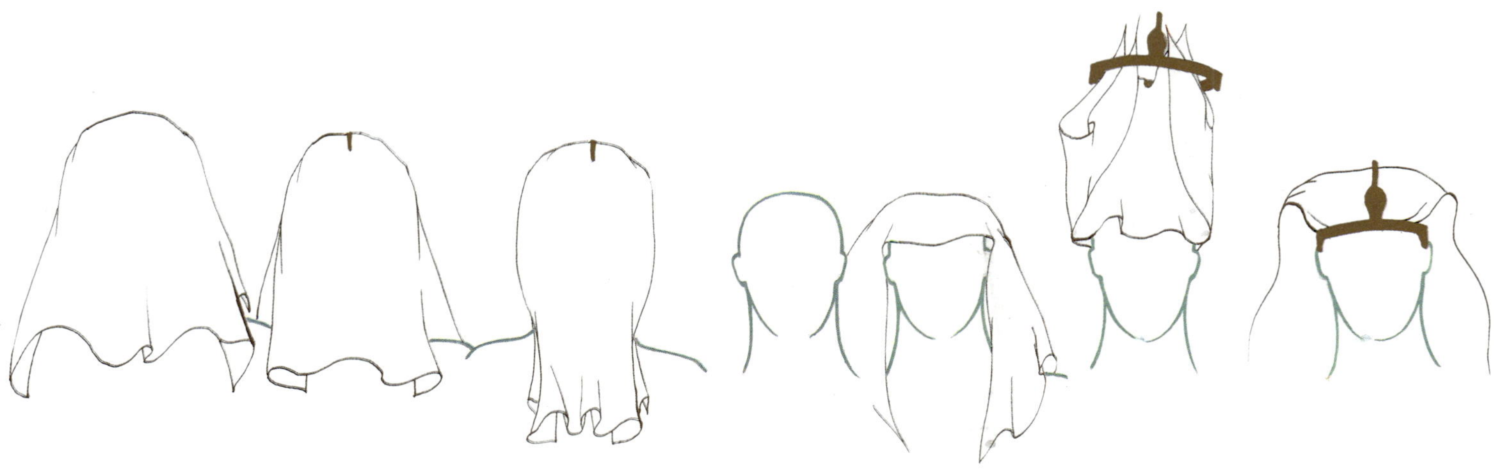

Die gebräuchlichste aller königlichen Kopfbedeckungen war das Nemes-Kopftuch, das vorn in zwei langen Lappen herunterhing, im Nacken einen spitzen Beutel bildete und in einem Zopf endete. Das bekannteste Nemes-Exemplar ist zweifellos dasjenige, das die goldene Mumienmaske Tutanchamuns zeigt.

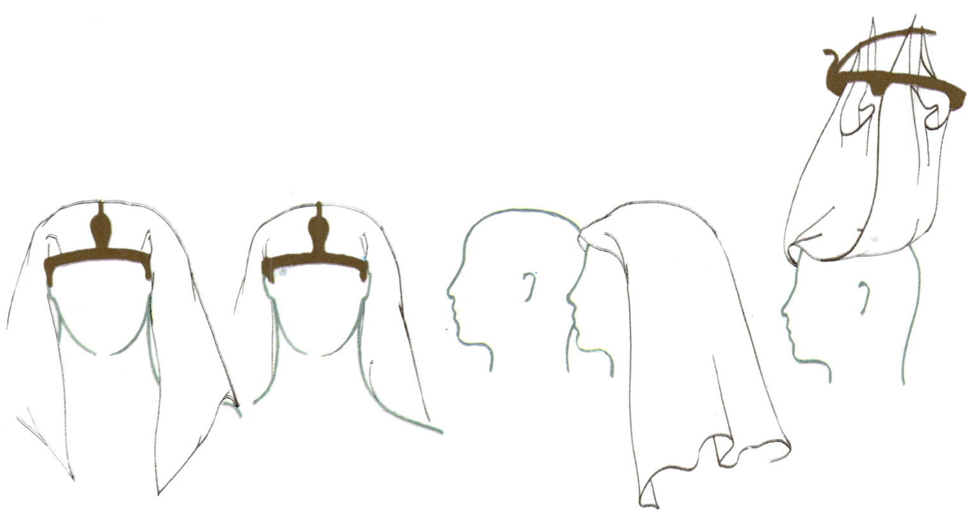

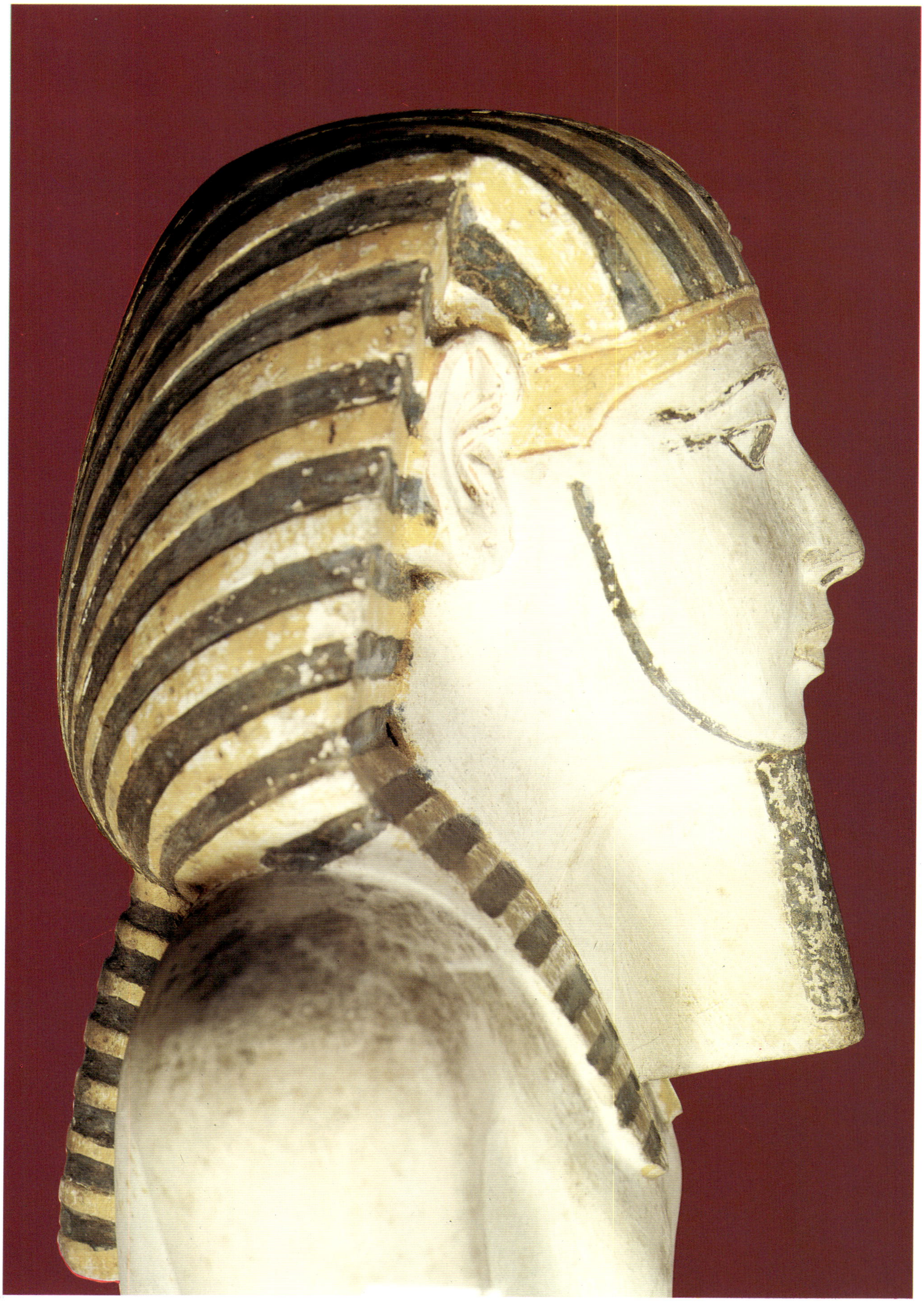

Amenophis I. mit dem Nemes-Kopftuch. Die goldene Mumienmaske des Tutanchamun scheint nach dem Muster des hier dargestellten Typs geschaffen worden zu sein. Bei dieser Maske freilich sind die gelben Streifen aus Gold; die blauen bestehen zwar nicht aus Lapislazuli, doch aus Glas, das die Erscheinung des Halbedelsteins nachahmt.

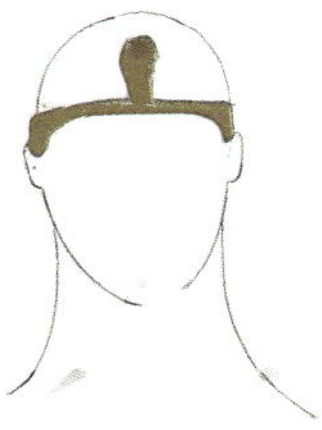

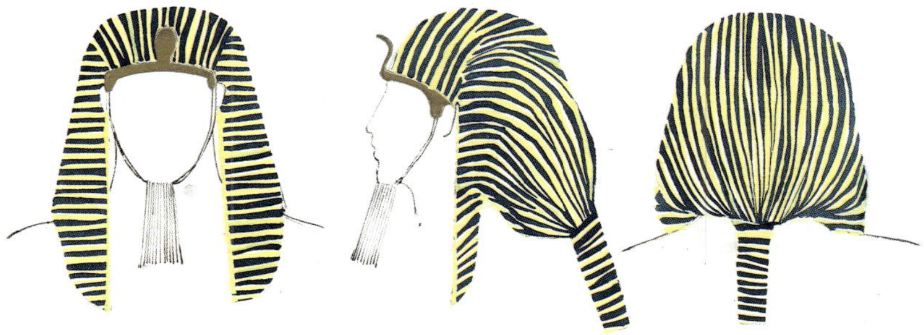

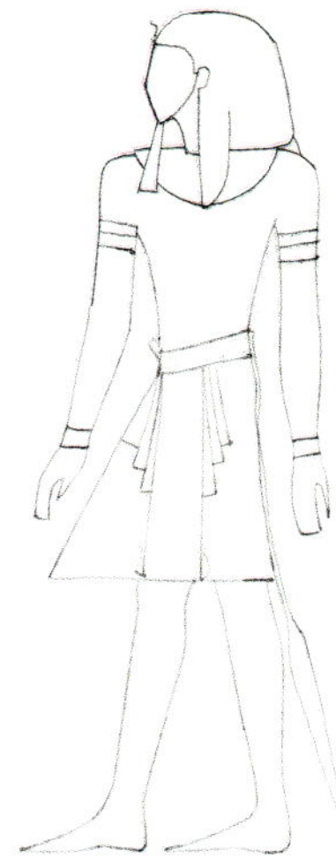

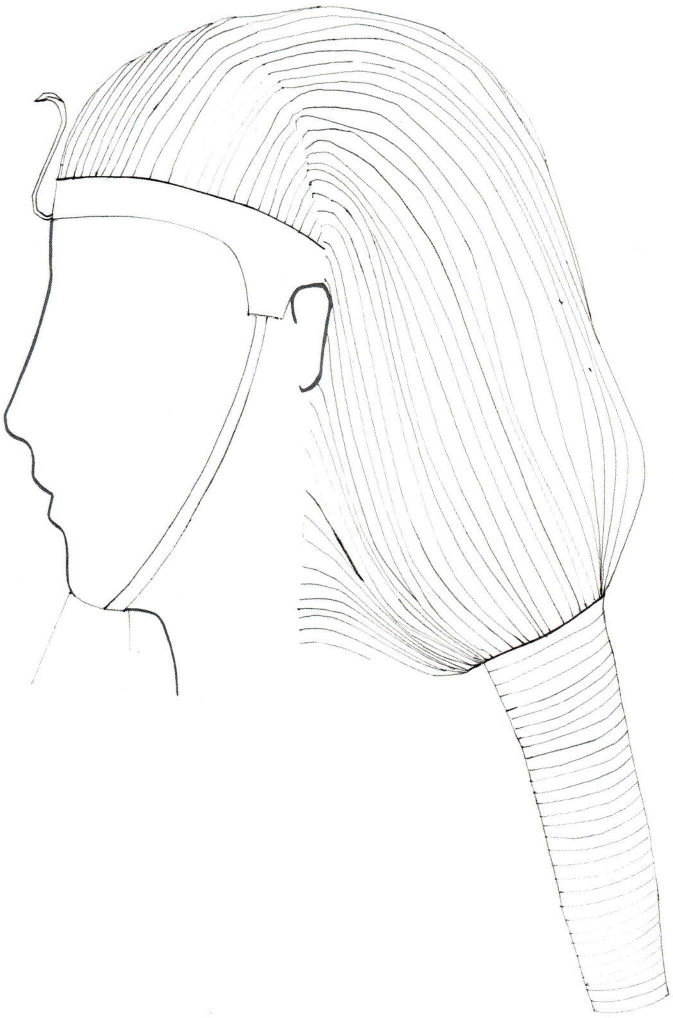

Verschiedene Ansichten des Nemes-Kopftuchs. Das Zeichen königlicher Würde wurde vorn von einem mit dem Kopf einer Uräusschlange verzierten schmalen Stirnreifen auf dem Haar festgehalten, hinten endete es mit einem langen »Futteral« für einen Zopf.

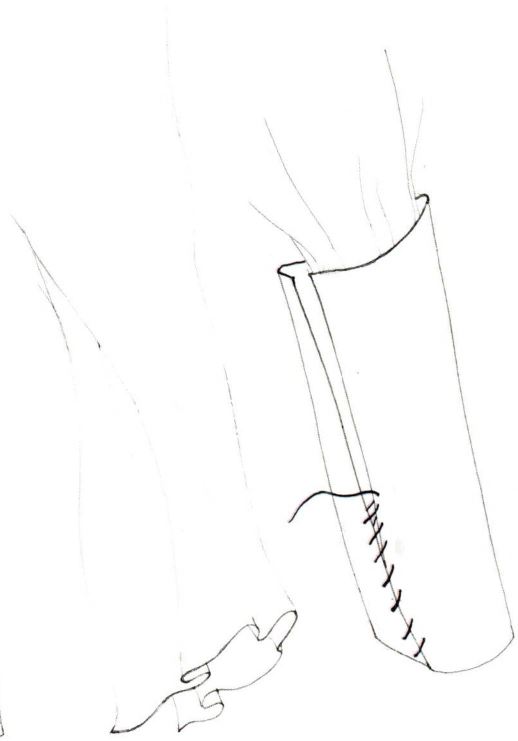

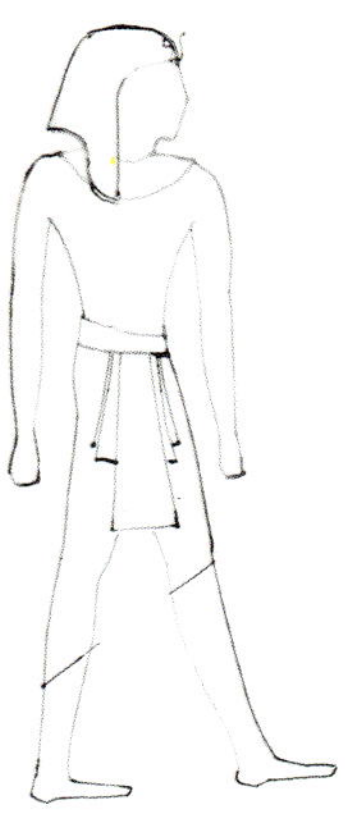

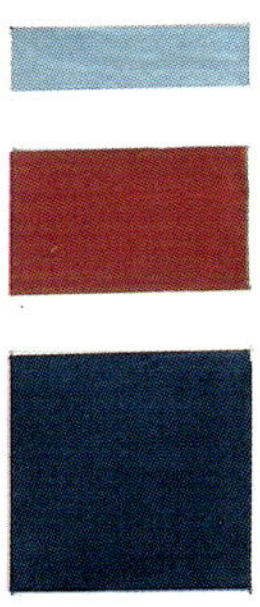

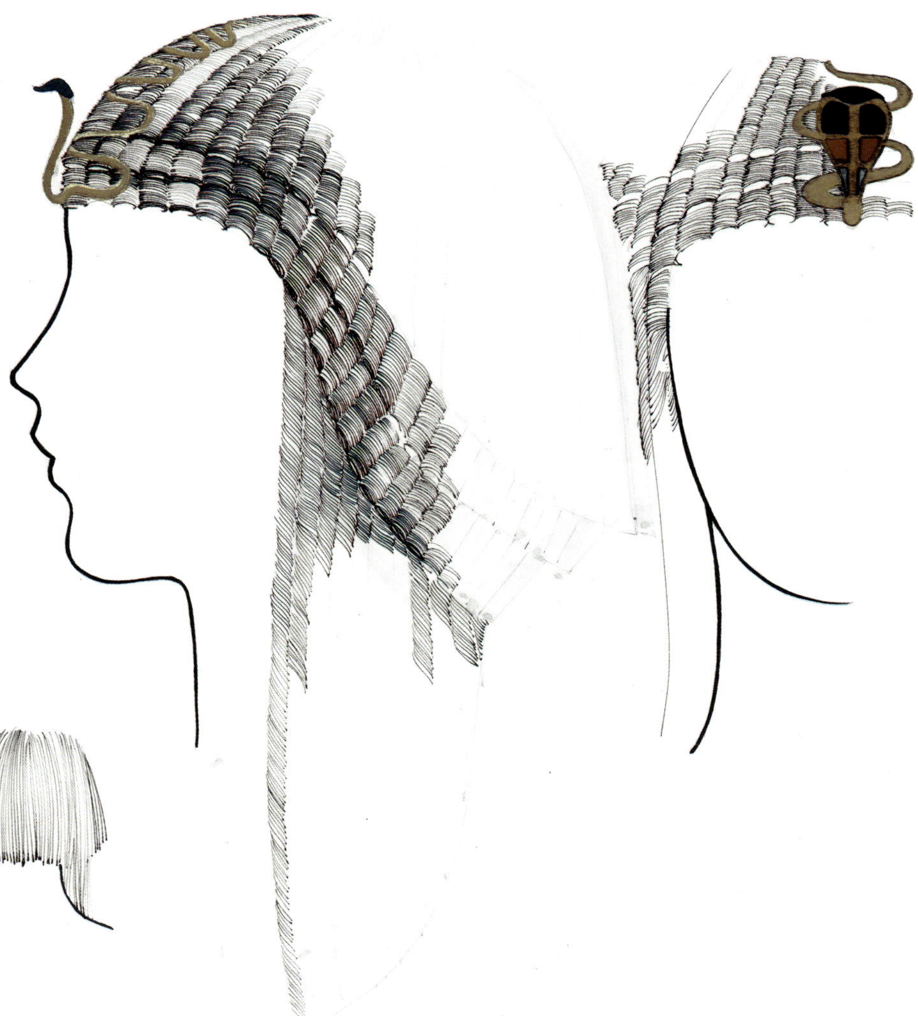

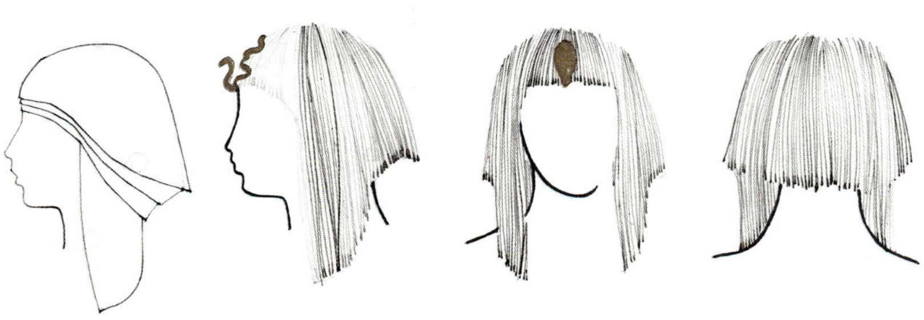

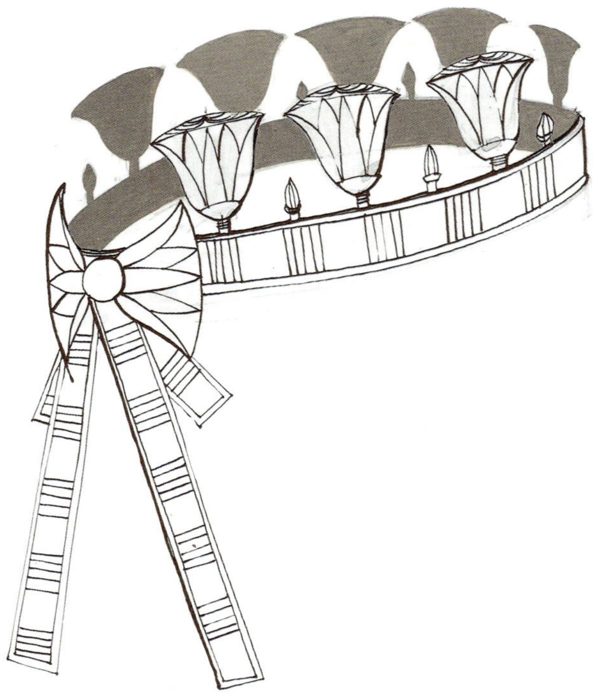

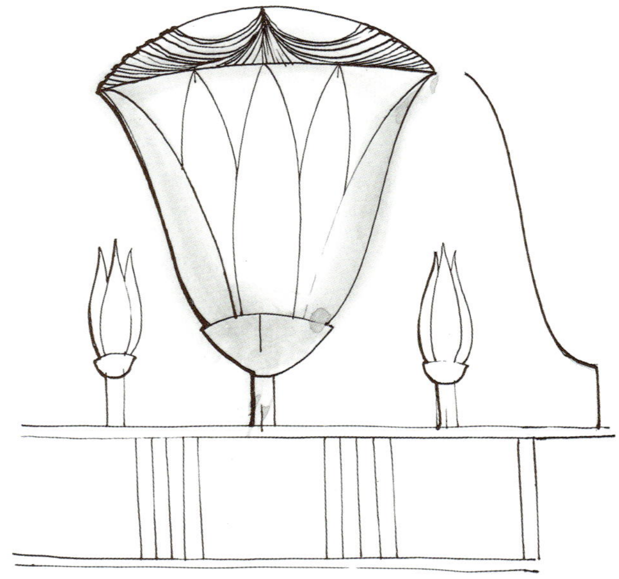

Das sogenannte Schifferstirnband erfreute sich als Kopfzierde im Alten Ägypten allgemeiner Beliebtheit. In seiner einfachsten Form sieht man es auf Reliefs aus Mastabas des Alten Reiches dargestellt, nämlich als einen von Schiffern aus Pflanzen gewundenen Kranz. Als Schmuck tragen künstlich nachgebildete derartige Kränze die Statue der Prinzessin Nofret, die Gemahlin Rahoteps, aus der Zeit der 3. Dynastie, sowie zahlreiche Bildnisse von Königen und Privatpersonen. Oft standen auf dem einfachen Reifen künstliche Lotosblumen, auch die hinten herabhängenden Bänder waren womöglich mit Motiven nach solchen Blüten verziert.

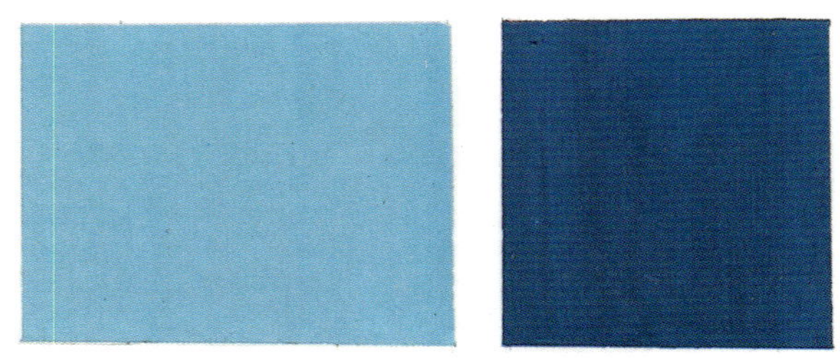

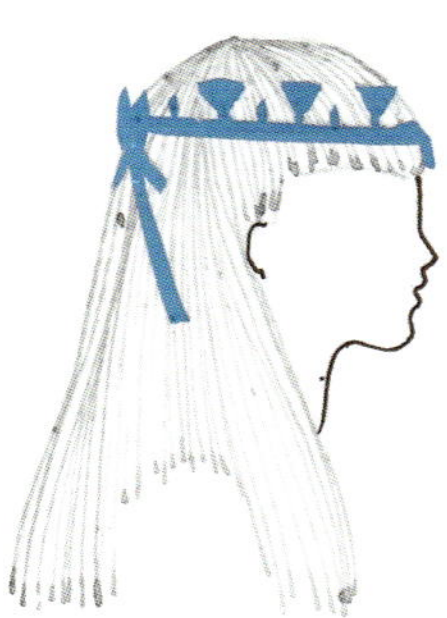

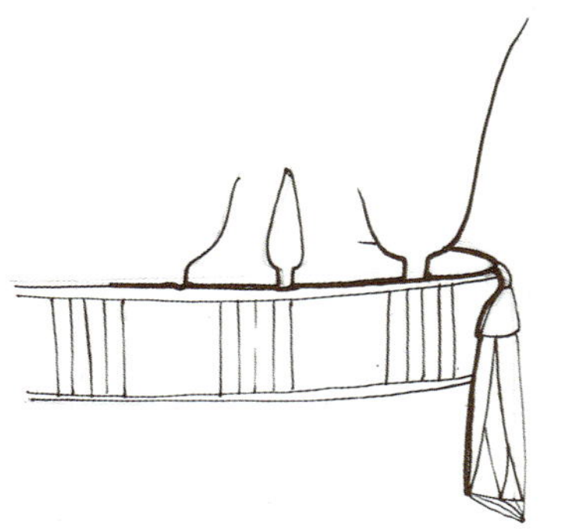

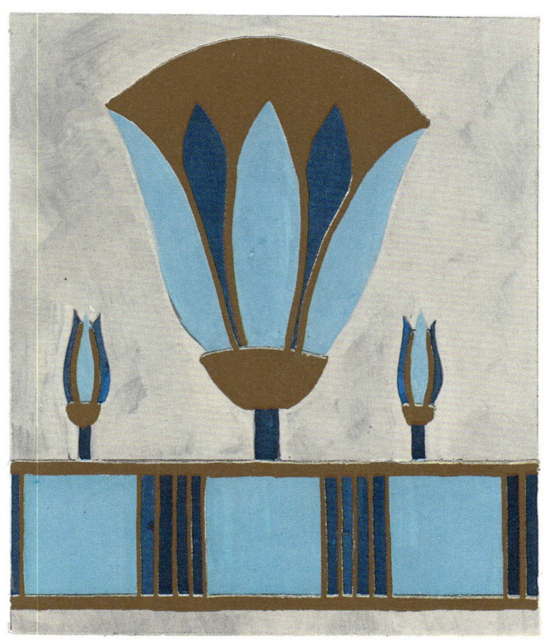

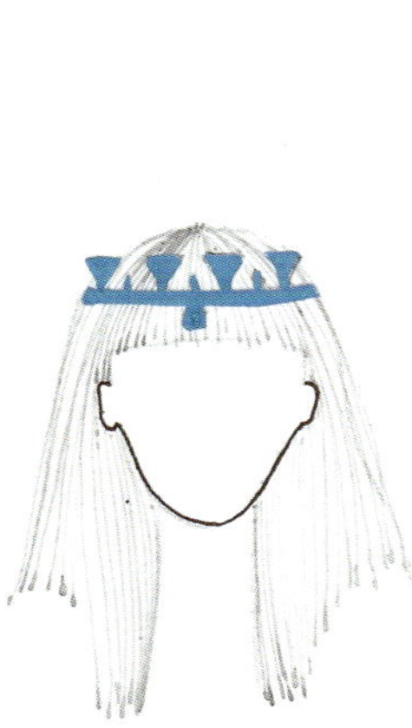

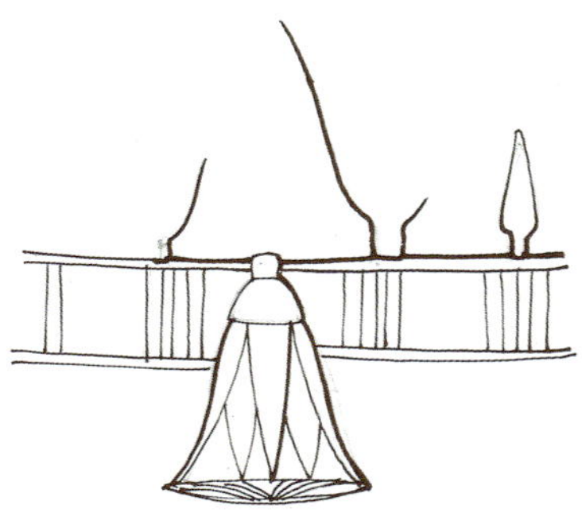

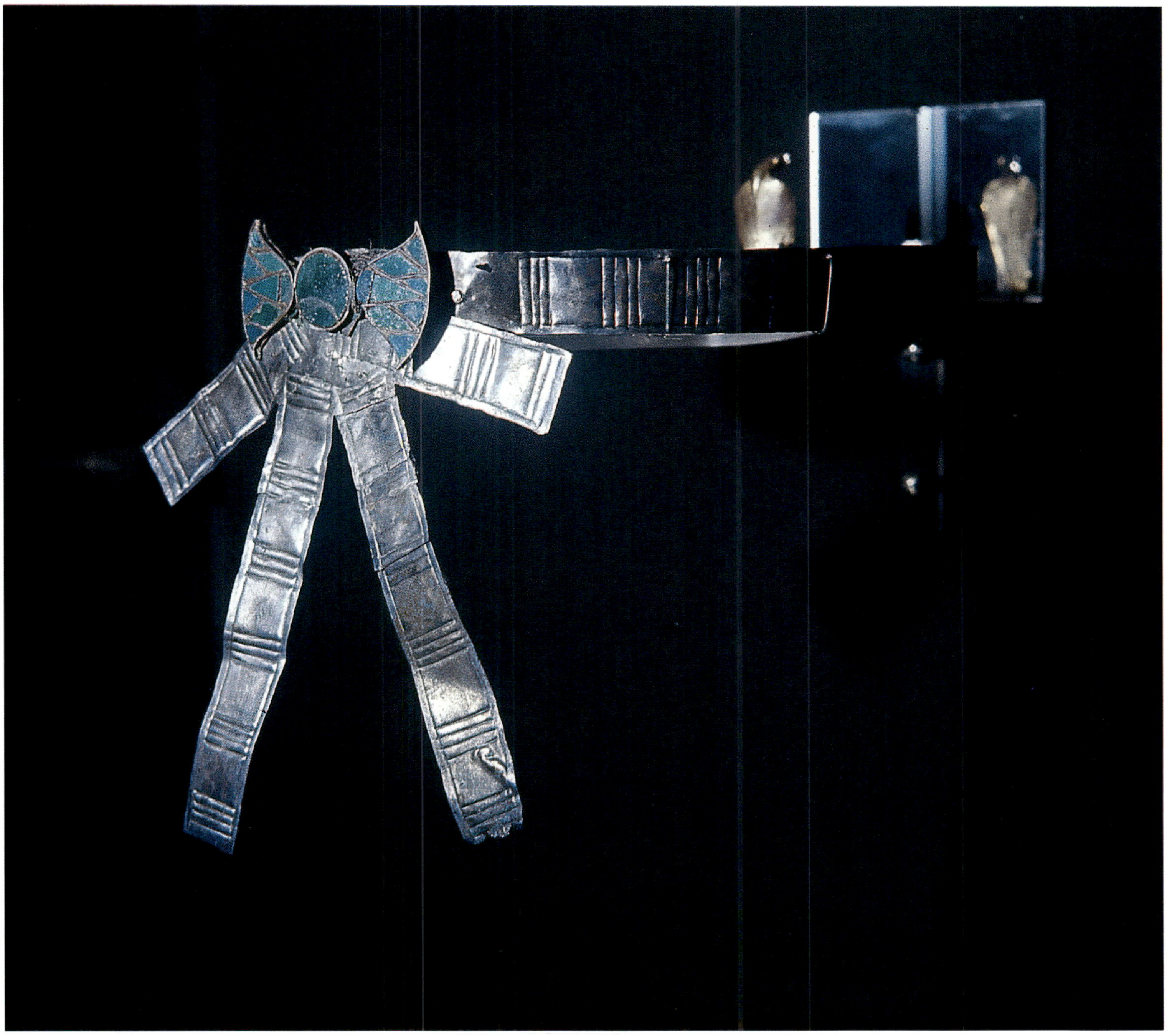

Diadem in Gestalt eines Schifferstirnbands aus Silber, Gold und Glas von der Mumie eines der Intef-Pharaonen der 17. Dynastie; Leiden, Rijksmuseum van Oudheden.

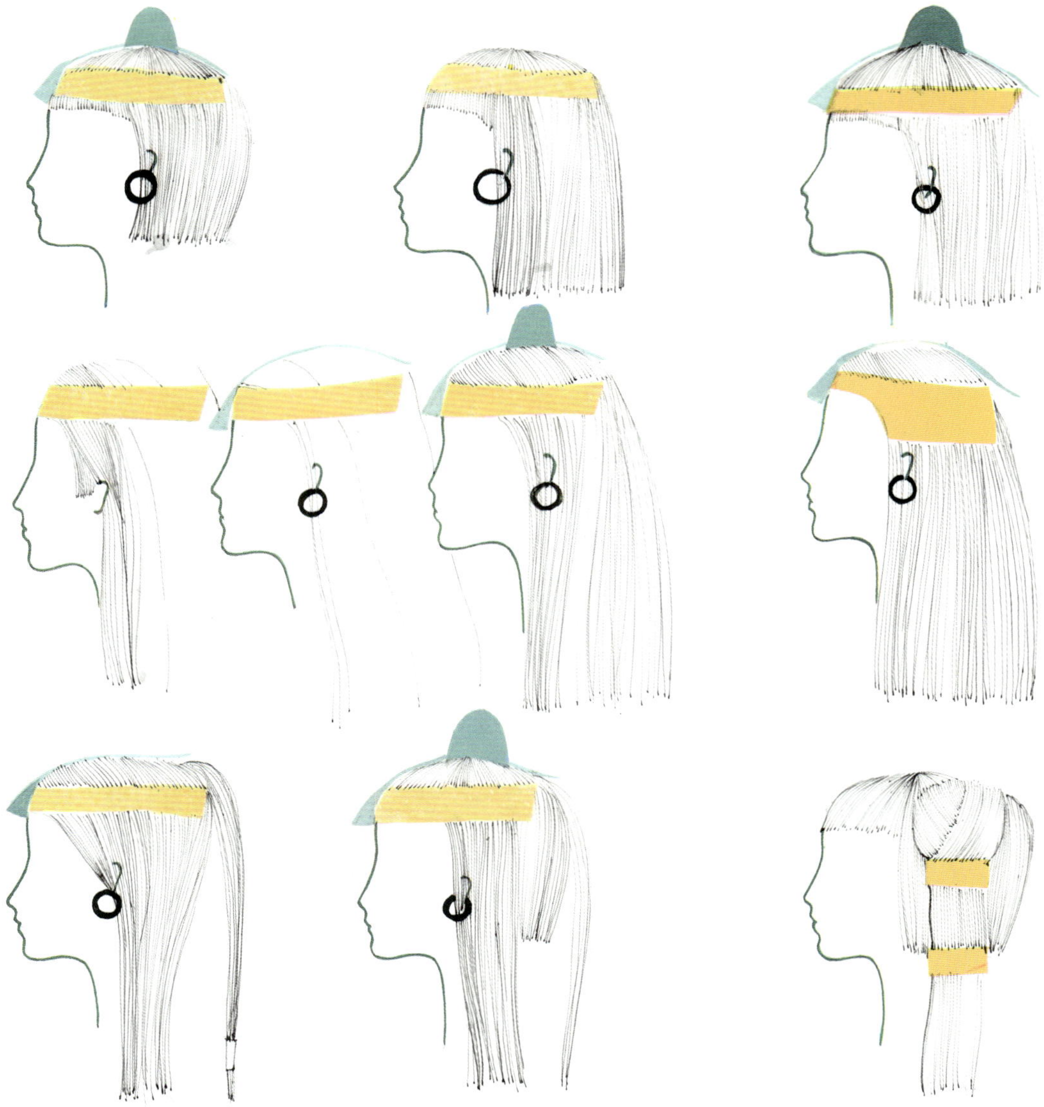

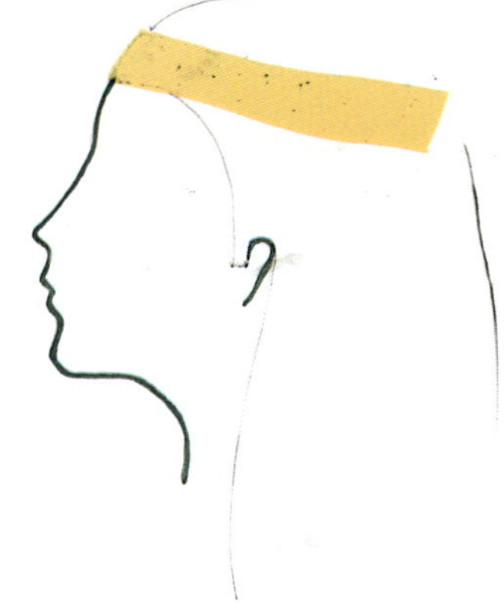

Ohrringe wurden, da die dichten Perücken sie verborgen hätten, mitunter nicht an den Ohrläppchen, sondern im Haar der Perücken getragen.

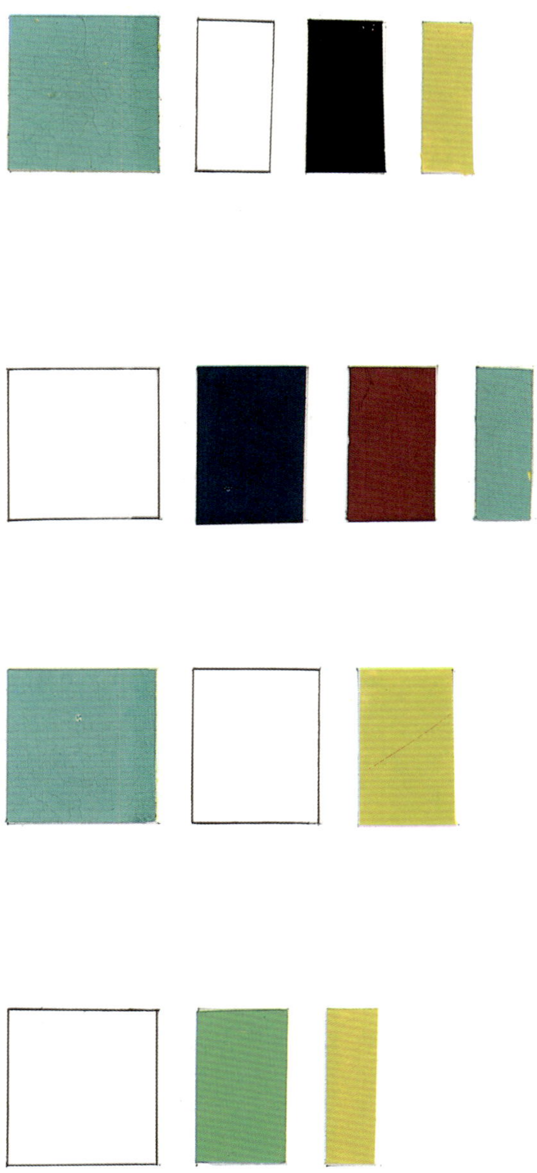

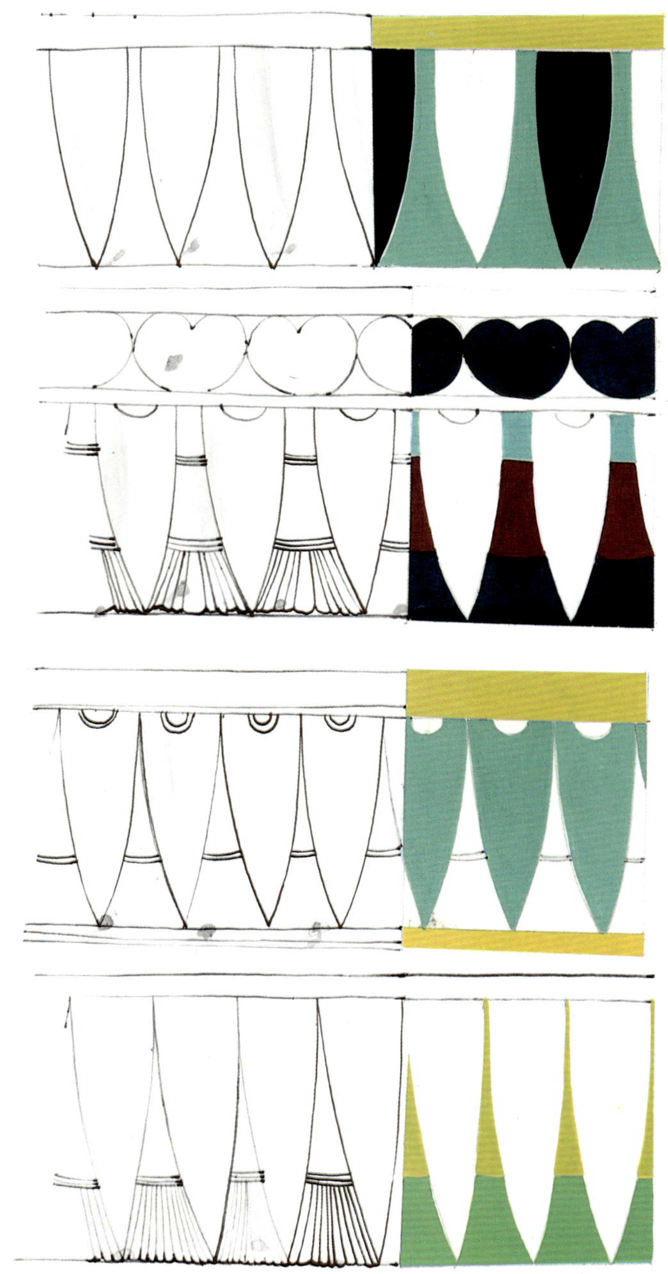

Stirnbänder und einige ornamentale Motive, mit denen man dieses dekorative Zubehör der ägyptischen Haartracht oft geschmückt findet.

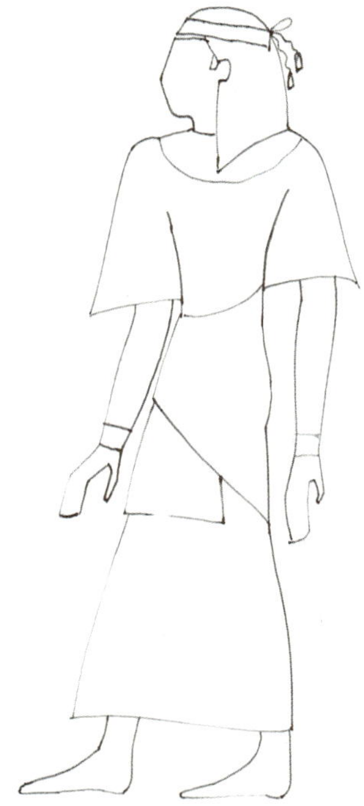

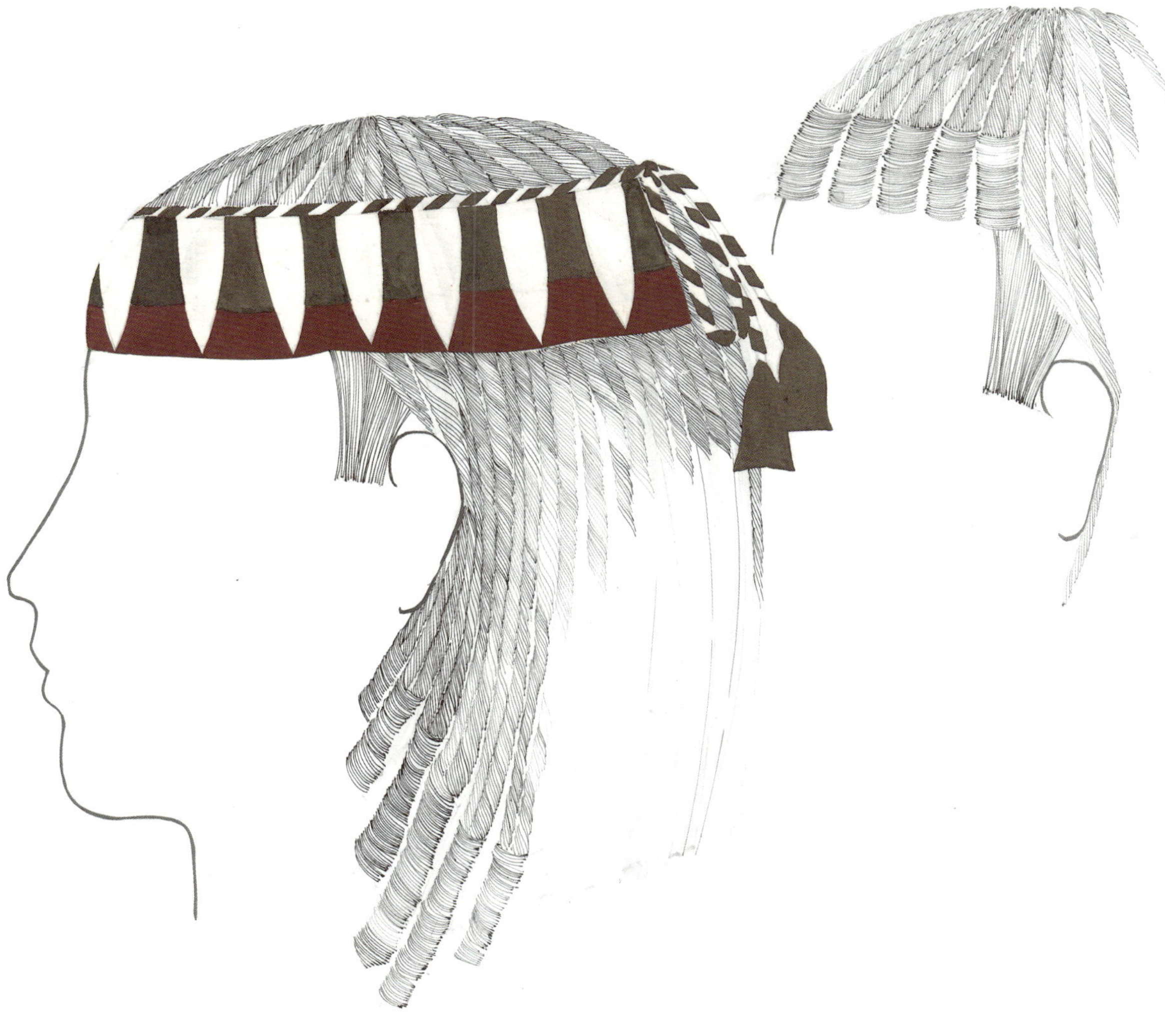

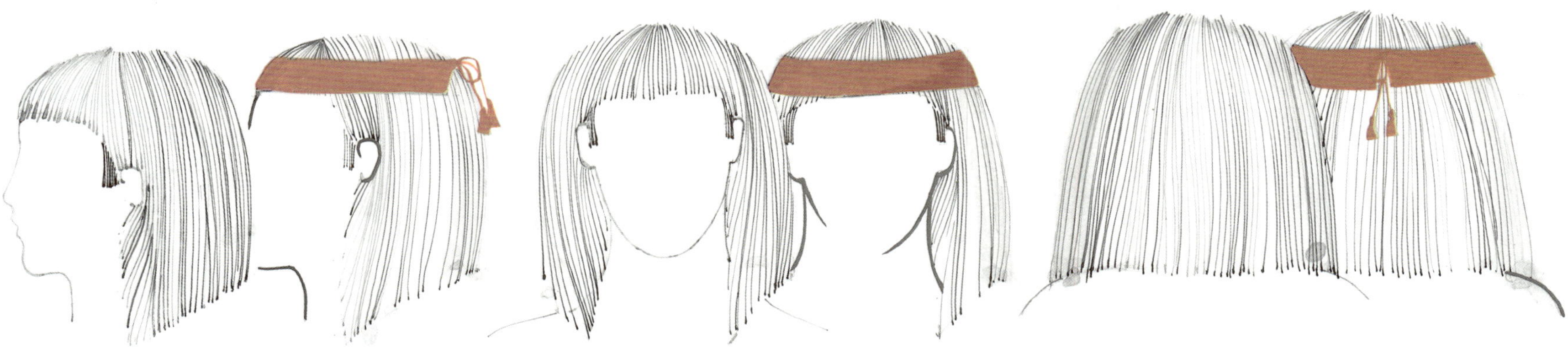

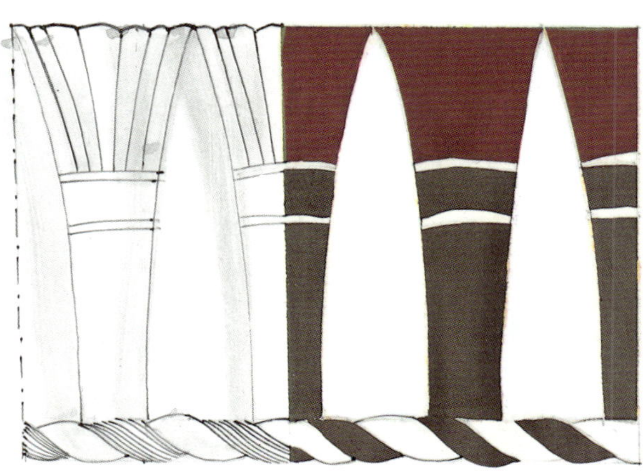

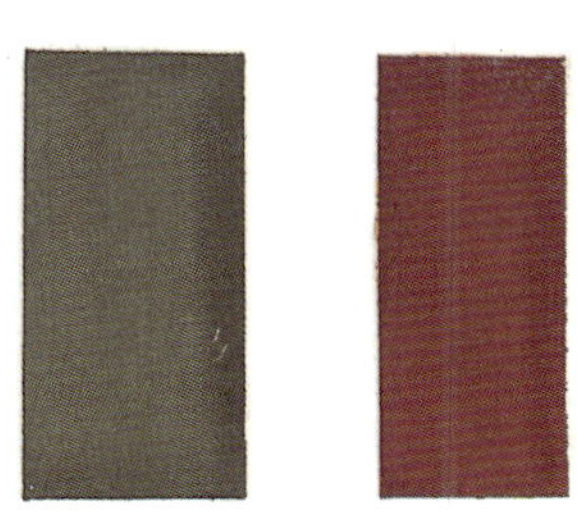

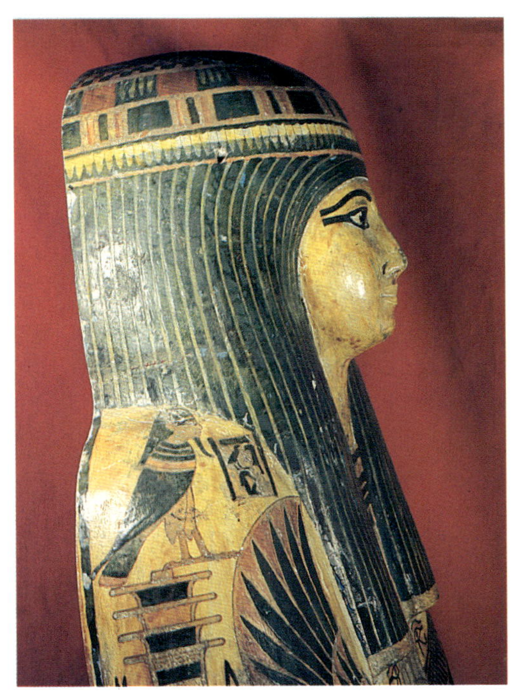

Typische dreilappige lange Perücke mit ornamentiertem Stirnband, Mumiensarg der Spätzeit; Florenz, Museo Archeologico.

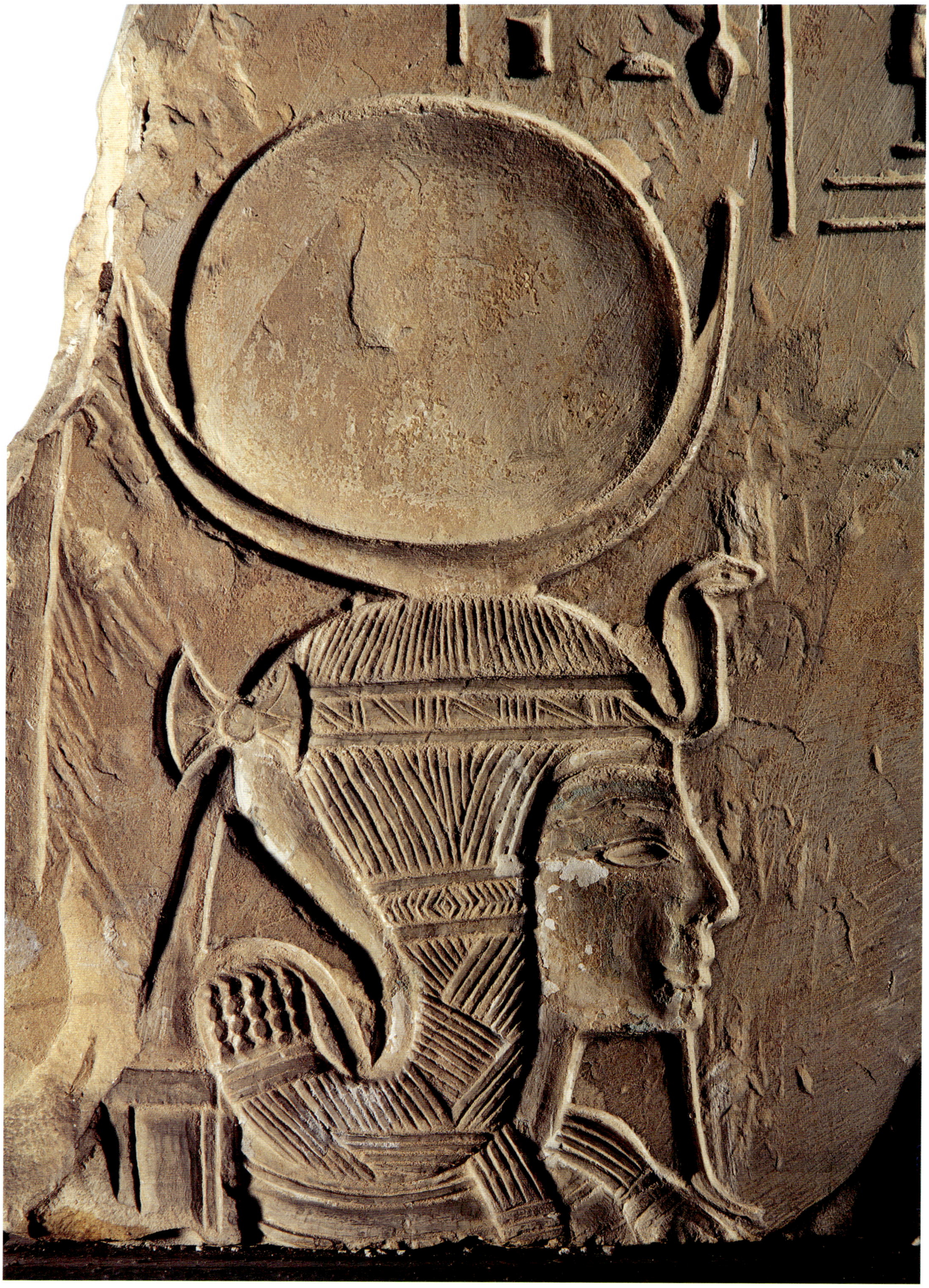

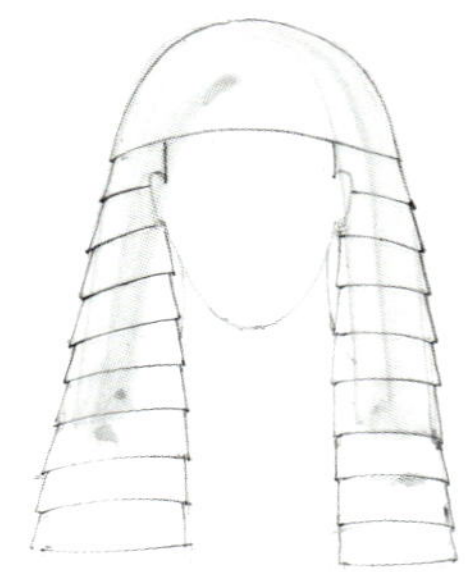

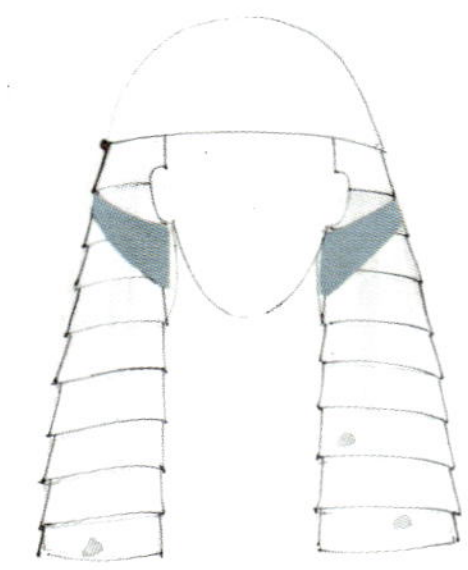

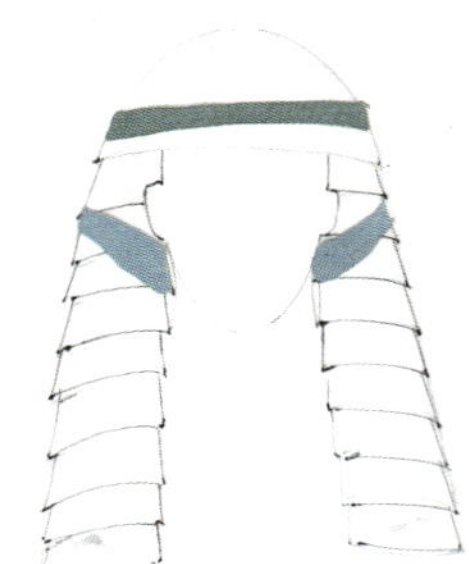

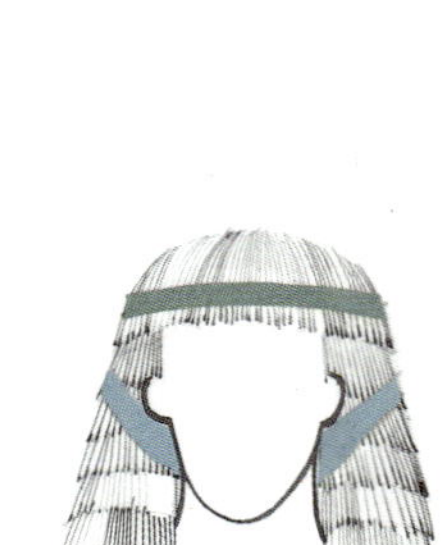

Chonsu, der Mondgott, Sohn Amuns und Muts, trägt auf diesem Relief ein einfaches Schifferstirnband mit der königlichen Uräusschlange an der Stirn über der üppigen »Jugendlocke«. Die Hörner auf seinem Kopf umfassen die Mondscheibe.

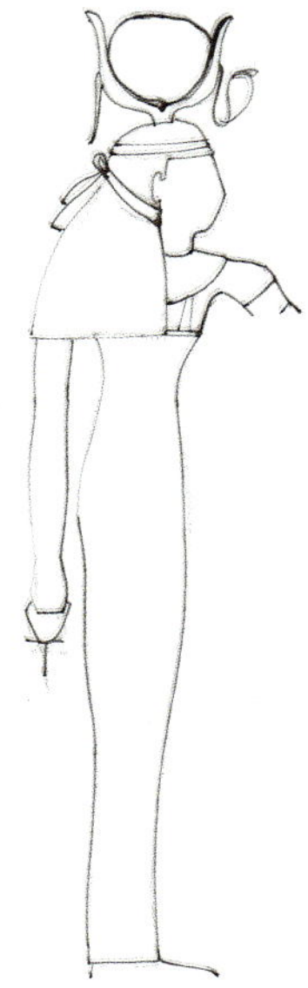

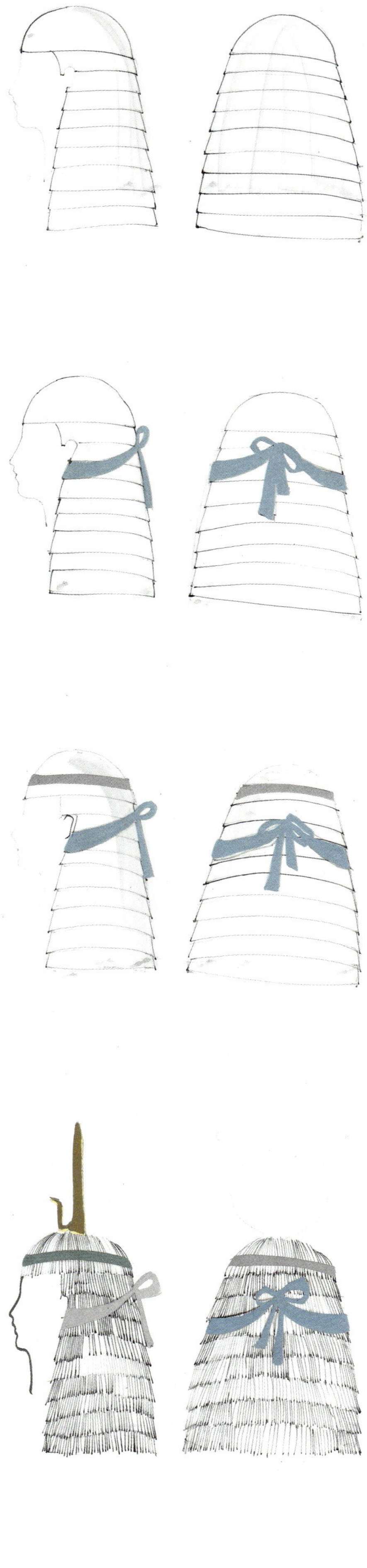

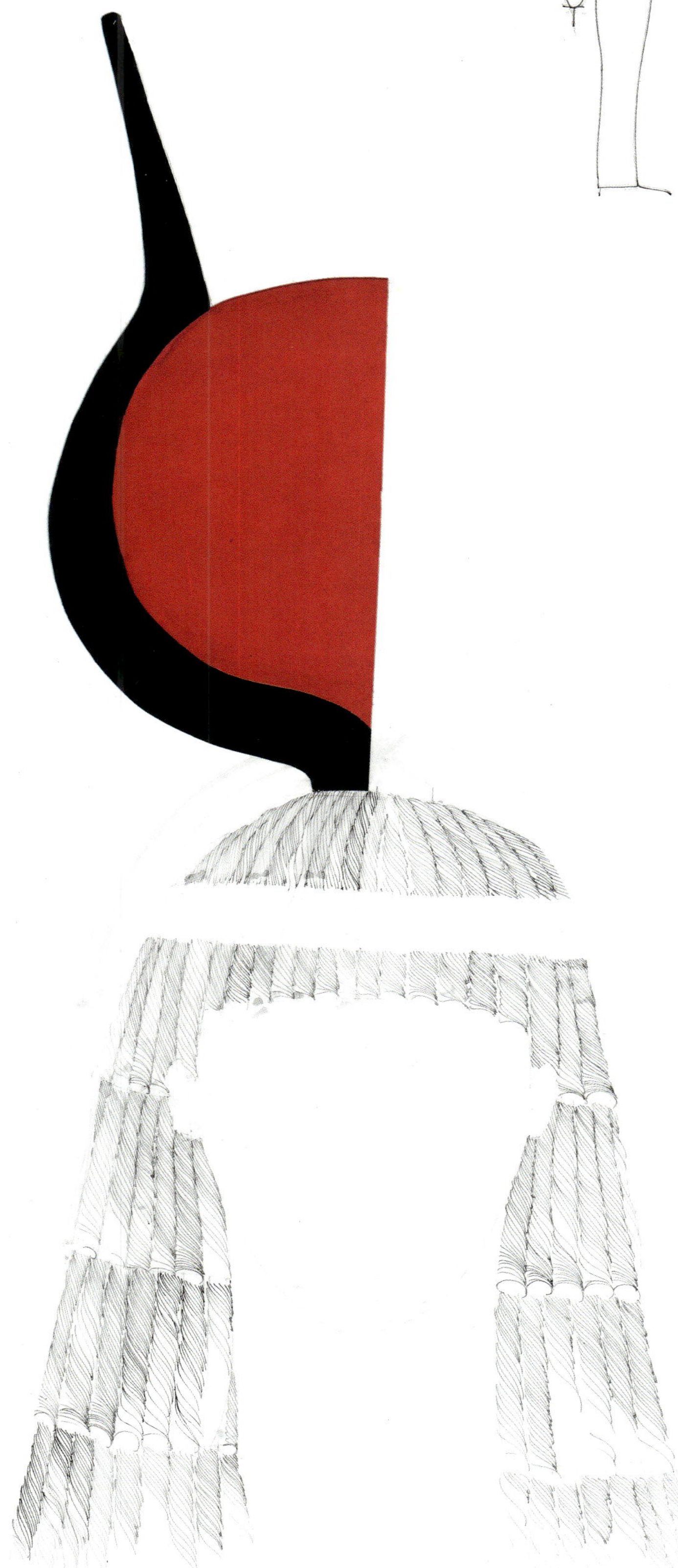

Die Göttin Hathor trug über ihrer abgestuften Perücke zwischen Kuhhörnern die Sonnenscheibe. Mit den gleichen »Abzeichen« wurden auch die Göttinnen Mut und Isis dargestellt.

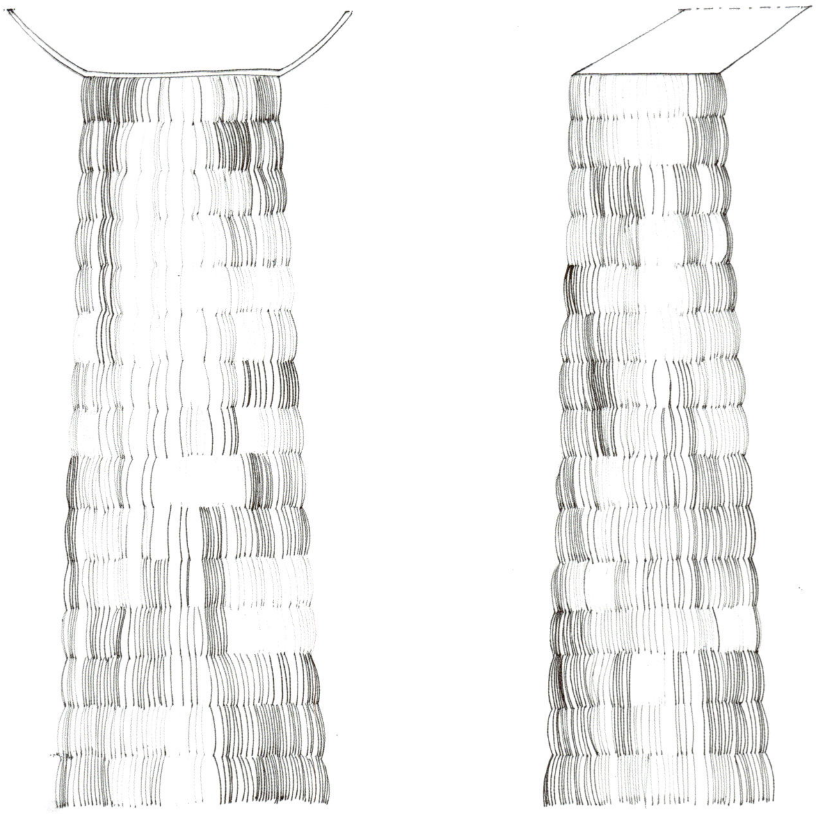

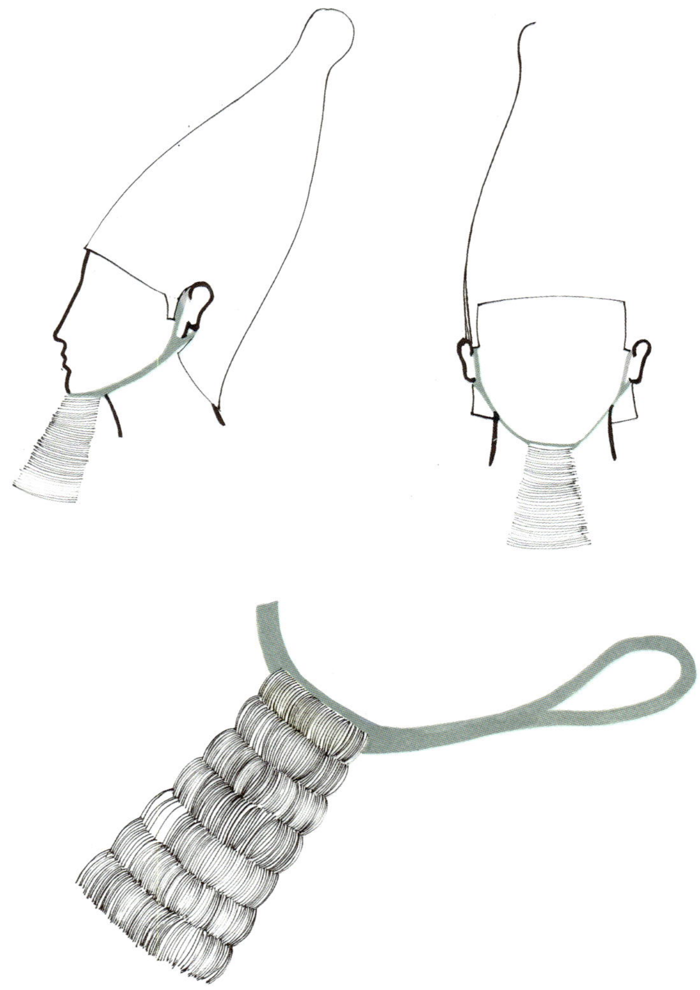

Die Bärte der Ägypter der ältesten Zeit waren, wie Kunstwerke zeigen, horizontal gewellt und anscheinend recht weich. Im Unterschied zu den Bärten der Ausländer, die man in den erhaltenen Darstellungen als Besiegte sieht, handelt es sich jedoch um eigens angefertige Würdezeichen, die man mit Riemen an den Ohren befestigte.

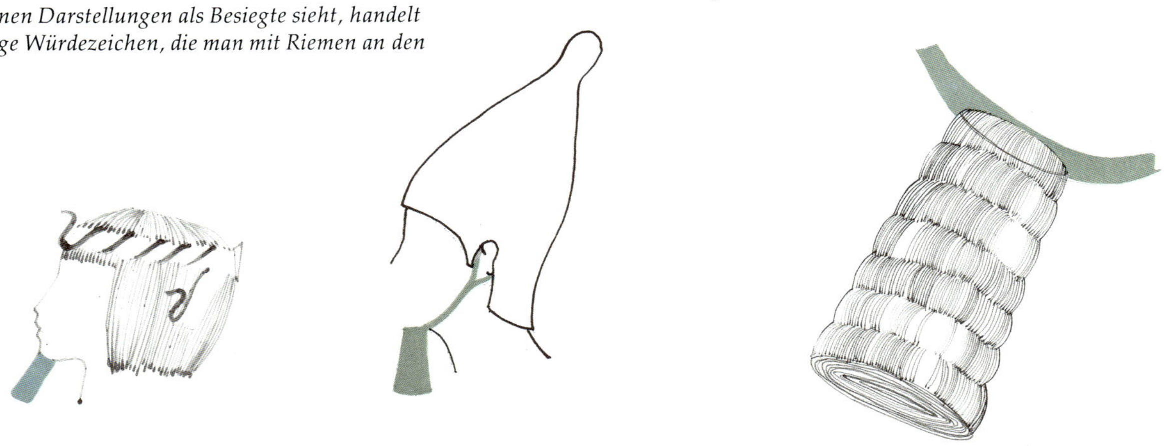

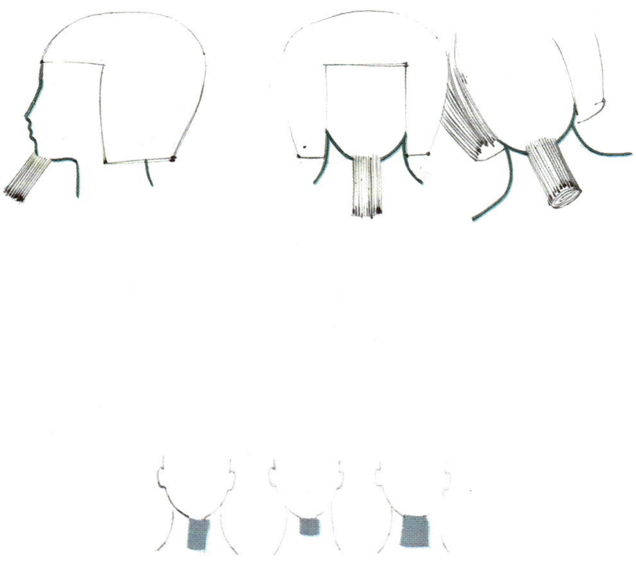

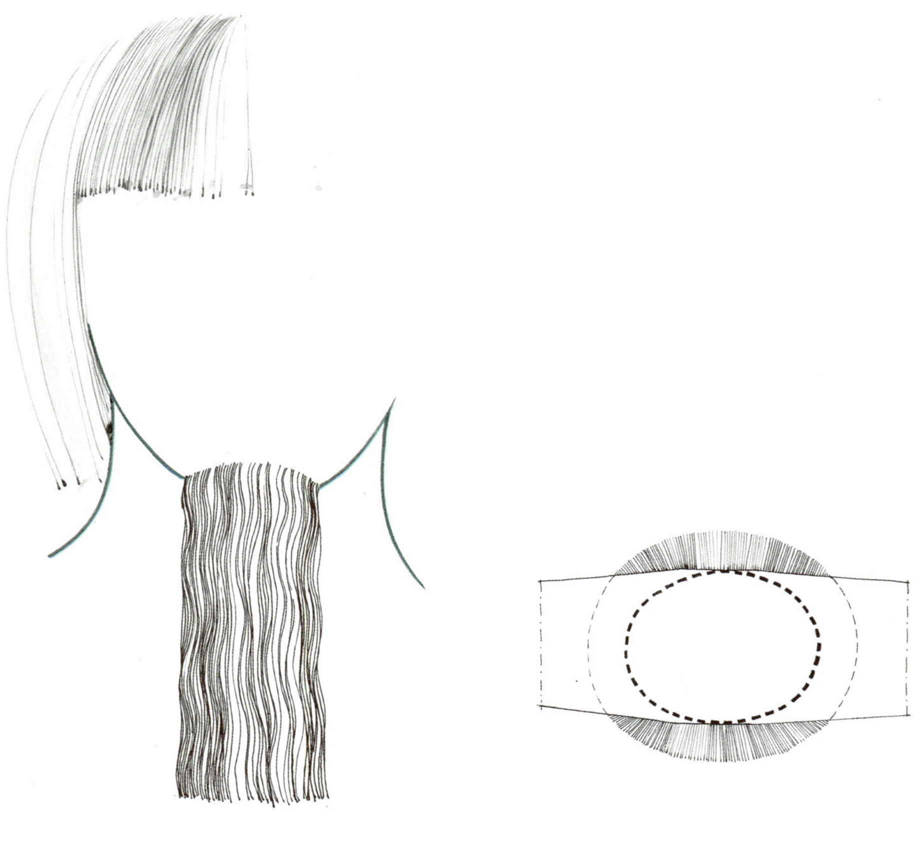

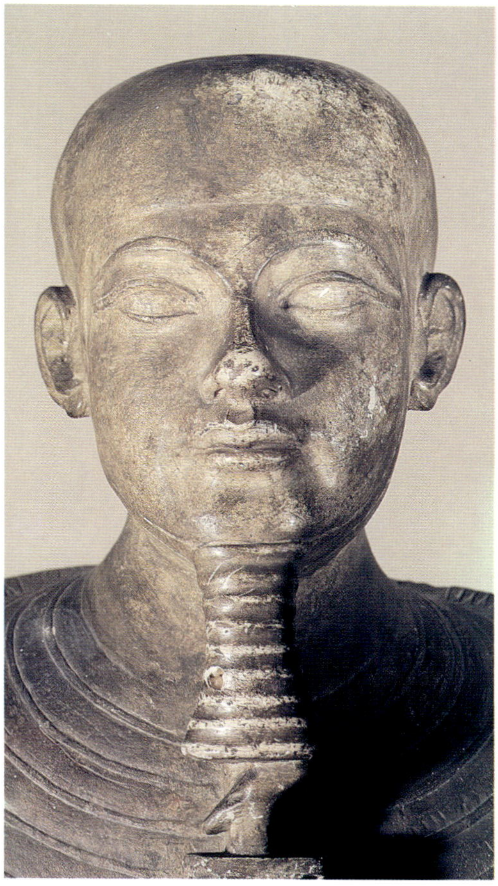

Der Schöpfergott Ptah mit der eng anliegenden Schädelkappe und dem quergestreiften Bart, zwei seiner traditionellen Kennzeichen.

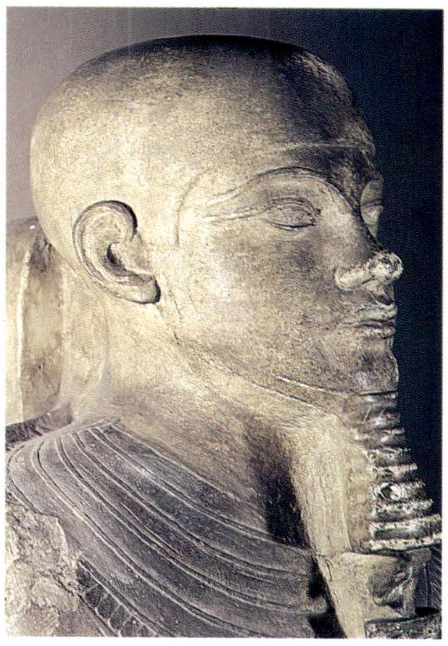

Die Seitenansicht des Ptah-Kopfes, der zu einer Statue aus der Zeit des Neuen Reiches gehört, läßt erkennen, daß der Bart kein natürlicher war, sondern abnehmbar wie die Perücke.

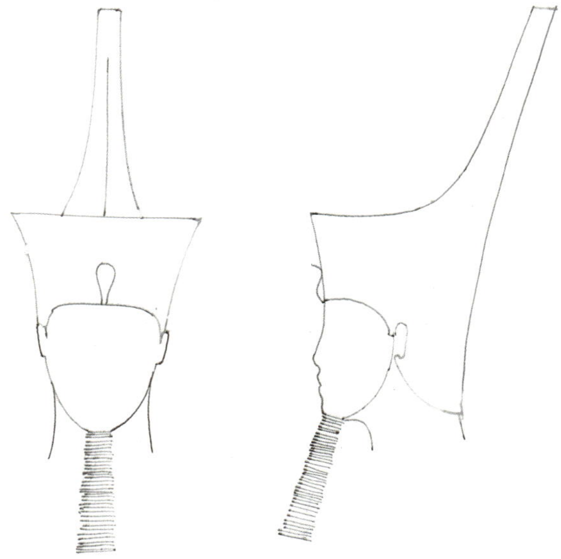

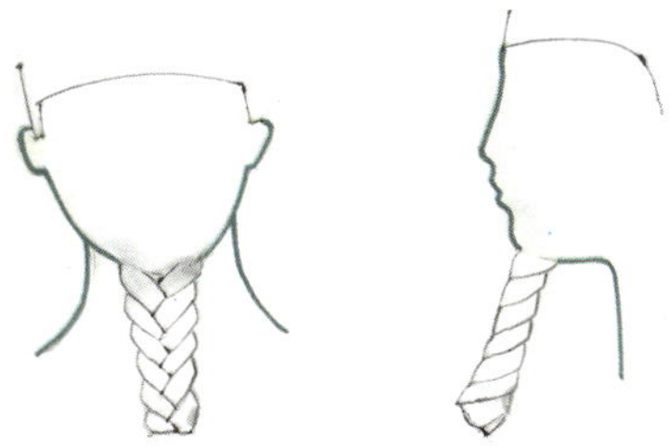

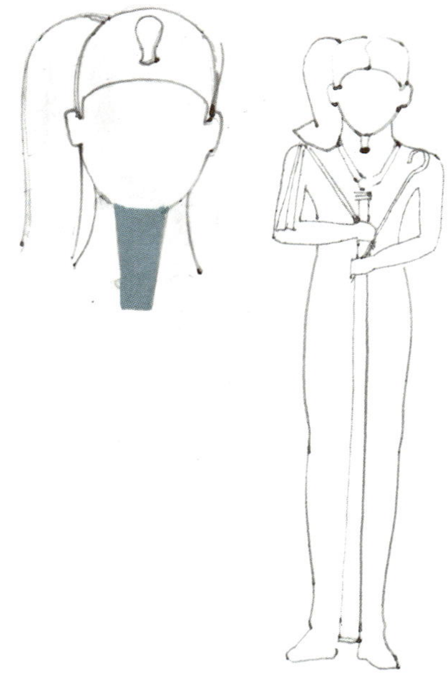

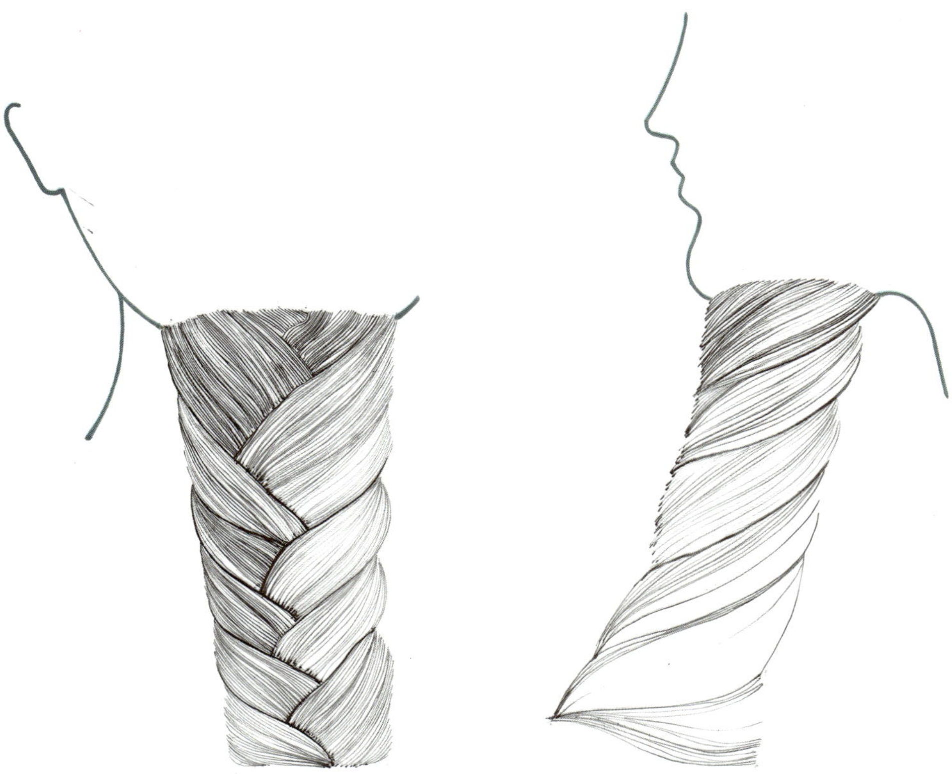

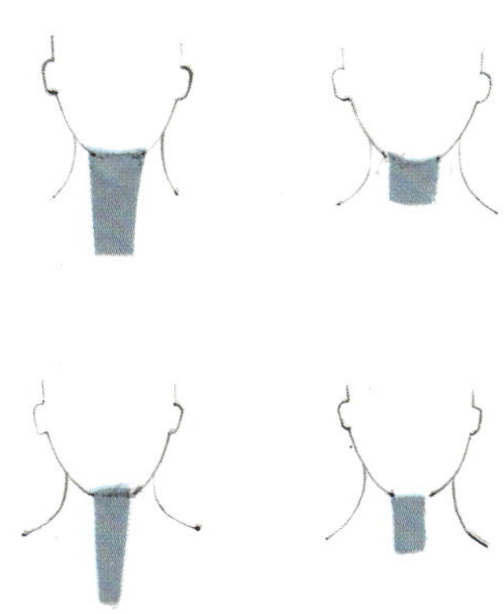

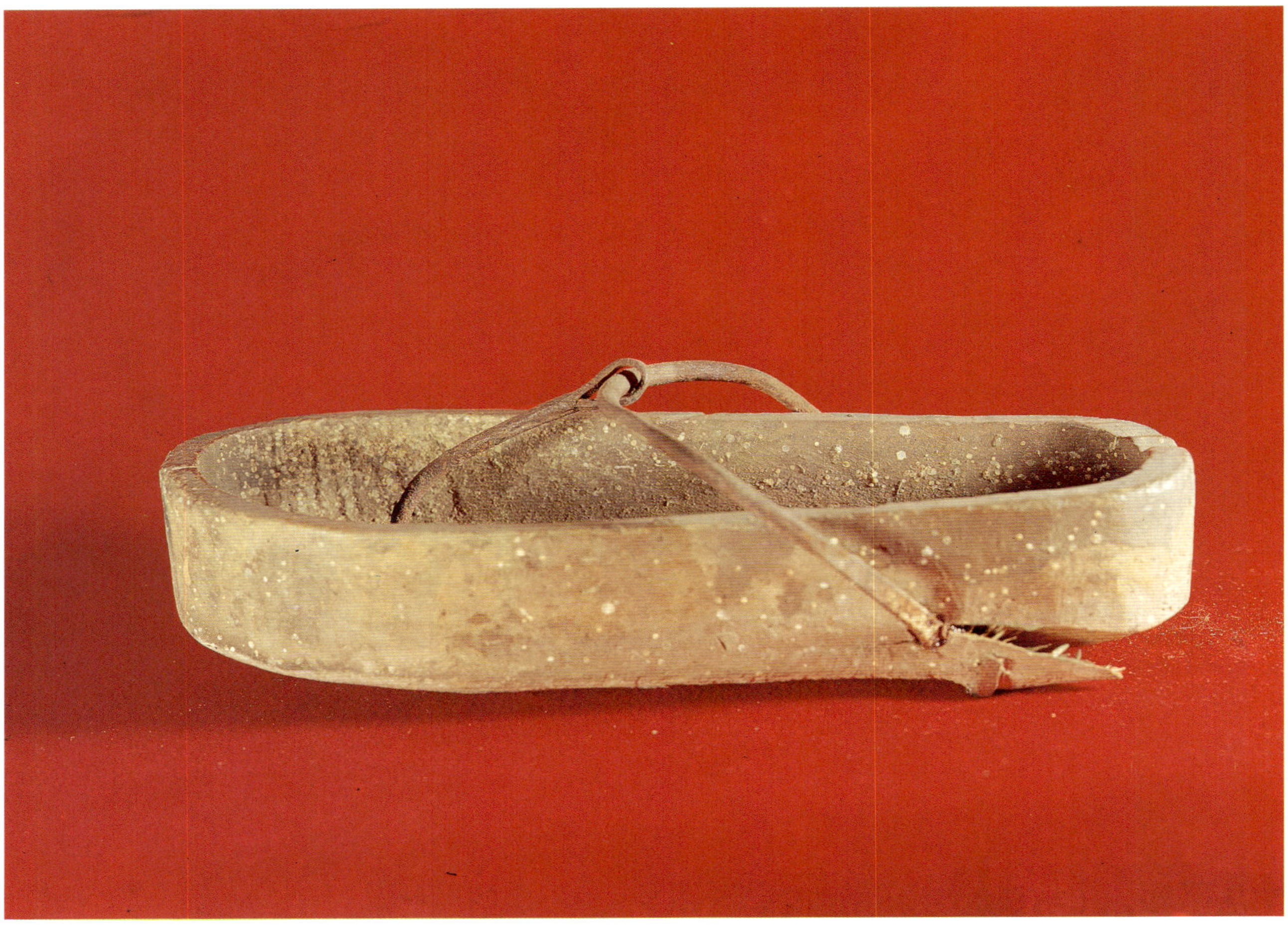

Einfache Sandale, aus Palmenholz geschnitzt, mit Lederriemen; Florenz, Museo Archeologico.

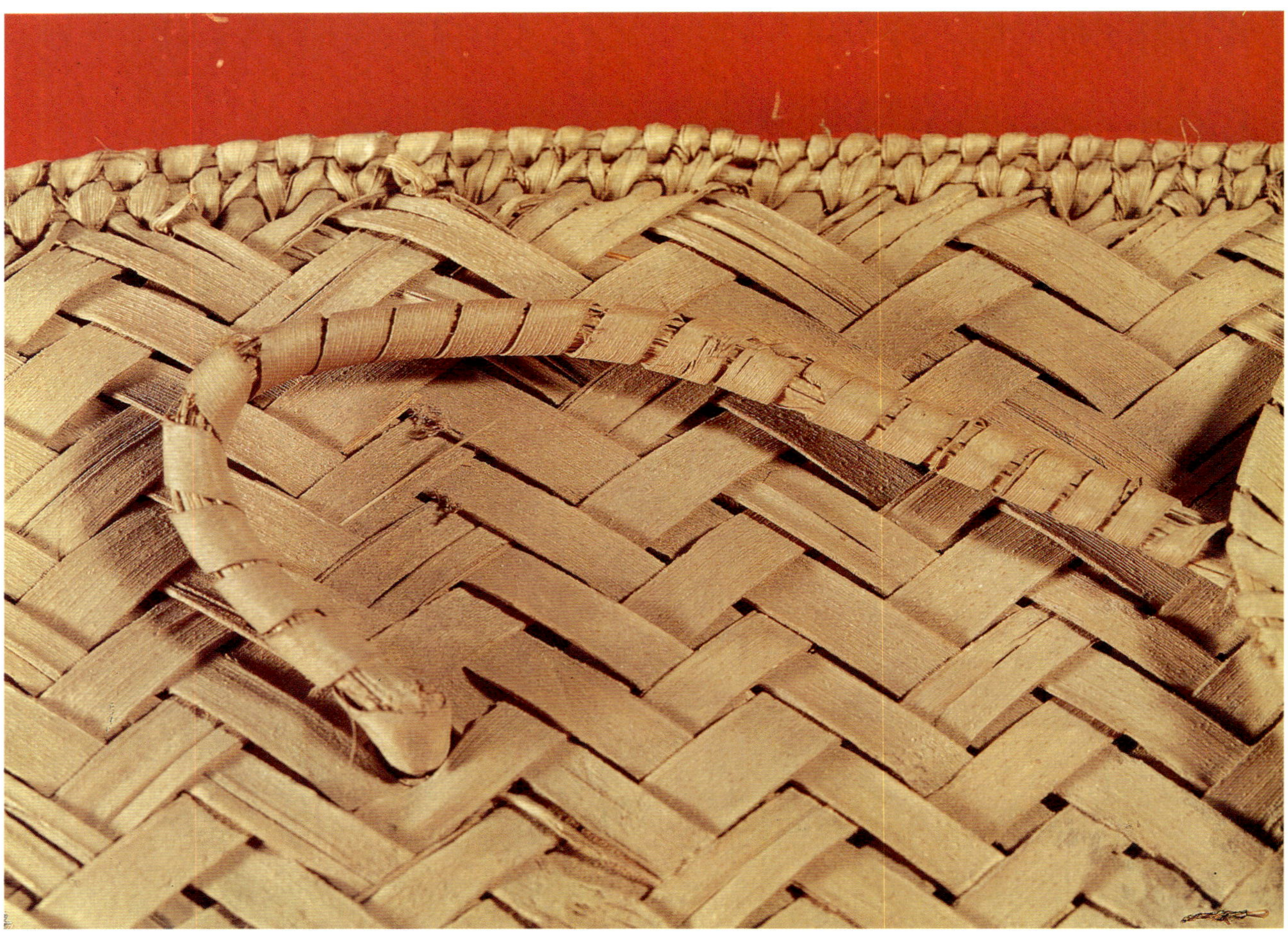

Teilansicht einer aus Palmblättern geflochtenen Sandale von der Art, wie sie im Neuen Reich gebräuchlich war.

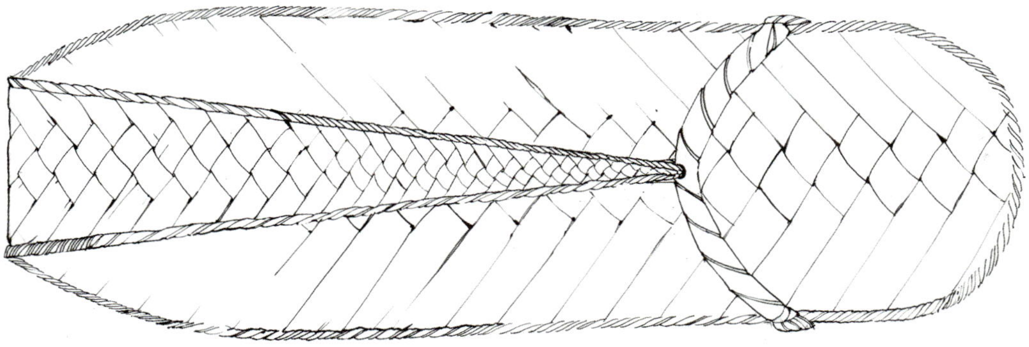

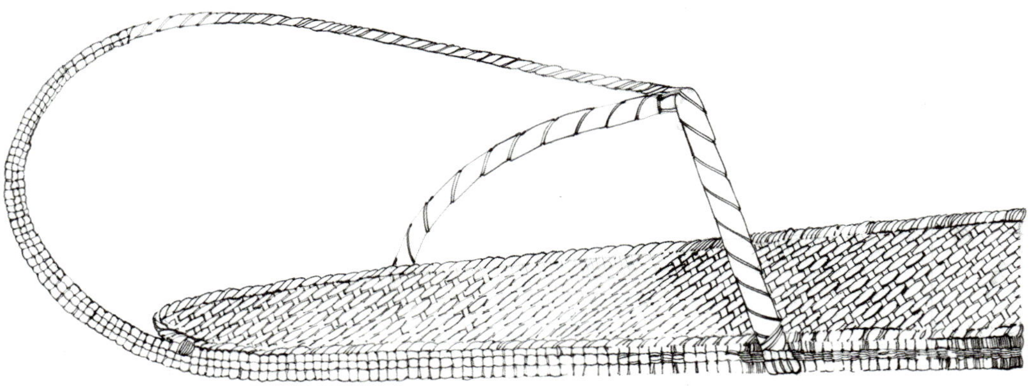

Papyrussandalen, bestehend aus geflochtenen Sohlen, die – vorn spitz zulaufend – bis zum Querband zurückgezogen wurden, und aus jeweils angeflochtenen Hacken- und Seitenstücken.

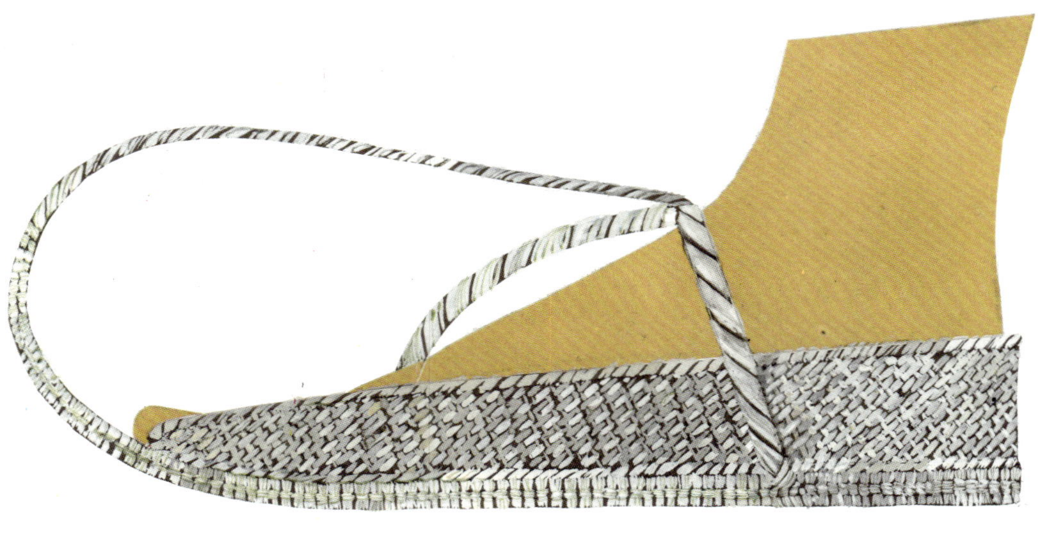

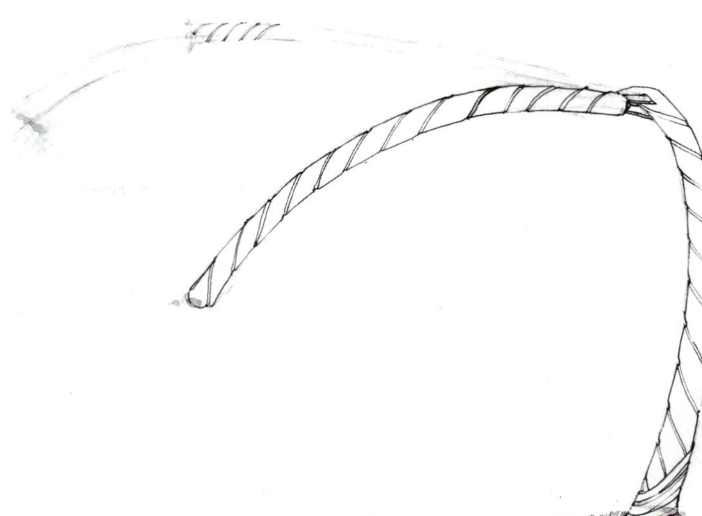

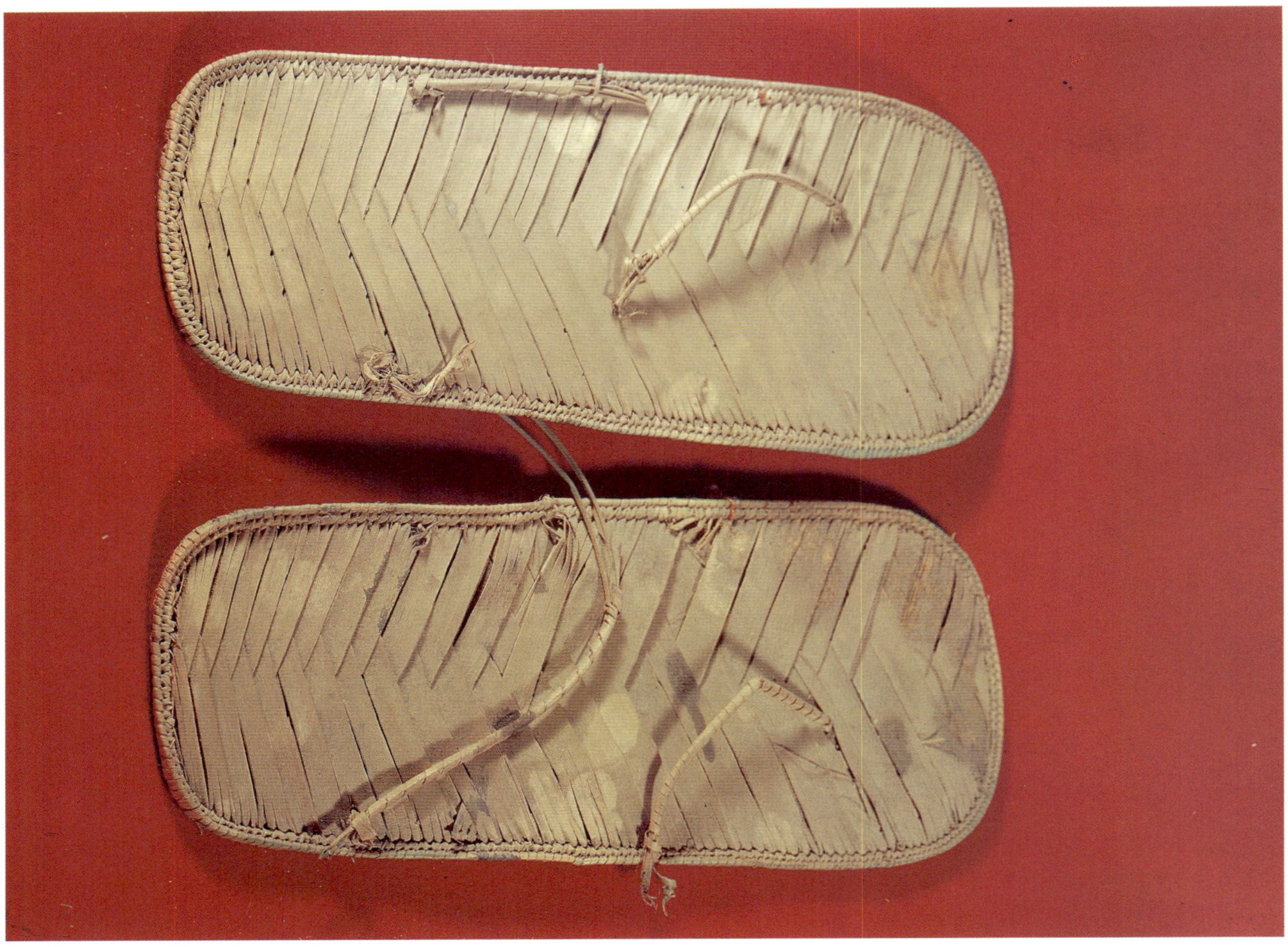

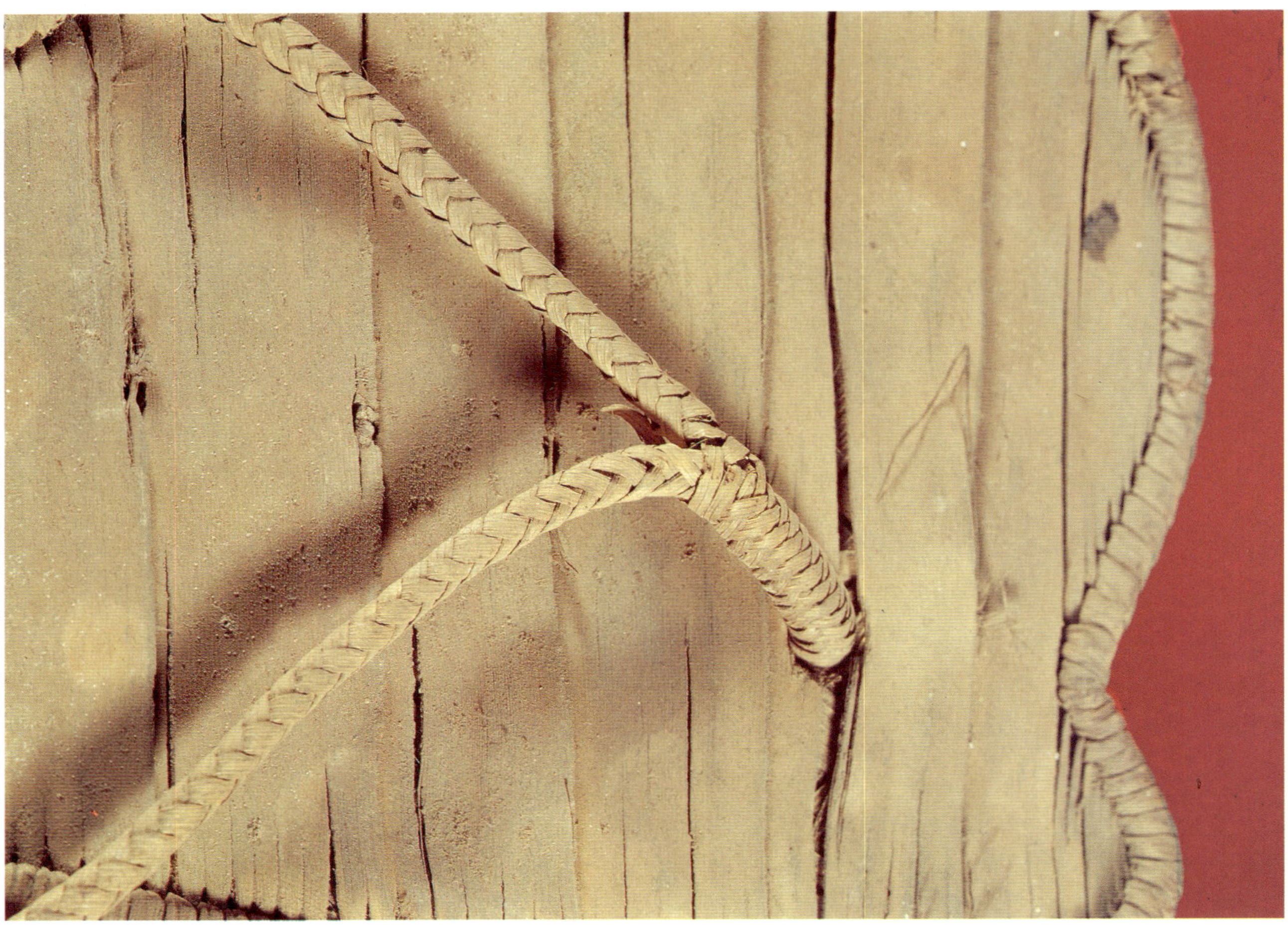

Ein Paar flache Papyrussandalen mit einfacher Zehenschlaufe; Florenz, Museo Archeologico. – Detail der Zehenschlaufe und der Sohle einer aus Papyrus und Palmblättern geflochtenen Sandale; Florenz, Museo Archeologico.

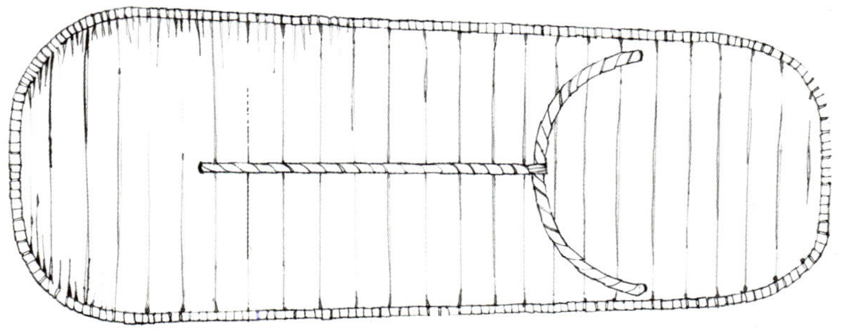

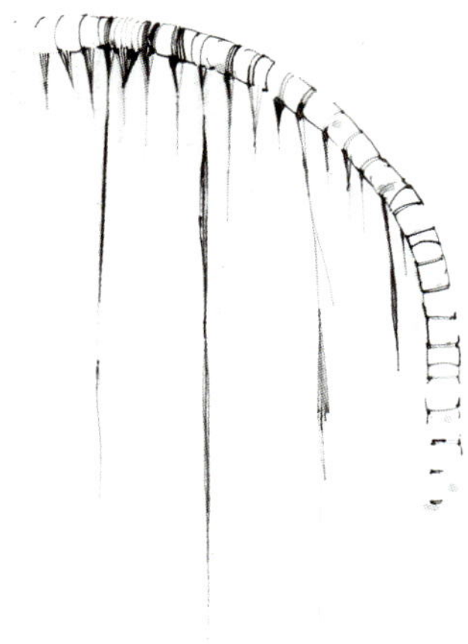

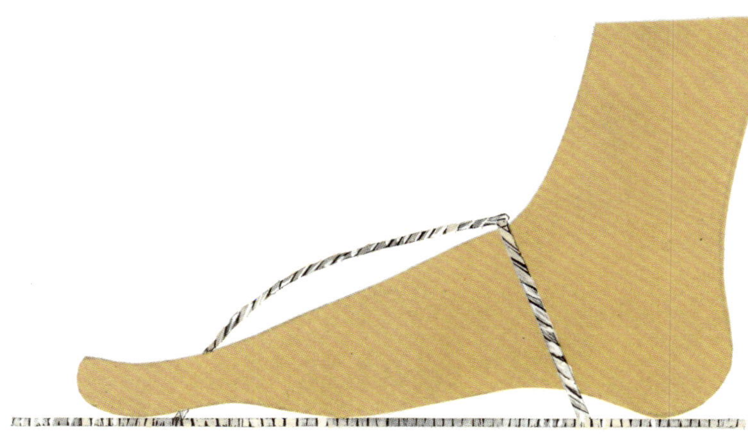

Das Volk ging barfuß, doch schon früh wurden in Ägypten Sandalen zu Rang- und Standessymbolen. Die schlicht gearbeitete »Urform« der Sandale bestand nur aus der Sohle, einem Querband und der mit diesem verbundenen Zehenschnur. Als dann die Sohle durch das Hacken- und Seitenstück eingefaßt wurde, war Gelegenheit, auch dieses einfache Schuhwerk zu schmücken. Sandalen, wie Standespersonen sie im Leben trugen, gab man auch den Toten mit ins Grab, oft in Luxusausführungen, die sich für den alltäglichen Gebrauch nicht geeignet hätten. So fand man beispielsweise Sandalen aus Goldblech, und auf der Sohlenoberseite der Sandalen, die man Tutanchamun mitgab, waren je ein gefesselter Nubier und Asiat in Intarsien furniert. Bei Mumienhüllen der Spätzeit sind oft den Simulacra der Toten Sandalen unter die Füße gemalt.

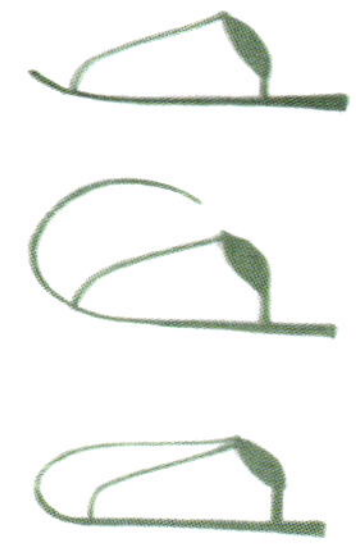

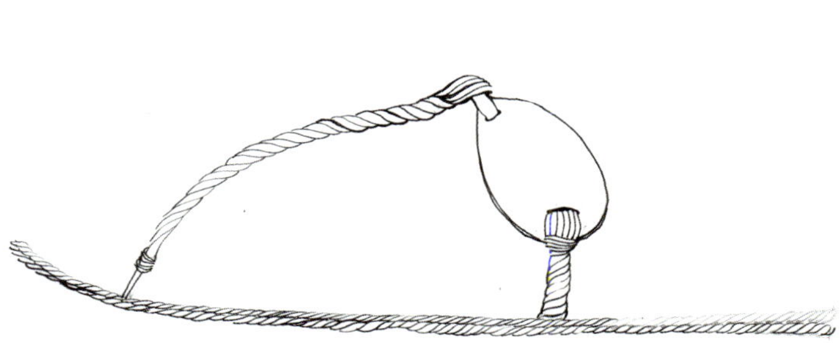

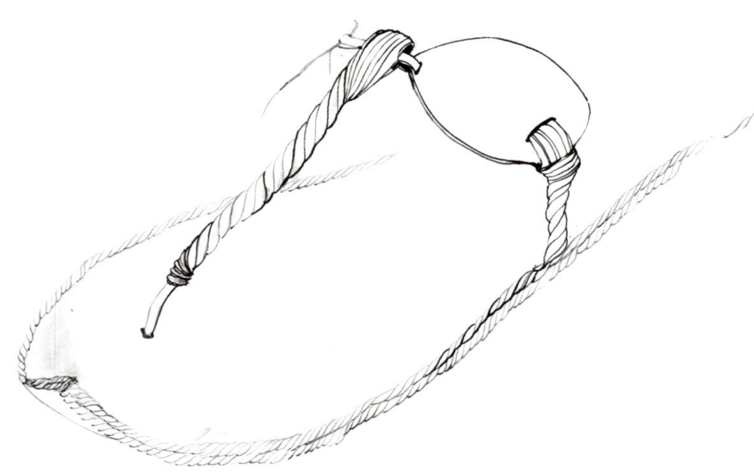

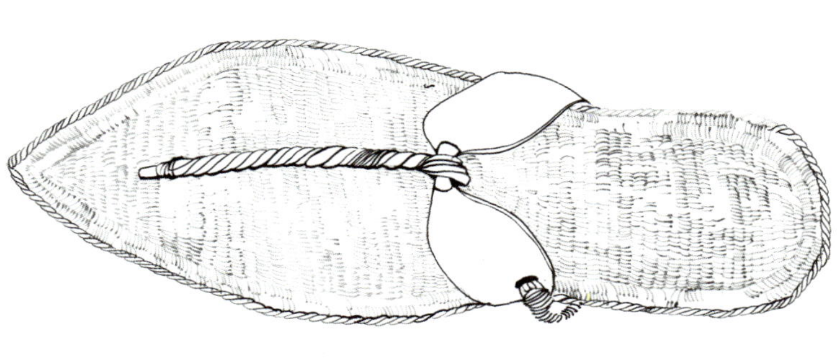

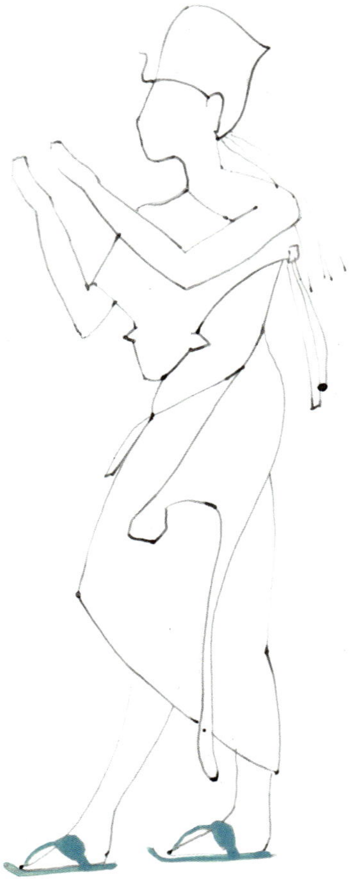

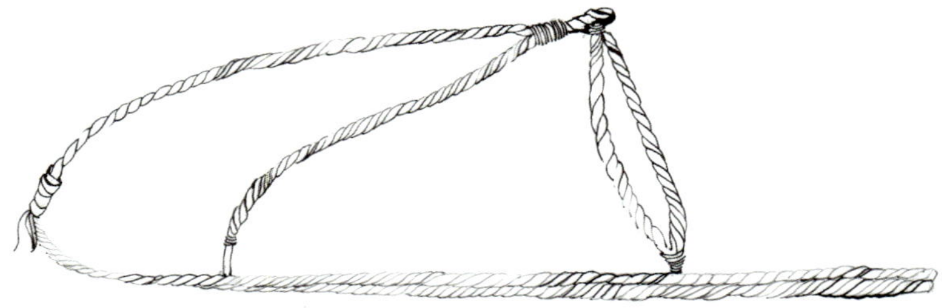

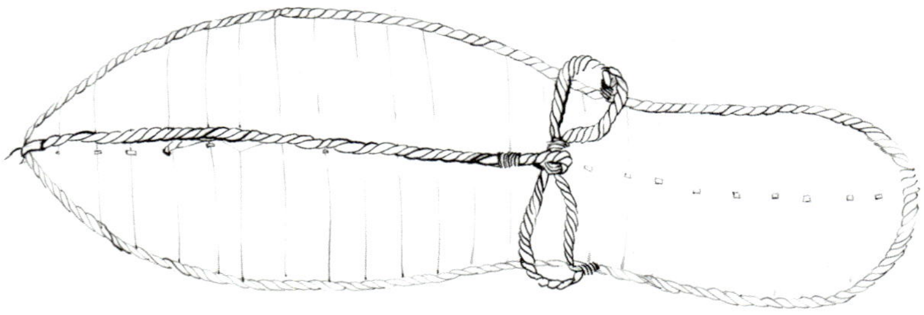

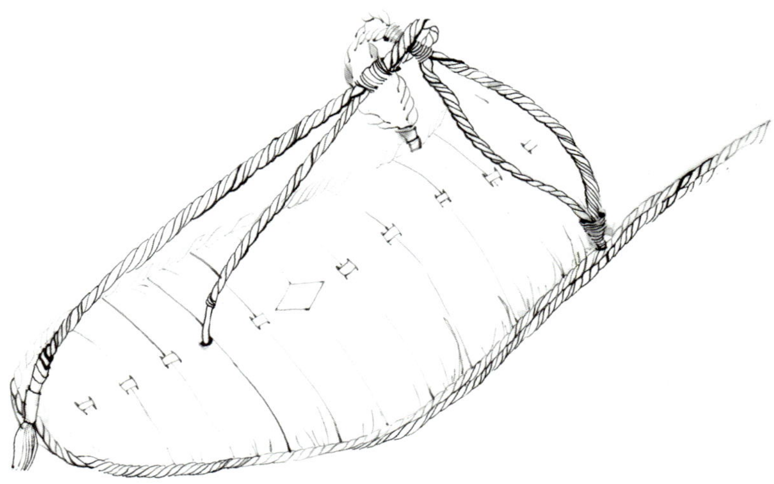

Die aus Palmblättern hergestellten Sandalen waren leicht und zweckmäßig. Geflochtene Bänder und Lederriemen sicherten den Halt; der Sohlenrand war vielfach durch umlaufendes Flechtwerk verstärkt.

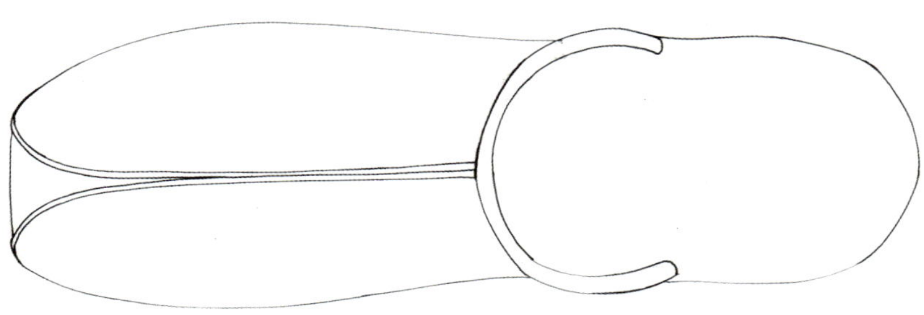

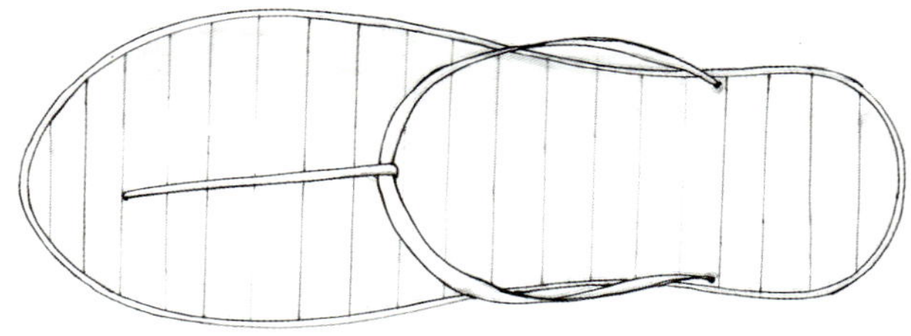

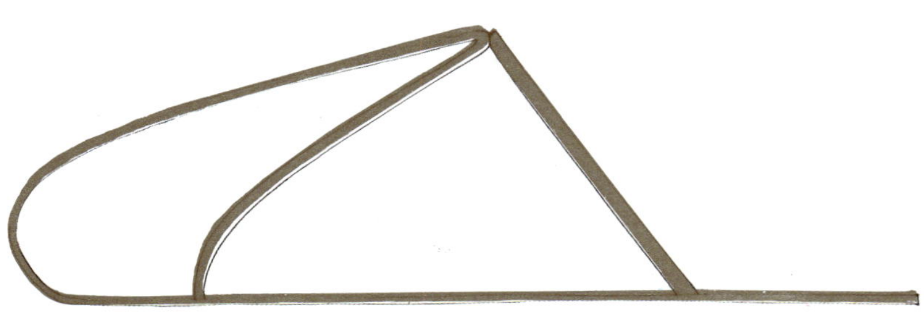

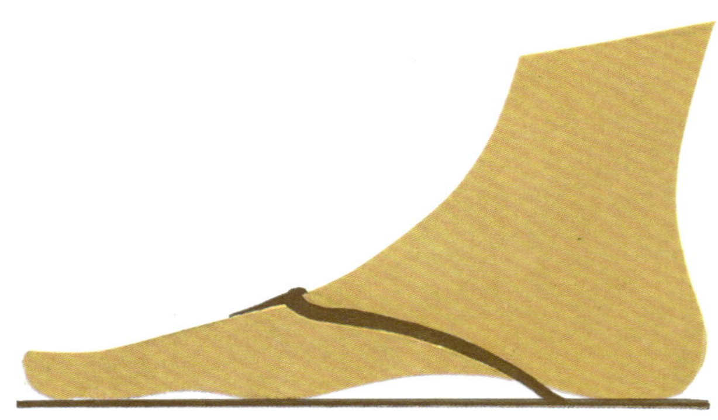

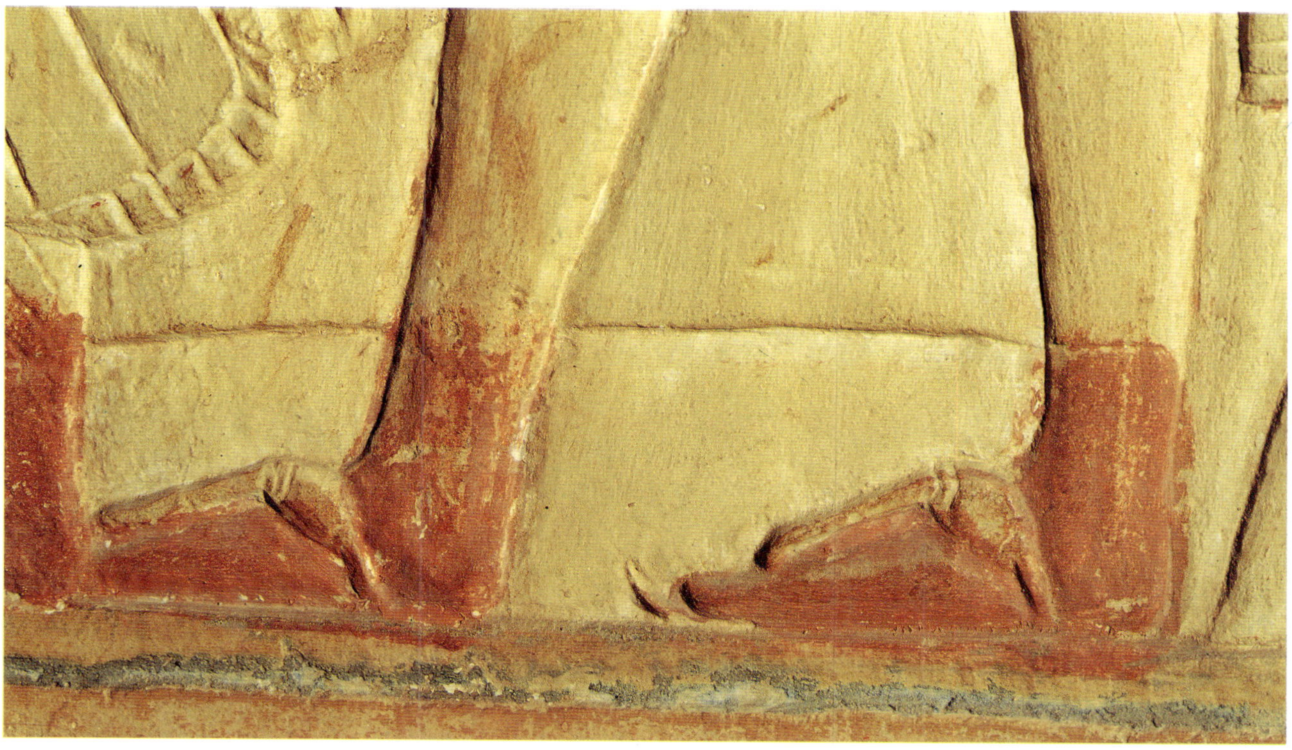

Die mit Sandalen bekleideten Füße eines Würdenträgers, Ausschnitt aus einem bemalten Kalksteinrelief, Neues Reich; Florenz, Museo Archeologico.

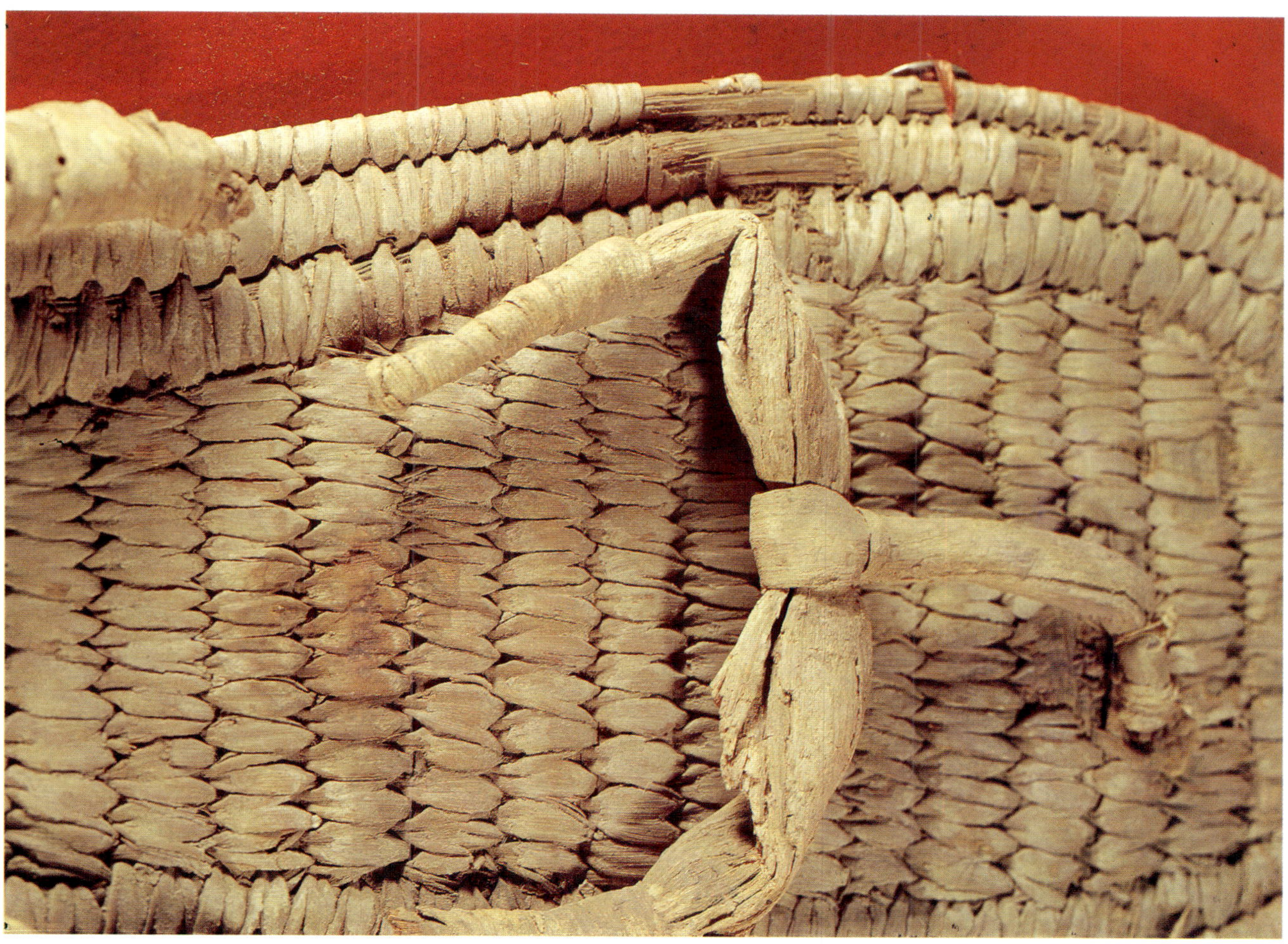

Sohle und Zehenschlaufe einer aus Papyrus geflochtenen Sandale; Florenz, Museo Archeologico.

Sandalen mit Halteriemen, die dem Fuß mehr Sicherheit geben als die einfache Zehenschnur.

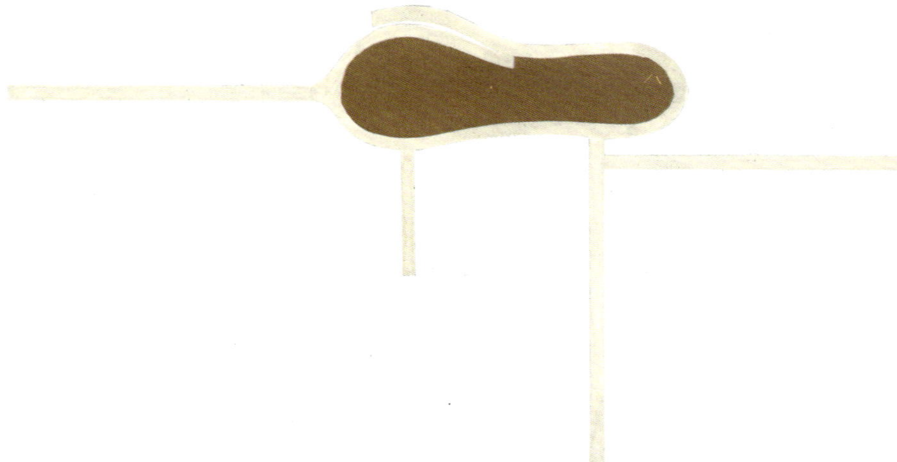

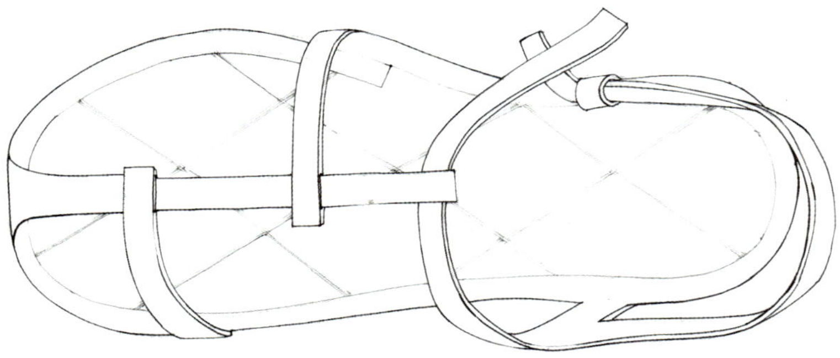

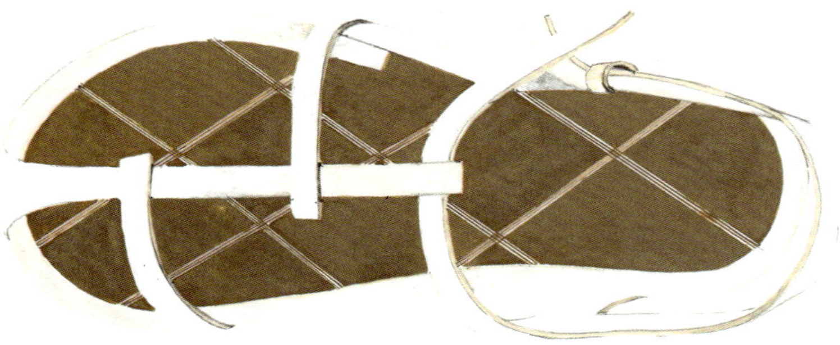

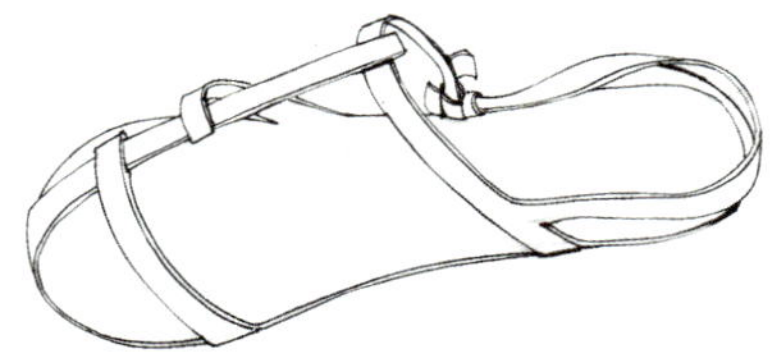

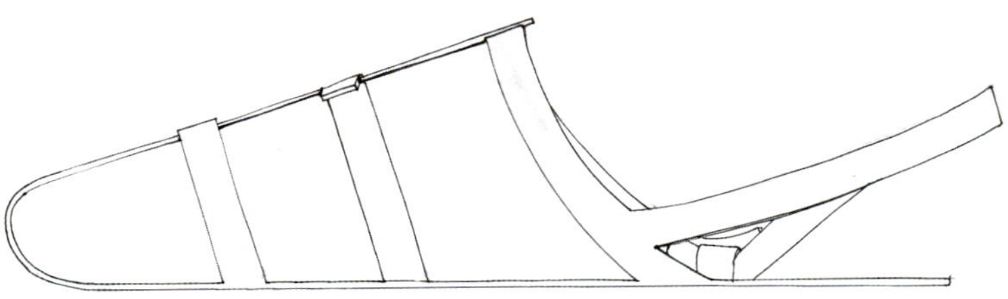

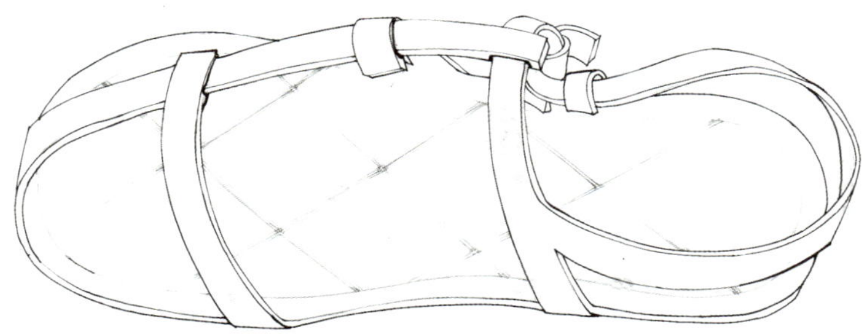

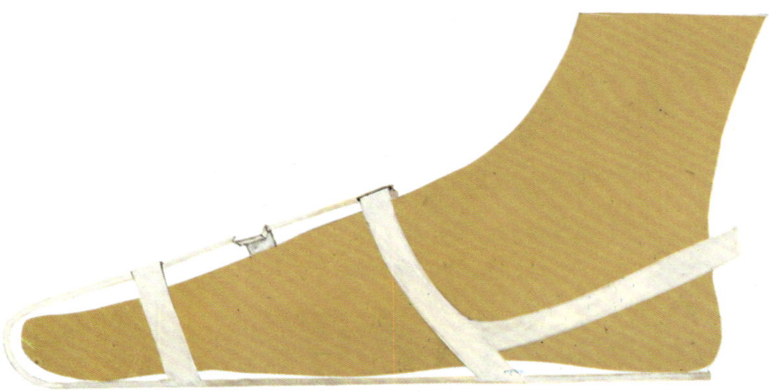

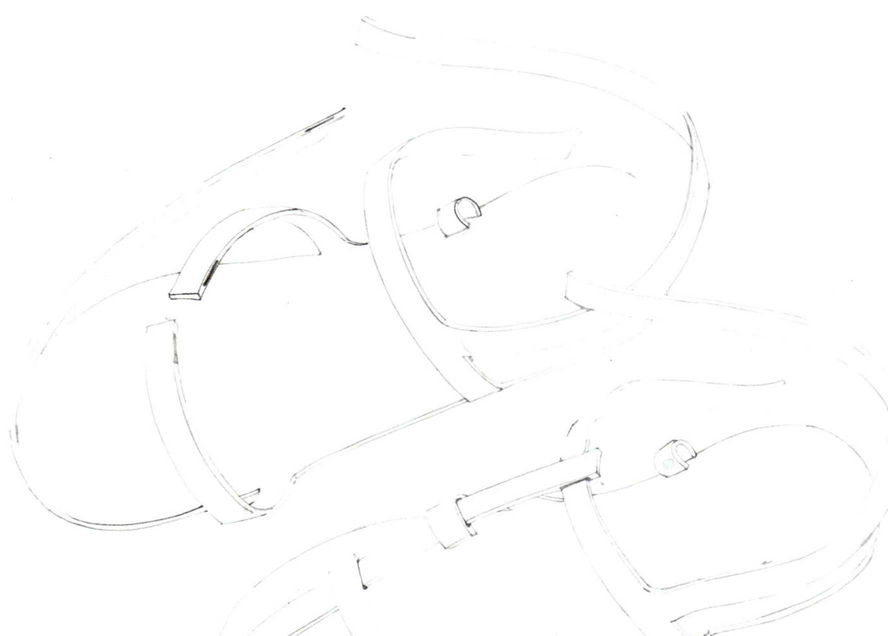

Ledersandalen mit doppeltem Ober- und zusätzlichen Hackenriemen kamen während der Zeit des Neuen Reiches in Gebrauch, sie wurden bis in die Spätzeit getragen.

SCHMINKE

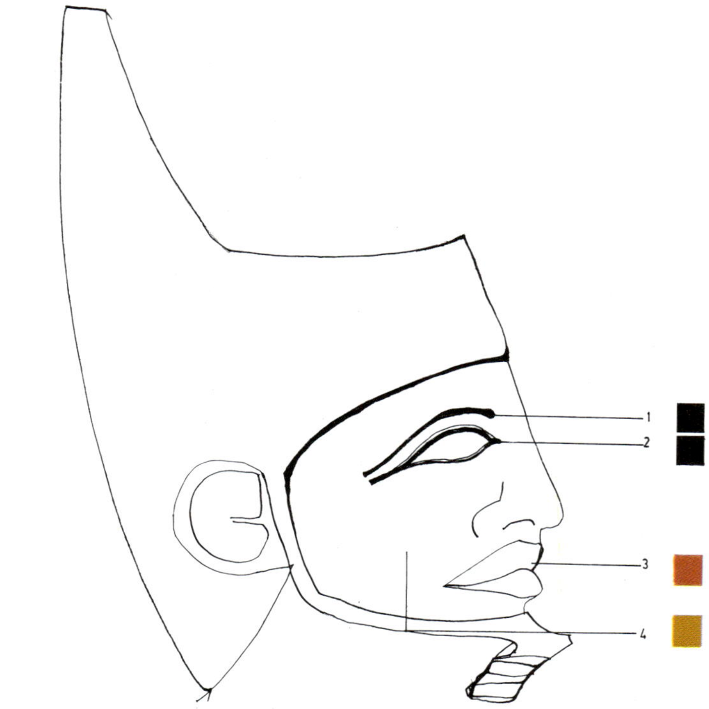

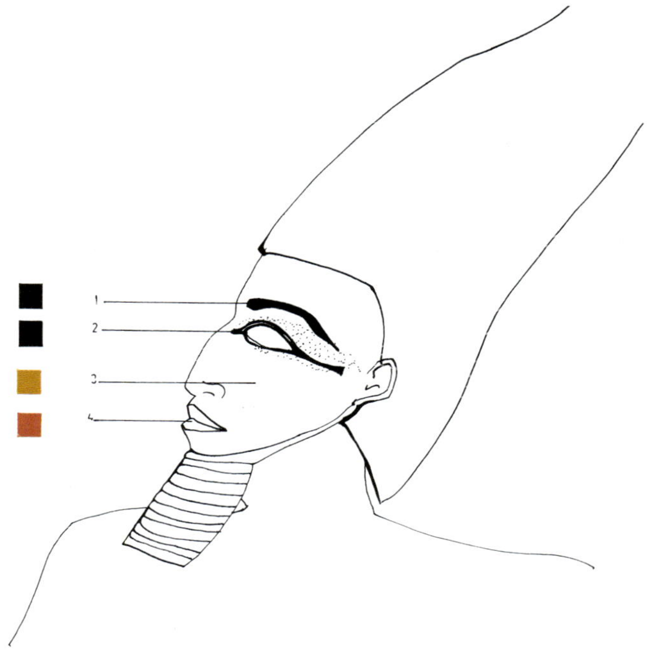

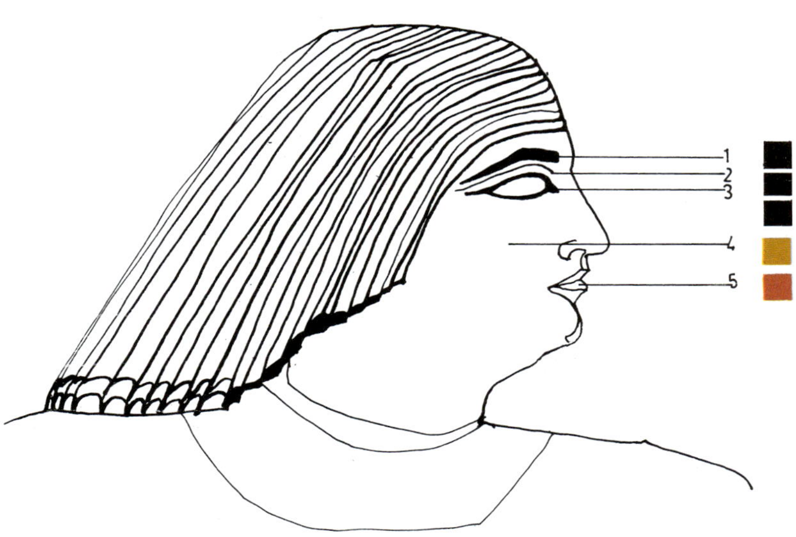

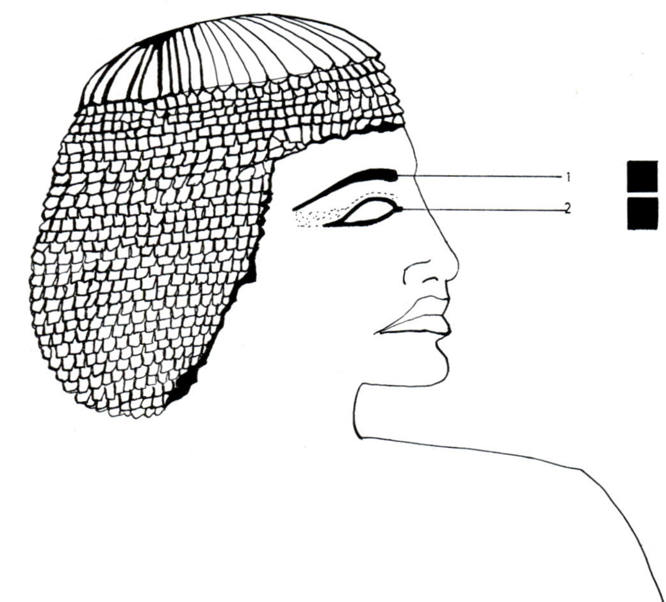

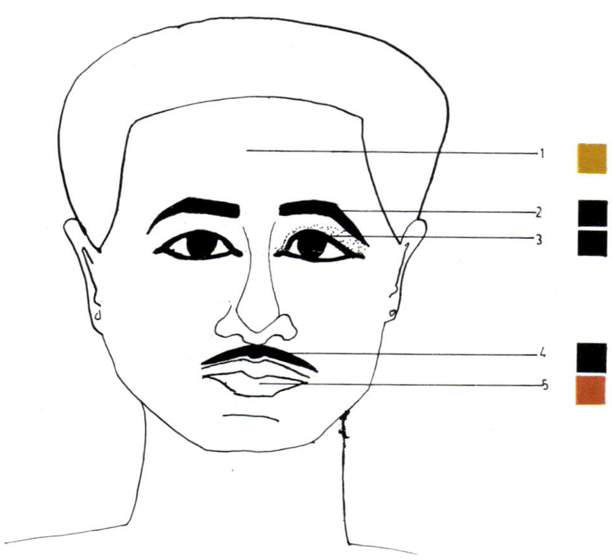

Beim Betrachten von Werken der ägyptischen Malerei und Plastik fällt sofort auf, daß die Modelle der Künstler sich Mund und Augen stark zu schminken pflegten. Nicht nur wurden die Augenbrauen kräftig nachgezogen, verändert wurde durch geschickte Schminkstriche mit schwarzem Khol – wie die Araber, die ihn heute noch zu gleichem Zweck verwenden, diesen Spießglanz nennen – auch die Form der Augen. Während man die Farbe der Wangen mit Bleiweiß aufhellte, verschattete man die Augenpartie mit grünem Malachitstaub und dunkelgrauem Antimon. Der Umriß der Lippen wurde mit feinem Pinsel nachgezeichnet, ehe man sie gelbrot schminkte. Besondere Sorgfalt bei der täglichen Schönheitspflege aber galt zweifellos den Augen, zu ihrer Verschönerung wurde die meiste Kunst aufgeboten. Arabesken, mit denen man zuletzt noch die äußeren Augenwinkel zu den Schläfen hin verlängerte, zeigten, wie man glaubte, Befähigung zur Hellseherei an.

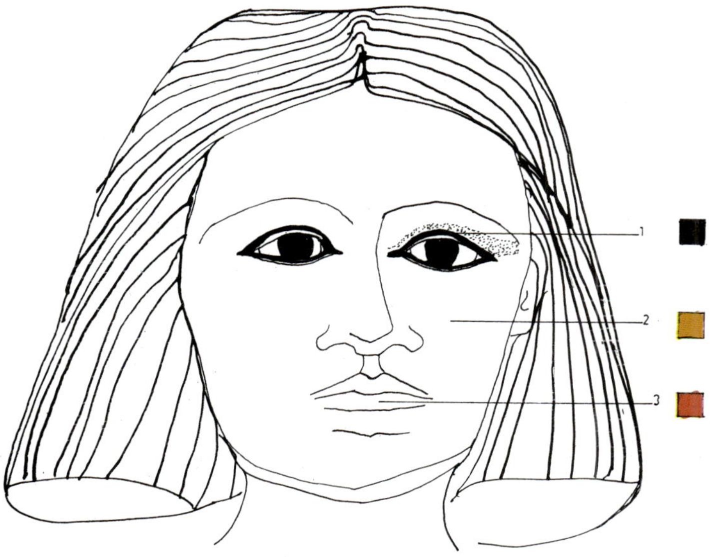
1
2
3

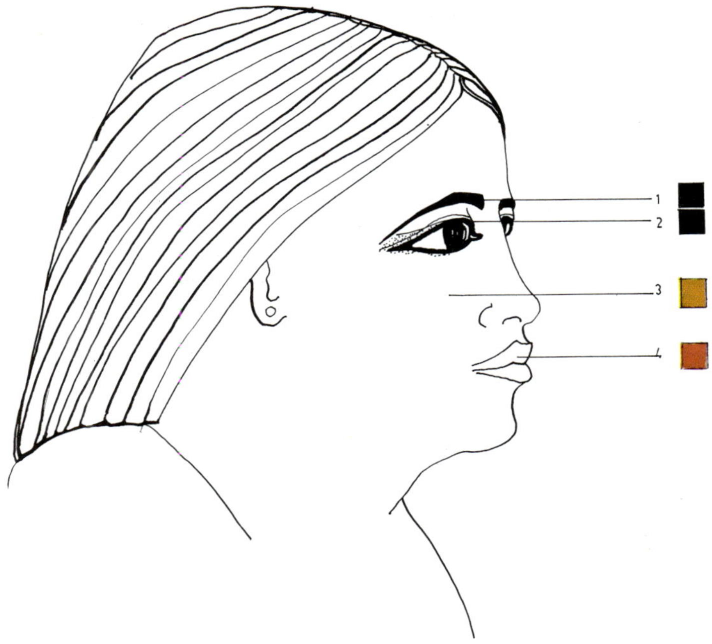
1
2
3
4

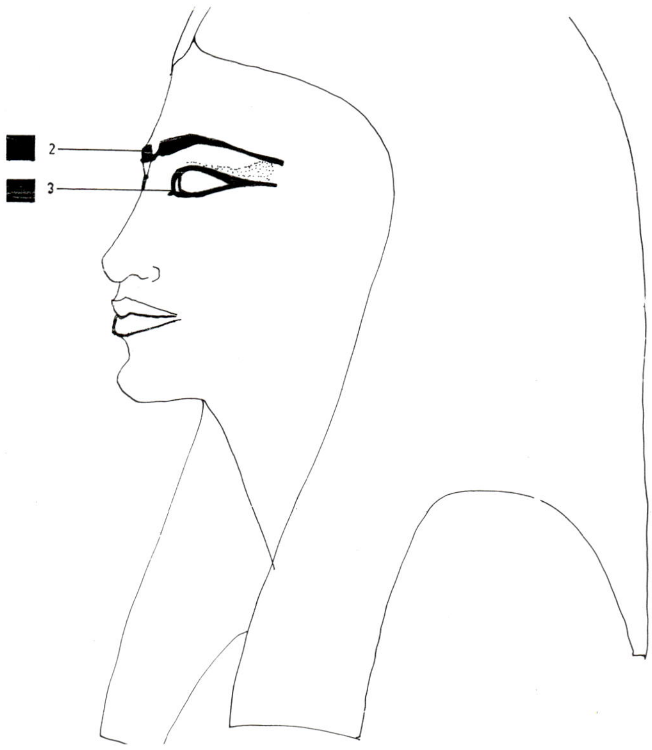
2
3

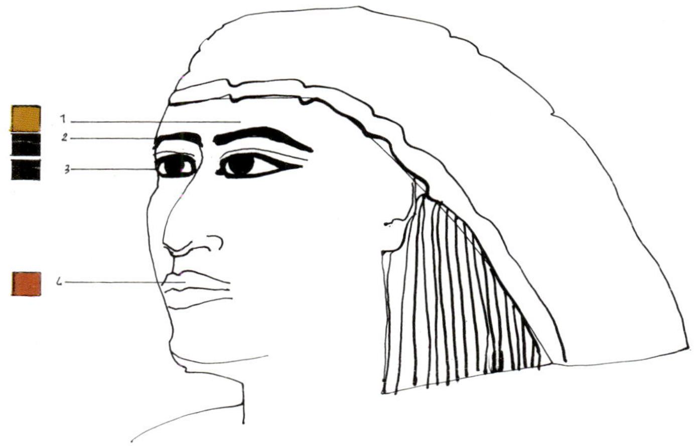
1
2
3
4

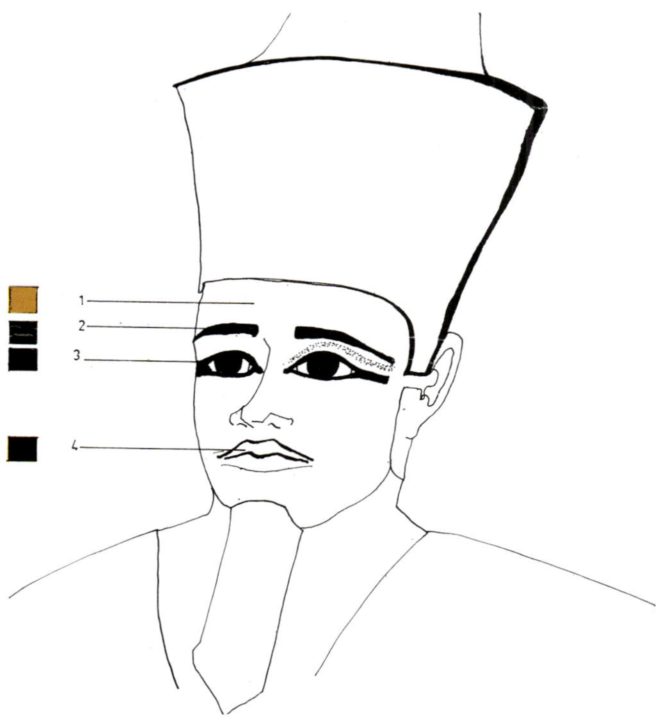
1
2
3
4

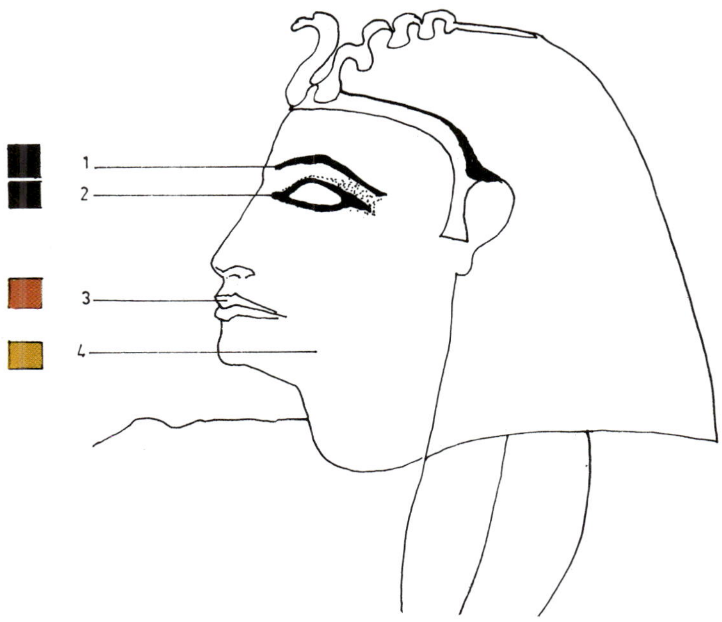
1
2
3
4

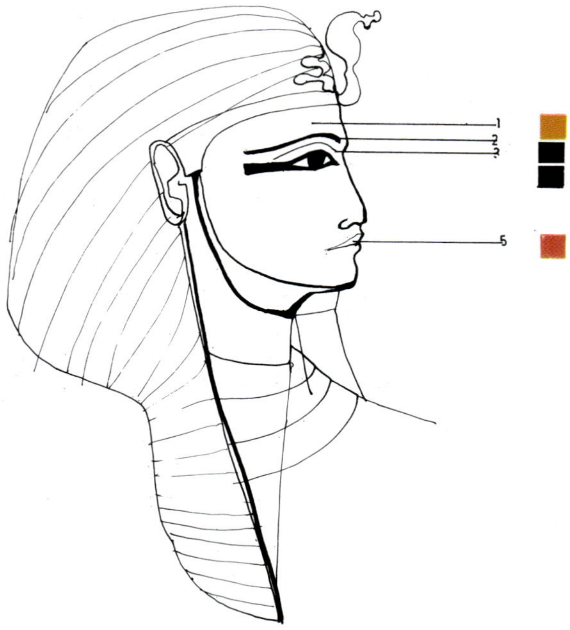

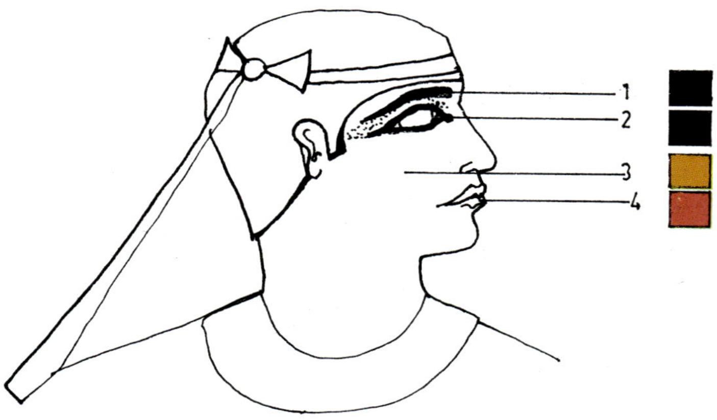

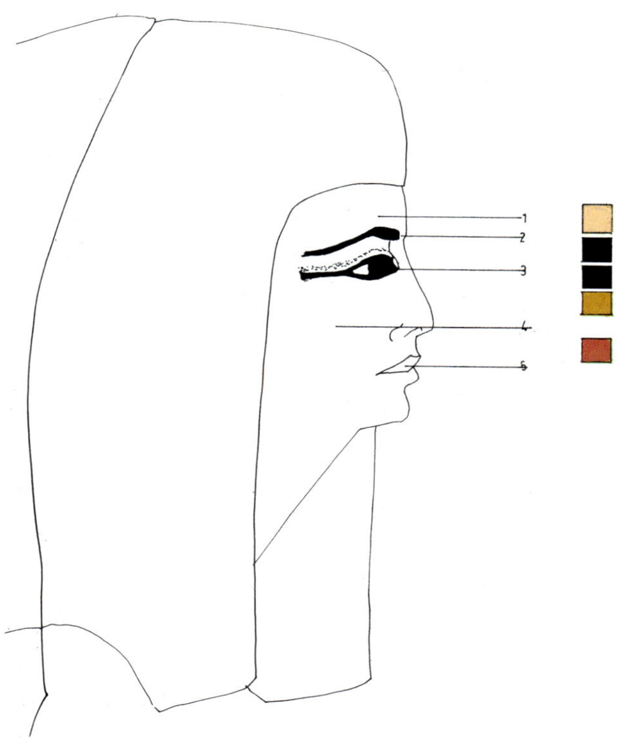

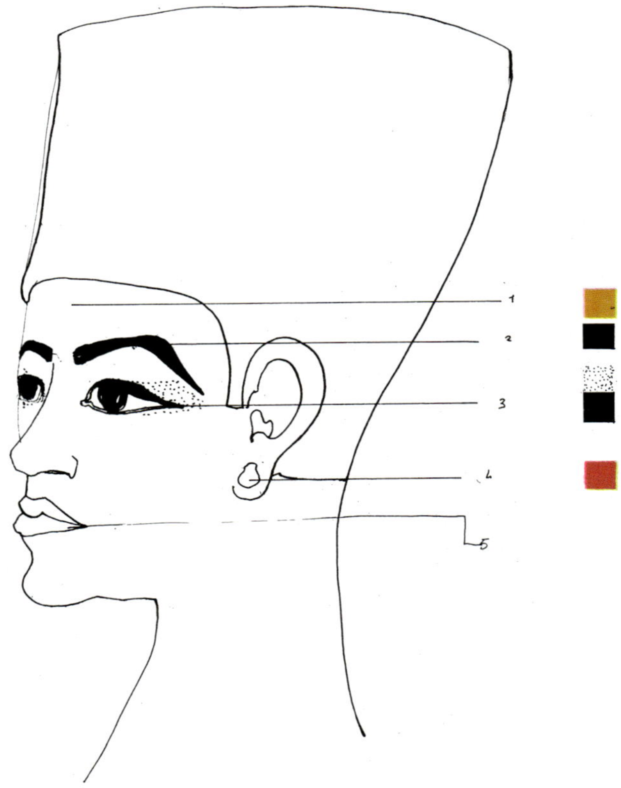

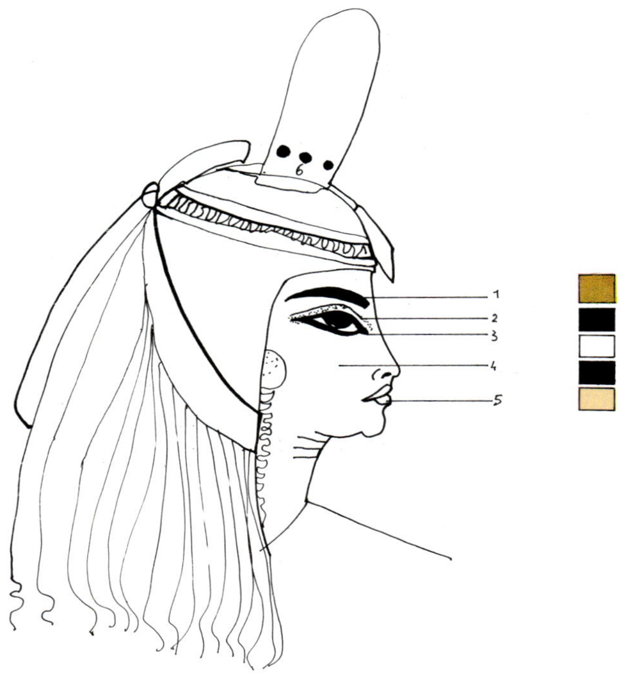

Die Zeichnungen veranschaulichen Formen des Schminkens in der Zeit von der 1. bis zur 20. Dynastie. Die Farbfelder neben den Zeichnungen geben die Tönungen des Gesichts, der Augenbrauen, Augenlider, Lippen und Wangen an, wie sie zu verschiedenen Zeiten in Mode waren.

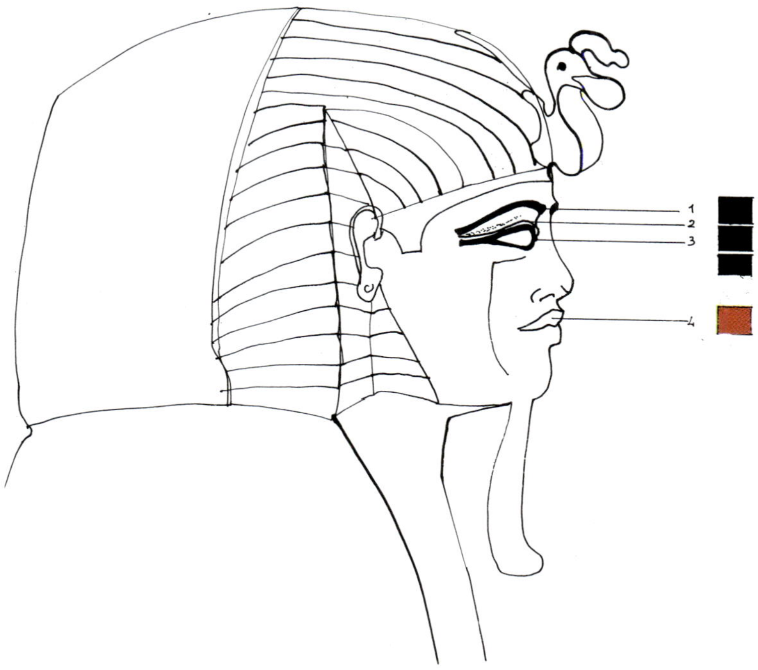

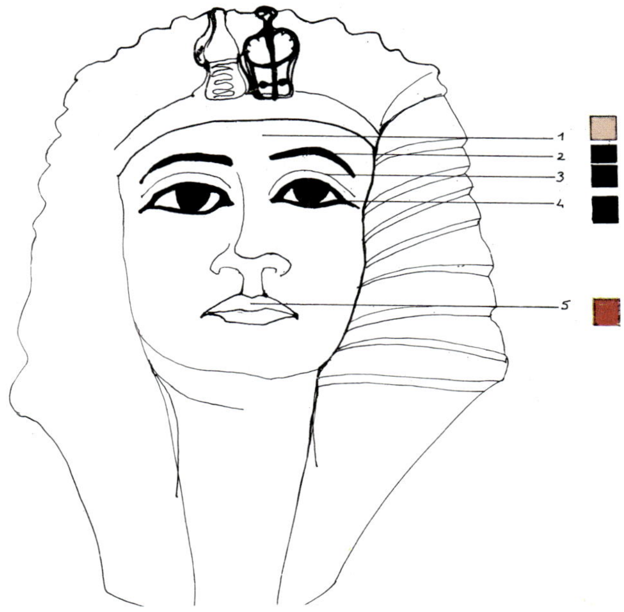

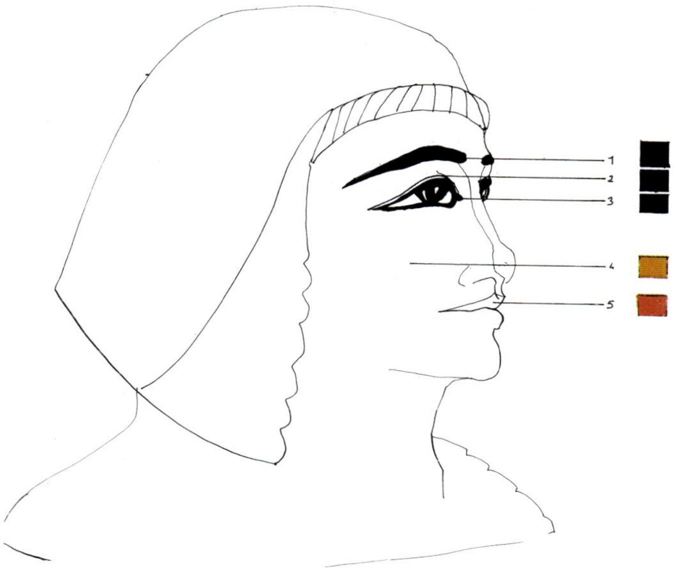

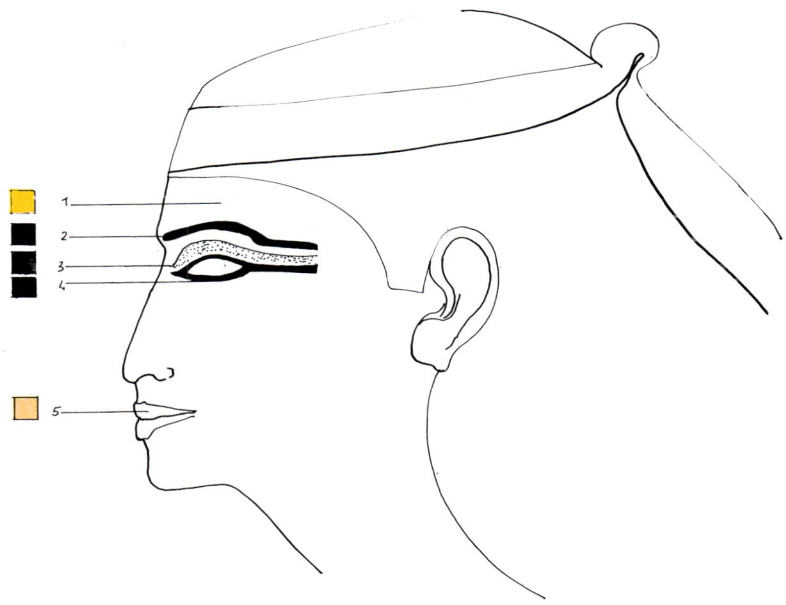

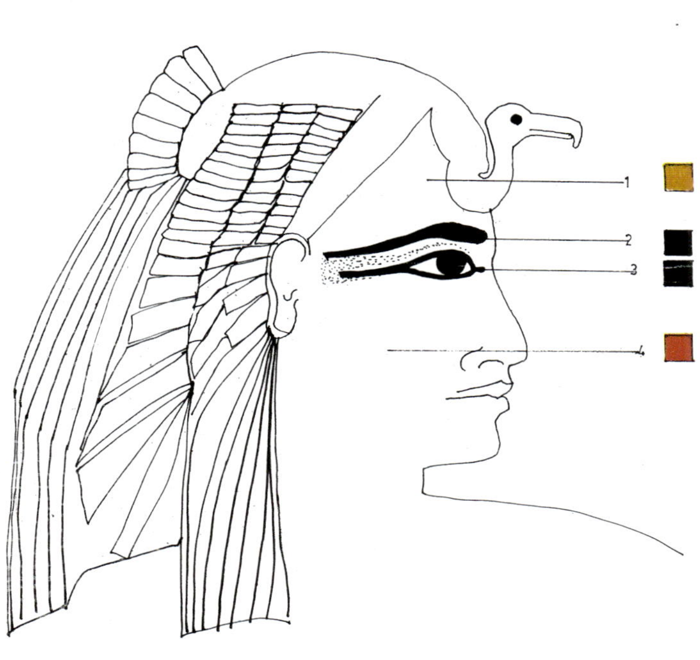

Die ästhetische Wirkung des farbig geschminkten Gesichts der Ägypter, wie sie die Kunst überliefert, ist nicht zu lösen von der ihrer gesamten Erscheinung. Schminke, Haartracht, Kopfputz und Kleidung bildeten mit all ihren Farben und Details eine Einheit. Den einzelnen Formen liegen vielfach symbolische Vorstellungen zugrunde.

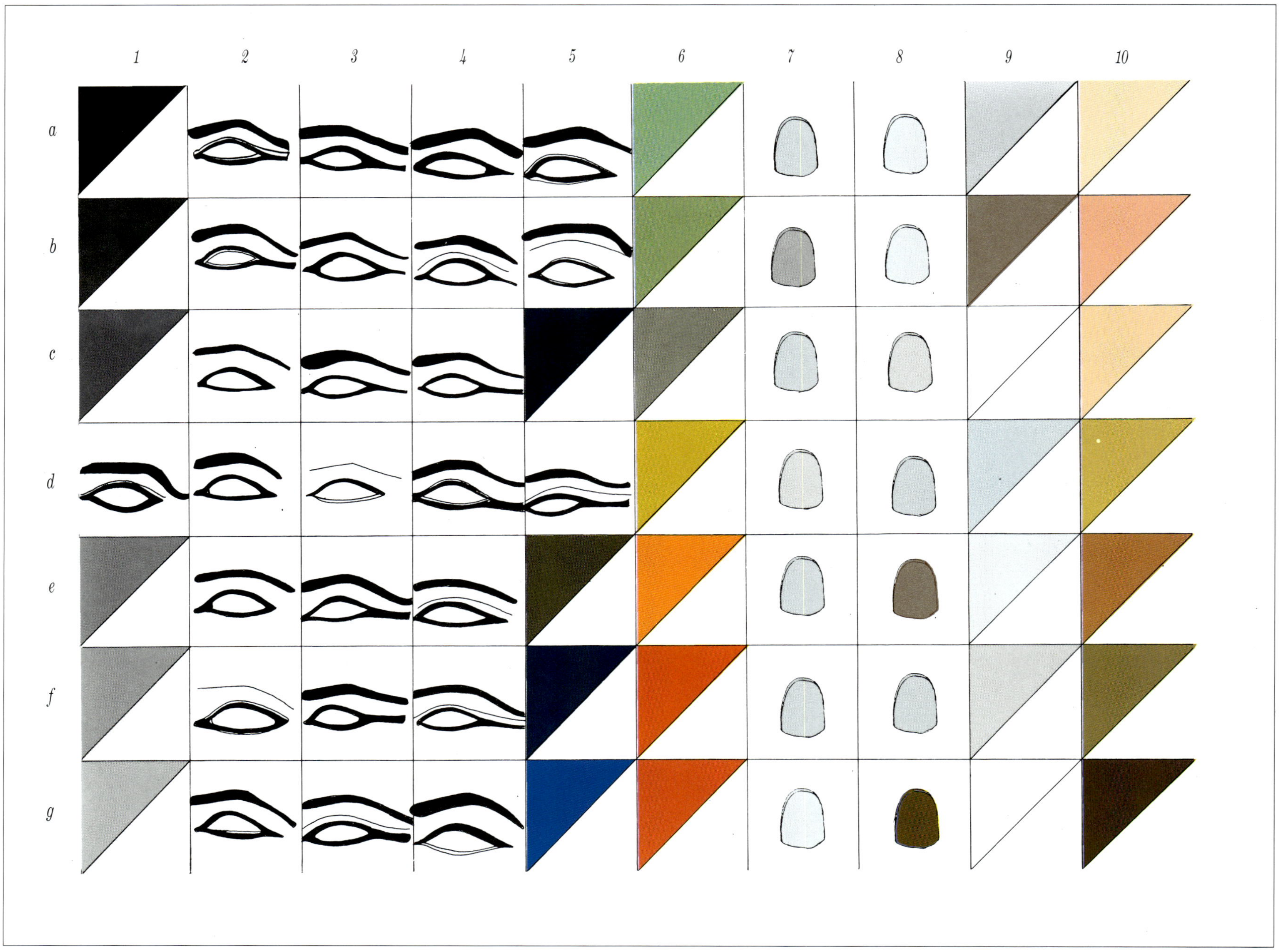

	1	2	3	4	5	6	7	8	9	10
a	Augenbrauentusche	Tanitische Dynastie	Mittleres Reich 11. Dynastie	18. Dynastie	24. Dynastie	Lidschatten	König Djoser Altes Reich 2278–2726 Fingernagel	Königin Nofret 4. Dynastie Fingernagel	Nagellack	Schminke Bleiweiß, farbig getönt
b	Kohl	Narmer Altes Reich	Mentuhotep 12. Dynastie	Tutanchamun	Mentuhotep 12. Dynastie	Lidschatten	Rahotep Fingernagel	Mittleres Reich 11. Dynastie Fingernagel	Nagellack	Schminke
c	Kohl	Djoser 4. Dynastie	Senuri	Tutanchamun	Göttin Isis Augenbrauen- und Wimperntusche	Lidschatten	Schreiber 5. Dynastie Fingernagel	Mentuhotep 12. Dynastie Fingernagel	Nagellack	Schminke
d	4. Dynastie	Hesire 4. Dynastie 2503–2423	12. Dynastie	Sethos I.	20. Dynastie	Lippenstift	Ranofer Fingernagel	Sesostris I. 18. Dynastie Fingernagel	Nagellack	Schminke
e	Nofret Antimon-Pulver zum Färben der Lidränder	Rahotep 5. Dynastie 2563–2323	Sesostris I. Neues Reich 19. Dynastie 1580–1314	Isis	Ramses III. Augenbrauen- und Wimperntusche	Lippenstift	5. Dynastie Fingernagel	Meritamon 18. Dynastie Fingernagel	Nagellack	Schminke
f	Antimon-Pulver	Schreiber 5. Dynastie	Amosis	Userhet	Augenbrauen- und Wimperntusche	Lippenstift	Schreiber 5. Dynastie Louvre Fingernagel	Tutanchamun 18. Dynastie Fingernagel	Nagellack	Schminke
g	Antimon-Pulver	Ranofer 6. Dynastie 2423–2263	Meritamon	Isis 19. Dynastie	Augenbrauen- und Wimperntusche	Lippenstift	Ti 6. Dynastie Fingernagel	Nefertari 19. Dynastie Fingernagel	Nagellack	Schminke

Tabelle mit Schminkformen und -farben in einzelnen Epochen der altägyptischen Geschichte.

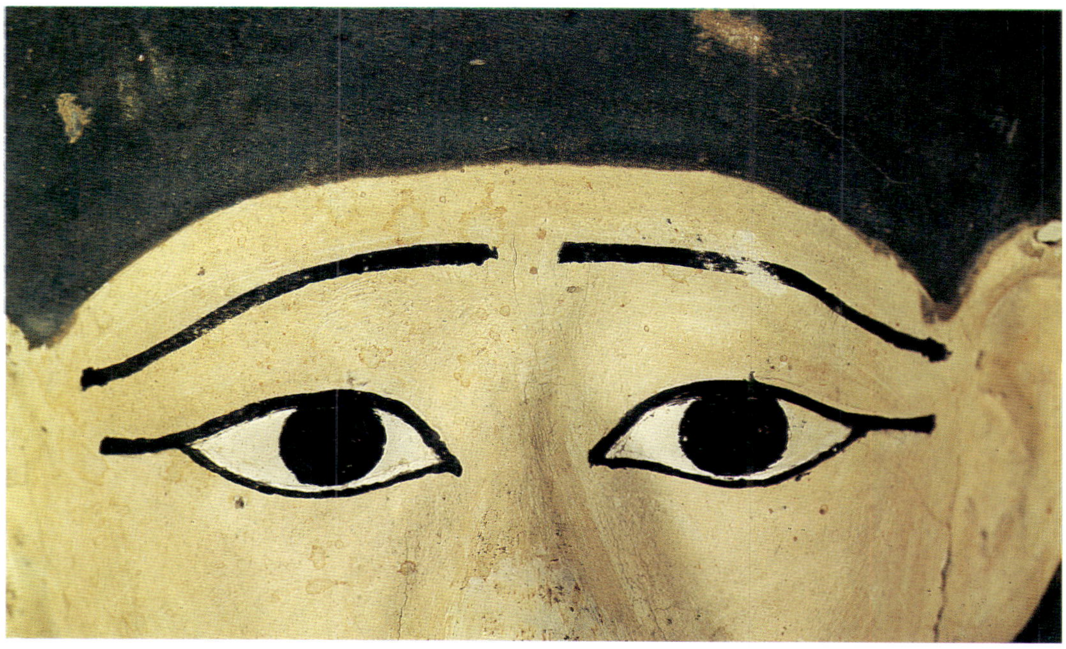

Unten: Augenpartie des Bildnisses auf einer Mumienhülle aus der ägyptischen Spätzeit; Florenz, Museo Archeologico.

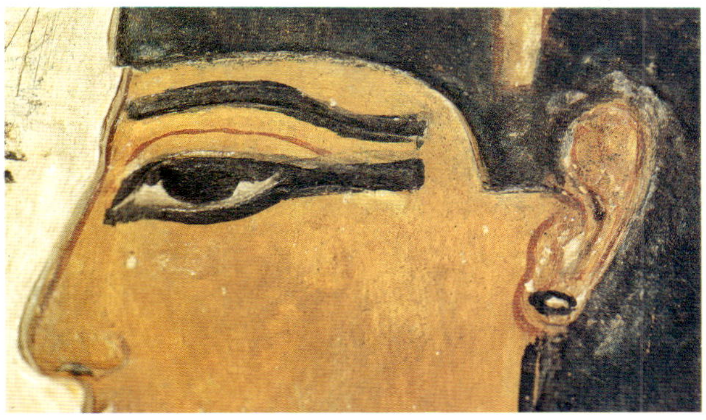

Geschminktes Auge einer Frau auf einer Wandmalerei aus der Zeit des Neuen Reiches.

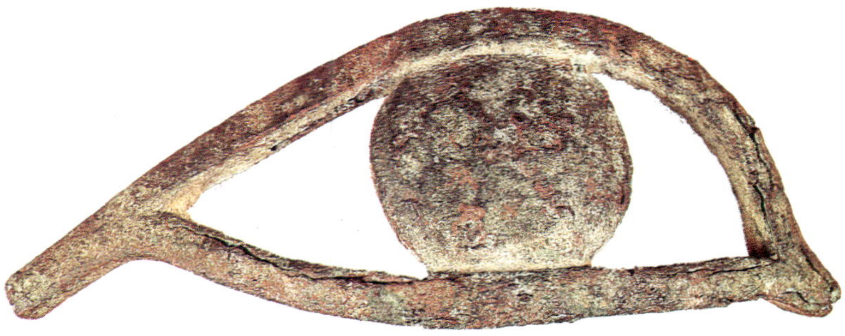

Aus Bronze gegossenes Auge von einem Sargdeckel, Spätzeit, ptolemäisch.

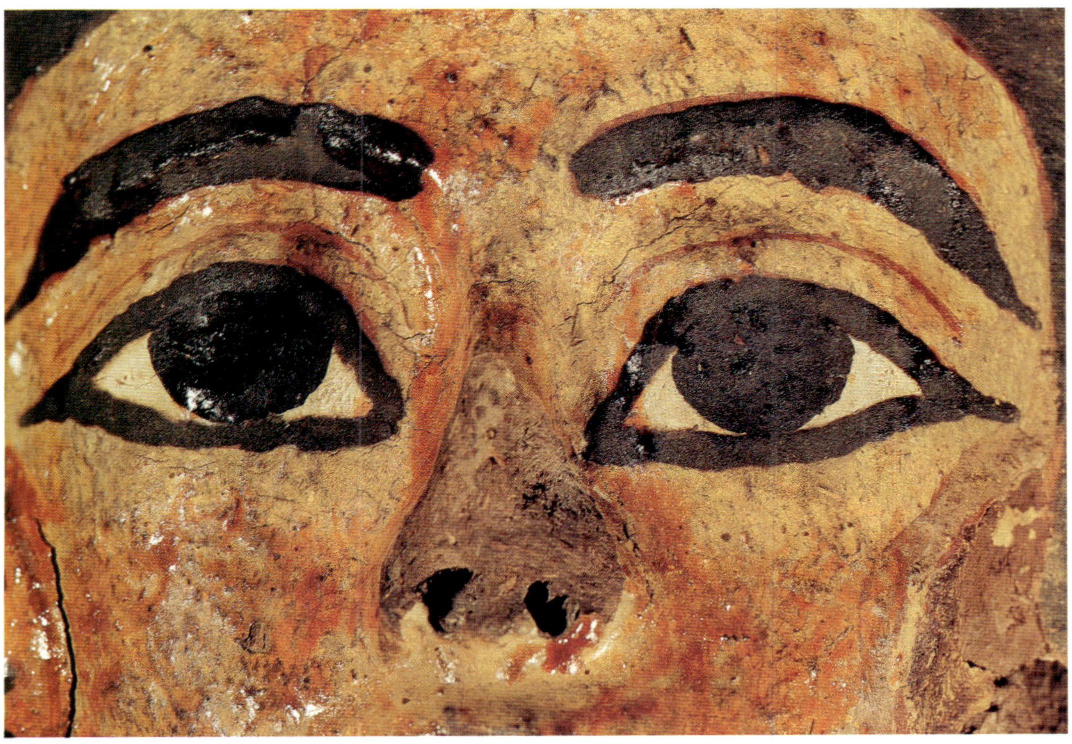

Augenpartie einer Mumienhülle aus der ägyptischen Spätzeit; Florenz, Museo Archeologico.

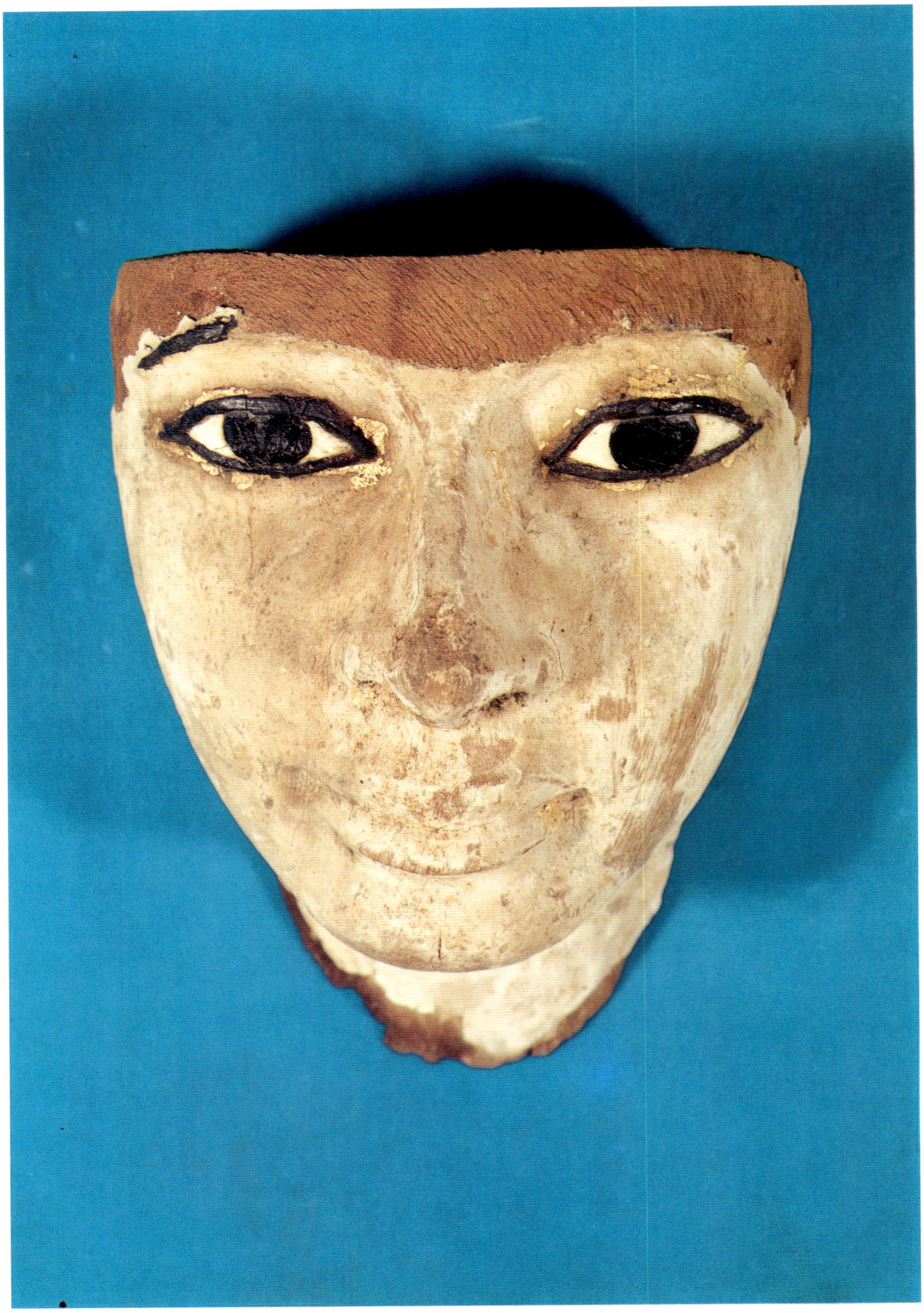

Bei Mumienmasken wie dieser aus der ägyptischen Spätzeit sind es fast immer die Augen, die – stark umrandet und mit großen Pupillen – den Ausdruck bestimmen.

SCHMUCK

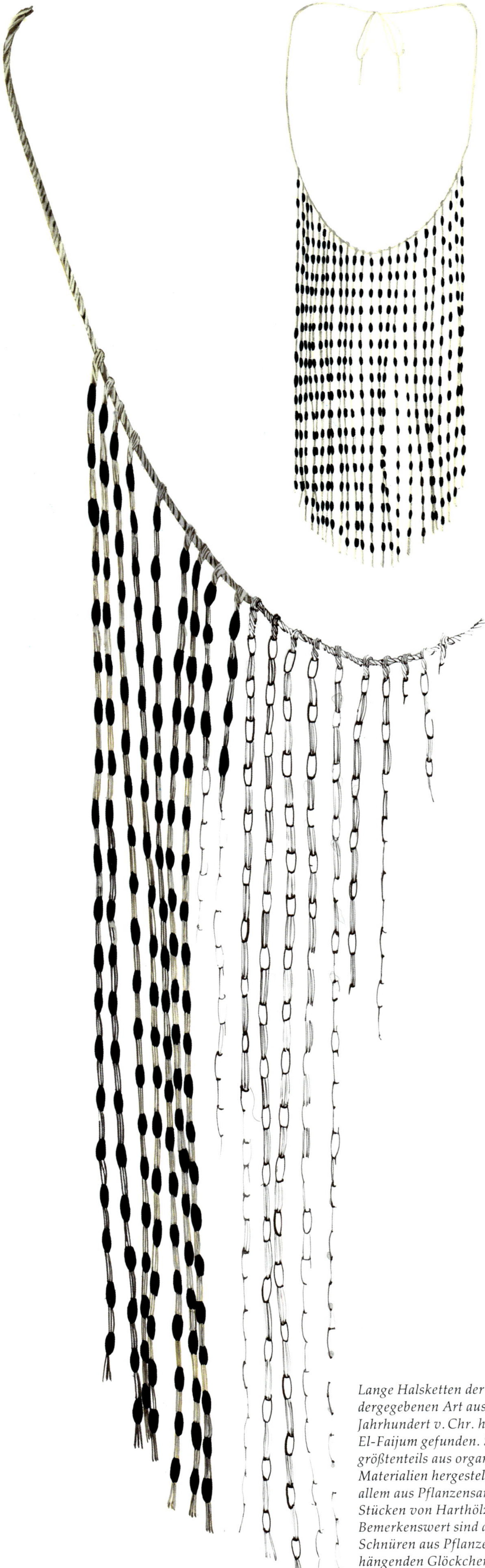

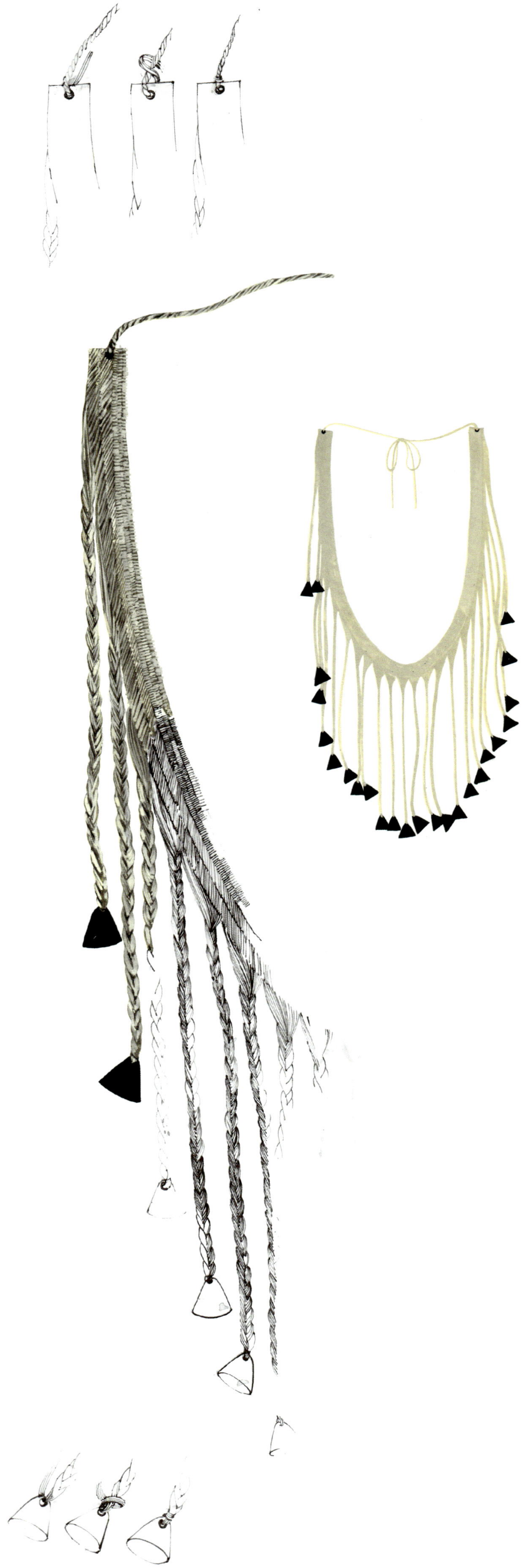

Lange Halsketten der hier wiedergegebenen Art aus dem 4. Jahrhundert v. Chr. hat man in El-Faijum gefunden. Sie sind größtenteils aus organischen Materialien hergestellt, vor allem aus Pflanzensamen und Stücken von Harthölzern. Bemerkenswert sind die von Schnüren aus Pflanzenfasern hängenden Glöckchen.

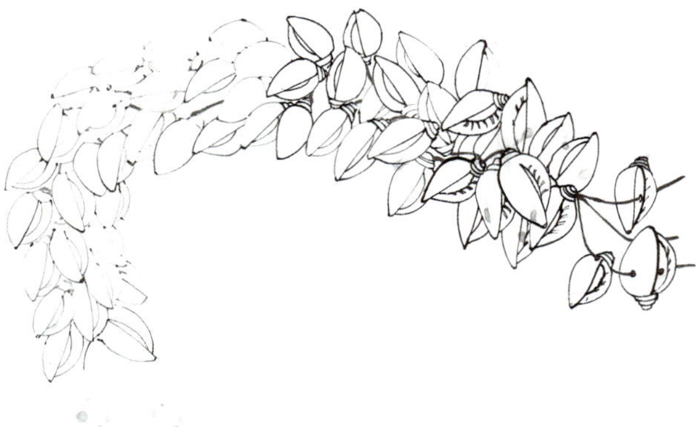

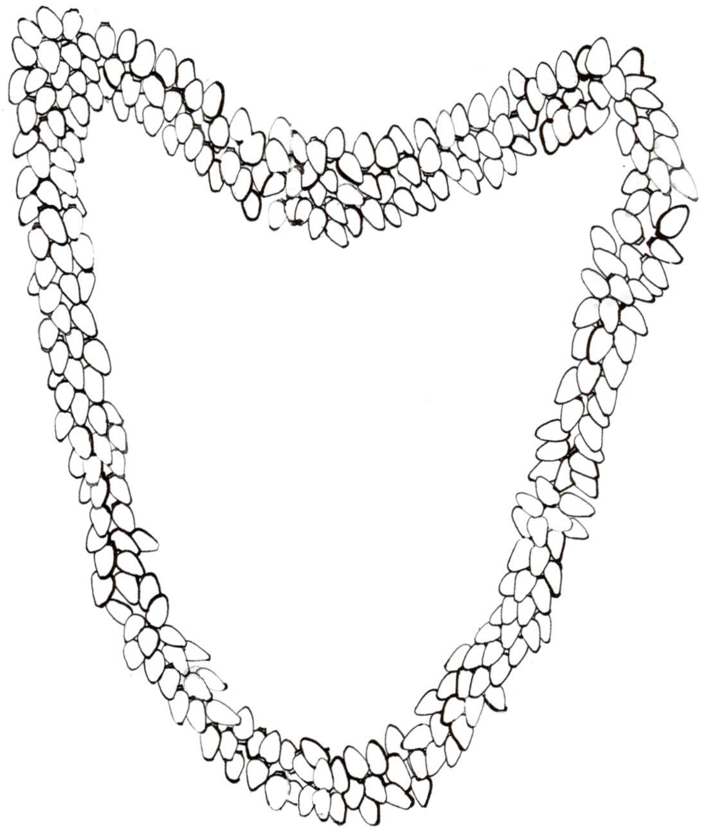

In El-Faijum fand man Ketten aus kleinen Kaurimuscheln, die so dicht gefädelt waren, daß sie Trauben bildeten. Schmuck aus Muscheln war in Ägypten sehr beliebt; das Material wurde wahrscheinlich von der Küste des Roten Meers eingeführt.

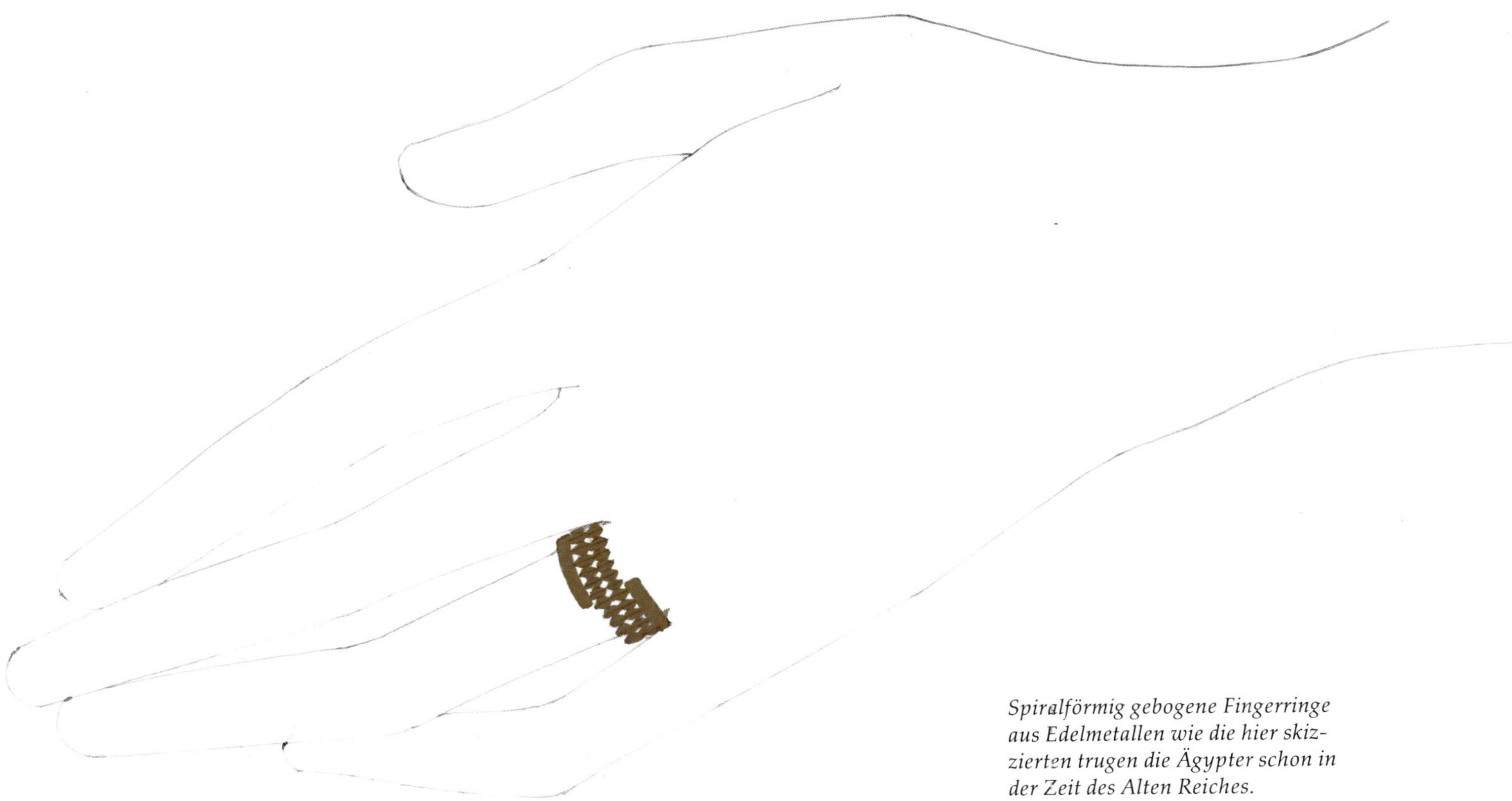

Spiralförmig gebogene Fingerringe aus Edelmetallen wie die hier skizzierten trugen die Ägypter schon in der Zeit des Alten Reiches.

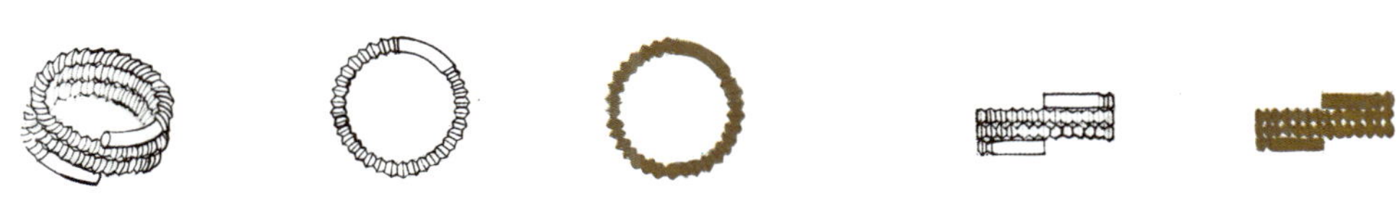

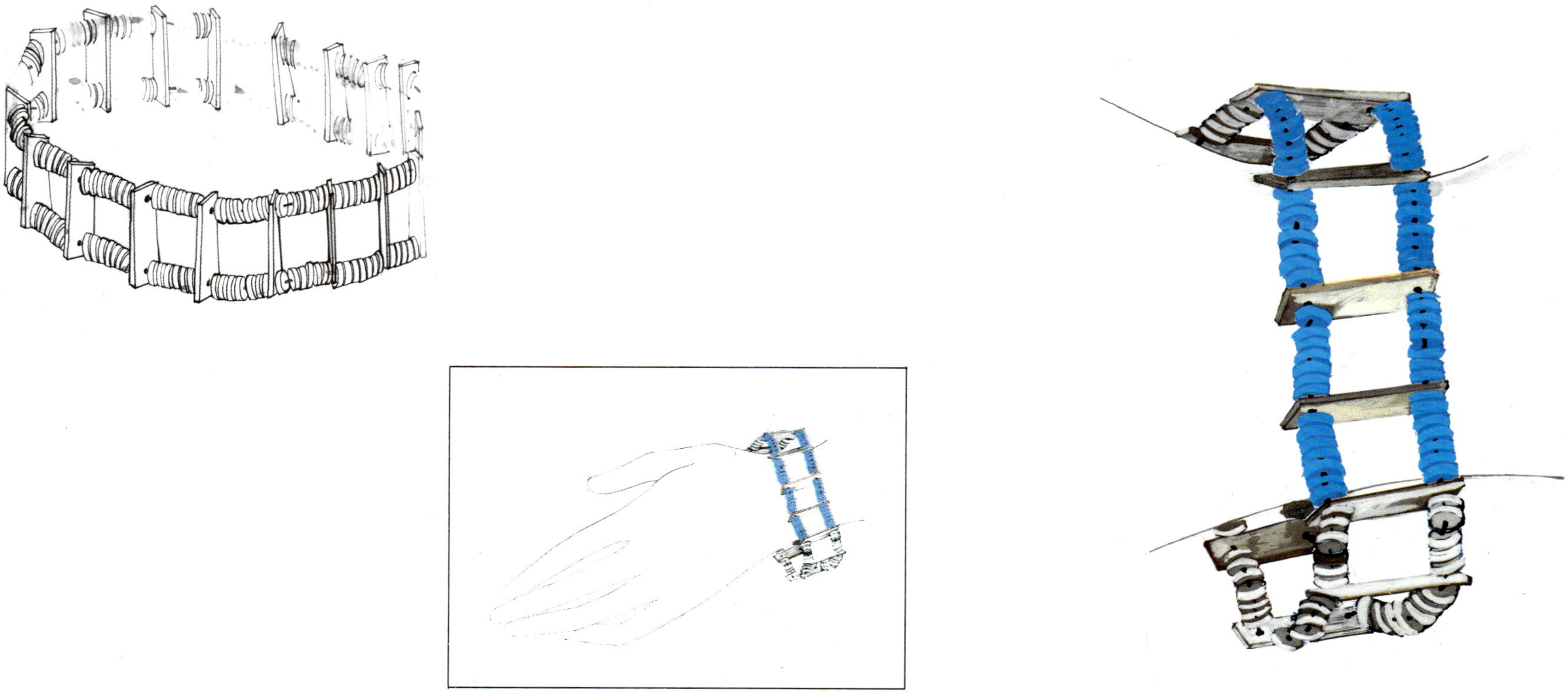

Armbänder, wie man sie im Alten Reich trug. Breite Distanzstücke halten die beiden Schnüre auf Abstand; die aufgefädelten Perlen bestehen aus farbiger Fayence oder Halbedelsteinen.

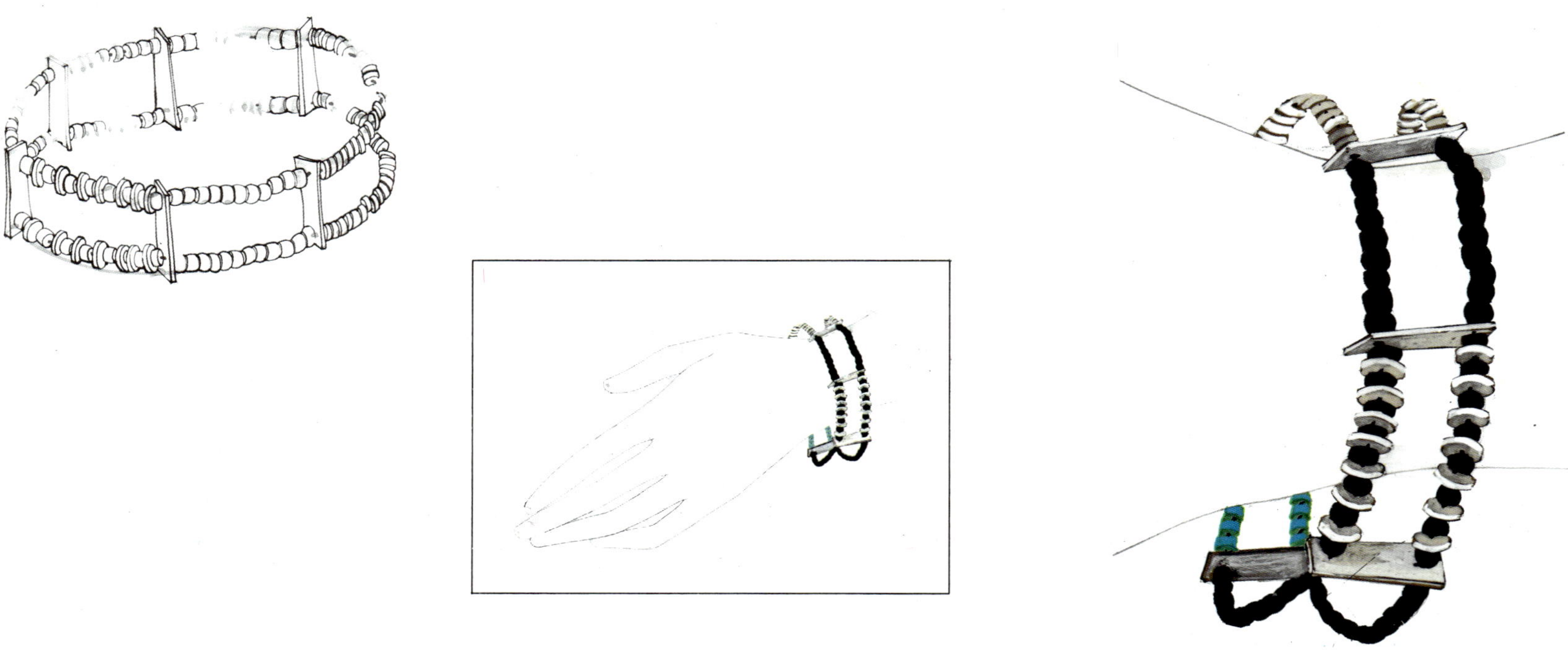

Distanzstücke, welche verschiedene Perlenschnüre eines Armbands auf Abstand hielten, trennten auch Gruppen von gleichartigen Perlen auf einer Schnur.

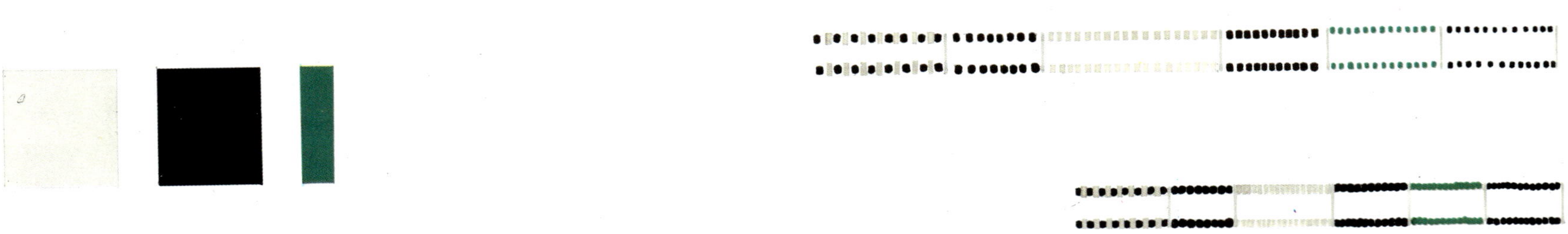

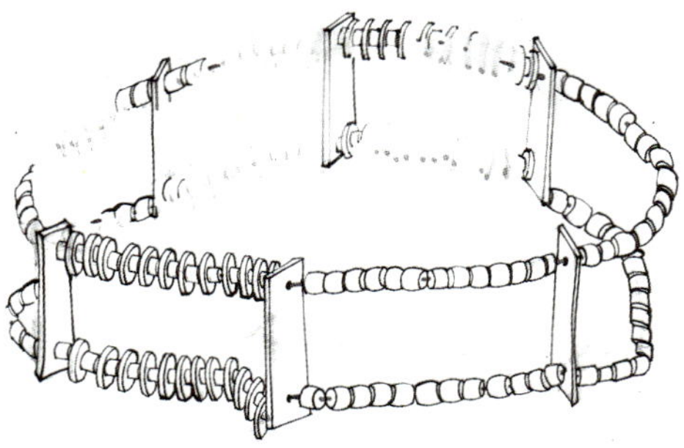

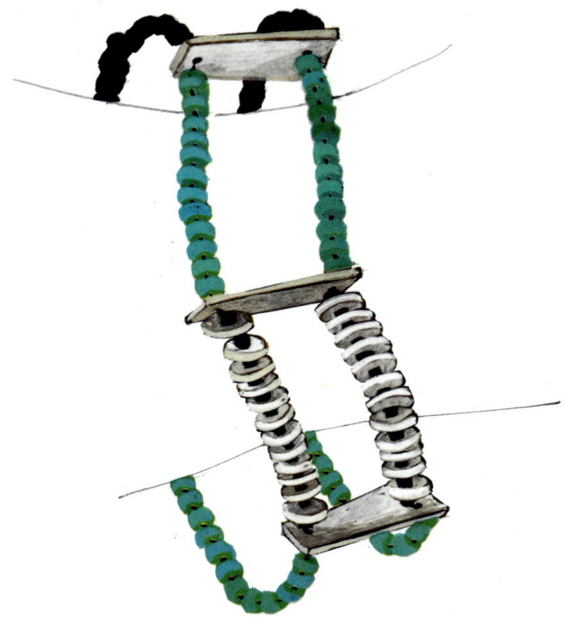

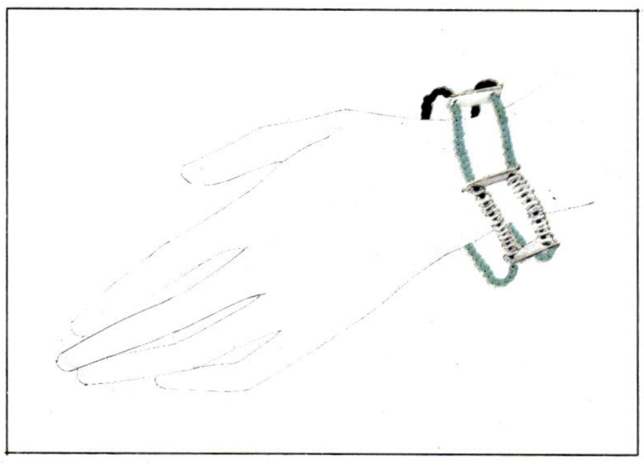

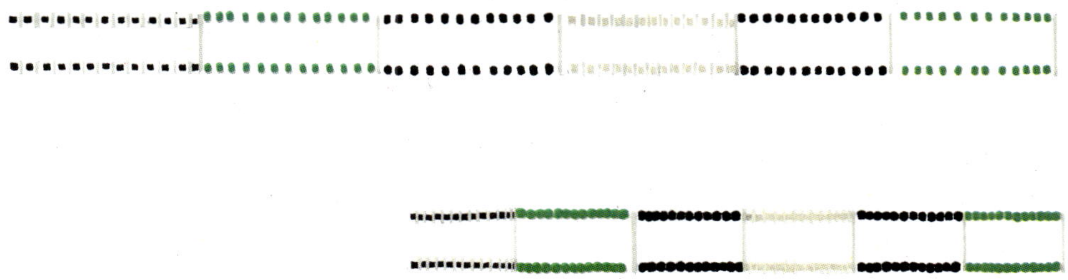

Perlen in vielgestaltiger Form, wie sie zur Herstellung von Armbändern verwendet wurden, verarbeiteten ägyptische Goldschmiede zu den unterschiedlichsten Schmucksachen. Die Möglichkeit, Perlenschnüre mittels der Distanzstücke zu flächigen Gebilden zusammenzusetzen, wurde geschickt genutzt.

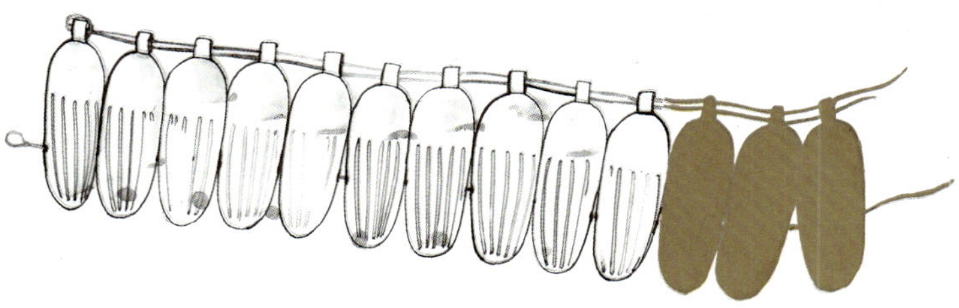

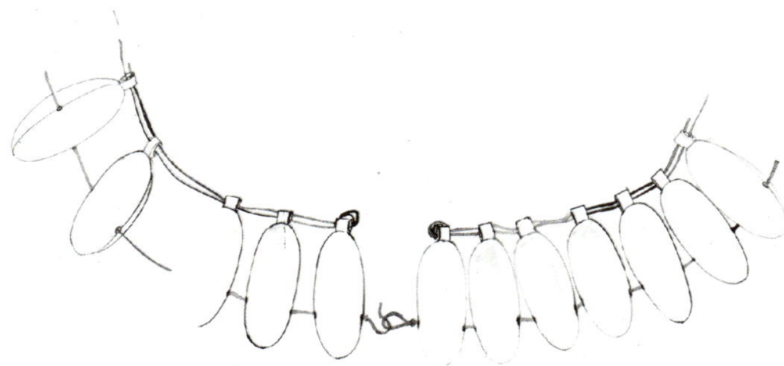

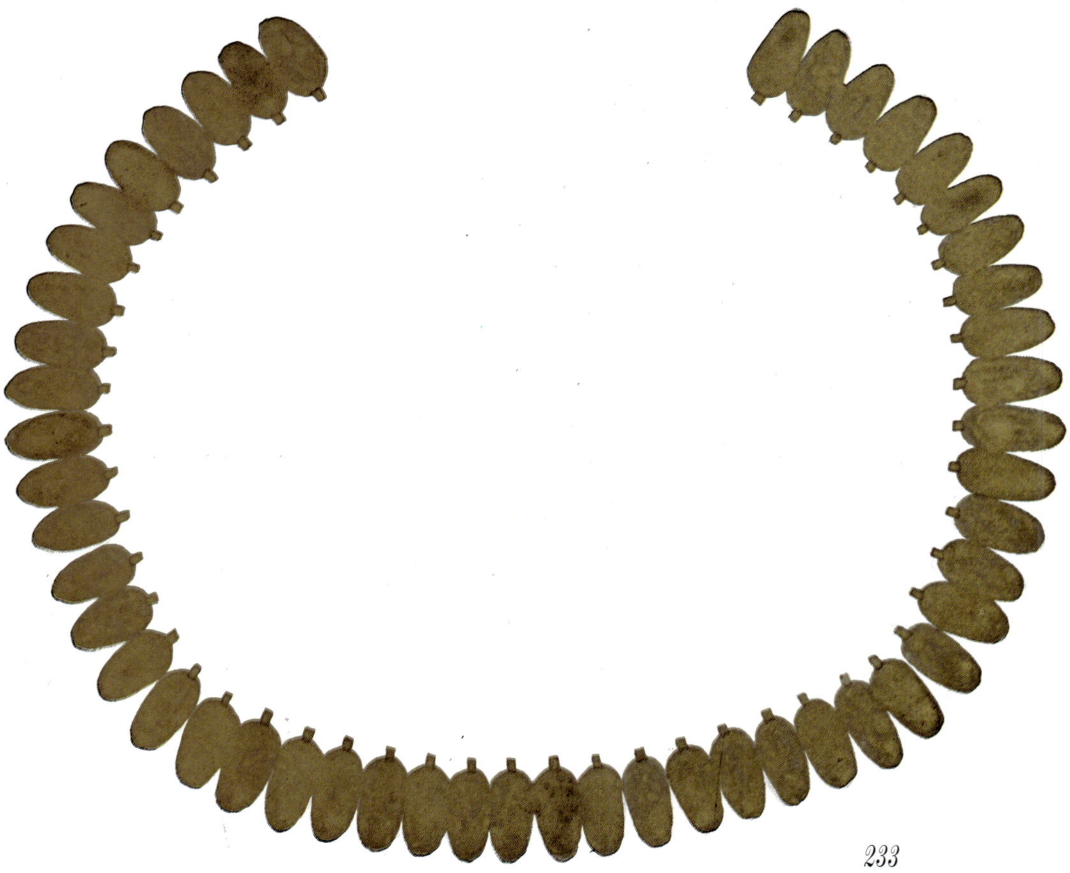

Kette aus fünfzig käferförmigen hohlen Goldperlen; Kairo, Ägyptisches Museum. – Die Form der Perlen wurde aus Goldblech über eine Matrize getrieben. Die Käfer waren das Symbol der Göttin Neith und stellten den Träger oder die Trägerin der Kette unter Schutz. Offenbar sind sie Vorläufer der späteren Skarabäen, die den Sonnengott Chepri symbolisierten. Gefunden wurde die Kette 1931 von Selim Hasan am Hals einer während der 4. Dynastie in Giza begrabenen Frau.

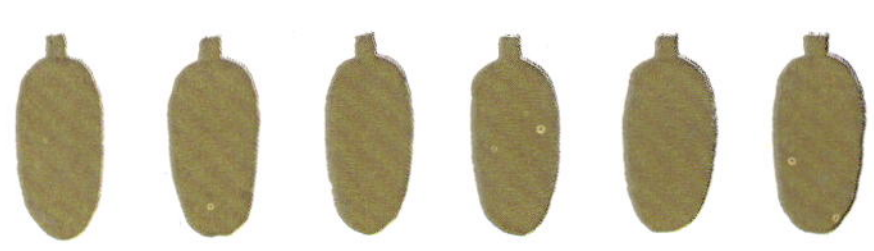

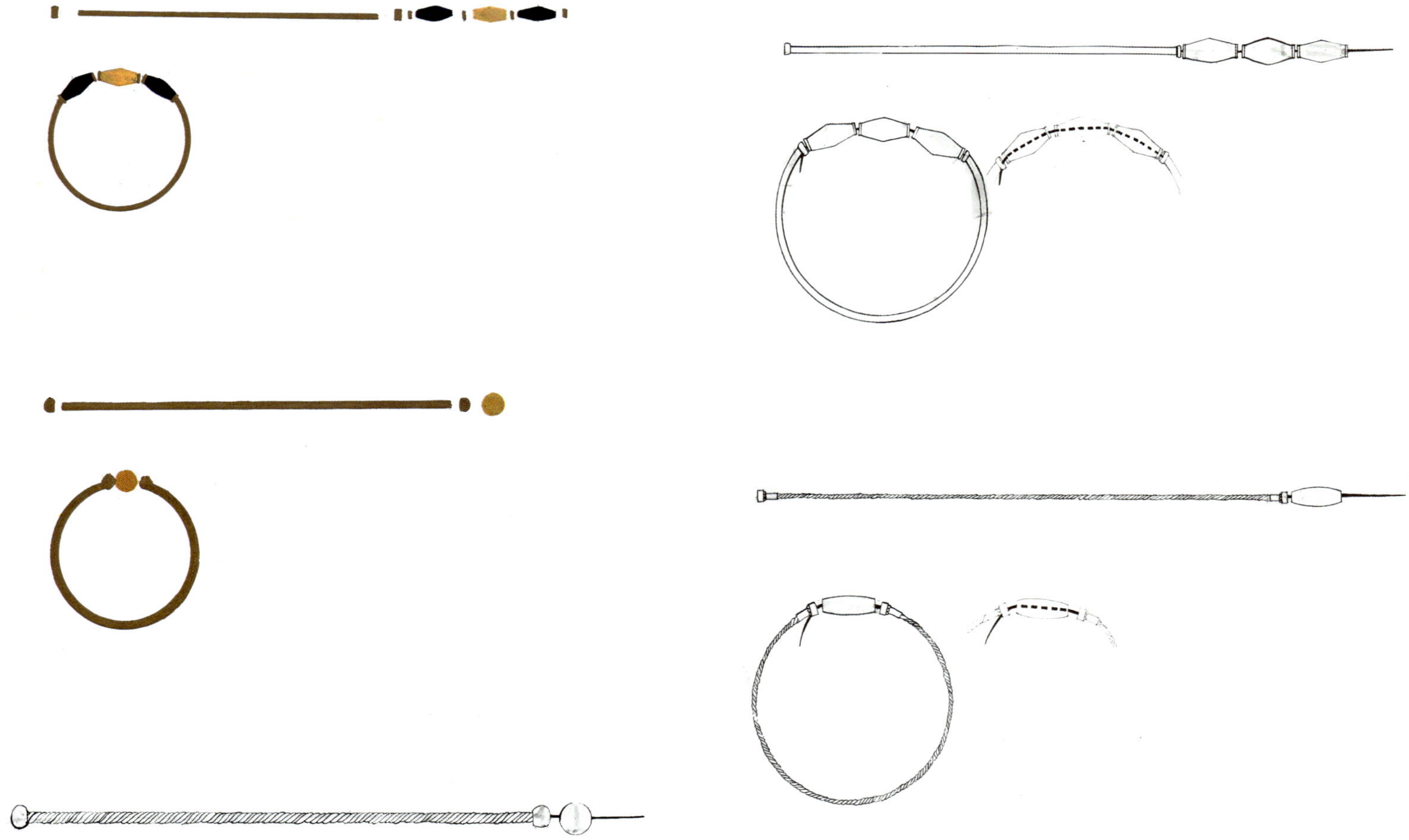

Dünne Armreifen aus gedrehtem Draht, die farbige, verschieden geformte einzelne Perlen fassen.

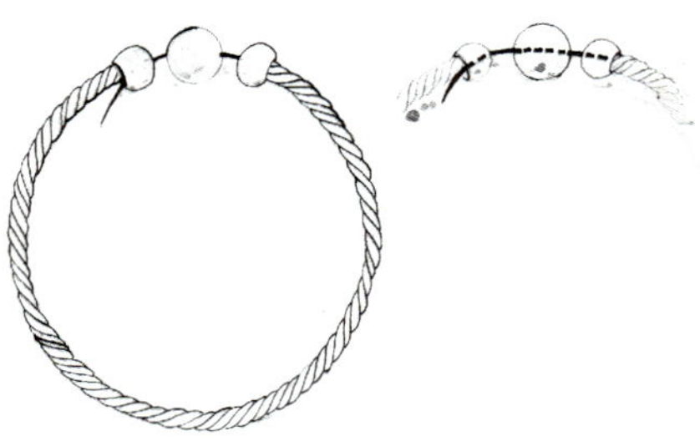

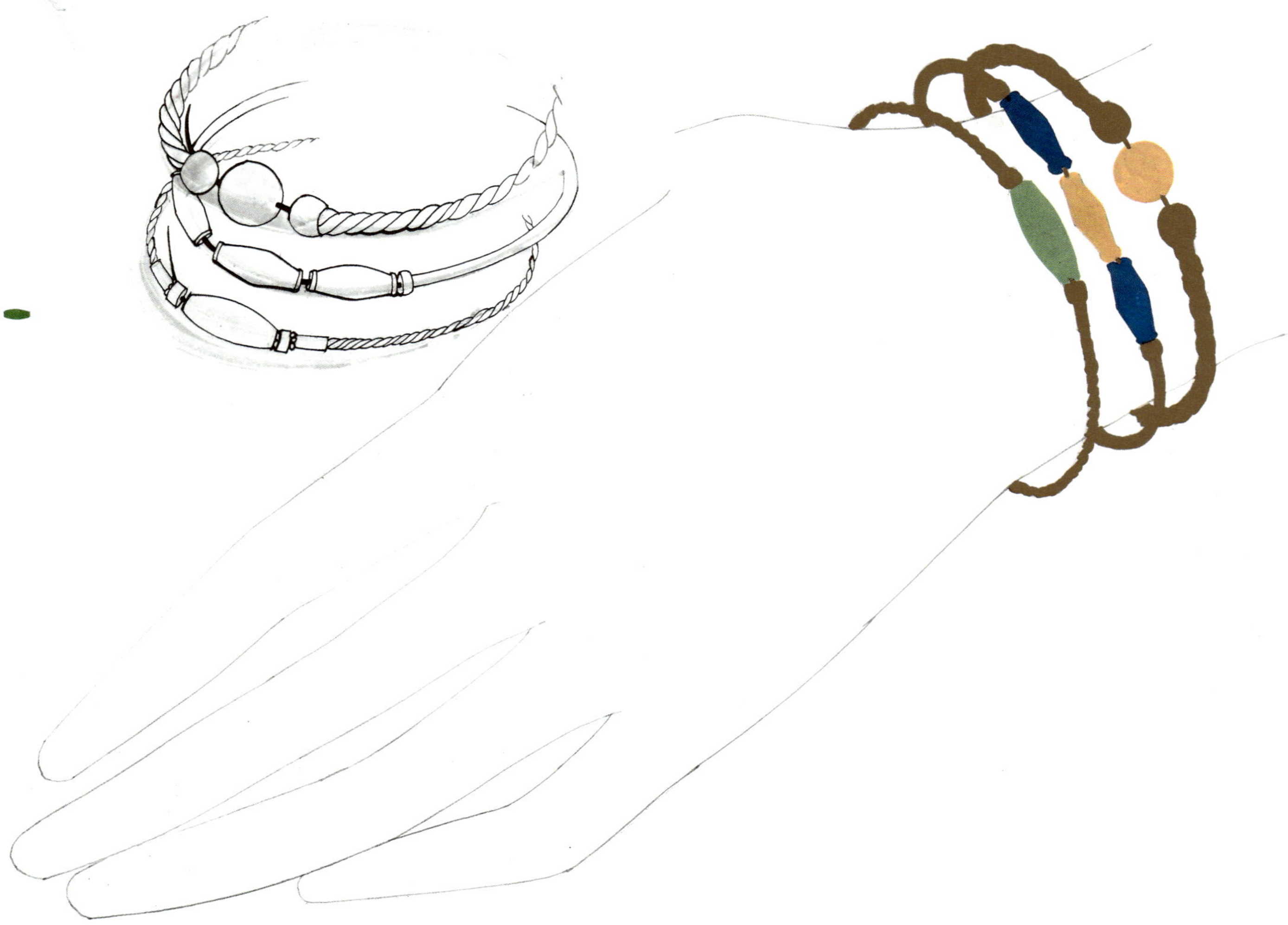

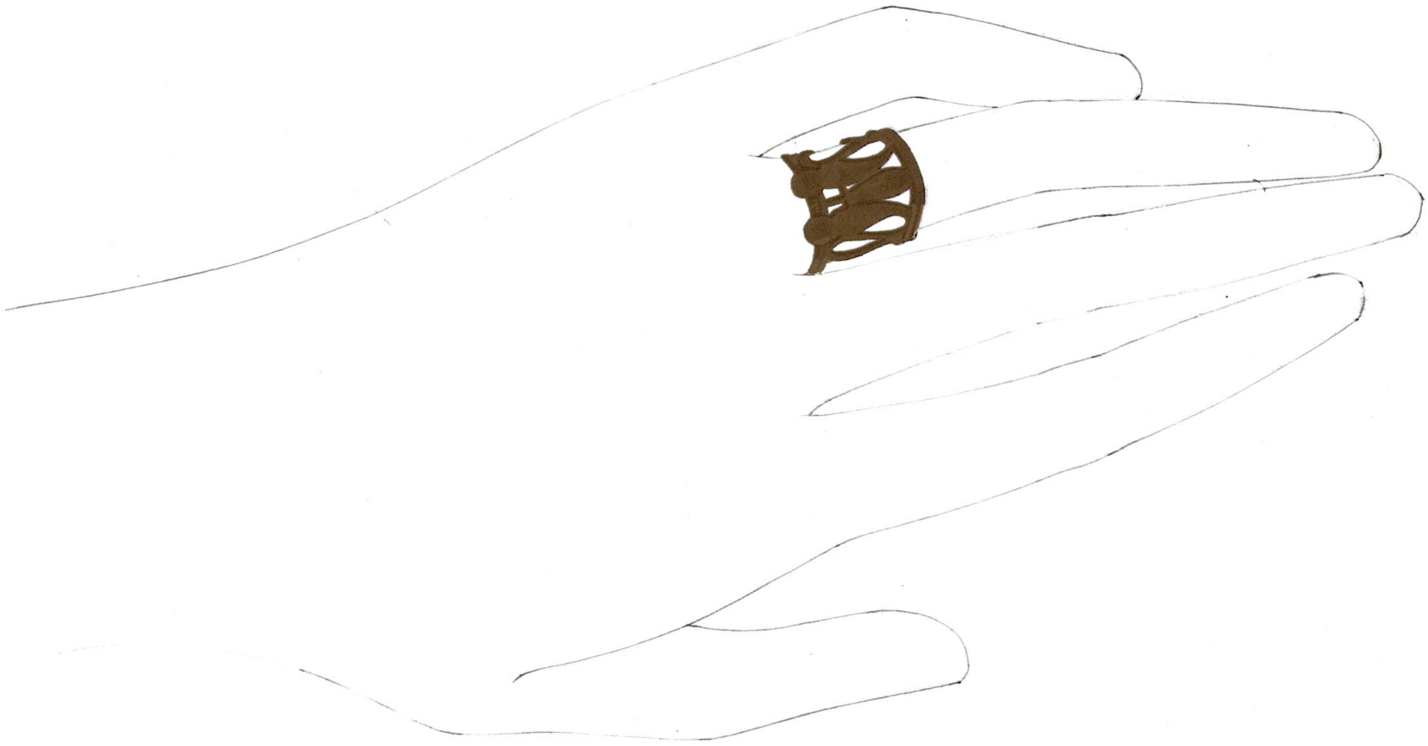

Fingerringe, wie man sie im Mittleren und im Neuen Reich trug. Aus Goldblech hergestellt, zeigen sie in durchbrochener Arbeit stilisierte heilige Uräusschlangen.

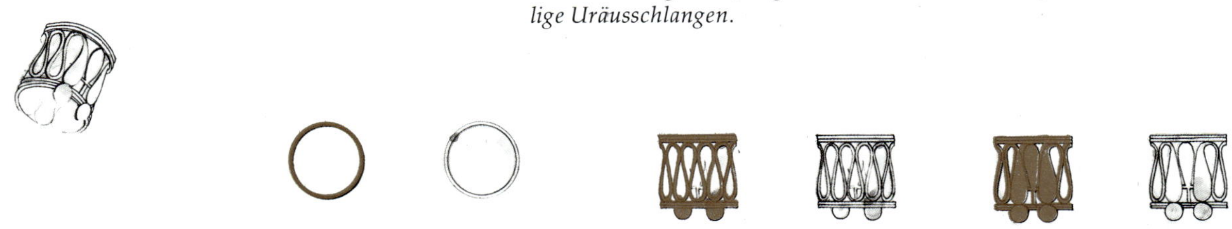

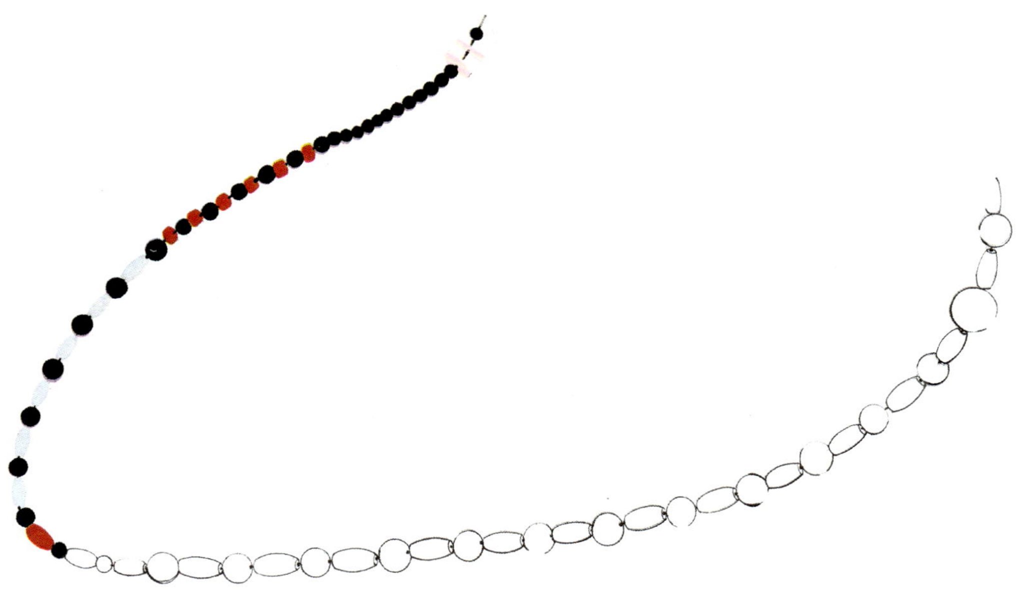

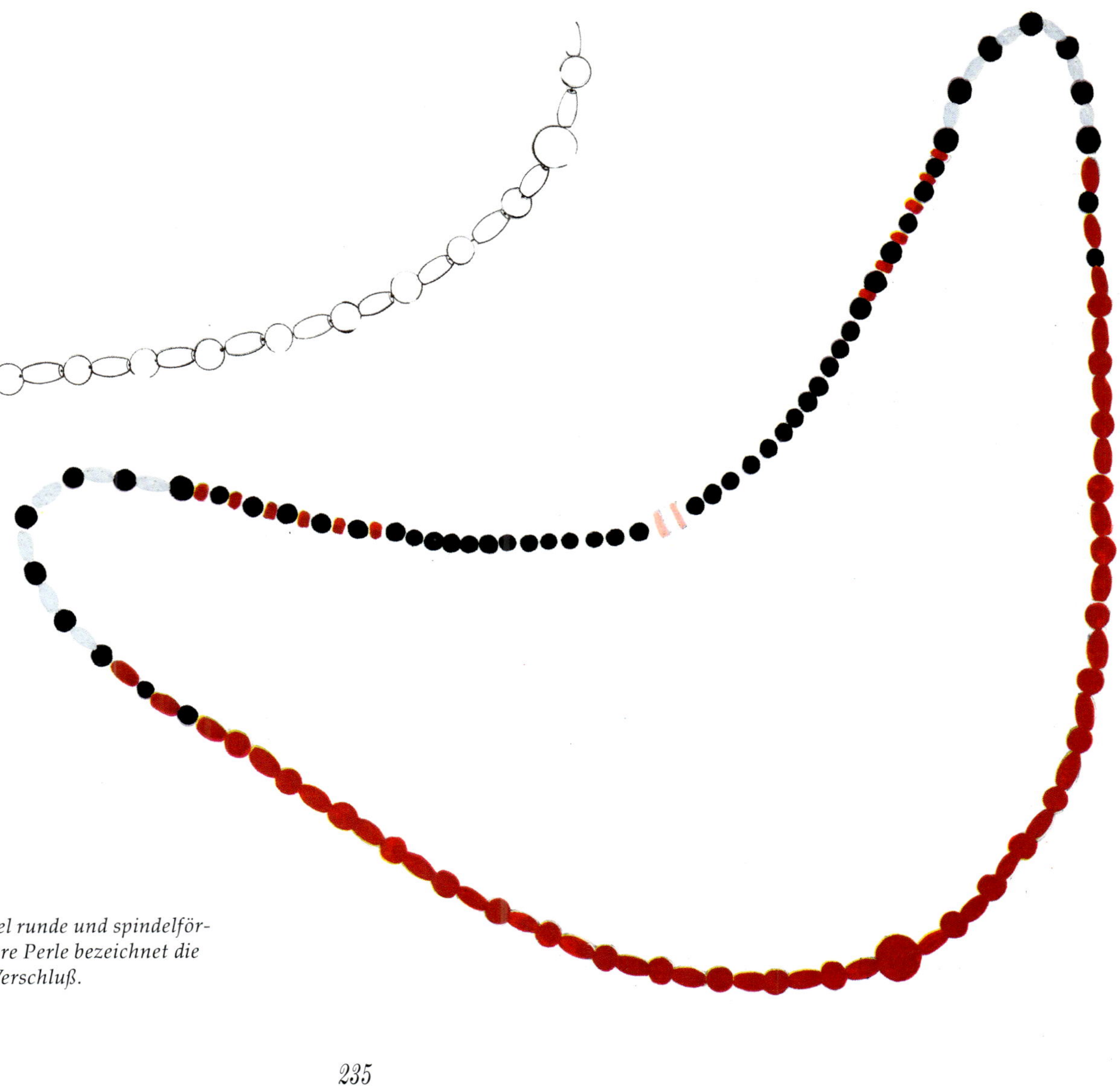

Zwei Perlenketten, bei denen im Wechsel runde und spindelförmige Perlen aufgeführt sind. Eine größere Perle bezeichnet die Mitte, kleinere Perlen leiten über zum Verschluß.

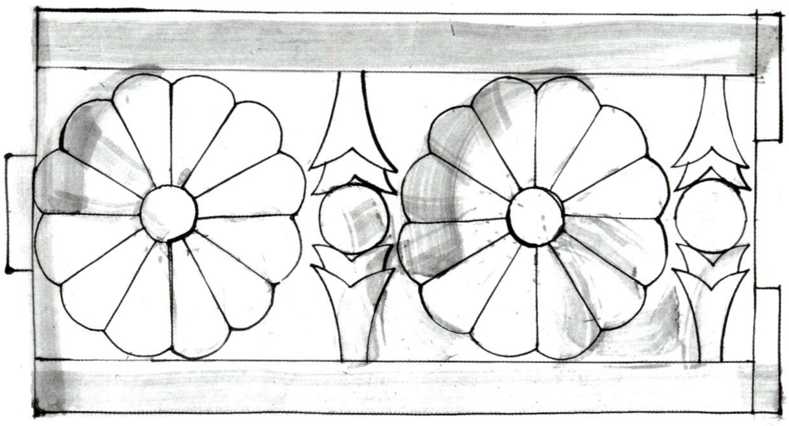

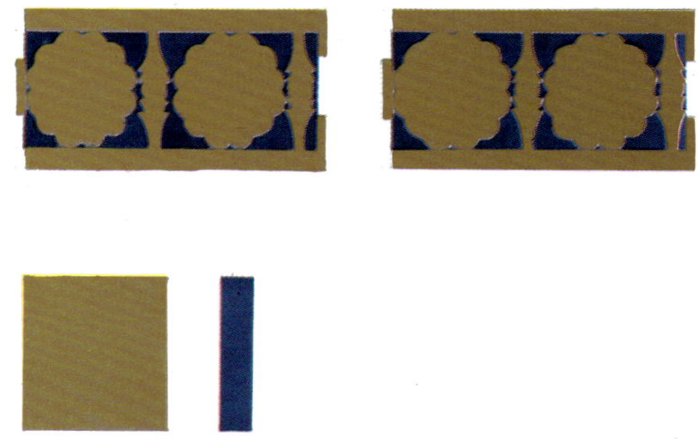

Metallene Armreifen sind nicht nur aus Darstellungen an den Wänden von Gräbern bekannt, man hat auch zahlreiche Exemplare solcher Schmuckstücke bei den Toten gefunden. Die Reifen sind teils einfach verziert, nur an der Außen- oder Innenseite mit hieroglyphischen Inschriften versehen, die stets den Stifter und dessen Titel nennen, teils tragen sie farbige Einlegearbeit. Die Schließe besteht aus einem Stift, der durch drei Röhrenabschnitte gesteckt wird. Der mittlere, an einer Seite des Reifens befestigte Abschnitt paßt zwischen die beiden anderen an der gegenüberliegenden Seite.

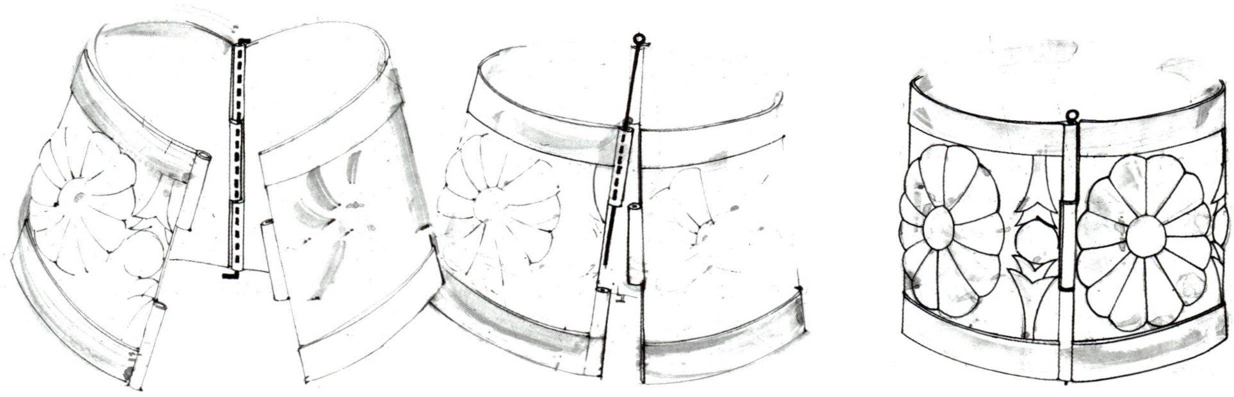

Leichte Ohrringe stellte man her, indem man Perlen auf ein Stück Draht zog. Das eine Ende wurde durch das durchbohrte Ohrläppchen gesteckt und, gebogen, über eine Schlaufe dem anderen Ende eingehakt.

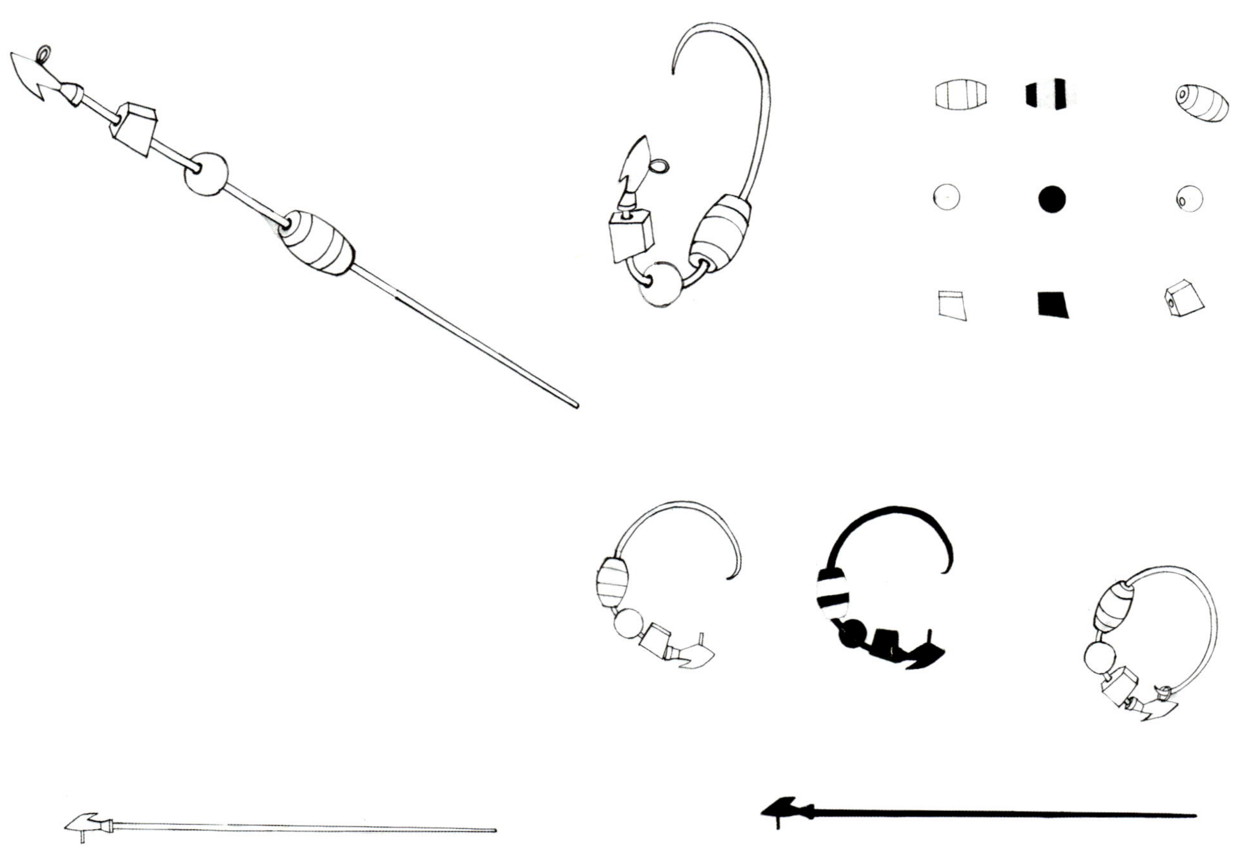

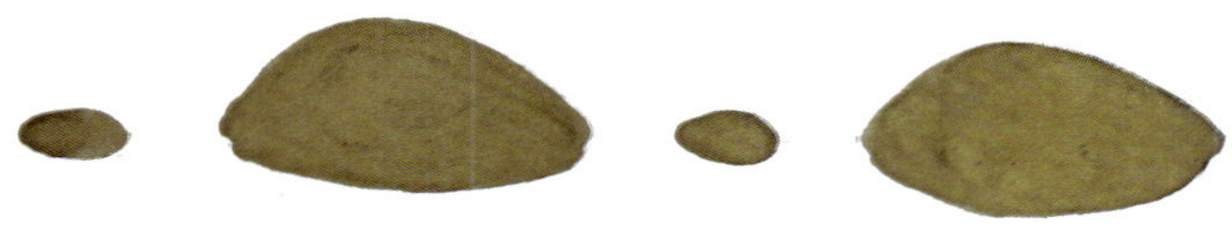

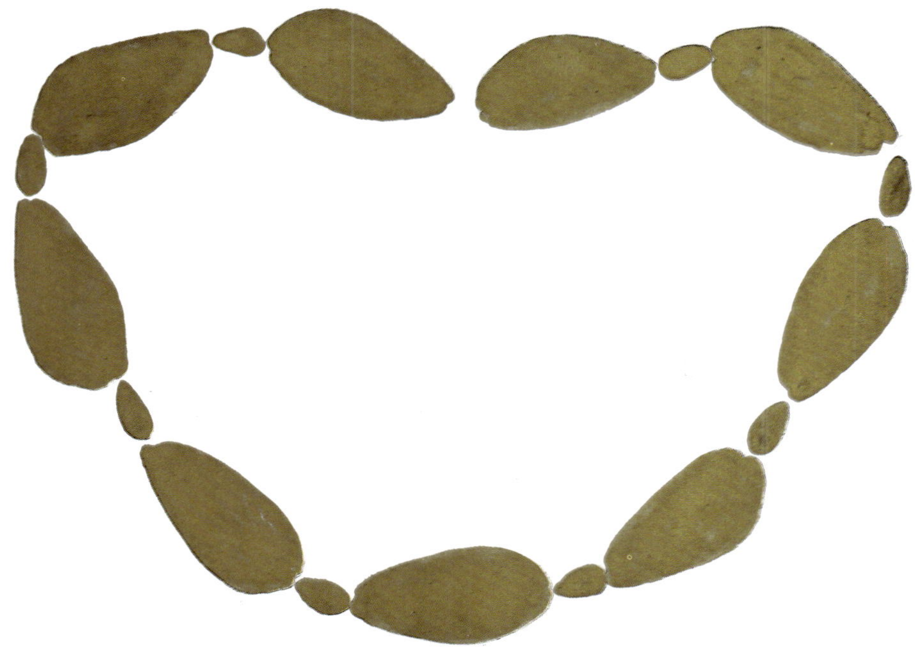

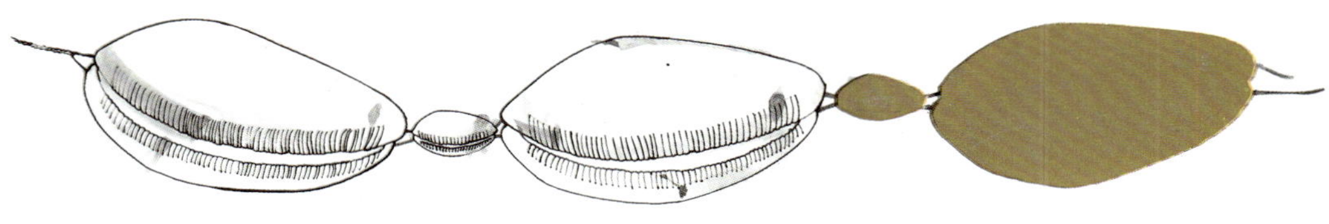

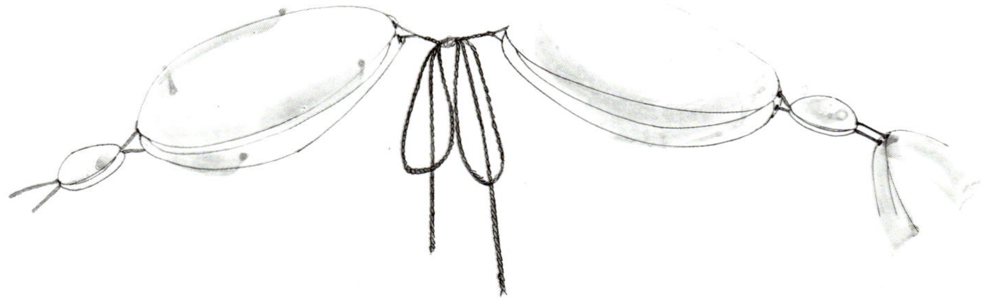

In den Königsgräbern in Dahschur und Illahun (12. Dynastie) fand man kunstvoll gearbeitete Gürtel aus hohlen goldenen Perlen in Gestalt von Kaurimuscheln. Der Verschluß dieser Gürtel der Königin Merit und der Prinzessin Chenemet ist geschickt in eine der Muscheln verlegt, die aus zwei Stücken mit einer Nut- und Federverbindung zusammenzustecken ist.

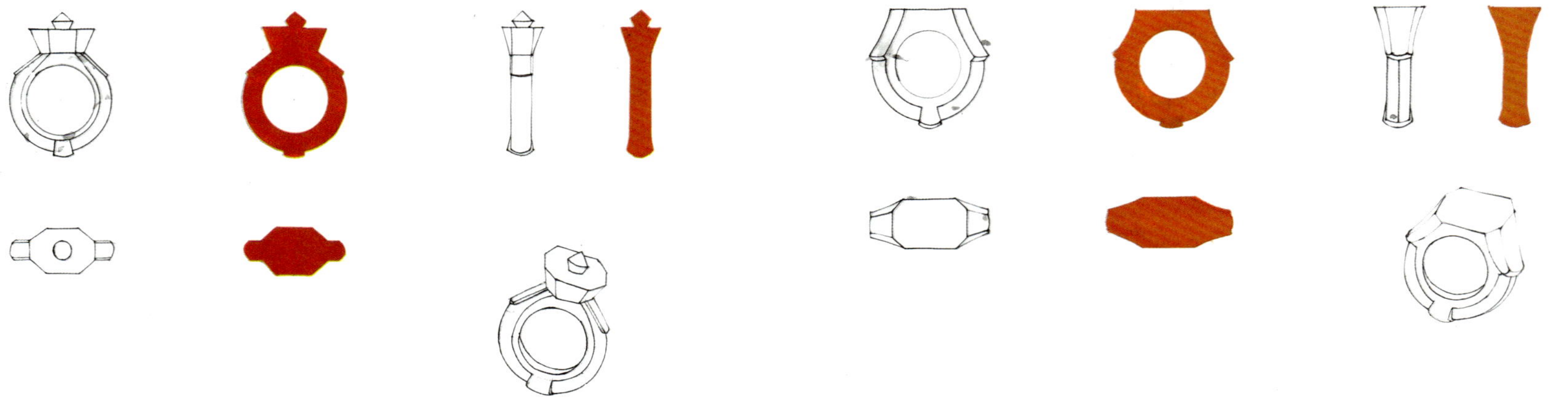

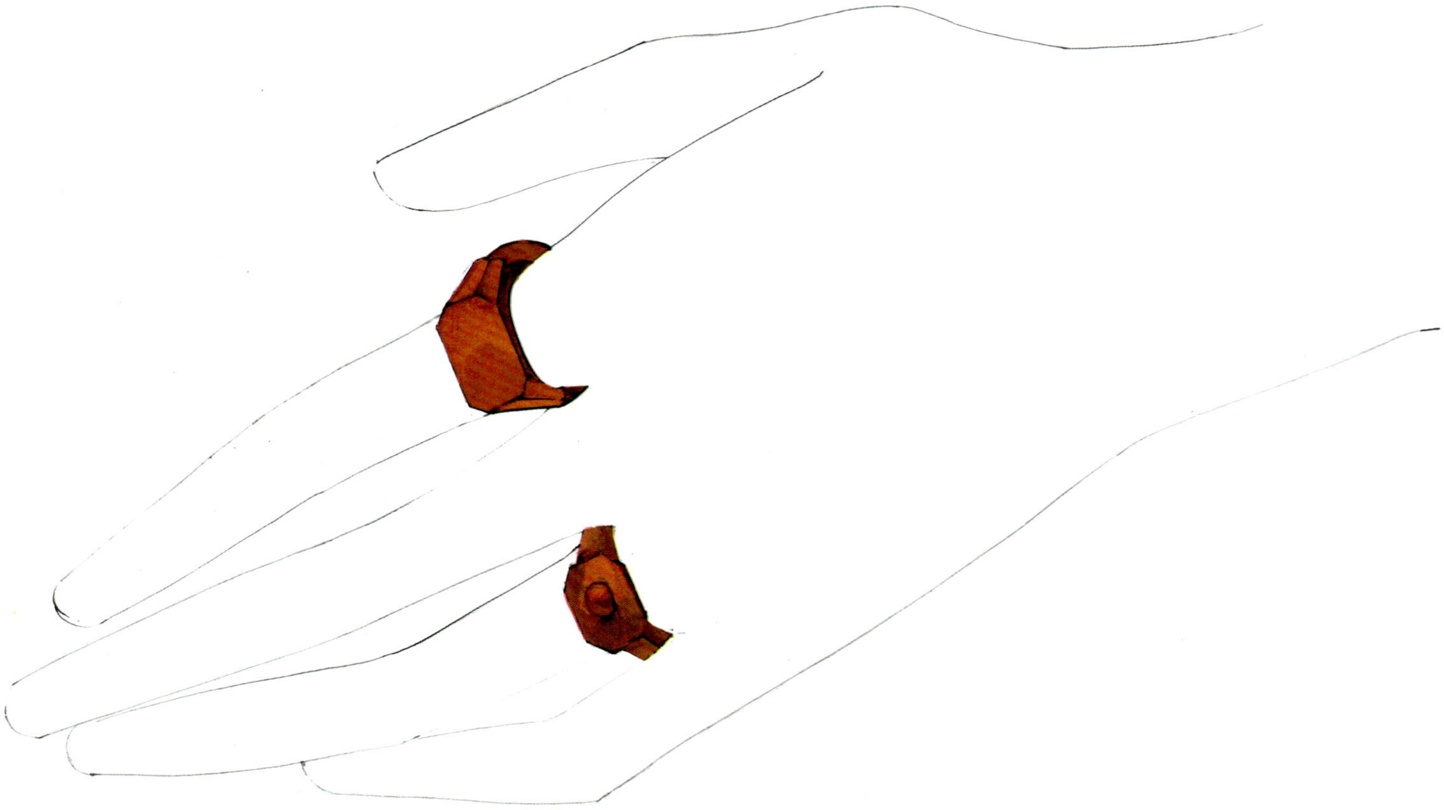

Fingerringe hat man aus allen Perioden der ägyptischen Kunst in großer Anzahl gefunden. Manche sind nur Stücke gebogenen Blechs. Später gab man ihnen unterschiedliche Formen, vielfach mit glatter rechteckiger Platte. Viele der gefundenen Exemplare aus billigeren Materialien, auch aus Fayence, sind leicht zerbrechlich und können daher kaum viel getragen worden sein. Bei einigen handelt es sich um Neujahrsringe, die dem Empfänger Glück bringen sollten, wie den auf der Platte eingravierten Hieroglyphen zu entnehmen ist.

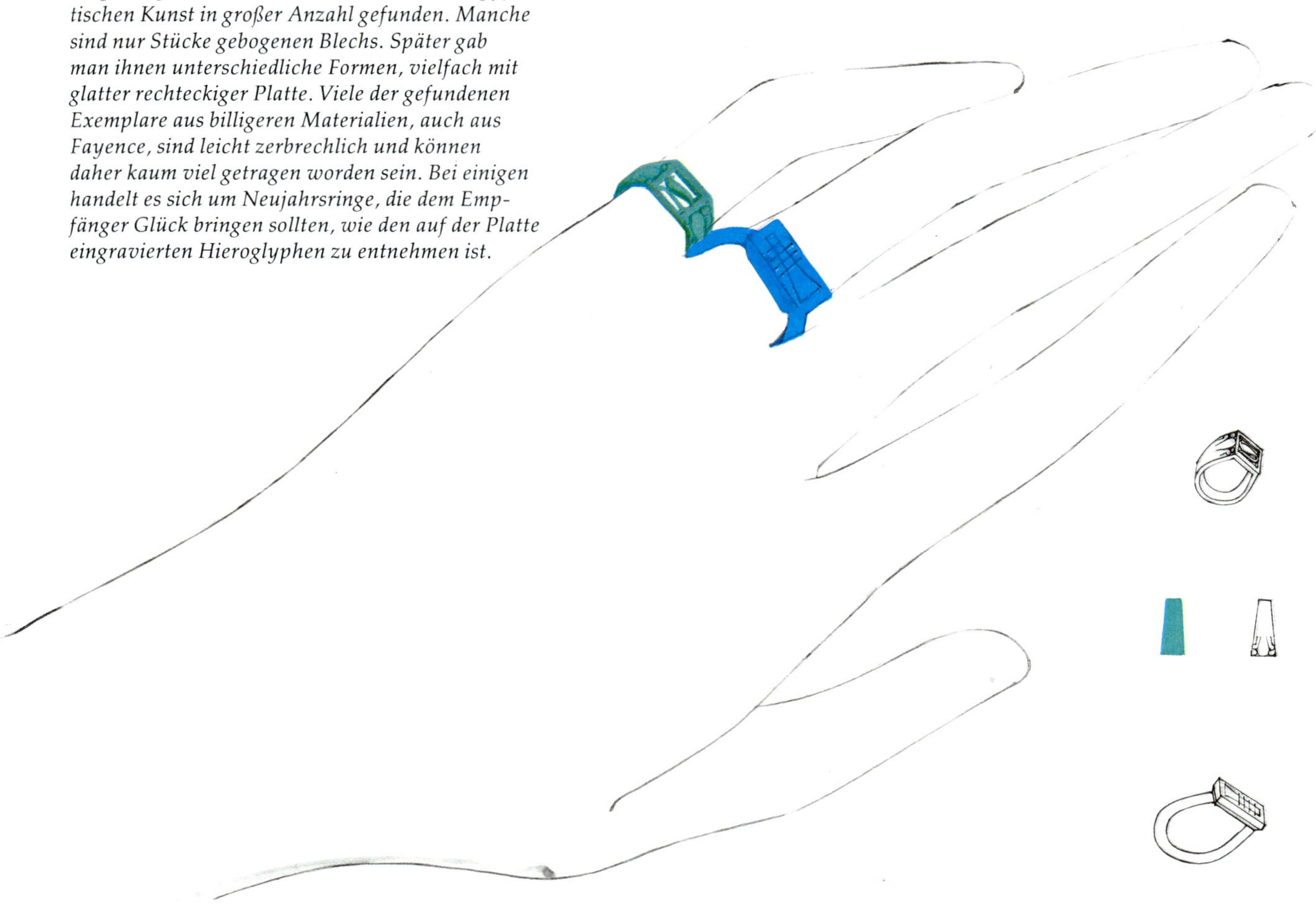

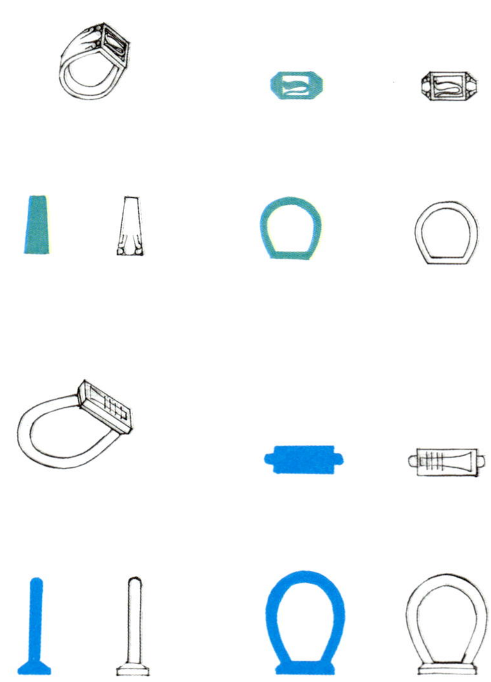

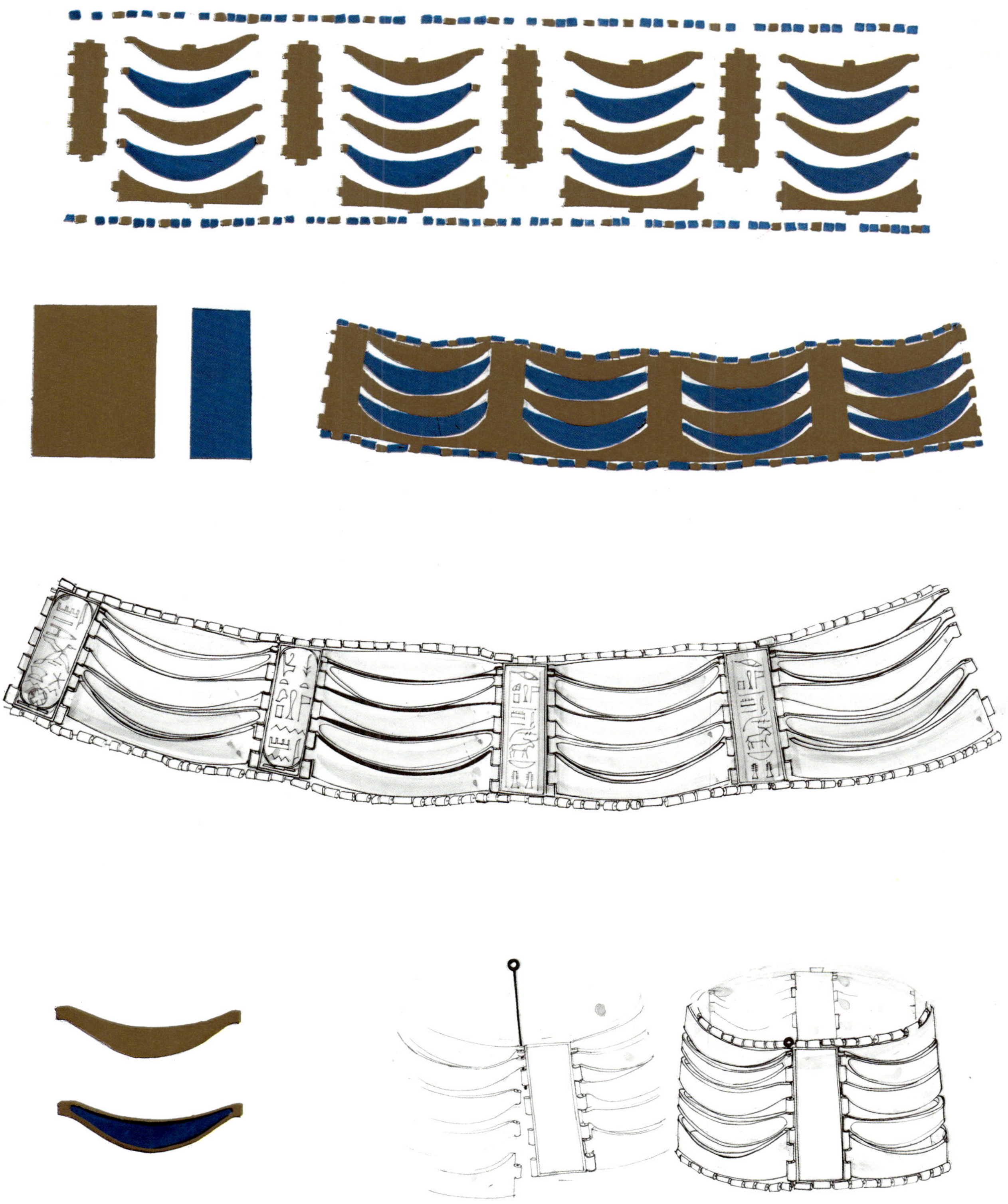

Der Schmuck dieser 1939 von Pierre Montet in den Königsgräbern in Tanis gefundenen Armbänder ist ungewöhnlich. Die halbmondförmigen Elemente bestehen aus Gold und aus in Gold gefaßtem Lapislazuli, sie sind alternierend angeordnet. Auf den rechteckigen Blättern sind Namen und Titel des Königs eingraviert. Die kostbaren Armbänder befinden sich heute im Ägyptischen Museum in Kairo.

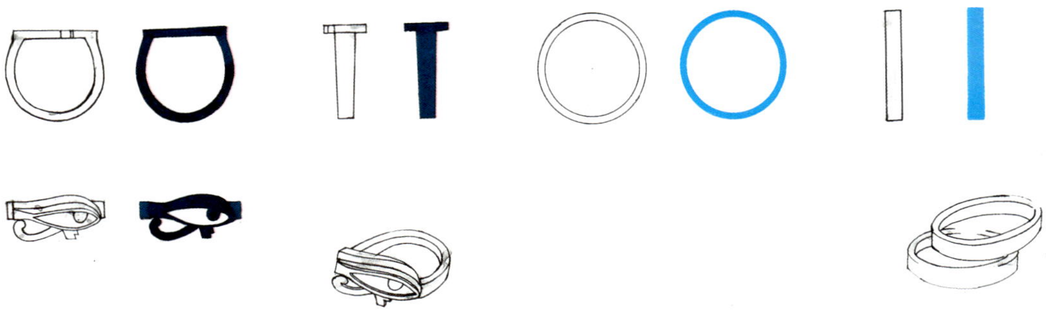

Beliebt war bei den Ägyptern die hier wiedergegebene Form eines Fingerrings, dessen mit einem Symbol geschmückte Platte in der gezeigten Weise mit einem Stift auf einem gesondert gearbeiteten Bügel befestigt war. Oft trägt die Platte einen Skarabäus, doch auch das hier gezeigte Augenamulett war weit verbreitet.

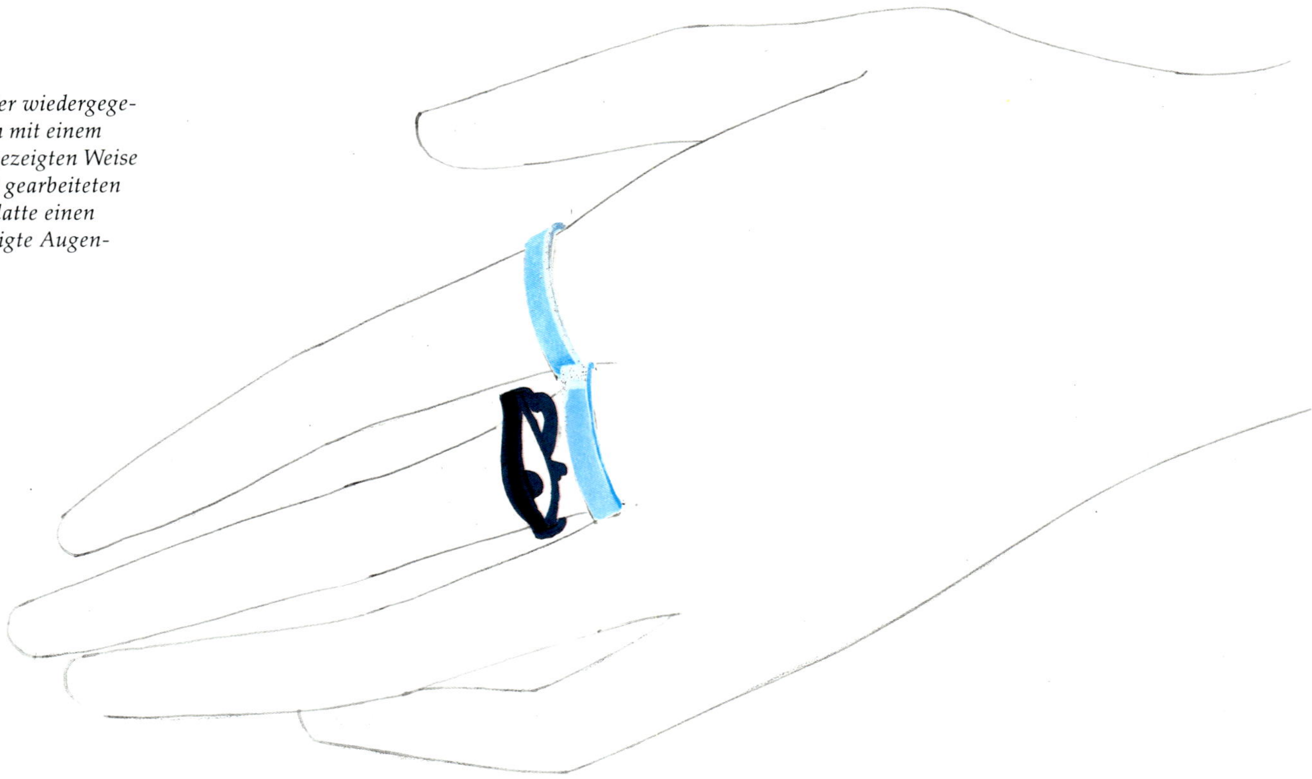

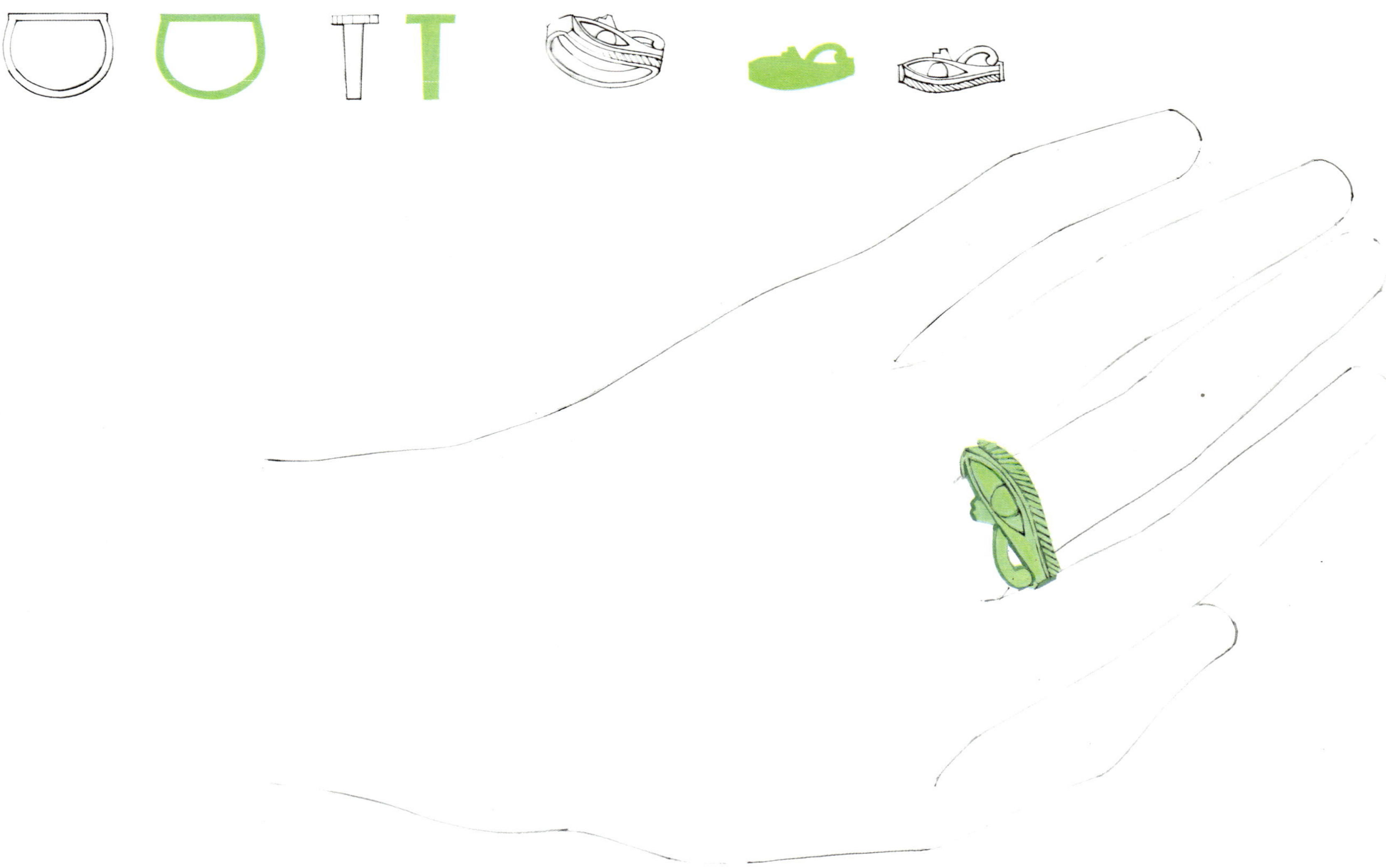

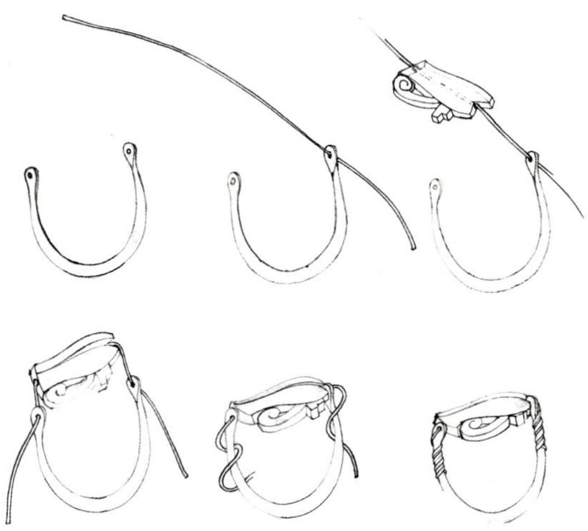

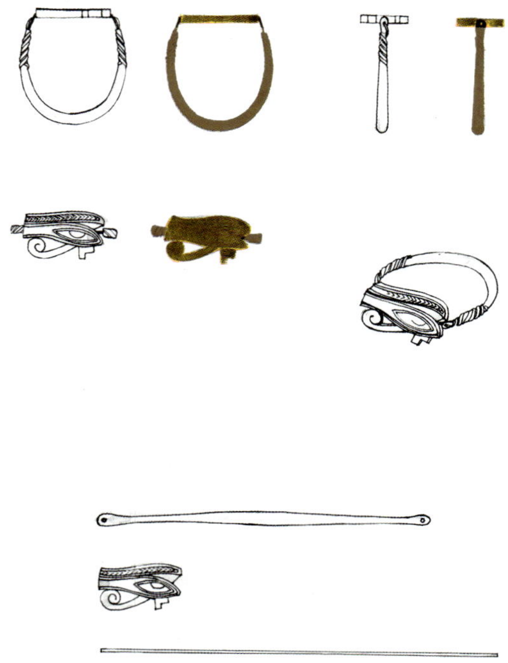

Fayenceringe, gewöhnlich recht massiv, waren oft mit Hieroglyphen in durchbrochener Arbeit geschmückt, so mit Reihen von Hes-Vasen, Uräusschlangen, Nefer-Zeichen oder Udjat-Augen. Die Symbole versprachen dem Träger Schutz und Wohlergehen.

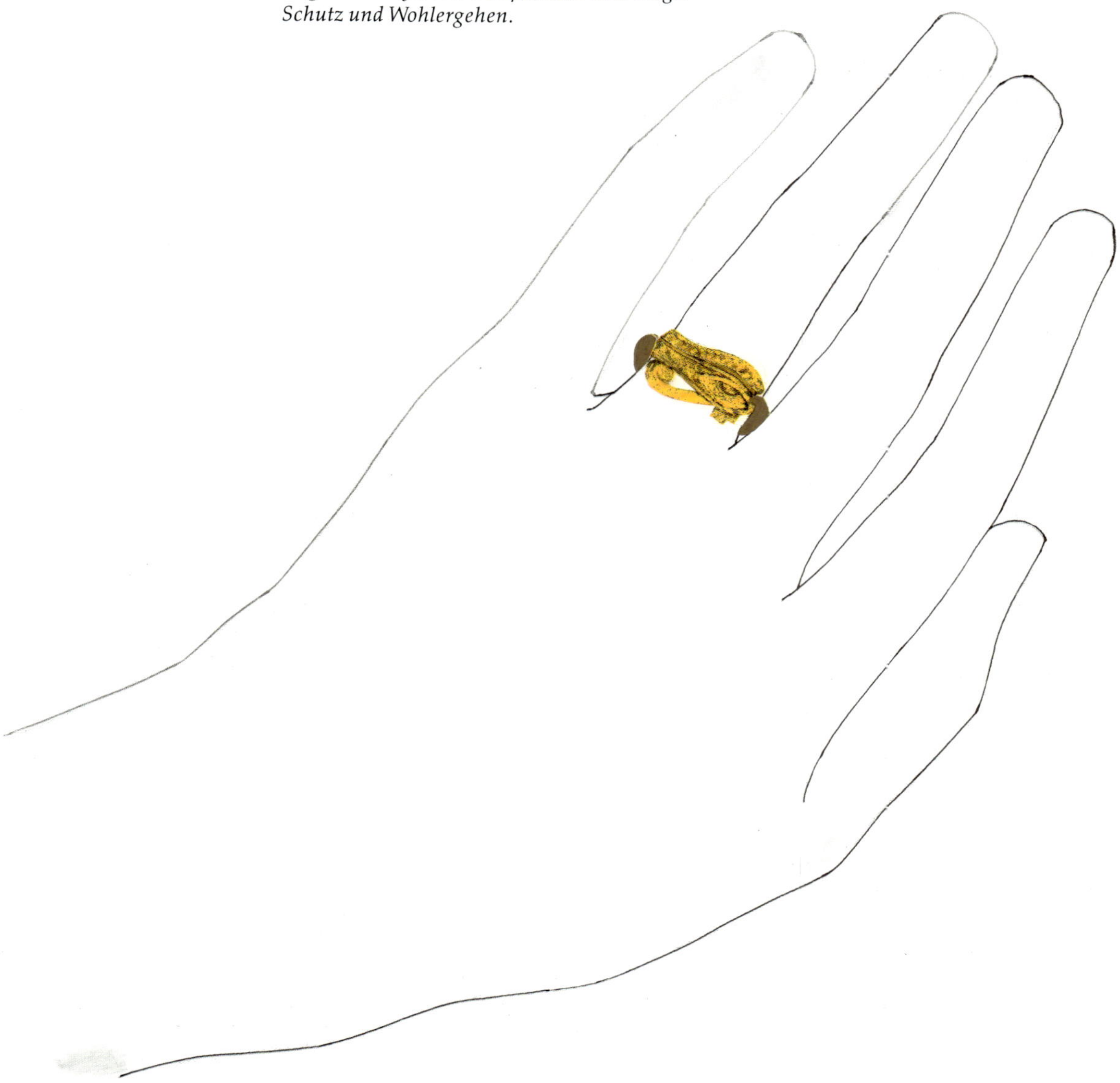

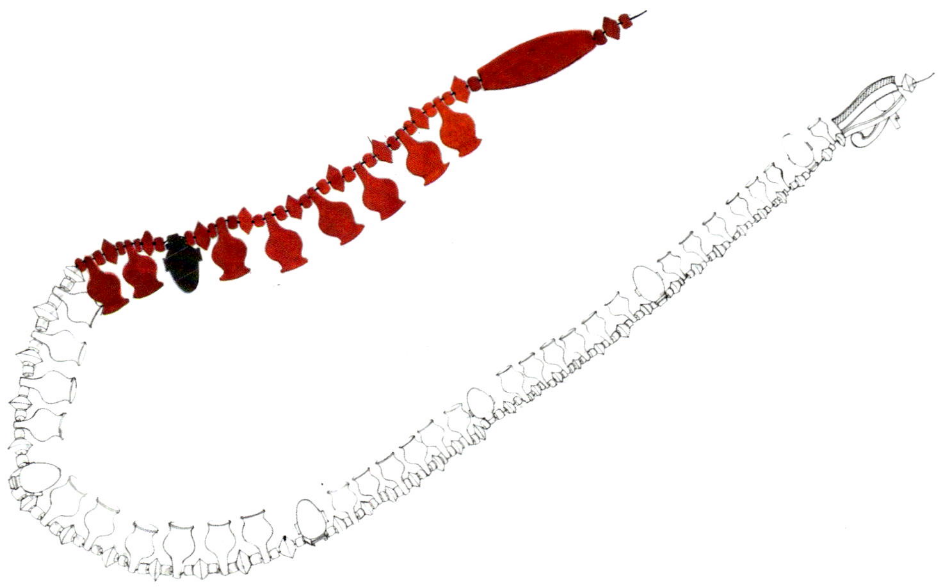

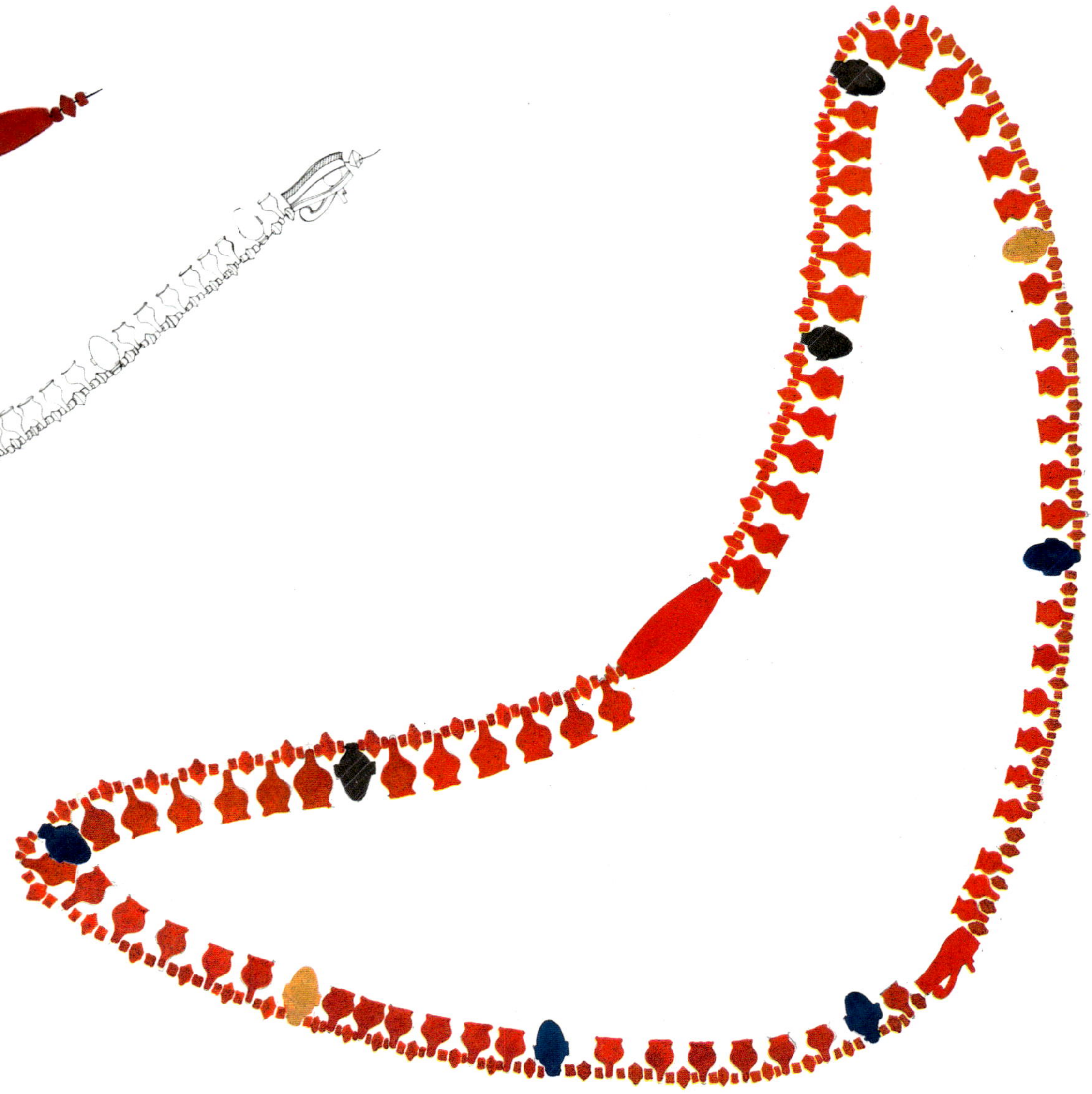

Im Neuen Reich trug man Halsketten, deren Perlen Samen und anderen pflanzlichen Formen nachgebildet waren. Bei dem hier abgebildeten Exemplar sind es Mohnsamenkapseln; unten in der Mitte wacht ein Udjat-Auge. Die lange spindelförmige Perle oben enthält die Schließe.

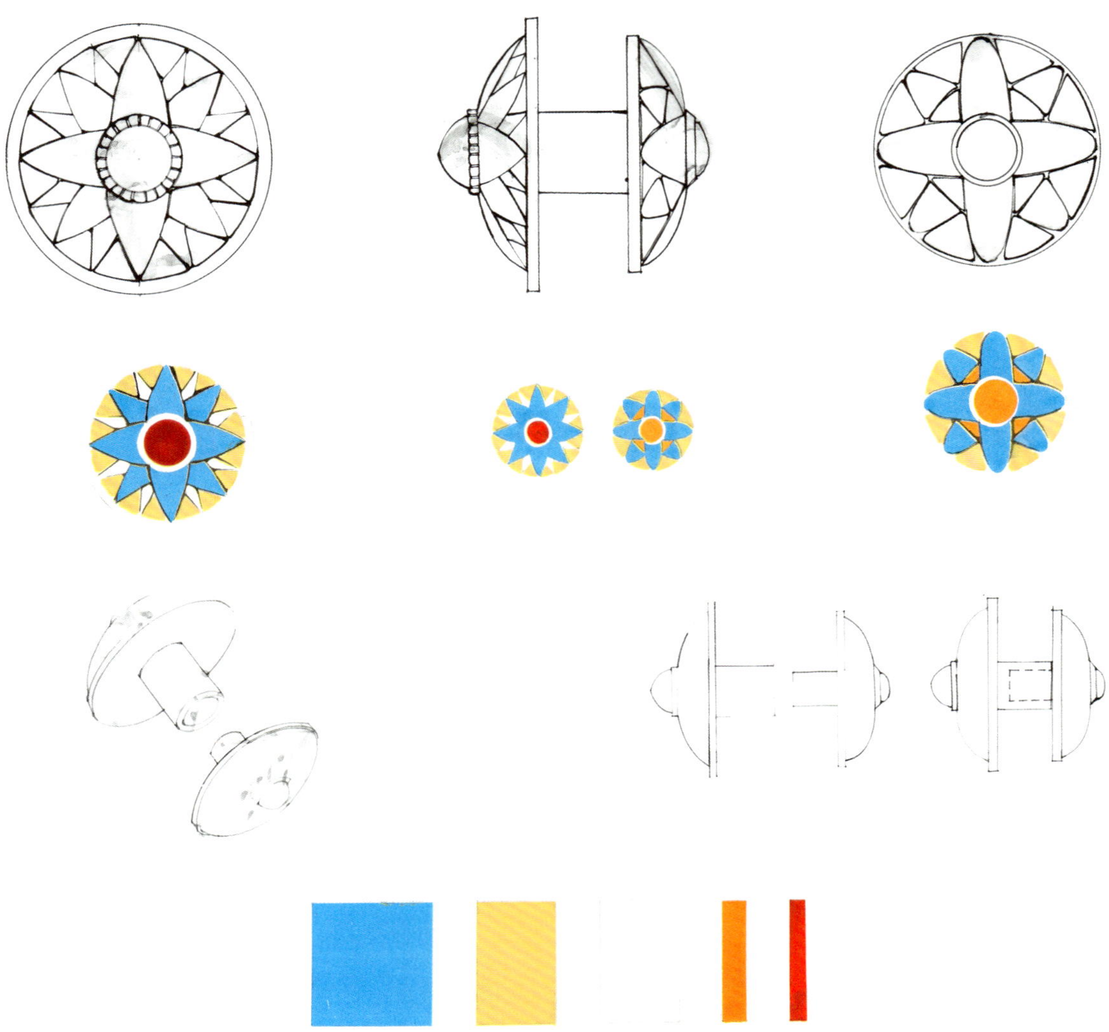

Schwere Knopfohrringe waren nur zu tragen, wenn man die durchbohrten Ohrläppchen entsprechend weitete. Die Abbilder des Verstorbenen auf den drei Mumiensärgen und die Mumienmaske Tutanchamuns zeigen den König mit stark vergrößerten, ausgeweiteten Ohrläppchen.

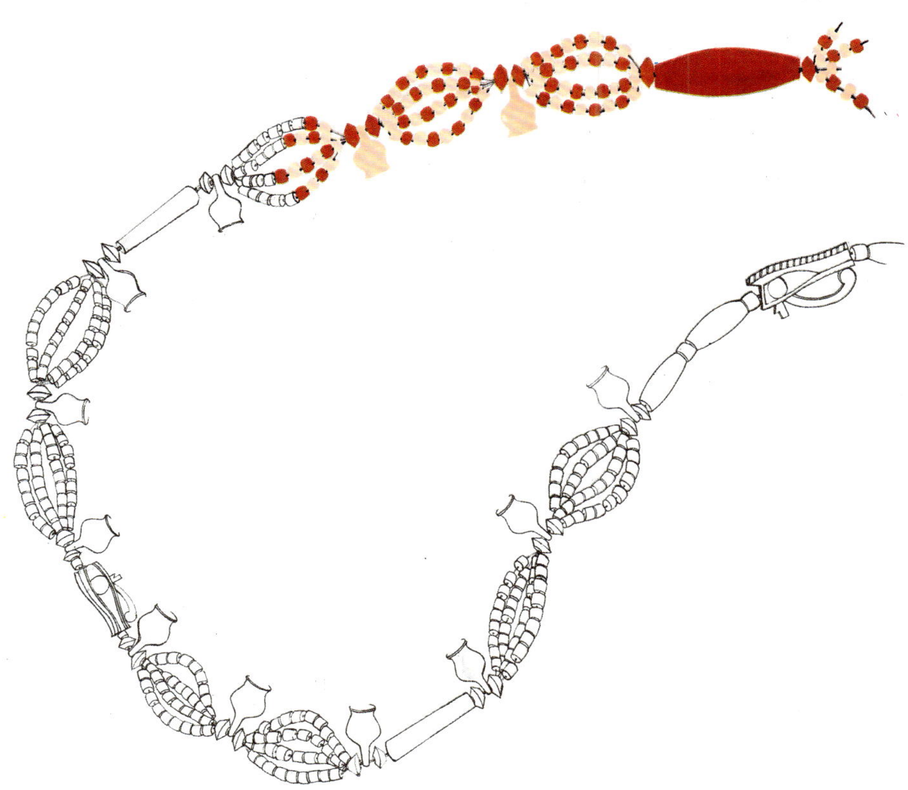

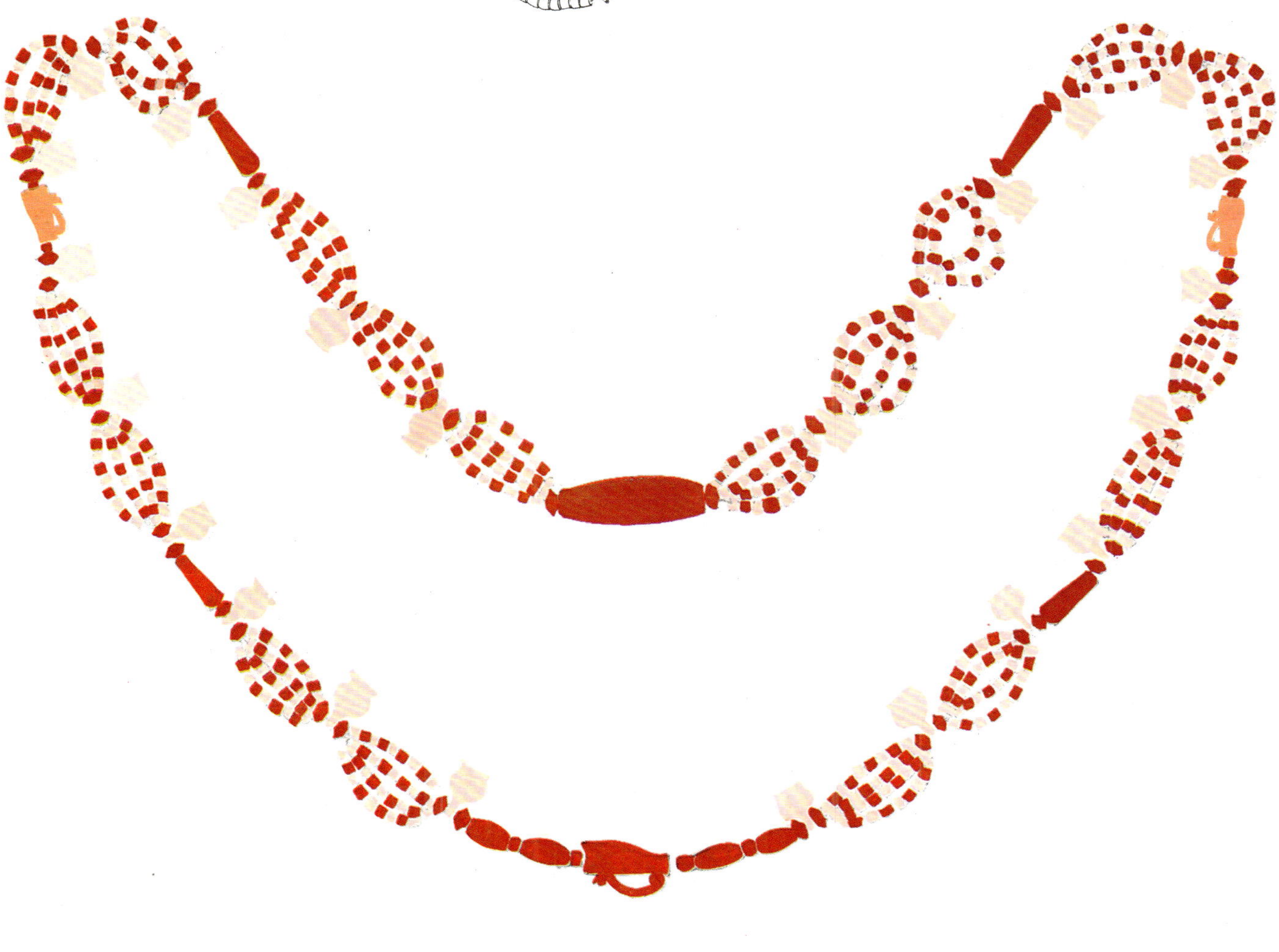

Zwei Halsketten aus einzelnen Schnüren mit unterschiedlich gefärbten Perlen. In Abständen sind größere Perlen in Gestalt von Mohnsamenkapseln aufgezogen. Durch ihre Hälse ließen sich die Fäden der Ketten so zusammenziehen, daß sie zwischen den Kapseln Trauben bildeten.

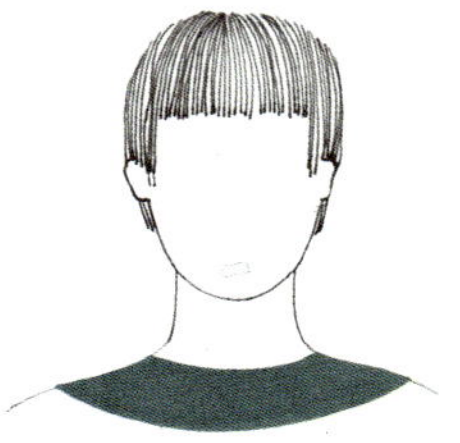

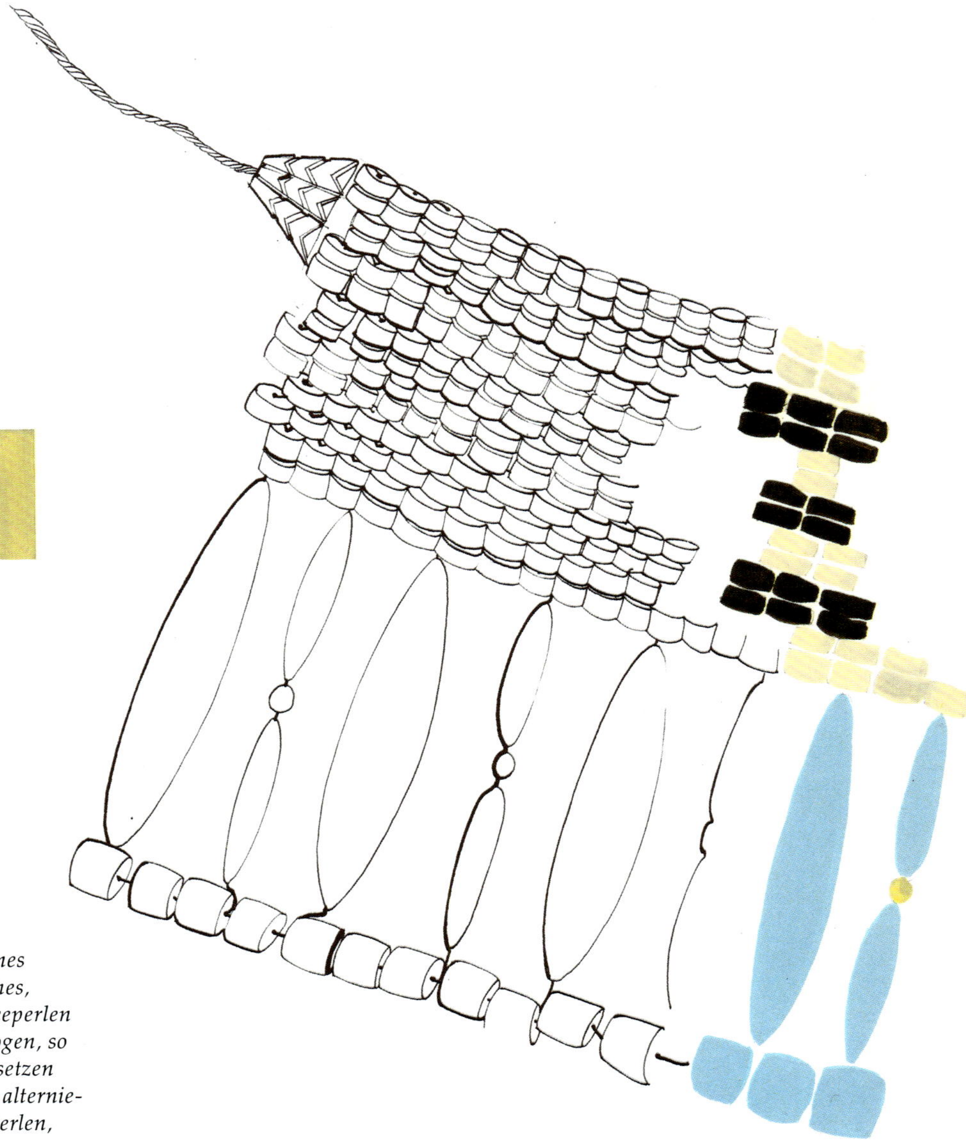

Aus Perlenarbeit dieser Art bestehen die Reste eines Schmuckkragens aus der Zeit des Mittleren Reiches, gefunden in Dahschur. Die zylindrischen Fayenceperlen sind doppelt durchbohrt und auf zwei Fäden gezogen, so daß sich die Perlen paarweise gegeneinander versetzen ließen. Der untere Saum des Kragens besteht aus alternierenden bikonischen und doppelten bikonischen Perlen, dazwischen liegt jeweils eine kleine runde Perle.

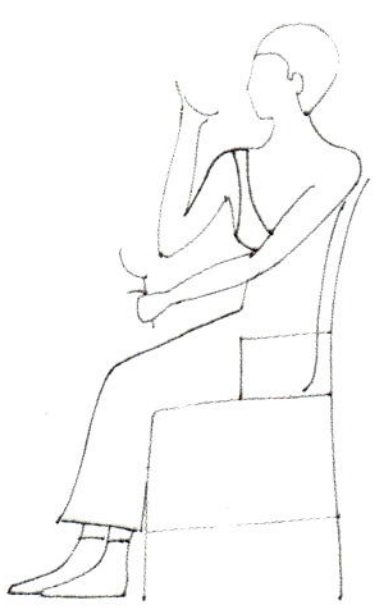

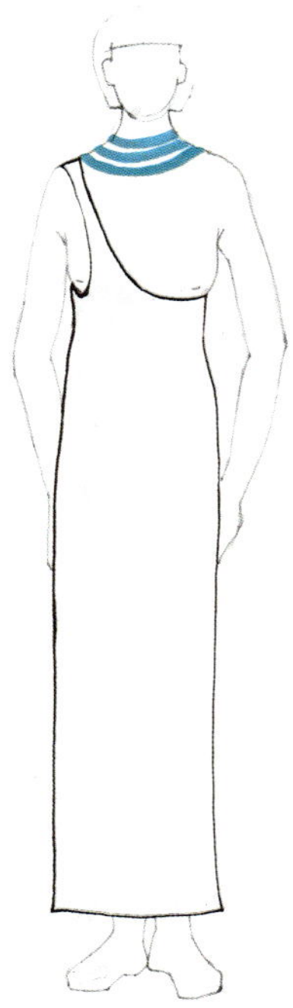

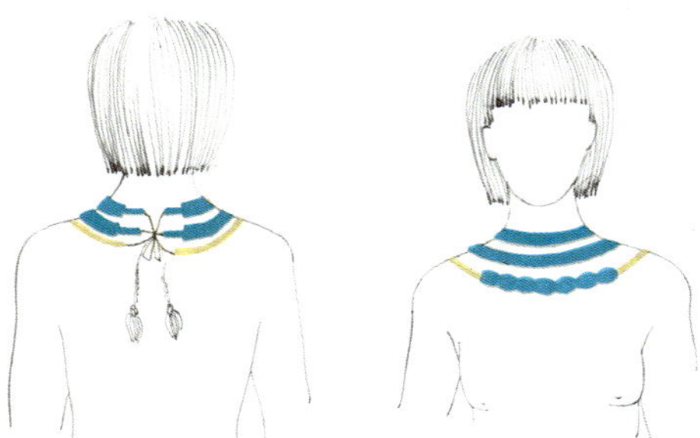

Das in Dahschur gefundene Kollier aus der Zeit des Mittleren Reiches besteht, wie hier angedeutet, aus zwei Strängen von Scheibenperlen und einem dritten unteren; auf seinen Faden sind große Faß- und kleine Kugelperlen gezogen.

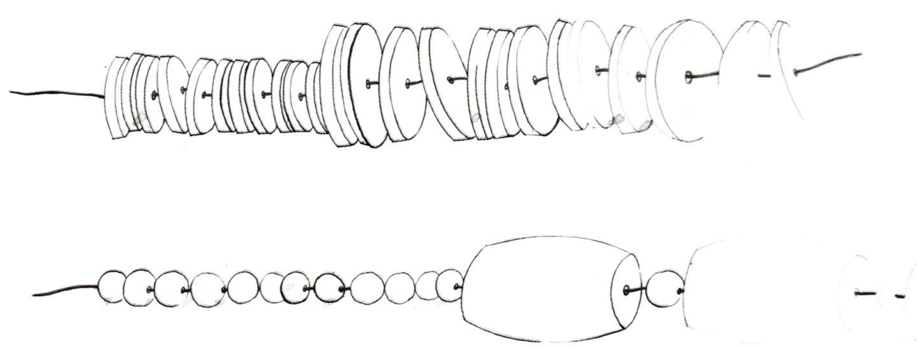

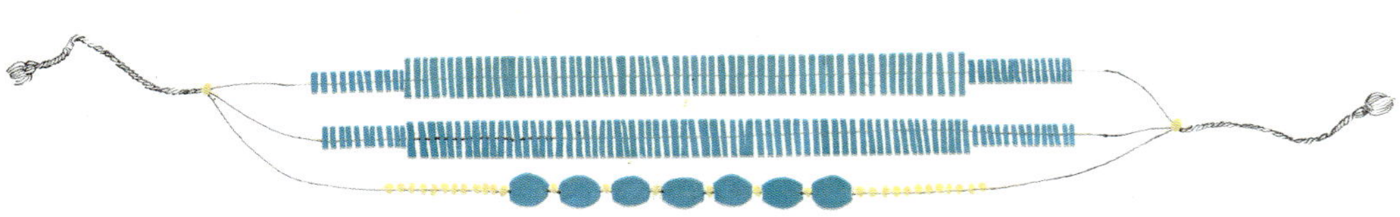

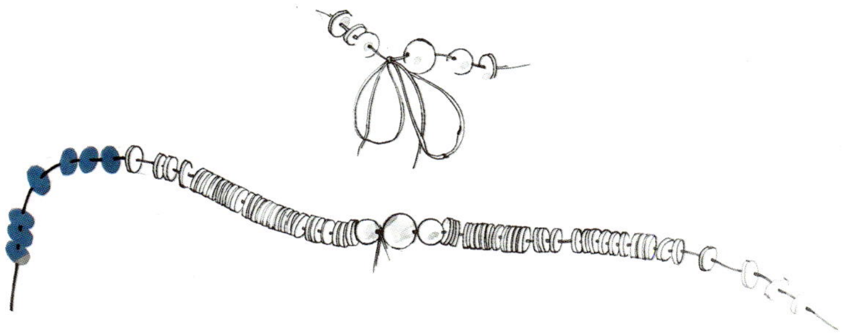

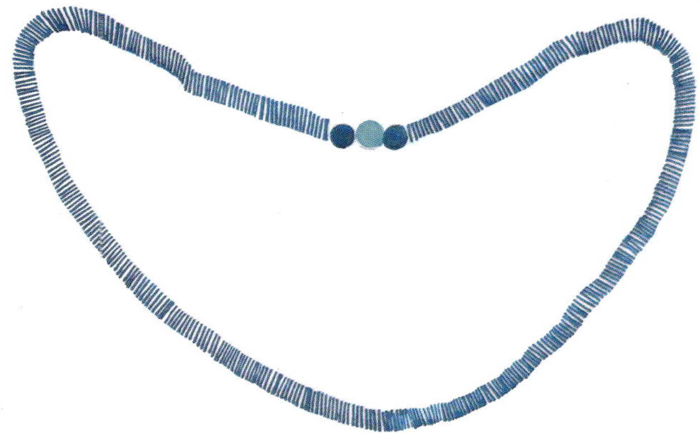

Eine einfache Halskette aus Fayence-Scheibenperlen mit einem von drei Kugelperlen gebildeten Verschluß.

Breiter Kragen aus vier Schnüren bikonischer Fayenceperlen. Die Perlen lassen sich von den an den Seiten gemeinsam durch eine große konische Perle geführten Fäden, an denen sie hängen, zu einem kompakten »Feld« zusammenziehen.

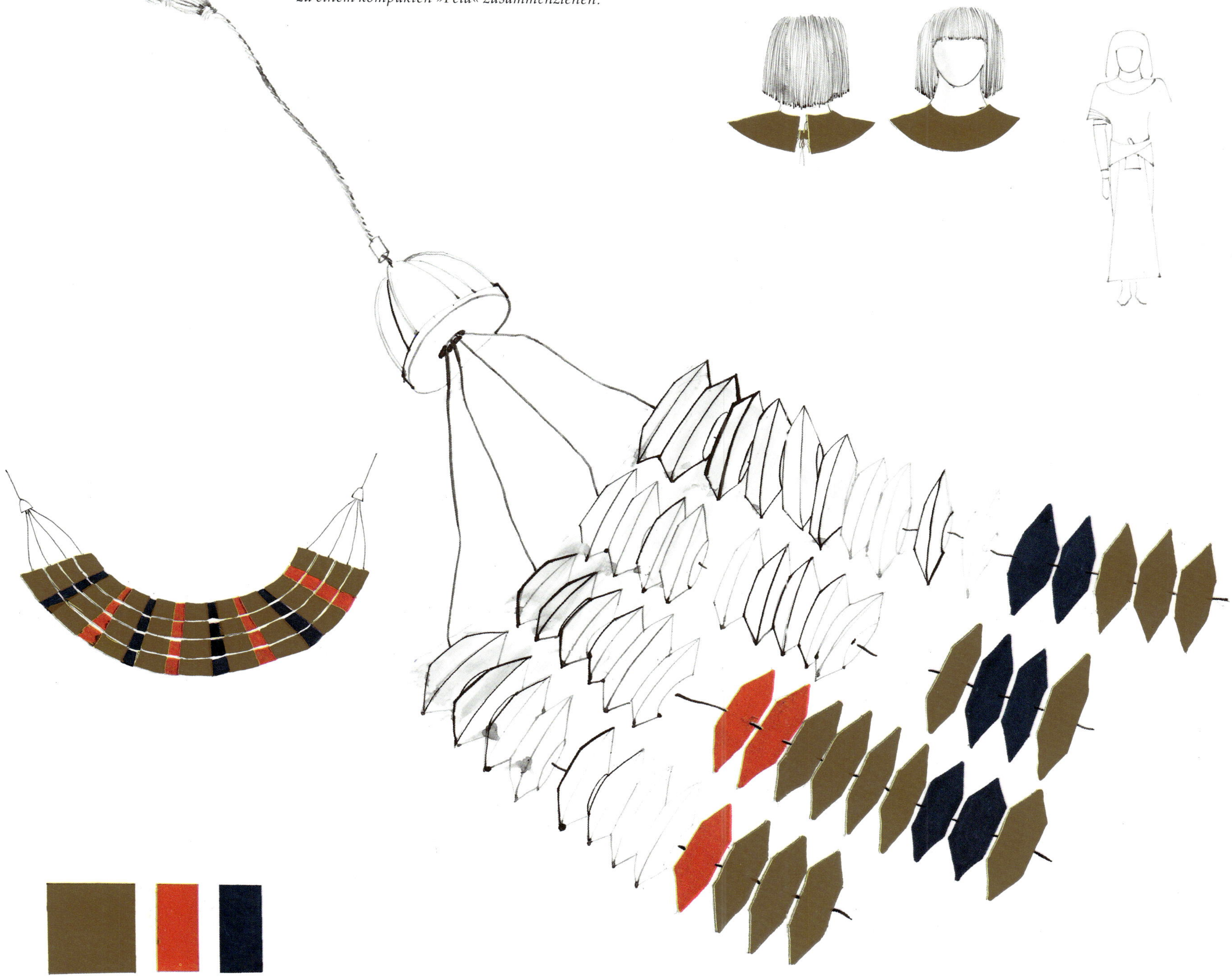

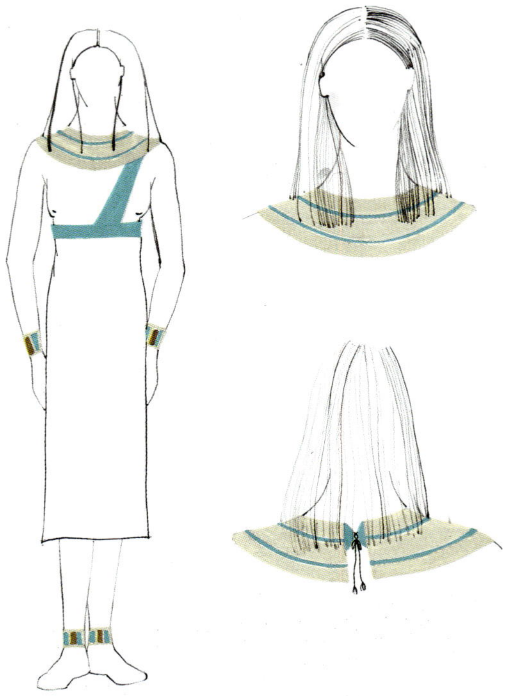

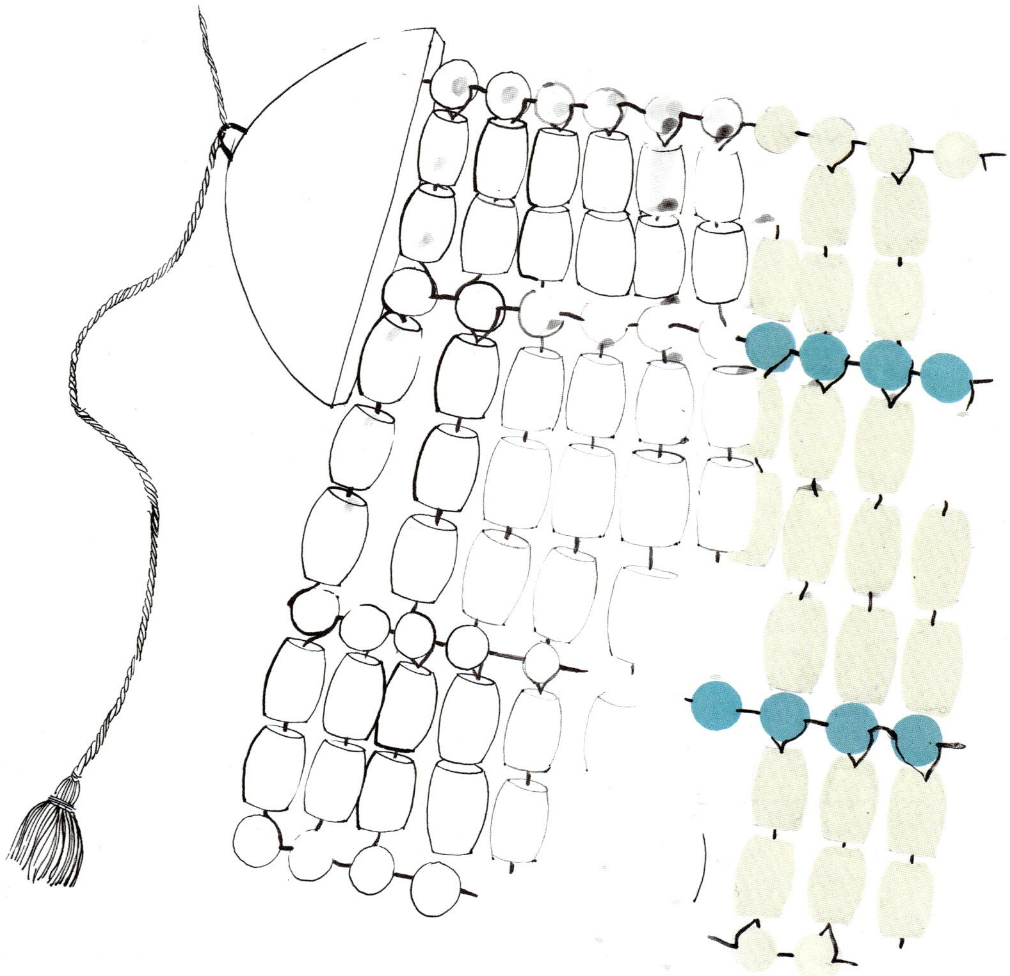

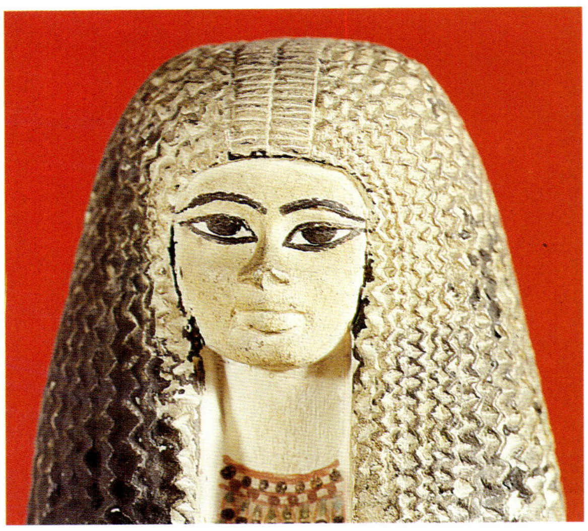

Kopf einer Frauenstatuette aus bemaltem Kalkstein, Neues Reich. – Von der gekräuselten Perücke teilweise verdeckt ist der breite Schmuckkragen aus Perlen.

Halbrunde Verschlußstücke wie die hier gezeigten hielten die Reihen von Perlenschnüren, aus denen der Kragen bestand. Die Schnüre wurden mit einer durch Ösen geführten Kordel aneinander gebunden. Die Halskragen, die für Abgeschiedene angefertigt wurden, hatten oft keinerlei Verschluß. Sie wurden den Toten, ehe man sie mit Binden umwickelte, lose auf die Brust gelegt. Eine derartige Grabbeigabe ist der Kragen, den man bei der Mumie der Senebtisi fand; er befindet sich heute in New York.

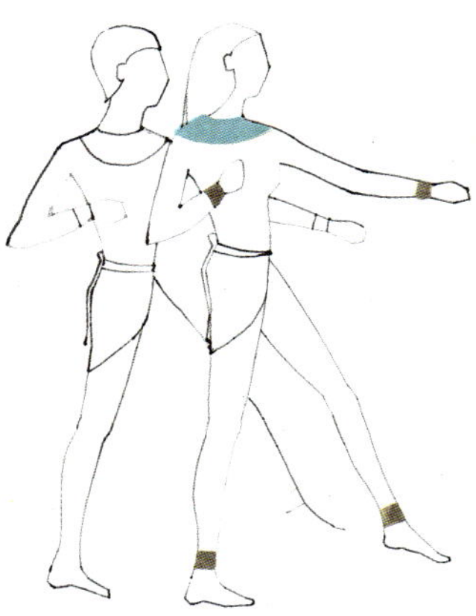

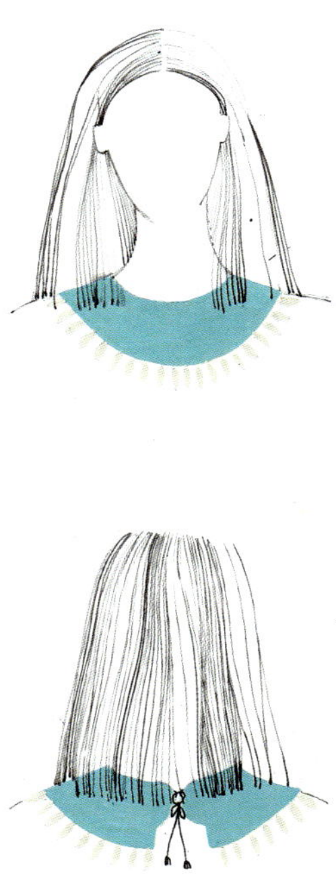

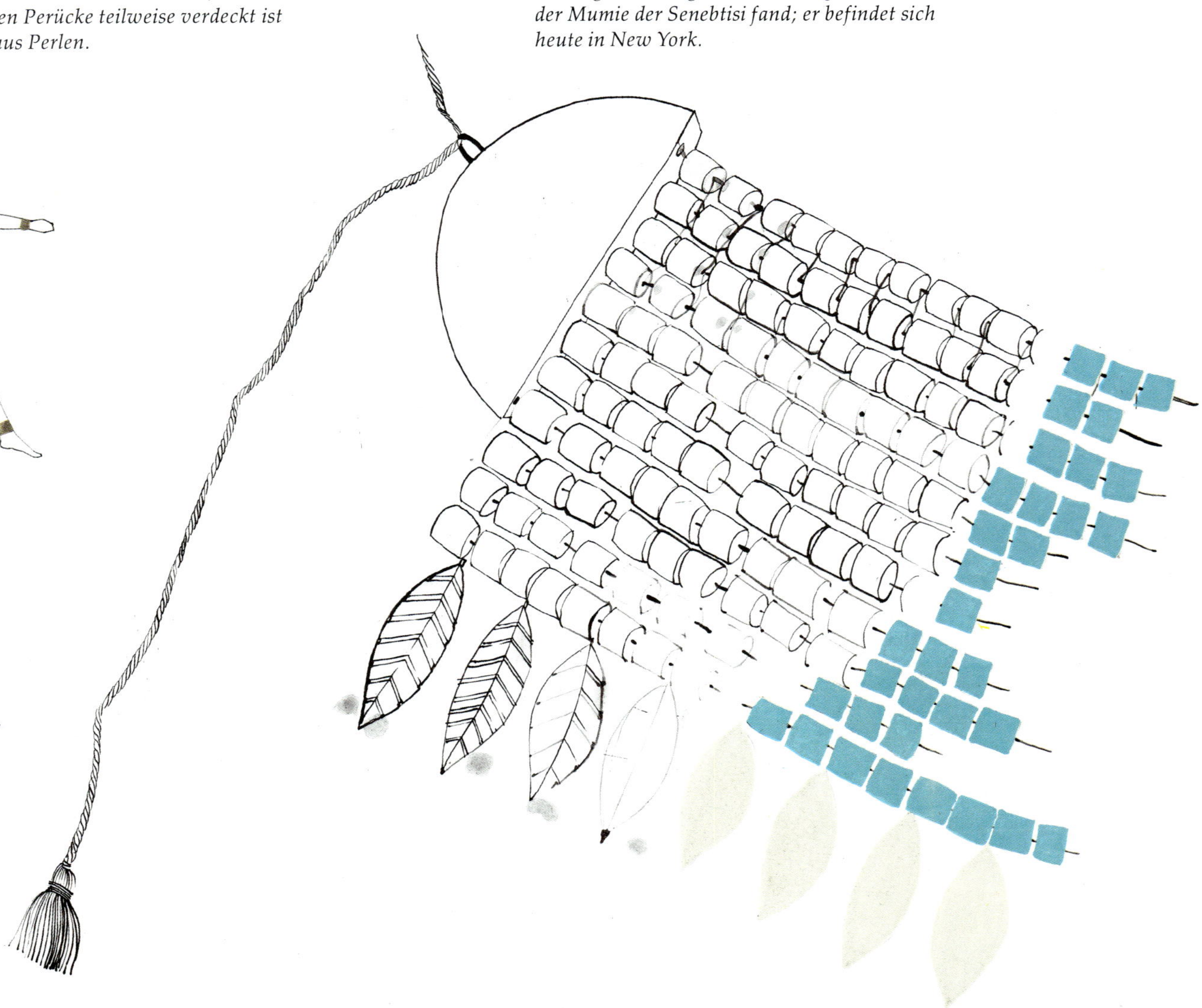

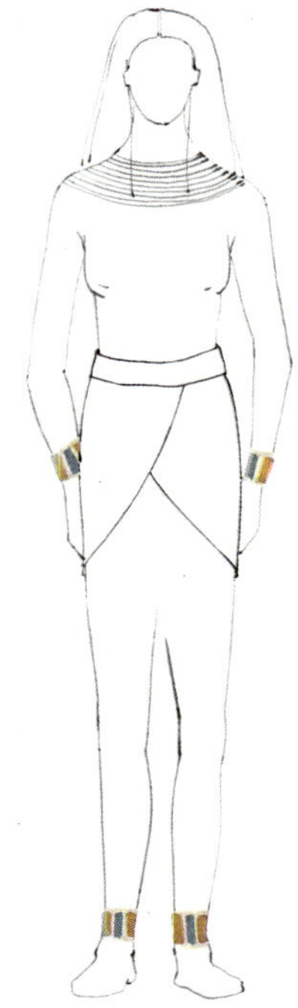

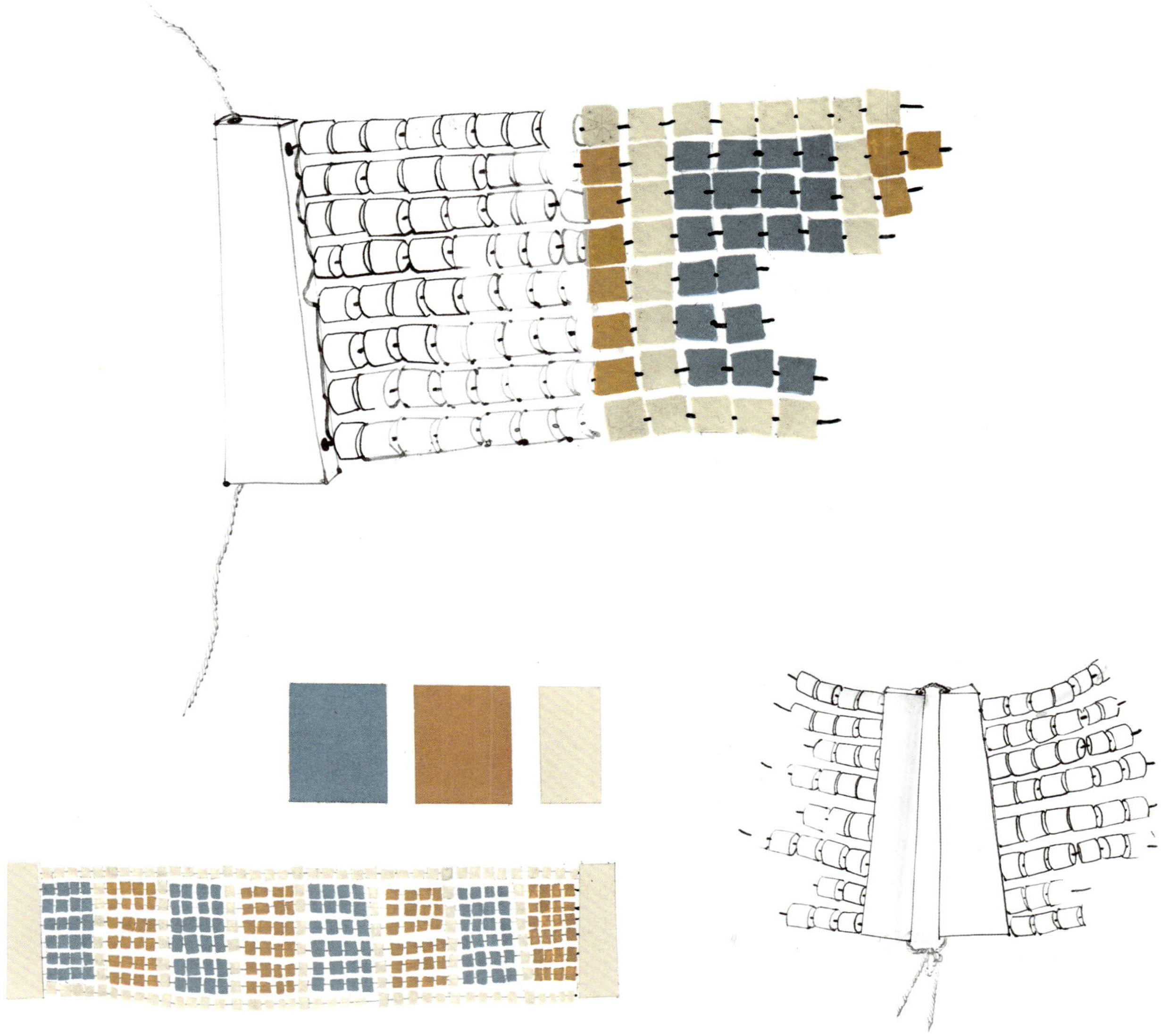

Distanzstücke, wie man sie bei der Anfertigung von Armbändern einsetzte, wurden auch beim Zusammensetzen der Halskragen verwendet. Sie gaben den Perlenschnüren Abstand, verliehen aber auch dem gesamten Gebilde den nötigen Halt, gleichsam als vertikale Verstrebungen zwischen den einzelnen Schnüren.

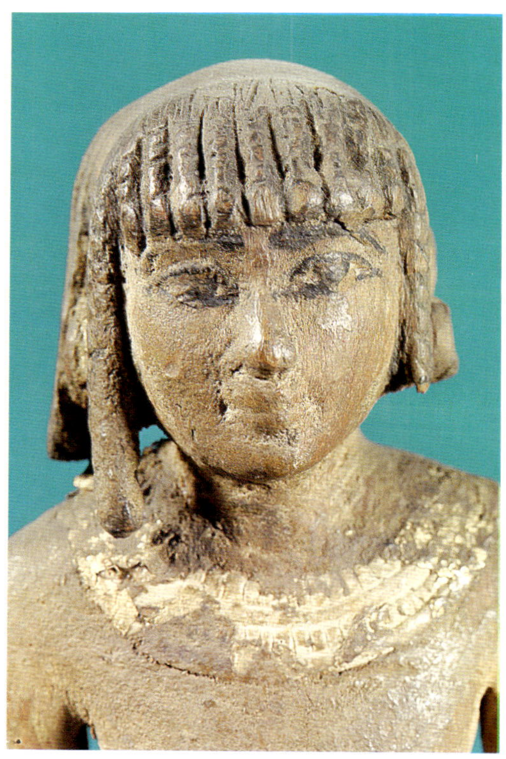

Figur einer Magd mit Perücke und einem aus Fayenceperlen bestehenden Kragen (s. Abb. auf Seite 188).

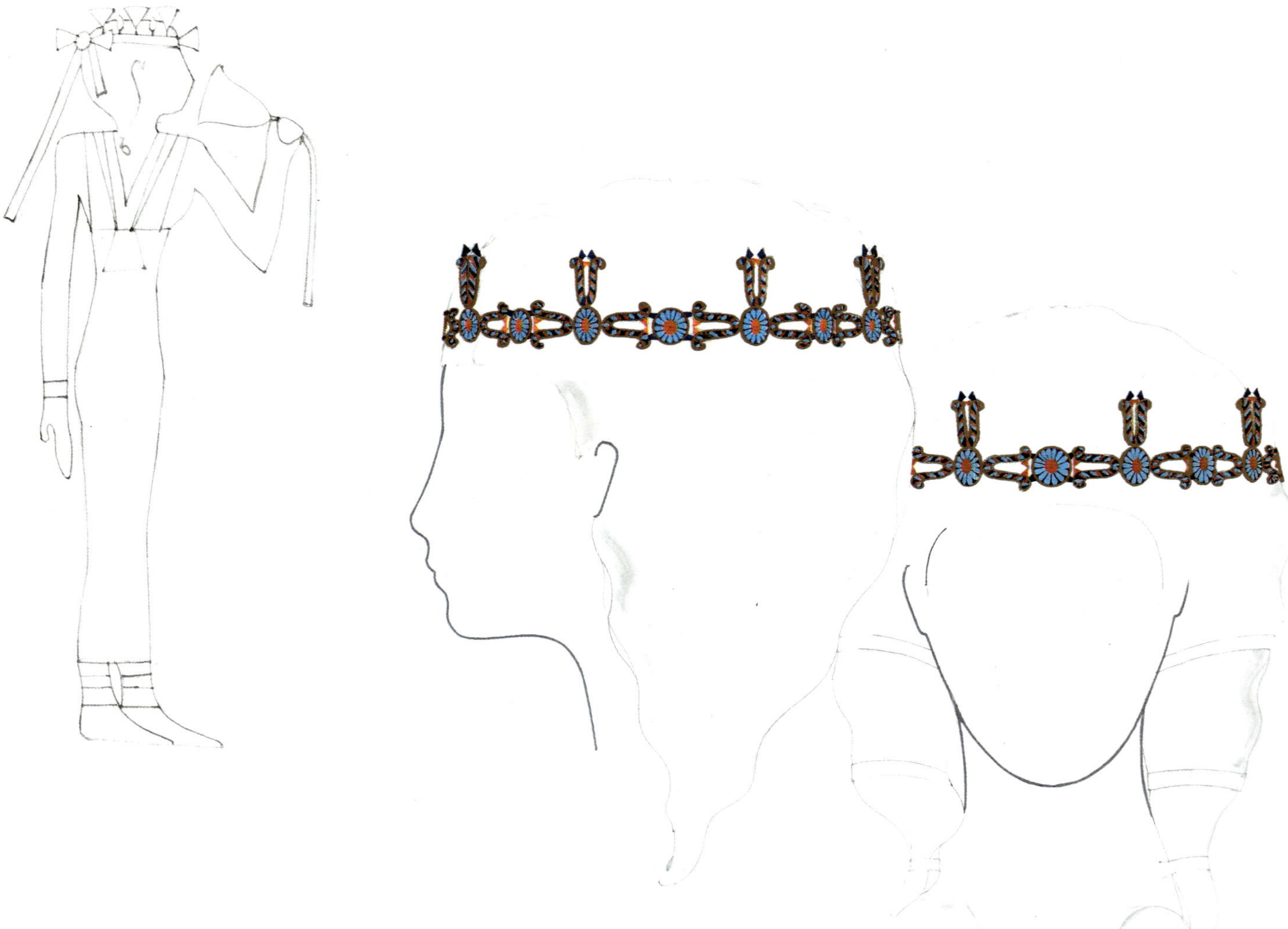

Diadem aus dem Grab der Prinzessin Chenemet in Dahschur, 12. Dynastie; Kairo, Ägyptisches Museum. – Der Form des aus Gold, Karneol, Lapislazuli und Glas gefertigten Diadems liegt der aus Wasserpflanzen geflochtene Kranz zugrunde, wie ihn die Fischer trugen.

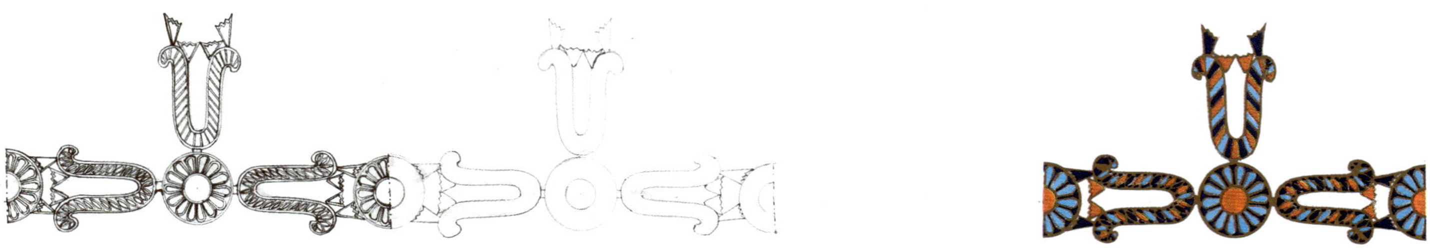

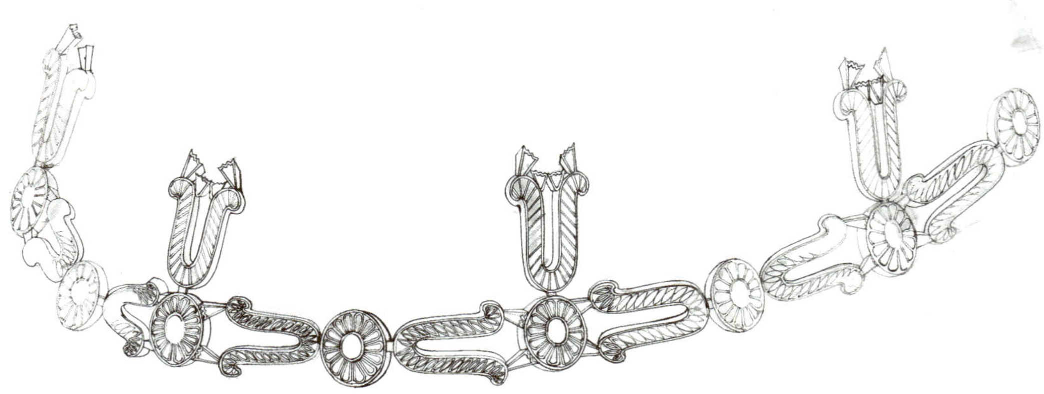

Lotosblüten, eingelegt mit Karneol und Türkis, und Rosetten sind die wichtigsten Elemente, aus denen sich das Diadem der Prinzessin Chenemet zusammensetzt.

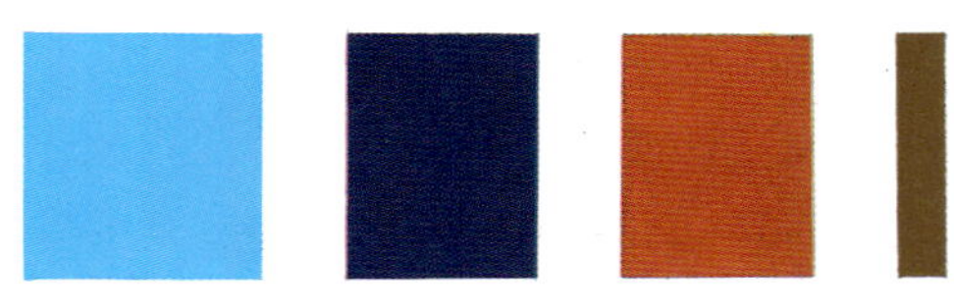

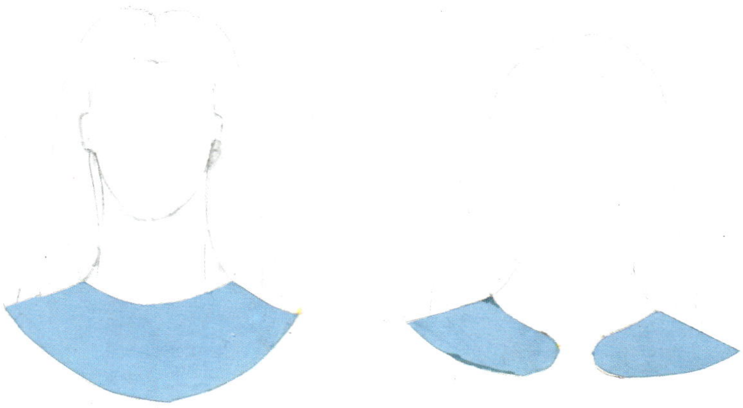

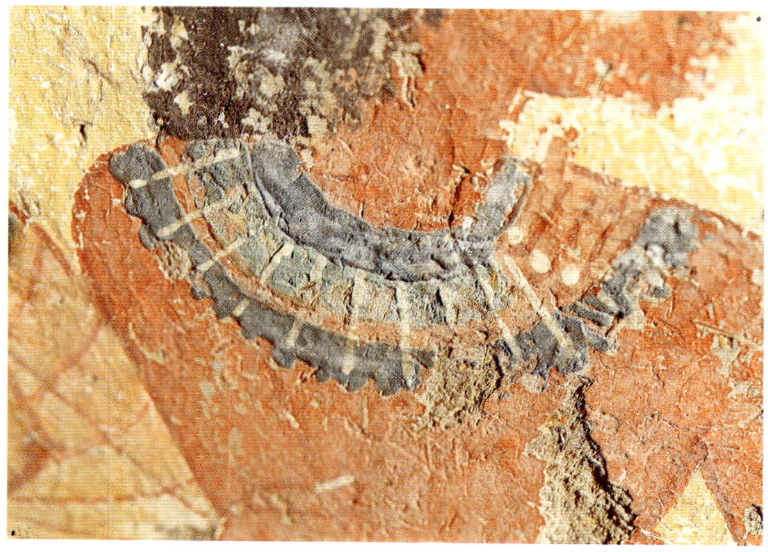

Breiter Halskragen mit Distanzstücken, Ausschnitt aus einer Wandmalerei, Neues Reich.

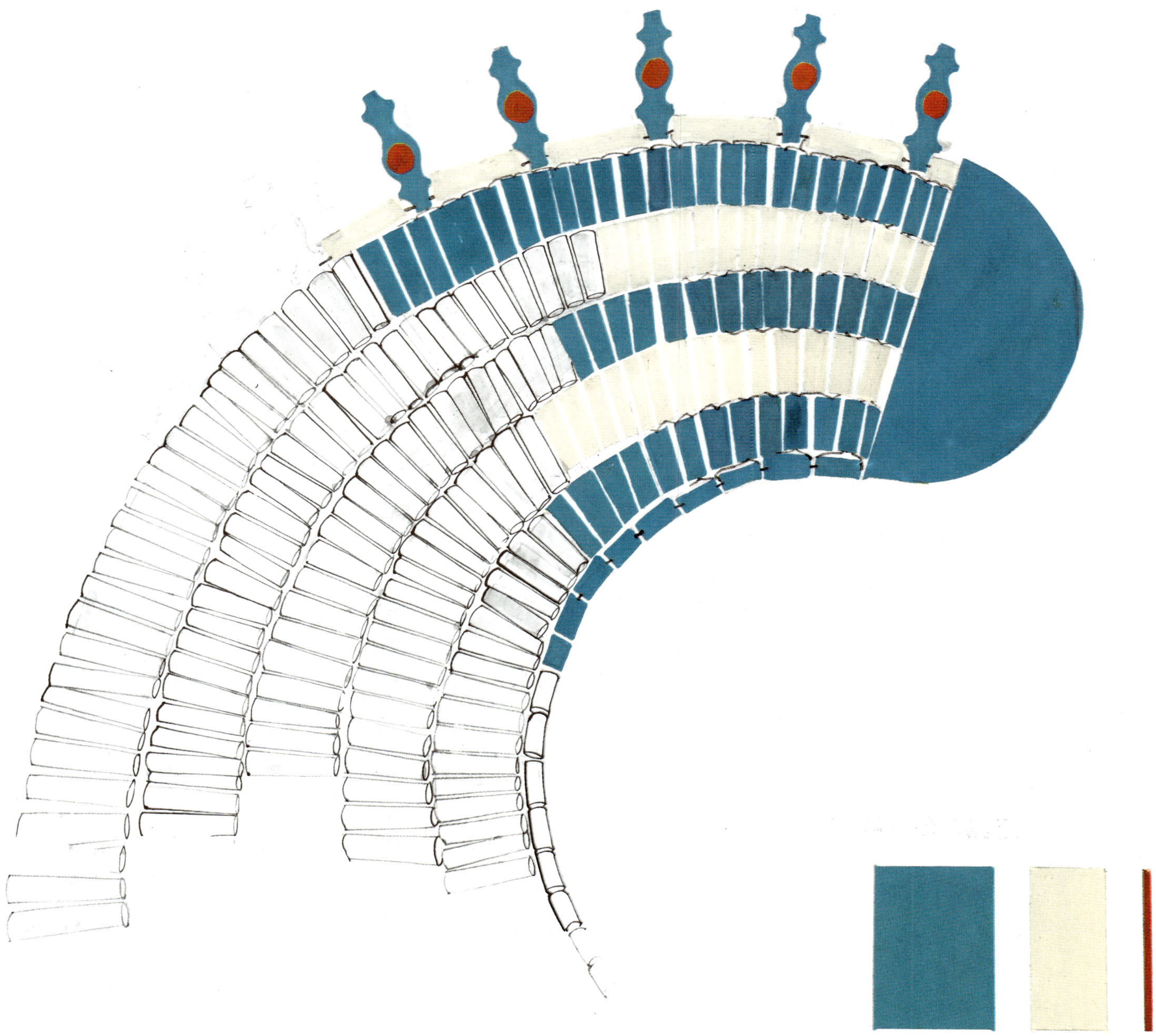

Das Muster dieses Kragens aus der Zeit des Neuen Reiches besteht aus fünf Strängen von blauen und weißen Röhrenperlen, einer Franse aus langen Perlen am unteren Rand sowie halbmondförmigen Verschlußstücken.

Mit rundplastischen Gazellenköpfen verzierte Diademe trugen Nebengemahlinnen und Konkubinen der Könige des Neuen Reiches. Als Konkubinen Amenophis' III. sieht man zwei Töchter Mennas in dessen Grab in Theben dargestellt, beide tragen solche Diademe. Im Schatz von drei Gemahlinnen Thutmosis' III. in Theben ist ein Exemplar gefunden worden, daneben zahlreicher anderer Schmuck, etwa ein Kopfputz aus Rosettenbändern.

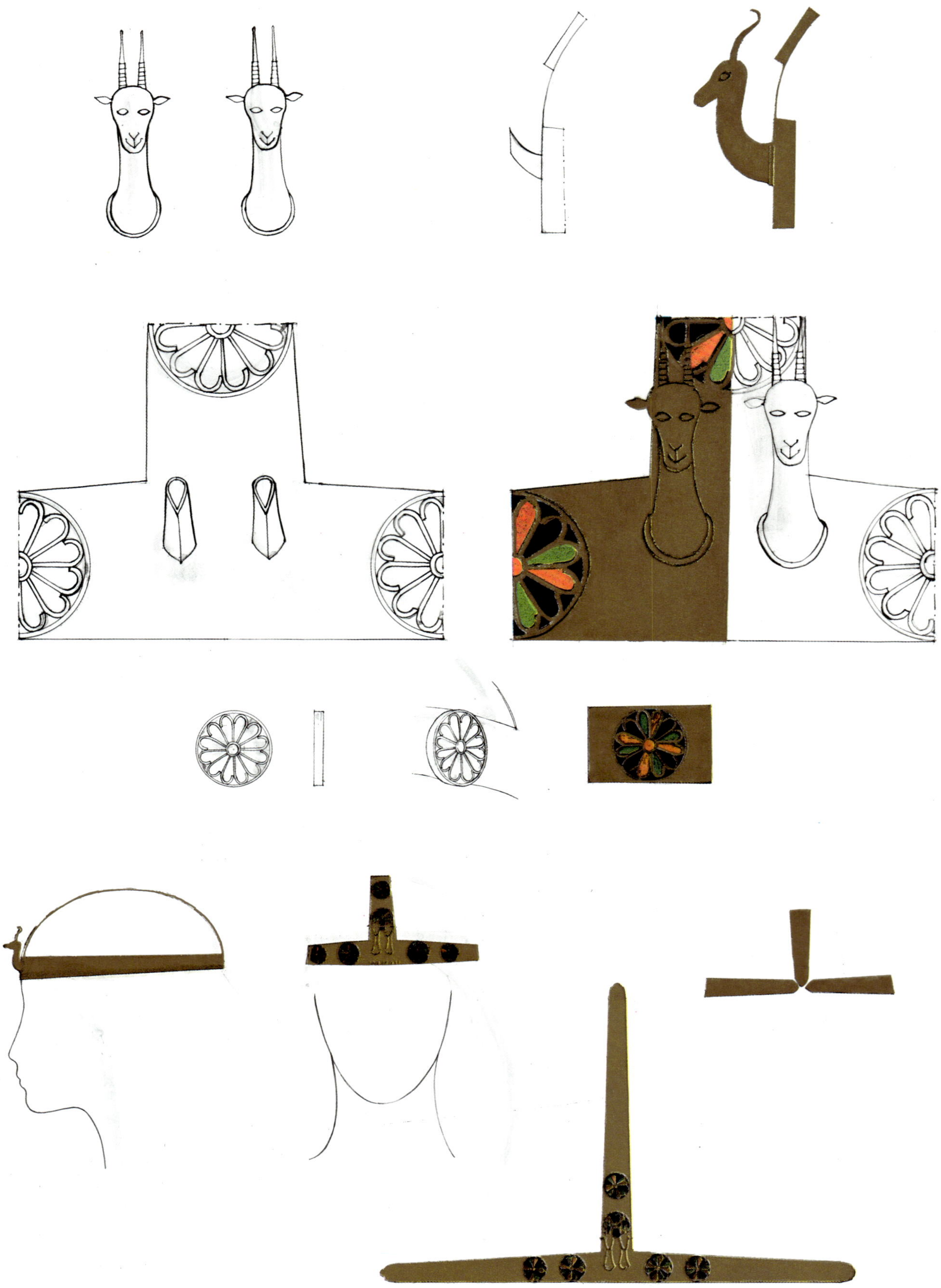

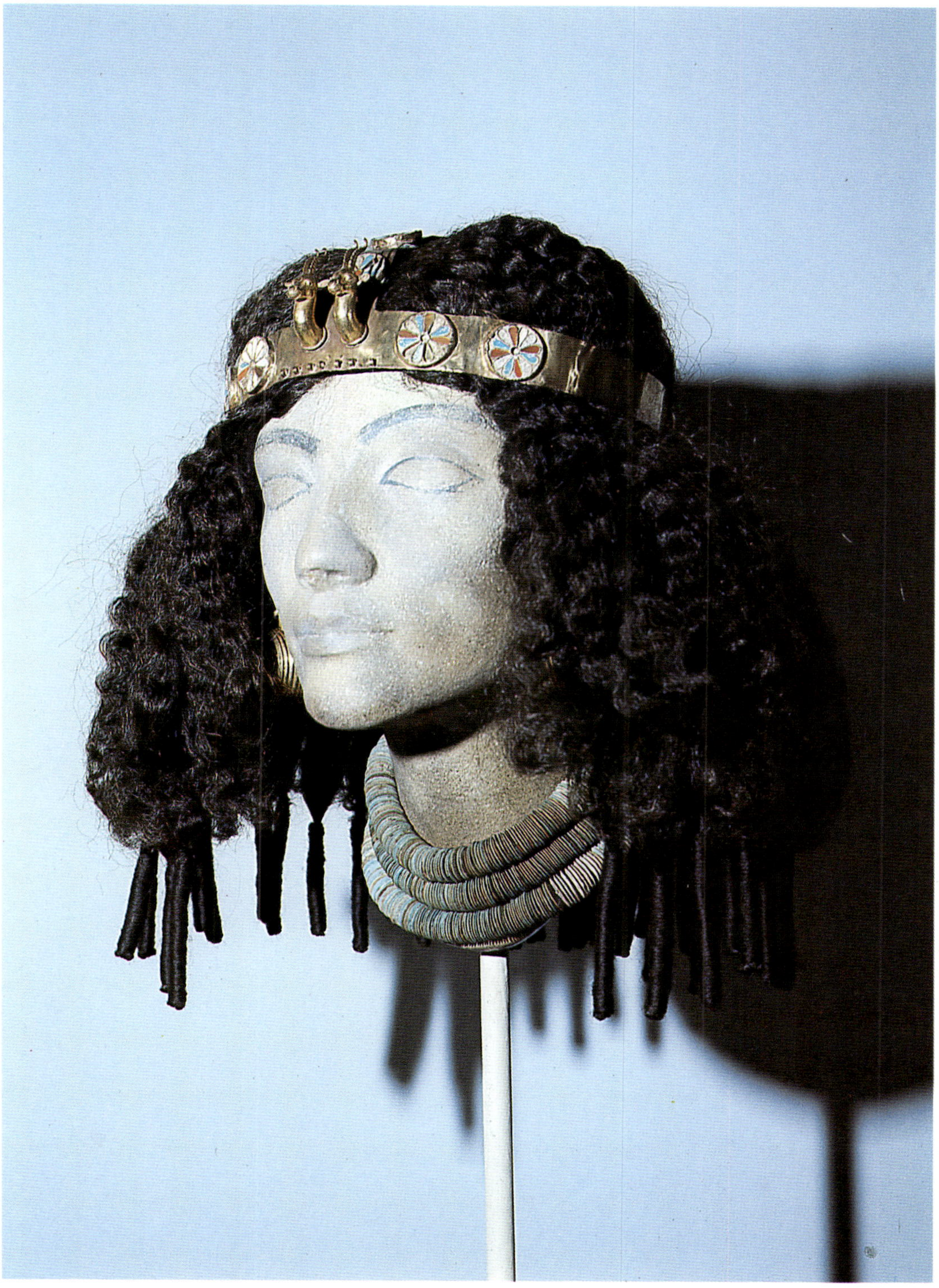

Das Gazellendiadem einer der drei jungen Gemahlinnen Thutmosis' III. besteht aus Gold und Halbedelsteinen. Es zählt zu den Hauptwerken der altägyptischen Goldschmiedekunst und befindet sich heute im Metropolitan Museum in New York.

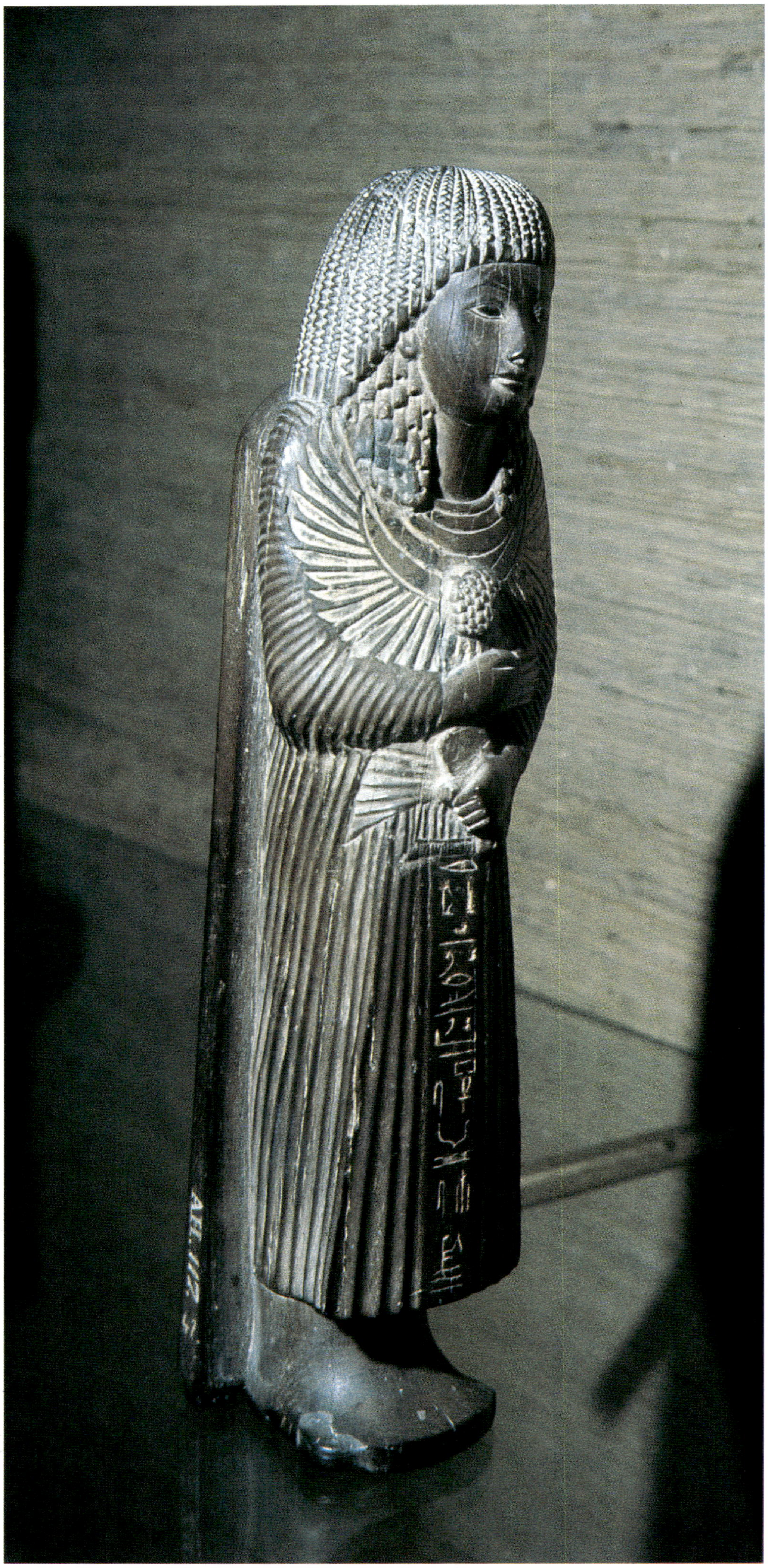

Uschebti eines Mannes namens Upuraut-mose in der Tracht des Verstorbenen mit langer, mehrlagiger Perücke und langem Schurz. Vor der Brust hält er den Seelenvogel Ba, frühe 19. Dynastie; Leiden, Museum van Oudheden.

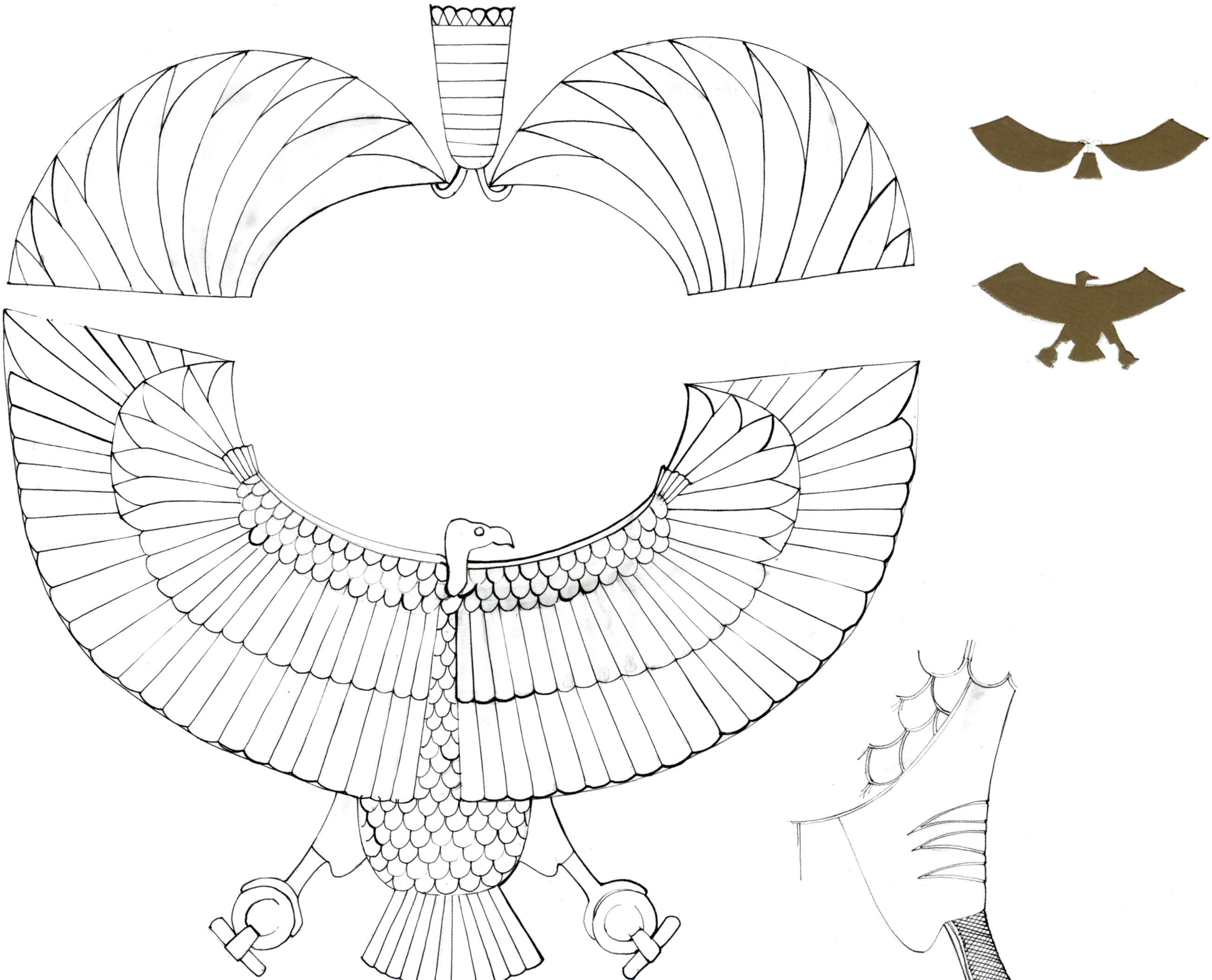

Der große Nechbet-Kragen oder Geierkragen bot besonders wirksamen Schutz, denn die geiergestaltige Göttin von Nechen (Hierakonpolis) und Oberägypten insgesamt war eine der beiden allmächtigen Schutzgöttinnen Ägyptens. Ein Geierkragen wurde an der Mumie Tutanchamuns gefunden, zusammengesetzt aus beweglich montierten Elementen. In die 250 Zellen des Schwingengefieders ist farbiges Glas als Imitation von Türkis, Jaspis und Lapislazuli eingelegt. In den Fängen hält die Geiergöttin Schen-Ringe, Symbole der Endlosigkeit. Der Kragen befindet sich heute im Ägyptischen Museum in Kairo.

LITERATUR

Allgemeine Werke

K. Baedeker, Ägypten und der Sudan, Handbuch für Reisende, Bearb. G. Steindorff, mit Beitr. von C. Prüfer u. a., 8. Aufl., Leipzig 1928.

Annual Egyptological Bibliography, Bibliographie égyptologique annuelle (Internat. Association of Egyptologists, Association internat. des Egyptologues), Leiden 1947–75.

E. Brunner-Traut, Ägypten, Kunst- und Reiseführer mit Landeskunde, mit einem Beitr. von R. Jacobi (Führer für Studienreisen), 6. Aufl., Stuttgart 1988.

Dictionnaire de la civilisation égyptienne, Hrsg. G. Posener u. a., Paris 1959; deutsch: Knaurs Lexikon der ägyptischen Kultur, Neuaufl., München 1973.

W. Helck und E. Otto, Kleines Wörterbuch der Ägyptologie, 3. Aufl., Wiesbaden 1987.

E. Hornung, Einführung in die Ägyptologie, Stand, Methoden, Aufgaben, 2. Aufl., Darmstadt 1984.

H. Kees, Das Alte Ägypten, Eine kleine Landeskunde, 2. Aufl., Berlin 1958.

Knaurs Kulturführer in Farbe – Ägypten, Hrsg. M. von Mehling, München 1988.

Geschichte

Abriß der Geschichte des Alten Ägypten, Bearb. J. von Beckerath (Oldenbourgs Abriß der Weltgeschichte), München 1971.

A. K. Bowman, Egypt after the Pharaohs, London 1986.

J. H. Breasted, A History of Ancient Egypt, 2. Aufl., London 1941.

E. Drioton und J. Vandier, Les peuples de Orient méditerranéen, L'Egypte, 3. Aufl., Paris 1952.

W. B. Emery, Archaic Egypt, Harmondsworth 1961; deutsch: Ägypten, Geschichte und Kultur der Frühzeit 3200–2800 v. Chr., München 1964.

A. H. Gardiner, Egypt of the Pharaohs, Oxford 1961; deutsch: Geschichte des alten Ägypten, Eine Einführung, Stuttgart 1965.

M. A. Hoffmann, Egypt before the Pharaohs, London 1980.

E. Otto, Ägypten, Der Weg des Pharaonenreiches, 5. Aufl., Stuttgart 1979.

A. Scharff und A. Moortgat, Ägypten und Vorderasien im Altertum, 3. Aufl., München 1962.

H. E. Winlock, The Rise and Fall of the Middle Kingdom in Thebes, New York 1947.

Kulturgeschichte

E. Brunner-Traut, Die Alten Ägypter, Verborgenes Leben unter Pharaonen, 4. Aufl., Stuttgart 1987.

A. Eggebrecht (Hrsg.), Das Alte Ägypten, 3000 Jahre Geschichte und Kultur des Pharaonenreiches, München 1984.

A. Erman, Ägypten und Ägyptisches Leben im Altertum, 2 Bde., Tübingen 1885–87; Neuaufl. bearb. von H. Ranke, Tübingen 1923.

H. Frankfort, Kingship and the Gods, Chicago 1948.

E. Hornung, Geist der Pharaonenzeit, 2. Aufl., Zürich und München 1990.

E. Otto, Wesen und Wandel der ägyptischen Kultur, Berlin, Heidelberg und New York 1969.

B. G. Trigger (Hrsg.), Ancient Egypt, A Social History, Cambridge 1983.

W. Wolf, Die Welt der Ägypter (Große Kulturen der Frühzeit), 6. Aufl., Stuttgart 1965.

W. Wreszinski, Atlas zur Altägyptischen Kulturgeschichte, 3 Teilbde., Leipzig 1923–38.

Religion

J. H. Breasted, The Development of Religion and Thought in Ancient Egypt, New York 1912.

R. T. Rundle Clark, Myth and Symbol in Ancient Egypt, Nachdr., London 1991.

A. Erman, Die Religion der Ägypter, ihr Werden und Vergehen in vier Jahrtausenden, 2. Aufl., Berlin 1934, Nachdr. 1968.

R. O. Faulkener, The Ancient Egyptian Book of the Dead, London 1985.

H. Frankfort, Ancient Egyptian Religion, New York 1949.

G. C. Hart, Dictionary of Egyptian Gods and Goddesses, London 1986.

G. C. Hart, Egyptian Myths, London 1990.

E. Hornung, Der Eine und die Vielen, Ägyptische Gottesvorstellungen, 4. Aufl., Stuttgart 1990.

H. Kees, Der Götterglaube im alten Ägypten, 2. Aufl., Berlin 1955.

M. Lurkner, The Gods and Symbols of Ancient Egypt, bearb. von P. A. Clayton, London 1980.

S. Morenz, Ägyptische Religion (Die Religionen der Menschheit, 8), 2. Aufl., Stuttgart 1977.

E. Otto, Egyptian Art and the Cults of Osiris and Amun, London 1968.

A. Piankoff, Mythological Papyri, New York 1957.

G. Roeder, Volksglaube im Pharaonenreich, Stuttgart 1952.

W. Seipel, Ägypten, Götter, Gräber und die Kunst, 4000 Jahre Jenseitsglaube, Ausstellungskatalog, 2 Bde., Linz 1989.

Sprache und Literatur
F. W. Frhr. von Bissing, Altägyptische Lebensweisheit, Zürich 1955.
A. Erman, Die Literatur der Ägypter, Berlin 1923.
P. Gilbert, La poesie égyptienne, 2. Aufl., Brüssel 1949.
M. Lichtheim, Ancient Egyptian Literature, 3 Bde., Berkeley 1973–80.
A. Scharff, Ägyptische Sonnenlieder, Berlin 1922.
S. Schott, Altägyptische Liebeslieder, Zürich 1950.
W. F. Simpson, The Literature of Ancient Egypt, New Haven, Conn., 1972.

Archäologie und Kunstgeschichte, allgemeine Werke
C. Aldred, Egyptian Art, London 1980.
R. Anthes, Ägyptische Plastik in Meisterwerken, Stockholm 1954.
F. W. Frhr. von Bissing, Ägyptische Kunstgeschichte von den ältesten Zeiten bis auf die Eroberung durch die Araber, Systematisches Handbuch, 2 Bde., Berlin 1934.
W. Davies, The Canonical Tradition in Ancient Egyptian Art, New York 1989.
Ch. Desroches-Noblecourt, L'art égyptien, Paris 1962.
E. Iversen, Canon and Proportions in Egyptian Art, 2. Aufl., Warminster 1975.
G. Jequier, L'architecture et la décoration dans l'ancienne Egypte, 2 Bde., Paris 1922.
E. C. Kielland, Geometry in Egyptian Art, London 1955.
K. Lange, Ägypten, Architektur, Plastik, Malerei in drei Jahrtausenden, mit Beitr. von E. Otto und Ch. Desroches-Noblecourt, Aufnahmen M. Hirmer, München 1985.
A. Mekhitarian, Ägyptische Malerei (Die großen Jahrhunderte der Malerei), Genf 1989.
K. Michalowski, Ägypten, Freiburg 1974.
E. Otto, Egyptian Art and the Cults of Osiris and Amun, London 1968.
W. H. Peck und J. Ross, Drawings from Ancient Egypt, London 1978.
H. Schäfer, Von ägyptischer Kunst, Eine Grundlage, 4. Aufl., Wiesbaden 1963.
W. St. Smith, The Art and Architecture of Ancient Egypt (Pelican History of Art), 2. Aufl., Harmondsworth 1965.
C. Vandersleyen (Hrsg.), Das Alte Ägypten (Propyläen Kunstgeschichte, Bd. 15), Berlin 1975.
W. Wolf, Die Kunst Ägyptens, Stuttgart 1957.

Das Alte Reich
C. Aldred, Old Kingdom Art in Ancient Egypt, London 1949.
C. Aldred, Egypt to the End of the Old Kingdom, London 1965.
C. Junker, Giza, 12 Bde., Wien 1929–55.
L. Klebs, Die Reliefs des Alten Reiches, Heidelberg 1925.
G. Reisner, A History of the Giza Necropolis, 2 Bde., Cambridge, Mass., 1942–54.
S. Hasan, Excavations at Giza, 8 Bde., Oxford und Kairo 1932–53.
W. St. Smith, A History of Egyptian Painting and Sculpture in the Old Kingdom, 2. Aufl., London 1949.

Das Mittlere Reich
C. Aldred, Middle Kingdom Art in Ancient Egypt, London 1956.
J. Bourriau, Pharaohs and Mortals, Egyptian Art in the Middle Kingdom, Cambridge 1988.
H. G. Evers, Staat aus dem Stein, Denkmäler, Geschichte und Bedeutung der ägyptischen Plastik während des Mittleren Reiches, 2 Bde., München 1929.
L. Klebs, Die Reliefs und Malereien des Mittleren Reiches, Heidelberg 1922.
K. Lange, Sesostris, München 1954.

Das Neue Reich
C. Aldred, New Kingdom Art in Ancient Egypt, 3200–2300 B.C., 2. Aufl., London 1961, Nachdr. 1968.
L. Klebs, Die Reliefs und Malereien des Neuen Reiches, Heidelberg 1934.
G. Steindorff, Die Blütezeit des Pharaonenreiches, 2. Aufl., Leipzig 1926.

Die Spätzeit
K. Bosse, Die menschliche Figur in der Rundplastik der ägyptischen Spätzeit von der 22. bis zur 30. Dynastie, Glückstadt 1936.
B. V. Bothmer, Egyptian Sculpure of the Late Period 700 B.C. to A.D. 100, New York 1960.

Tutanchamun
British Museum, Treasures of Tutankhamun, London 1972.
H. Carter und A. C. Mace, The Tomb of Tut-Ankh-Amen, 3 Bde., London 1923–33, deutsch: Tut-ench-Amun, Ein ägyptisches Königsgrab, Leipzig 1927-34.
P. Fox, Tutankhamuns's Treasure, Oxford 1951.
Ch. Desroches-Noblecourt, Tutankamen, London 1963.
N. Reeves, The Complete Tutankhamun, London 1990.

Schmuck
C. Aldred, The Jewels of the Pharaohs, Egyptian Jewellery of the Dynastic Period, London 1971, deutsch: Die Juwelen der Pharaonen, München 1972.
C. Andrews, Ancient Egyptian Jewellery, London 1990.
H. Kayser, Ägyptisches Kunsthandwerk, Ein Handbuch für Sammler und Liebhaber, Braunschweig 1969.
J. Ogden, Jewellery of the Ancient World, London 1982.
Tanis: L'or des Pharaons, Ausstellungskatalog, Paris 1987.
E. Vernier, Bijoux et Orfevreries: Catalogue general des Antiquités égyptiennes du Musée du Caire, 2 Bde., Kairo 1927.
H. E. Winlock, The Treasure of Three Egyptian Princesses, New York 1948.

Textilien
G. M. Crowfoot, Methods of Hand Spinning in Egypt and the Sudan, Halifax 1931.
R. Hall, Egyptian Textiles, Princes Risborough 1986.
C. H. Johl, Altägyptische Webstühle, Leipzig 1924.
E. Riefenstahl, Patterned Textiles in Pharaonic Egypt, New York 1944.
H. L. Roth, Ancient Egyptian and Greek Looms, Halifax 1913.